장애인의 권리에 관한 연구

장애인의 권리에 관한 연구

법무법인(유한) 태평양
재단법인 동천 공동편집

景仁文化社

　최근 장애인의 이동권 관련하여 지하철 내 시위가 보도되고 사회적 이슈가 되고 있습니다. 굳이 그렇게까지 할 필요가 있을까, 정당한 요구라고 하더라도 애꿎은 시민들의 출근길을 가로막아 서는 게 맞는 걸까 언론보도를 보며 여러 생각을 하게 됩니다. 그렇게 하지 않으면 바로 잡아지지 않는 현실의 장벽이 장애인과 가족들의 삶을 얼마나 힘들게 할까 생각해 보기도 합니다. 발달장애인 자녀를 돌보던 부모님의 자살 보도도 마음을 어둡게 합니다. 동천에도 시각장애인 김진영 변호사님이 작년부터 근무하게 되면서 비로소 장애인을 현실로 맞이하게 되었습니다. 출근을 하시는 데 이동에 문제는 없나 살펴보던 중 점자 보도블럭이 온전히 연결되어 있지 않은 것을 발견하고, 건물 내부에 점자 보도블럭이 없다는 것도 알게 되었습니다. 정말 놀라웠던 것은 동천과 태평양이 위치한 초현대식 거대 인텔리전트 빌딩에 장애인 화장실이 1층 한 곳에만 설치되어 있다는 것이었습니다. 29층의 으리으리한 최첨단 빌딩 두 동에 장애인 화장실이 단 한 곳 설치되어 있고, 이렇게 해도 「장애인·노인·임산부등의 편의증진보장에 관한 법률」 등 관련 규정상 아무 문제가 없다는 사실 자체가 놀랍기도 했지만, 그런 사실을 이제야 깨달은 저 자신의 지체된 인식도 부끄러운 놀라움이었습니다. 그리고 보니 휠체어 장애인이 접근하기에 이 최첨단 빌딩은 아주 불편한 곳이었습니다. 정문이나 후문 모두 메인 로비에 접근하는 방법은 에스컬레이터뿐이고 대중교통을 이용한 휠체어 장애인이 메인 로비에 접근할 수 있는 방법은 오직 한 곳 1층 구석의 좁은 문뿐이었습니다.

　김진영 변호사님을 계기로 하여 장애인에 대하여 조금 더 알아가게 되면서 보니 이 어마어마한 건물에서 휠체어 장애인을 본 적이 거의 없었습니다. 수천 명이 근무하는 이 멋진 빌딩 속에 장애인 직장인은 거의 없었던 것입니다. 저와 동천, 태평양은 김진영 변호사님을 통하여 비로소 장애인을 현실 가까이에서 만나며 장애인에 대하여 배우고 알아가고 있는 것입니다. 비장애인의 장애인에 대한 알아가기가 시작된 것이고 저 스스로는 비정상에서 정상으로 인식의 전환이 시작되었다고 조심스럽게 인정하지 않을 수 없습니다. 이렇게도 장애인의 불편한 삶에 대하여 아무런 의식도 없이 60년을 살아온 제 삶에 대하여 반성해야 한다고 생각하면서 말입니다.

동천과 태평양은 2014년 다양한 분야의 공익활동과 그에 관련된 법·제도를 심도 있게 조명·검토함으로써 공익활동을 제도적으로 뒷받침하고 다양한 공익활동 주체들에게 실질적 도움을 드리기 위하여 공익법총서를 시리즈로 발간하기로 기획하여, 2015년 제1권 '공익법인연구'를 발간한 이래 매년 다양한 주제로 1권씩 발간하여 왔고 어느덧 제10권을 발간하기에 이르렀습니다.

앞서 말씀드린 바와 같이 김진영 변호사님의 합류를 계기로 장애인 삶의 현실을 직접 경험하게 된 동천과 태평양은 장애인이 삶의 현장에서 부딪히는 문제들을 주제로 다루기로 정하고 제10권의 큰 주제를 "장애인의 권리에 관한 연구"로 정하였습니다. 특히 제10권은 2016년에 발간된 공익법총서 제2권 "장애인법연구"의 후속작에 해당합니다. 제2권이 '장애인 권리옹호체계의 도입', '장애 개념과 장애 차별의 특성', '장애인차별금지 및 권리구제 등에 관한 법률 제48조에 따른 법원의 구제조치'처럼 총론에 해당하는 내용을 다루었다면 제10권에서는 각론으로 들어가 주요 권리의 보장 현황이 어떠하고, 이를 개선하기 위해 어떠한 입법이 필요한지 살펴보았습니다. 여기서 주요 권리라 함은 장애인의 법적 능력, 교육권, 이동권, 공중시설에의 접근권, 정보접근권, 노동권, 중증장애인의 노동권, 주거권, 의료접근권 등을 말하는데, 개별 사건이 아닌 권리를 중심으로 관련 법률 및 쟁점을 포섭하고 입법적 해결방안을 모색하고자 하였습니다.

  편집위원회는 법무법인 케이씨엘의 김용직 변호사님을 위원장으로, 법무법인(유) 지평 임성택 대표변호사님, 성균관대학교 법학전문대학원 김재원 교수님, 태평양의 유철형 변호사님과 동천의 이희숙 변호사님, 그리고 저를 위원으로 하여 구성되었습니다. 기획부터 편집까지 지혜를 모아 주신 편집위원 여러분의 헌신적 노력 덕분에 오늘 공익법총서 제10권 "장애인의 권리에 관한 연구"가 출간될 수 있었습니다. 이 자리를 빌어 바쁘신 가운데, 장애인 권리의 신장을 위하여 정성을 다하여 옥고를 작성하여 주신 필진들과 편집위원들께 감사의 말씀을 드립니다. 이 책자의 발간은 장애인권 보장을 위한 제도개선방안 제시에 있어 아주 작은 기초자료를 제공하는 것으로 향후 꾸준한 종합적, 지속적, 체계적 연구가 필요합니다. 동천과 태평양은 공익법총서 제10권의 발간을 계기로 우리나라 장애인 권리에 대하여 보다 폭넓고 심층적인 논의가 이루어지고, 이를 바탕으로 하여 우리 현실에 가장 적합하고 장애인 권리신장에 기여할 수 있는 입법적 개선이 있기를 기대합니다. 동천과 태평양은 이 책의 논문들이 제시하는 입법적 개선 제안들을 종합하고 우선순위에 따라 입법과제를 설정하는 등 입법전략을 수립하여 현실의 입법으로 열매 맺도록 최선의 노력을 다할 것을 다짐합니다. 장애인이 마음껏 권리를 누리는 사회를 만드는 데 이 책자가 조그만 역할을 할 수 있기를 희망합니다.

2024. 6. 17.
재단법인 동천 이사장 유욱

| 차 례 |

교통 약자의 이동권 현황과 과제
윤정노·강제인·손윤서·유혜운·장온유·정문환

장애인 공중이용시설 등 접근권 법제 개선 연구
김용혁·이주언·이재근

장애인 의무고용제도의 현황과 개선방안
윤정노·김진영·정성희·김보람·오예지

장애인 의료접근권 현황과 법적 과제
배건이

장애인을 위한 공공신탁의 필요성과 과제
제철웅

프롤로그: 장애인의 권리 단상*

임 성 택**

초록

장애인들이 지하철을 세우며 요구하는 권리는 무엇일까? 이동할 권리, 지역사회에서 살 권리, 공중이용시설에 접근할 권리, 학교에 다닐 권리, 일할 권리, 영화를 볼 권리, 투표할 권리 같은 것들이다. 누구나 쉽게 누리는 일상이라 이것도 권리인가 싶지만, 장애인에겐 아직 '요원한 권리'이다. 최근 한국에서 제기된 장애인 권익옹호 소송의 주제도 이와 같은 것들이다. 탈시설 소송, 시외이동권 소송, 공중이용시설 접근권 소송, 모두의 영화관 소송 등이다.

헌법은 장애인을 특별한 보호의 대상으로 보고 있다. 그러나 시혜와 보호의 대상을 넘어 장애인을 권리의 주체로 보아야 한다. 장애인도 비장애인과 동등하게 권리를 누려야 한다. 장애인의 법 앞에 평등은 장애인의 법적 능력을 높이는 데서 시작해야 한다. 장애를 보는 관점도 의료적 모델에서 벗어나 사회적 차별의 제거라는 관점으로 변화해야 한다. 사회가 장애를 차별하지 않는다면 장애는 더 이상 장애가 아닐 수 있다.

'다양한 몸'을 가진 장애인도 '평등한 삶'을 누릴 권리가 있다. 우리는

---

* 이 글은 논문은 아니다. 법률가로서 장애인 권리를 옹호하기 위해 공익소송이나 활동을 하면서 느낀 단상을 정리한 글이다. 장애학이나 장애인법의 논의를 접하지 못한 사람들을 위한 소개의 글이다. 장애인법 총서의 시작을 여는 프롤로그로 봐주길 바란다.

** 법무법인(유) 지평 대표변호사

장애인이 비장애인과 동등하게 살아가는 문명국가를 원한다. 장애인의 권리가 보장되는 것은 어린이, 노인을 비롯한 모든 사회적 약자를 위한 일이다. 나아가 모든 사람에게 이익이 되는 일이다.

I. 들어가는 글

사람은 누구나 장애인으로 태어나 장애인으로 죽는다. 태어난 뒤 한참 동안은 보지 못하고 듣지 못한다. 말하지 못하고 걷지 못한다. 어린 시절의 지적 능력은 부족하기 그지없다. 스무 살이 넘어도 자립하기 어렵다. 노인이 되면 보청기를 끼거나 돋보기를 써야 한다. 걷는 것도 불편해 이동 보조기기를 사용하게 된다. 후천적으로 장애가 생기는 비율은 90%이고, 장애인 중 65세 이상이 절반에 이른다.

2020년 국회의원 총선에서 "나이 들면 다 장애인이 된다."는 말을 한 예비후보가 제명되었다. 후보자 토론회에서 장애인 체육관 건립을 놓고 문제의 발언이 나왔다. 그는 "장애인과 비장애인이 같이 하는 시설이 되어야 한다."고 주장하면서 해당 발언을 했다. 세월호 관련 막말을 한 후보는 법원에서 구제되었지만 그의 가처분 신청은 기각되었다. 노인을 혐오하는 발언을 했다는 이유로 그는 지탄받았다. "누구나 노인이 된다."는 말을 듣고 기분 나쁠 사람은 없지만, "누구나 장애인이 된다."는 말은 불쾌하다. 장애인은 그만큼 되고 싶지 않은 혐오의 존재이다.

그러나 장애는 병도 아니고 결함도 아니다. 과거에는 장애를 '손상'의 개념으로 접근하였으나 이젠 '사회적 문제'로 본다. 미국 남동부의 섬 마서즈 비니어드(Martha's Vineyard), 대통령들의 휴양지로 유명한 이 섬은 '수화'를 공통의 언어로 사용한다. 모두 수어를 사용하는 이 마을에서는 들리지 않는 것이 더 이상 '장애'가 되지 않는다. 청각장애인도 사람들과 소통하는 데 불편함이 없다. 만일 모든 건물에 경사로가 있다면. 저상버스가 어디에나 다닌다면. 점자책이나 오디오북을 쉽게 구할 수 있다면. 큰 글자나 쉬운 설명을 붙인 그림 카드로 안내하는 관공서와 기업이 있다면. 영화관에서 자막이나 화면해설을 제공한다면. 이런 세상에서 '장애'는 더 이상 '장애물'이 아니다.

지금 장애인들이 지하철을 세우며 요구하는 권리는 무엇일까? 이동할 권리, 지역사회에서 살 권리, 영화를 볼 권리, 공중이용시설에 접근할 권리, 학교에 다닐 권리, 일할 권리, 투표할 권리 같은 것들이다. 누구나 쉽게 누리는 일상이라 이것도 권리인가 싶지만, 장애인에겐 아직도 '요원한 권리'이다.

"모든 교통수단을 차별 없이 이용하여 이동할 권리"가 이동권이라는 이름으로 법률에 들어온 지 이십여 년이 지났지만 현실은 여전히 암울하다. 시내버스 중 저상버스는 30%(2021년 전국)에 머물고 있다. 마을버스 중 3.9%, 농어촌버스 중 1.4%만이 저상버스이다. 시외버스, 고속버스에는 저상버스나 리프트 버스가 한 대도 없다. 광역버스에 휠체어 탑승이 가능한 2층 버스가 도입되었으나 혼잡시간의 입석 운행을 해소하기 위한 것이다. 가난하고 중한 장애를 가진 사람들은 여전히 격리된 시설에서 살고 있다. '탈시설'과 '지역사회에서 살 권리'가 논의된 지 오래 되었지만 거주시설 장애인의 숫자는 줄지 않았다. '도가니'를 비롯해 청각장애인을 주인공으로 한 영화에 청각장애인을 위한 자막은 제공되지 않았다. 이 영화에서도 수어를 사용하는 장면에서는 한글 자막이 제공된다. 시각장애인을 위한 화면해설은 배리어프리 영화 이벤트에서나 제공된다. 카페, 미용실, 약국 등 가게 대부분에는 턱이 있어서 휠체어를 탄 장애인은 들어갈 수 없다. 관련 법이 규모와 건축시기를 기준으로 많은 예외를 인정하고 있기 때문이다. 장애인에게 '1층이 있는 삶'이 언제 올 수 있을까? 장애인 특수학교의 설립을 반대하는 목소리는 여전하다. 그 전에 장애인과 비장애인의 통합교육은 더욱 요원하다. 장애인의 일할 권리도 암담하다. 장애인은 보호고용이라는 이름 하에 최저임금도 받지 못하는 경우가 많다. 투표할 때마다 장애인의 접근성은 논란거리이다. 시설에서, 집 안에서 갇혀 지내며 투표할 권리를 박탈당한 장애인이 과연 국가의 주인이 될 수 있을까?

사회가 장애를 차별하지 않는다면 장애는 더 이상 장애가 아닐 수 있다. '다양한 몸'을 가진 장애인도 '평등한 삶'을 누릴 권리가 있다. 비록 들리지 않아도, 보지 못해도, 걸을 수 없어도, 지능지수가 낮아도 똑같은 사람이다. 평등한 존재이다. 장애인도 인간으로서 존엄하며, 가치 있는 사람이다. 장애인도 행복을 추구할 권리가 있다.

II. 장애인과 헌법

1. 서설

헌법에서 시작해 보자. 장애인도 사람이고, 국민이므로 헌법이 보장하는 모든 권리를 '동등하게' 누린다. 문제의 지점은 '동등함'이다. 과연 장애인은 비장애인과 동등하게 기본권을 누리고 있는가? 현실은 그렇지 못하다. 그 차이를 해결하기 위해서도 헌법은 장애인에 대한 특별한 규정을 마련할 필요가 있다.

헌법에 장애를 직접 언급한 조문은 제34조 제5항뿐이다. 이 조항은 "신체장애자 및 질병·노령 기타의 사유로 생활능력이 없는 국민은 법률이 정하는 바에 의하여 국가의 보호를 받는다."고 규정하고 있다. 유일하게 장애인을 특별히 언급한 이 조항은 여러 문제를 가지고 있다.

보호의 대상이 '신체장애자'인지, '신체장애를 사유로 생활능력이 없는 국민'인지 논란이 있다. '신체장애자'와 '질병·노령 기타의 사유로 생활능력이 없는 국민'을 병렬적으로 보아 신체장애자는 생활능력 유무를 떠나 보호대상이 된다는 견해도 있으나,1) 생활능력이 없는 국민을 대상으로 하고 그 원인을 신체장애 및 질병·노령의 사유로 든 것이라는 견해2)가 우세하다. 만일 후자로 해석된다면 '생활능력이 없는 신체장애인'만이 보호 대상이 된다. 정신장애인을 배제한 것도 문제이고, 생활능력 유무를 조건으로 붙인 것도 문제이다. 장애자(者)라는 표현도 차별적이라는 비판을 받는다.

무엇보다 장애인을 보호의 대상으로 삼는 것은 옳은가? 헌법 제34조를 보면 여성에 관한 제3항에서는 "국가는 여자의 복지와 권익의 향상을 위하여 노력하여야 한다."고 규정하여 여성의 권익 향상을 언급하고 있다. 여성은 보호의 대상이 아니다. 반면 제5항은 "신체장애자는 국가의 보호를 받는다."고 규정하고 있다. 이처럼 장애인을 보호 대상으로 삼는 이른바 '보호담론'은 문제가 없을까?

2. 장애를 보는 관점3): 의료적 모델과 사회적 모델

장애는 무엇인가? 개인적 손상이나 결함인가? 아니면 개인을 둘러싼 사회적 장벽인가? 전자를 장애의 의료적 모델 또는 개인적 모델이라고 하고, 후자를 사회적 모델 또는 인권적 모델이라 한다. 예를 들어 휠체어 이용 장애인이 계단이 있는 편의점에 들어가지 못하는 이유는 무엇일까? 걸을 수 없는 몸의 손상 때문인가? 경사로가 없기 때문인가? 의료적 모델은 전자로 보고, 사회적 모델은 후자로 접근한다.4)

세계보건기구(WHO)는 1976년 국제질병분류를 통해 장애를 일종의 질병으로 간주하였다. 나아가 국제장애분류(ICIDH, 1980년)를 통해 장

1) 이준일, 헌법과 사회복지법제, 세창출판사 (2009), 184-185.
2) 윤수정, "장애인의 존엄한 삶과 헌법 - 장애인운동이 고안해 낸 새로운 권리의 사법적 수용가능성을 중심으로", 사단법인 한국공법학회 공법연구 제44집 제3호 (2016. 2.), 7.
3) 박승희 외 역, 장애란 무엇인가? 장애학 입문, 학지사 (2016).
4) 권건보 외, 비교법적 접근을 통한 장애 개념의 헌법적 이해, 헌법재판소 (2020), 14-28.

애를 손상(impairment), 능력 없음(disability), 사회적 불리(handicap)로 분류하였다. '손상'은 몸의 손상 또는 기능의 상실을, '능력 없음'은 일상생활을 하는 능력의 제한이나 결여를, '사회적 불리'는 사회적 역할 수행이 제한되거나 불가능한 상태를 말한다. 결국 장애는 몸의 손상으로 인하여 일상생활 및 사회생활에 제약이 있는 상태로 정의된다.

의료적 모델은 장애를 이처럼 '손상'으로 본다. 장애를 '개인'의 문제로 본다. 이 관점에서 보면 장애는 치료와 재활의 대상인데, 대부분의 장애는 치료되거나 재활되기 어렵다. 서구를 중심으로 사회적 모델이 제기되었다. 사회적 모델은 장애인의 몸이 비정상이거나 추하거나 결핍된 것이 아니라고 전제한다. 다양한 몸으로 볼 뿐이다. 장애인 개인을 탓하는 것이 아니라 사회를 개선하여 차별을 해소하는 방향을 제시한다. 인권과 차별금지가 중요하다. 사회적 모델은 장애의 개념, 장애인 문제에 접근하는 법, 관련 정책과 법의 변화를 가져왔다. 장애인 정책의 패러다임을 분리에서 통합으로, 보호주의에서 자립으로, 그리고 복지에서 시민권으로 전환시켰다.

의료적 모델과 사회적 모델은 장애인을 다르게 정의한다. 아래는 법률 및 장애인권리협약의 장애인 정의이다.

심신장애자복지법 (1981)	지체부자유, 시각장애, 청각장애, 음성·언어기능장애 또는 정신박약 등 정신적 결함으로 인하여 장기간에 걸쳐 일상생활 또는 사회생활에 상당한 제약을 받는 자
장애인복지법 (1999)	신체적·정신적 장애로 인하여 장기간에 걸쳐 일상생활 또는 사회생활에서 상당한 제약을 받는 자
UN장애인권리협약 (2009)	다양한 장벽과의 상호 작용으로 인하여 다른 사람과 동등한 완전하고 효과적인 사회 참여를 저해하는 장기간의 신체적, 정신적, 지적, 또는 감각적인 손상을 가진 사람

1981년에 제정된 「심신장애자복지법」은 장애를 '결함'으로 명시하였다. 「장애인복지법」은 1999. 2. 8. 전부 개정되면서 결함 대신 '장애'라고 표현하였으나 여전히 의료적 모델에 입각하고 있다.5) 비록 사회

생활에서의 제약이라는 요소가 들어왔으나 그 원인을 신체적·정신적 장애로 보고 있기 때문이다. 반면 장애인권리협약은 전문에서 "장애는 손상을 지닌 사람과 그들이 다른 사람과 동등하게 사회에 완전하고 효과적으로 참여하는 것을 저해하는 태도 및 환경적인 장벽 간의 상호작용으로부터 기인된다"고 명시하고 있다. 사회적 모델을 전면적으로 받아들였다. 유엔 장애인권리위원회는 "한국의 장애인복지법이 장애에 대한 의료적 모델을 나타내고 있음에 우려를 표하고, 한국이 장애인권리협약이 지지하는 장애에 대한 인권적 접근과 조화시키도록 할 것"을 권고한 바 있다.

장애인을 부르는 용어도 변화하고 있다. 능력이 부족한 사람(disabled people), 제약을 가진 사람(handicapped people)에서 장애를 가진 사람(people with disability)으로, 다시 다양한 또는 다른 능력을 가진 사람(people with diverse ability, people with different ability)으로 바뀌고 있다. 'disabled people'에서 'people with disability'로 바뀐 것은 중요한 변화이다. 사람이 장애보다 먼저 나온다. 한국에서는 수식어가 앞에 나오니 장애인이라는 용어 외에는 대안을 찾기 어렵지만, 영어에서는 사람을 앞세우는 방식으로 장애인을 보는 관점을 바꾼 것이다. 피플 퍼스트(People First)는 발달장애인 당사자 단체의 이름이다. 1974년 발달장애인대회에 참가한 어느 당사자가 자신을 정신지체로 부르는 것에 항의하며 '나는 우선 사람으로 알려지기를 원한다.'라고 말했다.

3. 장애인 문제의 접근방법: 보호담론과 권리담론

장애인 보호담론에 대해 살펴보자. 헌법 제34조는 '인간다운 생활을 할 권리'를 규정하면서, 여성, 노인과 청소년, 장애인에 관한 조항을

---

5) 현행 장애인복지법은 "신체적·정신적 장애로 오랫동안 일상생활이나 사회생활에서 상당한 제약을 받는 자"로 규정하고 있다. '로 인하여'를 '로'로 바꾸었으나 의미가 바뀐 것 같지는 않다.

차례로 두고 있다. 인간다운 생활을 할 권리를 두텁게 보장해야 할 소
수자를 차례로 규정한 것이다. 헌법은 여성에 대해서는 '복지와 권익
의 향상'을, 노인과 청소년에 대해서는 '복지 향상'을 국가의 의무로
부과하면서, 장애인의 경우 '국가의 보호'를 명시하고 있다. 장애인은
헌법상 특별한 보호의 대상이다.

　전통적으로 장애인은 자선과 시혜, 복지의 대상이었다. 이를 넘어
장애인이 지역사회 구성원으로서, 시민으로서, 비장애인과 동등한 지
위를 가지고 있다는 것이 바로 '권리담론'이다. 장애인을 보호대상으로
만 보지 말고 '동등한 권리의 소유자'로 보자는 것이다. 이를 위해 장
애인의 참여와 기회의 평등을 저해하는 각종 장애물을 제거하자는 것
이다. 장애인에게 다양한 복지가 제공되더라도 장애인이 '불쌍한 존재'
라서가 아니라, 해당 복지를 제공받을 '권리'가 있기 때문이다.

　법률의 목적을 보아도 담론이 바뀌는 것을 알 수 있다. 1981. 6. 5.
제정된 심신장애자복지법의 목적은 '장애 발생의 예방, 장애인의 재활
과 보호'였다. 장애인복지법으로 바뀌고 1999. 2. 8. 개정되면서 처음으
로 '장애인의 인간다운 삶과 권리보장'이 전면에 등장한다. 장애인차별
금지법은 복지담론에서 인권담론으로 바뀐 것을 극명하게 보여준다.
이처럼 우리 법률도 보호담론에서 권리담론으로, 복지담론에서 인권담
론으로 바뀌기 시작한 것이다.

심신장애자복지법	장애인복지법	장애인차별금지법
이 법은 심신장애의 발생의 예방과 심신장애자의 재활 및 보호에 관하여 필요한 사항을 정함으로써 심신장애자의 복지증진에 기여함을 목적으로 한다.	이 법은 장애인의 인간다운 삶과 권리보장을 위한 국가와 지방자치단체 등의 책임을 명백히 하고, 장애발생 예방과 장애인의 의료·교육·직업재활·생활환경개선 등에 관한 사업을 정하여 장애인복지대책을 종합적으로 추진하며, 장애인의 자립생활·보호 및 수당지급 등	이 법은 모든 생활영역에서 장애를 이유로 한 차별을 금지하고 장애를 이유로 차별받은 사람의 권익을 효과적으로 구제함으로써 장애인의 완전한 사회참여와 평등권 실현을 통하여 인간으로서의 존엄과 가치를 구현함을 목적으로 한다.

심신장애자복지법	장애인복지법	장애인차별금지법
	에 관하여 필요한 사항을 정하여 장애인의 생활안정에 기여하는 등 장애인의 복지와 사회활동 참여증진을 통하여 사회통합에 이바지함을 목적으로 한다.	

　목적뿐 아니라 내용에서도 권리담론을 받아들이고 있다. 장애인복지법은 장애인의 '참여권'을 규정하였다. 참여권은 장애인도 국가·사회의 구성원으로서 정치·경제·사회·문화, 그 밖의 모든 분야의 활동에 참여할 권리이다. 1998년 제정된 「장애인·노인·임산부 등의 편의증진 보장에 관한 법률」은 '접근권'을 처음으로 명시했다. 2006년 제정된 「교통약자의 이동편의 증진법」(이하 '교통약자법')에서는 '이동권'을, 2015년 제정된 「발달장애인 권리보장 및 지원에 관한 법률」(이하 '발달장애인법')에서는 '발달장애인의 자기결정권'을 명시하였다. 비장애인에게는 생소하며 권리라고 생각하지도 않았던 참여권, 접근권, 이동권, 자기결정권의 법률의 언어로 명시되기 시작했다.

　이러한 흐름은 1990년대 이후 여러 국가에서 장애인차별금지법이 제정되고 권리담론으로 전환되는 추세와 맞닿아 있다. 2006년에 유엔 총회에서 채택된 장애인권리협약은 관점의 변화를 결정적으로 반영하고 있다. 장애인권리협약은 장애인을 시혜적 보호대상으로 보던 관점에서 벗어나 비장애인과 동등하게 인간의 기본적 권리를 향유하는 주체로 인정하고 그러한 권리 실현을 위한 개별 국가의 의무를 요구하였다. 협약의 목적도 "장애인이 모든 인권과 기본적인 자유를 완전하고 동등하게 누리도록 증진, 보호 및 보장하고, 장애인의 천부적 존엄성에 대한 존중을 증진하는 것"이라고 선명하게 제시하고 있다.

　아래는 미국의 장애인 서비스 변화 과정을 도식화한 표이다.[6] 미국

---

6) 김동호, "장애 패러다임의 전환과 자립생활", 장애인 고용 (2001. 겨울호), 68-93.

학자가 정리한 것인데, 장애인 정책이 어떻게 권리담론으로 나아갔는
지를 보여준다. 미국에서도 처음에는 장애인을 격리하고 시설에 수용
하여 관리하는 시대를 거쳐, 복지서비스의 수혜자로 전환하였다가, 다
시 시민권 시대로 변화하였다는 것이다. 시설에서 장애인은 환자로, 치
료 및 재활의 대상에 불과하였다. 탈시설 시대는 장애인을 지역사회로
이전시켰으나, 여전히 복지서비스의 이용자(client)로 대상화되었다. 여
기서 한 걸음 더 나아가 장애인이 다른 사람과 동등하게 지역사회에서
살 권리가 있고, 국가는 개인의 요구와 계획에 따라 이를 지원하는 것
으로 패러다임이 변화한 것이다.

〈표〉 미국의 장애인 정책 변화[7]

초점	시설 수용 시대	탈시설 시대	지역사회 시민권 시대
대상	환자	서비스 이용자(client)	시민
배치장소	시설(기관)	그룹홈, 보호작업장, 특수학교	가정, 지역, 일반학교
서비스 방법	시설을 통해	선택의 연계성을 통해	개인에게 맞게 디자인된 개별적 지원체계를 통해
서비스 내용	보호(Care)	프로그램(Program)	지원(Support)
계획 결정자	전문가 (의사, 사회복지사업가)	종합적 팀	본인
주요한 우선순위	기본적 욕구	기술습득, 행동조절	자기결정과 인간관계
목적	통제 또는 치료	행동의 변화	자립생활

4. 소결

2000년 12월 유럽의회가 채택한 「유럽연합 기본권헌장」(Charter of

---

7) Bredley, V. J., "Evolution of a New Service Paradigm", Bradeley V. J., Ashbaugh,
   J. W., Bleney, B. C. (ed). Creating individual supports for people with develop-
   mental disabilities: A mandate for change at many levels. Baltimore, Paul H.
   Brookes(1994).

Fundamental Rights of the European Union)은 장애인을 보호대상이 아니라 권리주체로 규정하고 있다. 기본권헌장은 장애인이 국가의 보호, 배려, 지원, 보살핌의 일방적 대상이 아니라, 고유의 권리를 향유하는 주체라는 것을 전제한다.[8]

유럽연합 기본권헌장 제3장 평등에 관한 장으로 제20조에서 제26조까지이다. 제20조는 '법 앞의 평등', 제21조는 '차별금지', 제22조는 '문화적·종교적·언어적 다양성 존중'을 각각 규정하고 있다. 이어 제23조에서는 '양성 평등', 제24조는 '아동의 권리', 제26조는 '노인의 권리', 제26조는 '장애인의 권리'를 규정하는 방식을 취하고 있다. 우리 헌법 제34조와 유사하게 여성, 아동, 노인, 장애인이라는 사회적 소수자를 특별히 언급하고 있다. 제26조는 "장애인의 자립, 사회적·직업적 통합 그리고 지역사회의 생활 참여를 보장하기 위해 디자인된 조치들로부터 혜택을 받을 장애인의 권리를 인정하고 존중한다"고 되어 있다.[9] 장애인의 권리로 자립과 통합, 지역사회 참여를 강조하는 점, 장애인의 권리는 이를 보장하기 위한 조치를 필요로 하는 점을 명시한 것이다. 특히 장애인의 자립과 통합, 지역사회 참여를 기본적 권리로 분명히 하고 있다. 분리와 격리, 시설 수용, 다양한 장벽으로 인한 배제로 점철된 장애인의 역사를 반영하는 것이다.

한국의 2018년 헌법 개정 논의에도 장애인 조항의 개정이 제안된 바 있다. 우선 2018년 3월 26일 대통령이 발의한 헌법 개정안에서는 장애인의 권리를 다음과 같이 명문화하는 내용이 포함되어 있다.

---

8) 이세주, "장애인의 보호와 권리 보장의 실현에 대한 헌법적 고찰 - 장애인의 보호와 권리 보장의 실질적 실현을 위한 유럽의 논의를 중심으로", 경북대학교 법학연구원 법학논고 제70집 (2020. 7.), 27-63.

9) **Article 26 (Integration of persons with disabilities)** The Union recognises and respects the right of persons with disabilities to benefit from measures designed to ensure their independence, social and occupational integration and participation in the life of the community.

대한민국 헌법 제36조
① 어린이와 청소년은 독립된 인격주체로서 존중과 보호를 받을 권리를 가진다.
② 노인은 존엄한 삶을 누리고 정치적·경제적·사회적·문화적 생활에 참여할 권리를 가진다.
③ 장애인은 존엄하고 자립적인 삶을 누리며, 모든 영역에서 동등한 기회를 가지고 참여할 권리를 가진다.

　2018년 국회 헌법 개정 특별위원회 자문위원회의 자문보고서에서는 다음과 같은 헌법 개정안을 제시한 바 있다.

대한민국 헌법 제14조 (평등권)
① 모든 사람은 법 앞에 평등하다.
② 누구든지 성별, 종교, 인종, 언어, 연령, 장애, 지역, 사회적 신분, 고용형태 등 어떠한 이유로도 정치적·경제적·사회적·문화적 생활의 모든 영역에서 부당한 차별을 받지 아니한다.
③ 국가는 실질적 평등을 실현하고, 현존하는 차별을 시정하기 위하여 적극적으로 조치한다.
제18조(장애를 가진 사람의 권리)
① 장애를 가진 사람은 존엄하고 자립적인 삶을 영위할 권리와 사회참여의 권리를 가진다.
② 국가는 장애를 가진 사람에게 법률에 따라 자신이 가진 능력을 최대한으로 개발하고 경제활동이 가능하도록 적극적으로 지원하며, 필요한 보건의료 및 기타 서비스를 지원해야 한다.
③ 국가는 장애를 가진 사람들의 사회적 통합을 추구하며 사회참여를 보장하여야 한다.

　당시 장애계에서도 장애인 헌법개정 네트워크를 구성하여 ① 장애인에 대한 차별 철폐 및 권리보장의 내용이 담긴 독자조항을 신설할 것, ② 평등권 조항의 차별금지 사유에 '장애'를 추가하고, 적극적 평등 실현 조치를 명문화할 것, ③ 헌법 전문 및 조항에 UN 장애인권리협약의 정신을 반영하고 협약 이행의 실효성 강화를 명시할 것을 제시하였다. 헌법 개정 필요성은 각계에서 제기되고 있으나 개헌 논의는 진척되지 않고 있다. 장애인을 포함한 국민의 기본권을 강화하는 개헌은

반드시 필요하다. 이때 국제사회 및 한국에서의 그간의 논의와 권리담론이 반영되기를 기대한다.

III. 장애인의 법적 능력

1. 서설

장애인은 법적으로 어떤 존재일까? 장애인은 법 앞에 평등한가? 과거 장애인은 '살 가치가 없는 법적 존재'로 취급되기도 했다. '단종법'이 대표적인 예다.[10] 장애인 등을 대상으로 불임수술을 강제한 단종법은 1907년 미국 인디애나주에서 시작된 후 미국과 유럽 등으로 확산되었다. 버지니아주 단종법은 미국 연방대법원의 심판대상이 되기도 했다(Buck v. Bell, 1927). 합헌으로 결론 난 버지니아 단종법은 1974년 폐지되기까지 50여 년간 유지되었고, 강제 불임수술을 당한 버지니아 주민은 8천3백여 명에 달했다.

표현의 자유와 관련하여 '명백하고 현존하는 위험'이라는 원칙을 제시한 홈스 대법관이 이 사건의 주심이었는데 이렇게 판시하였다. "타락한 후손들이 범죄로 인하여 형 집행을 받거나 또는 그들의 저능함 때문에 굶어 죽도록 내버려 두는 것보다, 명백한 부적응자인 이들이 그 종을 잇지 않도록 막는 것이 전 세계를 위해 유익하다."

장애인을 단종시키는 법률은 사라졌지만 장애인의 법적 지위는 여전히 위태롭다. 모자보건법 제14조는 인공임신중절을 허용하는 경우로 '본인이나 배우자가 대통령령으로 정하는 우생학적 또는 유전학적 정신장애나 신체질환이 있는 경우'를 1호로 명시하고 있다. '강간 또는 준강간에 의하여 임신된 경우'는 3호이다. 태아가 장애가 있는 경우 산

---

10) 김도현, 장애학의 도전, 오월의봄 (2019), 87-160.

전검사를 통해 쉽게 낙태의 대상이 된다. 이를 단종법과 달리 볼 수 있을까? 2019년 국가인권위원회는 이 조항에 대한 삭제 의견을 냈다. "유엔장애인권리위원회는 장애 여성을 강제 불임시술이나 낙태로부터 보호할 것을 권고했다."며 "모자보건법 제14조는 우생학을 바탕으로 한 장애 차별적 조항으로, 장애여성 당사자의 동의 없는 강제불임 시술이나 낙태를 정당화할 우려가 있고 장애인을 열등한 존재로 인식하게 하는 낙인효과를 가져올 수 있어 폐지에 대해 심도 있는 검토가 필요하다."고 했다.

2. 장애인의 법적 능력

장애인권리협약은 장애인이 법 앞에 평등함을 재확인하면서 장애인의 법적 능력에 관하여 규정하고 있다(제12조). 법 앞에 평등은 법적 능력에서 시작한다. 장애인권리협약은 "장애인이 삶의 모든 영역에서 다른 사람과 동등하게 법적 능력(legal capacity)을 향유함을 인정한다."고 규정하고 있다. 장애인권리협약을 제정할 때 이 조항은 치열한 논란거리였다. 일부 국가는 금치산자와 같이 일부 장애인의 경우 법적 능력이 제한될 수 있다는 이유로 반대 입장을 취했으나, 동등한 법적 능력을 '행사한다'(exercise)는 대신 '누린다'(enjoy)로 타협하는 선에서 조문이 만들어졌다.

그런데 장애인권리협약에서 눈여겨보아야 할 것은 다음 대목이다. 협약은 장애인의 법적 능력 행사(exercise)와 관련된 당사국의 조치(입법을 포함한다)들이 국제인권법에 따라 '남용'(abuse)을 막기 위한 적절하고 효과적인 '안전장치'(safeguard)를 제공하여야 한다고 규정하고 있다. 그러한 안전장치들은 법적능력 행사와 관련된 조치들이 ① 장애인 개인의 권리, 의지, 선호를 존중하여야 하고, ② 이해의 충돌과 부당한 외압으로부터 자유로워야 하며, ③ 개인의 환경에 비례하고 적합하며, ④ 가능한 최단기간 동안 적용되어야 하며, ⑤ 자격이 있고 독립적이며 공정한 당국 또는 사법기구에 의해 정기적 심사를 받도록 해야한다. 나아가 당사국은 장애인들이 법적 능력을 행사하는데 필요한 지원에 접근할 수 있도록 조치를 취하여야 한다.

이 조항은 장애인의 행위능력을 포함한 법적 능력을 제한할 때 어떤 원칙에 입각하여야 하는지를 잘 보여주고 있다. 이에 위반하여 장애인의 법적 능력을 과도하게 제한한다면 장애인권리협약 위반이라고볼 수 있다.

3. 성년후견제도에 대한 질문

의사능력이 없거나 부족한 사람의 법적 능력은 어떻게 되는가? 과거에는 행위능력을 일률적으로 부정하고 제3자가 의사결정을 대신하는 제도를 취했다. 이를 의사결정 대체제도(substituted decision-making system)라고 한다. 한국의 금치산 제도도 그랬다. 이 방식은 장애인의 자기결정권을 비롯한 기본적 인권에 부합하지 않고, 장애인권리협약의 취지에도 맞지 않는다. 이런 이유로 장애인의 행위능력을 최대한 인정하고 장애인의 의사를 조력하는 제도로 변화하고 있다. 이를 의사결정 지원제도(supported decision-making system)라고 한다.

성년후견제도도 이런 배경에서 도입되었다. '성년후견'은 금치산과는 달리 피후견인이 일용품 구입 등 일상행위나 가정법원에서 정한 법률행위를 독자적으로 할 수 있다. 한정치산과 유사한 '한정후견'도 장애인의 온전한 행위능력을 원칙적으로 인정하되, 거액의 금전 차용 등 가정법원이 정한 중요한 법률행위에 대해서만 후견인의 동의를 받도록 하였다. 아울러 정신적 제약으로 일시적 후원 또는 특정한 사무에 관한 후원이 필요한 사람에 대하여 '특정후견'을 하는 유형이 도입되었다.

성년후견제도를 의사결정 대체제도라고 읽는 판결도 등장하고 있다. 비록 다수의견의 판시는 아니고 반대의견의 이유로 제시된 것이지만 장애인권리협약의 법적 능력에 대한 견해를 수용한 것이다.

> 성년후견인에 의한 의사결정권의 지원·보완은 제3자에 의한 의사결정의 대행·대체가 아니라 본인의사에 관한 진지하고 철저한 탐구·확인을 통하여 가정법원이 선임한 공적 지위의 성년후견인으로 하여금 본인의사가 실질적으로 실현된 것과 동일한 법률적 효과를 지향하고 그 과정에서도 법원의 후견감독기능을 개입시켜 본인의 자기결정권 행사를 담보하려는 것이다(대법원 2023. 7. 17. 선고 2021도 11126 전원합의체 판결).

그러나 성년후견제도는 본질적으로 제3자가 장애인의 의사를 대신 결정하는 제도이고 장애인의 자기결정을 조력하는 제도로는 불충분하다는 지적이 있다. 유엔 장애인권리위원회는 2014년 한국 정부에 "성년후견제도가 후견인으로 하여금 피후견인의 재산 및 개인적 문제에 대하여 의사결정을 하도록 허용하는 것에 우려를 표하며, 장애인의 법적능력의 행사를 조력하는 의사결정 지원제도로 전환할 것"을 권고하였다.

국제적으로 성년후견제도를 설계할 때 고려하여야 할 원칙으로 다음이 제시되고 있다. 성인은 언제나 의사결정능력이 있는 것으로 추정하는 것(능력의 추정), 의사결정 능력의 장애가 있더라도 다른 사람과 다를 바 없이 대우하는 것(정상화), 그 실현을 위해 이들의 잔존 의사결정능력을 최대한 존중하는 것(잔존능력의 극대화), 보호를 요하는 성인이 스스로 한 의사결정을 언제나 최우선시하는 것(자기결정권의 존중) 등이다.

성년후견에 관한 세미나에서 어느 교수님이 이런 사례를 이야기했다. 지적장애가 심한 여성이 사랑하는 남자가 생겼다. 문제는 남자에게 자꾸 돈을 주는 것이었다. 성년후견이 개시되었고 그녀의 복리를 이유로 후견인이 재산권 행사를 대신하게 되었다. 비장애인이 좋아하는 남성에게 속아 재산을 주는 것과 비교하여 지능이 부족한 사람은 같은 상황에서 자신의 의사결정 권한을 박탈당해야 하는가? 후견이 불가피하다고 해도 후견인은 당사자의 '의사'를 따라야 하는가, '복리'를 우선해야 하는가? 우리 민법은 복리를 우선하고 있다(제947조). 객관적이라는 이유로, '복리'를 우선하는 것이 옳은가? 비장애인과는 다른 잣대 아닌가?

4. 의사능력에 대한 질문

최근 대법원 판결 중 '지적장애인의 의사능력'이 문제된 사건이 있다(대법원 2022. 5. 26. 선고 2019다213344 판결). 원고는 금융기관, 피고는 지적장애 3급, 지능지수 70의 장애인이었다. 피고는 굴삭기 구입 자금으로 8,800만 원을 원고로부터 대출받았다. 피고가 대출금을 갚지 않자 원고는 소송을 제기했다. 대출 당시 굴삭기 운전자격증이 제출되었으나 나중에 위조된 것이 밝혀졌다. 제3자가 피고와 공모해 대출을 받은 것이었다. 대출 이후 한정후견이 개시되었고 한정후견인은 "피고가 의사능력이 없어 대출계약이 무효"라고 주장했다. 1심은 원고 패소, 2심은 원고 승소, 대법원은 다시 원고 패소의 판결을 내렸다. 먼저 항소심 법원은 다음과 같이 판단했다(부산지방법원 2019. 1. 18. 선고 2018나41754 판결).

① 이 사건 감정서의 기재에 의하면 원고는 정신적 제약으로 사무를 처리할 능력이 지속적으로 결여된 정도는 아니라는 감정 결과가 나온 점, ② 피고도 일정한 금전적인 이익을 얻기 위하여 이 사건 대출약정을 체결하였다는 취지로 주장하고 있는바, 피고가 자신의 필요에 따라 이 사건 대출약정을 체결한 것으로 보이는 점, ③ 피고는 원고의 직원을 직접 만나 이 사건 대출약정과 관련한 문서를 작성하였고, 원고 직원의 대출금 지급 독촉 전화를 받아 '내일까지는 해결할 수 있을 것 같다. 무슨 일이 있어도 내일까지는 처리하겠다'는 내용의 통화를 하기도 한 점, ④ 장애인복지법 시행규칙 제2조 및 별표 제1의 '장애인의 장애등급표'에 의하면, 지적장애인 3급은 '지능지수가 50 이상 70 이하인 사람으로서 교육을 통한 사회적·직업적 재활이 가능한 사람'으로 규정하고 있는 점, ⑤ 피고가 이 사건 대출약정 이후 2017. 1. 28. 한정후견개시결정을 받은 사실은 앞서 본 바와 같으나, 한

정후견은 '질병, 장애, 노령, 그 밖의 사유로 인한 정신적 제약으로 사무를 처리할
능력이 부족한 사람'을 대상으로 하는 것인 점 등을 종합하여 보면, 앞서 본 인정
사실만으로는 이 사건 대출약정 당시 피고가 인지 및 판단능력을 현저히 결여하
여 독자적으로 자기 의사를 결정할 수 없는 의사무능력의 상태에 있었다고 인정
하기에 부족하고 달리 이를 인정할 증거가 없다.

　　대법원은 아래와 같은 사정을 근거로 피고가 의사능력이 없다고 보
았다.

(1) 피고는 2005. 10. 12. 지적장애 3급의 장애인으로 등록하였다. 피고는 2013. 5.
20. '지능지수 70, 사회발달연령 7세 8개월, 사회성숙지수 43'의 장애진단을 받았다.
(2) 이 사건 대출약정 이후 피고에 대한 성년후견 개시가 청구되어 2017. 1. 18.
피고에 대해 한정후견이 개시되었다. 그 심판 절차에서 2016. 10. 31.부터 2016.
11. 24.까지 이루어진 피고에 대한 정신상태 감정 결과 '지능지수 52, 사회지수 50
(사회연령 9세)'라는 진단을 받았고, '학습이나 문제해결을 위한 기본적인 지적 능
력뿐만 아니라 일상생활에서의 사회 적응 수준이 해당 연령에 비해 매우 부족하
고, 사회적 규범에 대한 이해가 부족하며, 비합리적 방식의 의사결정 가능성이 높
아 정신적 제약으로 사무를 처리할 능력이 매우 부족하다'는 평가를 받았다. 위
감정결과의 내용과 그 감정시기 등에 비추어 볼 때, 이 사건 대출약정 당시 피고
의 지능지수와 사회적 성숙도 역시 위 감정 당시와 비슷한 정도였을 것으로 볼
수 있다.
(3) 이 사건 대출약정의 대출금은 8,800만 원으로서 결코 소액이라고 볼 수 없다.
이 사건 대출약정은 굴삭기 구입자금을 마련하기 위한 것으로서 굴삭기는 실질적
으로 대출금채무의 담보가 되고 대출금은 굴삭기 매도인에게 직접 지급되는데,
이와 같은 대출 구조와 내용은 피고의 당시 지적능력으로는 이해하기 어려운 정
도라고 볼 수 있다.
(4) 원고는 피고가 굴삭기의 실수요자라고 보아 이 사건 대출을 한 것이고, 증빙
자료로서 피고의 굴삭기운전자격증을 제출받았으나, 굴삭기운전자격증은 이후 위
조된 것으로 판명되었다. 이 사건 대출약정 당시 피고의 지적능력에 비추어 피고
가 굴삭기를 운전할 능력이 있었다고 보기도 어렵다. 이 사건 대출금은 굴삭기
공급자에게 직접 지급되어 피고가 이를 받은 적이 없는데도, 피고가 굴삭기운전
자격증을 위조하면서까지 이 사건 대출약정을 할 동기를 찾기 어렵다. 이와 같이
이 사건 대출약정의 체결 경위에는 합리적인 의사결정이라고 보기 어려운 사정이
있고, 오히려 제3자가 대출금을 실제로 사용하기 위해서 피고를 이용한 것은 아
닌지 의심이 든다.

　원심과 대법원은 엇갈린 판단을 내렸다. 지적장애인의 의사능력을 쉽게 부정하는 것이 옳은가? 아니면 지적장애인의 자기결정권을 존중하고 의사능력을 인정하는 편이 옳은가? 전자로 가면 지적장애인의 보호가 두터워질 것 같지만 그 반대의 결과도 생긴다. 거래의 상대방은 계약의 무효를 걱정하면서 지적장애인과의 법률행위를 꺼리게 된다. 거래를 거절하거나 부모 동반을 요구하는 등 차별행위가 이어지게 된다. 실제로 지적장애인의 휴대폰 거래가 무효화되고 과잉거래가 비판을 받으면서 통신사업자들이 성인 지적장애인에게 보호자 동반을 요구하거나 거래를 거절하는 사례가 보도되고 있다.

　지적장애인의 의사능력을 판단하는 대법원의 기준을 살펴볼 필요가 있다. 대법원은 위 판결에서 지적장애인의 의사능력을 판단할 때 기준을 아래와 같이 제시하고 있다.

> 지적장애를 가진 사람에게 의사능력이 있는지를 판단할 때 단순히 그 외관이나 피상적인 언행만을 근거로 의사능력을 쉽게 인정해서는 안 되고, 의학적 진단이나 감정 등을 통해 확인되는 지적장애의 정도를 고려해서 법률행위의 구체적인 내용과 난이도, 그에 따라 부과되는 책임의 중대성 등에 비추어 볼 때 지적 장애를 가진 사람이 과연 법률행위의 일상적 의미뿐만 아니라 법률적인 의미나 효과를 이해할 수 있는지, 법률행위가 이루어지게 된 동기나 경위 등에 비추어 합리적인 의사결정이라고 보기 어려운 사정이 존재하는지 등을 세심하게 살펴보아야 한다.

　위 판결은 지적장애인의 의사능력을 좁게 보는 견해에 서 있다. 걱정스러운 지점은 "단순히 그 외관이나 피상적인 언행만을 근거로 의사능력을 쉽게 인정해서는 안 되고, 의학적 진단이나 감정 등을 통해 확인되는 지적장애의 정도를 고려해서" 판단하라는 대목이다. 이렇게 되면 지적장애인이 거래를 할 때에는 의사의 진단서나 감정서를 들고 다녀야 한다. 그게 가능한 것일까?

　발달장애인법에서는 다음과 같은 규정을 두고 있다. 발달장애인도 스스로 판단하고 결정할 권리(자기결정권)을 가진다는 것이다(제3조

제1항). 누구든지 발달장애인에게 의사결정이 필요한 충분한 정보와 도움을 제공하지 아니하고 그의 의사결정능력을 판단하여서는 아니 된다(제8조 제2항). 지적장애인에게는 쉽고 명확한 그의 눈높이에 맞는 설명이 필요하다. 발달장애인은 관련하여 조력을 받을 권리가 있다 (제3조 제2항).

제3조(발달장애인의 권리)
① 발달장애인은 원칙적으로 자신의 신체와 재산에 관한 사항에 대하여 스스로 판단하고 결정할 권리를 가진다.
② 발달장애인은 자신에게 법률적·사실적인 영향을 미치는 사안에 대하여 스스로 이해하여 자신의 자유로운 의사를 표현할 수 있도록 필요한 도움을 받을 권리가 있다.
제8조(자기결정권의 보장)
① 발달장애인은 자신의 주거지의 결정, 의료행위에 대한 동의나 거부, 타인과의 교류, 복지서비스의 이용 여부와 서비스 종류의 선택 등을 스스로 결정한다.
② 누구든지 발달장애인에게 의사결정이 필요한 사항과 관련하여 충분한 정보와 의사결정에 필요한 도움을 제공하지 아니하고 그의 의사결정능력을 판단하여서는 아니 된다.
③ 제1항 및 제2항에도 불구하고 스스로 의사를 결정할 능력이 충분하지 아니하다고 판단할 만한 상당한 이유가 있는 경우에는 보호자가 발달장애인의 의사결정을 지원할 수 있다. 이 경우 보호자는 발달장애인 당사자에게 최선의 이익이 되도록 하여야 한다.

우리 법원은 지적장애인의 의사능력을 쉽게 부정한다. 제철웅 교수는 당사자의 지능지수와 사회성숙도지수로만 사건을 해결하는 법원의 태도에 대해 "지능지수 혹은 사회성숙도지수가 낮더라도 조력자가 있으면 충분히 스스로 의사결정을 할 수 있다. 사회적 연령이 얼마이기 때문에 의사능력이 없다는 식의 이유 설시는 장애인의 인격을 모독하거나 편견을 양산할 수 있다."고 지적하면서, 다음과 같은 기준을 제시한다.[11]

---

11) 웰페어 뉴스, "지적장애인의 의사능력 판단, '지능 지수'와 '사회 연령'만이 전부인가", http://www.welfarenews.net/news/articleView.html?idxno=63239 (2017.

> ▲ 모든 성인은 스스로 의사결정을 할 수 있다는 추정에서 출발해야 한다.
> ▲ 질병이나 장애가 의사결정을 할 수 있는지를 검토해야 할 계기가 되는 것은 분명하지만, 장애인의 지능이 의사능력의 유무를 판단하는 근거로 삼는 것에는 신중을 거듭해야 한다.
> ▲ 지능이 낮더라도 쉽게 설명하면 이해할 수 있고, 사회 연령이 낮더라도 조력이 있다면 이를 극복할 수 있는 경우도 많다는 점을 고려해 의사능력 유무를 판단해야 한다고 제언했다.

우선 거래계에서 발달장애인을 소비자로 인정하고, 발달장애인법에 따라 거래의 의미와 효과 등을 알기 쉬운 용어 등으로 설명하거나 조력인을 통해 설명하는 절차를 가져야 한다. 이처럼 충분한 정보와 의사결정에 필요한 도움을 제공하지 아니하고 쉽게 의사능력이 없다고 단정해서는 안 된다. 한편 이런 절차와 설명 이후에 거래를 체결하였다면 법원은 해당 거래의 효력을 인정하는 것이 바람직하다.

Ⅳ. 소송 사례로 본 장애인의 권리

1. 시설에서 살지 않을 권리: 탈시설 소송

2010년 한국 최초의 탈시설 공익소송을 제기했다. 어느 사회복지학과 교수님이 알려준 미국의 소송 사례가 계기가 되었다. 이른바 옴스테드 사건(Olmstead Case). 미국의 탈시설 운동에 전환점을 가져다 준 역사적 판결이다. 원고는 두 명의 정신장애 여성. 이들은 지역사회 기반의 치료를 받고자 했으나 주정부가 정신병원에 보내려고 하자 소송을 제기하였다. 1999년 미국 연방대법원은 "지역에서 재활하는 것이 적합한 장애인을 시설에 수용하는 부당한 고립은 장애로 인한 차별"이

---

11. 16. 11:18).

라는 판결을 내렸다. 미국 법무부 사이트에서는 지금도 옴스테드 사건을 "모두를 위한 지역사회 통합"이라는 제목으로 소개하고 있다.

한국에서 같은 맥락의 소송을 제기하자고 덜컥 이야기했지만 막막했다. 소송을 제기할 당시 장애인차별금지법이 제정된 지 얼마 안 되어 차별 구제조치 판결도 전혀 나오지 않은 때였다. 시설은 장애인을 보호하기 위해 필요한 곳이라는 인식이 지배적인 시대였다. 이런 상황에서 법원이 시설 수용을 차별이라고 판단해 줄까하는 걱정이 앞섰다.

그래서 장애인차별금지법에 따른 구제조치 청구가 아닌 행정소송으로 방향을 잡았다. 사회복지사업법은 사회복지서비스를 변경하는 절차를 마련하고 있었다. 시설에서 복지서비스를 받는 장애인이 지역사회로 자립하는 변경서비스 신청을 하면 욕구를 조사해서 주거지원, 생계비 지원 등을 하는 절차 규정이 있었다. 사회복지사업법에서는 시설입소에 우선하여 재가복지서비스를 제공할 것을 의무화하고 있었고(제41조의2), 장애인복지법은 제4장으로 '자립생활의 지원'이라는 장을 두면서, 중증장애인이 자기결정에 의한 자립생활을 할 수 있도록 활동보조인 파견 등 필요한 시책을 강구할 의무를 국가 및 지방자치단체에 부과하고 있었다(제35조, 53조).

원고를 섭외하는 것도 쉽지 않았다. 처음에는 시설에 자녀를 보냈으나 집으로 데리고 올 사람을 찾았다. 장애인 부모운동을 하는 분 중에 그런 분이 있었는데 원고가 되겠다고 나서는 사람이 없었다. 자녀를 시설에 보낸 것 자체가 밝히고 싶지 않은 일이었기 때문이다. 음성 꽃동네에 거주하는 장애인은 꼭 포함하고 싶었다. 이 소송이 인권침해가 있고 열악한 시설만의 문제가 아니라 가장 좋은 시설인 꽃동네에서도 자립이 필요하다는 문제 제기를 하고 싶었다.

이렇게 해서 서울 지역 시설의 장애인 1명, 음성 꽃동네의 장애인 2명이 원고가 되었다. 세 명 모두 뇌병변 장애인이었다. 원고들은 시설에서 나오기 위해 사회복지사업법이 정한 절차에 따라 행정청에 사회복지서비스 변경신청을 하였다. 그러나 행정청은 신청을 거부했고 이

에 대해 행정소송을 제기하였다. 행정청이 달라 청주지방법원과 서울
행정법원 두 곳에서 소송이 진행되었다.

꽃동네 거주 장애인이 음성군수를 상대로 제기한 소송이 먼저 선고
되었다. 원고 패소판결이었다(청주지방법원 2010. 9. 30. 선고 2010구
합691 판결). 당시 청주지방법원은 "음성군수의 거부처분이 절차법상,
실체법상 하자가 없다."고 판단했다. 법원은 대도시에서 자립생활을
하기를 희망하는 원고들을 위해 음성군수가 서울 등 대도시의 서비스
를 조사하고 연계하여 줄 의무가 없다고 보았다. 그런데 나중에 판결
이 선고된 서울행정법원에서는 반대의 판결이 나왔다(서울행정법원
2010. 1. 28. 선고 2010구합28434 판결). 서울행정법원은 "양천구청장
의 거부처분은 적법한 복지요구조사를 하지 않은 절차적 하자가 있고,
나아가 재량권의 남용에 해당하는 위법성이 있다."고 판단하였다. 이
렇게 동일한 사건에 대하여 엇갈린 결론이 나왔다.

서울행정법원도 거부처분의 실체적 위법성에 대해서는 본격적으로
판단하지 않았다. 다만 양천구청이 원고에게 제공할 수 있는 주거지원
시설의 현황조차 파악하지 않은 것은 재량권을 남용한 것에 해당하여
실체적으로 보아도 위법을 면할 수 없다고 판단하였다. 당시 양천구청
관내에는 11개의 공동생활가정이 있고, 서울시는 체험홈 뿐 아니라 자
립생활가정 등 탈시설을 위한 프로그램을 운영하고 있는데, 양천구청
은 서울시 관내는 물론이고 양천구청 관내에 있는 장애인 주거지원 서
비스에 대해서도 충분한 조사를 하지 않았던 것이다.

장애인들이 시설을 나오려는 이유는 시설의 근본적 한계 때문이다.
시설에서의 삶은 개인이 주체가 된 보편적이고 정상적인 삶이라 하기
어렵다. 아무리 좋은 시설도 그 안에 있는 사람은 그저 보호를 받는 대
상자 중 하나다. 지역사회와 분리된 채 군대나 감옥처럼 단체생활을
하면서 산다. 군대와 감옥은 복무기간이나 형기를 마치면 나올 수 있
지만 시설은 그렇지 않다. 아무런 꿈도 없이 죽는 날을 기다리는 것이
이들의 삶이다. 소송 당시 원고에게 받은 글의 제목은 '불쌍한 장애인

이 아닌 시민으로 살고 싶다.'는 것이었다. 이후 그는 그렇게 시민이 되었다.

2. 위험할 권리

가. 탈시설 원고의 죽음과 위험할 권리

2016년 겨울, 탈시설 소송의 원고였던 박현의 부고를 받았다. 처음에는 부모님이 돌아가셨나 생각했는데 본인상이었다. 박현은 서른셋에 독감과 폐렴으로 죽었다. 장례식장으로 가는 것이 쉽지 않았다. 그의 죽음에 책임이 있다는 생각을 지울 수 없었다.

그는 열세 살부터 16년을 음성 꽃동네에서 살았다. 뇌병변장애 중증이었던 그를 가난한 부모는 감당하지 못했고, 어린 나이에 시설로 보내졌다. 그는 시설을 나와 자립하고 싶어 했다. 소송에서는 졌지만 우여곡절 끝에 자립생활을 시작했다. 집들이도 했다. 건국대 입구 작은 연립주택 1층이었는데, 수급비에 의지해 중증장애인이 자립생활을 하는 것은 쉽지 않겠다는 생각이 들었다. 걱정이 많았다. 그러나 염려와는 달리 그는 참 잘 살았다. 만날 때마다 머리 색깔이 바뀌었다. 심지어 빨간색, 초록색으로 염색했다. 무엇보다 표정이 밝아졌다. 어떠냐고 물으니 너무 좋다는 대답이 돌아왔다.

그는 시를 썼다. 나는 그의 시가 참 좋았다. 탈시설 경험을 나는 어느 인터뷰에서 그는 "노랫말을 쓰고 싶다."고 이야기했는데, 어느 인디밴드가 그의 시(인생)에 노래를 지었다. 그 밴드가 박현과 함께 무대에서 노래하던 공연을 지금도 잊을 수 없다.

> **인생**
>
> 많은 것을 품고
> 이 길을 걸어 왔습니다
> 햇빛보다 먹구름
> 꽃향기보다 비바람
> 설레임보다 두려움이었던 길
> 허나 여기 서 있습니다
> 그리고 다시
> 알 수 없는 길을 갑니다
> 영원히 빛이 꺼지지 않는
> 삶을 위해

 아직 우리 사회는 중증장애인이 안전하고 편리하게 살기 어렵다. 요즘엔 폐렴으로 죽는 이가 드문데 그는 폐렴으로 죽었다. 시설에서 있었다면 갑작스러운 죽음을 피할 수 있었을까? 안전망이 잘 갖추어지지 않은 세상으로의 탈출을 도운 것은 잘한 일일까? 영안실에 도착했는데 수많은 장애인 친구들이 와 있었다. 그곳에서 만난 장애인들은 나를 위로했다. "변호사님, 현이는 지역사회에서 짧은 삶을 살았지만 시설에서 수십 년을 연명하는 것보다 행복했어요." 그러나 위로가 되지 않았다.

 그 무렵 박근혜 대통령 탄핵 관련 촛불집회가 한창이었는데 김재동 씨가 사회를 본 집회에서 어느 장애인이 발언을 했다. 장애인도 '위험할 권리'가 있다는 내용이었다. 세상이 위험하다고 장애인을 시설에서, 집에서 격리하는 것은 옳지 않다. 장애인도 위험을 선택할 권리가 있다는 것이었다. 그 이야기를 듣고 현이를 보내는 데 도움이 되었다.

 ### 나. 에버랜드 놀이기구 소송

 2015년 5월 어느 시각장애인이 비장애인 동반자와 에버랜드에 놀러 갔다가 T-EXPRESS 이용을 거부당했다. 에버랜드는 '어트랙션 안전 가이드북'이라는 안전기준을 만들어, 스릴 레벨이 높거나 탑승자의 운전이 필요한 놀이기구 7종은 시각장애인 이용을 제한하고 있었다. 이용자의 안전을 도모하려는 것이었다. 이 사건은 소송으로 발전했다.

에버랜드는 "탑승 거부는 장애를 이유로 한 차별이 아니라, 시각장애인의 안전을 위한 조치"라고 주장했다. 시각장애인들이 해당 놀이기구들을 타고 내릴 때 안전사고가 발생할 가능성이 더 크고, 비상상황이 생길 경우 특히 어려움이 따른다는 것이다. 특히 T-EXPRESS는 고속주행, 높은 고도에서의 낙하, 360도 회전, 예측할 수 없는 회전운동을 특징으로 하는 것이어서 반사적 방어행동 속도가 느린 시각장애인에게 더 큰 충격을 줄 우려가 있다고 주장하였다.

소송은 현장검증과 감정 등을 실시하며 오랜 시간을 끌었다. 2018년 1심 법원은 원고들의 손을 들어 주었고, 2023년 항소심에서도 같은 결론이 내려졌다. 법원은 해당 놀이기구들은 탑승자가 안전장치에 의해 단단히 고정되어 운행되므로 시각장애인에게만 특별히 위험이 크다고 보이지 않으며, 설령 시각장애인에게 비장애인과 비교하여 승하차나 비상상황에서 구조가 필요한 경우에 더 큰 어려움이 존재한다고 하여도 이러한 어려움은 다른 놀이기구도 마찬가지라 할 것이어서 이 사건 놀이기구들 7종에 대하여만 시각장애인들의 이용을 제한할 만한 본질적인 차이가 없다고 판단했다. 8년이 걸려서 시각장애인은 놀이기구를 탈 수 있게 되었다.

2019년 국가인권위원회에 어느 청각장애인이 진정을 제기했다. 그는 어린이날에 자녀들과 관광시설에 갔다가 카트를 타고 산속을 달리는 놀이기구를 이용하려 했으나 청각장애가 있다는 이유로 거부당했다. 청각장애인의 경우 안내방송 청취에 어려움이 있고 서행 유도 및 정지 안내방송을 들을 수 없어서 충돌사고 발생의 위험이 높다는 것이었다. 인권위는 관광시설이 장애인을 차별했다면서 시정권고를 내렸다. 인권위는 이 기구가 조작이 간단하고 탑승 전에 충분한 설명을 통해 청각장애인의 응급상황 대처능력을 높일 수 있다고 판단했다. 이처

럼 장애인은 위험하다는 이유로 많은 제약을 받는다. 장애인도 위험할
권리를 주장하게 된 이유이다.

3. 이동권: 시외이동권 소송

2013년 여름 장애우권익문제연구소에서 찾아왔다. 1심에서 패소한
공익소송의 항소심을 맡아달라고 했다. 원고는 휠체어 이용 장애인들,
피고는 대한민국과 서울시. 청구취지는 이동권 침해를 원인으로 한 손
해배상이었다.[12] '교통약자 이동편의 증진법'이 2005년부터 시행되었
는데 '고속버스'에 저상버스가 전혀 없어 장애인의 이동권을 침해하였
다는 것이다. 법에는 '모든' 교통수단을 이용하여 이동할 권리, 즉 이
동권이 천명되어 있었다.

> 이동편의증진법 제3조(이동권) 교통약자는 인간으로서의 존엄과 가치 및 행복을
> 추구할 권리를 보장받기 위하여 교통약자가 아닌 사람들이 이용하는 '모든' 교통
> 수단, 여객시설 및 도로를 차별 없이 안전하고 편리하게 이용하여 이동할 수 있
> 는 권리를 가진다.

1심은 원고 청구 기각이었다. 관련 법령의 해석상 "국가와 지방자
치단체에게 모든 유형의 버스에 저상버스를 도입하는 계획을 수립하
거나 도입할 의무는 없다."고 판단했다. 나아가 시외구간에 저상버스
를 운행하는 것은 위험하고 비효율적이라는 판단도 포함되었다. 고민
끝에 항소를 포기하자고 했다. 대신 새로 소송을 내기로 했다. 지평,
태평양 및 공익단체의 변호사들로 팀을 꾸렸다. 관련 법률을 뒤지고
해외사례를 수집했다. 2층 저상버스를 도입해 경제성도 높이고 접근권
도 보장한 미국 고속버스의 사례, 다양한 저상버스 모델을 개발하고
있는 유럽 자동차 회사들의 사례, 기존 고속버스 모델에 리프트를 장

---

12) 서울중앙지방법원 2013. 7. 12. 선고 2011가단 472077 판결.

착해 휠체어를 탑승시키는 영국, 호주, 일본 등의 사례를 확인할 수 있
었다.

　미국 장애인법(American with Disabilities Act; ADA)은 "장애인이
대중교통을 이용할 때 장애를 이유로 차별받아서는 아니 되고, 장애인
의 접근이 보장되어야 한다."고 규정하고 있다. 물론 이 법의 교통수단
에는 시외이동을 위한 버스(intercity bus)가 당연히 포함된다. 이 법에
따라 미국 교통부장관은 '장애인을 위한 교통서비스 시행규정'을 마련
하였는데, 장거리 이동버스(Over the Road Bus)에 관한 내용도 포함되
어 있다. 장거리 버스의 접근성을 보장하기 위해 사업자에게 단계적으
로 의무를 부과했다. 2006년 10월 30일까지는 최소 50%, 2012년 10월
29일까지는 100%가 되도록 요구하였다. 고속버스의 특성상 저상버스
뿐 아니라 리프트 버스의 사례도 많았다. 통상은 버스 중간 부분에 리
프트를 장착하는데 영국의 고속버스 중에는 앞부분 입구에 리프트를
장착한 것이 있었다. 장애인도 다른 사람과 동일한 출입구를 이용해야
한다는 취지였다.

　미국의 고속버스 회사 홈페이지에 들어가보면 장애인의 이용을 안
내하고 있다. Megabus 홈페이지에 접속하면 장애를 가진 사람을 모두
환영하고, 지원을 제공할 수 있다고 명시하고 있었다.

> **장애를 가진 고객(CUSTOMERS WITH DISABILITIES)**
> Megabus는 특별한 요구를 가진 고객에게 접근 가능한 교통수단을 제공하고, 장
> 애를 이유로 차별하지 않는다. 우리는 걷는 데 어려움이 있거나 휠체어 또는 스
> 쿠터를 이용하는 사람, 동물이나 호흡보조기를 가진 사람 모두를 환영하며, 지원
> 을 제공할 수 있다.

　이듬해 봄에 소장을 제출했다. 이번에는 원고를 달리 했다. 장애인
뿐 아니라 계단버스를 타기 힘든 노인, 유모차를 이용하는 보호자를
원고로 추가했다. 이동권이 장애인뿐 아니라 노인, 어린이, 유모차 동

반자 등 모든 교통약자의 문제라고 생각했기 때문이다. 관련 법률도 교통약자를 대상으로 하고 있고, 교통약자는 인구의 25%나 되기 때문에 명분을 얻는 데도 도움이 된다고 판단했다. 피고는 대한민국, 서울시, 경기도, 고속버스 회사 및 광역버스 회사로 했다. 청구취지도 장애인은 장애인차별금지법에 근거한 차별 구제조치 청구로, 비장애인은 불법행위에 기한 손해배상 청구로 정했다. 장애인차별금지법에는 법원이 차별시정을 위해 적극적 구제조치를 내릴 근거를 두고 있었다. 특히 교통사업자 및 교통행정기관이 교통수단에서 장애인을 제한·배제하는 것을 차별이라고 명시하고 있었다. 청구의 내용에 저상버스 외에 리프트버스를 추가했고, 고속버스 이외의 시외버스 및 광역버스(시내버스의 하나임)를 포함시켰다. 아래는 이를 정리한 표이다.

원고 및 청구	피고	구체적 청구취지	주된 근거법률
장애인 → 장애인차별 금지법상 구제청구	대한민국	교통약자이동편의증진계획에 저상버스 등 도입사항 포함	이동편의증진법 제6조 제1항, 제2항 5호
	서울특별시, 경기도	지방교통약자이동편의증진계획에 저상버스 등 도입계획 반영	이동편의증진법 제7조 제1항, 제2항, 제14조 제3항
		저상버스 등 도입	이동편의증진법 제14조 제3항
	교통사업자	승하차 편의제공 저상버스 등 도입	이동편의증진법 제9조, 제10조 제1항, 제14조 제1항
고령자, 영유아동반자 → 법률위반에 대한 손해배상청구	국가 및 지방자치단체	손해배상 5백만원	위 같은 법
	교통사업자		

장애인단체에는 소송만으로 문제가 해결되지 않는다고 강조했다. 그해 추석부터 장애인들은 터미널에서 시위를 벌였다. "우리도 버스 타고 고향에 가고 싶다."는 이들의 구호는 선명해서 언론의 주목을 받

았다. 그 해 유엔에서는 장애인권리협약에 따라 대한민국의 이행심의
가 이루어졌는데 이 문제를 적극 제기해 시외 이동수단이 마련되지 않
은 것에 대한 권고도 받아냈다. 한편 국가인권위원회도 이 문제를 해
결하라는 권고를 정부에 내렸다.

2015년 여름에 1심 판결이 내려졌다. 교통사업자에게 휠체어 승강
설비 등 승하차 편의를 제공하라는 구제조치 판결이 선고되었다. 아쉽
게도 교통행정기관에 대한 청구는 기각되었다. 교통행정기관이 시외버
스에 리프트 설치 계획을 전혀 마련하지 않은 것은 차별이지만 법원이
구제조치를 명하는 것은 적절하지 않다는 것이었다. 항소심에서도 지
루한 공방이 이어졌다. 2019년 초 2심은 1심과 같은 취지의 판결을 내
렸다. 그런데 대법원은 원심을 파기하고 고등법원에 환송하였다. 대법
원은 원심이 피고 버스회사들에게 기한 또는 노선을 제한하지 않고 휠
체어 탑승설비를 제공하도록 명한 것은 위법하다고 보았다. 비례의 원
칙에 반해 과도하다는 것이다. 대법원은 휠체어 탑승설비 설치는 원고
들이 향후 탑승할 구체적·현실적 개연성이 있는 노선으로 하되, 그 노
선 범위 내에서 피고 버스회사들의 재정 상태 등을 감안해 단계적으로
설치해 나가도록 했어야 했다고 판시하였다. 현재 이 사건은 파기환송
되어 고등법원에서 심리 중이다.

우리는 비례의 원칙을 준수하는 방법은 여러 가지가 있는데 "원고
가 향후 탑승할 구체적, 현실적 개연성이 있는 노선"으로 의무를 제한
한 것은 문제가 있다고 주장하고 있다. 비장애인은 주거지를 떠나 어
디든지 버스를 탈 수 있는데, 장애인은 구체적·현실적 개연성이 있는
버스만 타라고 하는 것은 장애인의 이동권을 비장애인과 동등하게 인
정할 것을 포기한 판단이라고 주장하고 있다. 대신 비례의 원칙을 준
수하는 방법으로 단계적으로 비율을 늘려 이행하고, 초기에는 예약 시
스템을 활용하여 배차를 하는 것을 제시하고 있다.

교통약자가 '모든' 교통수단을 차별 없이 이용하여 이동할 권리가
규정되고 교통약자에게 승하차 편의를 제공할 의무가 법률화된 지 20

년이 되어간다(2005. 1. 27. 제정), 장애인차별금지법이 만들어져 이동 및 교통수단에서 차별받지 않을 권리를 명시한 지도 17년이 흘렀다 (2007. 4. 10. 제정). 소송 도중 경기도가 광역버스에 2층 저상버스를 도입했다. 비록 고속도로 구간의 입석 금지를 위해 도입하였으나 1층이 저상이라 장애인 탑승이 가능해졌다. 2019년 가을에는 고속버스에 휠체어 탑승이 가능한 버스가 처음으로 시범운행을 시작했다. 교통약자법이 만들어진지 13년 만의 일이었다. 서울-부산 등 4개의 노선에 10대를 도입하였으나 지금은 운행하지 않고 있다. 아직도 휠체어 장애인은 고속버스를 탈 수 없다.

4. 접근권: 1층이 있는 삶 소송

휠체어를 이용하는 친구와 식사를 하려면 거리를 헤매야 한다. 대형빌딩을 제외하고는 가게 입구에 턱이나 계단이 있기 때문이다. 경사로 있는 가게를 찾는 것은 '하늘의 별 따기'다. 유아차를 끌고 편의점에 갈 때도 비슷한 상황에 부딪힌다. 잠시 아이를 두고 후다닥 물건을 사 올까? 아이를 안고 유아차를 접어 낑낑거리며 들어가야 할까? 장애인 친구는 모든 건물 엘리베이터는 고사하고 '1층이 있는 삶'은 언제쯤 가능할지 물었다. 동료들과 함께 '1층이 있는 삶' 프로젝트를 시작한 이유다.

우선 국가인권위원회와 함께 원인과 실태를 알아보는 조사를 했다 (2016년).[13] 문제는 의외의 곳에 있었다. 우리나라는 1997년 관련 법을 만들었다('장애인·노인·임산부 등의 편의증진 보장에 관한 법률'). 이 법은 장애인 등이 공중이용시설을 동등하게 이용하고 접근할 권리를 규정하였다. 경사로 등 편의시설 설치를 의무화했다.

---

13) 국가인권위원회, "일정기준 미만의 공중이용시설에 대한 장애인 접근성 실태조사", 연구용역보고서 (2016).

> 제4조(접근권) 장애인등은 인간으로서의 존엄과 가치 및 행복을 추구할 권리를 보장받기 위하여 장애인등이 아닌 사람들이 이용하는 시설과 설비를 동등하게 이용하고, 정보에 자유롭게 접근할 수 있는 권리를 가진다.

그런데 정부가 시행령을 만들면서 소매점·음식점·약국 등은 300㎡ 이상, 의원·이미용실 등은 500㎡ 이상인 경우에만 편의시설 설치 의무를 부과한 것이다. 국가인권위원회 조사에 따르면 2014년 면적 기준으로 서울에 있는 슈퍼마켓의 98%, 일반음식점의 96%, 제과점 등 기타 음식점의 99%가 의무를 면제받았다. 전체 편의점의 1.8%, 음식료품 및 담배소매점의 2.2%만이 300㎡를 넘어 의무 대상이 되었다. 필수 시설인 약국은 말할 나위가 없다.

면적 기준 외에 시기 기준도 문제였다. 법률 시행 이후 신축·증축·개축하는 시설에만 의무를 부과했다. 실내건축공사는 포함되지 않았다. 결국 법 시행 이후에 새로 가게를 열고 실내건축공사를 하는 경우에는 의무가 없다. 이런 법령의 문제점 때문에 장애인 등에게 공중이용시설은 그야말로 '그림의 떡'이 되고 말았다.

우리는 소송을 통해서 문제를 제기하기로 했다. 시행령의 위헌 판단을 받는 것이 목표였다. 원고는 휠체어를 이용하는 장애인, 유아차를 끄는 엄마, 관절이 좋지 않아 계단을 오르기 어려운 노인으로 구성되었다. GS리테일, 투썸플레이스, 호텔신라, 대한민국이 피고가 되었다. 편의점과 카페는 면적 기준 때문에, 신라호텔은 법 시행 이전 건축된 호텔이라는 이유로 접근성이 미흡했다.

소송을 제기한 후 투썸플레이스와 호텔신라는 개선을 약속했다. 결국 남은 피고들에 대한 판결이 선고되었다. 법원은 "300㎡ 미만인 공중이용시설을 편의시설 의무 대상에서 제외한 것은 장애인 등이 모든 생활영역에 접근할 권리를 보장하도록 한 법률의 위임 범위를 일탈했고, 행복추구권과 행동자유권을 침해했으며 평등원칙에 반해 무효"라고 판단했다. 1년의 유예기간을 주고 직영점은 경사로가 설치된 출입구, 출입이 가능한 출입문을 설치하고, 가맹점에 대해서는 접근성 표준을 만들고 비용을 일부 지원하라고 판결했다. 대한민국에 대한 청구는 아쉽게 기각되어, 지금 대법원에 계류 중이다.

원고 및 청구	피고	청구취지
장애인 → **장애인차별 금지법상 구제청구, 손해배상청구**	투썸플레이스	통행이 가능한 접근로, 단차 없는 출입구, 장애인 전용주차구역 설치
		가맹점사업자로 하여금 위 편의시설을 설치하도록 기준 제시, 점포환경개선 요구 및 비용 일부 부담
	GS리테일	통행이 가능한 접근로, 단차 없는 출입구 설치
		가맹점사업자로 하여금 위 편의시설을 설치하도록 기준 제시, 점포환경개선 요구 및 비용 일부 부담
	호텔신라	장애인용 객실 제공
	대한민국	손해배상 5백만원
노인 및 영유아 동반자 → **불법행위 손해배상청구**	투썸플레이스	손해배상 5백만원
	GS리테일	
	대한민국	

이후 보건복지부는 문제를 해결한다면서 300㎡를 50㎡로 개정하는 시행령을 개정하였다. 그러나 이렇게 규모를 기준으로 일률적인 예외를 인정하는 것은 옳지 않다. 50㎡로 변경해도 그에 미치지 못하는 약국, 편의점, 소매점, 식당 등은 여전히 경사로 설치 의무를 면하게 된다. 규모가 작다고 재정능력이 부족한 것도 아니다. 단차 제거나 경사로 설치에는 과도한 비용이 들지도 않는다. 최근 경사로 설치 비용을 지원하는 지자체도 급속히 늘고 있다.

법률 체계가 우리와 비슷한 일본의 경우 국토교통성 차원의 노력을 꾸준히 벌이고 있다. 일본은 "소규모 점포의 배리어 프리화"라는 이름으로 정책을 추진하고 있다. 2019년 조사결과이지만 조사대상 소규모 점포 전체의 19.3%, 업종별로는 음식점 19.2%, 일용품 판매점포 15.3%, 마켓 등 물품 판매점포 26.3%, 소규모 식당 및 카페는 9%의 비율로 배리어 프리화가 진행되어 있음을 확인할 수 있다. 한국의 경우 소규모 공중이용시설에 대한 실태조사가 전혀 없어서 비교할 수 없지만, 위 소송에서 확인된 바에 따르면 GS리테일의 편의점 14,000개 중 50개만 경사로가 있어서 0.35%의 접근성을 보이는 반면, 일본의 경우 편의점 이 포함된 일용품 판매점포의 경우 15.3%의 접근성을 가지고 있다. 모두의 1층이 있는 삶은 언제쯤 가능할까?

5. 영화를 볼 권리: 모두의 영화관 소송

'기생충'이 비영어 영화로는 처음으로 아카데미 작품상을 받았다. 봉준호 감독은 골든글로브 시상식에서 "자막의 장벽, 그 1인치의 장벽을 뛰어넘으면 더 많은 영화를 만날 수 있다. 우리는 영화라는 하나의 언어만 사용한다."고 말했다. 그 1인치의 장벽 때문에 청각장애인은 한국영화 기생충을 관람할 수 없다. 얼마 전 장애인 단체가 "장애인도 기생충을 관람하게 해 달라"며 국가인권위원회에 진정을 제기했다. 우리 영화관은 베리어프리 이벤트에서만 제한적으로 자막상영을 해왔다. 비장애인에게 방해가 된다는 이유에서다. 2011년 영화 '도가니'가 한참 인기를 끌 때 장애인 단체는 내게 소송을 하자고 했다. 청각장애학교 와 시설을 다룬 영화지만 당시 도가니를 상영하던 640개 상영관 중 22 곳에서만 자막을 제공했다.

나는 소송을 미루었다. 장애인차별금지법에는 "문화예술사업자는 그가 생산·배포하는 정보에 대하여 장애인이, 장애가 없는 사람과 동등하게 접근·이용할 수 있도록 자막 등 필요한 수단을 제공하여야 한 다"고 규정하고 있다(제21조 제1항). 다만 스크린 기준 300석 이상의 영화상영관은 2015년 4월 11일부터 의무를 부담했다. 2015년 4월이 지났으나 영화상영관들은 자막을 제공하지 않았다.

미국에서는 다양한 방식으로 자막과 화면해설을 제공한다. 자막이 흐르는 특수안경(Access Glasses)이 대표적이다. 최대 극장사업자 리걸이 채택한 이 방식은 안경 유리를 통하여 자막을 보여준다. 좌석 앞 투명한 화면에 자막을 띄우는 방식(Rear Window), 단말기로 자막을 보여주는 방식도 시행되고 있다. 영국이나 하와이는 아예 개방형으로 일정 비율의 스크린에 자막을 띄우고 있다. 국내에서는 부산국제영화제에서 2014년부터 핸드폰에 앱을 깔아 자막 및 화면해설을 제공하는 서비스를 제공하기 시작했다.

2016년 2월 소장을 제출했다. 청각장애인과 시각장애인이 원고가 되고, CGV, 롯데시네마, 메가박스를 피고로 삼았다. 청구취지는 "청각장애인 원고에게 자막을, 시각장애인 원고에게 화면해설을 제공하라."는 것이었다. 장애인차별금지법에는 법원이 차별시정을 위해 적극적 구제조치를 내릴 근거를 두고 있다. 당시 언론은 "장애인도 천만관객이 되고 싶다."는 제목의 기사를 썼다.

소송 중 검증기일이 열렸고 진화된 기술이 선보였다. 자막이 보이는 안경인데 한국어뿐 아니라 영어, 중국어, 일본어 등 다른 언어도 선택할 수 있다. 수어영상도 안경으로 볼 수 있었다. 이 안경을 도입하면 상영관은 장애인뿐 아니라 외국인 관람객을 유치할 수 있다. 2017년 12월 1심 판결이 선고되었다. 법원은 피고들이 차별행위를 하고 있음을 인정하고, 자막 및 화면해설 서비스를 제공하라고 명했다. 피고들이 항소하였고, 항소심에서는 상영횟수와 상영관을 제한하는 일부 인용판결을 선고하였다. 현재 쌍방 상고하여 대법원에 계류 중이다. 1, 2심 판결을 비교하면 아래와 같다. 우리는 항소심이 상영횟수의 3%만을 의무적으로 명한 것은 실질적으로 동등해야 한다는 기준을 위반한 것이라고 주장하고 있다.

최근 한국영화는 플랫폼 발전 및 해외 수요로 인하여 영어뿐 아니라 각종 외국어 자막이 만들어지고 있다. 스마트 안경의 자막 기능을 활용하면 국내 체류 외국인과 외국인 관광객까지 이용할 수 있다. 오

주문	1심	원심
인용범위	원고들 청구 전부 인용	원고들 청구 일부 인용
의무 상영횟수	특별히 정하지 아니 함	총 상영횟수의 3%(토일 포함)
의무 상영관	대상 상영관을 제한하지 않음	1) 300석 이상의 좌석을 가진 상영관 2) 복합상영관 중 총좌석수가 300석을 넘는 경우 1개 이상의 상영관
방법	화면해설 및 자막을 제공하라고 명함	화면해설 및 자막 제공의 방법을 구체화함 [개방형 상영방식, 폐쇄형 상영방식(태블릿, 스마트 안경 등 수신기 선택 가능)]
정보제공청구	인용함	기각함
소송비용	전부 피고들 부담	50% 피고들 부담

히려 극장의 관객 수요를 확장할 수 있다. 그런데 영화관 사업자들은 별 관심이 없다. 미국 영화관인 AMC의 홈페이지에 들어가면, "모든사람이 즐기는 영화를 만드는 것"이 모토라고 명시하고 있다. 리걸사는 특수안경을 소니를 통해 직접 개발했다. 당시 회사는 핸드폰이나 스마트 TV 보급으로 극장 관람객이 줄어드는 현실에서 청각장애인과 같은 새로운 고객을 유치하기 위한 노력이라고 언급했다. 시혜가 아니라 고객이라는 것이다.

6. 양육권: 위탁부모 자격 소송

아이슬란드의 프레야(Freyja Haraldsdottir)는 와상장애인이다. 사지를 움직이지 못한다. 나는 그녀를 아일랜드에서 만났다. 그녀는 아이슬란드 장애인 운동가이자 아이슬란드 대학 겸임교수로 교육학 박사이다. 그녀는 아이를 키우고 싶어서 위탁부모(Foster Parent)를 신청했으나 적합성 평가에 필요한 예비과정에도 들어가지 못하고 거절당했다. 아이를 양육하기에는 건강요건이 충분하지 않다는 이유였다. 그녀는 소송을 제기했으나 1심에서는 패소했다. 대법원까지 가는 법적 공방이 이어졌다. 아동 보호기관은 유엔 아동권리협약에 따라 아동에게 영향을 미치는 결정은 아동의 이익이 항상 최우선이어야 하므로 프레야는 위탁부모가 될 수 없다고 다투었다.

아이슬란드 대법원은 그녀의 손을 들어 주었다. 이 사건은 그녀가 위탁부모의 자격을 갖추고 있는지를 본격적으로 다루는 사건은 아니었다. 그녀는 위탁부모 적합성 평가를 위한 예비과정에도 들어가지 못했기 때문이다. 법원은 아동보호기관의 조치가 절차적 위반이고 차별이라고 판단했다.

사지장애를 가진 프레야가 위탁부모가 될 수 있을까? 그녀의 입장이 아닌 아동의 입장에서 보면 어떠할까? '아동의 권리'와 '장애인이 아이를 키우거나 부모가 될 권리'는 상충되는가? 육체적 능력이 제한된 사람은 양육의 '자격'이 없는가? 기저귀를 갈 수 없는 장애인은 아이를 맡아 기를 수 없는 것인가? 아이를 한 팔에 안고 목욕을 시킬 수 없는 사람은 양육을 하면 안되는 것일까? 양육의 핵심이 다른 지점에 있다면 기저귀를 갈거나 목욕하는 것은 베이비 시터에게 맡기는 방식은 곤란할까?

최근 소식을 알아보니 그녀는 15살 소년의 위탁부모가 되었다. 언론은 위탁가정이 필요했던 스티브라는 소년을 위탁받아 양육하는 과정과 느낌, 생활을 보도하고 있다.14) 그녀와 아동 모두에게 행복한 결말이

---

14) visir, "Freyja orðin fósturmamma:„Ég elska hann mjög mikið",
   https://www.visir.is/g/20232413045d/freyja-ordin-fosturmamma-eg-elska-hann-mjog-mikid-
   (2023. 5. 10. 00:18).

아닐 수 없다. 그녀는 비록 아이를 안아주고 육체로 아이를 돕지 못하지만 사랑으로 대화로 교육으로 위탁부모 역할을 잘 수행하고 있다.

7. 결혼할 권리

가. 어느 모의재판

2019년 아일랜드 골웨이 대학(GUI Galway)에서 개최한 장애인법 여름학교(Disability Law Summer School)에 참가하였다. 30개 이상의 나라에서 법률가, 학자, 공무원이 왔고, 한국에서도 12명의 변호사가 참여했다. 여름학교에서는 모의재판을 진행하였는데, 사안은 다음과 같다.

> 존은 게이클럽에서 남자를 만나 2년간 사귀다 혼인신고를 하였으나 수리되지 않았다. 존은 지적장애인이었는데 그의 재정적 결정을 돕기 위해 선임된 후견인이 결혼에 반대 입장을 표명한 것이 큰 영향을 주었다(동성혼이 합법화된 나라여서 동성혼은 문제되지 않았다). 후견인이 그의 결혼을 반대한 이유는 상대방 남성이 나이가 많은 이주민으로 혼인을 통해 비자(Visa) 상황을 개선하려는 의도가 보이고, 존이 '결혼의 의미' 특히 '그 경제적 결과'에 대하여 충분히 이해하고 있지 않다는 것이었다. 다만 존의 가족들은 결혼을 지지하는 입장이었다. 존은 혼인신고를 수리하지 않은 결정에 대하여 소송을 제기하였다.

여름학교 참가자들은 원고와 피고, 보조참가인으로 나뉘어 치열한 변론을 진행하였다. 지적장애가 있는 사람이 결혼을 희망하고 가족도 이를 지지하고 있음에도 후견인이 결혼에 부정적이라는 이유로 당국은 혼인신고를 거부할 수 있을까? 그의 의사능력 부족과 복리는 혼인신고의 거부사유가 될 수 있을까? 해당 국가의 후견인에게 혼인에 대한 동의권이 있는 것은 아니었다.

우리라면 어떤 결정을 내렸을까? 지적장애가 있는 사람은 결혼을 스스로 결정할 수 없는 것인가? 비장애인의 결혼에 국가 또는 제3자는 법적으로 관여하지 않는 것이 원칙이다. 근친혼이거나 중혼이거나 부모의 동의가 없는 미성년자의 혼인과 같은 예외적인 사유가 있을 때 혼인신고는 수리되지 않을 수 있다. 혼인의 상대방이 누구인지, 상대방의 숨은 의도가 무엇인지, 두 사람의 결혼이 일방에게 경제적으로 어떤 영향을 미치는지 당국은 살피지 않는다. 다만 사기로 인하여 혼인의 의사표시를 한 당사자는 법원에 혼인의 취소를 청구할 수 있다.

그런데 성년후견을 받는 지적장애인은 다르다. 후견인의 동의가 필요하다(제808조). 후견인이 반대한다면 혼인은 불가능하다. 심지어 약혼에도 후견인의 동의가 요구된다(제802조). 같은 상황에서 후견인은 동의 여부를 판단할 때 장애인의 '복리'를 우선하여야 하는가, 아니면 당사자의 '의사'를 우선하여야 하는가? 민법은 복리에 반하지 않는 범위에서만 당사자의 의사를 존중하여야 한다고 명시하고 있다. 비록 위 사안에서 당사자는 상대방을 사랑하고 가족도 결혼을 지지했지만 상대방의 의도도 의문이고 결혼이 경제적으로 당사자에게 부정적인 영향을 미칠 상황이라면 후견인은 당사자의 복리를 내세워 결혼에 동의하지 않을 것이다. 비장애인 친구가 위험한 상대방과 결혼한다고 하면 우리는 결혼을 반대할 수는 있지만 누구도 해당 혼인신고에 제동을 걸 수 없다. 그러나 지적장애가 있는 사람은 달리 보아야 하는가?

나. 지적장애인의 혼인이 무효가 된 사례

최근 지적장애인의 혼인을 무효로 본 사례가 있다. 당사자(갑)는 추락 사고 이후 두개골 함몰 등으로 인지 저하 등 장애가 생겼다. 이후 지적장애 3급으로 등록하였다. 그는 사고 이전에 어느 여성(을)과 동거한 적이 있다. 을은 갑이 입원한 병원에 찾아와 혼인신고를 하자고 제안한 후 갑을 데리고 나가 병원 인근의 주민센터에서 혼인신고를 마쳤다. 갑의 형은 혼인무효 소송을 제기하였다.

당시 그의 지능은 낮은 수준(전체 지능 69, 언어이해 70, 지각추론 82, 작업기억 75, 처리속도 78)이었다. 소송 중에 밝혀진 바로는 혼인

신고 당시 을의 '자기야, 내가 누구야? 응?'이란 질문에 갑이 '와이프'
라고 답하고, '그래 그럼 나하고 혼인신고 하러 갈까?'라는 질문에 '응'
이라 답한 사실, 을은 '그래 가서 혼인신고 하고 오자. 그래야 같이 살
수 있는 거야'라고 말하자, 갑이 '알았어'라고 말한 사실이 인정되었다.
  법원은 "갑이 결혼의 의미를 피상적으로나마 이해하고 있었으며,
갑과 을이 사고 이전에 사실혼관계에 있었다고 하더라도, 혼인신고 당
시 갑에게는 사회관념상 부부라고 인정되는 정신적·육체적 결합을 생
기게 할 의사능력은 결여되었다."고 판단하였다(부산가법 2019. 1. 31.
선고 2016드단15613 판결). 프랑스의 판결례에 따르면 "법원의 역할은
혼인에 동의하는 본인의 의사가 분명한지와 혼인 의사에 대한 진의 여
부를 확인하는 것이며 본인의 재산상 이익은 더 이상 피후견 성년자의
혼인을 제약하는 요인이 될 수 없다."고 한다.15) 장애인의 자기결정권
이 그만큼 중요하다는 것이다.

  다. 하마와 별의 결혼 이야기16)

  하마와 별(김탄진, 장애경의 별칭)은 장애계에서 유명한 탈시설 부
부이다. 나는 이들의 사랑과 결혼 이야기를 듣고 많은 생각을 했다. 장
애인은 결혼할 권리가 있을까를 질문하게 된 계기이다. 하마와 별은
같은 장애인 거주시설에서 살았는데, 언어장애가 심한 하마를 별이 돕
다가 자연스럽게 사랑에 빠졌다. 어느 날 원장에게 결혼하고 싶다고
말했다가 사달이 났다. 평소 아버지라고 부르라던 시설장은 "너희는
하나님하고만 결혼할 수 있다."며 연애조차 반대했다. 별의 부모를 불
러 "중증장애인들이 결혼해서 어떻게 살겠냐."며 이별을 종용했다. 아
버지는 별이 그곳에서 죽기 전에는 절대 밖으로 나갈 수 없다는 엄포

---

15) C. Robbe, "De l'autorisation à mariage du majeur sous tutelle avant la loi n° 2019-
   222 du 23 mars 2019", Gaz. Pal. 1 oct. 2019, n° 33, 76.
16) 이지홍, "人터뷰: 춤추는 별과 시 쓰는 하마 - 탈시설 장애인 김탄진, 장애경씨",
   세상을 두드리는 사람 50호, (2011. 5-6월호).

를 남기고 가버렸다.

하마는 결국 시설을 나왔지만 몰래 별에게 핸드폰을 보내 사랑을 이어갔다. 그러던 어느 날 원장이 핸드폰을 압수했다. 사랑을 이어주던 오작교(핸드폰)를 빼앗기자 별은 더 이상 살고 싶지 않았다. 그녀는 죽을까 고민하다 시설을 탈출했다. 걷지 못하는 그녀는 기어서 시설을 나왔다. 무릎으로 기기 시작했다. 반바지 아래 무른 살이 돌에 찢기는 것도 몰랐다. 두 팔을 뻗어 땅을 짚고, 무릎으로 엉덩이로 그 거리만큼 좁히며 앞으로 나아갔다. 오랜 시간을 기어가다 만난 사람에게 도와달라고, 택시를 불러 달라고 했다. 그런데 경찰이 왔고 경찰서에 가니 시설장이 왔다. 시설로 돌아가기가 죽기보다 싫었던 그녀는 버텼고, 장애인 단체 활동가에게 연락해 서울로 갈 수 있었다. 이렇게 그녀는 시설을 나왔다. 그리고 이들은 2009년 결혼했다. 이들의 결혼과 자립은 탈시설을 주저하는 이들에게 용기를 주었다. 아래는 하마가 별을 생각하며 쓴 시다.

내리네

우리내 마음에
천사의 꽃이
내리네

그대여
우리가 그때 약속을 했지
천사꽃이 내리면
우리의 사랑이 이루어질 수 있다고
- 김탄진 〈천사의 꽃〉

우리 법인의 장애 인식개선교육에서 하마(탄진씨)를 불러 강의를 들은 적이 있다. 의사소통이 쉽지 않은 그는 보완대체 소통기구를 활용하고 다른 사람과 함께 교육을 했다. 그는 시설을 나와 결혼도 하고, 장애인식개선 교육의 강사가 되었다.

V. 결론

　내가 아는 장애인은 출근 시간에 지하철 엘리베이터 앞에서 "이렇게 바쁜 출근 시간에 왜 돌아다니냐?"는 말을 들었다. 그는 출근 중이었다. 내가 아는 다른 장애인은 저상버스를 탔다가 핀잔을 들었다. 휠체어가 저상버스에 오르고 자리를 잡는데 상당한 시간이 걸렸기 때문이다. 어느 아주머니가 "이렇게 바쁜 시간에 저 한 사람 때문에 모두가 기다려야 한다니 짜증난다. 대한민국은 문제"라고 큰 소리로 말했다. 그 장애인은 쥐구멍에 숨고 싶었다. 그런데 어떤 학생이 "우리는 문제 없다."고 말하고, 다른 승객들도 "뭐가 문제냐, 바쁘시면 아주머니가 택시를 타면 되지."라고 응수했다. 결국 그 사람이 창피한 나머지 버스에서 내렸다고 한다.

　장애인도 시민이다. 우리는 장애인이 비장애인과 동등하게 살아가는 문명국가를 원한다. 장애인의 권리가 보장되는 것은 어린이, 노인을 비롯한 모든 사회적 약자를 위한 일이다. 나아가 모든 사람에게 이익이 되는 일이다. 저상버스는 휠체어 장애인을 위해 도입되었지만, 어린이나 노인 모두에게 유용하다. 장애인의 이동권 투쟁으로 설치된 지하철 역사의 엘리베이터는 바쁜 사람들 모두에게 편리한 수단이다. 여행용 캐리어를 끌고 지하철 엘리베이터를 타본 사람은 장애인에게 감사해야 한다. 장애인을 위해 만들어진 경사로에는 유아차가 다니고, 자전거가 지나간다. 시각장애인을 위해 개발을 시작한 무인 자동차는 자율주행자동차가 되었다. 이처럼 장애인의 권리를 옹호하는 것은 모두의 권리를 옹호하는 일이다. 장애인이 법 앞에 평등한 세상을 만들자고 다짐해 본다.

참고문헌

국내문헌

국가인권위원회, "일정기준 미만의 공중이용시설에 대한 장애인 접근성 실태조사", 인권상황실태조사 연구용역보고서 (2016)

권건보 외, 비교법적 접근을 통한 장애 개념의 헌법적 이해, 헌법재판소 (2020)

김도현, 장애학의 도전, 오월의봄 (2019)

박승희 외 역, 장애란 무엇인가? 장애학 입문, 학지사 (2016)

이준일, 헌법과 사회복지법제, 세창출판사 (2009)

김동호, "장애 패러다임의 전환과 자립생활", 장애인고용 (2001. 겨울호)

윤수정, "장애인의 존엄한 삶과 헌법 - 장애인운동이 고안해 낸 새로운 권리의 사법적 수용가능성을 중심으로", 사단법인 한국공법학회 공법연구 제44집 제3호 (2016. 2.)

이세주, "장애인의 보호와 권리 보장의 실현에 대한 헌법적 고찰 - 장애인의 보호와 권리 보장의 실질적 실현을 위한 유럽의 논의를 중심으로", 경북대학교 법학연구원 법학논고 제70집 (2020. 7.)

이지홍, "人터뷰: 춤추는 별과 시 쓰는 하마 - 탈시설 장애인 김탄진, 장애경씨", 세상을 두드리는 사람 50호, (2011. 5~6월호)

외국문헌

Bredley, V. J., "Evolution of a New Service Paradigm", Bradeley V. J., Ashbaugh, J. W., Bleney, B. C. (ed). Creating individual supports for people with developmental disabilities: A mandate for change at many levels. Baltimore, Paul H. Brookes (1994)

C. Robbe, "De l'autorisation à mariage du majeur sous tutelle avant la loi n° 2019-222 du 23 mars 2019", Gaz. Pal. 1 oct. 2019, n° 33

발달장애아동의 교육권 보장을 위한 법제 개선방안

김 기 룡*

초록

발달장애아동의 교육권은 생존권, 보호권, 발달권 및 참여권을 보장받는 아동으로서의 기본적 권리, 자유롭게 공교육에 참여하고 필요한 교육을 제공받을 권리, 인권 침해 또는 장애 차별을 받지 않고 교육을 받을 권리 등으로 제시해 볼 수 있다. 발달장애아동의 교육권을 규정하고 있는 법령으로는 대표적으로 장애인권리협약, 아동권리협약 등의 국제인권조약, 특수교육법을 포함한 교육 관련 법률, 장애인복지법 등의 장애 관련 법률이 있다.

이와 같은 국내외 발달장애아동 교육권 관련 법률 중 특수교육법이 발달장애아동 교육권을 실체적으로 규정하고 있는 법률이라 할 수 있다. 현행 특수교육법은 발달장애아동의 교육 여건을 개선하는데 크게 기여한 것으로 평가되고 있으나, 특수교육법에 대한 입법평가 실시 결과, 특수교육법 시행 이후 발달장애아동의 취업률 또는 진학률 등이 크게 개선되지 못하고, 통합교육의 만족도가 향상되지 못하는 등 실효성 또는 효과성의 문제가 나타나고 있으며, 타 법률 또는 하위법령 간의 체계정합성의 문제도 발견되고 있다. 또한 특수교육법이 전부 개정된 지 20여년이 지난 상황이므로 오늘날의 시대사회적인 변화와 교육 현장의 다양한 요구를 충분히 반영하지 못하고 있다는 지적도 받고 있다.

따라서 발달장애아동의 교육권 증진을 위해서는 대표적인 교육권 보

---

* 중부대학교 특수교육학과 교수.

장 법률인 특수교육법이 발달장애아동의 교육의 질 개선, 실질적인 통합교육 실현, 맞춤형 교육 강화 등 시대사회적 변화와 교육 현장의 다양한 요구를 반영하여 전면 개정되어야 하고, 이를 통해 국가 및 지방자치단체의 특수교육에 대한 행, 재정적 지원을 강화할 필요가 있다.

I. 서론

발달장애아동이 전체 장애아동의 73%(보건복지부, 2023) 또는 특수교육대상 아동의 68.5%(교육부, 2023)를 차지하고 있으므로, 장애아동의 교육권과 관련된 이슈는 주로 발달장애아동을 중심으로 논의되어 왔다. 발달장애아동은 인지, 의사소통, 적응행동 등의 어려움을 갖고 있으므로 신체적 어려움을 갖고 있는 아동과는 달리 보다 다양한 교육 내용과 방법을 통한 교육적 지원, 다른 사람과의 상호작용을 촉진하기 위한 의사소통 지원, 일상생활과 사회생활에서의 적응을 위한 사회적 지원 등을 필요로 한다. 특히 교육 현장에서 발달장애아동은 특별한 교육적 요구를 갖고 있는 아동으로서, 특별히 고안된 교육과정과 이와 같은 교육과정을 효과적으로 제공하기 위한 관련서비스를 필요로 하고, 특수교사 및 다양한 관련서비스 담당인력 등을 통해 개별화된 교육계획에 따라 교육적 지원을 제공받아야 한다.

발달장애아동의 이러한 교육적 요구를 고려하고, 보다 효과적인 교육을 제공하려면 특수교사와 다양한 교육 지원 인력의 노력, 학교 구성원의 인식 개선, 학부모의 협력 등이 필요하고, 무엇보다도 이와 같은 인적, 물적 지원이 효과적으로 제공될 수 있는 교육 환경이 조성되어야 한다. 지난 20여년 전에 개정된 「장애인 등에 대한 특수교육법」(이하 '특수교육법')은 이러한 발달장애아동의 교육받을 권리를 보장하고 발달장애아동을 위한 교육 여건을 조성하는데 기여해 왔다. 특수교육법 시행으로 발달장애아동 등 장애아동에 대한 의무교육 및 무상

교육 확대, 특수교육기관 및 특수교사 확충, 특수교육 관련서비스 확대, 고등교육 기회 확대 등 장애아동의 교육 기회 증진과 통합교육 촉진, 일반교사 및 특수교사의 전문성 제고 등 장애아동의 교육의 질 향상에 기여한 것으로 평가되고 있다.

그러나 지난 20여년의 특수교육 역사는 발달장애아동의 교육받을 권리 보장에 있어 특수교육기관과 특수교사 확충, 특수교육지원센터의 지원 체계 구축 등 특수교육 인프라 구축에 필요한 양적 성장에 집중해 왔다고 볼 수 있다. 질적인 측면에서 살펴볼 때 지난 20여년 동안의 특수교육 현장이 크게 변화되지 않았기 때문이다. 예를 들어 장애학생의 진학률 또는 취업률이 지난 10여 년 동안 크게 향상되지 않았고(유은혜 의원실, 2014), 통합교육 현장에서 발달장애아동에 대한 직, 간접 차별이 여전히 많이 발생하고 있으며(김삼섭 외, 2014), 학교구성원들의 특수교육에 대한 인식이 크게 향상되지 못했다(김병하, 이근용, 2015). 특히 특수교육법 전부 개정 이후 특수교육 사업이 지방으로 이양되면서, 특수교육 여건의 지역간, 학교간, 학생간 격차가 심화되고 있고(김기룡 외, 2017; 남세현 외, 2014; 서동명 외, 2012; 안민석 의원실, 2011), 국가의 특수교육에 대한 적극적 역할이 축소되는 등 특수교육 환경은 크게 개선되지 못했다(김기룡 외, 2017).

발달장애아동에 대한 특수교육의 질적 수준이 향상되지 못한 원인은 국가 수준의 특수교육에 대한 투입 예산이 낮고(김남순 외, 2015; 이덕순, 2009; 정봉도, 2000), 특수교사 법정정원 미확보 등 특수교육의 인적 인프라가 제대로 확충되지 않았으며(한경근, 2009), 특수교육 서비스를 체계적으로 지원할 수 있는 행·재정적 지원 체계가 충분히 구축되지 않는 등(강경숙, 최세민, 2009) 특수교육에 대한 구조적 문제에 기인한다고 할 수 있다(김기룡 외, 2017). 또한 특수교육에 대한 통합교육 현장의 낮은 인식 수준, 장애에 대한 편견 또는 선입견, 장애인 문제를 우리 사회 공동 문제로 인식하려는 시민의식 부재 등 사회문화적 인식의 문제도 존재하고 있다. 따라서 발달장애아동의 교육의 질

향상을 위해서는 인식의 변화뿐만 아니라 특수교육을 지원하는 체계와 구조 등 특수교육을 지원하는 인프라와 지원 시스템의 전반적인 변화가 필요하며, 이를 뒷받침하는 법적 근거인 현행 특수교육법의 전면 개선이 이루어져야 한다.

특수교육법 관련 연구에서도 특수교육법 개정의 필요성이 지속적으로 제기되어 왔다. 법률 개정 당시 법률의 명칭과 용어의 문제(한현민, 김의정, 2008), 의무교육 확대 문제(김윤태, 2008), 치료교육 문제(김원경, 한현민, 2007) 등 그간의 학문적 논의와 현장의 요구 사이에 불일치가 발생하였고, 이에 관한 사회적 합의를 이끌어내지 못한 채 법률이 개정되었으므로(김원경, 한현민, 2007), 부분 개정이 필요하다는 지적이 있기도 하였다. 또한 개정된 법률이 본격적으로 집행되는 시기에도 특수학교의 교사 배치 기준 문제(김용욱 외, 2009; 김원경, 한현민, 2009; 박주미, 김재응, 2013), 통합교육 운영 문제(류재연, 2013), 교육과정 운영 문제(박창언, 2011) 등이 제기되어, 해당 사항에 대한 법률 개정의 필요성이 제안된 바 있다. 한편, 장애인 당사자 또는 학부모 단체와 같은 외부 세력이 당시 법률 개정을 주도하여 학계 또는 교사의 의견이 구체적으로 반영되지 못했기 때문에 다양한 교육 주체간의 사회적 합의에 기반하여 특수교육법의 입법이 추진되어야 한다는 주장이 제기되기도 하였다(권순성, 김재응, 2010; 김삼섭 외, 2018).

특수교육법 개정 이후 특수교육법을 직접 다룬 학술지 논문 30여편의 내용을 개괄적으로 분석, 종합해 보면, 다수의 선행연구에서는 현행 특수교육법의 개정이 필요하다고 제안하고 있다. 특수교육법과 교육 관련 법률 또는 장애 관련 법률 간의 관계를 명확히 하고, 유사·중복 규정을 통합·조정하는 등 법 체계의 변화가 필요하다고 제안하는가 하면(박창언 외, 2010), 「장애인의 권리에 관한 협약」과 같은 국제조약과 「한국수어법」, 「발달장애인 권리보장 및 지원에 관한 법률」 등 최근 새롭게 제정된 장애 관련 법률에서 요구하고 있는 완전 통합교육의 실현, 장애인의 고유성 존중, 자기결정권의 실현 등 장애 패러다임의 변화를 고려하여 특수교육법 역시 이와 같은 시대사회적 변화에 부응하여 조화를 이룰 필요가 있다고 제안하고 있다(박은혜 외, 2016; 정희섭, 2017; 최철영, 2017). 또한 법 제정 과정에서 장애인 당사자, 부모 단체, 교사 단체, 전문가 학회, 변호사 그룹, 정부 관계자, 입법 전문가 등의 협력에 기반한 입법 추진이 이루어져야 함이 지적되었다(권순성, 김재응, 2010; 류재연, 2013).

그러나 특수교육법을 다룬 국내 선행연구를 종합해 보면, 특수교육법의 입법 과정에서부터 집행 과정에 이르기까지 과정의 전반을 평가, 분석하거나 특수교육법에 규정된 모든 특수교육 현안을 종합적으로 살펴본 기초 연구 결과를 찾아보기 어렵다(김삼섭 외, 2018). 지난 2018년 수행된 김삼섭 외(2018)의 특수교육법 개정 기초 연구는 그간의 특수교육법의 특성을 살펴보고 특수교육법에 대한 현장의 다양한 인식 수준과 요구 사항을 파악해 볼 수 있는 근거를 제시해 주고 있다. 김삼섭 외(2018)는 특수교육법에 대한 다양한 현장 요구 사항 및 문헌 자료 분석 결과를 바탕으로 특수교육의 공적 지원 체계 확대, 특수교육의 질적 수준 제고 등을 위하여 13개 분야에 대한 특수교육법 개정이 필요하다고 제안하였다. 이 연구 결과에 따르면 현행 특수교육법으로는 특수교육 현장의 다양한 요구를 반영하기 어려우며, 미래 교육의 패러다임 변화에 효과적으로 대응하기 어렵다. 즉 특수교육법의 전반적인 체제 변화를 요구하고 있는 것이다. 그 이후 진행된 김기룡 외(2020)의 특수교육법 개정 방안 연구에서는 2018년도 기초 연구 결과를 토대로 특수교육법 개정의 구체적인 방안을 제안하고 있고, 법률안까지 제시하고 있다. 그러나 이렇게 제안된 법률안은 21대 국회에서 발의되었을 뿐 일부 내용만 개정안에 반영되었고, 제안된 대부분의 내용은 개정까지 이어지지 못했다.

따라서 이 연구에서는 발달장애아동의 교육권에 대한 전반적인 개념을 살펴본 후, 현행 발달장애아동 교육권 보장에 핵심적인 기능을 수행하고 있는 특수교육법에 대한 전반적인 현황 및 문제점 분석과 함께 발달장애아동의 교육권 보장을 위한 법제 개선방안을 제안하고자 한다.

II. 발달장애아동 교육권의 개념

발달장애아동의 교육권은 교육권을 어떻게 해석하고, 바라보는가에 따라 다르게 정의될 수 있다. 여기서는 발달장애아동 교육권을 전통적 교육권 개념을 통한 접근, 아동권리협약에 따른 아동기본권으로서의 접근, 인권 침해 또는 장애 차별을 받지 않고 교육 받을 수 있는 교육 인권으로서의 접근 등 세 가지 관점에서 살펴보고자 한다.

1. 전통적 교육권 개념을 통한 접근

「헌법」제31조 제1항에는 "모든 국민은 능력에 따라 균등하게 교육을 받을 권리를 가진다."라고 규정되어 있다. 교육을 받을 권리라 함은 국가에 의해 방해받지 않고, 교육받을 것을 요구할 수 있는 권리를 의미한다(권영성, 1997). 이때 국가에 의해 교육을 방해받지 않는다는 것은 교육받을 권리의 자유권적 측면을, 국가에 적극적으로 교육받을 권리를 요구한다는 것은 교육받을 권리의 사회권적 측면을 말한다.

자유권적 측면에서 교육받을 권리는 교육을 받고자 하는 사람이면 누구나 능력에 따라 교육을 받을 수 있다는 것을 의미한다. 누군가 교육권의 수혜를 방해할 경우 국가가 이를 보호하고, 교육의 기회를 자유롭게 누릴 수 있도록 교육 환경을 조성하며 제반 조치를 취하도록 하는 것이 곧 자유권적 측면에서 교육받을 권리를 보장받는 것이다.

사회권적 측면에서 교육받을 권리는 교육을 받을 자유는 갖고 있으나 교육을 받을 수 있는 교육 환경이 마련되지 않아 교육받지 못할 경우 이를 국가에 적극적으로 요구할 수 있는 권리를 말한다. 다른 사람과 차별없이 동등하게 교육받는 것을 의미하기도 하는데, 이를 위하여 국가는 누구나 평등하게 교육의 기회를 누리고, 질 높은 교육을 받을 수 있도록 하는 데 필요한 조치를 취하여야 한다.

이와 같이 교육권을 자유권과 사회권의 관점에서 본다면, 발달장애아동 교육권의 자유권적 측면은 발달장애아동이 교육기관에서 자신의 신체, 양심, 종교 등의 자유를 행사하거나, 자신의 사생활을 보호받을 수 있는 자유를 의미한다(조태원, 2013). 또한 사회권적 측면은 인간다운 생활을 하기 위해 제공되어야 할 최소한의 교육적 조치를 누릴 수 있는 권리를 의미한다고 할 수 있다. 특히 다른 사람과 차이 나지 않게 균등하게 교육을 제공받고, 적절한 생활을 향유하는데 필요한 교육을 경제적 부담 없이 제공받을 수 있어야 한다. 이런 측면에서 사회권적 측면에서의 교육권은 생존권적 성격을 지니고 있다고 할 수 있다(이수광, 2000). 교육권의 이와 같은 측면을 고려해 본다면 발달장애아동의 교육권은 발달장애인 개개인의 자유롭게 교육받을 권리와 교육의 질적인 측면을 확충하여 제대로 교육을 받을 수 있는 권리를 모두 포괄한다고 하겠다.

「헌법」에서 교육권은 자유롭고 평등하게 교육을 받을 수 있는 권리를 중심으로 규정되어 왔고, 주로 교육의 기회균등의 의미를 강조해 왔다. 그러나 최근 이와 같은 교육권은 단순히 교육의 기회균등을 달성하기 위해 부여되는 권리로서의 의미뿐만 아니라 학습자가 학습하는데 필요한 권리, 교사 또는 학교가 교육을 할 권리로까지 해석되고 있다. 이러한 측면에서 교육권을 바라본다면 교육권은 교육과 관련된 사람들의 교육에 관한 권리와 의무 및 책임과 권한의 관계의 총체로 규정할 수 있다(강인수, 1989). 교육권을 학생의 학습권, 교사의 교권, 부모의 교육권, 국가의 교육에 대한 의무 등 교육과 관련된 사람 또는 집단에 대한 전반적인 권리와 의무에 관한 사항으로 해석할 수 있는 것이다. 따라서 교육권은 그 권리를 행사하는 사람이 누구냐에 따라 다르게 해석될 수 있으며, 표시열(2002)은 이와 같은 관점에서 교육권을 교사의 교육권, 학부모의 교육권, 학교설치자의 교육권, 국가의 교육권, 학생의 학습권 또는 수학권으로 구분한 바 있다.

이와 같은 교육권의 개념에 근거하여 발달장애아동 교육권 역시 발달장애아동을 위해 교육을 제공하는 사람의 권리와 의무, 교육을 받는 발달장애아동의 권리 및 의무 등으로 구분해 볼 수 있다. 발달장애아동 교육에 직, 간접적으로 참여하는 사람의 유형을 고려해 볼 때, 발달장애아동의 교육권은 먼저 교육을 받는 발달장애아동의 학습권, 발달장애아동에게 교육을 제공하는 교사의 교권, 발달장애아동이 교육을 받을 수 있도록 지원하는 부모의 권리와 의무, 발달장애아동을 위한 교육시설을 운영하는 운영자의 권리와 의무, 발달장애아동 교육을 증진하기 위하여 정책을 수립하고 예산을 지원하는 국가 및 지방자치단체의 권한과 의무 등으로 구분해 볼 수 있다. 결국 발달장애아동의 교육권은 발달장애인의 교육과 관련된 개인 또는 집단의 이해 관계를 대변하는 제반 권리로 해석된다. 따라서 발달장애인의 교육권 전반을 이해하기 위해서는 교육과 관련된 이해 당사자들의 다양한 관점과 해석을 종합적으로 검토할 필요가 있다.

교육권에 대한 전통적인 정의, 교육권의 자유권 및 사회권적 의미, 대상에 따른 교육권의 정의 등을 고려해 볼 때 발달장애아동의 교육권이라 함은 또래와 차별없이, 아동으로서의 기본권을 누리며, 전문가의 체계적 지원에 따라 최적화된 교육 환경에서 교육을 받는 것을 의미한다고 할 수 있다. 이는 교육기관에서 발달장애아동의 학습권을 보장하기 위해 제공되어야 할 일련의 교육적 조치를 일컫는 것이기도 하다. 따라서 발달장애아동의 교육권은 인간다운 생활을 위한 필수 요건이고, 국민의 능력의 계발과 실현을 위해 요구되는 권리이다. 교육권을 보장하게 되면 교육을 통하여 개인의 잠재적인 능력이 계발되고, 인간다운 문화생활 및 직업생활을 할 수 있는 기초를 마련할 수 있게 되는 것이다.

2. 아동권리협약에 따른 아동 기본권으로서의 접근

다수의 장애아동 관련 교육권을 다룬 연구는 주로 아동이 교육받을 권리 또는 학습권에 초점을 맞추고 있다. 이는 장애아동에 대한 교육의 중요성이 학령기 일반아동에 비해 상대적으로 덜 부각되었다는 점, 조기에 적절한 교육의 효율성이 그 이후 이루어지는 교육보다 더 높다는 등의 제안, 아동권리협약에 근거한 장애아동 교육에 대한 국제적 관심 고조 및 이에 기반한 국내 차원의 대책 수립 요구 등 정책 환경의 변화에 기반한 것이기도 하다.

아동권리협약이 제정되기 전까지만 해도 아동은 주체적 존재이기보다는 수동적인 존재로 인식되어 왔다(한지숙, 홍은주, 1998). 성인기와 비교해 볼 때 아동은 미성숙한 존재로 장기간 의존, 보호받아야 할 존재이기 때문이다(황성기, 1994). 따라서 아동은 권리를 주장하는 적극적인 존재라기보다는 부모 등 성인에 의해 보호받아야 하는 존재로 인식되어 왔다.

아동을 권리 행사의 주체로 또는 권리의 적극적 향유 주체로 인정할 것인가에 대한 논쟁은 아동권리협약의 제정으로 일단락되었다. 1989년 유엔에서 아동권리협약이 채택된 이후 아동은 한 사람의 인간으로서 인권의 적극적 향유 주체로, 아동 최선의 이익을 고려하여 어떠한 차별도 받아서는 안 될 존재로 인정받게 되었다(양순경, 2012; 이재연, 2009). 아동권리협약에서는 아주 어린 유아도 자신의 경험을 이해하는데 충분한 자격을 갖추고 있으며, 자신을 표현할 수 있는 능력을 갖고 있음을 밝히고 있다(한지숙, 홍은주, 1998). 또한 아동은 연령과 성숙도에 관계없이 자신의 감정과 의견을 가진 존재이며, 자신의 요구를 분명히 표현할 수 있고, 적절한 지원과 존중이 있을 때 사려 깊고 책임 있는 결정을 내릴 수 있는 존재이다(안동현, 2000). 또한 아동권리협약에서는 권리 행사의 주체로서의 아동의 권리를 구체적으로 제시하고 있는데 이를 무차별, 아동 최선의 이익, 생존 및 발달 보장, 참여라는 4대 원칙과 생존권, 발달권, 보호권, 참여권이라는 4대 권리로 구분하여 제시해 볼 수 있다(김영지, 김영준, 김지혜, 이민희, 2013; 김정화, 2014). 이에 대한 구체적인 내용은 〈표 Ⅱ-1〉과 같다.

〈표 Ⅱ-1〉 아동권리협약에서의 아동 권리에 대한 기본 원칙 및 기본 권리

구분		내용
기본 원칙	무차별 (Non-discrimination, 제2조)	모든 어린이는 부모가 어떤 사람이건, 어떤 인종이건, 어떤 종교를 믿건, 어떤 언어를 사용하건 부자건 가난하건, 장애가 있건 없건 모두 동등한 권리를 누려야 한다.
	아동 최선의 이익 (Best Interests of the Child, 제3조)	아동에게 영향을 미치는 모든 것을 결정할 때는 아동의 이익을 최우선으로 고려해야 한다.
	생존 및 발달 보장 (Survival and development, 제6조)	생애시기에서 특별히 생존과 발달을 위해 다양한 보호와 지원을 받아야 한다.
	참여 (Participation Rights, 제12조)	책임감 있는 어른이 되기 위해 어린이 자신의 능력에 맞게 적절한 사회활동에 참여할 기회를 가지고 자신의 생활에 영향을 주는 일에 대하여 의견을 말할 수 있어야 하며 그 의견을 존중받을 수 있어야 한다.
기본 권리	생존권 (Right to Survival)	적절한 생활 수준을 누릴 권리, 안전한 주거지에서 살아갈 권리, 충분한 영향을 섭취하고 기본적인 보건서비스를 받을 권리 등, 기본적인 삶을 누리는데 필요한 권리
	보호권 (Right to Protection)	모든 형태의 학대와 방임, 차별, 폭력, 고문, 징집, 부당한 형사처벌, 과도한 노동, 약물과 성폭력 등 어린이에게 유해한 것으로부터 보호받을 권리
	발달권 (Right to Development)	잠재능력을 최대한 발휘하는데 필요한 권리로, 교육받을 권리, 여가를 즐길 권리, 문화생활을 하고 정보를 얻을 권리, 생각과 양심과 종교의 자유를 누릴 권리
	참여권 (Right to Participation)	자신의 생활에 영향을 주는 일에 대하여 의견을 말할 수 있어야 하며 그 의견을 말하고 존중 받을 권리로, 표현의 자유, 양심과 종교의 자유, 의견을 말할 권리, 평화로운 방법으로 모임을 자유롭게 열 수 있는 권리, 사생활을 보호받을 권리, 유익한 정보를 얻을 권리 등

〈표 Ⅱ-1〉에서 제시한 바와 같이 아동권리의 4대 기본 원칙 중 무차별의 원칙은 어떠한 이유로도 차별받지 않고 또래 아동과 동등한 권리를 누려야 함을 의미하고, 아동 최선의 이익 원칙은 아동에게 영향을 미치는 것을 결정할 때 아동에게 최우선적인 이익이 보장되는가를 고려하는 것을 의미한다. 또한 생존 및 발달 보장의 원칙은 생애주기를 고려하여 아동에게 필요한 지원을 제공하는 것을 의미하고, 참여의 원칙은 아동 자신의 능력에 맞게 사회활동에 참여하고, 자신과 관련된 일에 대하여 자신의 의견을 말하고 존중받을 수 있는 권리를 보장하는 것을 의미한다.

한편, 아동권리의 4대 기본 권리 중 생존권은 아동이 생존 또는 생활에 필요한 제반 조건의 확보를 요구하는 권리를 말하고, 보호권은 아동의 특성을 발휘한 권리로서 비차별 권리와 학대, 방임, 폭력으로부터 보호받을 권리를 말한다. 또한 발달권은 자신의 재능과 잠재능력을 최대한 발휘하도록 하기 위한 기본 조건을 포함하고 있고, 참여권은 권리행사의 주체자로서 여러 가지 상황에 참여할 수 있는 권리를 말한다.

교육기관에서의 아동 기본권은 아동이 교육기관을 이용할 때 교육기관으로부터 제공받아야 할 기본적 권리를 의미하고, 이와 같은 권리는 교육기관과 그 구성원의 의무 또는 권리를 통해 제공받을 수 있다. 교육기관의 구성원은 아동의 발달권을 촉진시키고, 위협으로부터 보호받을 수 있도록 안전한 교육 환경을 조성하여야 하며, 교육기관의 중요한 의사결정에 아동의 의견을 반영하기 위하여 적극적으로 노력하여야 한다. 교육기관에서의 아동 권리 실현을 위한 노력은 적절한 교육적 조치 또는 교육에 대한 책무성을 바탕으로 수행되어야 하며, 아동은 이를 통해 자신의 교육받을 권리를 온전히 보장받게 된다.

이처럼 교육기관에서의 아동 기본권은 아동의 교육받을 권리를 실현시키기 위한 전제가 되므로, 이와 같은 권리 역시 발달장애아동의 교육권 범위에 포함하여 제시할 필요가 있다.

3. 인권 침해 또는 장애 차별을 받지 않는 교육 인권 보장 측면으로의 접근

아동권리협약에 따른 아동 기본권 이외에도 교육기관에서는 폭력, 성폭력, 언어폭력, 괴롭힘 등과 같이 자유권을 침해당하거나 장애를 이유로 제한, 배제, 분리, 거부를 당하거나, 장애를 고려한 조치를 제공받지 못함으로 인하여 또래와 함께 교육을 받는데 어려움을 겪는 사례도 보고되고 있다. 특히 발달장애아동의 경우 이와 같은 침해 및 차별 사례는 자유롭게 교육을 받고 적절한 교육을 보장받는데 제약을 가하기 때문에, 교육권을 침해할 수 있고, 교육기관에서 아동이 누려야 할 기본적 권리를 침해할 수 있다. 김삼섭 외(2014) 및 김기룡, 김삼섭(2015)은 발달장애아동의 교육권의 범주에 인권 침해 또는 장애를 이유로 한 차별을 받지 않고 교육받을 권리를 포함시킨 바 있으므로, 이 연구에서도 발달장애아동의 교육권의 범주에 포함시키고자 한다. 교육기관에서 발생될 수 있는 인권 침해 유형으로는 폭력, 성폭력, 언어폭력, 괴롭힘, 사생활 침해 등이 있고, 장애 차별 유형으로는 직접 차별과 정당한 편의제공 거부에 의한 차별이 있다. 선행연구를 참고하여 발달장애아동의 인권 침해 및 장애 차별을 받지 않고 교육받을 권리의 하위 범주를 제시하면 다음과 같다.

가. 인권 침해를 받지 않을 권리

인권 침해 유형 중 폭력은 폭행이나 상해 또는 체벌에 의한 인권 침해를 의미한다. 폭행·상해는 교육기관의 구성원이 발달장애아동을 대상으로 신체를 손, 발로 때리거나 다양한 방법으로 고통을 주는 행위를 말한다(이현수, 유숙렬, 2012). 체벌의 경우 발달장애아동이 보이는 부적절한 행동을 줄이거나 제거하기 위해 사용되는 행동중재법의 일환으로 사용되고 있으나(주혜영, 박원희, 2003; 박창호, 2011), 문제

행동에 대한 극단적인 행동중재방법은 체벌이나 폭력의 선상에서 논의될 필요가 있는 것으로 제안되고 있으므로(주혜영, 박원희, 2003), 이것 역시 발달장애아동이 경험할 수 있는 인권 침해의 한 유형으로 다룰 필요가 있다.

또 하나의 인권 침해 유형 중 하나인 성폭력은 상대방의 의사에 반하여 가해지는 신체적 폭력, 언어적·정서적 폭력 등을 포괄하는 개념으로서, 상대방의 의사를 침해하는 성적 접촉을 의미한다(정승민, 2012). 또한 직접적인 접촉 없이도 성폭력에 대한 막연한 불안감이나 공포심, 그로 인한 행동제약도 간접적인 성폭력에 해당된다. 이중 발달장애아동을 대상으로 한 성폭력은 가해자인 성인이 인지능력과 대처능력이 부족하고, 시각·청각·언어·지체·뇌병변·발달·신장·심장·정신장애를 지닌 아동을 대상으로 강제력을 수반하여 지속적으로 가하는 직접적·간접적 성폭력으로 정의된다(정승민, 2012).

언어폭력은 발달장애아동의 말이나 행동을 따라하며 약을 올리거나 놀리는 행위, 장애 영유아의 외모, 성격, 장애, 능력에 대해 비하하거나 경멸하는 행위 등을 의미한다(주혜영, 박원희, 2006; 한국교육개발원, 2012; 송영범, 권상순, 이영선, 2013). 폭력적인 언어는 상대방에게 정신적, 심리적 폐해를 줄 수 있다. 농담으로 한 말이라도 언어폭력은 상대방에게 마음의 상처를 안겨주고(Ketterman & Grace, 2000), 분노와 슬픔을 느끼게 하며 자아존중감에 심각한 상처를 입히고 불안감과 적대감을 갖게 한다(Gartrell, 1987). 언어폭력은 교육 현장에서 가장 많이 발생되고 있는 대표적인 인권 침해 중 하나이며(김삼섭 외, 2014), 교육기관에서도 놀림, 비하 등과 같은 언어폭력이 발생되고 있는 것으로 보고되고 있으므로(이기옥, 2004; 정혁재, 2001; 황혜경, 2014), 인권 침해의 대표적 유형으로 포함시키고 있다.

발달장애아동을 대상으로 한 또 하나의 인권 침해 유형 중 하나인 괴롭힘은 크게 신체적 괴롭힘과 사회적 괴롭힘으로 구분해 볼 수 있다. 신체적 괴롭힘에는 발달장애아동의 돈이나 물건(시계, 운동화, 가

방, 옷, 문구류 등)을 갈취하는 금품 갈취 행위, 발달장애아동에게 발
걸기, 물건 던지기 등 과도한 장난으로 발달장애아동에게 피해를 입히
는 과도한 장난, 장애학생을 대상으로 하여 강제로 심부름을 시키거나
하기 싫은 행동을 강요하는 강제심부름 등이 있다. 사회적 괴롭힘에는
함께 해야 하거나 함께 할 수 있는 활동에 발달장애아동을 일부러 끼
워주지 않거나 따돌리는 따돌림, 발달장애아동에 대한 엉뚱한 소문을
내는 모함 등의 행위가 있다(오원석, 2010). 이와 같은 행위는 주로 고
학년으로 올라갈수록 자주 발생되는 인권 침해 중 하나이지만, 유아의
경우에도 놀이 활동에 끼워주지 않는 따돌림, 과도한 장난으로 놀리기
등의 사회적 괴롭힘 사례가 보고되고 있다(송은영, 2014; 이정윤, 2003;
장은주, 2006).

사생활 침해를 받지 않을 권리는 개인이 비밀로 하고자 하는 개인
에 관한 난처한 사항의 불가침, 허위 사실을 퍼트리거나 사실을 과장
왜곡되게 공개함으로써 발생하는 명예나 신용의 불가침, 어느 특정인
의 성명이나 경력 등을 도용함으로써 발생하는 인격적 징표의 불가침
등을 받지 않고 생활할 권리를 의미한다(이수광, 2000). 아동에게 사생
활의 보장은 개인의 인격권 보호와 정체성 형성의 전제 조건이 되기
때문에 아동도 사생활을 보호받을 수 있도록 지원할 필요가 있다. 특
히 발달장애아동의 경우 자신에 대한 많은 개인정보를 학교가 보관하
고 있고, 이는 발달장애아동의 정체성을 결정해 주는 중요한 데이터로
서 가치를 지닌다. 그러나 이와 같은 정보가 발달장애아동의 동의를
받지 않고 강제로 수집될 경우 아동의 정체성과 인격을 침해할 수도
있기 때문에, 발달장애아동의 정보를 체계적으로 관리하기 위한 노력
이 요구된다(윤진희, 2006). 아동의 사생활 보호의 권리를 바탕으로 발
달장애아동에 대한 사생활 보호와 관련된 인권 침해 유형으로는 첫째,
발달장애아동의 화장실 이용, 착·탈의 시 성이 다른 사람이 도움을 주
는 행위, 예를 들어, 여성이 남성의 화장실 이용을 도와주거나 남성이
여성의 화장실 이용을 도와주는 행위 등 사적 공간 침해행위, 둘째, 기

관의 구성원 중 누군가가 발달장애아동이 사진찍기를 거부했으나 억지로 사진을 찍는 행위와 같은 초상권 침해 행위, 셋째, 기관의 구성원 중 누군가가 발달장애아동의 소지품이나 개인 물건을 함부로 뒤지는 소유물 침해 행위, 넷째, 발달장애아동의 동의를 받지 않고 학교 홍보물, 표현물 등에 학생의 신체 또는 개인정보를 이용하는 개인정보유출 행위 등이 있다(김삼섭 외, 2014).

교육적 방임은 아동에 대한 학교나 기타 교육 기회 접근이 어떠한 이유로 인해 방해되는 경우를 말한다. 교육적 방임에 해당되는 행위로는 장기간 계속되는 무단 결석의 허용, 의무교육 기간 내에 있는 아동에 대한 학교 등록의 포기, 아동에게 필요하다고 인정되는 특수교육에 대한 무관심 내지 거부 등이 있다(안동현, 2000). 교육적 방임은 신체적·정서적 장애, 가난 또는 부모 결손 등으로 인해 유발되는 경우가 많으나, 최근에는 개인의 문제, 가정 내의 문제 뿐만 아니라 사회적으로 제도가 정비되어 있지 않거나 사회적 설비의 부족으로 인해 장기간 교육이 제공되지 않는 경우도 교육적 방임으로 본다. 소극적 차원에서 발생되는 교육적 방임은 아동이 습관적으로 학교를 결석하거나, 취학 연령이 되었음에도 불구하고 학교에 등록하지 않고 집에 그대로 방치되는 경우, 적절한 교육적 효과를 달성하지 못한 경우 특별한 교육지원이 필요하지만 이를 받을 수 없거나 보호자에 의해 거부되는 경우로 나타난다. 소극적 차원의 교육적 방임에는 가정에서의 교육 방임 또는 취학 방임이 있고, 적극적 차원에서 논의되고 있는 교육적 방임으로는 교육 기관의 교육 방임이 있다(천세영, 남미정, 2000). 따라서 소극적 차원의 교육적 방임은 가정 내의 보호자에 의해 발생될 수 있는 행위이고, 적극적 차원의 교육적 방임은 교육기관의 적절하지 못한 대처로 인해 아동의 교육받을 권리가 제한되는 행위를 의미한다고 할 수 있다. 따라서 교육기관에서 발생될 수 있는 교육적 방임의 유형으로는 발달장애아동이 장기간 무단결석이 계속되어도 이를 허용하거나 묵인하는 장기결석방치, 특수교육을 필요로 하는 발달장애아동에 대해 무관심하거나 지원을 거부하는 교육적 무관심 등이 있다(안동현, 2000).

나. 장애를 이유로 한 차별을 받지 않을 권리

장애를 이유로 한 차별에는 장애인차별금지법에서 규정하고 있는 바와 같이 직접차별, 정당한 편의제공 거부 차별 등이 있다. 직접차별은 정당한 교육기회를 균등하게 제공하지 않고 장애를 이유로 제한, 배제, 분리, 거부하는 행위를 의미한다. 이 행위에 포함되는 것으로는 입학거부, 분리교육강요, 학업시수 위반과 같은 교육 기회 제공 거부, 교내 및 교외 활동 또는 시험 참여 배제와 같은 학교 활동 참여 배제 등이 있다(김삼섭 외, 2014). 교육 기회 제공 거부의 경우 장애를 이유로 학교의 입학 원서 접수를 거부하는 등 발달장애아동의 입학을 거부하는 입학거부 행위, 통합교육을 받던 발달장애아동에게 특수교육기관으로의 전학 또는 특수학급에서의 전일제 수업을 강요하는 분리교육강요 행위, 특별한 이유 없이 발달장애아동의 학업시수를 제한하거나 수업일수를 준수하지 않는 학업시수위반 행위 등이 있다(박옥순, 2002; 주혜영, 박원희, 2006; 안민석의원실, 2007). 학교 활동 참여 배제의 경우, 발달장애아동이 정규 교과 수업 또는 실험·실습 등의 활동 중심 수업의 참여를 제한하거나 거부하는 교내활동배제 행위, 발달장애아동이 운동회, 소풍, 현장견학, 수학여행 등 학교 밖 활동 참여를 제한하거나 거부하는 교외활동배제 행위, 장애학생이 국가단위, 교육청단위 및 학교단위의 시험을 제한하거나 거부하는 시험참여배제 행위 등이 있다(국가인권위원회, 2010; 김영지 외, 2013).

장애인차별금지법 제14조에 따르면 정당한 편의제공을 요구하는 경우 교육책임자는 이를 거부해서는 안 되며, 거부하는 경우 이는 장애인 차별에 해당한다. 장애인차별금지법에 따른 교육기관에서의 정당한 편의제공의 유형으로는 이동 및 접근 편의시설 지원, 통학지원, 보조인력 지원, 보조기기 지원, 의사소통 지원 및 정보접근 지원 등이 있다. 이와 같은 정당한 편의제공을 장애인 또는 장애인 관련자가 교육기관의 장에게 요구할 수 있고, 교육기관의 장은 정당한 사유가 없는 한 이를 보장하여야 한다. 그러나 최승철, 이혜경, 황주희, 전동일 등 (2012) 및 권휘순(2013)의 연구 결과에 따르면 이와 같은 정당한 편의제공 요구를 각급학교에서 충분히 받아들이지 못하고 있는 것으로 나타나고 있다. 정당한 편의제공 거부에 포함되는 차별 유형을 구체적으로 살펴보면 다음과 같다.

첫째, 이동 및 접근 편의시설의 경우, 학교 내 활동 시 학교 건물(시설)로의 이동 또는 접근에 필요한 편의시설을 제공하지 않은 행위, 학교 밖 활동시 해당 건물(시설)로의 이동 또는 접근에 필요한 편의시설을 제공하지 않은 행위를 차별 행위로 볼 수 있다(박옥순, 2002; 안민석 의원실, 2007).

둘째, 통학지원의 경우, 등하교에 필요한 이동차량, 보조인력 등을 제공하지 않은 행위, 편도 1시간 이상의 장거리 통학을 방치하는 행위, 노후된 통학 차량을 방치하거나 통학 차량에 대한 안전 관리를 소홀히 하는 행위 등을 차별 행위로 볼 수 있다(장애인교육권연대, 2004; 안민석 의원실, 2007).

셋째, 보조(지원)인력의 경우, 점역, 음역, 글쓰기, 수화통역 등 특별한 요구가 있는 장애학생에게 보조인력을 제공하지 않은 행위, 보조인력을 제공하지 않으면 장애학생의 교내외 학습활동 참여가 어려움에도 이를 제공하지 않은 행위 등을 차별 행위로 볼 수 있다(김주영, 2009).

넷째, 보조기기의 경우 장애학생의 학습 등 학교 활동 참여에 필요한 보조기기를 제공하지 않은 행위를 차별행위로 볼 수 있다(안민석 의원실, 2007).

다섯째, 의사소통 지원의 경우, 시각장애학생의 의사소통에 필요한 지원인 확대도서, 점자자료, 대필·해설 등 도움을 줄 수 있는 보조인력을 제공하지 않은 행위, 청각장애학생의 의사소통에 필요한 지원인 자막수신기, 컴퓨터 보조 필기장치, 수화통역사 또는 수화통역 실시간 서비스, 수업에 적합한 학습자료 등을 제공하지 않은 행위, 지체장애학생의 의사소통에 필요한 지원인 확대키보드, 헤드스틱, 터치스크린 등의 보조공학기기, 수업에 적합한 수업자료, 대필, 해설 등 도움을 줄 특수교육보조인력 등을 제공하지 않은 행위, 의사소통에 어려움을 겪는 장애학생에 대한 보완·대체 의사소통 도구를 제공하지 않은 행위 등을 차별 행위로 볼 수 있다(명경미, 김다현, 민병란, 서현석 등, 2013).

여섯째, 정보접근의 경우, 장애학생에게 적합한 방식의 의사소통 방법으로 학교의 중요한 정보를 온, 오프라인으로 제공하지 않는 행위를 차별 행위로 볼 수 있다(국가인권위원회, 2010).

이와 같이 교육기관에서의 장애를 고려한 정당한 편의제공은 교육 책임자가 마땅히 지원하여야 할 요소이나, 다수의 교육기관에서 이러한 지원이 이루어지지 않아 장애 차별의 사유가 되고 있다(국가인권위원회, 2014).

4. 발달장애아동의 교육권의 개념

이상과 같이 발달장애아동의 교육권은 교육받을 권리를 기존의 교육권 이외에 교육기관에서의 아동으로서의 누려야 할 기본적 권리, 인권 침해 또는 장애 차별 없이 온전하게 교육을 제공받을 수 있는 권리를 포괄하는 개념으로 정의할 수 있다. 이와 같은 내용을 도식화하면 〈그림 Ⅱ-1〉과 같다.

〈그림 Ⅱ-1〉에서 제시한 바와 같이 발달장애아동의 교육권은 생존권, 보호권, 발달권 및 참여권을 보장받는 아동으로서의 기본적 권리, 자유롭게 공교육에 참여하고 필요한 교육을 제공받을 권리, 인권 침해 또는 장애 차별을 받지 않고 교육을 받을 권리 등으로 제시해 볼 수 있다. 이에 대한 구체적인 내용은 다음과 같다.

첫째, 아동으로서의 기본적 권리는 교육기관에서 발달장애아동이

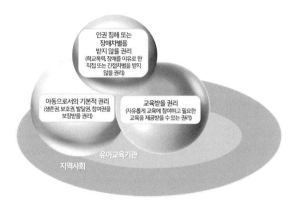

인권 침해 또는
장애차별을
받지 않을 권리
(학교폭력 장애를 이유로 한
직접 또는 간접차별을 받지
않을 권리)

아동으로서의 기본적 권리
(생존권 보호권 발달권 참여권을
보장받을 권리)

교육받을 권리
(자유롭게 교육에 참여하고 필요한
교육을 제공받을 수 있는 권리)

유아교육기관

지역사회

〈그림 II-1〉 발달장애아동 교육권의 개념

아동으로서의 기본적 권리를 누리고 있는가에 관한 것을 의미한다. 일반아동과 마찬가지로 발달장애아동도 교육기관에서 최소한의 생활을 보장받고, 안전과 위협으로부터 보호를 받아야 하며, 발달을 촉진하는데 필요한 교육을 제공받을 수 있어야 하고, 발달장애아동과 관련되는 사안에 대해 발달장애아동의 의견을 반영하거나 발달장애아동을 참여시켜야 한다. 아동권리협약에 기반한 아동으로서의 기본권은 발달장애를 가진 아동에게도 보장된 권리이며, 발달장애아동과 가장 많은 시간을 보내고 있다고 할 수 있는 특수교육기관에서도 이와 같은 권리를 보장하기 위하여 적극적으로 노력하여야 한다.

둘째, 공교육에 참여하고 필요한 교육을 제공받을 권리는 교육기관에서 발달장애아동에게 적절한 교육을 제공하고, 발달장애아동이 필요로 하는 지원을 제공함으로써 발달장애아동이 어려움 없이 발달 촉진에 필요한 교육을 제공받는 권리를 의미한다. 이를 위하여 교육기관은 발달장애아동이 교육기관에서 일상을 존중받고, 아동 최선의 이익이라는 원칙에 부합하는 방향으로 교육을 제공하여야 한다. 또한 발달장애아동이 장애로 인해 교육을 받는데 어려움이 없도록 장애를 고려한 조치를 함께 제공하여야 하고, 이를 위하여 물적, 인적 지원도 함께 제공하여야 한다.

셋째, 인권 침해 또는 장애 차별을 받지 않을 권리는 학교폭력과 같은 인권 침해는 물론 장애 차별 없이 교육을 받을 수 있는 권리를 의미한다. 교육기관은 많은 아동이 함께 생활하는 환경이며, 이 과정에서 의도하지 않게 또래간, 교사-아동간, 부모-아동간의 인권 침해가 발생할 수 있으며, 장애를 이유로 하여 발달장애아동을 의도적으로 차별하는 사건이 발생할 수 있다. 교육기관은 이와 같은 인권 침해 또는 장애 차별이 아동으로서의 기본권 또는 교육받을 수 있는 권리를 침해할 수 있으므로, 이를 보호하고 예방하기 위하여 적극적으로 노력하여야 한다.

III. 발달장애아동 교육권 관련 법제 현황

발달장애아동의 교육권 관련 법령을 국제인권조약과 국내 관련 법령으로 구분하여 제시하면 다음과 같다.

1. 국제인권조약

발달장애아동의 교육권을 규정하고 있거나, 국가 수준의 인권 보장 가이드라인을 제시한 대표적인 국제인권조약에는 「장애인의 권리에 관한 협약」(이하 장애인권리협약)과 「아동의 권리에 관한 협약」(이하 아동권리협약)이 있다. 각 협약에서 명시하고 있는 발달장애아동 등 장애아동의 교육권과 관련된 내용을 살펴보면 다음과 같다.

가. 아동권리협약

1990년 유엔에서 제정된 아동권리협약은 1991년 국내 비준을 거쳐 국내법과 동등한 효력을 지닌 국제인권조약이다. 아동권리협약은 아동의 발달권, 생존권, 보호권 및 참여권 보장을 위하여 국가가 지원하거나 고려하여야 할 사항을 제시하고 있다. 이중 제23조에서는 장애아동의 존엄성 보장과 품위있는 생활 보장 등 아동으로서의 동등한 권리 존중을 강조하고 있고, 장애아동에 대한 특별한 보호를 강조하고 장애아동의 사회참여와 개인적 발전 달성을 위하여 적절한 교육, 훈련, 건강관리 지원 등을 제공할 것을 규정하고 있다(〈표 III-2〉참조).

〈표 III-2〉 아동권리협약 중 장애아동 관련 내용

제23조 1. 당사국은 정신적 또는 신체적 장애아동이 존엄성이 보장되고 자립이 촉진되며 적극적 사회참여가 조장되는 여건 속에서 충분히 품위있는 생활을 누려야 함을 인정한다.

2. **당사국은 장애아동의 특별한 보호를 받을 권리를 인정하며, 신청에 의하여 그리고 아동의 여건과 부모나 다른 아동양육자의 사정에 적합한 지원이, 활용가능한 재원의 범위안에서, 이를 받을만한 아동과 그의 양육 책임자에게 제공될 것을 장려하고 보장**하여야 한다.

3. 장애아동의 특별한 어려움을 인식하며, 제2항에 따라 제공된 지원은 부모나 다른 아동양육자의 재산을 고려하여 가능한 한 무상으로 제공되어야 하며, **장애아동의 가능한 한 전면적인 사회참여와 문화적·정신적 발전을 포함한 개인적 발전의 달성에 이바지하는 방법으로 그 아동이 교육, 훈련, 건강관리지원, 재활지원, 취업준비 및 오락기회를 효과적으로 이용하고 제공받을 수 있도록 계획되어야 한다.**

4. 당사국은 국제협력의 정신에 입각하여, 그리고 당해 분야에서의 능력과 기술을 향상시키고 경험을 확대하기 위하여 재활, 교육 및 직업보도 방법에 관한 정보의 보급 및 이용을 포함하여, 예방의학분야 및 장애아동에 대한 의학적·심리적·기능적 처치분야에 있어서의 적절한 정보의 교환을 촉진하여야 한다. 이 문제에 있어서 개발도상국의 필요에 대하여 특별한 고려가 베풀어져야 한다.

나. 장애인권리협약

장애인권리협약 중 제7조는 장애아동에 관한 내용을 제24조는 교육에 관한 내용을 규정하고 있다. 먼저 제7조의 경우 장애아동의 다른

아동과의 동등한 권리, 장애아동 최대 이익의 최우선적 고려, 아동의
참여 및 표현에 있어서의 적절한 지원을 강조한다. 제24조의 경우 모
든 수준에서 장애인의 통합교육과 평생교육을 보장하여야 하고, 특히
인간의 잠재력과 존엄성 및 자아존중감의 계발과 촉진을 위한 노력과
함께 개인의 인성, 재능, 창의성 계발을 극대화하기 위한 교육을 실시
해야 함을 밝히고 있다. 또한 장애아동의 의무교육 보장과 중등교육으
로부터의 배제 금지 등 교육기회에 관한 원칙과 함께 양질의 교육을
받을 수 있도록 합리적인 편의(정당한 편의제공) 등을 규정하고 있으
며, 일반 교육제도 내에 접근과 완전한 참여를 보장하기 위한 국가의
역할을 명시하고 있다. 또한 교육 현장에서의 적극적 참여를 보장하기
위하여 적절한 학습 방법 제공, 개인에게 적합한 방식의 의사소통 지원,
제한되지 않은 환경에서의 교육적 지원 등 교육 현장에서의 실질적인
접근과 참여를 보장하기 위한 노력을 강조하고 있다(〈표 III-3〉 참조).

〈표 III-3〉 장애인권리협약 중 장애아동 및 교육 관련 내용

제7조 장애아동
1. 당사국은 **장애아동이 다른 아동과 동등하게 모든 인권과 기본적인 자유를 완
전히 향유하도록 보장**하기 위하여 필요한 모든 조치를 취한다.
2. 장애아동과 관련된 모든 조치에 있어서는 장애아동의 최대 이익을 최우선적
으로 고려한다.
3. 당사국은 **장애아동이 자신에게 영향을 미치는 모든 문제에 대하여 다른 아동
과 동등하게 자신의 견해**(이 견해에 대하여는 연령과 성숙도에 따라 정당한 비
중이 부여된다)**를 자유로이 표현할 권리**를 갖고, 이 권리를 실현하기 위하여 장
애 및 연령에 따라 적절한 지원을 받을 권리가 있음을 보장한다.

제24조 교육
1. 당사국은 장애인의 교육을 받을 권리를 인정한다. 당사국은 **이러한 권리를 균
등한 기회에 기초하여 차별 없이 실현**하기 위하여, 모든 수준에서의 통합적인 교
육제도와 평생교육을 보장한다. 이는 다음과 같은 목적을 지향한다.
가. 인간의 잠재력, 존엄성 및 자기 존중감의 완전한 계발과, 인권, 기본적인 자
유 및 인간의 다양성에 대한 존중의 강화
나. 장애인의 정신적, 신체적 능력뿐만 아니라 인성, 재능 및 창의성의 계발 극대화

다. 장애인의 자유사회에 대한 효과적인 참여의 증진
2. 당사국은 이러한 권리를 실현함에 있어 다음의 사항을 보장한다.
가. 장애인은 장애를 이유로 일반 교육제도에서 배제되지 아니하며, 장애아동은 장애를 이유로 무상 의무초등교육이나 중등교육으로부터 배제되지 아니한다.
나. 장애인은 자신이 속한 지역사회에서 다른 사람과 동등하게 통합적인 양질의 무상 초등교육 및 중등교육에 접근할 수 있다.
다. 개인의 요구에 의한 합리적인 편의가 제공된다.
라. 장애인은 일반 교육제도 내에서 효과적인 교육을 촉진하기 위하여 필요한 지원을 제공받는다.
마. 학업과 사회성 발달을 극대화하는 환경 내에서 완전한 통합이라는 목표에 합치하는 효과적이고 개별화된 지원 조치가 제공된다.
3. 당사국은 장애인의 교육에 대한 참여 그리고 지역사회의 구성원으로서 완전하고 평등한 참여를 촉진하기 위하여 생활 및 사회성 발달 능력을 학습할 수 있도록 한다. 이를 위하여, 당사국은 다음의 사항을 포함한 적절한 조치를 취한다.
가. 점자, 대체문자, 보완대체 의사소통의 방식, 수단 및 형식, 방향정위 및 이동 기술의 학습을 촉진하고, 동료집단의 지원과 조언 및 조력을 촉진할 것
나. 수화 학습 및 청각 장애인 집단의 언어 정체성 증진을 촉진할 것
다. 특히 시각, 청각 또는 시청각 장애를 가진 아동을 포함하여 이러한 장애를 가진 장애인의 교육이 개인의 의사소통에 있어 가장 적절한 언어, 의사소통 방식 및 수단으로 학업과 사회성 발달을 극대화하는 환경에서 이루어지도록 보장할 것
4. 이러한 권리 실현의 보장을 돕기 위하여, 당사국은 장애인 교사를 포함하여 수화 그리고/또는 점자언어 활용이 가능한 교사를 채용하고 각 교육 단계별 전문가와 담당자를 훈련하기 위한 적절한 조치를 취한다. 그러한 훈련은 장애에 대한 인식과 더불어, 장애인을 지원하기 위하여 적절한 보완대체 의사소통의 방식, 수단 및 형태, 교육기법 및 교재의 사용을 통합한다.
5. 당사국은 장애인이 차별 없고 다른 사람과 동등하게 일반적인 고등교육, 직업훈련, 성인교육 및 평생교육에 접근할 수 있도록 보장한다. 이를 위하여 당사국은 장애인에 대하여 합리적인 편의 제공을 보장한다.

2. 국내 법률

특수교육법과 타 법률의 관계를 살펴보면, 특수교육법은 「헌법」 제31조에 따른 헌법상 교육 기본권에 따라 제정된 「교육기본법」 제18조에 의한 하위법이며, 「유아교육법」, 「초·중등교육법」, 「고등교육법」, 「평생교육법」 등과 함께 교육 관련 법률들과 병렬적 지위를 가진 교육

일반법이다(박창언, 2019). 또한 특수교육법은 장애인 등을 대상으로
하고 있으므로 장애 관련 법률과도 병렬적 지위를 가진 법률이며, 이
를 도식화하여 제시하면 〈그림 III-1〉과 같다.

〈그림 III-1〉 특수교육법과 타 법률의 관계도

가. 헌법

「헌법」제10조의 행복추구권, 제31조의 교육의 권리와 의무 등이 발
달장애아동의 교육권과 관련된 의미있는 조항이라 할 수 있다. 이중
제10조는 모든 국민을 인간으로서의 존엄과 가치를 갖고 행복을 추구
할 권리를 가진 주체로 규정하고 있고, 이와 같은 조항 내용을 실현하
기 위하여 능력에 따라 균등하게 교육받을 권리를 「헌법」제31조에 규
정하고 있다(〈표 III-4〉 참조).

〈표 Ⅲ-4〉 헌법 조항 중 교육 관련 조항

제10조 모든 국민은 인간으로서의 존엄과 가치를 가지며, 행복을 추구할 권리를 가진다. 국가는 개인이 가지는 불가침의 기본적 인권을 확인하고 이를 보장할 의무를 진다.

제31조 ① 모든 국민은 능력에 따라 균등하게 교육을 받을 권리를 가진다.
② 모든 국민은 그 보호하는 자녀에게 적어도 초등교육과 법률이 정하는 교육을 받게 할 의무를 진다.
③ 의무교육은 무상으로 한다.
④ 교육의 자주성·전문성·정치적 중립성 및 대학의 자율성은 법률이 정하는 바에 의하여 보장된다.
⑤ 국가는 평생교육을 진흥하여야 한다.
⑥ 학교교육 및 평생교육을 포함한 교육제도와 그 운영, 교육재정 및 교원의 지위에 관한 기본적인 사항은 법률로 정한다.

나. 교육 관련 법령

(1) 교육기본법

「교육기본법」제3조는 모든 국민은 평생에 걸쳐 학습하고, 능력과 적성에 따라 교육받을 권리를 갖고 있다고 규정하고 있다.

제4조 제1항은 모든 국민은 성별, 종교, 신념, 인종, 사회적 신분, 경제적 지위 또는 신체적 조건 등을 이유로 교육에서 차별을 받지 아니한다고 규정하고 있다. 이 조항 중 "신체적 조건 등을 이유로 교육에서 차별을 받지 않는다"고 함은 장애를 이유로 한 교육 차별금지를 의미한다. 또한 제4조제2항에 따라 국가와 지방자치단체가 학습자가 평등하게 교육을 받을 수 있도록 교원 수급 등 교육 여건 격차를 최소화하는 시책을 마련하도록 규정함으로써 평등한 교육을 위한 국가의 의무와 노력을 강조하고 있다(〈표 Ⅲ-5〉 참조).

〈표 III-5〉 교육기본법 중 특수교육 관련 조항 1

제3조(학습권) 모든 국민은 평생에 걸쳐 학습하고, 능력과 적성에 따라 교육 받을 권리를 가진다.
제4조(교육의 기회균등 등) ① 모든 국민은 성별, 종교, 신념, 인종, 사회적 신분, 경제적 지위 또는 신체적 조건 등을 이유로 교육에서 차별을 받지 아니한다.
② 국가와 지방자치단체는 학습자가 평등하게 교육을 받을 수 있도록 지역 간의 교원 수급 등 교육 여건 격차를 최소화하는 시책을 마련하여 시행하여야 한다.
③ 국가는 교육여건 개선을 위한 학급당 적정 학생 수를 정하고 지방자치단체와 이를 실현하기 위한 시책을 수립·실시하여야 한다.

「교육기본법」 제12조에서는 학습자의 인권 존중 및 인격과 개선 존중, 학습자의 능력 발휘 보장 등 학습자의 권리를 강조하고 있다〈표 III-6〉 참조).

〈표 III-6〉 교육기본법 중 특수교육 관련 조항 2

제12조(학습자) ① 학생을 포함한 학습자의 기본적 인권은 학교교육 또는 평생교육의 과정에서 존중되고 보호된다.
② 교육내용·교육방법·교재 및 교육시설은 학습자의 인격을 존중하고 개성을 중시하여 학습자의 능력이 최대한으로 발휘될 수 있도록 마련되어야 한다.
③ 학생은 학습자로서의 윤리의식을 확립하고, 학교의 규칙을 지켜야 하며, 교원의 교육·연구활동을 방해하거나 학내의 질서를 문란하게 하여서는 아니 된다.

「교육기본법」 제18조에서는 신체적, 정신적, 지적 장애 등으로 특별한 교육적 요구가 있는 학생을 위한 별도의 학교를 설립·경영할 수 있는 근거를 규정하고 있고, 이와 같은 교육을 효과적으로 지원하는데 필요한 시책을 수립·실시할 것을 규정하고 있다〈표 III-7〉 참조).

〈표 III-7〉 교육기본법 중 특수교육 관련 조항 3

제18조(특수교육) 국가와 지방자치단체는 신체적·정신적·지적 장애 등으로 특별한 교육적 배려가 필요한 사람을 위한 학교를 설립·경영하여야 하며, 이들의 교육을 지원하기 위하여 필요한 시책을 수립·실시하여야 한다.
제27조(보건 및 복지의 증진) ① 국가와 지방자치단체는 학생과 교직원의 건강 및 복지를 증진하기 위하여 필요한 시책을 수립·실시하여야 한다.
② 국가 및 지방자치단체는 학생의 안전한 주거환경을 위하여 학생복지주택의 건설에 필요한 시책을 수립·실시하여야 한다.

(2) 특수교육법

발달장애아동의 교육권에 관한 구체적인 내용은 교육기본법에 근거한 특수교육법과 그 밖의 교육 관련 법령에 규정하고 있다. 이중 특수교육법은 발달장애아동의 교육권 보장에 필요한 구체적인 사항을 명시해 놓은 대표적 법률이라 할 수 있다.

특수교육법은 「교육기본법」 제18조에 따라 국가 및 지방자치단체가 장애인 및 특별한 교육적 요구가 있는 사람에게 통합된 교육환경을 제공하고 생애주기에 따라 장애유형·장애정도의 특성을 고려한 교육을 실시하여 이들이 자아실현과 사회통합을 하는데 기여하는 것을 목적으로 한다. 특수교육법은 이와 같은 목적을 실현하기 위하여 특수교육, 특수교육 관련서비스, 통합교육, 개별화교육, 순회교육, 진로 및 직업교육 등 다양한 교육 내용과 교육 방법을 특수교육기관에서 효과적으로 제공하기 위한 구체적 지원 절차와 지원 내용을 규정하고 있다. 또한 특수교육법은 특수교육대상자와 대학 장애학생을 대상으로 법률 수혜 대상을 제한하고 있으며, 보호자와 특수교육교원 등을 특수교육대상자의 교육 지원을 효과적으로 지원하기 위한 사람으로 규정하고 있다.

또한 특수교육법은 유치원 및 고등학교 과정의 의무교육을 도입하고, 장애의 조기발견체제를 구축하면서 장애영아에 대한 무상교육부터 대학 장애학생에 대한 고등교육지원에 이르기까지 장애인의 생애주기별 교육지원 체계를 확립한 법률로 평가받고 있다. 또한, 특수학교의 학급 및 일반학교의 특수학급당 학생 수를 대폭 낮추어 이를 법률에 명시함으로써 특수교육의 질을 제고하고자 하였고, 특수교육대상자에 대하여 가족지원, 치료지원, 보조인력 지원 등 관련서비스의 제공을 의무화함으로써 장애인의 교육권을 실질적으로 보장하기 위하여 제정된 법률이기도 하다.

그 밖에 특수교육법의 대표적인 특징은 다음과 같다: 첫째, 특수교육법은 장애인을 대상으로 한 우리나라 최초의 법률로 평가되고 있다; 둘째, 특수교육법은 장애영아에 대한 교육지원, 대학 장애학생에 대한 교육지원, 장애성인을 위한 평생교육 지원 등의 내용을 포함하는 등 장애인을 위한 생애주기별 교육지원 체계를 마련한 법률이다; 셋째, 특수교육법은 0세부터 전공과까지 무상·의무교육을 법률로써 보장한 법률이다; 넷째, 특수교육법은 무상의 적절한 공교육 환경 마련, 보호자 참여 강화, 교육 현장에서 장애를 이유로 한 차별 금지, 개별화교육계획 수립, 특수교육 관련서비스 지원 등 미국의 장애인교육향상법(IDEIA)에 제시된 특징이 많이 반영된 법률로 평가되고 있다; 다섯째, 특수교육법은 장애인 중에서도 특수교육대상자로 선정되거나, 장애인이 아니면서 특수교육대상자로 선정된 사람을 법률의 주요 수혜 대상으로 제시하고 있다.

(3) 그 밖의 교육 관련 법령

「교육기본법」에 따른 그 밖의 교육 관련 법령 중 발달장애아동의 교육권과 관련된 법률로는 「유아교육법」과 「초중등교육법」이 있다. 이와 같은 법률에서 발달장애아동의 교육에 관한 사항이 규정된 내용을 살펴본 결과는 다음과 같다.

(가) 유아교육법

「유아교육법」제15조에서는 특수교육을 필요로 하는 유아의 유치원에 준하는 교육과 실생활 기능 교육을 담당하는 특수학교를 단설로 설치·운영할 수 있는 근거를 규정하고 있다(〈표 III-8〉 참조).

〈표 III-8〉 유아교육법 중 특수교육 관련 조항

제15조(특수학교 등) ① 특수학교는 신체적·정신적·지적 장애 등으로 특수교육이 필요한 유아에게 유치원에 준하는 교육과 실생활에 필요한 지식·기능 및 사회적응 교육을 하는 것을 목적으로 한다.
② 국가 및 지방자치단체는 특수교육이 필요한 유아가 유치원에서 교육을 받으려는 경우에는 따로 입학절차·교육과정 등을 마련하는 등 유치원과의 통합교육 실시에 필요한 시책을 마련하여야 한다.

(나) 초중등교육법

「초중등교육법」제55조에 따르면, 특수학교는 초등학교, 중학교 또는 고등학교에 준하는 교육과 실생활에 필요한 지식·기능 및 사회적응 교육을 실시하여야 하고, 고등학교 이하의 각급 학교는 특수학급을 증설할 수 있다(〈표 III-9〉 참조).

〈표 III-9〉 초중등교육법 중 특수교육 관련 조항

제55조(특수학교) 특수학교는 신체적·정신적·지적 장애 등으로 인하여 특수교육이 필요한 사람에게 초등학교·중학교 또는 고등학교에 준하는 교육과 실생활에 필요한 지식·기능 및 사회적응 교육을 하는 것을 목적으로 한다.
제56조(특수학급) 고등학교 이하의 각급 학교에 특수교육이 필요한 학생을 위한 특수학급을 둘 수 있다.

다. 장애인 관련 법령

「장애인복지법」, 「장애아동복지지원법」, 「발달장애인 권리보장 및 지원에 관한 법률」, 「장애인 차별금지 및 권리구제 등에 관한 법률」 등

장애인 관련 법령 역시 발달장애아동 교육권에 관한 사항을 규정하고 있다.

(1) 장애인복지법

「장애인복지법」제20조는 국가 및 지방자치단체가 장애인의 장애유형 또는 장애정도에 따른 충분한 교육을 제공하는데 필요한 정책 마련, 관련 조사·연구 실시, 전문 진로교육 실시 제도 강구, 입학거부 금지, 입학과 수학에 필요한 조치 강구 등을 추진하도록 규정하고 있다. 「장애인복지법」의 교육 관련 조항은 관련 법률인 특수교육법에 대다수의 내용이 중복 규정되어 있고, 「장애인복지법」의 소관부처인 보건복지부가 교육부 관할의 교육기관을 지원, 관리하기 어려우므로 「장애인복지법」 제20조의 규정은 실제 교육기관에 유의미하게 적용되기 어렵다. 실제로 교육 현장에서는「장애인복지법」제20조의 규정보다 제25조(사회적 인식개선)의 규정에 따른 장애인식개선교육의 실시 근거로 「장애인복지법」을 활용, 적용하고 있다〈표 III-10〉 참조).

〈표 III-10〉 장애인복지법 중 교육 관련 조항

제20조(교육) ① **국가와 지방자치단체는 사회통합의 이념에 따라 장애인이 연령·능력·장애의 종류 및 정도에 따라 충분히 교육받을 수 있도록 교육 내용과 방법을 개선하는 등 필요한 정책을 강구하여야 한다.**
② 국가와 지방자치단체는 장애인의 교육에 관한 조사·연구를 촉진하여야 한다.
③ **국가와 지방자치단체는 장애인에게 전문 진로교육을 실시하는 제도를 강구하여야 한다.**
④ 각급 학교의 장은 교육을 필요로 하는 장애인이 그 학교에 입학하려는 경우 장애를 이유로 입학 지원을 거부하거나 입학시험 합격자의 입학을 거부하는 등의 불리한 조치를 하여서는 아니 된다.
⑤ 모든 교육기관은 교육 대상인 장애인의 입학과 수학(修學) 등에 편리하도록 장애의 종류와 정도에 맞추어 시설을 정비하거나 그 밖에 필요한 조치를 강구하여야 한다.

제25조(사회적 인식개선 등) ① 국가와 지방자치단체는 학생, 공무원, 근로자, 그

밖의 일반국민 등을 대상으로 장애인에 대한 인식개선을 위한 교육 및 공익광고 등 홍보사업을 실시하여야 한다.
② 국가기관 및 지방자치단체의 장, 「영유아보육법」에 따른 어린이집, 「유아교육법」·「초·중등교육법」·「고등교육법」에 따른 각급 학교의 장, 그 밖에 대통령령으로 정하는 교육기관 및 공공단체(이하 "국가기관등"이라 한다)의 장은 매년 소속 직원·학생을 대상으로 장애인에 대한 인식개선을 위한 교육(이하 "인식개선교육"이라 한다)을 실시하고, 그 결과를 보건복지부장관에게 제출하여야 한다.
③ ~ ⑪ (생략)

(2) 장애아동복지지원법

「장애아동복지지원법」은 특수교육법 개정 이후 학교밖 가정 또는 지역사회에서 생활하는 장애아동에 대한 효과적인 복지지원 체계를 구축하기 위하여 제정되었다. 또한 장애아동의 권리에 관한 원칙을 명시하고 있고, 이 조항은 교육 현장에서 장애아동의 구체적 권리를 적용, 검토하는 과정에서 준거로 활용될 수 있다. 그러나 「장애아동복지지원법」 중 교육 현장을 직접 지원하는 내용은 보육지원을 제외하고 거의 존재하지 않고 교육기관과 지역사회 간 협력을 통해 조기발견 및 중재, 지역사회로의 전환 지원 등을 국가와 지방자치단체의 임무 중 하나로 규정하고 있다(〈표 Ⅲ-11〉 참조).

〈표 Ⅲ-11〉 장애아동복지지원법 중 교육 관련 조항

제4조(장애아동의 권리) ① 장애아동은 모든 형태의 학대 및 유기·착취·감금·폭력 등으로부터 보호받아야 한다.
② 장애아동은 부모에 의하여 양육되고, 안정된 가정환경에서 자라나야 한다.
③ 장애아동은 인성 및 정신적·신체적 능력을 최대한 계발하기 위하여 적절한 교육을 제공받아야 한다.
④ 장애아동은 가능한 최상의 건강상태를 유지하고 행복한 일상생활을 영위하기 위한 의료적·복지적 지원을 받아야 한다.
⑤ 장애아동은 휴식과 여가를 즐기고, 놀이와 문화예술활동에 참여할 수 있는 기회를 제공받아야 한다.
⑥ 장애아동은 의사소통 능력, 자기결정 능력 및 자기권리 옹호 능력을 향상시키

기 위한 교육 및 훈련 기회를 제공받아야 한다.

제22조(보육지원) ① 국가와 지방자치단체는 「영유아보육법」 제27조에 따른 어린이집 이용대상이 되는 장애아동(이하 "장애영유아"라 한다)에 대하여 같은 법 제34조에 따라 보육료 등을 지원하여야 한다.
② 국가 및 지방자치단체는 「영유아보육법」 제10조에 따른 어린이집 또는 「유아교육법」 제2조제2호에 따른 유치원을 이용하지 아니하는 장애영유아에게 「영유아보육법」 제34조의2에 따라 양육수당을 지급할 수 있다.
③ 제32조에 따른 장애영유아를 위한 어린이집은 장애영유아에 대한 체계적인 보육지원과 원활한 취학을 위한 보육계획을 수립·실시하여야 하며 대통령령으로 정하는 자격을 가진 특수교사와 장애영유아를 위한 보육교사 등을 배치하여야 한다.
④ 제3항에 따른 특수교사와 장애영유아를 위한 보육교사의 자격 및 배치는 국가와 지방자치단체의 재정 및 교원수급여건을 고려하여 대통령령으로 정하는 바에 따라 순차적으로 실시한다.

제25조(지역사회 전환 서비스지원) 국가와 지방자치단체는 장애아동이 18세가 되거나 「초·중등교육법」 제2조의 고등학교와 이에 준하는 각종 학교 또는 「장애인 등에 대한 특수교육법」 제24조의 전공과를 졸업한 후 주거·직업체험 등의 지역사회 전환 서비스를 제공하도록 노력하여야 한다.

(3) 발달장애인 권리보장 및 지원에 관한 법률

「발달장애인 권리보장 및 지원에 관한 법률」은 장애인 중 지적장애 또는 자폐성장애가 있는 사람을 위한 권리를 보장하고 필요한 복지 서비스를 효과적으로 제공하기 위하여 제정된 법률이다. 이 법률 역시 발달장애인의 권익 신장과 복지 지원을 제공하는 내용을 골자로 하고 있으므로, 교육 현장에 직접 활용, 적용될 수 있는 내용은 많지 않다. 그러나 제10조 의사소통 지원의 경우 교육부장관이 발달장애인이 자신의 의사를 원활하게 표현할 수 있도록 학습에 필요한 의사소통도구를 개발하고 의사소통지원 전문인력을 양성하여야 한다. 또한 제26조의 규정에 따라 국가와 지방자치단체는 발달장애인의 평생교육을 위한 교육과정을 적절하게 운영하고, 발달장애인 평생교육과정을 운영하는 평생교육기관에 대하여 예산의 범위에서 필요한 경비를 지원하여야 한다(〈표 Ⅲ-12〉 참조).

〈표 Ⅲ-12〉 발달장애인법 중 교육 관련 조항

제10조(의사소통지원) ① 국가와 지방자치단체는 발달장애인의 권리와 의무에 중대한 영향을 미치는 법령과 각종 복지지원 등 중요한 정책정보를 발달장애인이 이해하기 쉬운 형태로 작성하여 배포하여야 한다.

② **교육부장관은 발달장애인이 자신의 의사를 원활하게 표현할 수 있도록 학습에 필요한 의사소통도구를 개발하고 의사소통지원 전문인력을 양성하여 발달장애인에게 도움이 될 수 있도록 「초·중등교육법」 제2조 각 호의 학교와 「평생교육법」 제2조제2호의 평생교육기관 등을 통하여 필요한 교육을 실시하여야 한다.**

③ 행정안전부장관은 국가와 지방자치단체의 민원담당 직원이 발달장애인과 효과적으로 의사소통할 수 있도록 의사소통 지침을 개발하고 필요한 교육을 실시하여야 한다. 〈개정 2014. 11. 19., 2017. 7. 26.〉

④ 제1항부터 제3항까지에 따른 정책정보의 작성 및 배포, 의사소통도구의 개발·교육 및 전문인력 양성, 민원담당 직원에 대한 의사소통 지침 개발 및 교육 등에 필요한 사항은 대통령령으로 정한다.

제26조(평생교육 지원) ① **국가와 지방자치단체는 발달장애인에게 「교육기본법」** 제3조 및 제4조에 따른 평생교육의 기회가 충분히 부여될 수 있도록 특별자치시·특별자치도·시·군·구(자치구를 말한다. 이하 같다)별로 「평생교육법」 제2조제2호의 평생교육기관을 지정하여 **발달장애인을 위한 교육과정을 적절하게 운영하도록 조치하여야 한다.**

② 제1항에 따른 평생교육기관의 지정 기준과 절차, 발달장애인을 위한 교육과정의 기준, 교육제공인력의 요건 등은 교육부장관이 보건복지부장관과 협의하여 정한다.

③ **국가와 지방자치단체는 제1항에 따라 지정된 평생교육기관에 대하여 예산의 범위에서 발달장애인을 위한 교육과정의 운영에 필요한 경비의 전부 또는 일부를 지원할 수 있다.**

---

(4) 장애인 차별금지 및 권리구제 등에 관한 법률

「장애인 차별금지 및 권리구제 등에 관한 법률」은 장애를 이유로 한 차별을 금지하고 차별 당한 장애인의 권리를 구제하기 위하여 제정된 법률이다. 이 법률은 직접 차별, 간접 차별, 정당한 편의제공 거부에 의한 차별 등 장애를 이유로 한 차별의 유형, 영역별 대표적인 차별행위의 유형, 차별 행위가 발생될 수 있는 대상 기관의 범위 등을 명시하고 있는데, 이중 고용 영역과 함께 교육 영역에서도 장애를 이유로 한 차별행위의 범위와 정당한 편의제공의 범위 등을 구체적으로 규정하고 있다. 특히 교육 현장에서의 장애를 이유로 한 제한, 배제, 분리, 거부 등의 행위를 금지하고 있고, 교육책임자가 정당한 사유 없이 장애인 또는 보호자의 정당한 편의제공 요구를 거부할 수 없도록 하고 있으며, 이동용 보장구 지원, 교육보조인력의 배치, 의사소통 도구 지원, 통역 지원, 편의시설 지원 등 교육 현장에서의 구체적인 정당한 편의제공의 범위를 명시하고 있다(〈표 Ⅲ-13〉 참조).

〈표 Ⅲ-13〉 장애인차별금지법 중 교육 관련 조항

제13조(차별금지) ① 교육책임자는 장애인의 입학 지원 및 입학을 거부할 수 없고, 전학을 강요할 수 없으며, 「영유아보육법」에 따른 어린이집, 「유아교육법」 및 「초·중등교육법」에 따른 각급 학교는 장애인이 당해 교육기관으로 전학하는 것을 거절하여서는 아니 된다. 〈개정 2011. 6. 7.〉
② 제1항에 따른 교육기관의 장은 「장애인 등에 대한 특수교육법」 제17조를 준수하여야 한다. 〈개정 2010. 5. 11.〉
③ 교육책임자는 당해 교육기관에 재학 중인 장애인 및 그 보호자가 제14조제1항 각 호의 편의 제공을 요청할 때 정당한 사유 없이 이를 거절하여서는 아니 된다.
④ 교육책임자는 특정 수업이나 실험·실습, 현장견학, 수학여행 등 학습을 포함한 모든 교내외 활동에서 장애를 이유로 장애인의 참여를 제한, 배제, 거부하여서는 아니 된다.
⑤ 교육책임자는 취업 및 진로교육, 정보제공에 있어서 장애인의 능력과 특성에 맞는 진로교육 및 정보를 제공하여야 한다.
⑥ 교육책임자 및 교직원은 교육기관에 재학 중인 장애인 및 장애인 관련자, 특수교육 교원, 특수교육보조원, 장애인 관련 업무 담당자를 모욕하거나 비하하여서는 아니 된다.
⑦ 교육책임자는 장애인의 입학 지원 시 장애인 아닌 지원자와 달리 추가 서류, 별도의 양식에 의한 지원 서류 등을 요구하거나, 장애인만을 대상으로 한 별도의 면접이나 신체검사, 추가시험 등(이하 "추가서류 등"이라 한다)을 요구하여서는 아니 된다. 다만, 추가서류 등의 요구가 장애인의 특성을 고려한 교육시행을 목적으로 함이 명백한 경우에는 그러하지 아니하다.
⑧ 국가 및 지방자치단체는 장애인에게 「장애인 등에 대한 특수교육법」 제3조제1

항에 따른 교육을 실시하는 경우, 정당한 사유 없이 해당 교육과정에 정한 학업 시수를 위반하여서는 아니 된다. 〈개정 2010. 5. 11.〉

제14조(정당한 편의제공 의무) ① **교육책임자는 당해 교육기관에 재학 중인 장애 인의 교육활동에 불이익이 없도록 다음 각 호의 수단을 적극적으로 강구하고 제 공하여야 한다.** 〈개정 2014. 1. 28., 2016. 2. 3., 2017. 12. 19.〉
1. 장애인의 통학 및 교육기관 내에서의 이동 및 접근에 불이익이 없도록 하기 위한 각종 이동용 보장구의 대여 및 수리
2. 장애인 및 장애인 관련자가 필요로 하는 경우 교육보조인력의 배치
3. 장애로 인한 학습 참여의 불이익을 해소하기 위한 확대 독서기, 보청기기, 높낮이 조절용 책상, 각종 보완·대체 의사소통 도구 등의 대여 및 보조견의 배치나 휠체어의 접근을 위한 여유 공간 확보
4. 시·청각 장애인의 교육에 필요한 한국수어 통역, 문자통역(속기), 점자자료 및 인쇄물 접근성바코드(음성변환용 코드 등 대통령령으로 정하는 전자적 표시를 말한다. 이하 같다)가 삽입된 자료, 자막, 큰 문자자료, 화면낭독·확대프로그램, 보청기기, 무지점자단말기, 인쇄물음성변환출력기를 포함한 각종 장애인보조기구 등 의사소통 수단
5. 교육과정을 적용함에 있어서 학습진단을 통한 적절한 교육 및 평가방법의 제공
6. 그 밖에 장애인의 교육활동에 불이익이 없도록 하는 데 필요한 사항으로서 대통령령으로 정하는 사항
② 교육책임자는 제1항 각 호의 수단을 제공하는 데 필요한 업무를 수행하기 위하여 장애학생지원부서 또는 담당자를 두어야 한다.
③ 제1항을 적용함에 있어서 그 적용대상 교육기관의 단계적 범위와 제2항에 따른 장애학생지원부서 및 담당자의 설치 및 배치, 관리·감독 등에 필요한 사항은 대통령령으로 정한다.

Ⅳ. 발달장애아동 교육권 관련 법제의 문제점 및 개선방안

발달장애아동의 교육권을 보장하기 위한 국내외 관련 법령이 다수 존재하고 있는 것이 확인되고 있으나, 실제 교육 현장에서 발달장애아동의 교육권을 실제적으로 보장하고 있는 대표적인 법률은 특수교육법이라 할 수 있다. 특수교육법은 발달장애아동 등 특별한 교육적 요

구가 있는 장애아동 등의 교육권을 보장하고, 이들의 교육권 보장을 위하여 국가 및 지방자치단체 등의 역할을 규정하기 위하여 제정된 대표적인 장애 관련 법률 중 하나이다. 특수교육법은 지난 1978년 특수교육진흥법이라는 이름으로 제정된 후, 1994년 전부 개정에 이어 2007년에 법률의 명칭을 지금과 같은 특수교육법으로 하여 전부 개정된 바 있고, 전부 개정 후 20여차례 이상 일부 개정, 보완되어 왔다. 특수교육법 시행으로 발달장애아동의 교육권이 전반적으로 향상된 것으로 평가되고 있으나, 앞서 지적한대로 대부분 양적 성장에 치중하여 발달장애아동의 실질적인 교육권 증진에는 기여하지 못해 왔다고 지적받고 있다. 여기서는 발달장애아동의 대표적인 교육권 보장 법률인 특수교육법에 대한 입법 평가를 통해 현행 특수교육법의 문제점과 한계를 살펴보고 이를 개선, 보완하기 위한 방안을 제시하고자 한다.

1. 특수교육법의 실효성 및 효과성 문제

지난 2008년 전부 개정·시행된 특수교육법은 의무교육 연한 및 무상교육 범위 확대, 특수교육대상 학생의 특수교육 수혜율 증가, 특수교육 관련서비스 신설, 고등·평생교육 기회 확대 등 장애학생의 교육 기회를 증진하고, 특수교육기관 신·증설, 특수교육교원 확충 등 장애학생의 물리적 교육 여건을 개선하는데 기여하였다(김기룡 외, 2020; 김원경 외, 2010; 김종무, 2017). 특히 특수교육대상 학생의 의무교육 연한이 기존(2008년 이전) 6세~14세에서 3세~17세로 확대되었고, 이로 인해 특수교육대상 학생의 특수교육 수혜율이 43.8%(2008년)에서 75.1%(2020년)로 향상되었으며, 특수교육을 보다 효과적으로 제공하기 위한 교육복지서비스인 가족지원, 치료지원, 통학지원, 보조인력지원, 학습보조기·보조기기 제공 등의 특수교육 관련서비스 지원 근거도 마련되었다. 또한 지난 12년간 특수교육기관 중 특수학급이 6,352학급(2008년)에서 11,661학급(2020년)으로, 특수학교가 149개교(2008

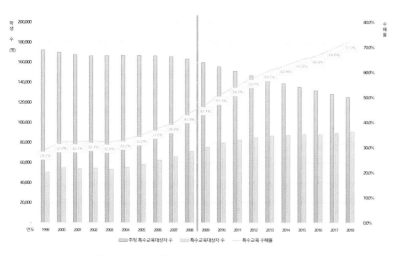

〈그림 IV-1〉 특수교육법 시행 전후 특수교육대상 학생 수, 수혜율 및 출현율 변화

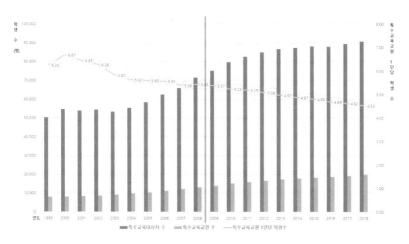

〈그림 IV-2〉 특수교육법 시행 전후 특수교육대상 학생 수, 특수교육교원 수 및
특수교육교원 1인당 학생수 변화

년)에서 182개교(2020년)로 확충되는 등 장애학생을 위한 특수교육 여
건이 지속적으로 개선되고 있다. 또한 특수교육교원도 13,165명(2008
년)에서 22,145명(2020년)으로 확충되었고, 이로 인해 공립의 각급학교

배치 특수교육교원에 대한 법정정원 확보율도 56.5%(2010년)에서 86.8%(2019년)로 대폭 개선되었다.

이와 같이 현행 특수교육법은 특수교육 인프라 구축에 필요한 양적 성장에는 괄목할만한 성과를 거두었으나 특수교육을 통한 장애학생의 교육 성과 제고, 인권 침해 또는 장애 차별 해소, 장애학생 교육의 질적 수준 향상 등에 대한 기여는 부족하였다고 평가되고 있다. 예를 들어 특수교육대상 학생의 진학률은 다소 증가하였으나 취업률은 크게 하락하였다. 실제 고교 졸업 이후 미진학·미취업 학생 비율은 증가하고 있다(교육부, 2009, 2019). 고교 졸업자 중 취업률은 2008년 26.6%에서 2018년 11.0%로 감소되었고, 고교 졸업자 중 진학률은 2008년 44.8%에서 2018년 49.3%로 소폭 향상되었으나, 고교 졸업자 중 미취업 또는 미진학 비율은 2008년 28.6%에서 2018년 39.7%로 오히려 증가하는 등 장애학생에 대한 교육적 성과는 크게 나아지지 못했다. 한편, 특수교육대상 학생에 대한 인권침해, 장애차별 등의 문제가 지속적으로 발생되고 있다. 통합교육 현장 장애학생 인권실태조사(국가인권위원회, 2014)에 따르면, 초·중·고 과정 일반학교 재학 특수교육대상 학생의 59.2%가 인권침해 또는 장애차별을 경험하고 있는 것으로 나타났고, 유아교육기관 장애영유아 인권실태조사(국가인권위원회, 2015)에서도 전체 장애영유아의 23.5%가 인권침해 또는 장애차별을 경험하고 있는 것으로 나타났으며, 특수학교 내 중도중복장애학생 인권실태조사(국가인권위원회, 2018)에서도 특수학교 재학 중도중복장애학생의 52.9%가 인권침해 또는 장애차별을 경험하고 있는 것으로 나타났다. 또한 통합교육에 대한 학교구성원 간 만족도 격차도 커지고 있다. 2008년의 경우 통합교육에 대한 만족도가 보호자 69.7%, 교사 46.1%로 나타났으나, 2020년 조사의 경우 통합교육에 대한 만족도가 보호자 59.4%, 교사 78.6%로 격차가 점점 크게 벌어지는 것으로 나타나고 있다.

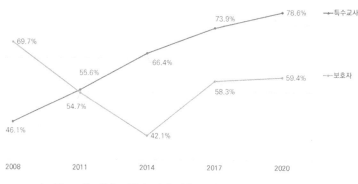

〈그림 IV-3〉 특수교육법 시행 이후 통합교육 만족도 변화

※ 출처: 교육부(2008 ~ 2020). 특수교육실태조사. 자료 재구성.

특수교육법은 지난 10년 동안 특수교육 인프라를 확충해 나가기 위한 수단으로는 유용하게 활용되었으나, 특수교육의 질적 수준을 제고하기 위한 수단으로는 의미있게 활용되지 못했다고 할 수 있다. 현재의 특수교육 현장의 다양한 문제점을 개선하고, 그 질적 수준을 제고하려면 현행 특수교육법만으로는 해결이 어렵다는 것을 말해 주고 있으며, 이는 특수교육법 제·개정의 필요성을 시사하고 있다.

2. 특수교육법의 체계정합성 문제

특수교육법이 완결된 법률로서의 체계를 갖고 있는가를 살펴보기 위하여 법률간 중복 또는 모순 조항 유무, 누락 내용 여부, 위계성 미충족 조항 여부 등을 중심으로 알아본 결과는 다음과 같다.

가. 법률간 중복 또는 모순 조항

법률간 중복 또는 모순 조항 검토는 특수교육법에 타 법률의 조항과 중복 또는 모순된 조항이 존재하는지 살펴보고, 특수교육법 또는 타 법률의 개선방안을 제시하는 순으로 진행하였다. 특수교육법과 타 법률간 중복 또는 모순 조항 유무를 발견하기 위하여 타 법률이 특수교육법 관련 조항을 인용하였거나, 특수교육법의 조항에 규정된 내용과 유사한 사례를 규정한 연관 법률을 살펴보았다. 또한 법률뿐만 아니라 특수교육법을 인용한 하위법령도 함께 검토하였다. 먼저 특수교육법과 관련된 연관 법령 현황을 살펴본 결과, 특수교육법에 영향을 받거나 특수교육법에 영향을 미치는 법령은 총 52건이며, 이중 19개 법률, 11개 시행령 및 2개 시행규칙에서 특수교육법 조항의 일부를 인용하고 있는 것으로 나타났다. 이러한 연관 법령 검토 결과 중 단순 인용된 법령을 제외하고 검토가 필요하다고 판단되는 연관 법령과 검토 대상 내용을 정리한 결과는 〈표 Ⅳ-1〉과 같다.

〈표 Ⅳ-1〉에서 제시한 바와 같이 특수교육법의 9개 조항과 연관된 법령이 보다 면밀하게 검토되어야 할 법령이며, 구체적인 검토 결과는 다음과 같다.

〈표 Ⅳ-1〉 체계정합성 검토 대상 타 법령 현황

조문	조문 제목	연관 법령	연관유형	연관법령 소관부처	비고
제2조	정의	초·중등교육법 제55조 및 제56조	유사사례	교육부	
제4조	차별의 금지	장애인차별금지 및 권리구제 등에 관한 법률 제4조 및 제13조	유사사례/ 인용	보건복지부	
제6조	특수교육기관의 설립 및 위탁교육	사립학교법(전체)	유사사례	교육부	
제19조	보호자의 의무 등	초·중등교육법 제14조	유사사례	교육부	
제21조	통합교육	초·중등교육법 제59조	유사사례	교육부	
제25조	순회교육	초중등교육법 시행령 제45조	유사사례	교육부	
제38조 의2	벌칙	장애인차별금지 및 권리구제 등에 관한 법률 제4조 및 제49조, 제50조	인용/ 유사사례	보건복지부	

(1) 제2조 정의

초·중등교육법 제55조 및 제56조의 특수교육 관련 내용은 〈표 Ⅳ-2〉와 같다.

〈표 Ⅳ-2〉「초·중등교육법」 제55조 및 제56조의 특수교육법 연관 내용

제55조(특수학교) 특수학교는 신체적·정신적·지적 장애 등으로 인하여 특수교육이 필요한 사람에게 초등학교·중학교 또는 고등학교에 준하는 교육과 실생활에 필요한 지식·기능 및 사회적응 교육을 하는 것을 목적으로 한다.
제56조(특수학급) 고등학교 이하의 각급 학교에 특수교육이 필요한 학생을 위한 특수학급을 둘 수 있다.

특수교육법에서는 특수학교를 별도로 규정하지 않고 있으나 「초·중등교육법」에서는 특수학교의 설치 목적을 별도의 조항으로 규정하고 있으며, 특수학급의 경우 특수교육법 제2조에서는 특수학급을 "특수교육대상자의 통합교육을 실시하기 위하여 일반학교에 설치된 학급"으로 정의하고 제21조제3항에서는 "일반학교의 장은 제2항에 따라 통합교육을 실시하는 경우에는 제27조의 기준에 따라 특수학급을 설치·운영"하도록 규정하고 있다. 특수교육법의 특수학급은 통합교육을 실시하기 위한 목적으로 설치·운영되어야 하나, 「초·중등교육법」은 특수학급을 특수교육을 필요로 하는 학생을 위하여 일반학교 내에 설치·운영되는 학급으로 규정하고 있다. 특수교육법상 특수학급이 통합교육의 촉진을 위한 분명한 기능을 갖고 있으므로, 양 법률간의 체계정합성을 고려해 볼 때, 「초·중등교육법」의 특수학급 설치 목적 또는 기능을 특수교육법에 근거하여 개정할 필요가 있다.

(2) 제4조 차별금지

장애인차별금지법 제13조의 차별금지 규정과 특수교육법 제4조의 차별금지 규정은 교육 현장에서의 장애를 이유로 한 차별을 금지하고

자 한다는 점에서 그 취지가 동일하다. 다만 장애인차별금지법은 차별 금지 대상을 장애인으로 제시하고 있고, 특수교육법은 장애인이 아닌 특수교육대상자로 규정하고 있으므로, 정확히 그 대상이 동일하다고 볼 수 없다. 다만 특수교육대상 학생의 90% 이상이 장애인 등록을 하였기 때문에 차별 금지 대상이 유사하다고 볼 수 있다. 이런 점을 감안해 볼 때 교육 현장에서 장애를 이유로 한 차별금지를 양 법률에서 각각 규정하고 있으나 그 내용이 다소 차이가 있는 것으로 확인되어 이들 법률 간의 중복, 모순 사항 존재 여부를 살펴볼 필요가 있다. 〈표 Ⅳ-3〉은 장애인차별금지법 제13조의 차별금지 조항과 특수교육법 제4조의 차별금지 조항의 내용을 비교, 분석한 결과이다.

〈표 Ⅳ-3〉 장애인차별금지법과 특수교육법의 차별금지 관련 조항 비교

장애인차별금지법	특수교육법	비고
제13조(차별금지) ① 교육책임자는 장애인의 입학 지원 및 입학을 거부할 수 없고, 전학을 강요할 수 없으며, 「영유아보육법」에 따른 어린이집, 「유아교육법」 및 「초·중등교육법」에 따른 각급 학교는 장애인이 당해 교육기관으로 전학하는 것을 거절하여서는 아니 된다.	제4조(차별의 금지) ① 각급학교의 장 또는 대학(「고등교육법」 제2조에 따른 학교를 말한다. 이하 같다)의 장은 특수교육대상자가 그 학교에 입학하고자 하는 경우에는 그가 지닌 장애를 이유로 입학의 지원을 거부하거나 입학전형 합격자의 입학을 거부하는 등 교육기회에 있어서 차별을 하여서는 아니 된다.	ㅇ 입학 또는 전학 거부, 강요 금지 규정(공통)
② 제1항에 따른 교육기관의 장은 「장애인 등에 대한 특수교육법」 제17조를 준수하여야 한다.		ㅇ 배치 관련 의무 사항 준수 규정(장애인차별금지법에서만 차별금지 대상으로 규정)
③ 교육책임자는 당해 교육기관에 재학 중인 장애인 및 그 보호자가 제14조제1항 각 호의 편의 제공을 요청할 때 정당한 사유 없이 이를 거절하여서는 아니 된다. ＊ 제14조 제1항 관련 1. 장애인의 통학 및 교육기관 내에서의 이동 및 접근에 불이익이 없도록 하기 위한 각종 이동용 보장구의 대여 및 수리	② 국가, 지방자치단체, 각급학교의 장 또는 대학의 장은 다음 각 호의 사항에 관하여 장애인의 특성을 고려한 교육시행을 목적으로 함이 명백한 경우 외에는 특수교육대상자 및 보호자를 차별하여서는 아니 된다. 1. 제28조에 따른 특수교육 관련서비스 제공에서의 차별	ㅇ 특수교육 관련서비스와 정당한 편의제공의 세부 유형 차이가 있으므로 정합성 검토 필요

장애인차별금지법	특수교육법	비고
2. 장애인 및 장애인 관련자가 필요로 하는 경우 교육보조인력의 배치 3. 장애로 인한 학습 참여의 불이익을 해소하기 위한 확대 독서기, 보청기기, 높낮이 조절용 책상, 각종 보완·대체 의사소통 도구 등의 대여 및 보조건의 배치나 휠체어의 접근을 위한 여유 공간 확보 4. 시·청각 장애인의 교육에 필요한 한국수어 통역, 문자통역(속기), 점자자료 및 인쇄물 접근성바코드(음성변환용 코드 등 대통령령으로 정하는 전자적 표시를 말한다. 이하 같다)가 삽입된 자료, 자막, 큰 문자자료, 화면낭독·확대프로그램, 보청기기, 무지점자단말기, 인쇄물음성변환출력기를 포함한 각종 장애인보조기구 등 의사소통 수단 5. 교육과정을 적용함에 있어서 학습진단을 통한 적절한 교육 및 평가 방법의 제공 6. 그 밖에 장애인의 교육활동에 불이익이 없도록 하는 데 필요한 사항으로서 대통령령으로 정하는 사항 (대통령령으로 정하는 사항(시행령 제8조제2항 관련): 1. 원활한 교수 또는 학습 수행을 위한 지도 자료 등, 2. 통학과 관련된 교통편의, 3. 교육기관 내 교실 등 학습시설 및 화장실, 식당 등 교육활동에 필요한 모든 공간에서 이동하거나 그에 접근하기 위하여 필요한 시설·설비 및 이동수단)		
④ 교육책임자는 특정 수업이나 실험·실습, 현장견학, 수학여행 등 학습을 포함한 모든 교내외 활동에서 장애를 이유로 장애인의 참여를 제한, 배제, 거부하여서는 아니 된다.	2. 수업, 학생자치활동, 그 밖의 교내외 활동에 대한 참여 배제	
⑤ 교육책임자는 취업 및 진로교육, 정보제공에 있어서 장애인의 능력과 특성에 맞는 진로교육 및 정보를 제공하여야 한다.		ㅇ 취업 및 진로교육 관련 정보 제공을 차별금지 대상으로 포함하고 있으나 특수교육법에서는 이를 포함하지 않고 있음

장애인차별금지법	특수교육법	비고
⑥ 교육책임자 및 교직원은 교육기관에 재학 중인 장애인 및 장애인 관련자, 특수교육 교원, 특수교육보조원, 장애인 관련 업무 담당자를 모욕하거나 비하하여서는 아니 된다.		○ 특수교육 관련자 등에 대한 모욕 또는 비하 금지에 관한 사항은 장애인차별금지법에서만 규정
	3. 개별화교육지원팀에의 참여 등 보호자 참여에서의 차별	○ 개별화교육지원팀 참여 등 보호자 참여에서의 차별 규정은 특수교육법에서만 규정
⑦ 교육책임자는 장애인의 입학 지원 시 장애인 아닌 지원자와 달리 추가 서류, 별도의 양식에 의한 지원 서류 등을 요구하거나, 장애인만을 대상으로 한 별도의 면접이나 신체검사, 추가시험 등(이하 "추가서류 등"이라 한다)을 요구하여서는 아니 된다. 다만, 추가서류 등의 요구가 장애인의 특성을 고려한 교육시행을 목적으로 함이 명백한 경우에는 그러하지 아니하다.	4. 대학의 입학전형절차에서 장애로 인하여 필요한 수험편의의 내용을 조사·확인하기 위한 경우 외에 별도의 면접이나 신체검사를 요구하는 등 입학전형 과정에서의 차별	○ 장애인차별금지법은 모든 교육기관의 교육책임자에 대하여 입학 전형 절차에서 추가 서류 제출 또는 검사, 시험 금지 등을 규정하고 있으나, 특수교육법은 대학 입학전형절차에만 한정하여 규정하고 있음
	5. 입학·전학 및 기숙사 입소 과정에서 비장애학생에게 요구하지 아니하는 보증인 또는 서약서 제출을 요구	○ 특수교육법에서는 보증인 또는 서약서 제출 요구를 차별로 규정
⑧ 국가 및 지방자치단체는 장애인에게 「장애인 등에 대한 특수교육법」 제3조제1항에 따른 교육을 실시하는 경우, 정당한 사유 없이 해당 교육과정에 정한 학업시수를 위반하여서는 아니 된다.		○ 장애인차별금지법에서만 교육과정에서 정한 학업시수 위반 금지에 관한 사항을 차별 대상으로 규정

〈표 IV-3〉에서 제시한 바와 같이 특수교육법 제4조의 차별금지 관련 조항은 장애인차별금지법 제13조 및 제4조에 규정된 장애를 이유로 한 차별금지 규정과의 정합성 측면에서 고려될 필요가 있다. 먼저 장애인차별금지법에서는 차별로 규정하고 있으나 특수교육법에서 차별로 규정하지 않는 사항으로는 특수교육법 제17조에 따른 배치 과정에서의 차별금지, 장애인 관련자에 대한 모욕 또는 비하 금지, 학업시수 위반 금지 등이 있으며, 입학 과정에서의 추가 서류 제출 금지는 양 법률의 차별금지 대상에 포함되어 있으나 장애인차별금지법은 모든

교육기관을 적용 대상으로 특수교육법은 대학까지를 적용 대상으로 하여 차이를 보인다. 한편, 특수교육법은 차별이라고 규정하고 있으나 장애인차별금지법에서는 구체적으로 명시되지 않은 차별 유형으로는 개별화교육지원팀에서의 보호자 참여 과정에서의 차별이 있다.

또한 장애인차별금지법의 제14조에 규정된 정당한 편의제공은 장애학생이 교육기관에서 차별없이 교육받을 수 있는 장애를 고려한 조치로 볼 수 있으며, 특수교육을 효과적으로 지원받기 위해 특수교육대상자에게 제공되는 특수교육법 제28조에 따른 특수교육 관련서비스와 유사한 특성을 지니고 있다. 이 내용을 비교한 결과는 〈표 Ⅳ-4〉와 같다.

〈표 Ⅳ-4〉 특수교육법의 특수교육관련서비스 및
장애인차별금지법의 정당한 편의제공 비교

항목	특수교육법(제28조)	장애인차별금지법(제14조)
가족지원	가족지원	-
치료지원	치료지원	-
보조인력 지원	보조인력 제공	교육보조인력 제공
보조기기 지원	보조기기·학습보조기기 제공	각종 보조기기 지원
통학지원	통학지원	통학지원
기숙사 지원	기숙사 지원	-
정보 제공	적합한 방식의 정보 제공	제20조(정보접근에서의 차별금지) 등에서 별도 규정
의사소통 지원	-	통역 지원 등 다양한 방식의 의사소통 지원
교육과정 운영 관련	-	적절한 교육 및 평가 방법
교수학습 자료	-	교수 또는 학습 수행을 위한 자료
이동 및 접근	-	교육기관 내 이동 및 접근에 필요한 지원
기타	보행훈련, 심리·행동 적응훈련 등	진로 및 직업교육 정보 제공, 장애학생 지원 관련 부서 설치 또는 담당자 배치

〈표 Ⅳ-4〉에서 제시한 바와 같이 특수교육법은 장애인차별금지법에서 규정하고 있는 통역지원 등 다양한 방식의 의사소통 지원, 적절한

교육 및 평가 방법 지원, 교육기관 내 이동 및 접근 지원, 진로 및 직업 교육 정보 제공, 장애 관련 지원 부서 또는 담당자 배치 등에 관한 사항을 규정하지 않고 있으며, 반면 장애인차별금지법은 특수교육법에서 규정하고 있는 가족지원, 치료지원, 기숙사 지원, 보행훈련, 심리·행동 적응훈련 등에 관한 사항을 규정하지 않고 있다. 이와 같은 차이는 특수교육법의 특수교육 관련서비스가 특수교육대상자의 교육 목적을 효과적으로 달성하기 위해 제공되는 추가적인 교육복지서비스이고, 장애인차별금지법의 정당한 편의제공은 교육기관 내에서 활동하는 과정에서 장애를 고려한 조치에 해당될 수 있는 사항을 중심으로 제시된 교육복지서비스이기 때문이다. 특수교육 관련서비스와 정당한 편의제공은 그 지원의 목적에 다소 차이가 있으나 유사한 형태와 내용으로 제공되고 있기 때문에 이점을 고려하여 각 법률의 해당 영역에서의 조정, 보완이 필요하다고 할 수 있다.

(3) 제19조 보호자의 의무 등

「초·중등교육법」제14조와 특수교육법 제19조는 취학 의무의 면제 등에 관한 사항을 규정하고 있다. 이를 비교한 결과는 〈표 Ⅳ-5〉와 같다.

〈표 Ⅳ-5〉 초·중등교육법 및 특수교육법의 취학 의무 유예·면제 관련 규정 비교

초·중등교육법	초·중등교육법 시행령	특수교육법	특수교육법 시행령
제14조(취학 의무의 면제 등) ① 질병·발육 상태 등 부득이한 사유로 취학이 불가능한 의무교육대상자에 대하여는 대통령령으로 정하는 바에 따라 제13조에 따른 취학 의무를 면제하거나 유예할 수 있다. ② 제1항에 따라 취학 의무를 면제받거나 유예받은 사람이 **다시 취**	제28조(취학 의무의 면제·유예) ① 법 제14조에 따라 취학 의무를 면제 또는 유예받으려는 아동이나 학생의 보호자는 **해당 아동이나 학생이 취학할 예정이거나 취학 중인 학교의 장에게 취학 의무의 면제 또는 유예를 신청**하여야 한다. ② 제1항에 따라 **취학 의무의 면제 또는 유예 신청을 받은 학교의 장은**	제19조(보호자의 의무 등) ① (생략) ② 부득이한 사유로 취학이 불가능한 의무교육 대상자에 대하여는 대통령령으로 정하는 바에 따라 제1항에 따른 취학 의무를 면제하거나 유예할 수 있다. (후단 생략) ③ 제2항에 따라 취학 의무를 면제 또는 유예 받은 자가 다시 취학하고자 하는 경우에는 대	제14조(취학의무의 유예 또는 면제 등) ① 특수교육대상자의 보호자가 법 제19조제2항에 따라 특수교육대상자의 취학의무를 유예받거나 면제받으려는 경우에는 **관할 교육감 또는 교육장에게 취학의무의 유예 또는 면제를 신청**하여야 한다. ② 제1항에 따른 신청을 받은 교육감 또는 교육장은 법 제10조제1항에

초·중등교육법	초·중등교육법 시행령	특수교육법	특수교육법 시행령
학하려면 대통령령으로 정하는 바에 따라 학습능력을 평가한 후 학년을 정하여 취학하게 할 수 있다.	의무교육관리위원회의 심의를 거쳐 취학 의무의 면제 또는 유예를 결정한다. ③ 제1항에도 불구하고 아동이나 학생의 보호자가 행방불명 등 부득이한 사유로 취학 의무의 면제 또는 유예를 신청할 수 없는 경우에는 해당 아동이나 학생이 취학할 예정이거나 취학 중인 학교의 장이 그 사유를 확인한 후 의무교육관리위원회의 심의를 거쳐 취학 의무의 면제 또는 유예를 결정할 수 있다. ④ 초등학교 및 중학교의 장은 제2항 또는 제3항에 따른 취학 의무의 면제 또는 유예의 결정을 하는 경우에는 교육감이 정하는 질병이나 그 밖의 부득이한 사유가 있는 경우에 한정하여 하여야 한다. ⑤ ~ ⑦ (생략)	통령령으로 정하는 바에 따라 취학하게 할 수 있다.	따른 관할 특수교육운영위원회의 심의를 거쳐 특수교육대상자의 등·하교 가능성, 순회교육 실시 가능성 및 보호자의 의견 등을 고려하여 면제 또는 유예를 결정한다. 이 경우 유예기간은 1년 이내로 하고, 유예기간을 연장하려는 경우에도 관할 특수교육운영위원회의 심의를 거쳐야 한다. ③ 취학의무를 면제 또는 유예받은 사람이 다시 취학하고자 하는 경우 그 보호자는 교육감 또는 교육장에게 취학을 신청하고, 그 신청을 받은 교육감 또는 교육장은 관할 특수교육운영위원회의 심의를 거쳐 취학 여부를 결정하여야 한다.
	제29조(유예자의 학적관리 등) ①(생략) ② 초등학교 및 중학교의 장은 다음 각 호의 어느 하나에 해당하는 사람이 다시 학교에 다니거나 취학하려는 경우 「조기진급 등에 관한 규정」 제5조에 따른 조기진급·졸업·진학 평가위원회가 실시하는 교과목별 이수인정평가의 결과에 따라 학년을 정할 수 있다. (후단 생략)		

〈표 Ⅳ-5〉에서 제시한 바와 같이 양 법률에서 규정하고 있는 보호자

의 취학 의무의 면제 또는 유예 관련 조항은 하위법령에서 규정하고 있는 신청 대상 및 결정 주체가 다르므로, 이에 대한 조정이 불가피하다. 「초·중등교육법 시행령」 제28조제1항의 경우 취학 의무의 면제 또는 유예의 신청 대상이 학교의 장으로 규정되어 있으나 특수교육법 시행령 제14조제1항의 경우 취학 의무의 면제 또는 유예의 신청 대상이 관할 교육감 또는 교육장으로 규정되어 있다. 또한 「초·중등교육법 시행령」 제28조제2항에 따라 취학 의무의 면제 또는 유예 신청 후 그 결정을 시행령 제25조의2제1항에 따라 해당 학교에 설치된 의무교육관리위원회의 심의를 거쳐 학교의 장이 결정하도록 규정하고 있으나, 특수교육대상자의 경우 특수교육법 시행령 제14조제2항에 따라 관할 특수교육운영위원회의 심의를 거쳐 교육감 또는 교육장이 결정하도록 규정하고 있다.

양 법률에서 취학 의무 또는 유예의 신청 대상 및 심의 또는 결정의 주체가 상이하게 규정되어 있으므로 이에 대한 조정이 불가피하며, 만일 특수교육대상 학생의 특성을 고려하여 이와 같은 상이한 내용을 규정하고자 하는 경우, 특수교육법이 우선한다는 근거를 제시할 필요가 있다. 또한 취학 의무 또는 유예 등에 따른 학적 관리 등에 관한 사항의 경우 「초·중등교육법」의 기존 조항을 준용할 수 있으므로, 이에 대한 근거도 특수교육법 등에 함께 제시할 필요가 있다.

(4) 제21조 통합교육

통합교육에 관한 사항은 특수교육법 이외에도 「초·중등교육법」에서도 규정하고 있다. 특수교육법과 「초·중등교육법」의 통합교육 관련 규정을 비교한 결과는 〈표 Ⅳ-6〉과 같다.

〈표 IV-6〉 초·중등교육법 및 특수교육법의 통합교육 관련 규정 비교

초·중등교육법	특수교육법
제59조(통합교육) **국가와 지방자치단체는** 특수교육이 필요한 사람이 초등학교·중학교 및 고등학교와 이에 준하는 각종학교에서 교육을 받으려는 경우에는 따로 입학절차, 교육과정 등을 마련하는 등 **통합교육을 하는 데에 필요한 시책을 마련하여야 한다.**	**제21조(통합교육)** ① 교육감은 특수교육대상자가 일반학교에서 또래와 함께 교육받을 수 있도록 시책을 수립·시행하여야 한다. ② 각급학교의 장은 교육에 관한 각종 시책을 시행하는 경우 특수교육대상자가 통합교육을 원활히 받을 수 있도록 하여야 한다. ③ ~ ⑤ (생략)

〈표 IV-6〉에서 제시한 바와 같이,「초·중등교육법」제59조가 국가와 지방자치단체로 하여금 일반 초중등학교에서 통합교육 실시에 필요한 시책을 마련하도록 규정하고 있음에 반해, 특수교육법 제21조는 통합교육 시책 수립 등의 책무를 교육감에게 부여하고 있다.

통합교육의 실제 구현의 장은 학교이고, 통합교육 실행의 주체는 학교의 장이므로, 학교의 장을 관리 감독하는 교육감에게 이와 같은 역할을 부여하는 것이 현실적인 접근일 수 있다. 그러나 통합교육 실행을 위해서는 행·재정적 지원도 수반되어야 하므로, 통합교육 실행을 위한 국가와 지방자치단체의 역할을 명확히 규정하는 것도 필요하다. 따라서 특수교육법 제21조의 통합교육 조항에 국가와 지방자치단체의 역할에 대한 명시도 필요하다.

(5) 제38조의2 벌칙 관련

장애를 이유로 한 차별에 대해 장애인차별금지법과 특수교육법에서는 각각 처벌 규정을 두고 있다. 양 법률의 벌칙 관련 규정을 비교한 결과는 〈표 IV-7〉과 같다.

〈표 Ⅳ-7〉 장애인차별금지법과 특수교육법의 벌칙 관련 규정 비교

장애인차별금지법	특수교육법	비고
제49조(차별행위) ① 이 법에서 금지한 차별행위를 행하고 그 행위가 악의적인 것으로 인정되는 경우 법원은 차별을 한 자에 대하여 3년 이하의 징역 또는 3천만원 이하의 벌금에 처할 수 있다. ② 제1항에서 악의적이라 함은 다음 각 호의 사항을 고려하여 판단하여야 한다. 1. 차별의 고의성 2. 차별의 지속성 및 반복성 3. 차별 피해자에 대한 보복성 4. 차별 피해의 내용 및 규모 ③ 법인의 대표자나 법인 또는 개인의 대리인·사용인, 그 밖의 종업원이 그 법인 또는 개인의 업무에 관하여 악의적인 차별행위를 한 때에는 행위자를 벌하는 외에 그 법인 또는 개인에 대하여도 제1항의 벌금형을 과한다. 다만, 법인 또는 개인이 그 위반행위를 방지하기 위하여 해당 업무에 관하여 상당한 주의와 감독을 게을리하지 아니한 경우에는 그러하지 아니하다. ④ 이 조에서 정하지 아니한 벌칙은 「국가인권위원회법」의 규정을 준용한다.	제38조의2(벌칙) 다음 각 호의 어느 하나에 해당하는 자는 300만원 이하의 벌금에 처한다. 1. 삭제 2. 제4조제2항제1호부터 제3호까지의 규정을 위반하여 특수교육 관련서비스의 제공, 수업, 학생자치활동, 그 밖의 교내외 활동에 대한 참여와 개별화교육지원팀에의 보호자 참여에 있어서 차별한 자 3. 삭제 4. 제4조제2항제5호를 위반하여 입학·전학 및 기숙사 입소 과정에서 비장애학생에게 요구하지 아니하는 보증인 또는 서약서 제출을 요구한 자 5. 제4조제2항제6호를 위반하여 학생 생활지도에 있어서 「장애인차별금지 및 권리구제 등에 관한 법률」제4조의 차별을 한 자	○ 장애인차별금지법에서만 악의적 차별에 관한 사항에 대해 처벌할 수 있는 규정 제시 ○ 특수교육법은 악의적 차별에 대한 벌칙을 별도로 규정하지 않고, 차별 행위에 대한 벌칙 규정 제시 ○ 장애인차별금지법은 법인 등에 대한 양벌 규정 제시
제50조(과태료) ① 제44조에 따라 확정된 시정명령을 정당한 사유 없이 이행하지 아니한 자는 3천만원 이하의 과태료에 처한다. ② 제1항에 따른 과태료는 법무부장관이 부과·징수한다.		

〈표 Ⅳ-7〉에서 제시한 바와 같이, 유사한 차별금지 행위에 대한 벌칙 근거가 특수교육법과 장애인차별금지법에 모두 규정되어 있으므로, 이중 처벌 문제 등이 발생될 수 있다. 또한 특수교육법의 차별금지 범위와 장애인차별금지법의 차별금지 범위가 서로 다르며, 장애인차별금지법에 악의적 차별에 관한 처벌 근거가 있음에 반해, 특수교육법은

이와 같은 내용을 다루고 있지 않다. 따라서 장애인차별금지법과 특수교육법의 교육 영역에서의 장애를 이유로 한 차별 행위의 범위와 이에 대한 처벌 내용 등에 대한 체계정합성을 고려할 필요가 있다.

또한 장애인차별금지법에서 규정한 바와 같이, 벌칙 규정에 법인의 대표자나 법인 또는 개인의 대리인·사용인, 그 밖의 종업원이 그 법인 또는 개인의 업무에 관하여 차별행위를 하는 경우 행위자를 벌하는 외에 그 법인 또는 개인에 대하여도 벌칙을 부과하는 등과 같은 양벌 규정 신설이 검토될 필요가 있으며, 장애인차별금지법에서 규정한 바와 같이, 과태료 관련 벌칙 규정 신설 방안도 검토되어야 할 것이다.

나. 누락 내용 검토

특수교육법의 누락된 내용은 특수교육 지원에 필요한 사항이거나 규제 또는 제한을 가할 수밖에 없는 사항으로 법률로써 그 근거가 마땅히 규정되어야 하는 내용임에도 현행 특수교육법에 규정하지 않고 있는 내용을 의미한다. 이러한 내용을 파악하기 위해서는 관련 선행연구에서 법적 근거가 필요하다고 제안된 사항, 각종 정책 보고서에서 제시된 사항, 실제 입법과 법률의 집행을 담당하는 국회와 정부 관계자 등의 의견과 요구 등을 살펴볼 필요가 있다. 이 부분에 대해서는 2년 전 수행된 기초연구에서 그 근거를 찾아볼 수 있는데, 〈표 Ⅳ-8〉에서 제시한 바와 같이 특수교육법 개정 기초 연구(김삼섭 외, 2018), 후속 연구(김기룡 외, 2020) 등에서 조항별 입법불비(立法不備)에 해당되는 내용, 요소, 사안, 쟁점 등을 분석한 결과, 신설 또는 개선이 필요한 사항을 확인할 수 있다. 이와 같은 조항별 신설 또는 개선이 요구되는 사항은 현행 특수교육법에서 관련 사항을 규정하지 않은 누락된 요소이므로 제안된 것이라 할 수 있다.

〈표 Ⅳ-8〉 특수교육법 조항별 신설 또는 개선 요구 사항

조항	신설 또는 개선 요구 사항
정의(제2조)	○ "전공과"가 아닌 "전환교육과"로 변경하고, 관련 정의 신설
차별금지 (제4조)	○ 장애인차별금지법 규정을 고려하여 차별금지 대상 확대(입학전형 절차에서 별도 면접 또는 신체검사 요구 행위 금지, 부모의 보조·동행 등 참여 요구 금지, 학교폭력 발생시 장애 특성을 고려하지 않은 조치 금지, 수험편의 미제공 금지) ○ 특수교육 담당 교원에 대한 불이익 조치 또는 차별 금지 규정 신설 ○ 차별행위 및 인권침해에 대한 신고의무 절차 규정 ○ 신고의무자 규정 신설 및 신고의무자의 신고의무 위반시 처벌 대상으로 규정 (벌칙 조항에도 명시)
무상·의무 교육 (제3조, 제19조)	○ 학생 또는 학부모 요구가 있을시 특수학급 설치 가능 규정 신설
국가 및 지방자치단체의 임무(제5조)	○ 특수학교 설립을 교육감이 아닌 국가의 의무로 규정하고, 다양한 형태의 특수학교 설립 근거 마련 필요 ○ 특수교육대상학생 권리구제 지원을 위한 별도의 권리옹호기관 설립 규정 신설 ○ 특수교육 관련 예산 부족시 우선적으로 예산을 편성, 지원하는 근거 신설
사립학교의 위탁 (제6조)	○ 사립의 특수교육기관에 대한 위탁 취소 규정 신설 ○ 사립의 특수교육기관 지도·감독 규정 신설
교원의 자질 향상 (제8조)	○ 수요 기반 연수과정 개발, 정기적 연수 실시 근거 마련 ○ 교원양성기관에서 특수교육 관련 교과목 필수 이수하기 위한 근거 마련 ○ 통합학급 담당 교원 및 특수교사 대상 연수 강화 근거 마련 ○ 학교관리자, 행정인력, 지원인력 등 학교 구성원 대상 인권교육 실시 근거 마련
특수교육 운영위원회(제10조)	○ 특수교육운영위원회를 특수교육위원회로 명칭 변경. 정책 심의 기능 강화
특수교육 지원센터 (제11조)	○ 시·도특수교육지원센터(시·도특수교육원) 설치·운영 규정 신설 ○ 2개 이상의 특수교육지원센터 설치·운영 근거 제시 ○ 장애영역 및 장애정도별 특성 고려 특성화 특수교육지원센터 운영 근거 마련 ○ 특수교육지원센터 인력 배치 기준 및 담당 인력 인센티브 지원 근거 마련
특수교육실태조사 (제13조)	○ 특수교육실태조사의 방법 강화 및 조사 범위 확대
조기발견 및 진단·평가(제14조)	○ 선별검사의 효과적 실시를 위하여 지방자치단체, 교육기관, 장애인복지시설을 포함한 연계체계 구축 근거 제시
배치(제17조)	○ 진단·평가 및 선정·배치 과정에서 보호자의 의견과 상충되는 경우 의견을 조율할 수 있는 조정위원회 설치 근거 마련
영아교육 (제18조)	○ 영아학급을 일반 유치원에도 설치할 수 있는 근거 마련 ○ 영아학급 담당 교사의 자격기준 명시
보호자의 의무 등 (제19조)	○ 의무교육 면제 사유(부득이한 사유)에 대한 구체적 근거 마련

조항	신설 또는 개선 요구 사항
교육과정 (제20조)	○ 중도중복장애학생 교육과정 개발 및 운영 근거 마련 ○ 교과용도서 발행처 또는 제작자가 국가 표준 디지털 파일을 납본하도록 하고, 구체적인 사항은 교육부령으로 위임하는 규정 신설 ○ 교육과정 조정 대상 선정 기준 및 구체적인 교수적합화와 평가조정 방법 관련 지침을 하위법령에 규정하고 이를 각급학교에 보급하도록 규정
통합교육 (제21조)	○ 일반학급 배치 특수교육대상학생에 대한 지원 내용을 구체화하여 법률에 명시 ○ 일반교육 차원의 통합교육 책무 강화 방안 마련 ○ 통합학급의 일반학생 정원 감축 ○ 일반교사와 특수교사간 협력 체계 구축 ○ 특수학교 학생을 위한 역통합 기회 제공 근거 마련 ○ 맞춤형 통합교육 및 행동지원 체계 구축
개별화교육 (제22조)	○ 개별화교육계획 작성 및 운영 역량 강화를 위한 연수 실시 및 매뉴얼 개발·보급 근거 마련 ○ 특별한 건강관리 지원 학생을 위하여 개별화교육지원팀 구성시 보건교사 등 추가인력 포함 근거 마련
진로 및 직업교육(제23조)	○ 대학 진학 지도 및 대학 입학 정보 제공 등 수험편의에 대한 지원 근거 제시 ○ 현장 체험 중심의 진로교육 지원이 가능하도록 관련 근거 마련
전공과(제24조)	○ 전공과를 대학, 직업전문학교, 평생교육시설 등에서 운영 가능한 근거 마련
각급학교 특수학급 및 특수학교 학급의 설치 기준(제27조)	○ 영아학급에 대한 교사 배치 기준 신설: 2명당 1학급 ○ 일정 규모의 학교 또는 신도시 신설 학교에 특수학급 설치 의무화
특수교육교원의 배치 기준 (제27조)	○ 특수교육교원 배치 기준 근거를 별도의 조항으로 제시 ○ 특수교육교원의 총정원 산출 기준을 확보하기 위한 최소한의 근거 제시(적어도 특수교육대상학생 3명당 특수교사 1인)
특수교육 관련서비스 (제28조)	○ 치료지원에 대한 부처간 협력 체계 구축 근거 제시 ○ 사회복무요원을 지원인력으로 배치하는 경우 특수교육 연수 의무화 규정 마련 ○ 현장체험학습시 차량 지원 근거 마련 ○ 학부모 대상 심리상담 강화, 가족지원 프로그램 구체화 ○ 학부모 대상 정기적이고 장기적인 양육 관련 연수 프로그램 운영 ○ 방과후학교(계절학교 포함) 전면 실시 관련 근거 마련 ○ 문제행동 또는 심리정서적 문제에 대한 상담 및 치료서비스 추가 실시 근거를 마련하고, 전문상담교사 및 간호사 배치 근거 마련 ○ 특수학교 내 보건교사 추가 배치 근거 마련 ○ 보조공학기기와 학습보조기기 구분 기준 마련, 보조공학기기 지원에 관한 구체적 사항 반영 또는 하위법령 위임 근거 마련 ○ 보완대체의사소통수단 지원 추가
고등교육 관련(제29조	○ 발달장애아동의 대학 입학 기회 확대를 위한 방안 강구 규정 마련 ○ 학습이 어려운 대학 장애학생에 대한 별도 교육과정 편성 운영에 관한 근거

조항	신설 또는 개선 요구 사항
~ 제32조)	제시
심사청구 관련(제35조 ~ 36조)	○ 차별금지 대상 확대에 따라 심사청구 대상 확대 ○ 심사청구자에 대한 보호 제도 마련
벌칙 관련(제37조 ~ 제38조의2)	○ 과밀학급 장기간 방치 학교장에 대한 처벌 규정 마련
기타	○ 교사 추가 배치, 재활 및 치료서비스 실시, 보조기기 예산 지원, 보건교사 및 간호사 배치 등 근거 신설 ○ 중도중복장애학생의 의료적 지원에 따른 면책 관련 규정 신설 ○ 장애인권교육 강화, 인권감수성 향상 등 인권 침해 예방 및 인권 증진을 위한 지원 근거 신설

〈표 IV-8〉에서 제시한 바와 같이 현행 특수교육법에는 조항별 누락 요소가 상당수 존재하는 것으로 확인되고 있으며, 중도중복장애학생 지원, 유치원 교육 지원, 장애인권교육 지원 등과 같이 법률에 전혀 규정되지 않은 누락 요소도 일부 확인되고 있다. 이와 같은 특수교육법의 누락 요소는 특수교육법의 주요 개정 요구 사항에 해당되므로 이후 입법 추진 과정에서 고려되어야 할 내용이라 할 수 있다.

　　다. 위계성 미충족 조항 검토

　　특수교육법의 위계성 미충족 조항은 법률에 규정해야 할 사항과 하위법령에 규정해야 할 사항이 그 위계가 맞지 않는 경우, 하위법령에는 규정되었으나 법률에는 이에 대한 근거가 없는 경우, 법률에 하위법령으로 위임하였으나 하위법령에서 이를 규정하지 않았거나 하위법령이 법률에서 정한 범위를 일탈한 경우 등을 의미한다. 이와 같은 위계성 미충족 조항은 특수교육법과 그 하위법령에 대한 3단 비교를 통한 내용 분석 방법으로 위계성 충족 여부를 살펴볼 수 있고, 선행연구에서 위계성이 충족되지 못하고 있다고 보고한 선행연구 결과 등을 통해서도 확인해 볼 수 있다. 이를 고려하여 현행 특수교육법의 위계성 미충족 조항을 살펴본 결과는 〈표 IV-9〉와 같다.

〈표 Ⅳ-9〉 특수교육법 및 하위법령 간 위계성 검토 결과

특수교육법 [법률 제16746호, 2019. 12. 10.]	특수교육법 시행령 [대통령령 제31219호, 2020. 12. 8.]	특수교육법 시행규칙 [교육부령 제188호, 2019. 9. 17.]	검토 결과
제8조(교원의 자질향상) ① ~ ③ (생략) ④ 제1항과 제2항에 따른 교육 및 연수에 필요한 사항은 대통령령으로 정한다.			○ 위임 사항 미규정 → 대통령령으로 위임하였으나 해당 사항을 규정하지 않음
제11조(특수교육지원센터의 설치·운영) ① 교육감은 특수교육대상자의 조기발견, 특수교육대상자의 진단·평가, 정보관리, 특수교육 연수, 교수·학습활동의 지원, 특수교육 관련서비스 지원, 순회교육 등을 담당하는 특수교육지원센터를 시·도 교육청 및 모든 하급교육행정기관에 설치·운영하여야 한다.	제7조(특수교육지원센터의 설치·운영) ① ~ ② (생략) ③ 교육감은 지역의 지리적 특성 및 특수교육의 수요 등을 고려하여 필요한 경우에는 하나의 하급교육행정기관에 2 이상의 특수교육지원센터를 설치·운영할 수 있다.	-	○ 위임 범위 일탈 → 법률에서는 하급교육행정기관 모두 설치·운영하도록 규정하였고, 이 규정은 하급교육행정기관별로 1개소를 설치·운영하는 것으로 해석될 수 있으나, 시행령에 2개 이상을 설치·운영하도록 규정함으로써 법률의 위임 범위를 뛰어 넘은 규정임
제14조(장애의 조기발견 등) ① ~ ④ (생략) ⑤ 제1항의 선별검사의 절차와 내용, 그 밖에 검사에 필요한 사항과 제3항의 사전 동의 절차 및 제4항에 따른 통보 절차에 필요한 사항은 대통령령으로 정한다.	제9조(장애의 조기발견 등) ① ~ ④ (생략) ⑤ 교육장 또는 교육감은 제3항에 따라 진단·평가한 결과 영유아 등에게 특수교육이 필요하다고 판단되면 보호자에게 그 내용과 특수교육대상자 선정에 필요한 절차를 문서로 알려야 한다. ⑥ 제2항부터 제5항까지의 규정에 따른 선별검사 및 진단·평가에 필요한 사항은 교육부령으로 정한다. 이 경우 제2항에 따른 선별검사에 관한 사항은 보건복지부장관과 협의하여야 한다.	제2조(장애의 조기발견 등) ① ~ ③ (생략)	○ 위임 사항 미규정 → 법 제14조제5항에 따른 "제3항의 사전 동의 절차"에 관한 사항이 시행령에 규정되지 않았음
제15조(특수교육대상자의 선정) ① 교육장 또는 교육감은 다음 각 호의 어느 하나에 해당하는 사람 중 특수교육을 필요로 하는 사람으로 진단·평가된 사람을 특수교육대상자로 선정한다.	제10조(특수교육대상자의 선정 기준) 법 제15조에 따라 특수교육대상자를 선정하는 기준은 별표와 같다.	-	○ 위임 사항 미규정 → 법 제15조제1항제11호에 따른 그 밖에 대통령령으로 정하는 장애를 규정하지 않음

특수교육법 [법률 제16746호, 2019. 12. 10.]	특수교육법 시행령 [대통령령 제31219호, 2020. 12. 8.]	특수교육법 시행규칙 [교육부령 제188호, 2019. 9. 17.]	검토 결과
1. ~ 10. (생략) 11. 그 밖에 대통령령으로 정하는 장애 ② (생략)			○ 미위임 사항 규정 → 시행령 제10조에 관한 사항은 법률에 근거하지 않고 시행령에서만 규정
제17조(특수교육대상자의 배치 및 교육) ① ~ ④ (생략) ⑤ 제1항부터 제4항까지의 규정에 따른 특수교육대상자의 배치 등에 관하여 필요한 사항은 대통령령으로 정한다.	제11조(특수교육대상자의 학교 배치 등) ① ~ ② (생략) ③ 각급학교의 장은 특수교육대상자에 대한 교육지원의 내용을 추가·변경 또는 종료하거나 특수교육대상자를 재배치할 필요가 있으면 법 제22조제1항에 따른 개별화교육지원팀의 검토를 거쳐 교육장 및 교육감에게 그 특수교육대상자의 진단·평가 및 재배치를 요구할 수 있다.	-	○ 미위임 사항 규정 → 재배치에 관한 사항이 법률에 규정되지 않았음에도 해당 사항을 규정 → 특히 권리의 부여 또는 제한 등 법률에 의해 규정되어야 할 사항이므로 법률에 위임 근거 제시 필요
제19조(보호자의 의무 등) ① (생략) ② 부득이한 사유로 취학이 불가능한 의무교육대상자에 대하여는 대통령령으로 정하는 바에 따라 제1항에 따른 취학의무를 면제하거나 유예할 수 있다. (후단 생략) ③ 제2항에 따라 취학의무를 면제 또는 유예 받은 자가 다시 취학하고자 하는 경우에는 대통령령으로 정하는 바에 따라 취학하게 할 수 있다.	제14조(취학의무의 유예 또는 면제 등) ① 특수교육대상자의 보호자가 법 제19조제2항에 따라 특수교육대상자의 취학의무를 유예받거나 면제 받으려는 경우에는 관할 교육감 또는 교육장에게 취학의무의 유예 또는 면제를 신청하여야 한다. ② 제1항에 따른 신청을 받은 교육감 또는 교육장은 법 제10조제1항에 따른 관할 특수교육운영위원회의 심의를 거쳐 특수교육대상자의 등·하교 가능성, 순회교육 실시 가능성 및 보호자의 의견 등을 고려하여 면제 또는 유예를 결정한다. 이 경우 유예기간은 1년 이내로 하고, 유예기간을 연장하려는 경우에도 관할 특수교육운영위원회의 심의를 거쳐야	-	○ 위임 범위 일탈 → 시행령 제1항 및 제2항은 취학 유예 또는 면제에 대한 신청 대상, 심의 및 결정 절차, 취학 의무 또는 면제 이후 재취학 신청, 심의 및 결정 절차 등에 관한 사항을 규정하고 있으나, 해당 사항을 법률에서 위임하고 있다고 해석하기 어려움 → 특히 취학의무 면제 또는 유예에 대한 심사 또는 결정의 주체는 개인의 권리 부여 또는 제한과 관련되어 있으므로, 권리의 제한, 부여에 관한 사항이므로 법률에서 규정되어야 할 사항이라 할 수 있음 → 특히 초중등교육법에서는 이러한 취학 의무의 유예 또는 면제

특수교육법 [법률 제16746호, 2019. 12. 10.]	특수교육법 시행령 [대통령령 제31219호, 2020. 12. 8.]	특수교육법 시행규칙 [교육부령 제188호, 2019. 9. 17.]	검토 결과
	한다. ③ 취학의무를 면제 또는 유예받은 사람이 다시 취학하고자 하는 경우 그 보호자는 교육감 또는 교육장에게 취학을 신청하고, 그 신청을 받은 교육감 또는 교육장은 관할 특수교육운영위원회의 심의를 거쳐 취학 여부를 결정하여야 한다.		에 관한 신청 대상과 결정 주체를 법률로써 명시하여, 개인의 권리 부여 또는 제한을 법률로써 규정하고 있음
제22조(개별화교육) ① ~ ④ (생략) ⑤ 제1항에 따른 개별화교육지원팀의 구성, 제2항에 따른 개별화교육계획의 수립·실시 등에 관하여 필요한 사항은 교육부령으로 정한다.	-	제4조(개별화교육지원팀의 구성 등) ① 각급학교의 장은 법 제22조제1항에 따라 매 학년의 시작일부터 2주 이내에 각각의 특수교육대상자에 대한 개별화교육지원팀을 구성하여야 한다. ② 개별화교육지원팀은 매 학기의 시작일부터 30일 이내에 개별화교육계획을 작성하여야 한다. ③ 개별화교육계획에는 특수교육대상자의 인적사항과 특별한 교육지원이 필요한 영역의 현재 학습수행수준, 교육목표, 교육내용, 교육방법, 평가계획 및 제공할 특수교육 관련서비스의 내용과 방법 등이 포함되어야 한다. ④ 각급학교의 장은 매 학기마다 개별화교육계획에 따른 각각의 특수교육대상자의 학업성취도 평가를 실시하고, 그 결과를 특수교육대상자 또는 그 보호자에게 통보하여야 한다.	○ 위임 사항 미규정 → 법 제22조 제5항에 따른 개별화교육계획의 실시에 관한 사항을 시행규칙에 규정하도록 위임하고 있으나, 시행규칙 제4조에는 개별화교육지원팀 구성과 개별화교육계획 수립에 관한 사항만 규정되어 있고, 개별화교육실시에 관한 구체적 사항이 규정되어 있지 않음
제25조(순회교육 등) ① ~ ④ (생략) ⑤ 국가 또는 지방자치단체는 제4항에 따라 학급이 설	제20조(순회교육의 운영 등) ① 교육장이나 교육감은 법 제25조제1항에 따른 순회교육을 하기		○ 위임 사항 미규정 → 법 제25조 제5항에 따라 대통령령으로 정하는 바에 따라 행정

특수교육법 [법률 제16746호, 2019. 12. 10.]	특수교육법 시행령 [대통령령 제31219호, 2020. 12. 8.]	특수교육법 시행규칙 [교육부령 제188호, 2019. 9. 17.]	검토 결과
치·운영 중인 의료기관 및 복지시설 등에 대하여 국립 또는 공립 특수교육기관 수준의 교육이 이루어질 수 있도록 대통령령으로 정하는 바에 따라 행정적·재정적 지원을 할 수 있다. ⑥ 제1항부터 제4항까지의 규정에 따른 순회교육의 수업일수 등 순회교육의 운영에 필요한 사항은 대통령령으로 정한다.	위하여 순회교육을 받는 특수교육대상자의 능력, 장애 정도 등을 고려하여 순회교육계획을 작성·운영하여야 한다. ② 순회교육의 수업일수는 매 학년도 150일을 기준으로 하여 각급학교의 장이 정하되, 순회교육을 받는 특수교육대상자의 상태와 교육과정의 운영상 필요한 경우에는 지도·감독기관의 승인을 받아 30일의 범위에서 줄일 수 있다.		적·재정적 지원을 할 수 있다고 규정하고 있으나 이에 대한 사항이 시행령에 규정되어 있지 않음
제27조(특수학교의 학급 및 각급학교의 특수학급 설치 기준) ① ~ ② (생략) ③ 특수학교와 특수학급에 두는 특수교육교원의 배치기준은 대통령령으로 정한다.	제22조(특수학교 및 특수학급에 두는 특수교육교원의 배치기준) 법 제27조제3항에 따라 배치하는 특수교육 담당 교사는 학생 4명마다 1명으로 한다. 다만, 도시와 농촌·산촌·어촌 교육의 균형발전, 특수교육지원센터의 운영현황 및 특수교육대상자의 지역별 분포 등을 고려하여 특별시·광역시·도·특별자치도별 교사는 교육부장관이, 단위 학교·학급별 교사는 해당 교육감 또는 교육장이 배치기준의 40퍼센트의 범위에서 가감하여 배치할 수 있다.		○ 위임 사항 오규정 → 법률 제27조 제3항에 따라 특수교육교원의 배치기준에 관한 사항을 규정하지 않고 특수교육교원의 총정원 산출기준을 규정하였음
제28조(특수교육 관련서비스) ① ~ ⑧ (생략) ⑨ 제1항부터 제8항까지의 규정에 따른 특수교육 관련서비스의 제공을 위하여 필요한 사항은 대통령령으로 정한다.	제29조(기타 특수교육 관련서비스의 제공) ① 교육부장관 또는 교육감은 제23조부터 제28조까지의 규정에서 정한 특수교육 관련서비스 외에 보행훈련, 심리·행동적응훈련 등 특정한 장애유형의 특수교육대상자에게 필요한 특수교육 관련서비스를 제공하여	-	○ 미위임 사항 규정 → 법률 제28조 제9항의 규정은 제1항부터 제8항까지의 특수교육 관련서비스 제공에 필요한 구체적 사항을 시행령으로 위임하도록 규정하고 있으므로, 법률에서 규정하지 않은 별도의 기타 특수교육관련서비스에 대

특수교육법 [법률 제16746호, 2019. 12. 10.]	특수교육법 시행령 [대통령령 제31219호, 2020. 12. 8.]	특수교육법 시행규칙 [교육부령 제188호, 2019. 9. 17.]	검토 결과
	야 한다. ② 제1항의 특수교육 관련서비스 제공에 필요한 인력은 국가자격 또는 「자격기본법」 제19조제1항에 따라 주무부장관이 공인한 민간자격을 소지한 사람으로 한다.		한 내용과 실시 절차를 위임하였다고 판단하기 어려우므로, 법률에서 위임되지 않은 사항을 시행령에 규정한 것임
제29조(특별지원위원회) ① 대학의 장은 다음 각 호의 사항을 심의·결정하기 위하여 특별지원위원회를 설치·운영하여야 한다. 1. ~ 3. (생략) ② 특별지원위원회의 설치·운영 등에 관하여 필요한 사항은 대통령령으로 정한다.	제30조(특별지원위원회의 설치·운영) ① 대학의 장은 그 대학에 장애학생이 10명 이상 재학하는 경우에는 법 제29조에 따른 특별지원위원회(이하 "특별지원위원회"라 한다)를 설치·운영하여야 한다. ② 장애학생이 10명 미만인 대학의 장은 법 제30조제2항에 따른 장애학생 지원부서 또는 전담직원이 법 제29조제1항제1호 및 제3호에 관한 특별지원위원회의 기능을 수행할 수 있도록 할 수 있다. ③ 특별지원위원회의 위원 자격, 구성 및 회의 개최 시기 등은 해당 대학의 장이 정한다.	-	○ 위임 범위 일탈 → 법률 제29조 제1항에서는 특별지원위원회를 의무적으로 설치하여야 한다고 규정하였고, 설치 기준에 관한 사항을 위임하지 않았으므로, 시행령 제30조 제1항에 별도의 설치 기준을 재학 장애학생 10명이라고 제시한 것은 위임 범위를 뛰어 넘은 규정임(차성안, 2008)
제30조(장애학생지원센터) ① ~ ② (생략) ③ 장애학생지원센터의 설치·운영에 관하여 필요한 사항은 대통령령으로 정한다.	제31조(장애학생지원센터의 설치·운영 등) ① 법 제30조제1항 단서에서 "일정 인원"이란 9명을 말한다. ② 법 제30조제1항에 따른 장애학생지원센터, 장애학생 지원부서 또는 전담직원은 장애학생 지원계획을 수립하고, 그 사실을 장애학생에게 알려야 한다.	-	○ 위임 사항 미규정 → 법 제30조 제3항에 따라 장애학생지원센터의 구체적인 설치·운영에 관한 사항을 규정하지 않았음
제37조(권한의 위임과 위탁) ① 이 법에 따른 교육부장관의 권한은 그 일부를 대통	-	-	○ 위임 사항 미규정 → 법 제37조 제1항 및 제2항에 따른 교육감 또

특수교육법 [법률 제16746호, 2019. 12. 10.]	특수교육법 시행령 [대통령령 제31219호, 2020. 12. 8.]	특수교육법 시행규칙 [교육부령 제188호, 2019. 9. 17.]	검토 결과
령령으로 정하는 바에 따라 교육감에게 위임할 수 있다. ② 이 법에 따른 교육감의 권한은 그 일부를 대통령령으로 정하는 바에 따라 교육장에게 위임할 수 있다.			는 교육장에게 위임할 권한의 범위를 시행령에 규정하지 않았음

〈표 Ⅳ-9〉에서 제시한 바와 같이 법률에서 하위법령으로 위임하였으나 그 하위법령이 해당 사항을 규정하지 않은 위임 사항 미규정 관련 조항은 제8조(교원의 자질 향상), 제14조(장애의 조기발견), 제15조(특수교육대상자의 선정), 제22조(개별화교육), 제25조(순회교육 등), 제30조(장애학생지원센터), 제37조(권한의 위임과 위탁)에서 발견되었고, 법률에서 위임하지 않은 사항을 하위법령에서 규정한 미위임 사항 규정 조항은 제15조(특수교육대상자의 선정), 제17조(특수교육대상자의 배치 및 교육), 제28조(특수교육 관련서비스)에서 발견되었다. 또한 법률에서 위임한 사항을 뛰어넘은 내용을 규정한 위임 범위 일탈 조항은 제11조(특수교육지원센터의 설치·운영), 제19조(보호자의 의무 등), 제29조(특별지원위원회)에서 발견되었으며, 법률에서 위임한 사항을 정확히 규정하지 않은 위임 사항 오규정 조항으로는 제27조(특수학교의 학급 및 각급학교의 특수학급 설치 기준)가 있는 것으로 나타났다. 이와 같은 위계성 검토 결과를 고려해 볼 때, 현행 특수교육법 및 그 하위법령의 법령 체계 정비가 필요하다고 할 수 있다.

3. 특수교육법 개정 방안

이와 같이 특수교육법의 실효성 및 체계정합성 그리고 그간 추진된 특수교육법 관련 선행연구 결과를 고려해 볼 때, 특수교육법은 특별한 교육적 요구가 있는 학생들의 교육받을 권리를 보장하고, 특수교육 여건을 개선하며 통합교육 실현을 촉진하는 등 특수교육 현장의 실제적 요구를 고려하여 개정되어야 하며, 미래의 교육 환경에 효과적으로 대응하고, 그 질적인 수준을 제고하는 방향으로 개정될 필요가 있다. 특수교육법은 하나의 이론적 개념이 아닌 실제 교육 현장의 요구에 바탕을 둔 제도적 수단 중 하나이므로, 다양한 개정 요구 과제를 종합하여 그 개정 방향을 재구성하는 것이 바람직하다. 이점을 고려하여 특수교육법의 개정 방향을 선행연구 등에서 제시하고 있는 주요 개정 과제 등을 반영하여 〈그림 Ⅳ-1〉과 같이 도식화하여 제시해 볼 수 있다(김기룡 외, 2023).

〈그림 Ⅳ-1〉에서 제안된 특수교육법 개정 방향은 특수교육법 주요 개정 과제를 토대로 도출한 것이며 장애학생 교육 국가책임제 실현, 인권친화적 특수교육 환경 조성, 특수교육 여건의 획기적 개선, 통합교육 실현 환경 조성, 특수교육의 질적 수준 향상, 서로 존중하고 협력하는 특수교육 지원 기반 구축 등 6가지로 제시해 볼 수 있다. 이를 각각 살펴보면 다음과 같다(김기룡 외, 2023)

〈그림 Ⅳ-1〉 특수교육법 개정 목표, 개정 방향 및 주요 개정 과제

첫째, 현재와 같은 형태의 특수교육법이 시행된지 20여년 가까운 시간이 흘렀으나 발달장애아동의 교육 여건이 여전히 개선되지 못하고 있고, 이에 따른 국가의 역할이 더욱 강화될 필요가 있으므로 완전무상교육 실현, 조기 특수교육 지원 체계 구축, 공적 특수교육 지원 전달체계 구축, 사립 특수교육기관에 대한 책무 강화 등을 위한 입법이 필요하다고 판단하여 장애학생 교육에 대한 국가의 책무 강화를 첫 번째 개정 방향으로 제안하였다.

둘째, 장애를 이유로 한 차별이 여전히 해소되지 못하고 다양한 인권 침해 사건이 보고되고 있음을 고려하여 장애 차별을 근절하고 발달장애아동 인권 보호를 위한 구체적인 보호 및 예방 대책을 명문화할 필요가 있다고 판단하여 인권친화적 특수교육 환경 구축을 두 번째 개정 방향으로 제안하였다.

셋째, 특수교육대상 학생 중 발달장애 또는 중도중복장애학생 비율 확대, 특수교육대상 학생에 대한 개별적인 지원 내용 확대 등 특수교육 현장의 발달장애아동에 대한 지원의 강도가 높아지고 있고, 이에 따른 특수교사의 업무 부담이 증가하고 있음에 반해 특수교육기관의 학급당 학생 수 및 특수교사 배치 기준은 지난 15년 동안 변화되지 않고 있다. 이점을 고려하여, 특수교육기관의 학급당 학생 수 기준, 특수교사 배치 기준 등을 한층 강화하고, 특수교육 관련서비스를 확대하는 등 특수교육 지원 여건을 전반적으로 개선할 수 있는 입법이 필요하다고 판단하여 특수교육 여건의 획기적 개선을 세 번째 개정 방향으로 제안하였다.

넷째, 통합교육이 물리적 통합에만 그치고 있고 교육과정적 통합, 사회적 통합으로 나아가지 못하고 있다는 사실은 특수교육 현장 구성원 대부분이 인지하고 있을 정도로 만성적인 문제 중 하나가 되고 있다. 통합교육이 발달장애아동 교육에서만 고려되어야 할 사항이 아니라 모두를 위한 교육 현장에서, 모두가 책임지는 구조에서 촉진되어야 한다고 판단하여 통합교육 실현 환경 구축을 네 번째 개정 방향으로 제안하였다.

다섯째, 그간의 특수교육이 양적 측면의 성장을 위해 노력해 왔다면 앞으로의 특수교육에 있어서는 장애학생 개개인별 맞춤형 교육 지원, 교육의 질을 높이기 위한 내실있는 교육과정 운영 지원 등이 강화될 필요가 있다. 이점을 고려하여 특수교육의 질적 수준 향상을 다섯번째 개정 방향으로 제안하였다.

여섯째, 특수교육 현장에서 발달장애아동 보호자와 특수교사의 역할은 매우 중요하고, 이들 보호자의 역할을 촉진하기 위해서는 보호자를 위한 다양한 지원 체계가 마련될 필요가 있으며, 특수교사를 비롯하여 특수교육 현장의 다양한 구성원이 협치에 기반하여 특수교육 지원 환경을 조성할 필요가 있다고 판단하여 서로 존중하고 협력하는 특수교육 지원 체계 구축을 여섯 번째 개정 방향으로 제시하였다.

V. 결론 및 제언

이 연구에서는 발달장애아동의 교육권 개념과 발달장애아동 교육권 보장을 위한 국내외 관련 법령을 살펴보고, 발달장애아동 교육권 보장과 가장 밀접한 관련이 있는 법률인 특수교육법을 중심으로 현행 법률의 실효성과 효과성 및 체계정합성을 종합적으로 살펴본 후 특수교육법의 개정 방향을 제언하였다.

현행 특수교육법은 발달장애아동 등 다수의 장애학생의 교육권을 보장하는데 효과적인 수단으로 기능해 왔으나, 교육의 성과, 질적 수준 개선 등의 측면에서 큰 변화를 이끌어냈다고 보기는 어렵다. 또한 특수교육법이 개정된 시기는 2007년이었으나 이 법률 역시 제정 과정에서 많은 논의와 협의가 필요했으므로 이 법률의 입법을 준비하는 시기는 2000년도 초중반이었다. 현행 특수교육법은 사실상 2000년도 초반의 특수교육 현장의 문제점과 요구 사항이 반영된 결과물이라 할 수 있으며, 20여년 전 한국의 특수교육 현실을 고려한 법률로서, 급변한 현재의 시대사회적 상황을 반영하는 데 한계를 지니고 있다. 오늘날 특수교육계를 관통하는 도도한 흐름의 시대정신을 구현하기에는 다소 부족하다고 볼 수 있는 것이다. 이미 관련 기초연구 및 학술 연구 자료 등에서 현행 특수교육법은 상당 부분 개정이 불가피하다는 요구를 확인한 바 있고, 입법평가 과정에서도 체계정합성 문제도 상당수 거론되었으며, 국회 차원에서도 다양한 내용의 특수교육법 개정안이 발의되기도 했다.

따라서 특수교육 현장의 요구와 현재와 미래의 특수교육 환경을 고려해 볼 때, 현행 특수교육법을 전부 개정하는 방향으로 입법이 추진되는 것이 바람직하다고 판단되며, 이와 같은 연구 결과가 22대 국회 개원 이후 특수교육법을 전부 개정하는데 필요한 실증적 근거로 활용될 수 있기를 기대한다.

특수교육법이 지난 20여년 동안 특수교육의 양적 성장을 견인하는 데 기능해 왔다면, 앞으로 개정될 특수교육법은 발달장애아동의 교육권 보장을 포함하여 특수교육의 질적 발전을 도모하는 방향으로 개정되고 집행되어야 한다. 그러나 특수교육법 조항 하나하나가 교육 현장에 미치는 영향이 지대한 만큼, 입법 과정은 최대한 신중하게 이루어져야 하고, 다양한 교육 구성원들의 의견을 수렴하여 보다 합리적인 대안이 도출되고 이를 법률안으로 반영할 수 있어야 할 것이다.

참고문헌

김기룡, 교육부, 특수교육연차보고서 (1999-2023)

김기룡, 교육부, 특수교육통계 (2004-2023)

강경숙, 최세민, "특수교육지원센터의 운영 실태 및 개선방안", 지체중복건강장
　　애연구, 52(3) (2009), 19-45

김기룡, 장애인차별금지법 시행 2주년 기념 토론회 자료집, 국가인권위원회 (2010)

권순성, 김재웅 "장애인 등에 대한 특수교육법의 정책 의제 설정 과정 분석 -장애
　　인교육권연대의 역할을 중심으로-", 교육행정학연구, 28(3) (2010), 107-
　　132

김기룡, 김삼섭, 김지연, 나경은, 남숙, 도경만, 류승준, 문성준, 민자영, 박경옥,
　　박용주, 서보순, 서지영, 정경렬, 정소영, 정순경, 정재우, 조경미, 조홍
　　중, 최상배, 장애인 등에 대한 특수교육법 개정 방안 연구, 국립특수교
　　원 (2020)

김기룡, 김삼섭, 장애인차별금지법의 교육 분야에 대한 입법 평가, 유아특수교육
　　연구 14(4) (2016), 143-172

김기룡, 도경만, 정재우, 김치훈, 임용재, 황윤재, "특수교육의 국가 책무성 강화
　　방안 연구", 국립특수교육원 (2017)

김민하, 장애인 등에 대한 특수교육법에 관한 교사와 학부모 인식과 만족도 조
　　사, 석사학위 논문, 조선대학교 대학원 (2010)

김삼섭, 곽정란, 김기룡, 김수연, 나경은, 도경만, 박소영, 백종남, 이주언, 정소영,
　　정윤지, 정재우, "장애인 등에 대한 특수교육법 개정 기초 연구", 국립특
　　수교육원 (2018)

김영지, 김경준, 김지혜, 이민희, 한국 아동·청소년 인권실태 연구 III, 한국청소년
　　정책연구원 (2013)

김원경, 이석진, 김은주, 권택환, 특수교육법 해설, 교육과학사 (2010)

김원경, 한현민, "2007년 특수교육법상 배치기준에 따른 특수학교 교사배치 기
　　준에 따른 특수학교 교사배치이 적정성 연구" 특수교육학연구 44(2)
　　(2009), 23-45

김윤태, "'장애인등에 대한 특수교육법'에 나타난 유아분리의무교육의 문제점에

대한 고찰" 지적장애연구 10(1) (2008), 119-129

김종무, "장애인 등에 대한 특수교육법 시행 성과", 제25회 국내세미나 자료집, 국립특수교육원 (2018)

김주영, 장애인차별금지법 시행 이후 장애인 교육권의 변화와 향후 과제. 장애 인 교육권 현황 및 향후 과제. 장애인 교육권 보장방안 토론회 자료집, 서울: 국가인권위원회 (2009), 7-41

류재연, 통합교육을 위한 특수학급의 법적 역할 보완 탐색, 통합교육연구 8(1) (2013), 1-19

명경미, 김다현, 민병란, 서현석, 이현수, 임소인, 임수진, 한은정, 한은주, 황정현, 장애학생 인권침해 예방을 위한 교사용 지침서(초등학교), 국립특수교 육원 (2013)

박옥순, 장애인 인권지표 개발 연구: 한국사회의 장애인 차별 실태에 근거하여, 석사학위 논문, 중앙대학교 사회개발대학원 (2002)

박은혜, 이대식, 이숙향, 이영선, 강지인, "통합교육정책의 효과와 발전방안 연 구", 교육부 (2015)

박주미, 김재웅, "장애인 등에 대한 특수교육법의 정책집행과정 분석: 특수교사 법정 정원을 중심으로", 교육행정학연구 31(2) (2013), 29-47

박창언, 강영심, 김원경, "장애인에 대한 의무교육제도의 교육법적 쟁점과 과제", 특수교육학연구 44(4) (2010), 1-17

박창호., 자폐성 장애학생의 체육활동 시 체벌인식, 석사학위 논문, 한국체육대 학교 대학원 (2011)

송영범, 권상순, 이영선, 통합학급 장애학생의 학교폭력 경험에 관한 연구, 통합 교육연구 8(2) (2013), 1-21

안동현, "아동방임의 본질과 사회적 의미" 아동과 권리 4(1) (2000), 7-26

안민석 의원실, 장애학생 교육기회 차별 실태조사 자료집, 미간행 자료, 국회 안 민석 의원실 (2007)

오원석, 통합학급 장애학생에 대한 비장애학생의 괴롭힘 특성에 관한 연구, 특 수아동교육연구 12(4) (2010), 167-189

유은혜 의원실, 국정감사 자료집, 서울: 저자, 미간행자료 (2014)

이덕순, 시각장애학생의 통합교육 지원 방안 탐색, 특수교육학연구 44(2) (2009), 93-119

이수광, 학생인권 신장방안 연구, 박사학위 논문, 강원대학교 대학원 (2000)

이현수, 유숙렬, 장애아동 학교폭력의 문제점과 인권교육의 방향, 장애아동인권 연구 3(2) (2012), 15-28

이미경 의원실, 장애학생 교육 차별 실태조사 자료집, 미간행 자료, 장애인교육 권연대 (2004)

정승민, "장애아동 성폭력범죄에 대한 고찰", 한국범죄심리연구 8(2) (2012), 167-186

정희섭, 장애의 다중 패러다임에 근거한 통합교육 관련 법률의 성격, 특수교육 저널: 이론과 실천 18(1) (2017), 135-160

조태원, "'자유롭게 교육을 받을 권리'로서의 학습권의 범위와 한계 연구", 법과 인권교육연구 6(2) (2013), 109-131

주혜영, 박원희, "초등학교 통합교육에서 장애아동의 인권침해에 관한 소고", 특 수교육학연구 38(3) (2003), 359-377

주혜영, 박원희, "초등학교에서 장애아동 인권문제의 유형화", 특수교육학연구 41(2) (2006), 297-319

차성안, "대학의 특별지원위원회 설치여부와 위임입법의 한계-장애인 등에 대한 특수교육법 시행령 제 30조를 중심으로", 특수교육학연구 44(1) (2009), 23-47

천세영, 남미정, "한국에서의 교육적 방임에 관한 소고", 아동과 권리 4(1) (2000), 63-78

최승철, 이혜경, 황주희, 전동일, 남세현, 유경민, 이진숙, 김지혜, 김경란, 이선화, 조한진, 홍현근, 김주영, 강동욱, 양숙미, 최홍일, 2011년 장애인차별금 지법 이행 실태 모니터링 연구, 한국장애인개발원 (2012)

최철영, 장애인권리협약과 장애인 등에 대한 특수교육법의 비교연구, 지적장애 연구 9(4) (2007), 113-133

김길롱, 학교폭력 조사현황과 과제, 한국교육개발원 (2012)

한현민, 김의정, 장애인 등에 대한 특수교육법의 제명, 목적과 법정용어에 대한 해석, 특수교육학연구 43(2) (2008), 1-46

장애인의 정보 접근권과 학습권

저작권과의 긴장관계를 중심으로

이일호*·남형두**

초록

장애인권에서 정보 접근성은 특별히 중요한 의미를 지닌다. 지식과 정보는 사회참여와 직업생활의 기초가 되며, 공동체의 일원으로서 민주적 담론을 형성하는 데도 절대적이기 때문이다. 더욱이 장애인의 학습을 위해 지식의 전달이 필수적이라는 점에서 정보 접근권은 학습권을 비롯하여 여타의 장애인권과 상호의존적이라 할 수 있다. 장애인권리협약은 차별 없는 접근성을 강조하면서 그 한 분과로 정보 접근성을 제시하고 있으나, 정보 접근성에 관한 논의는 학계와 실무계에서 그렇게 활발하지 않은 것처럼 보인다.

정보 접근권은 특히 저작권과 긴장관계에 놓여 있다. 지식과 정보를 표현한 많은 정보원은 저작권의 보호를 받는다. 장애인의 정보 접근성 문제를 해소하기 위해서는 저작권 문제를 반드시 해결해야 한다. 무엇보다 정보나 콘텐츠 생산자 스스로 장애인도 비장애인과 동등하게 이용할 수 있는 대체자료를 제작·공급하지 않는다는 점을 고려하면, 제3자에 의한 대체자료의 제작은 불가피하다. 우리 저작권법은 시각장애인과 청각장애인을 위해 대체자료를 만들 때 저작권자로부터 허락을 받을 필요가 없다고 정한다(제한규정). 이와 같은 제한규정을

---

  * 연세대학교 법학연구원 연구교수.
 ** 연세대학교 법학전문대학원 교수.

통해 장애인을 위한 대체자료가 제작되는데, 저작권법학계에서 이 규정의 의미를 축소하거나 왜곡하기 위한 시도가 있다.

이런 태도는 저작권의 본질에 관한 이해와 충돌하는 것은 물론이고, 인권으로서 정보 접근권을 진지하게 고려하지 않은 결과이다. 이는 정보원과 콘텐츠를 제작하고 공급하는 이들의 선입관과도 맞닿아 있는데, 장애인을 위한 대체자료가 비장애인에게 흘러가는 문제와 대체자료가 장애인에게 무상으로 제공된다는 문제가 주로 지적된다. 그러나 유출은 디지털 콘텐츠의 유통과정에서 발생하는 사고로 이를 방지하기 위해 최선을 다할 일이지, 이를 원천 차단해야 한다는 주장은 비약에 가깝다. 또 대체자료가 무상으로 제공되는 것은 비장애인이 도서관에서 무상으로 책을 빌리는 것에 비유할 수 있다. 비장애인이 서점에서 돈을 내고 책을 구입하는 것이 당연한 것처럼 장애인도 화면해설을 제공하는 OTT에 동일한 구독료를 지불하고 있다. 대체자료를 위한 서점을 갖추지 못했음에도 '복지'의 대가를 바라는 것은 모순이다.

최근 저작권계에서는 인공지능을 둘러싼 논의가 한창이다. 무엇보다 인공지능의 발전과 관련 산업의 보호를 위해 저작권자의 양보가 필요하다는 의견이 많다. 경제적 효과나 사회적 유익 측면에서 장애인의 정보 접근성을 위해 저작권법을 개선하거나 유연하게 접근하는 데 인색했던 이들이 보여주는 태세 전환은 씁쓸함마저 느끼게 한다. 우리는 그간의 논의를 비판하는 데서 더 나아가 저작권에 새로운 방향성을 제시할 필요가 있다. 현재까지 관련 규정이 마련되지 않은 발달장애인을 위해 읽기 쉬운 자료를 제작하고 보급할 수 있도록 하는 일도 여기에 해당할 수 있다. 더욱이 저작권법에 마련된 공정이용은 저작권 제한규정의 경직성을 해소하기 위해 도입되었는데, 역사적 관점에서 작은 이용자를 위해 도입된 이 규정은 인권이라는 가치를 반영하여 보다 대체자료 친화적으로 해석·운용될 필요가 있다.

장애인의 인권 문제는 비단 장애인권법이나 장애인법에서 다루어지는 것에서 끝날 문제가 아니다. 다른 법 영역에서 어떤 비판이 나오는지, 여기에 어떤 반론을 제기할 것인지 연구해야 한다. 더 나아가 각자의 전문 분야에서 장애인권이 구체적으로 반영·실현될 수 있도록 해야 한다. 다시 말해 종합적이고 다학제적 접근을 통해 관련 문제를 해소해 나가야 한다.

지식은 영혼의 음식이다.

플라톤

I. 들어가며

책 기근(book famine)이란 말이 있다. 책과 기근을 합친 이 합성어는 누군가가 만들어 혼자만 쓰는 조어가 아니고, 정보 접근성에 대해 고민하는 이들에게서 공통적으로 사용되는 나름 보편화된 개념이다.[1] 장애인의 사회참여가 이전에 비해 확대되었고, 그만큼 목소리를 내는 장애인 역시 많아졌다. 그러나 정보 접근이 가지는 중요성에 대한 인식 수준은 여전히 상대적으로 낮은 것으로 보인다.

지식과 정보란 다양한 의미와 스펙트럼을 가진 것이지만, 현대사회의 우리가 무제한적인 정보에 노출되어 있다는 것만은 분명한 사실로 보인다. 현재는 도리어 홍수와 같은 정보 중 무엇을 취사선택할 것인지 고민하는 단계까지 왔다고 해도 과언이 아니다.[2] 개인과 집단이 생산해내는 정보가 엄청날 뿐 아니라 이들이 확산되는 속도 역시 매우 빠르기 때문이다. 이에 따라 우리는 양질의 정보를 수집하고 선별하려

---

1) World Intellectual Property Organization, *The Marrakesh Treaty: Helping to End the Global Book Famine*, WIPO (2016), https://www.wipo.int/edocs/pubdocs/en/wipo_pub_marrakesh_overview.pdf 등 참조. 이하에 인용된 웹페이지는 2024년 3월 20일을 기준으로 그 유효성이 확인되었다.

2) 의료윤리 분야에서 정보 홍수의 문제에 관하여는 Giovanni Spitale, "Making Sense in the Flood: How to Cope with the Massive Flow of Digital Information in Medical Ethics", *Heliyon*, Vol. 6 No. 7 (2020), doi.org/10.1016/j.heliyon.2020.e04426 참조.

는 노력까지 기울이고 있지만, 다른 한편으로 정보의 비대칭성(infor-
mation asymmetry), 더 나아가 디지털 격차(digital divide) 해소의 필요
성에 대해서도 공감대가 형성되어 있다.[3] 특히 현대사회에서 정보격차
는 교육의 질, 더 나아가 삶의 질을 결정하는 요소로 평가된다는 점에
서[4] 지식과 정보의 결핍은 인간에게 치명적이다.

　정보격차의 문제는 공동체의 다양한 구성원 사이에서 크고 작은 형
태로 발생한다. 문제는 격차의 문제가 매우 심각하게 나타나는 영역이
존재한다는 점이다. 위에서 언급한 책 '기근'은 정보사회나 정보의 '홍
수'라는 말과 동시대에 쓰이고 있다는 데서 이들의 비유는 더욱 대조
적이다. 책 기근의 문제에 직면한 이들은 다름 아닌 장애인인데, 특히
시·청각장애인, 더 나아가 발달장애인에게 이 문제는 매우 심각한 수
준이다. 전 세계에서 생산되는 출판물 중 최대 10퍼센트가 접근 가능
한 형태로 제공된다는 최근의 통계가 존재하기는 한다.[5] 그러나 이는
낙관적이고 선진국 중심의 통계일 뿐이고, 추세적으로 2~5퍼센트 미만
의 출판물만 접근할 수 있다고 보는 것이 일반적이다.[6]

　지식은 누적성이 있다.[7] 이는 학문 세계에서 모든 연구자의 업적이

---

3) Elirea Bornman, "Information Society and Digital Divide in South Africa: Results
　of Longitudinal Surveys", Information, Communication & Society, Vol. 19 No. 2,
　https://www.tandfonline.com/doi/full/10.1080/1369118X.2015.1065285 (2016).

4) 위의 논문.

5) Catherine Jewell, "The Accessible Books Consortium: What it Means for
　Publishers",
　WIPO Magazine, https://www.wipo.int/wipo_magazine/en/2018/01/article_0001.html#
　:~:text=Less%20than%2010%20percent%20of,need%20works%20in%20accessible%
　20formats (2018.1.).

6) Mary Anne Epp, "Closing the 95 Percent Gap: Library Resource Sharing for
　People with Print Disabilities", Library Trends, Vol. 54 No. 3 (2006), 411. 이는
　그나마 시각장애인을 위한 대체자료를 대상으로 하는 조사이며, 청각장애인 및
　발달장애인을 위한 대체자료에 관한 조사나 통계는 찾아보기 어렵다.

7) 남형두, 표절론: 표절에서 자유로운 정직한 글쓰기, 현암사 (2015), 139-140.

축적되는 것을 의미하기도 하지만, 인간의 생애 가운데서도 지식은 축적되고 축적된 지식은 인간의 발전과 성취에도 영향을 미친다.[8] 지식 축적의 주된 수단인 교육이 제대로 이루어지지 않는다면, 형식적인 평등을 보장하기 위한 시도는 무의미하고 공허한 것이 될 수밖에 없다.

이 글에서는 장애인권(리)에서 가장 중요한 주제 중 하나이면서도 그동안 그 의미가 잘 인식되지 못했던 장애인의 정보 접근성에 대해 다루고자 한다. 물론 정보 접근성의 향상을 위해 모든 법, 제도 및 정책이 귀 기울여야 하지만, 여기서는 특히 저작권과 정보 접근성의 문제에 집중하고자 한다. 이를 통해 장애인권의 실현에 있어서 각론적 논의와 종합적 접근이 가지는 중요성과 필요성을 강조하고자 한다.

II. 정보 접근권과 학습권 그리고 저작권

1. 장애인권으로서 정보 접근권

장애인권에 있어 가장 중요한 규범으로는 유엔의 장애인권리협약을 꼽을 수 있다. 협약 제3조는 일반원칙으로 협약이 추구하는 8가지 가치에 대해 설명하는데, 협약을 관통하는 핵심적 목표는 비차별과 접근성이라 생각된다. 평등과 비차별은 인권 관련 국제규범에서 가장 전통적이고 핵심적인 원리라 평가된다.[9] 이에 반해 접근성은 장애인권

---

8) 남형두, "[남형두의 법과사랑] '장애인에 시험 편의 제공'은 특혜 아니다", 한국경제 2022년 1월 20일자: "제대로 된 경쟁을 못하게 해놓고선 안마사 외에도 진출할 직업이 있다면서 안마사업을 시각장애인에게만 허용하고 있는 의료법이 위헌이라는 주장은 지금으로서는 매우 잔인하다."

9) Valentina Della Fina, "Article 3 (General Principles)", in: Valentina Della Fina, Rachele Cera & Giuseppe Palmisano (eds.), *The United Nations Convention on the Rights of Persons with Disabilities: A Commentary*, Springer (2017), 158. 심지어 경제적·사회적·문화적 인권에 관한 국제규약에는 접근성에 관한 규정이

영역에서 중요 원칙으로 '새롭게' 등장한 것인데,[10] 이는 장애인이 인권을 향유하는 데 걸림돌이 되는 모든 것을 제거해야 함을 천명한다.[11] 접근성은 1990년대 초까지만 하더라도 평등을 실현하는 하나의 수단 정도로 이해됐지만, 협약에 이르면서 중요 원칙으로 인식됐다는 평가도 있다.[12] 무엇보다 접근성은 실천적 측면이 강조된 결과로 이해되며, 이는 그동안 장애인들의 접근이 시스템적으로 배제된 데 대한 반성으로서의 성격도 갖는다.[13] 결국 물리적 환경, 교통수단, 의사소통 수단, 정보 등에의 비차별적이고 평등한 접근이 현대 장애인권에서 핵심적인 가치라는 점을 확인할 수 있다.

접근성에 관해서는 협약 제9조가 가장 중심이 되지만, 이를 구체화하는 규정들 역시 마련되어 있다. 접근성은 비단 물리적 환경뿐 아니라, 정보와 문화생활을 아우르고, 이를 넘어 의료와 교육에 관한 권리까지 접근이라는 범주에 넣을 수 있다.[14] 이렇듯 접근성은 정형화된 권리라기보다 하나의 원리이며, 이에 따라 협약의 해석과 이행 시에 항상 고려해야 한다.[15] 따라서 접근성이란 제공 단계에서뿐 아니라 준비 단계에서도 고려되어야 하는 것이다.[16]

그중에서도 정보 접근성 내지 접근권이란 협약에서 추구하는 비차별적 접근이 정보 분야에서 실현되는, 장애인권의 하나의 측면이라고

포함되어 있지 않다. 그럼에도 위원회는 일반견해를 통해 그 중요성을 승인한 바 있다.

10) 위의 글, 130.

11) Committee on Economic, Social and Cultural Rights, "General Comment No. 5: Persons with Disabilities", UN Doc. E/1995/22 (December 19, 1994), http://www.refworld.org/docid/4538838f0.html, para. 37.

12) Della Fina, op. cit., 130.

13) Francesco Seatzu, "Article 9 (Accessibility)", in: Della Fina, Cera & Palmisano (eds.), op. cit., 230.

14) Della Fina, op. cit., 131.

15) Seatzu, op. cit., 227.

16) 위의 책, 228.

설명할 수 있다. 이에 따라 정보 접근성은 표현 및 사상의 자유라는 소극적이고 방어적 권리에서 벗어나 적극적으로 이행하고 보장해야 할 권리라고 할 수 있다.[17] 당연하게도 여기서 정보란 매우 광범위한 의미로 해석되어야 하는데, 의사소통 및 매체라는 수단에 의해 전달되는 대상 일체를 의미한다.[18]

2. 접근권과 저작권

협약은 제30조에서 문화생활에의 접근권이 인권이라고 선언한다. 문화생활에의 참여와 접근 역시 정보 접근성의 한 분과인데,[19] 규정은 저작권과 접근권이 충돌할 가능성에 대해 우려하면서 당사국에 대응책 마련을 주문한다. 이는 협약의 초안 단계에서부터 중요하게 다뤄졌던 갈등으로[20] 저작권을 비롯한 지식재산권의 보호가 정보 접근성을 떨어뜨릴 수 있다는 점은 과거부터 논란거리였다.[21]

저작권은 창작성을 갖춘 모든 저작물에 미치는 보편적이고 허들이 낮은 권리이지만,[22] 이에 반해 저작권자가 행사할 수 있는 권리는 무척 광범위하다.[23] 문제는 저작권 역시 일종의 인권으로 인식되고 있다

---

17) Rachele Cera, "Article 21 (Freedom of Expression and Opinion and Access to Information)" in: Della Fina, Cera & Palmisano (eds.), op. cit., 390.

18) 위의 책.

19) 위의 책.

20) Luigino Manca, "Article 30 (Participation in Cultural Life, Recreation, Leisure and Spo)rt", in: Della Fina, Cera & Palmisano (eds.), op. cit., 545.

21) 과거 이와 관련하여 전개된 국제적 논의에 관하여는 Stavroula Karapapa, "Article 30 - Paragraph 3", in: Ilias Bantekas, Michael Ashley Stein, & Dimitris Anastasiou (eds.), *The UN Convention on the Rights of Persons with Disabilities: A Commentary*, OUP (2018), 888 참조.

22) 남형두, "고전 국역과 저작권 문제 ― 임원경제지 판결을 중심으로 ― ", 법학연구, 제31권 제3호 (2021. 9.), 222.

23) 저작권법 제16조 이하 참조. 인권 분야 연구자들은 협약 제30조가 문화생활에

는 점인데,24) 궁극적으로 접근권과 저작권 모두 최대한 보장되기 어렵다고 할 수 있고, 이들 사이에는 절충이 필요하다. 이들의 긴장 관계는 이미 오래전부터 발견된 바 있는데, 1948년 유엔총회에서 채택된 세계인권선언 제27조는 다음과 같다.

세계인권선언 제27조
1. 모든 사람은 공동체의 문화생활에 자유롭게 참여하며 예술을 향유하고 과학의 발전과 그 혜택을 공유할 권리를 가진다.
2. 모든 사람은 자신이 창작한 과학적·문학적 또는 예술적 산물로부터 발생하는 정신적, 물질적 이익을 보호받을 권리를 가진다.25)

이 규정은 문화에 대한 보편적 인권을 확인하면서도 창작자의 권리 역시 천명한 것이다. 문화적 권리에 관한 논의 과정에서 동 권리가 국제적 저작권 질서와 충돌할 가능성이 있다는 문제 제기가 있었고, 결과적으로 두 권리를 동시에 인정하는 형식으로 규정이 마련된 것이다.26) 이는 모두의 중요성을 강조한 것일 뿐, 긴장 해소를 위한 지침을

관한 것이고 여기에만 지식재산권에 관한 고려가 명시되어 있다는 점에서 동 규정이 지식재산권과 일반적 정보에 대한 접근성 사이 갈등까지 염두에 둔 것이 아니라고 평가하기도 한다. Karapapa, op. cit., 890. 무엇보다 호주의 NGO가 보편적 정보와 지식재산권의 충돌 가능성을 제기했으나, 이것이 조문에 반영되지 않았다는 사실이 그 근거로 제시되고, 저작권은 문화적 자료에 관한 접근에 대해서만 제약이 될 것이라고 평가한다. 위의 책 다만, 저작권으로 보호되는 것은 비단 문화적인 것뿐 아니라 보편적 정보에 다소의 창의성을 가미하여 가공한 것을 포함한다는 점에서 정보 접근권 전반이 저작권과 충돌할 가능성이 있다.

24) Audrey R. Chapman, "Approaching Intellectual Property as a Human Right: Obligations Related to Article 15(1)(c)", in: Evgueni Guerassimov (ed.), *Approaching Intellectual Property as a Human Right*, UNESCO Publishing (2001), 4.
25) https://www.ohchr.org/en/human-rights/universal-declaration/translations/korean-hankuko.
26) Elsa Stamatopoulou, *Cultural Rights in International Law: Article 27 of the Universal Declaration of Human Rights and Beyond*, Brill (2007), 12.

주지 못한다. 이에 반해 협약은 접근성 문제의 해소를 각국이 이행해
야 할 의무로 정하면서 두 권리 사이의 조화를 구체적으로 실현할 것
을 주문한다.

특히 2013년 이른바 마라케시 조약(Marrakesh Treaty)이 성립된 이
후,27) 각국이 동 조약을 비준·가입함으로써 장애인권리협약을 이행해
야 한다는 인식이 싹트기 시작했다.28) 다시 말해 장애인권리협약의 이
행 및 실현을 위해 마라케시 조약 가입·비준이 중요한 수단이 된다는
것이다. 마라케시 조약은 저작권과 정보 접근권 사이에서 균형점을 찾
은 것으로, 시각장애인 등 텍스트 자료에 접근하기 어려운 이들을 수
혜자로 삼는다.29)

이 조약은 단순히 저작권자의 권리를 '제한'함으로써 장애인이 혜
택을 얻도록 한다기보다 저작권 제도의 운영에서도 인권적 고려를 해
야 한다는 점을 명백히 하고 있다.30) 즉, 접근성이 실질적·실천적으로

---

27) 마라케시 조약의 공식 명칭은 맹인, 시각장애인 또는 여타의 인쇄물 읽기에 장
애가 있는 사람들의 발행 저작물 접근을 촉진하기 위한 마라케시 조약
(Marrakesh Treaty to Facilitate Access to Published Works for Persons Who Are
Blind, Visually Impaired or Otherwise Print Disabled)이다. 조약은 2013년 6월
마라케시 외교회의에서 채택되어 2016년 9월 발효되었다. 우리나라는 2014년 6
월 조약에 서명했고, 2015년 10월 조약을 비준했다. 2024년 3월 현재 93개국이
참여하고 있다. 국회는 2014년 최동익 의원 대표발의로 "시각장애인의 발행 저
작물 접근권 개선을 위한 마라케쉬 조약 비준 촉구 결의안"을 채택하기도 했다.

28) Karapapa, op. cit., 891.

29) 마라케시 조약 제3조 참조.

30) 이는 우리 헌법재판소가 저작권을 헌법 제23조상 재산권으로, 그 외의 영역을
반사적 이익으로 보는 것과는 다른 태도이다. 헌법재판소 2013. 11. 28. 2012헌
마770 참조: "심판대상조항으로 인하여 소멸된 저작인접권이 회복됨에 따라 청
구인은 저작인접권자와의 협의를 거치거나 저작인접권자에게 보상금을 지급하
여야만 음반을 제작·판매할 수 있기 때문에 음원의 무상 활용 가능성이 없어지
지만, 음원을 무상 사용함으로 인한 이익은 저작인접권자의 권리가 소멸함으로
인하여 얻을 수 있는 반사적 이익에 불과할 뿐이지 사용자에게 음원에 대한 사
적 유용성이나 처분권이 주어지는 것은 아니므로, 이는 헌법 제23조 제1항에
의하여 보호되는 재산권에 해당하지 않는다."

보장되어야 한다는 점을 인권이라는 차원에서 재확인한 것이고,[31] 이미 정해진 저작권에 단지 제한을 가한다는 패러다임이 인권적으로 변화한 것을 의미하기도 한다.[32] 이는 달리 말해 장애인법 내지 장애인권리라는 별개의, 동떨어진 영역이 존재한다기보다 장애인권의 문제를 개별 법 분야에서 함께 고민해야 한다는 것을 의미할 수 있다. 즉, 정보 접근성은 규범의 모든 영역에서 존중되고 실천되어야 한다.

3. 정보 접근권과 학습권

우리 헌법에는 교육받을 권리가 명시되어 있다.[33] 교육은 인간의 존엄을 자각하도록 하고, 헌법질서를 유지하는 데 반드시 필요한 교양 및 소양을 갖춘 사람의 토대도 교육을 통해 마련된다.[34] 특히 교육은 직업의 자유가 보장되기 위한 기초 내지 사전 단계로도 이해할 수 있는데, 달리 말해 교육을 제대로 받지 못한다면 다른 기본권의 향유에도 걸림돌이 된다. 비록 헌법은 "능력에 따른" 교육이라 표현하는데, 여기서의 능력은 수학능력일 뿐으로 '장애'가 능력에 해당하지 않음은 자명한 것이다.[35] 이를 교육받을 권리의 한 측면인 균등하게 교육받을 권리에 관한 요청과 함께 본다면, 장애인에 평등원칙에 입각하여 적합한 학습자료와 평가수단을 제공하는 것 역시 헌법적 요청이라 할 것이다.

학습권은 교육받는 사람, 즉 학생 입장에서 학습을 제대로, 또 균등

---

31) Lida Ayoubi, "Human Rights Principles in the WIPO Marrakesh Treaty: Driving Change in Copyright Law from Within", *Queen Mary Journal of Intellectual Property*, Vol. 9 No. 3 (2019), 287 *et seq.*

32) Paul Harpur, *Discrimination, Copyright and Equality: Opening the e-Book for the Print-Disabled*, CUP (2017), 64 *et seq.*

33) 헌법 제31조 참조.

34) 전광석, 한국헌법론, 제16판, 집현재 (2021), 445.

35) 위의 책, 445-446.

하게 받아야 한다는 측면을 강조한 것이다.[36] 당연하게도 장애가 있는 학생에게도 학습자료에 관한 접근성이 보장되어야 한다. 이를 정보 접근권과 함께 보자면, 정보 접근성은 단지 정보원(情報源) 중 어느 비율이 장애인에게 접근 가능한지 계산하는 것이 아니라, 학습자료를 포함하여 현실에서 필요한 정보원에 접근할 수 있도록 할 것을 요구한다.

다시 말해 정보 접근성이 교육의 영역에서도 인권적 원칙으로 승인되어야 하는데, 이는 장애인권리위원회의 일반견해에서도 재확인된 바 있다. 즉, 위원회는 2016년 통합교육에 대한 권리(right to inclusive education)에 관한 일반견해에서 다음과 같이 권고했다.

> 23. 위원회는 전반적으로 교과서 및 학습 자료가 수어와 같이 접근 가능한 형식과 언어로 제공되지 않음을 강조한다. 당사국은 혁신기술을 사용하는 등의 방법으로 이러한 자료를 일반 활자나 점자 및 디지털 형식으로 적절한 시기에 개발하는데 재원을 투자해야 한다. 당사국은 또한 인쇄물을 접근 가능한 형식과 언어로 변환하기 위한 표준과 지침을 개발하고, 접근성을 교육 관련 조달 사항 중 핵심적인 측면으로 고려해야 한다. 위원회는 시각장애인, 저시력인 또는 인쇄물에 대한 접근이 어려운 기타 장애인의 출판물 접근을 촉진하기 위하여 당사국이 마라케시조약(Marrakesh Treaty)을 신속히 비준하여 이행할 것을 요구한다.[37]

결국 학습자료에 관한 접근성은 학습권과 교육권에 의해 보장되어야 할 바인 동시에, 정보 접근성을 학습과 교육 영역에서 구체화한 것이라고도 이야기할 수 있다. 한편 위 일반견해에서도 지적하듯 마라케

---

36) 교육받을 권리와 학습권의 관계 및 기본권으로서 학습권 도입의 필요성에 관하여는 박혜영, "헌법상 교육을 받을 권리에 대한 고찰", 성균관법학, 제35권 제1호 (2023. 3.), 63 이하 참조.

37) "유엔 장애인권리협약 제너럴 코멘트 제4호 통합교육을 받을 권리 (2016)", 김동현·김민정·현지수·김기용, 유엔 장애인권리협약 제너럴 코멘트, 우리동작장애인자립생활센터 (2020), 91.

시 조약은 저작권과 학습권의 갈등을 해소하는 데도 효과적이다.

4. 정리

지금까지 확인한 바와 같이 장애인권은 유형에 따른 분류가 불가능할 정도로 상호 의존적이고, 하나의 보호가 다른 것의 보장에도 기여한다. 정보 접근성은 접근권의 한 측면이자 학습권을 보장하기 위한 전제이다. 다만, 이들은 정보원(표현물)의 보호에 관한 저작권과 긴장 관계에 놓일 수 있는데, 위에서 보는 바와 같이 마라케시 조약은 인권이라는 차원에서 긴장을 조화로 바꾸기 위한 국가 간 약속 내지 화해의 시도라고 평가할 수 있다.

III. 저작권은 왜 문제인가?

1. 문제 제기

위에서 본 바와 같이[38] 저작권은 이미 장애인권의 세계에서 크게 관심을 받기 시작했다. 그러나 실제로 저작권법은 변화하고 있을까? 적어도 마라케시 조약의 발효를 전후로 각국의 저작권법에 변화가 생긴 것은 명백하다. 예를 들어 캐나다 저작권법은 시각장애인을 위한 대체자료로 큰활자책(large print)을 만들 수 없도록 제한한 바 있으나,[39] 마라케시 조약의 이행 과정에서 이런 제약을 삭제한 바 있다.[40]

---

38) 위 II, 특히 2 참조.

39) 캐나다 저작권법 제32조 제2항은 "Subsection (1) does not authorize the making of a large print book"이라고 정하면서 시각장애인을 위한 대체자료의 범주에서 큰활자책을 제외시킨 바 있다.

40) 마라케시 조약 이행 후 현행 캐나다 저작권법 제32조 제2항은 다른 내용으로

물론 이런 변화가 중요하지 않은 것은 아니고, 정보 접근성의 향상에도 분명 기여한다. 우리 저작권법 역시 마라케시 조약 비준 이전부터 시각장애인은 물론이고 청각장애인을 위한 규정을 마련한 바 있다.41) 이들은 각각 시·청각장애인을 위한 대체자료를 만들 수 있다는 내용인데, 이들에 대해 학계와 실무계는 다음과 같이 각별한 주의를 요구하고 있다.

> 본조[제33조] 제1항의 경우는 점자를 위한 복제이어야 하므로 점자와 함께 정상인도 읽을 수 있는 형태를 부가하여 복제하는 것은 허용되지 아니한다. 제2항의 경우에도 시각장애인 등을 위한 녹음이어야 하므로 정상인도 함께 그 대상으로 할 목적으로 녹음을 하는 것은 본조에 해당하지 않는다.42)

* * *

> 점자와 함께 정상인도 읽을 수 있는 형태를 부가하여 복제하는 것은 허용되지 않는다. […] 오로지 시각장애인 등을 위한 것이어야 하므로 일반인을 위하여도 제공하고자 하는 목적을 가지고 있으면 본조의 요건을 충족할 수 없다.43)

* * *

> 오로지 청각장애인 등을 위한 것이어야 하므로 일반인을 위하여도 제공하고자 하는 목적을 가지고 있으면 본조의 요건을 충족할 수 없다.44)

대체되었다: "Subsection (1) does not apply if the work or other subject-matter is commercially available, within the meaning of paragraph (a) of the definition commercially available in section 2, in a format specially designed to meet the needs of the person with a perceptual disability referred to in that subsection."

41) 저작권법 제33조 및 제33조의2. 자세한 내용은 이하(III 3)에서 자세히 살핀다.
42) 오승종, 저작권법, 제5판, 박영사 (2020), 840.
43) 이해완, 저작권법, 제4판, 박영사 (2019), 774.

* * *

디지털 파일은 어떤 목적을 위해서든 그에 맞게 쉽게 변환될 수 있기 때문에 시각장애인들에게 가장 유용한 포맷은 일반인에게도 유용한 표준적인 디지털 텍스트이다.[45] 디지털 텍스트는 관련 프로그램을 활용해 점자로 변환하거나 음성으로 변환할 수 있으며, 자료를 검색하거나 편집하기도 용이하다. 이를 시각장애인에게만 유용한 포맷이 되게 하려면 일반 디지털 파일로 복원되지 않는 점자파일로 변환하거나, 스크린 리더를 활용해 오디오로 들을 수 있더라도 본문은 보이거나 추출되지 않도록 처리해야 한다. 결과적으로 '시각장애인 등을 위한 전용기록방식'이 되려면 시각장애인을 위해 기능을 추가하는 것이 아니라 오히려 일부 편의성을 억제해야 한다. 이 점에서 일반 텍스트 파일처럼 일반인도 널리 사용하는 기록방식이지만 기술조치를 적용해 다른 사람이 파일을 습득하더라도 쉽게 사용할 수 없는 경우에도 이 규정의 적용을 받을 수 있게 한 것은 중요한 발전이라고 할 수 있다.[46]

우리 저작권법을 대표하는 두 개론서와 하나의 실무서에서 '일반인', 심지어 '정상인'이라는 용어가 사용된 것은 아쉽게 느껴진다. 그러나 그보다 더 주목해야 할 부분은 대체자료의 제작 및 보급을 위해 만들어진 규정을 가급적 좁게 해석해야 한다는 주장이다. 여기에는 비장애인이 이 규정들의 수혜자가 되어서는 안 된다는 사상과 함께 저작권을 최대한 보호해주어야 한다는 관념 역시 담겨 있다. 이와 같은 패러다임은 장애인권리협약과 마라케시 조약이 채택되어 운영되고 있다는

---

44) 위의 책, 777.

45) [원문주] 시각장애를 가진 방송대학교 학생들은 교재의 내용이 담긴 점자(BBF) 파일이나 MP3파일 대신 텍스트 파일을 요구하며 시위를 했다. 김유미, "방송대 시각장애학생들 '5개월째 시위'", 에이블뉴스 (2005. 12. 23).

46) 임원선, 실무자를 위한 저작권법, 제6판, 한국저작권위원회 (2022), 236-237(각주 145).

역사적 변곡점에도 불구하고 변하지 않았다.

이는 저작권법과 관련 연구가 인권법의 발전상을 충분히 반영하지 못한 탓이라 여겨진다. 과연 무엇이 저작권의 경직성을 야기하는가?

2. 원칙 대 예외 패러다임의 문제

앞서 지적한 바와 같이 저작권법은 저작자에게 자신의 저작물을 배타적으로 이용할 수 있는 권리를 부여한다.[47] 다만, 법이 권리를 부여하는 방식은 권리자가 향유하는 배타적 권리와 이를 제한하는 이른바 제한규정을 나누어 이원적 구조를 갖도록 하는 것이다. 비록 이 배타적 권리들은 권리의 다발(bundle of rights), 즉 유형화된, 그러나 서로 구별되는 일련의 권리로 관념되기는 하지만,[48] 이들을 합치면 권리자가 저작물을 가지고 경제적으로 유의미한 활동을 하는 전반을 포괄할 수 있다. 이에 반해 제한규정은 권리자의 허락 없이 법에서 정한 바를 할 수 있다고 정하는데, 인용, 수업에의 이용, 시험문제로의 이용 등 목적 지향성이 강하고, 개별 규정에서 허락되는 이용의 범위 및 방법도 구체적으로 정하는 편이다.

때때로 법체계상 이원화는 이분법이라는 선입관을 낳기도 하는데, 저작권과 그 제한에 대한 이해가 바로 여기에 해당하는 것처럼 보인다. 즉, 권리자는 본래 광범위한 권리를 향유해야 하나, 제한규정을 두어 예외적으로 허락되는 경우를 정했다고 보는 관점이다. 물론 이와 같은 이분법이 이론적 차원에서까지 정당화되는 것은 아니다. 학계에서 이 두 영역의 관계를 설명할 때, 제한규정 역시 저작권의 범위와 외

---

47) 저작권법 제16조 이하 참조. 기존 저작물을 가지고 장애인을 위한 대체자료를 만들기 위해서는 저작물을 일단 복제해야 하고, 이를 다운로드할 수 있도록 업로드해야 한다(전송). 저작권법 제16조 및 제18조에 따라 이는 '일단' 저작자의 배타적 권리범위 내에 속하는 행위이다.

48) 조영선, 지적재산권법, 제6판, 박영사 (2023), 324.

연을 정하는 역할을 한다는 데 동의하기 때문이다. 예를 들어 제한규정을 "권리자의 독점적·배타적인 권리를 부인하거나 완화 내지 축소하는 것"으로 설명하는 것을 확인할 수 있다.[49] 또 "저작권 보호에 대한 제한과 예외는 권리의 보호와 함께 저작권 제도를 구성하는 두 기둥 가운데 하나라고 할 수 있다"고 하거나,[50] "저작재산권 제한 규정은 권리자로부터 권리를 빼앗기 위한 규정이 아니라, 저작권이라는 권리의 본래의 모습을 그려내기 위한 규정이라고 생각해야 한다"고 설명하기도 한다.[51] 명확하게 저작권과 그 제한의 관계를 설명하지 않지만, 제한규정의 중요성을 강조하는 경우도 있다. 즉, "저작자가 창작한 저작물은 선인들이 이루어 놓은 문화유산의 토대 위에서 창작된 것이므로 저작물은 문화적 재산으로서 가능한 한 많은 사람에 의하여 널리 이용되는 것이 문화발전을 위하여 필요하다"고 설명되기도 한다.[52] 더 나아가 제한규정이 강행규정에 해당한다고 보는 견해도 있다.[53] 그러나 각론적 논의에 이르면, 이론적 전제는 크게 퇴색되는 것처럼 느껴진다.

우리 저작권법에는 시각장애인과 청각장애인을 위한 규정이 마련되어 있지만, 이들은 이 제한규정이라는 범주 내에 위치해 있다. 그러한 이유에서인지 이들의 성격을 — 제한규정의 성격에 관한 논의와는 별개로 — 협소하게 보려는 경향이 나타난다. 예를 들어 제한규정이 저작자의 권리를 결정한다고 전제하면서도 제한규정은 제한적으로 해석해야 한다고 주장하는 경우가 있다.[54] 같은 맥락에서, 장애인을 위한 제한규정과 관련해서도 "시각장애인은 그 사회의 문화와 예술, 학문의

---

49) 최경수, 저작권법 개론, 제2판, 한울 아카데미 (2023), 371.

50) 임원선, 앞의 책, 147.

51) 오승종, 앞의 책, 682.

52) 정상조 대표편집, 저작권법 주해, 박영사 (2007), 451(김기영 집필 부분).

53) 예를 들어 박성호, 저작권법, 제3판, 박영사 (2023), 147.

54) 최경수, 앞의 책, 390.

산물인 저작물에 접근할 수 있는 기회를 충분히 가질 수 없다"고 전제
하면서도 "저작권법은 이들의 정보 접근을 '원칙적으로' 차단하고 있
다"고 보는 견해가 있다.55) 이는 제한규정을 원칙-예외 관계에서 예외
로 보고 있다는 점을 암시한다. 이 점을 고려한 후에 위에서 발췌된 서
술(들여 쓴 부분)을 보면, 규정의 해석과 적용 전반에 주의, 주저함 또
는 신중함이 왜 드러나는지 짐작할 수 있다. 이를 염두에 두면서 우리
저작권법 규정을 보자.

3. 관련 규정의 내용과 논의

가. 시각장애인을 위한 제한규정

현행법을 기준으로 우리 저작권법 제33조는 다음과 같다.

저작권법 제33조(시각장애인등을 위한 복제 등)
① 누구든지 공표된 저작물을 시각장애인과 독서에 장애가 있는 사람
으로서 대통령령으로 정하는 사람(이하 "시각장애인등"이라 한다)을
위하여 「점자법」 제3조에 따른 점자로 변환하여 복제·배포할 수 있다.
② 시각장애인등의 복리증진을 목적으로 하는 시설 중 대통령령으로
정하는 시설(해당 시설의 장을 포함한다)은 영리를 목적으로 하지 아
니하고 시각장애인등의 이용에 제공하기 위하여 공표된 저작물등에
포함된 문자 및 영상 등의 시각적 표현을 시각장애인등이 인지할 수
있는 대체자료로 변환하여 이를 복제·배포·공연 또는 공중송신할 수
있다.
③ 시각장애인등과 그의 보호자(보조자를 포함한다. 이하 이 조 및 제
33조의2에서 같다)는 공표된 저작물등에 적법하게 접근하는 경우 시
각장애인등의 개인적 이용을 위하여 그 저작물등에 포함된 문자 및
영상 등의 시각적 표현을 시각장애인등이 인지할 수 있는 대체자료로

---

55) 위의 책, 434.

변환하여 이를 복제할 수 있다.

④ 제2항 및 제3항에 따른 대체자료의 범위는 대통령령으로 정한다.

해당 규정은 1986년 저작권법 개정에 의해 도입된 것이 줄곧 업데이트된 결과이다. 여기에는 최근인 2023년 저작권법 개정이 포함되어 있다. 위에서 보는 것처럼 규정이 가진 구체성의 정도는 매우 큰 편이다. 법문 자체가 구체적인 것은 물론이고, 규정은 여러 구체화의 과업을 시행령에 위임하고 있다. 이런 태도는 뒤에서 보는 바와 같이 청각장애인을 위한 법 제33조의2에서도 마찬가지이다.

학계 역시 규정의 외관을 반영한 입장을 취하고 있는데, 예를 들어 위 내용을 두고 이는 일종의 특혜로서[56] "시각장애인들의 복리를 증진한다는 관점에서, 또한 저작물의 특수한 이용이기 때문에 경제성이 별로 없다"거나,[57] "점자를 통한 이용은 저작권자가 통상적으로 예정하고 있는 경우는 아니어서 저작자의 경제적 손해가 크지 않으므로 시각장애인등의 복지 증진을 위하여 도입된 규정"이라고 평가하거나,[58] 이런 평가 없이 법문에서 정해진 요건을 — 위 들여 쓴 서술들처럼 — 좁게 해석하려는 경향을 내보이고 있다.

이에 반해 필자들은 시각장애인의 정보 접근성이 보장되지 않는 현실을 개탄하면서 저작권법 개선의 중요성과 함께 디지털 납본 등 권리자 및 관련 사업자의 협력이 절실하다는 점을 줄곧 강조해왔다.[59] 그

---

56) 허희성, 2007 신저작권법 축조해설, 상, 명문프리컴 (2007), 266.

57) 위의 책, 264.

58) 윤종수 집필대표, 온주 저작권법, 로앤비 (2019), 저작권법 제33조, 단락번호 1 (강태욱 집필 부분).

59) 남형두, "장애인의 정보접근권과 저작권 — 디지털 시대의 장애인복지에 관한 사회적 모델의 적용 —", 법조, 제658호 (2011. 7.), 243-253(이하 '남형두, "정보접근권과 저작권"'으로 줄임); 남형두, "장애인 정보접근성 향상을 위한 입법과제 — 장애인의 능동적 사회참여를 위한 기본 전제 —", 입법과정책, 제7권 제2호 (2015. 12.), 180-183, 186-189; 남형두, "시각장애인의 정보접근과 출판사의 책무", 출판문화, 제554호 (2012. 1.), 30-33; 남형두, "[시론]시각장애인에게도

러나 일부 학자를 제외하고 여기에 공감을 표하는 학자가 없다는 현실이 너무나 아쉽게 느껴진다.[60]

이런 상황에서도 위 규정은 개정되었다. 2023년 개정은 무엇보다 제2항에서 이용할 수 있는 저작물의 유형을 늘린 것과 "시각장애인 등을 위한 전용기록방식"이라는 용어를 대체자료로 바꾼 데 의미가 있다.[61] 시각장애인 등을 위한 전용기록방식이라는 술어는 마치 시각장애인만 감득할 수 있는 특수한 포맷이 존재할 수 있다는 암시를 주는데, 이런 접근은 잘못된 것이다. 동 대체자료 개념은 2023년 개정과 함께 아래와 같이 구체화되었다.

> 저작권법 시행령 제14조의2(시각장애인등을 위한 복제·변환 등이 허용되는 시설 및 대체자료의 범위)
> […]
> ② 법 제33조제2항 및 제3항에 따른 시각장애인등이 인지할 수 있는 대체자료의 범위는 각각 다음 각 호와 같다.
> 1. 「장애인차별금지 및 권리구제 등에 관한 법률」 제14조제1항제4호에 따른 인쇄물 접근성바코드가 삽입된 자료
> 2. 시각장애인등을 위하여 저작물등의 시각적 표현을 음성으로 변환

정보화의 축복을", 조선일보, 2008년 4월 19일자; 남형두, "[아침을 열며]시각장애인에게 꿈을 주자", 한국일보, 2009년 4월 23일자; 남형두, "[아침을 열며]시각장애인에 빛 밝힌 개정 도서관법", 한국일보, 2008년 9월 24일자; 남형두, "[아침을 열며]진정한 장애인 배려", 한국일보, 2010년 4월 22일자; 남형두, "[기고]視覺 장애 학생들 제때 교과서 받게 하자", 조선일보, 2015년 9월 22일자; 이일호, "마라케시 조약, 어떻게 이행할 것인가?: 마라케시 조약 안내서의 검토를 중심으로", 사법, 제58호 (2021. 12.), 509 등 참조.

60) 박성호, 앞의 책, 595-596.
61) 구 저작권법 제33조 제2항은 다음과 같다(강조표시는 저자에 의한 것임): "② 시각장애인 등의 복리증진을 목적으로 하는 시설 중 대통령령으로 정하는 시설(해당 시설의 장을 포함한다)은 영리를 목적으로 하지 아니하고 시각장애인 등의 이용에 제공하기 위하여 공표된 어문저작물을 녹음하거나 대통령령으로 정하는 시각장애인 등을 위한 전용 기록방식으로 복제·배포 또는 전송할 수 있다."

하여 녹음한 자료

3. 시각장애인등을 위하여 표준화된 디지털음성정보기록방식으로 작성된 자료

4. 화면의 장면, 자막 등을 음성으로 전달하는 화면해설 자료

5. 그 밖에 문자 및 영상 등의 시각적 표현을 청각·촉각 등 시각장애인등이 인지할 수 있는 형태로 변환한 자료로서 시각장애인등 외에는 이용할 수 없도록 하는 기술적 보호조치가 적용된 자료

여전히 다소의 모호성이 남아 있기는 하지만, 이는 환영할 만한 변화라고 생각된다. 더욱이 입법 예고됐던 규정의 제1호가 "문자 등 시각적 표현을 음성으로 변환한 시각장애인등을 위한 전용 기록 자료"로 되어 있었는데,[62] 기껏 없애려 했던 전용기록을 부활시키려던 시도가 관철되지 않았다는 점은 마땅하고 다행스러운 일이다.[63] 물론 시각장

---

[62] https://www.moleg.go.kr/lawinfo/makingInfo.mo?mid=a10104010000&lawSeq=75186&lawCd=0&lawType=TYPE5&currentPage=1&keyField=lmNm&keyWord=%EC%A0%80%EC%9E%91%EA%B6%8C%EB%B2%95&stYdFmt=&edYdFmt=&lsClsCd=&cptOfiOrgCd=.

[63] 시행령이 마련되기 전 일부 학자는 법문에서 사라진 전용기록방식을 시행령에서 살려내야 한다고 주장하기도 했다. 최경수, 앞의 책, 437-438(각주 121); "대체자료에 대한 정의가 없이, 대체자료로 변환하는 것을 허용한다면 제한 규정의 엄격 해석 원칙에 벗어난다고 본다. 물론 시행령에서 이를 구체화할 터이지만, [각주 생략] 적어도 시각장애인 등 일부 수익자만이 대체자료를 쓸 수 있다는 요건을 어디엔가 넣어야 한다고 본다.[각주: 마라케시조약에서 '접근 가능한 형태의 복제물' 정의에도 그 복제물은 오로지(exclusively) 시각장애인 등만이 사용할 수 있다고 분명히 하고 있고, 다른 나라 저작권법에도 그런 예가 적지 않다. 예를 들어, 미국 저작권법 제121조에서는 "오로지 맹인이나 기타 장애인이 사용하기 위한 특화된 포맷으로(in specialized formats exclusively for use by blind or other persons with disabilities)"라고 하고 있다.]" 최경수 박사는 여러 다른 국가도 이와 같은 태도라고 설명하면서, 미국의 예를 든다. 즉, 미국의 구 저작권법 제121조 (a)에 규정되어 있던 "specialized formats exclusively for use by blind or other persons with disabilities"에서 'exclusively'를 장애인만 사용할 수 있다는 의미, 즉 can의 의미로 새긴 것 같다. 하지만 해당 규정은 미국이 마라케

애인에게 텍스트 파일이 반드시 전달되어야 한다고 말할 수는 없다. 그러나 뒤에서 보는 바와 같이[64] 대체자료는 충분히 편리해야 하고, 편의기능을 줄이는 것이 아니라 충분한 편의 기능을 갖춘 상태에서 제공되어야 한다.[65]

한편 2023년 개정을 통해 화면해설이 대체자료 중 하나로 명시된 것 역시 큰 성과라 할 수 있다. 물론 화면해설은 장면을 묘사한 것에 불과하다는 점에서 전반적으로 저작권을 침해할 가능성이 낮다. 그러나 화면해설에 따라 영상 중 표시되는 텍스트를 낭독해야 하는 등 화면해설이 허락된다는 취지를 명시할 필요성도 있다고 본다. 다만, 화면해설은 영상 혹은 영상의 음성 부분과 함께 출력될 때 의미가 있는 것으로 화면해설만 따로 만든다고 하여 바로 활용할 수 있는 것은 아니다. 즉, 영상(혹은 본래 음성·음향)이 화면해설과 결합되어 있어야 의미가 있다. 그럼에도 아직까지 화면해설에 대한 학계의 관심은 낮은

시 조약을 비준하면서 개정되었고, 현재 위 술어 대신 "accessible formats"라는 더욱 중립적인 술어를 사용한다. 물론 이 접근 가능한 포맷의 정의는 "an alternative manner or form that gives an eligible person access to the work when the copy or phonorecord in the accessible format is used exclusively by the eligible person to permit him or her to have access"(17 U.S.C. § 121(d)(1))로 되어 있어 exclusively라는 술어를 포함하고 있기는 하다. 하지만 구법상 'exclusively for use'와 새로운 'used exclusively'를 비교해 보면, 후자는 특정인만이 사용할 수 있는 상태, 즉 may의 의미임을 짐작해 볼 수 있다. 더욱이 아래에서 보는 바와 같이(아래 V 3 참조) 미국에서는 저작권법상 공정이용의 법리를 통해 법 제121조에서 정한 제한규정보다 훨씬 넓은 범위에서의 저작물 이용을 허락하고 있다. 더욱이 미국에서 가장 대표적인 대체자료 제공 사이트인 Bookshare는 DAISY나 BRF(Braille Ready Format) 외에도 epub, 더 나아가 워드 파일을 대체자료로서 제공하고 있다. https://www.bookshare.org/help-and-learning-articles/what-format-are-bookshare-books-available-in 참조.

64) 아래 III 4 나 참조.

65) 다시 말해 텍스트 파일은 아니더라도 비상애인의 읽기 매체와 동등하게 읽기에도 편리하고, 메모하거나 발췌하기에도 편리해야 한다. 그 형태는 텍스트 파일이 아니더라도 이와 유사한 형태를 가질 수밖에 없다.

편인데, 위에서 보았던 엄격한 해석이 영상과 화면해설에 대해서도 시도되지 않을지 우려스럽다.

나. 청각장애인을 위한 제한규정

우리 저작권법 제33조의2는 다음과 같다.

> **저작권법 제33조의2(청각장애인 등을 위한 복제 등)**
> ① 누구든지 공표된 저작물을 청각장애인 등을 위하여 「한국수화언어법」 제3조제1호에 따른 한국수어로 변환할 수 있고, 이러한 한국수어를 복제·배포·공연 또는 공중송신할 수 있다.
> ② 청각장애인 등의 복리증진을 목적으로 하는 시설 중 대통령령으로 정하는 시설(해당 시설의 장을 포함한다)은 영리를 목적으로 하지 아니하고 청각장애인 등의 이용에 제공하기 위하여 필요한 범위에서 공표된 저작물등에 포함된 음성 및 음향 등을 자막 등 청각장애인 등이 인지할 수 있는 대체자료로 변환하여 이를 복제·배포·공연 또는 공중송신할 수 있다.
> ③ 청각장애인 등과 그의 보호자는 공표된 저작물등에 적법하게 접근하는 경우 청각장애인 등의 개인적 이용을 위하여 그 저작물등에 포함된 음성·음향 등을 자막 등 청각장애인 등이 인지할 수 있는 대체자료로 변환하여 이를 복제할 수 있다.
> ④ 제1항부터 제3항까지에 따른 청각장애인 등의 범위와 제2항 및 제3항에 따른 대체자료의 범위는 대통령령으로 정한다.

청각장애인을 위한 제한규정은 2013년 처음 등장한 것으로 앞에서 본 시각장애인을 위한 제한규정보다 그 역사가 짧다. 게다가 마라케시 조약과 같이 국제인권법의 차원에서 합의가 이루어지지도 못했다. 물론 우리 저작권법에서 이와 같은 규정을 도입한 것은 바람직하고 다행스러운 일이라 생각된다. 더욱이 해당 규정은 2023년 개정되면서 줄곧 개선되고 있다.

흥미롭게도 위 규정 제1항에서 제시된 한국수화언어법과 시각장애
인을 위한 제한규정에서 제시된 점자법 사이에는 차이가 있다. 점자법
제3조 제1호에서 점자는 "시각장애인이 촉각을 활용하여 스스로 읽고
쓸 수 있도록 튀어나온 점을 일정한 방식으로 조합한 표기문자"로 정
의되어 있다. 이에 반해 한국수화언어법에서 한국수어란 "대한민국 농
문화 속에서 시각·동작 체계를 바탕으로 생겨난 고유한 형식의 언어"
이다. 다시 말해 점자는 문자체계에 머물러 있고 기존 언어를 표시하
는 한 방법이지만, 수어는 고유한 형식의 언어에 해당한다. 시각장애인
에 있어 점자란 비점자 언어기호, 즉 묵자에 일대일로 대응하지만, 수
어는 그 자체로 언어이므로 이러한 대응이 불가능하다.

그렇다고 청각장애인이 비장애인의 언어, 더 나아가 문자와 완전히
동떨어진 삶을 사는 것은 아니다. 단지 장애 특성 때문에 비장애인에
비해 문해력이 떨어질 뿐이라는 견해가 있기도 한데,[66] 이처럼 청각장
애인은 비장애인 및 기타 장애인의 언어문화와 한국수어 중심 농문화
에 동시에 속해 있다고 보아야 한다. 다만, 최근 언어습득을 도와주는
여러 기술이나 방법론이 개발되고 있고, 특히 조기교육으로 청각장애
인의 문해력이 획기적으로 향상된 사례도 있다.[67] 물론 성급한 일반화
의 오류를 경계해야겠지만, 교육이 문해력을 높이는 데 도움이 된다는
점만은 부정할 수 없다.[68]

---

66) 김영익, "삽화와 쉬운 글 구성을 통한 관용어 지도가 청각장애학생의 문해력과
특수교사의 교육적 적용도에 미치는 효과", 특수교육 저널: 이론과 실천, 제24
권 제3호 (2023. 9.), 86.

67) 위의 논문, 86.

68) 2022년 이른바 읽기 쉬운 판결문이 나와 주목받은 바 있다. 정혜민, "'판결문
쉽게 써달라' 장애인 요청에, 판사는 삽화를 넣었다", 한겨레 (2023. 1. 10.) 흥미
롭게도 해당 판결문은 청각장애인이 요청한 것이다. 흔히 읽기 쉬운 책이나 자
료는 발달장애인을 위한 것으로 알려져 있으나, 문해력이라는 관점에서 이는 여
타의 장애인의 정보 접근성에 기여할 수 있다. 특히 조기교육을 통해 문해력을

현재 청각장애인을 위한 제한규정은 저작물을 수어로 변환하는 것이 가능하도록 한다는 점에서 농문화 속에서 수어에 대한 니즈를 상당부분 충족한다고 말할 수 있다. 다만, 청각적으로 전달되는 음을 자막 등으로 변환할 수 있도록 한 것은 어느 정도의 문해력을 전제로 한 것이다. 특히 여기서 자막 '등'의 의미가 분명하지 않았는데, 2023년의 저작권법 개정은 시행령에 대체자료의 구체화를 위임했다. 이에 따라 저작권법 시행령 제15조의2 제2항 제2호는 "그 밖에 음성 및 음향 등을 시각·촉각 등 청각장애인 등이 인지할 수 있는 형태로 변환한 자료"가 제작·보급될 수 있도록 한다. 이로써 자막뿐 아니라 그림 등도 사용될 수 있음이 명확해졌다.

그런데 현재 청각장애인, 특히 청각장애를 가진 아동과 그 보호자는 수어와 문자가 함께 있는 그림책이 절실하다고 말한다.[69] 실제로 쉬운 글과 삽화로 구성된 학습자료가 청각장애인의 문해력 향상에 도움이 된다는 연구결과도 도출되어 있다.[70] 이에 더해 이와 같은 자료가 보호자가 아동과 상호작용·의사소통하고 이들을 교육하는 데도 매우 유용할 것임이 확인된 바 있다.[71]

다만, 2023년의 개정만으로 청각장애인과 그 보호자의 바람이 실현

높일 기회를 얻지 못한 장애인들에게 읽기 쉬운 자료는 더욱 중요할 수 있다. 다만, 이 판결문이 당사자의 관점에서 정말 이해할 수 있는 것이었는지, 또 쉬운 것의 의미가 작성자(법관)의 주관에 따라 평가된 것은 아닌지에 관한 비판이 제기되고 있다. 김영연, "대한민국 최초의 '읽기 쉬운' 판결문, 인권의 눈으로 톺아보기", 함께걸음, https://www.cowalknews.co.kr/bbs/board.php?bo_table=HB03&wr_id=10189 (2023. 2. 6.). 이에 따라 읽기 쉬운 것이란 무엇인지, 또 그것을 만들기 위해서는 어떠한 제도적 뒷받침이 필요한지에 관한 논의가 필요하다. 자세한 논의는 아래 V 2 가 참조.

69) 이상은 청각장애인 당사자 및 유관단체(한국농아인협회 등)와 인터뷰한 내용이다.
70) 김영익, 앞의 논문, 107.
71) Melissa Curran, Gene Mirus & Donna Jo Napoli, "Before Their Very Eyes: Enhancing the (Pre)literacy Skills of Deaf Children", *Language*, Vol. 100 No. 1 (2024; preprint), https://muse.jhu.edu/pub/24/article/922017/pdf, e1.

되었는지에 관해서는 의문이 있다. 무엇보다 위 목적에 부합하는 매체가 되려면 기존 텍스트를 수어로 만들어야 하고, 이에 더해 기존 글과 그림을 그대로 첨부해야 한다. 현행 규정은 변환이라는 것을 요구한다는 점에서 미흡한 측면들이 있다.

4. 비판적 평가

가. 접근성 현실과 실무

저작권법학자들과 실무자, 더 나아가 정부 전문가의 논의를 보면, 장애인의 정보 접근성 문제에 관심을 갖고 있는지, 또 관련 문제를 진지하게 고민했는지 의문을 갖게 한다. 시각장애인을 위한 대체자료로 제작 및 보급이 허락되는 포맷에 대해 '점역 파일', '보이스 아이 등의 음성변환파일', '데이지', '보이스 브레일' 등 디지털음성정보기록방식을 제시하는 것 역시 하나의 예라 할 수 있다.[72] 이중 보이스 아이와 보이스 브레일은 보조공학 기기나 소프트웨어의 개발사가 자체적으로 만든 포맷인데, 이들의 작동원리는 다음과 같다. 우선 보이스 브레일은 VBF라는 확장자를 가지며, 그 본질은 점역 파일이다. 다만, 해당 포맷을 지원하는 기기나 소프트웨어에서 이를 구동하면, 동 파일은 다시 일반 텍스트로 변환되고, 기기나 소프트웨어가 이를 읽어주는 방식으로 작동한다. 이는 텍스트 파일이 시각장애인에게 직접 전달되는 것이 아니라는 점에서 저작권 문제를 우회한다.[73] 따라서 보이스 브레일을 데이지와 함께 디지털 음성정보 기록방식으로 분류·이해하는 것은 오

---

72) 구 시행령(제14조의2 제2항)을 기준으로 각각이 제1호부터 제3호에 상응한다고 한다. 신종필, "디지털 시대 저작권과 장애인 저작물 접근권의 조화", 지적재산권, 통권 제35호 (2023. 3.), 10-11; 임원선, 앞의 책, 236.

73) 문화체육관광부 도서관정보정책기획단, 독서장애인을 위한 디지털음성도서 저작툴 개발 최종보고서 (2009), https://www.nl.go.kr/NL/onlineFileIdDownload.do?fileId=FILE-00008146203, 5.

류이다.

또 보이스 아이(Voice Eye)란 문자를 2차원의 QR코드로 변환함으로써 이를 스캔하면 음성을 출력해주는 시스템(어플리케이션 혹은 하드웨어)과 함께 작동된다. 이는 거의 예외 없이 비장애인을 위한 묵자도서의 오른쪽 상단에 위치하며, 해당 페이지의 내용을 열람할 수 있도록 해준다.

〈그림 1〉 보이스 아이의 예

〈그림 2〉 보이스 아이가 적용된 예

이 코드는 위에서 보는 바와 같이 출판물을 만드는 사람이 스스로 만들어두는 것으로 저작권법 제33조 제2항에서 예정한 제3자가 해당 코드 '만' 제작하여, 예를 들어 도서의 매 페이지에 스티커로 부착하거나 하는 일은 상정하기 어렵다. 이런 의미에서 이는 저작권법 제33조 제2항과 이에 관한 동법 시행령 제14조의2 제2항에서 정한 제3자가 만드는 대체자료로 볼 수 없다.74) 점자도서관에서 위와 같은 QR코드를

---

74) 따라서 현행 저작권법 시행령 제14조의2 제2항 제1호에서 대체자료 중 하나로 "장애인차별금지 및 권리구제 등에 관한 법률 제14조제1항제4호에 따른 인쇄물 접근성바코드가 삽입된 자료"를 제시한 것은 적절하지 않다. 장애인차별금지법 제14조 제1항 4호에서 예정한 접근성바코드란 교육자료를 제공하는 자의 입장에서 자료에 해당 코드를 포함시켜야 한다는 의미이고, 같은 법 제21조 제6항에서 접근성코드를 포함하도록 한 것은 출판물을 정기적으로 발행하는 사업자(제1호) 등에게 부여되는 의무이다. 즉, 코드의 포함은 제작자, 발행자, 출판사 등에 요구되는 것인데, 저작권법 제33조 제2항은 점자도서관 등에서 대체자료

만들 바에야 데이지나 전자 점역파일을 만드는 것이 효율적인데, 매 1~2페이지마다 표시된 코드를 스캔하여 도서를 읽는다는 것은 목차, 제목, 페이지 등을 볼 수 없는 시각장애인 입장에서 그렇게 편리하지 않기 때문이다.

당연히 장애인을 위한 접근성 기술에 대해 이해하는 것은 무척 어려운 일이고, 비장애인이 장애인의 상황을 완전히 이해할 수 없다는 점 역시 분명하다. 그렇더라도 어떤 대체자료가 실제로 어떤 방식으로 활용되고, 어떤 이점과 한계를 가지는지에 대해 이해한 상태에서 관련 논의를 해야 하는 것은 권장되는 것을 넘어 반드시 필요하다.

한편 현재 우리나라의 장애인 접근성 분야에서 가장 중심적인 국가 기관은 국립장애인도서관이라고 할 수 있다. 여기서는 시각장애인 등으로 인증받은 이들만 대체자료에 접근할 수 있도록 하는데, 책을 열람할 때 표시되는 화면은 예를 들어 아래와 같다.

텍스트는 복사할 수 없으며, 읽고 있는 부분이 하이라이트되는 방식으로 작동한다. 이는 위에서 본[75] "오디오로 들을 수 있더라도 본문

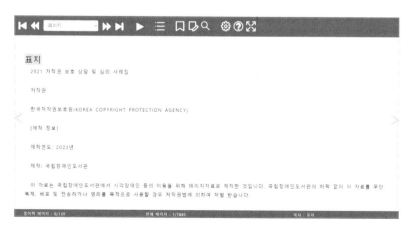

〈그림 3〉 국립장애인도서관의 텍스트데이지 자료 열람 화면 예시

를 제작하는 상황을 예정한 것이라 그 주체에 차이가 있다.

75) 위 Ⅲ 1 참조.

은 보이[…]지 않도록 처리해야 한다"는 주장과는 배치되는 것이다. 이는 다시 말해 학계나 실무계의 주장이 현재 이미 확립된 실무나 관행을 반영하지 못한다는 방증이 된다.

위에서 언급한 바와 같이 비장애인이 장애인의 정보 접근성 현실이나 실무를 알지 못할 수 있다. 다만, 모를 경우에 알고자 노력해야 하고, 장애인 당사자나 관련 연구자에게 최소한 문의해 보는 것이 필요하다고 본다.

나. 국제조약의 준수

위에서 본[76] "시각장애인을 위해 기능을 추가하는 것이 아니라 오히려 일부 편의성을 억제해야" 한다는 논리는 다른 측면에서도 비판의 대상이 된다. 우리나라도 비준하여 현재 발효 중인 마라케시 조약은 시각장애인 등 인쇄물을 접근하기 어려운 장애인들에게 제공해야 할 접근 가능한 포맷(accessible format)을 다음과 같이 정의한다.

> "접근 가능한 포맷의 복제물"이란 수혜자가 저작물에 접근할 수 있도록 하는 대안적 방식 또는 형태의 저작물의 복제물을 말하는 것으로서, <u>시각장애 또는 그 밖의 읽기장애가 없는 사람과 같은 정도로 용이하고 편리하게 저작물에 접근할 수 있도록 하는 것을 포괄한다.</u> 접근 가능한 포맷의 복제물은 수혜자에게만 배타적으로 사용되며, 저작물을 대안적 형태로 접근 가능하도록 하기 위하여 필요한 변경 및 수혜자의 접근 필요성을 적절하게 고려함과 아울러 원 저작물의 동일성을 존중하여야 한다.[77]

조약은 위에서 보는 바와 같이 기능을 뺄 것을 요구하는 것이 아니라 비장애인의 읽기만큼이나 편리하도록 해야 한다는 취지를 밝히고

---

76) 위 III 1 참조.
77) 마라케시 조약 제2조 (b). 강조표시는 저자에 의한 것임.

있다. 만약 충분히 편리한 읽기가 불가능하게 하는 형식을 강요한다면, 이는 조약 위반이 된다. 더욱이 앞서 지적한 바와 같이 마라케시 조약은 장애인권리협약과 긴밀하게 연결되어 있다. 이에 따라 만약 마라케시 조약을 제대로 이행하지 않으면, 장애인권리협약을 위반한 것이 될 수 있다. 이와 관련하여 협약의 기관인 장애인권리위원회는 2022년 우리나라에 다음과 같이 권고한 바 있다.

> 62. <u>위원회는 당사국이 마라케시조약의 효과적인 이행을 위해 장애인을 대표하는 단체와의 긴밀한 협의를 통해 적절한 조치를 취할 것을 권고한다.</u> 또한 당사국이 장애인, 특히 장애아동이 다른 사람들과 동등하게 문화생활, 레크리에이션, 여가, 스포츠에 참여할 권리를 누리게 하기 위한 노력을 강화할 것을 권고한다.[78]

당연하게도 위 서술은 마라케시 조약의 비준과 발효 이후 우리나라의 상황을 반영한 권고인데, 적어도 2023년 저작권법 개정이 있기 전까지 우리 제도와 그 실무가 충분하지 못했다는 점을 드러낸다. 이는 물론 법적 구속력이 없는 권고에 머물러 있지만, 위원회의 의견은 협약의 해석과 이행에 있어 유력한 지침이 되며, 국제사회의 평판이 중요한 인권 영역에서 결코 간과될 수 없다.[79]
더욱이 우리나라는 장애인권리협약의 선택의정서에 가입함으로써 개인이 위원회에 청원할 수 있도록 했다. 이는 우리나라가 인권 분야에서 자신감을 드러낸 것이기도 한데, 역으로 장애인을 위한 대체자료에서 기능을 빼는 방향을 결정하는 경우에 장애인 당사자가 위원회에 청원하는 일이 생길 수 있다.

---

78) https://thekdf.org/UN_CRPD/1657. 강조표시는 저자에 의한 것임.
79) 김화진, "국제법은 언제, 왜 지켜지는가?: 준법문제의 경제학적 어프로치와 신용이론에 관한 에세이", 서울대학교 법학, 제45권 제3호 (2004. 9.), 222.

IV. 책임 없는 권리의 양면성

1. 문제 제기

재산권은 사회기속성이 있다.[80] 당연하게도 권리에는 책임이라는 측면이 따를 수밖에 없다. 우리가 국가가 아닌 사인에게도 평등과 차별금지를 요구한다는 것은 권리에 책임이란 요소가 포함되어 있음을 잘 보여준다.[81] 특히 장애인차별금지법은 장애를 이유로 차별행위를 하지 못하도록 정하는데, 이런 행위는 비단 장애인을 배제하는 것뿐 아니라 정당한 편의를 제공하지 않는 것까지 포괄한다.[82]

책을 만드는 이들, 더욱이 정보와 지식, 이에 더해 문화 콘텐츠를 만드는 이들, 더 나아가 이를 소비자에게 공급하는 플랫폼 역시 보편적 차별금지의무의 수범자로서 이를 실천해야 한다. 그러나 이는 현실에서 잘 실현되지 못하고 있다. 도서의 접근성 문제에 관한 지적이 끊임없이 제기되고 있고,[83] 국내 영상 플랫폼에서는 화면해설이나 수어영상 제공에 여전히 인색하다.[84] 차별금지는 누구나의 의무라는 점에서 이는 당연히 콘텐츠 제작·제공자의 의무로 봐야 할 것이지만, 현실은 이들 모두 정부의 예산지원과 전문기관의 도움만 바라볼 뿐이다.[85]

---

80) 헌법 제23조 제2항.

81) 장애인차별금지법 제6조(강조표시는 저자에 의한 것임): "<u>누구든지</u> 장애 또는 과거의 장애경력 또는 장애가 있다고 추측됨을 이유로 차별을 하여서는 아니 된다."

82) 장애인차별금지법 제4조 제1항 제3호.

83) 김동현, "[기고]시각장애인이 전자책을 더 쉽게 볼 수 있다면", 매일경제 (2023. 7. 19.).

84) 박수형, "OTT 웨이브, 화면 해설 콘텐츠 제공", 지디넷코리아, https://zdnet.co.kr/view/?no=20231116153643 (2023. 11. 16.).

85) 조성민, "배리어프리 영화상영 판결도 무시, 시간 끄는 '영진위'… 내년 예산도 '0원'", 더인디고, https://theindigo.co.kr/archives/40564 (2022. 10. 13.).

물론 차별금지의 실현을 위해 민간 사업자가 져야 하는 부담은 크다. 출판계와 영상산업이 어려움을 겪는다는 소식은 과거부터 어렵지 않게 접할 수 있고, 이들은 장애인차별금지법의 적용에 대해서도 난색을 표한 바 있다. 문제는 이런 상황이 일종의 딜레마라는 데 있다. 사업자들은 한편으로 장애인이 접근할 수 있는 콘텐츠를 만들 수 없다고 말하면서 다른 한편으로 제3자가 대체자료를 만들어 보급하는 것을 무상복지라고 주장하기도 한다.[86]

또 장애인 대체자료를 만들기 위해 필요한 자료를 제공하기를 꺼리는 이들도 여전히 많은데, 이들은 저작권과 함께 유출에 대한 우려를 표시한다.

2. 나쁜 기억, 잘못 찾은 해결책

우리 사회를 떠들썩하게 한 사건이 있다. 〈해운대〉라는 영화가 상영 중일 때, 화면해설을 위해 전달받은 영상을 복지관 직원이 제3자에게 유포해 문제가 된 사건이다. 이 일로 영상제작자는 큰 손해를 입었고, 좋은 취지에서 일찍이 영상을 제공했음에도 좋지 못한 결과가 초래됐다.

이와 유사한 사례는 더 있다. 복지관에서 자원봉사를 하던 사람의 것으로 추정되는, 책을 타이핑한 텍스트 파일이 인터넷에서 발견되면서 한국저작권보호원의 저작권보호심의위원회에서 삭제 권고가 내려진 사건이 있었다.[87] 해당 파일에는 위 〈그림 3〉에서 본 것과 유사하

---

86) 권대우, "'장애인의 저작물 접근성 강화 방안'에 대한 출판계의 입장", 장애인의 저작물 접근성 강화 방안: 제3회 저작권 포럼 자료집, 한국저작권위원회 (2010. 4. 21.), https://www.copyright.or.kr/information-materials/publication/research-report/download.do?brdctsno=8483&brdctsfileno=4255, 48: "① 장차법 개정 중단과 도서관법 재개정"

87) 오진해, "[시정권고 사례]점자책 제작을 위해 만들어진 복제물을 무단 전송하는 게시물", 한국저작권보호원 블로그, https://m.blog.naver.com/PostView.naver?blogId

게 저작권법 제33조상 대체자료를 만들기 위한 것이라는 취지가 설명
돼 있었던 것으로 추정된다.

그런데 이런 나쁜 기억은 잘못된 해결책으로 귀결되기도 한다. 다
음 저작권법학자의 서술을 보자.

> [···] 저작자와 출판사는 시각장애인의 교육이나 복지를 위해 이들에
> 게 저작물을 널리 보급하려는 의사가 있어도 자칫 디지털 기술의
> 범용성으로 인해 제3자에 의한 오용, 남용을 두려워하고 있다. 시각
> 장애인에게 한정된 저작물 접근, 이용을 가능하게 할 수만 있다면
> 권리자들도 호응하려는 의지를 보이고 있다.88)

이 같은 서술은 결국 시각장애인만 대체자료에 접근할 수 있도록
해야 하고, 그 방식은 곧 점자와 같이 시각장애인만 접근할 수 있는 포
맷으로 자료를 제공해야 한다는 취지이다.89)

위 두 사례는 당연히 불행한 일이고, 사건이 시각장애인의 정보 접
근성을 위한 자료를 만드는 과정에서 발생했다고도 볼 수 있다. 다만,
여기서 대체자료의 제작은 단지 동기에 지나지 않으며, 최종적으로 제
작된 대체자료가 제3자에게 흘러 들어간 사례로 볼 수 없다.90) 비슷한
사례는 너무나 많은데, 유통사의 실수로 콘텐츠가 외부로 흘러나간 경
우도 있고,91) 원인이 규명되지 않은 경우도 있다.92) 심지어 방송사에

=kcopastory&logNo=222938053152&navType=by (2022. 11. 25.).

88) 최경수, 앞의 책, 434.

89) 위 Ⅲ 4 나에서 이런 류의 주장에 대해 이미 비판적으로 고찰한 바 있다. 다만,
여기서는 유출 문제를 중심으로 논의하고자 한다.

90) 따라서 위 블로그의 포스트 제목에서도 '점자책 제작을 위해 만들어진'이라는
술어는 불필요한 부연으로 여겨진다.

91) 김지하, "장윤정, 신곡 연습용 음원 유출에 깜짝 "유통사 실수"", 티브이데일리,
https://www.tvdaily.co.kr/read.php3?aid=17031120241695821010 (2023. 12. 21.).

92) 예를 들어 강한빛, "천만관객 '서울의 봄' 불법 유출 ··· 제작사 "법적 책임 물을
것"", 머니S, https://www.moneys.co.kr/article/2024021217095516918 (2024. 2. 13.).

심의 등을 위해 미리 보낸 음원이 공개되는 일은 비일비재하기까지 하다.[93] 그런데도 방송사의 심의를 없애야 한다거나, 방송사의 심의 위원이나 담당자가 음반사에 와서 청음을 해야 한다거나, 유통사의 개입을 봉쇄해야 한다는 주장이 나오지 않는다. 이는 저작물을 불법으로 유출하는 사람의 일탈일 뿐이지 그것이 유출된 원인을 근원적 차원에서 차단해야 한다고 말할 수 없다.

따라서 저작자를 비롯하여 권리자는 선량한 의지를 가졌지만, 유출과 제3자에의 전달을 우려한 나머지 강경한 태도를 갖게 되었다는 류의 주장은 선택적 정의라 생각된다. 이는 유출한 사람에 대한 책임과 유출 예방을 위한 대응책을 마련해야 할 문제이지, 유출을 특정 영역에 대해서만 원천봉쇄해야 한다고 주장해서는 안 된다.

무엇보다 저작자, 출판사, 더 나아가 저작권을 연구하는 학자들이 장애인의 복리를 생각한다면, 스스로 접근 가능한 대체자료를 시장에 공급함으로써 접근성 문제를 해소하도록 노력해야 할 것이다. 여기에 대한 내용은 항을 바꾸어 더 자세히 보도록 한다.

3. "돈 내고 사라"는 말의 모순

소수의 출판사를 비롯하여 문화산업계 일부 사업자는 대체자료 제작에 따른 보상금이 필요하다고 주장한다.[94] 다만, 이들이 전제하는

---

93) 노지현, "샤이니 키, 잦은 음원 유출에 "지구 끝까지 쫓아갈 것" 단호 답변", 톱스타뉴스, https://www.topstarnews.net/news/articleView.html?idxno=15395733 (2023. 9. 14.).

94) 권대우, 앞의 토론문, 48: "(3) 법적 모순과 미비점: [...] ② 사유재산에 대한 경제적 보상체계의 부재 / (4) 공생의 길: [...] ④ 경제적 보상과 자율적 사회공헌(기증) 유도 / [...] 우선적으로 파일을 제공한 출판사가 납득할 수 있는 경제적 대가를 제공할 필요가 있다. 나아가 불법복제를 방지할 수 있는 확실한 안전장치가 마련된다면 출판자본의 사회 환원 내지 공헌이라는 차원에서라도 무상으로 파일을 납본하는 출판사가 늘어날 수 있을 것이다. '비장애인은 잠재적인 장

보상금이란 장애인 당사자에게 접근 가능한 자료를 판매하면서 대가를 받겠다는 의미가 아니다. 도리어 정부에 보조금을 요구하는 것처럼 여겨지는데, 이는 위에서 논의한 유출 위험과 기묘하게 연결되어 있다. 다음은 출판업계 중 일부 강경한 사업자가 대체자료에 대해 갖는 입장이다.

① 불법복제 근절은 출판업계의 최대 현안이다.
② 디지털 파일은 출판사의 핵심자산이다.
③ 디지털 파일 제공은 개인의 만능열쇠 복제키를 넘겨주는 일이다.
④ 디지털 파일의 공개 또는 유출은 출판업 붕괴의 지름길이다.

물론 이는 출판계 전체를 대표하는 입장이라고 보기 어렵고, 약 15년 전의 상황이므로 현재의, 또 산업 전체의 입장과 차이가 있을 것이다. 그렇더라도 이 주장은 타당하다고 할 수 없다. 무엇보다 책에서 재산적 가치가 있는 것은 저작권에 의해 보호되는 글 등으로 디지털 파일에까지 재산권이 미친다고 볼 수 없다. 당연하게도 디지털 파일을 제공함으로써 국립장애인도서관 등이 대체자료를 신속하게 만들도록 하는 것에 대해서는 보상(디지털 납본 보상금)이 필요할 수 있지만, 유출 위험과 보상은 별개의 문제이다.

충분한 편의가 제공될 때 그 이용자가 합당한 비용을 내는 것은 필요하고 마땅한 일이다. 예를 들어 국내 OTT에 비해 해외 OTT는 화면해설 분야에서 앞서 있다. 그런데 국내에서는 물론이고 해외에서도 장애인들이 넷플릭스 등의 구독료를 할인해줄 것을 요구했다는 이야기

애인이다'는 말을 믿는 사람이라면 누구든지 공감하는 것처럼 장애인이 차별받는 세상은 곧 우리 스스로를 차별하는 일이 아닐 수 없다. 위헌적 소지를 안고 있는 법적 강제가 아니라 자발적인 무상기증이 자연스럽게 정착될 수 있는 여건과 분위기를 만들기 위해 장애인 관련단체와 출판계가 서로 교감하고, 정부에서도 이를 지지하고 예산상의 배려를 아끼지 않는 등 적극 후원하는 노력이 함께 이루어질 때 '장애인의 저작물 접근성'은 한층 수월해질 것임을 확신한다."

를 듣지 못했다. 현재 전자책 플랫폼 중에서 장애인에게 충분히 편리한 것이 없다는 현실을 본다면, 장애인에게 정당한 편의가 제공되는 서점은 없다고 해도 과언이 아니다. 결국 장애인들이 값을 치를 의사가 있더라도 이용할 서비스가 없고, 국립장애인도서관 등이 그나마 대안이 되는 것이다. 비장애인에게는 서점과 함께 도서관도 존재하고 있다. 서점에서 돈을 주고 책을 사는 것이 자연스러운 것처럼, 도서관에서 무상으로 책을 빌리는 것도 자연스러운 일이고, 아직까지 도서관 대출에 대해 권리자에게 어떤 보상이 주어지지 않는다.[95] 그럼에도 만약 사업자가 서점을 통해 돈을 벌 수 없으니 대체자료를 위한 도서관에서 돈을 받아야 한다는 논리, 더욱이 이것이 국가의 복지라는 논리를 편다면 이는 매우 궁색한 것이 된다. 비장애인에게는 무료로 개방된 도서관이 왜 장애인에게 유료여야 하고, 더 나아가 국가의 복지로서 보상금이 논의되어야 하는가? 사용료를 받는다면 전자책 플랫폼 등이 접근 가능한 서비스를 제공하고, 이에 따른 대가로 받아야 하는 것이지 모두가 무료로 접근할 수 있는 도서관에 요구해서는 안 된다.

V. 더 나은 미래를 위한 제안

1. 도입

위에서 본 바와 같이 장애인을 위한 대체자료가 제작되고 보급되는 것을 어렵게 하는 요소들이 있다. 특히 이해와 인식 부족 문제가 심각하다고 여겨진다. 무엇보다 관련 산업계는 물론, 저작권법 연구자들까

---

95) 공중대출권(내지 공공대출권)의 도입 논의에 대해서는 권재열, "이른바 '공공대출권'의 도입에 관한 법경제학적 논고", 법학논총(조선대학교), 제20권 제1호 (2013. 4.), 10 이하 참조.

지 장애인을 위한 제한규정에 인색한 모습을 보이는 점은 너무나도 아쉽게 느껴진다. 이는 다름이 아니라 인권법이 가진 원칙들이 법체계 내에 있는 개별 영역, 다시 말해 각론까지 잘 이어지지 못하기 때문이다. 이는 개별법을 연구하는 학자들의 문제이기도 하지만, 인권법 내지 장애인법 연구자들의 관심이 전통적인 몇몇 주제에 한정되어 있는 탓도 없지 않다.

앞으로 저작권법과 장애인차별금지법의 관계를 보다 명확하게 할 필요가 있고, 저작권법 역시 정보 접근권에 관한 인권법을 구성하는 하나의 챕터라는 인식을 분명히 할 필요가 있다. 이 점을 염두에 두면서 저작권법이 개선되어야 할 것인데, 이하에서는 그중 두 가지 방안만 제시해 보고자 한다.

2. 발달장애인을 위한 제한규정

가. 문제 제기

시·청각장애인 외에도 읽기에 어려움을 겪는 이들이 여전히 많다. 발달장애인도 그중 하나라 할 수 있다. 그런데도 제도 정비를 위한 노력이나 관련 논의는 여전히 시작 단계에도 이르지 못했다.

발달장애인을 위해서는 '읽기 쉬운' 책이 필요하다. 그러나 우리나라가 생산한 읽기 쉬운 자료의 수준은 매우 민망한 지경이다. 즉, 2018년부터 2022년까지 읽기 쉬운 책이 고작 17권만 나왔다는 사실은 우리의 현주소라 할 수 있다.[96] 이는 국립장애인도서관 대체자료 제작현황에서도 나타나는데, 같은 기간 시·청각장애인을 위해 총 35,455건의 대체자료가 만들어진 것과도 매우 대조적이다.[97] 시·청각장애인을 위한

---

96) 이동혁, ""마음의 양식에도 차별이 있나요"…발달장애 대체자료 5년 간 17건에 불과", 시사저널, https://www.sisajournal.com/news/articleView.html?idxno=271516 (2023. 9. 1.).

97) 위 기자에 의하면 이는 전체 대체자료의 0.04%에 불과하다. 그나마 만들어지는

대체자료에 대해 기근이라고 평가했지만 발달장애인의 대체자료는 극심한 기근이라 하기도 어려워 보인다.

한편으로 우리는 읽기 쉬운 글이나 책이란 무엇이고, 이들을 어떻게 만들어야 하는지에 대해부터 고민해야 한다.[98] 단편적으로 보자면, 발달장애인을 위해서는 이해하기 쉬운 글과 이를 보조하는 수단이 요구된다.[99] 하지만 다른 한편으로 이런 필요를 충족시키기 위해 저작권이라는 허들과 다시 한번 조우해야 한다. 관련 기사는 다음과 같은 인터뷰를 전한다.

> 익명을 요구한 서울 소재 법학전문대학원 교수는 "발달장애인용 대체자료는 유치원생·초등학생도 충분히 볼 수 있는 정도"라며 "대체자료가 본래 취지와 달리 어린이를 위해 사용될 경우 저작자의 권리가 부당하게 침해받을 수 있다"고 지적했다.[100]

이 주장은 시각장애인의 대체자료에 관한 주장과 매우 유사하다는 것을 확인할 수 있는데, 만약 읽기 쉬운 책을 어린이용 책과 동일시할 수 있다면, 발달장애인에게 어린이용 책을 제공하면 족할 것이다. 도리어 읽기 쉬운 책은 장애인에게 재미와 교양을 넘어 정보와 지식을 주기 위한 것이라는 점에서 비장애인을 위한 책을 이해하기 쉽게 고쳐 쓴 것이라 할 수 있다. 무엇보다 우리나라에서 어떤 가정이, 어떤 부모

자료도 주로 기획출판의 형식으로 나오는 것처럼 보인다. 장슬기, "발달장애인 위한 '읽기 쉬운 도서' 지난해 1건뿐", 미디어오늘, https://www.mediatoday.co.kr/news/articleView.html?idxno=313239 (2023. 10. 23.).

98) 국립장애인도서관에서 펴낸 발달장애인용 읽기 쉬운 책 개발 지침 등이 공개되어 있다. https://www.nld.go.kr/upload/contents02/easy_read_book_geabal_jichim2.pdf 참조.

99) 김성희, 발달장애인의 정보 접근 지원을 위한 읽기 쉬운 자료 개발에 관한 기초연구, 단국대학교 대학원 석사학위논문 (2020), 47 이하.

100) 이동혁, 위 기사.

가, 또 어떤 다른 가족 구성원이 유치원생이나 초등학생 자녀의 책값을 아끼기 위해 발달장애인용 도서를 구해다 주겠는가?

이하에서는 읽기 쉬운 책을 위해 요구되는 바를 대체자료의 제작이라는 측면과 변형이라는 측면에서 나누어 살피도록 한다.

나. 제작 측면

시장성을 고려한다면, 상업출판사가 자발적으로 읽기 쉬운 책을 시장에 내놓는 일은 결코 흔하지 않을 것이다.[101] 이에 따라 이미 출간된 책을 읽기 쉬운 책으로 다시 제작하는 것이 효과적이고 현실적이다. 시각장애인을 위한 대체자료가 주로 점자도서관 등 제3자에 의해 제작된다는 점을 본다면, 읽기 쉬운 책 역시 이와 같은 경로로 제작되는 것이 매우 자연스러울 수 있다. 문제는 저작권인데, 저작권법에는 발달장애인을 위한 제한규정이 마련되어 있지 않다. 마땅히 읽기 쉬운 책을 위한 규정을 마련하거나 관련 규정을 유연하게 해석할 필요가 있다.

다만, 어린이용 책이 아닌 성인을 위한 읽기 쉬운 책이 만들어지면, 성인 중에 문해력이 떨어지는 이들 또는 교육을 제대로 받지 못한 이들, 더 나아가 노령층에도 적합한 대체자료가 될 수 있다. 이런 이들에게까지 읽기 쉬운 책이 흘러가는 것을 우려한다면, 이는 수혜자의 범위 문제일 수 있다. 저작권법의 관련 규정이 시각장애인과 청각장애인의 범위를 특정함으로써 이 문제를 극복한 것처럼 발달장애인의 범위도 법으로 정할 수 있다고 생각된다.

물론 장기적으로 볼 때, 마치 OTT의 화면해설이 장애인에게만 제공되지 않고, 모든 이용자에 제공되는 것과 마찬가지로 향후 읽기 쉬

---

101) 이는 아래 2에서 살펴볼 공정이용 논의와도 일맥상통한다. 다시 말해 공정이용의 요소 중 하나인 시장에의 영향을 평가함에 있어 시장성이 없다는 것은 곧 공정이용에 유리하게 판단될 수 있음을 의미한다.

운 자료가 보편적으로 제공되는 환경이 만들어지는 것이 바람직하다. 또 기술이 읽기 쉬운 자료의 제작을 용이하게 할 수도 있는데, 적어도 이런 일이 가능해질 때까지 발달장애인을 위해 읽기 쉬운 자료를 제작하도록 하는 제한규정은 불가피하다.

다. 변형 측면

읽기 쉽도록 하기 위해서는 저작물을 변형해야 한다. 마라케시 조약 역시 읽기장애인을 위한 변형을 허락하고 있는데,[102] 이 경우 그 변형의 정도는 크지 않을 것으로 예상된다. 이는 발달장애인의 읽기에서는 전혀 다른 문제가 될 수 있는데, 국립장애인도서관에서 나온 지침도 이 점을 잘 보여준다. 즉, 지침에 의하면, 전문적 개념을 일상의 개념으로 변경해야 하고, 책에 들어가 있는 삽화까지 이해하기 쉽도록 변경할 것을 주문한다.[103] 책의 저자가 이 일을 직접 담당하거나 협력하면 가장 이상적이겠지만, 관련 분야 전문가만 참여하는 경우에 이런 변경이 저작권을 침해한다고 우려하는 이들이 있을 것이다. 현행 저작권법에는 이해하기 쉬운 책에 대한 제한규정이 없을 뿐 아니라, 이와 별개로 동일성유지권이라는 별개의 권리가 승인되어 있다.[104]

동일성유지권이란 저작물이 가능한 한 저작자가 창작한 형태를 유지할 수 있도록 해야 한다는 권리이다. 다만, 이와 같은 동일성이 얼마나 유지되어야 하는지는 개별 사안마다 달리 평가되어야 한다. 이와 관련하여 저작권법 제13조 제2항 제4호에 따라 "그 밖에 저작물의 성질이나 그 이용의 목적 및 형태 등에 비추어 부득이하다고 인정되는 범위 안에서의 변경"은 허락되지만, 본질적인 내용의 변경은 불가능하다.[105] 당연히 읽기 쉬운 내용으로 변경하는 것만으로 본질적인 내용

---

102) 마라케시 조약 제2조 (b).

103) 국립장애인도서관, 위 지침, 규칙 2.2 및 2.3.

104) 저작권법 제13조 제1항 참조.

105) 저작권법 제13조 제2항 단서.

의 변경이라고 볼 수 없지만, 쉽게 고쳐 쓰는 과정에서 저작자의 의도
에서 벗어나는 변경이 일어날 가능성도 있다. 다만, 이는 부득이한 경
우에 해당함이 명백하고, 이해하기 쉽도록 하기 위한 목적 내지 발달
장애인에 제공하기 위한 목적에 부합하는 이용이다. 물론 우선 본래의
저작자와 삽화가에게 협조를 구해보는 것이 필요하지만, 그것이 불가
능하다면 제3의 전문가에 의한 변경도 가능하다고 보아야 할 것이다.

앞서 본 바와 같이 저작권이 하늘에서 뚝 떨어진 절대불변의 가치
이자 권리라 할 수 없다. 오히려 인권 차원에서 장애인의 정보 접근권
은 천부인권이며, 헌법적 관점에서도 발달장애인의 학습권과 정보 접
근권은 기본권에 해당한다. 이들의 '책 기근'을 해소하기 위해, 특히
학령기를 벗어난 발달장애인을 위해 이들이 알기 쉽게 책을 고쳐 쓰는
것을 막아서는 안 된다.106)

---

106) 발달장애인이 '판결에 의해' 20년 동안 거주한 집에서 쫓겨난 일이 기사화된
바 있다. 손고운, "혼자 사는 발달장애인 내쫓은 법원 … 이혼 부친의 주택 반환
소송", 한겨레21, https://www.hani.co.kr/arti/society/society_general/1114970.html
(2023. 11. 5.). 장애우권익문제연구소에서 '2023년 장애인 인권 걸림돌 판결'
중 하나로 선정한 이 서울남부지방법원 2022나55376 판결은 부모가 이혼하면
서 홀로 아파트에 거주하던 30대 발달장애인 자녀에 대해 부(父)가 아파트 인
도 소송을 제기한 사건이다. "아들은 지하철을 타면 두세 시간도 반복해서 도
는 정도의 장애다. 복지관 카페에서 바리스타로 하루 4시간 근무하지만, 단순
동작만 반복 가능할 뿐 주고받는 대화는 하지 못한다. 특히 장애를 가진 아들
은 사는 동네, 집을 기준으로 수천 번 반복 훈련해서 일상을 유지할 수 있게
해냈기 때문에, 살던 집을 갑자기 떠나기 힘든 상황이었다"는 모(母)의 주장만
으로 자폐스펙트럼 장애를 지닌 아들이 부의 아파트에 계속 거주할 권리가 있
다고 인정되기는 어려웠을 것이다. 그러나 자폐스펙트럼 장애인이 특정 환경
에 익숙해지기 위해 본인과 주변의 얼마나 많은 노력이 필요한지, 그리고 그
환경을 벗어나는 것이 그 장애인에게 어떤 의미인지에 대해 긴 설명이 필요하
지 않다. 이 부동산 인도 소송이 이혼 소송의 연장선에 있기 때문에 이혼 소송
당사자가 아닌 외부인이 이에 대해 언급하는 것이 적절하지 않을 수 있다. 그
러나 법원으로서 이런 분쟁을 해결하는 데 자폐성 장애인을 거주하던 아파트
에서 쫓아내는 판결을 내린 것이 최선이었을까 하는 아쉬움이 남는다. 학령기
를 벗어난 자폐성 장애인이 더는 학교의 도움을 받아 쉽게 풀어쓴 책을 제공

지금까지 본 읽기 쉬운 책의 제작과 변경은 발달장애인을 위한 제한규정이 마련될 때만 가능한 일은 아니다. 물론 제한규정의 도입이 바람직하지만, 아래에서 볼 공정이용도 발달장애인을 위해 원용될 수 있다. 이러한 입법 또는 해석을 희망하면서 동일성유지권의 침해 문제를 우려할 필요가 없다는 점을 강조하고자 한다.

3. 협소한 제한규정을 넘어: 공정이용의 가능성

끝으로 시·청각장애인, 발달장애인 등 장애인의 정보 접근성을 위해 위 제한규정을 제외한 다른 법적 수단이 강구될 수 있는지 보고자 한다. 전 세계적으로 시·청각장애인을 위한 저작권 제한규정을 쟁점으로 제기된 소송을 발견할 수는 없다. 다만, 미국에서 시각장애인을 위한 공정이용의 원용을 둘러싸고 저작자들에 의해 제기된 소송이 있었고,[107] 동 소송이 항소심 끝에 원고 패소 판결이 나면서 우리 저작권법 제33조에 상응하는 미국 저작권법 제121조에서 규정한 내용보다 더욱 광범위한 대체자료의 제작과 보급이 허락된다는 사실이 확인된 바 있다. 이는 다름 아닌 공정이용이라는 법리 내지 규정에 의한 것인데, 미국 저작권법에는 물론이고[108] 우리 저작권법에도 이 규정이 마련되어 있다.[109] 이 규정은 제한규정에서 정하지 않은 이용행위이지만 허락될 필요가 있

받지 못할 때, 이들을 위해 이들에게 익숙한 형태의 대체자료로서 기존 책을 쉽게 풀어써 제공한다고 해서 이를 저작권법에 위배된다는 이유로 막는다면, 이는 마치 익숙한 거주 환경에서 내쫓기는 위 판결 사안의 발달장애인과 비슷한 상황을 만드는 것이라 할 것이다. 저작권자 입장에서 '본질적 내용의 변경'에 민감할 수 있겠으나, 발달장애인을 위해 '쉽게 풀어쓴 책'이 해당 책의 '본질적 내용'을 변경할 가능성조차 있다고 보기 어렵다. 형식이야 바뀌고 내용도 대폭 줄어들겠지만, 발달장애인에게 특정 책을 읽기 쉽게 변형한다는 것은 결국 그 본질적인 내용이 잘 전달되도록 하는 것이기 때문이다.

107) *Authors Guild, Inc. v. HathiTrust*, 902 F. Supp. 2d 445 (S.D.N.Y. 2012).

108) 17 U.S.C. § 107.

109) 저작권법 제35조의5.

는 경우가 있을 것이라는 사상에 기초한 안전피난처 규정이다.[110)

   동 사건의 발단이 된 것은 이른바 HathiTrust라는 프로젝트이다. 구글 북스 서비스와도 일정 정도 관련성을 가진 동 사업은 미시건 대학(University of Michigan) 주도로 캘리포니아 대학(University of California), 위스콘신 대학(University of Wisconsin), 인디아나 대학(Indiana University) 및 코넬 대학(Cornell University) 그리고 여타의 기관이 참여하는 일종의 도서관 도서 디지털화를 위한 컨소시엄이다. 구글은 이들 도서관과 협정을 체결한 후, 기관 도서관에 소장되어 있는 자료를 스캔하여 디지털화했다. 그 결과 기관 도서관들에 소장된 도서들 상당수가 디지털화되었는데, 구글은 이러한 복제본을 자신의 구글 북스 서비스에 제공하는 한편, 자료를 제공한 도서관에도 이미지 파일과 이로부터 추출된 텍스트 파일을 제공했다. 디지털화된 전체 자료 중 73퍼센트가 저작권에 의해 여전히 보호되던 자료였는데, 기관들은 구글로부터 받은 디지털 자료를 가지고 HathiTrust Digital Library(HDL)라는 디지털 도서관을 조성했다.[111) 특히 기관의 이용자 중 자격을 갖춘 장애인은 구축된 자료를 다운로드 받을 수 있도록 했다.

   저작자들은 이러한 디지털화 및 저장 과정에서 저작물들이 최소 열두 차례 복제되었다고 추정했고, 이것이 저작권 침해를 구성한다고 주장했다. 동시에 이러한 행위는 저작권법 제108조의 범위 내에서 면책여부가 평가되어야 하고, 법 제107조에서 정한 공정이용은 적용되지 않도록 해야 한다고 주장했다.[112) 미국 저작권법 제108조는 미국 저작권법상 인정되는 도서관을 위한 제한규정인데, 원고는 이 특별규정이 일반규정인 공정이용의 적용을 배제한다고 본 것이다. 하지만 법원은 공정이용의 보편적 적용을 용인함으로써 공정이용이 사안에 적용될 수 있다는 점을 분명히 했다.[113)

---

110) 박성호, 앞의 책, 627.

111) 이상 902 F. Supp. 2d 445 at 448.

112) 위의 판결문, 456.

법원은 공정이용을 구성하는 개별 요소에 대해 평가했는데, 그러면서 하나하나의 요소를 모두 충족할 필요는 없고, 저작권법의 목적을 고려하여 요소들이 전체적으로 교량되어야 한다는 연방 대법원의 Campbell v. Acuff-Rose Music, Inc. 사건 판결114)을 인용하기도 했다. 법원은 우선 이용의 목적 및 성격을 판단했는데, 이는 이용행위가 상업적인지 등을 고려하기 위한 과정이다. 법원의 판단에 따르면, 해당 프로젝트는 학자나 학생으로 하여금 학술자료에 더욱 쉽게 접근할 수 있도록 하며, 자료의 보호와 보존에도 기여한다.115) 무엇보다 피고들이 구축한 디지털 도서는 인쇄된 책에 접근할 수 없는 장애인들에게 디지털화된 도서에 대한 접근을 가능하도록 한다는 점에서 피고들의 저작물 이용목적은 상업적인 것이라기보다 학술, 연구 및 교육에 해당한다.116) 한편 공정이용에 있어 이용의 성격이 변형적인 것일 때 (transformative use) 공정이용이 인정될 가능성이 커진다. 동 프로젝트를 통해 제공되는 자료 중 상당수는 저작권 보호기간이 만료되지 않은 것이지만, 법원은 이러한 자료에 대한 접근이 단지 특정 검색어가 포함된 자료와 검색빈도를 표시해줄 뿐이므로, 이는 읽는 용도의 텍스트를 검색 용도로 전환한 변형적 이용에 해당한다고 보았다.117) 특히 인쇄물에 접근할 수 없는 장애인에게 대체자료를 제공하는 것 자체가 이미 충분히 변형적인 이용으로, 도서에 있어 장애인은 현재의 그리고 잠재적 거래 상대가 아니라는 점이 명백하다고 했다.118)

공정이용의 두 번째 요건은 이용되는 저작물의 성격에 대한 것인데, 법원은 다시 Campbell 사건을 인용하면서119) 이용의 성격이 변형

---

113) 위의 판결문, 457.

114) *Campbell v. Acuff-Rose Music, Inc.*, 510 U.S. 569, 569 (1994).

115) 902 F. Supp. 2d 445 at 459.

116) 위의 판결문.

117) 902 F. Supp. 2d 445 at 460. 이는 특히 비장애인에 의한 해당 서비스 이용에 대한 것이다.

118) 위의 판결문, 461.

적이라면, 동 요소는 그렇게 비중 있게 다룰 필요가 없다고 보았다. 또 디지털 도서관에 포함된 자료 중 많은 수가 픽션이라는 점 역시 장애인만 자료 전체를 이용한다는 조건하에서 문제되지 않는다는 점 역시 강조했다.[120]

이어서 이용된 저작물의 양이 검토되었는데, 법원은 연방대법원의 Sony 사건 판결을 인용하면서 이 기준은 목적실현을 위해 필요한 정도만 저작물을 이용했는지를 묻기 위한 것이라고 보았다. 원고들은 책 전체를 복제하는 것이 필요한 범위를 벗어나는 것이라 주장했지만, 법원은 시각장애인을 위한 제공을 위해서는 전체의 이용이 반드시 필요하다고 보았다.[121]

끝으로 검토된 마지막 네 번째 요소는 시장에 미치는 영향인데, 역시 Sony 사건 판결에서 확인된 바처럼[122] 법원은 비상업적 성격의 이용에 대해서는 피고가 아닌 원고가 시장에의 악영향에 대해 개연성 있는 근거를 제시해야 한다고 보았다. 법원은 피고가 책의 디지털본을 구입할 수 있다는 주장을 받아들이지 않으면서 판매되는 디지털본이 디지털 도서관에서 제공되는 자료와 동등한 것이 아니라고 보았다. 또 디지털 도서관의 보안성 문제가 만연한 서적 해적행위와 겹쳐지면서 자신들의 재산을 침해할 것이라거나, 피고의 행위로 라이선스를 할 수 있는 기회가 상실되었다는 원고의 주장 역시 받아들여지지 않았다.[123] 더 나아가 법원은 해당 프로젝트를 이용했던 시각장애인 학생은 당시 32명에 불과했다는 주장에 대해, 이는 도리어 수요자가 매우 작은 집단에 불과하다는 점을 보여주며, 따라서 이들을 위한 별개의 시장이

---

119) *Campbell v. Acuff-Rose Music,* Inc. at 586

120) 902 F. Supp. 2d 445 at 461.

121) *Sony Corp. of America v. Universal City Studios, Inc.,* 464 U.S. 417, 449-450 (1984).

122) 위의 판결문, 451.

123) 이상 902 F. Supp. 2d 445 at 462-463.

만들어질 것을 기대할 수 없다고 평가했다.[124)

한편 법원은 저작권법의 목적, 즉 과학과 예술의 발전과 진보에 있어 디지털 도서관이 기여하는 바에 주목하면서, 해당 프로젝트가 공정이용에 해당한다는 점을 강조했으며, 미국 장애인법(Americans with Disabilities Act: ADA)에서 요구하는 정당한 편의제공 의무에 부합하도록 하기 위해 대학 도서관이 디지털 도서관을 운영하는 것은 정당화된다고도 보았다.[125) 무엇보다 동 사업은 공정이용에도 해당하지만, 저작권법 제121조에서 정한 제한규정에도 부합한다고 판단했다. 이는 우리가 법령을 해석하는 엄격한 문언해석과도 다른 태도로 보이는데, 법문에 나와 있는 요건을 엄격하게 해석하기보다 규정에 담긴 목적을 실현하기 위한 수단을 전반적으로 정당화한다고 말할 수 있다.

원고가 항소함에 따라 제2 연방항소법원에서 공정이용에 대한 재검토가 이루어졌다. 우선 첫 요소인 이용의 목적과 성격과 관련하여, 항소법원은 제1심과 달리 단지 가치를 더하거나 유용성을 더하는 일은 변형적 이용에 해당하지 않는다고 전제했다.[126) 이에 따라 항소법원은 단지 읽기장애인에게 접근성을 높여준 것만으로 변형적 이용이 성립하는 것은 아니라고 보았다. 즉, 권리자나 출판사가 책을 내는 일이나, 디지털 도서관이 디지털 복제본을 제공하는 것 모두 같은 목적하에서 이루어지고 있다는 것이다.[127) 그럼에도 불구하고 항소법원은 변형적 이용이 공정이용의 첫 번째 요건을 충족시키는 데 있어 절대적인 기준이 아니라고 보면서 다음과 같은 논증을 했다. 특히 항소법원은 역사적 해석에 따라 미국 의회에서 공정이용의 성문화를 논의하는 과정에서 공정이용의 예로서 맹인을 위해 저작물을 복제하는 것이 제시된 바 있다는 사실에 주목한다.[128) 이러한 목적과 특별한 상황이 곧 공정이용

---

124) 위의 판결문, 464.

125) 위의 판결문.

126) *Authors Guild, Inc. v. HathiTrust*, 755 F.3d 87, 96 (2d Cir. 2014).

127) 위의 판결문, 101.

의 첫번째 요소에 대한 평가에 영향을 미쳐야 하며, ADA와 저작권법 제121조의 도입 역시 입법자의 일관된 의지를 나타낸다고 보았다.129)

단, 항소법원은 두 번째 요소와 관련해서는 디지털 도서관이 저작권으로 보호되는 저작물을 이용했다는 점에서 공정이용 인정에 불리하게 판단될 수 있다고 보았다. 그러나 공정이용의 세 번째 요건과 관련하여 이미지 파일, 즉 스캔 이미지 자체 외에 텍스트 파일 역시 저장하여 제공하는 것은 지나치다는 원고의 주장은 배척되었다. 시각장애인이 텍스트 읽기 기능을 활용하기 위해서는 텍스트 파일이 필요하며, 이미지 파일 역시 그림, 차트, 레이아웃을 확인하는 데 있어 필요하므로 이 역시 제공되어야 한다고 보았다.130) 항소법원은 놀랍게도 시각장애인 중에 전맹뿐 아니라 잔존시력이 있는 사람이 많다는 점과 시각장애인이 아니더라도 읽기장애인으로서 페이지를 넘기는 등 책을 다루는 데 어려움을 겪는 이들이 있고, 이들을 위해 두 포맷을 모두 제공하는 것이 필요하다는 입장을 밝히기도 했다.131) 네 번째 요소와 관련하여 항소법원은 출판사들은 과거 대체자료 제작을 하는 일이 거의 없었고, 이는 지금도 마찬가지라는 점을 지적했다.132)

결국 제1심과 항소심 모두 읽기장애인을 위해 대량의 대체자료를 제공하는 것은 공정이용에 따라 정당화된다는 점을 분명히 했다.

장애인권 연구자들 역시 이 판례가 가진 가능성과 공정이용의 확장성에 주목하고 있다.133) 이는 비단 인권법 연구자나 실무자뿐 아니라 공정이용에 지대한 관심을 가지는 저작권법 연구자들 역시 주목해야 한다.134) 공정이용은 역사적 관점에서 작은 이용자들(small users)를 위

---

128) 위의 판결문, 102.
129) 위의 판결문, 103.
130) 위의 판결문, 103-104.
131) 위의 판결문, 104.
132) 위의 판결문.
133) Karapapa, op. cit., 892.
134) 자명하게도 우리의 공정이용은 미국을 모델로 만들어진 것으로 우리 법의 해

한 "숨 쉴 공간(breathing space)" 등으로 인식되어 왔고, 그것이 전통적인 기능이라 할 수 있다.[135]

　　최근 인공지능에 대한 관심이 높아지면서 저작권법에서 명시적으로 허락하지 않은, 저작물을 인공지능 학습에 활용하는 것이 공정이용에 의해 허락될 것인지를 두고 논란이 일고 있다. 그런데 우리 학계는 이와 같은 저작물 이용이 공정이용으로 정당화될 것이라고 전망하거나, 심지어 이와 같은 방향성을 지지하고 있다.[136] 앞서 본 장애인을 위한 제한규정에서 보여온 엄격함이나 주저함이 발견되지 않는 이유는 무엇일까?

VI. 마치며

　　저작권법상 장애인을 위한 제한규정을 두고 있는 일본 내에서도 대체자료를 둘러싼 논란이 일었던 것처럼 보인다. 일본에서도 강경한 입장을 보인 이들이 당연히 있었을 것이고, 일본 출판계의 반응도 우리와 크게 다르지 않았다. 이런 주장에 대해 일본 지식재산권법학계의 석학인 동경대 中山信弘 교수는 다음과 같이 맞섰다.

　　　원래 저작권은 완전무결한 독점권을 갖고 있어서, 제한규정이 그 권리를 빼앗는 것이라는 발상은 잘못된 것이며, 저작자의 희생에 있어서 제한해서는 안된다는 추상적인 논의는 해서는 안 된다. 저작권이

　　석에도 영향을 줄 수 있다. 박성호, 앞의 책, 627.

135) 남형두, "플랫폼과 법", 정보법학, 제25권 제2호 (2021. 8.), 230(특히 각주 20 참조).

136) 우리 학계의 긍정적인 태도에 관해서는 정진근, "미국 법원은 인공지능 머신러닝을 위한 TDM을 공정이용으로 판단할 것인가?", 계간 저작권, 제36권 제4호 (2023. 12.), 223 이하 참조.

라 함은 원래가 여러 사회적 요청과의 조화 가운데에서 존재하는 것
이라는 인식이 필요하다. 저작권뿐 아니라, 저작재산권 일반은, 새롭
게 인공적으로 구축된 권리이며, 사회에 있어서의 다른 이념, 제도
등과의 조화 속에서 성립하고 있다는 점을 잊어서는 아니 된다.[137]

우리나라 연구자들은 법리와 소신을 앞세워 인권 감수성을 포기하
는 것은 아닌지 우려된다. 장애인의 어려움은 이해하지만 규정상, 또
법리상 어쩔 수 없다는 것은 모순적인 태도이다. 상황을 안타깝게, 더
욱이 잘못되었다고 인식한다면, 개선과 대안을 제안하거나 제시해야
하는 것이다.

한 걸음 더 나아가 필자는 다음과 같이 정보 접근성을 위해 모든
이들의 협력과 관심을 촉구한 바 있다.

장애인의 정보접근권과 저작권의 충돌 문제는 저작권법의 목적과 저
작권의 본질을 돌아보게 하는 매우 근본적인 주제이다. 저작권 자체
에 내재하는 한계와 인권 측면에서의 접근은 장애인의 정보접근을 위
한 저작권의 예외와 제한을 불가피하게 만들고 있다. 정보기술의 발
전에 따른 장애인을 위한 대체기술의 출현은 장애인복지의 사회적 모
델을 수용하는 한 장애인에게 대체기술을 이용한 정보접근이 용이하
도록 저작권이라는 제도의 턱을 깎도록 요구한다.

현행 저작권법은 수차 개정을 통해 정보접근의 어려움을 겪는 장애인
을 위한 예외조항을 현실화하였으며 도서관법 개정과 맞물려 그 실효
성을 보는 단계에 와 있다. 그러나 제도의 운용과정에서 저작권자 및
출판자, 국립중앙도서관, 장애인(장애인 시설) 등 3자는 마치 삼각대
(tripod)와 같아서 그 위에 올려 진 장애인의 정보접근권이라는 그릇은
세 다리 중 어느 한쪽이라도 기울어져 균형을 잃게 되면 바닥에 떨어
져 깨질 수밖에 없다. 균형을 이루는 것이 어렵다고 해서 포기할 수 없
는 것은 장애인 인권을 보장하라는 헌법적 명령이 있기 때문이다.[138]

---

137) 中山信弘 저 / 윤선희 역, 저작권법, 법문사 (2008), 240.

이와 같은 주장이 단지 장애인권 문제에 특별히 관심을 가지는 연구자들만의 견해여서는 안 된다고 생각한다.

더욱이 인공지능 시대에 저작권법학자들이 보여주는 '태세 전환'과 '우호적인 태도'가 왜 전통적인 장애인의 정보 접근성 논의에서 보이지 않는지 의문이다. 다시 말해 인공지능이 주된 논의로 떠오르면서 저작권 제도가 가진 경직성을 성토하면서 패러다임의 변화와 인공지능 발전에의 기여를 주장하는 경우들을 자주 볼 수 있다.139) 인공지능이 사회발전에 기여한다고 확신한다면, 장애인의 교육과 직업 생활 역시 공동체에 엄청난 도움을 준다는 사실을 간과해서는 안 된다.140) 여기에는 당연히 경제적인 효과가 포함된다.141) 법을 연구하는 사람들과 법을 만들거나 이에 관여하는 사람 모두 강자에 승복하고, 약자에 원칙을 내세우는 모습을 보이는 것은 아닌지 스스로 되돌아보아야 할 것이다.

---

138) 이상, 남형두, "장애인의 정보접근권과 저작권", 253-254. 위 인용문에서 "시각장애인"으로 되어 있던 부분은 "장애인"으로 고쳐썼다. 이는 위 논의가 비단 시각장애인뿐 아니라 정보 접근성이라는 공통의 문제를 공유하는 장애인 모두에게 적용될 수 있기 때문이다.

139) 예를 들어 Andres Guadamuz, "A Scanner Darkly: Copyright Liability and Exceptions in Artificial Intelligence Inputs and Outputs", *GRUR International*, Vol. 73 No. 2 (2024), 111 참조.

140) 역으로 정보 접근성이 보장되지 않으면, 교육과 직업선택이 제한되면서 사회적 비용이 발생할 수밖에 없다. 남형두, "장애인의 정보접근권과 저작권", 198 참조.

141) 장애인이 노동시장 등 사회참여에서 배제됨에 따라 발생하는 비용은 GDP 대비 3-7퍼센트에까지 이른다는 연구결과가 있다. Charlotte Vuyiswa Mcclain-Nhlapo et al., "Disability Inclusion and Accountability Framework", *World Bank Group's Working Paper*, No. 126977, 2022, 16. 이는 얼핏 보면 높은 수치가 아닌 것처럼 보이지만, 인공지능이 전 세계 GDP가 7퍼센트 성장하는 데 기여한다는 전망과 비교하면, 장애인의 정보 접근성이 가지는 중요성을 실감할 수 있을 것이다. 인더스트리뉴스, "게임 체인저로 떠오른 '생성형 AI', 향후 10년간 글로벌 GDP 7% 성장 이끌 전망", https://www.industrynews.co.kr/news/articleView.html?idxno=50981 (2023. 9. 15.).

장애인법은 별개의 법 영역으로 존재하는 것이 아니다. 도리어 차별금지법을 중심으로 개별 법영역이 연계된 다층적이고 다학제적인 법 분야라 해야 할 것이다. 정보의 홍수 속에 서 있는 다수와 책 기근을 경험하는 소수 사이에서 법은 억강부약(抑强扶弱)을 향해야 한다.

참고문헌

국내 단행본

남형두, 표절론: 표절에서 자유로운 정직한 글쓰기, 현암사 (2015)

박성호, 저작권법, 제3판, 박영사 (2023)

오승종, 저작권법, 제5판, 박영사 (2020)

윤종수 집필대표, 온주 저작권법, 로앤비 (2019)

이해완, 저작권법, 제4판, 박영사 (2019)

임원선, 실무자를 위한 저작권법, 제6판, 한국저작권위원회 (2022)

전광석, 한국헌법론, 제16판, 집현재 (2021)

정상조 대표편집, 저작권법 주해, 박영사 (2007)

조영선, 지적재산권법, 제6판, 박영사 (2023)

최경수, 저작권법 개론, 제2판, 한울 아카데미 (2023)

허희성, 2007 신저작권법 축조해설, 상, 명문프리컴 (2007)

中山信弘 저 / 윤선희 역, 저작권법, 법문사 (2008)

국내 논문

권재열, "이른바 '공공대출권'의 도입에 관한 법경제학적 논고", 법학논총(조선
    대학교), 제20권 제1호 (2013. 4.)

김성희, "발달장애인의 정보 접근 지원을 위한 읽기 쉬운 자료 개발에 관한 기
    초연구", 단국대학교 대학원 석사학위논문 (2020)

김영익, "삽화와 쉬운 글 구성을 통한 관용어 지도가 청각장애학생의 문해력과
    특수교사의 교육적 적용도에 미치는 효과", 특수교육 저널: 이론과 실
    천, 제24권 제3호 (2023. 9.)

김화진, "국제법은 언제, 왜 지켜지는가?: 준법문제의 경제학적 어프로치와 신용
    이론에 관한 에세이", 서울대학교 법학, 제45권 제3호 (2004. 9.)

남형두, "장애인의 정보접근권과 저작권 ― 디지털 시대의 장애인복지에 관한
    사회적 모델의 적용 ―", 법조, 제658호 (2011. 7.)

_____, "시각장애인의 정보접근과 출판사의 책무", 출판문화, 제554호 (2012. 1.)

_____, "장애인 정보접근성 향상을 위한 입법과제 ― 장애인의 능동적 사회참

여를 위한 기본 전제 —", 입법과정책, 제7권 제2호 (2015. 12.)

_____, "플랫폼과 법", 정보법학, 제25권 제2호 (2021. 8.)

_____, "고전 국역과 저작권 문제 — 임원경제지 판결을 중심으로 — ", 법학연구, 제31권 제3호 (2021. 9.)

박혜영, "헌법상 교육을 받을 권리에 대한 고찰", 성균관법학, 제35권 제1호 (2023. 3.)

신종필, "디지털 시대 저작권과 장애인 저작물 접근권의 조화", 지적재산권, 통권 제35호 (2010. 3.)

정진근, "미국 법원은 인공지능 머신러닝을 위한 TDM을 공정이용으로 판단할 것인가?", 계간 저작권, 제36권 제4호 (2023. 12.)

국내 칼럼, 기사, 자료 등

강한빛, "천만관객 '서울의 봄' 불법 유출⋯ 제작사 "법적 책임 물을 것"", 머니S (2024. 2. 13.)

권대우, ""장애인의 저작물 접근성 강화 방안"에 대한 출판계의 입장", 장애인의 저작물 접근성 강화 방안: 제3회 저작권 포럼 자료집, 한국저작권위원회 (2010. 4. 21.)

김동현, "[기고]시각장애인이 전자책을 더 쉽게 볼 수 있다면", 매일경제 (2023. 7. 19.)

김동현·김민정·현지수·김기용, 유엔 장애인권리협약 제너럴 코멘트, 우리동작장애인자립생활센터 (2020)

김영연, "대한민국 최초의 '읽기 쉬운' 판결문, 인권의 눈으로 톺아보기", 함께걸음 (2023. 2. 6.)

김지하, "장윤정, 신곡 연습용 음원 유출에 깜짝 "유통사 실수"", 티브이데일리, (2023. 12. 21.)

남형두, "[시론]시각장애인에게도 정보화의 축복을", 조선일보 (2008. 4. 19.); 남형두, "[아침을 열며]시각장애인에게 꿈을 주자", 한국일보 (2009. 4. 23.)

_____, "[아침을 열며]시각장애인에 빛 밝힌 개정 도서관법", 한국일보 (2009. 9. 24.)

_____, "[아침을 열며]진정한 장애인 배려", 한국일보 (2010. 4. 22.)

_____, "[기고]視覺 장애 학생들 제때 교과서 받게 하자", 조선일보 (2015. 9. 22.)

_____, "[남형두의 법과사랑]'장애인에 시험 편의 제공'은 특혜 아니다", 한국경제 (2022. 1. 20.)

노지현, "샤이니 키, 잦은 음원 유출에 "지구 끝까지 쫓아갈 것" 단호 답변", 톱스타뉴스 (2023. 9. 14.)

문화체육관광부 도서관정보정책기획단, 독서장애인을 위한 디지털음성도서 저작툴 개발 최종보고서 (2009)

박수형, "OTT 웨이브, 화면 해설 콘텐츠 제공", 지디넷코리아 (2023. 11. 16.)

손고운, "혼자 사는 발달장애인 내쫓은 법원 … 이혼 부친의 주택 반환소송", 한겨레21 (2023. 11. 5.)

오진해, "[시정권고 사례]점자책 제작을 위해 만들어진 복제물을 무단 전송하는 게시물", 한국저작권보호원 블로그 (2022. 11. 25.)

이동혁, ""마음의 양식에도 차별이 있나요" … 발달장애인 대체자료 5년 간 17건에 불과", 시사저널 (2023. 9. 1.)

장슬기, "발달장애인 위한 '읽기 쉬운 도서' 지난해 1건뿐", 미디어오늘 (2023. 10. 23.)

정혜민, "'판결문 쉽게 써달라' 장애인 요청에, 판사는 삽화를 넣었다" 한겨레 (2023. 1. 10.)

조성민, "배리어프리 영화상영 판결도 무시, 시간 끄는 '영진위'… 내년 예산도 '0원'", 더인디고 (2022. 10. 13.)

조창현, "게임 체인저로 떠오른 '생성형 AI', 향후 10년간 글로벌 GDP 7% 성장 이끌 전망", 인더스트리뉴스 (2023. 9. 15.)

외국 단행본

Ilias Bantekas, Michael Ashley Stein, & Dimitris Anastasiou (eds.), *The UN Convention on the Rights of Persons with Disabilities: A Commentary*, OUP (2018)

Audrey R. Chapman, "*Approaching Intellectual Property as a Human Right*: Obligations Related to Article 15(1)(c)", in: Evgueni Guerassimov (ed.), Approaching Intellectual Property as a Human Right, UNESCO Publishing

(2001)

Valentina Della Fina, Rachele Cera & Giuseppe Palmisano (eds.), The United Nations Convention on the Rights of Persons with Disabilities: A Commentary, Springer (2017)

Paul Harpur, *Discrimination, Copyright and Equality: Opening the e-Book for the Print-Disabled*, CUP (2017)

Elsa Stamatopoulou, *Cultural Rights in International Law: Article 27 of the Universal Declaration of Human Rights and Beyond*, Brill (2007)

외국 논문

Lida Ayoubi, "Human Rights Principles in the WIPO Marrakesh Treaty: Driving Change in Copyright Law from Within", *Queen Mary Journal of Intellectual Property*, Vol. 9 No. 3 (2019)

Elirea Bornman, "Information Society and Digital Divide in South Africa: Results of Longitudinal Surveys", *Information, Communication & Society*, Vol. 19 No. 2 (2016)

Melissa Curran, Gene Mirus & Donna Jo Napoli, "Before Their Very Eyes: Enhancing the (Pre)literacy Skills of Deaf Children", *Language*, Vol. 100 No. 1 (2024)

Mary Anne Epp, "Closing the 95 Percent Gap: Library Resource Sharing for People with Print Disabilities", *Library Trends*, Vol. 54 No. 3 (2006)

Andres Guadamuz, "A Scanner Darkly: Copyright Liability and Exceptions in Artificial Intelligence Inputs and Outputs", *GRUR International*, Vol. 73 No. 2 (2024)

Catherine Jewell, "The Accessible Books Consortium: What it Means for Publishers", *WIPO Magazine* (2018. 1.)

Giovanni Spitale, "Making Sense in the Flood: How to Cope with the Massive Flow of Digital Information in Medical Ethics", *Heliyon*, Vol. 6 No. 7 (2020)

외국 칼럼, 기사, 자료 등

Charlotte Vuyiswa Mcclain-Nhlapo *et al., "Disability Inclusion and Accountability Framework", World Bank Group's Working Paper*, No. 126977 (2022)

WIPO, *The Marrakesh Treaty: Helping to End the Global Book Famine*, WIPO, (2016)

교통 약자의 이동권 현황과 과제

윤정노*·강제인*·손윤서*·유혜운*·장온유*·정문환*

초록

교통약자는 일상생활에서 이동에 불편을 느끼는 사람이다. 어린이부터 영유아동반자, 장애인, 고령자 등에 이르기까지 다양한 사람들이 포함된다. 비장애인의 경우에도 생애 전 주기에 걸쳐 상당 기간은 교통약자가 된다. 이동권은 헌법 제10조가 정하는 인간으로서의 존엄과 가치 및 행복을 추구할 권리를 근거로 하는 기본권이다. 이동권이 제약된 상태에서는 인간으로서 존엄성이 침해된다. 이러한 관점에서 교통약자의 이동권을 특별히 보장하기 위하여 만든 법률들과 그에 기반한 제도들이 존재한다. 본 연구에서는 교통약자 이동권의 헌법상, 법률상 근거를 살펴보고, 우리나라의 교통약자 이동권 현황이 어떠한지 살펴보았다. 역대 교통약자 이동편의 증진계획의 내용과 그 결과를 검토하여, 교통약자 이동권이 개선되고 있는지 살펴보는 한편, 외국의 교통약자 이동권 현황도 확인하여, 우리 현실에 대한 반면교사가 될 부분도 살펴보았다. 이러한 연구 내용을 토대로, 교통약자 이동권 개선을 위한 여러 방안을 제안하였다.

* 이상 법무법인(유한) 태평양 변호사

Ⅰ. 교통약자의 이동권 현황

1. 교통약자와 이동권

가. 교통약자 이동권의 정의

(1) 교통약자의 정의

교통약자의 이동편의 증진법(이하 "교통약자법")은 '교통약자'를 "일상생활에서 이동에 불편을 느끼는 사람"으로 정의하면서, 그 세부 유형으로 장애인, 고령자, 임산부, 영유아를 동반한 사람 및 어린이를 열거하고 있다(제2조 제1호). 한국교통안전공단의 교통약자 현황분석에 의하면, 2021년을 기준으로 교통약자 인구는 15,509천명으로 총인구의 약 30%가 교통약자에 해당한다. 유형별로 살펴보면, 전체 교통약자 가운데 고령자가 57.1%, 어린이가 20.7%, 영유아 동반자가 12.5%, 장애인이 8%, 임산부가 1.7%를 차지하고 있다.[1]

교통약자의 유형 중 '장애인'이란 "신체적·정신적 장애로 오랫동안 일상생활이나 사회생활에서 상당한 제약을 받는 자"를 의미한다(장애인복지법 제2조 제1항). 즉 장애인이라는 분류는 당초 신체적·정신적 장애로 인한 생활상의 제약사실을 기반으로 정의된 개념에 해당한다. 다른 교통약자 유형은 연령(고령자, 어린이, 영유아 동반자) 또는 임신상태(임산부)를 기준으로 하고 있어, 교통약자 해당사유와 이동에 관한 일상생활상의 불편 사이의 관계가 상대적으로 확률적·개연적인 것에 비하여, 장애인의 경우 장애인에 해당한다는 사실과 이동에 관한 불편 사이의 관계가 보다 직접적·필연적이다.

---

1) 단, 장애인 인구가 타 교통약자와 중복되는 경우(고령+장애, 어린이+장애 등)를 포함할 경우 전체 교통약자 대비 장애인의 비율은 17%에 해당한다.

(2) 이동권의 정의

이동권은 '물리적 장벽, 특히 교통시설 이용 등에서의 제약을 받지 않을 권리[2]' '독립적인 생활을 유지하고 사회참여를 위해 개인이 의지에 따라 제약도 받지 않고 자유롭게 목적지까지의 이동이 가능하게 하는 이동수단과 효율적인 동선을 확보할 권리[3]'등 다양한 방식으로 정의되고 있다. 교통약자법은 교통약자의 이동권을 다음과 같이 정의하고 있다.

> **교통약자법 제3조(이동권)** 교통약자는 인간으로서의 존엄과 가치 및 행복을 추구할 권리를 보장받기 위하여 <u>교통약자가 아닌 사람들이 이용하는 모든 교통수단, 여객시설 및 도로를 차별 없이 안전하고 편리하게 이용하여 이동할 수 있는</u> 권리를 가진다.

교통약자법 제3조에 따르면, 교통약자의 이동권은 헌법 제10조가 정하는 인간으로서의 존엄과 가치 및 행복을 추구할 권리를 근거로 한다. 이에 더하여, 위 규정에서는 교통약자의 이동권을 '교통약자가 아닌 사람들이 이용하는' 교통수단 등을 이동할 수 있는 권리로 정의하고 있는데, 이는 교통약자도, 비교통약자와 동일하게 이동의 기회를 누릴 권리가 있음을 강조하는 것으로서, 헌법 제11조 제1항이 정하는 헌법상 평등권 역시 교통약자 이동권의 헌법적 근거에 해당하는 것으로 해석된다.[4]

교통약자 이동권의 내용을 분설하여 구체적으로 살펴보면, 교통약자법 제3조에서는 이를 ① 교통약자가 아닌 사람들이 이용하는 모든 교통수단, 여객시설 및 도로를 ② 차별 없이 안전하고 편리하게 이용하

---

2) 김명수·정재황, "장애인 이동권에 관한 헌법적 고찰", 성균관법학 제19권 제3호 (2007), 107.

3) 박창석, "기본권으로서의 장애인의 이동권", 법학논총 제38집 제4호 (2021), 86.

4) 문영희, "교통약자의 이동권", 사회법연구 제48호 (2022), 604.

여 ③ 이동할 수 있는 권리로 정의하고 있다.

①과 관련하여, '교통수단'이란 버스, 도시철도차량, 여객운송용 철도차량·궤도차량·선박·광역철도차량 및 민간항공 비행기를 의미하고(교통약자법 제2조 제2호), '여객시설'이란 여객자동차터미널, 정류장, 도시철도시설·철도시설·궤도시설·광역철도시설, 환승시설, 공항·공항시설 및 항만시설을 의미한다(같은 조 제3호). 한편 '도로'란 차도, 보도, 자전거도로, 측도, 터널, 교량, 육교 등을 포함한다(같은 조 제4호, 도로법 제2조 제1호).

② 및 ③과 관련하여, 교통약자법에서는 '차별', '안전', '편리' 및 '이동'의 의미를 별도로 규정하고 있지 않다. 다만 장애인차별금지 및 권리구제 등에 관한 법률(이하 "장애인차별금지법")에서는 "정당한 사유 없이 제한·배제·분리·거부 등에 의하여 불리하게 대하는 경우"를 차별로 정의하고 있는데(제4조 제1항 제1호), 상기 정의는 교통약자법의 해석에서도 마찬가지로 적용될 수 있다. 한편 국립국어원 표준국어대사전에 의하면 '안전'이란 "위험이 생기거나 사고가 날 염려가 없는 상태"를 의미하고, '편리'란 "편하고 이로우며 이용하기 쉬움"을 의미하며, '이동'은 "움직여 자리를 바꿈"을 의미하는바, 별도의 정의규정이 없는 이상 교통약자법 제3조 역시 위 사전적 정의에 따라 해석할 수 있다.

나. 교통약자 이동권 법령

우리나라 법률에서는 교통약자 이동권에 관하여 크게 ① 장애인·노인·임산부 등의 편의증진 보장에 관한 법률(이하 "장애인등편의법"), ② 교통약자법, ③ 장애인차별금지법이 규율하고 있다.

장애인등편의법은 1998년 장애인 등의 접근권을 보장하기 위해 도입되었다. 접근권이란 장애인이, 비장애인이 이용하는 시설과 설비를 동등하게 이용하고 정보에 자유롭게 접근할 수 있는 권리를 의미한다

(장애인등편의법 제2조). 접근권은 이러한 이용 및 접근을 가능하게 하는 이동권, 시설접근권, 정보접근권을 하위 권리로 포괄한다.

장애인등편의법은 장애인등의 접근권을 구체적인 권리로 명시하고 (제4조), 각종 대상시설을 운영하는 시설주에게 장애인등이 일상생활에서 이동하거나 시설을 이용할 때 편리하게 하기 위한 편의시설 설치를 의무화하였다(제9조). 이러한 의무를 위반한 시설주에게 시정명령, 시정명령 또한 위반한 시설주에게 이행강제금 내지 벌금을 부과할 수 있도록 하였다(제23조 내지 제25조). 장애인 이동권과 관련하여 버스, 기차와 같은 주요 교통수단에 대하여 휠체어 승강설비, 에스컬레이터, 엘리베이터 등 구체적인 교통편의 장치를 의무화한 점이 의미있다.

그러나 장애인이 비장애인과 동등하게 일상생활을 영위하고 그와 관련하여 필요한 시설에 접근하기 위해서는 그 전제가 되는 이동권이 보다 강화될 필요가 있으므로 장애인 이동권을 구체적으로 보장하는 개별 법률의 필요성이 대두되었다. 그리고 이동의 제약을 받는 사람을 장애인으로 한정하지 않고 교통약자의 개념에 포괄하여 그의 권리를 보장할 필요도 있었다. 그에 따라 2006년 장애인 등 일상생활에서 이동에 불편을 느끼는 교통약자의 이동권을 보장하기 위한 교통약자법이 도입되었다.[5]

교통약자법은 이동권을 명시적으로 규정하고(제3조), 건설교통부장관으로 하여금 5년 단위로 교통약자의 이동편의를 위한 교통약자이동

---

5) 제정 교통약자법은 동법 시행 당시 대상시설에 이동편의 시설을 설치 또는 변경하기 위하여 건축허가신청 등 행정절차가 진행 중이거나 시공 중인 이동편의 시설의 설치에 관하여는 종전의 장애인등편의법 제8조의 규정에 의하도록 하고 시정명령, 이행강제금 기타 벌칙 적용 관련하여서도 제정 교통약자법 시행 전 행위에 대해서는 장애인등편의법을 적용하도록 함으로써(제정 교통약자법 부칙 제2조, 제3조, 제4조), 교통약자법은 당초 장애인등편의법 내용 중 이동권과 연결되는 내용들이 확대되어 별도의 법률로 옮겨져 구축된 것으로 이해할 수 있다[노호창, "교통약자의 이동권 및 교통편의 증진을 위한 법 개정에 관한 연구", 한국법학회 법학연구 제20권 제3호(통권 제79호) (2020. 8.), 170].

편의증진계획을 수립하도록 하였으며(제6조 내지 제8조), 교통사업자로 하여금 이동편의시설을 설치하고 유지관리하도록 하였다(제9조 내지 제11조). 위 의무를 위반한 교통사업자에게 시정명령, 시정명령 또한 위반한 교통사업자에게 이행강제금 내지 벌금을 부과할 수 있도록 하였다(제29조, 제29조의2, 제31조).

마지막으로 장애인차별금지법은 2007년 장애를 이유로 한 차별을 금지하고 장애인의 완전한 사회참여와 평등권을 실현하기 위해 도입되었다(제1조). 장애인차별금지법은 교통약자 접근권 내지 이동권을 직접적으로 규정하지 않는다. 그러나 각종 차별행위를 열거하여 금지하고 그 일환으로 이동 및 교통수단 영역에서도 차별행위를 금지(제19조)하여 궁극적으로 장애인 이동권을 보호한다. 예를 들어, 교통사업자는 장애인이 이동 및 교통수단을 비장애인과 동등하게 이용하여 안전하고 편리하게 이동할 수 있도록 하는데, 필요한 정당한 편의를 제공해야 하고 정당한 편의를 제공하지 않은 행위는 장애인차별금지법상 금지되는 차별행위가 된다(제19조 제4항).

교통수단 이용 과정에서 차별행위가 존재하는 경우 장애인이 직접 법원에 차별행위에 대해 시정 혹은 손해배상을 청구할 수 있다는 점이 이 법의 특색이다. 법원이 피해자의 청구에 따라 차별적 행위의 중지, 임금 등 근로조건의 개선, 그 시정을 위한 적극적 조치 등의 판결을 내릴 수 있다(제45조 내지 제48조). 장애인 이동권을 개선하기 위한 조치를 판결을 통해 이끌어낼 수 있다는 점에서 실무적으로 중요한 법률이다.

2. 국내 교통약자 이동 현황

가. 교통약자 이동실태

국토교통부는 2016년 이후 5년만에 2021년 전국을 대상으로 교통약자 이동편의 실태조사를 실시하여 2022년 5월 그 결과를 발표하였다(교통약자법 제25조 제1항, 제3항, 같은 법 시행규칙 제11조 제1항). 전국을 대상으로 하는 차회 실태조사는 2026년에 실시될 예정이다. 2021년 실태조사 결과 교통약자가 동일 지역 내 이동 시 주로 이용하는 교통수단은 버스(51.6%)이고 그 다음으로 지하철(14.2%), 도보 또는 휠체어(14.2%), 자가용(7.0%) 순으로 나타났다. 지역 간 이동 시 주로 이용하는 교통수단은 승용차(66.2%)이고 고속버스(15.5%), 기차(8.7%), 장애인 택시(3.3%) 순으로 나타났다. 비교적 단거리를 이동하는 경우에는 버스 이용률이 높고, 장거리 이동 시에는 승용차 이용률이 높은 경향이 있다.

나. 교통약자 이동편의시설 기준적합 설치현황 (2021년 교통약자 이동편의 실태조사)

(1) 버스

교통약자가 단거리 이동 시 주로 버스를 이용하고 있으나, 시내버스, 농어촌버스, 마을버스의 저상버스 보급률은 전국 기준 25.8%에 그쳤다. 제3차 교통약자 이동편의 증진계획 변경(안)(2017~2021)에서는 2021년까지 저상버스를 전국 시내버스의 42.0%까지 보급하는 것을 목표로 하였으나, 목표치에 현저히 미달하였다. 저상버스 보급률이 가장 높은 지역은 서울(49.7%)이고, 특별·광역시는 부산광역시(23.6%)와 울산광역시(11.5%)를 제외하고는 전국 평균(25.8%) 이상의 보급률을 달성하였다. 9개도 지역은 평균 이하의 보급률을 보였다.

전국 버스차량 전체(시내버스, 농어촌버스, 마을버스, 고속·시외버스)의 이동편의시설 기준적합 설치율은 90.0%이다. 2021년 실태조사 결과의 세부 항목을 살펴보면, 휠체어승강설비(저상)의 기준적합 설치율이 100%로 가장 높고, 교통약자용좌석(78.7%)의 기준적합 설치율이 가장 낮은 것으로 나타났다. 그런데 휠체어승강설비(저상)의 기준적합 설치율이 100%라는 조사 결과에는 맹점이 있다. 실제로는 시내버스,

농어촌버스, 마을버스의 경우 저상버스 보급률이 25.8%이고, 고속·시외버스의 경우 휠체어승강설비가 설치된 버스가 거의 없다. 2021년 실태조사에서는 휠체어승강설비가 없는 버스를 '휠체어승강설비(저상)' 항목의 '미설치'로 구분하지 않고, 아예 '휠체어승강설비(저상)' 항목의 조사 대상에서 제외하였다.6) '휠체어승강설비(저상)' 항목의 명칭을 '휠체어승강설비'로 변경하고 위 항목의 조사 대상을 저상버스는 물론 저상버스가 아닌 버스까지 확대하여, 휠체어승강설비가 없는 버스의 '휠체어승강설비' 항목을 '미설치'로 적용해 기준적합 설치율을 다시 산정한다면, 전국 버스차량 전체의 기준적합 설치율은 90.8%보다 훨씬 낮아질 것으로 예상된다.

교통약자의 버스 이용과 관련해서 주목할 만한 다른 요소는 버스정류장의 이동편의시설 설치현황이다. 2021년 실태조사 결과 여객시설의 이동편의시설 기준적합 설치율은 전국 평균 75.1%이다. 여객시설 중 기준적합 설치율 최상위는 도시철도 및 광역철도 역사(89.9%)이고, 최하위를 기록한 것이 버스정류장(45.4%)이다. 버스정류장의 이동편의시설 중에서는 안내판 부착위치(82.5%)의 기준적합 설치율이 가장 높고, 안내판 점자 및 음성안내(13.7%), 버스정보 조회버튼(19.6%)의 기준적합 설치율이 낮은 것으로 나타났다. 한편, 버스정류장까지 접근하는 데 필요한 점형블록(미설치율 63.6%)과 선형블록(미설치율 62.0%)은 아예 설치되지 않은 경우가 많은데,7) 이러한 경향은 8개 특별·광역시도(점

---

6) 한국교통안전공단, "2021년 교통약자 이동편의 실태조사 연구 부록", 국토교통부 (2022. 6.), 63.

7) 현재 이동편의시설 기준적합 설치요건을 충족하지 못한 버스정류장들을 대상으로 차별구제소송이 진행되고 있다(서울중앙지방법원 2023가합59269). 해당 소송의 대상이 된 전국의 8개 버스정류장 중 설치 기준에 부합하게 점형블록과 선형블록이 설치되어 있는 버스정류장은 단 한 곳도 없다. 버스정류장 주변에 점자블록 자체가 전혀 설치되어 있지 않은 버스정류장이 대부분이고, 점자블록이 설치되어 있다고 하더라도 버스정류장과 차도 사이에 점형블록은 설치되어 있으나 버스정류장까지 접근하는 인도에 선형블록이 전혀 설치되어 있지 않은 등

형블록 미설치율 45.9%, 선형블록 미설치율 54.2%)에 비하여 9개 도 (점형블록 미설치율 79.4%, 선형블록 미설치율 71.1%)에서 더 두드러 지게 나타난다.

저상버스 도입과 함께 버스정류장까지의 접근로, 버스 도착 정보 안내판 등 이동편의시설을 확충하여 교통약자의 버스 이용 경험을 실 질적으로 개선하는 노력이 필요하다고 하겠다.

〈표 1〉 교통약자 이동편의시설 2016년 / 2021년 기준적합 설치현황 비교

(단위: %)

구분		전국			8개 특별·광역시			9개도		
		2016년 ①	2021년 ②	비교 ②-①	2016년 ③	2021년 ④	비교 ④-③	2016년 ⑤	2021년 ⑥	비교 ⑥-⑤
전체 평균		72.5	77.3	▲ 4.8	73.1	81.5	▲ 8.4	67.3	73.5	▲ 6.2
교통 수단	버스차량	85.3	90.0	▲ 4.7	89.1	95.1	▲ 6.0	84.6	86.6	▲ 2.0
	도시철도 및 광역철도 차량	91.7	96.0	▲ 4.3	91.7	96.0	▲ 4.3	73.3	93.1	▲19.8
	철도차량	93.8	98.9	▲ 5.1	-	-	-	-	-	-
	항공기	98.7	73.7	▽25.0	-	-	-	-	-	-
	여객선	17.6	37.8	▲20.2	17.6	37.8	▲20.2	17.6	38.4	▲20.8
	교통수단 평균	77.4	79.3	▲ 1.9	78.2	80.3	▲ 2.1	73.6	78.1	▲ 4.5
여객 시설	여객자동차터미널	54.4	64.0	▲ 9.6	56.6	69.2	▲12.6	51.1	62.5	▲11.4
	도시철도 및 광역철도 역사	83.6	89.9	▲ 6.3	83.6	90.9	▲ 7.3	77.6	87.6	▲10.0
	철도역사	81.0	82.5	▲ 1.5	78.8	88.4	▲ 9.6	77.0	81.2	▲ 4.2
	공항여객터미널	80.9	86.8	▲ 5.9	82.9	86.0	▲ 3.1	74.5	88.2	▲13.7
	여객선터미널	67.6	82.2	▲14.6	71.3	88.3	▲17.0	66.1	80.6	▲14.5
	버스정류장	39.4	45.4	▲ 6.0	44.4	57.1	▲12.7	31.9	34.9	▲ 3.0
	여객시설 평균	67.8	75.1	▲ 7.3	69.3	80.0	▲10.7	64.0	72.5	▲ 8.5
보행환경		72.2	77.6	▲ 5.4	72.0	84.1	▲12.1	64.3	69.9	▲ 5.6

출처: 2021년 교통약자 이동편의 실태조사 연구

(2) 철도

교통수단 자체와 여객시설 모두에서 이동편의시설 기준적합 설치 율이 높게 나타난 것은 도시철도 및 광역철도(지하철)와 철도(기차)였

설치 상태가 미흡하다.

다. 동일 지역 내 이동 시 지하철을 이용하는 교통약자의 비중(14.2%)
과 지역 간 이동 시 기차를 이용하는 비중(8.7%)이 높지 않은 것으로
나타났지만, 이들 차량과 역사의 기준적합 설치율은 다른 교통수단에
비해 상당히 양호한 편이다.

    도시철도 및 광역철도 차량의 경우 이동편의시설의 기준적합 설치
율이 96.0%로 매우 높다. 8개 특별·광역시(96.0%)와 9개 도(93.1%)의
편차가 크지 않은 점도 특징적이다. 도시철도 및 광역철도 차량의 이
동편의시설 중 기준적합 설치율이 가장 높은 항목은 자동안내시설
(100%), 전자문자안내판(100%), 출입구통로(100%)이다. 기준적합 설치
율이 가장 낮은 항목은 교통약자용좌석(83.9%)으로 나타났다. '교통약
자용좌석' 항목에서 기준적합 평가를 받기 위해서는 차량당 교통약자
용 좌석이 12개 이상 설치되어야 한다.[8]

    도시철도 및 광역철도 역사의 경우 이동편의시설의 기준적합 설치
율이 전국 평균 89.9%로 다른 여객시설들과 비교하였을 때 기준적합
설치율이 가장 높다. 이 중 매개(외부)시설(보행접근로, 장애인전용주
차구역)의 기준적합 설치율이 평균 92.6%로 가장 높고, 내부시설(출입
구, 통로, 경사로, 엘리베이터, 에스컬레이터, 계단)의 기준적합 설치율
이 평균 84.0%로 가장 낮은 것으로 나타났다. 도시철도 및 광역철도
차량과 마찬가지로 역사도 8개 특별·광역시(90.9%)와 9개 도(87.6%)의
편차가 크지 않다.

    철도차량과 철도역사의 이동편의시설 설치현황도 도시철도 및 광
역철도와 유사하다. 철도차량의 경우 1편성당 1량이 휠체어석 등이 설
치된 장애인 객차로 운영 중이고, 장애인 객차의 비율은 전체 객차의
11.9%이다. 철도차량의 이동편의시설 기준적합 설치현황은 98.9%인
데, 목적지표시(92.2%) 항목을 제외하고는 모든 항목(자동안내시설, 전

---

8) 한국교통안전공단, "2021년 교통약자 이동편의 실태조사 연구 부록", 국토교통
   부 (2022. 6.), 89.

자문자안내판, 교통약자용좌석, 출입구통로, 장애인전용화장실, 승강설비, 휠체어보관함, 장애인접근가능표시)이 기준적합 100%를 달성하였다. 목적지표시도 무궁화호(72.3%)를 제외한 나머지 철도차량 유형에서는 모두 100%를 기록하였다. 철도차량의 경우 무궁화호의 목적지표시가 미흡한 것을 제외하면 이동편의시설별, 철도차량 유형별 기준적합 설치 수준이 매우 양호하다.

철도역사의 이동편의시설 기준적합 설치율은 전국 평균 82.5%이다. 이 중 매개(외부)시설(보행접근로, 장애인전용주차구역)의 기준적합 설치율이 평균 87.5%로 가장 높고, 안내시설(점자블록, 안내 및 유도시설, 경보피난시설)의 기준적합 설치율이 평균 79.1%로 가장 낮다. 다만 철도역사의 경우 도시철도 및 광역철도 역사와 달리 지역 간 기준적합 설치율에서 적지 않은 차이가 나타났다. 기준적합 설치율이 가장 높은 지역은 서울(92.8%)이고 그 다음 대전(89.8%)과 울산(89.8%), 부산(88.4%), 경기(86.9%) 순이며, 기준적합 설치율이 가장 낮은 지역은 전남(75.9%)이다. 전남 지역도 전국 평균과 마찬가지로 매개(외부)시설의 기준적합 설치율이 평균 85.6%로 가장 높고, 안내시설의 기준적합 설치율이 평균 68.8%로 가장 낮다. 철도차량의 기준적합 설치율이 우수한 것에 비해 철도역사의 기준적합 설치율이 다소 미흡한 것이 문제라고 하겠다.

(3) 항공기

항공기는 2016년 실태조사 당시 기준적합 설치율이 98.7%였으나, 2021년 실태조사 결과 기준적합 설치율이 73.7%로 25.0%p 하락했다. 2021년 실태조사의 분석 결과에 따르면, 2016년 대비 2021년에 저비용항공사(LCC)의 비중이 늘었기 때문이라고 평가된다. 대형항공사인 대한항공(81.7%)과 아시아나항공(79.9%)의 기준적합 설치율에 비해 진에어(66.7%), 제주항공(66.7%), 티웨이항공(55.6%), 에어서울(54.4%) 등

저비용항공사(LCC)의 기준적합 설치율이 낮은 것으로 나타났다.

항공기의 이동편의시설은 안내시설(80.9%) 중 영상안내(61.9%) 항목의 기준적합 설치율이 낮은 것으로 나타났으며, 내부시설(90.5%) 중 휠체어사용자 전용좌석(82.3%) 항목이, 기타시설(49.5%) 중 그림표지(0.0%) 항목의 기준적합 설치율이 낮은 것으로 나타났다. 다만 '그림표지' 항목은 항공기 출입구에 휠체어 이용 가능 그림표지를 부착하였는지 여부를 기준으로 적합 여부를 판단하는 것인데,[9] 현실적으로 교통약자가 항공기 탑승 직전에 출입구의 그림표지를 보고 휠체어 이용 가능 여부를 판단하는 경우는 거의 없으므로, 그림표지 항목의 기준적합 설치율이 낮은 것 자체가 크게 문제되지는 않는 것으로 보인다. 그보다는 휠체어 사용자 전용좌석의 설치율이 0%인 저비용항공사 항공기들의 휠체어 사용자 전용좌석 도입이 보다 시급한 문제라고 생각된다.

(4) 여객선

여객선은 이동편의시설 기준적합 설치율이 37.8%로, 교통수단 중 최하위를 기록하였다. 2020년 이후 해양수산부가 교통약자 이동편의시설 설치사업을 실시함에 따라 2016년의 기준적합 설치율(17.6%)에 비해 2021년의 기준적합 설치율(37.8%)이 큰 폭으로 개선되었지만, 여전히 다른 교통수단에 비하여 미흡한 점이 많다.

여객선의 이동편의시설 중 기준적합 설치율이 가장 높은 항목은 휠체어승강설비(58.0%)이고, 기준적합 설치율이 낮은 항목은 장애인 접근가능표시(12.3%), 휠체어보관함 및 교통약자용좌석(23.7%), 자동안내시설(27.1%) 등이다.

---

9) 한국교통안전공단, "2021년 교통약자 이동편의 실태조사 연구 부록", 국토교통부 (2022. 6.), 118.

다. 역대 교통약자 이동편의 증진계획의 수립과 그 결과

(1) 개요

국토교통부장관은 교통약자의 이동편의 증진을 위하여 5년마다 교통약자 이동편의 증진계획을 수립하고 있다(교통약자법 제6조). 제1차(2007년~2011년), 제2차(2012년~2016년), 제3차(2017년~2021년) 교통약자 이동편의 증진계획을 거쳐, 현재 제4차(2022년~2026년) 교통약자 이동편의 증진계획까지 수립되었다. 5년 단위의 교통약자 이동편의 실태조사로 이동실태를 파악한 후 향후 5년의 교통약자 이동편의 증진계획을 수립하고 차회 실태조사로 계획의 달성 여부를 확인하는 방식으로 이루어지고 있다.

(2) 제1차 교통약자 이동편의 증진계획(2007년~2011년)

제1차 교통약자 이동편의 증진계획(2007년~2011년)은 "교통약자의 사회활동을 뒷받침하는 교통체제로의 전환"이라는 비전하에 ① 장애물 없는 보행환경 우선 추진, ② 지역별 주요 이동편의 거점 육성, ③ 이용객이 많은 대중교통 이동편의 우선 제고, ④ 맞춤형 교통서비스 제공, ⑤ 교통약자에 대한 사회적 관심 제고, ⑥ 이동편의향상을 위한 연구개발사업 추진이라는 여섯 가지 중점과제를 설정하였다.

제1차 교통약자 이동편의 증진계획을 수립하기 이전인 2006년에 비하여 2011년에 교통수단과 여객시설의 이동편의시설 설치율이 대부분 증가하였지만 증가폭이 크지는 않으며, 도시철도 및 전철차량과 철도차량의 경우 오히려 2006년에 비해 2011년의 이동편의시설 설치율이 소폭 하락하기도 하였다. 여객시설의 경우 공항여객터미널의 이동편의시설 설치율이 61점에서 80점으로 가장 큰 폭으로 증가하였고(19점 상승), 철도역사의 설치율은 조사 대상 역사의 범위를 확대하면서 79점에서 73점으로 하락하였다(6점 하락). 다만 제1차년도에 교통수단과 여객시설, 보행환경의 이동편의시설 설치율이 대체적으로 증가하였

다고 하여 목표치를 모두 달성한 것은 아니었다. 목표치를 달성한 것은 교통수단 중 '저상버스 내부편의시설'과 보행환경 중 '보도'뿐이었다. 제1차 교통약자 이동편의 증진계획은 저상버스와 같은 교통약자를 위한 교통수단이 본격적으로 도입되기 시작하였고, '장애물 없는 보행환경 우선 추진'을 중점과제로 한 정책이 성과를 거두었다는 점에서 의의가 있다.

(3) 제2차 교통약자 이동편의 증진계획(2012년~2016년)

제2차 교통약자 이동편의 증진계획(2012년~2016년)은 "모두가 편리한 교통복지사회 구현"이라는 비전하에 ① 교통약자의 이동편의시설 개선·확충, ② 저상버스 및 특별교통수단의 보급확대, ③ 안전과 편의성 향상을 위한 보행환경 개선, ④ 이동편의를 위한 대책마련과 연구개발이라는 네 가지 중점과제를 설정하였다.

① 교통약자의 이동편의시설 개선·확충과 관련하여, 제1차 교통약자 이동편의 증진계획 중 목표치 달성에 실패한 교통수단과 여객시설의 현황을 파악하여 미비점을 보완하고 목표치를 재설정하되, 지역별 사정을 고려하여 목표치를 차등화하였다. 또한 ② 저상버스 및 특별교통수단의 보급확대와 관련하여, 지역별 여건을 고려하여 2016년까지 저상버스 보급률을 전국 시내버스의 41.5%(서울 시내버스의 55%, 경기·광역시 시내버스의 40%, 그 외 지역 시내버스의 30%)까지 향상시키고, 특별교통수단의 법정기준 보급 대수인 '1·2급 장애인 200명당 1대'를 100% 달성하는 것을 목표로 설정하였다. ③ 안전과 편의성 향상을 위한 보행환경 개선과 관련해서는 음향신호기, 점자블록 등의 설치율 목표치를 전국 71%로 설정하고, 장애물 없는(Barrier free) 생활환경 인증제도를 활성화하는 것을 목표로 삼았다.

제2차년도는 제1차년도에 비해 개선된 성과를 거두었다. ① 이동편의시설 기준적합 설치율은 교통수단은 77.4%, 여객시설은 67.8%, 보행환경은 72.2%로, 평균 72.5%를 달성하였다. 교통수단 중에서는 여객선 (17.6%)을 제외한 나머지 수단은 약 85% 이상의 기준적합 설치율로 비교적 양호한 상태로 나타났다. 반면 여객시설의 경우 다른 시설에 비해 이용빈도가 높은 버스정류장(39.4%)과 여객자동차터미널(54.4%) 이 평균 수준을 크게 하회한 것으로 나타났다. ② 시내버스의 저상버스 보급률은 37.7%에 그쳐 목표치인 41.5%에 미달했다. 서울시는 67.5% 로 목표치인 55%를 초과하여 달성했지만, 경기·광역시는 33.5%를 기록하여 목표치인 40%를 밑돌았다. 반면에 특별교통수단 보급률은 법정기준 보급대수 103.3%를 기록하여 목표치인 법정기준 100%를 초과하여 달성하였다. ③ 보행환경의 기준적합 설치율은 72.2%로 교통약자가 이용하는 데 조금 불편함 있는 상태인 것으로 나타났다. 특히 제2차 교통약자 이동편의 증진계획에서 추진과제로 삼았던 음향신호기와 점자블록의 설치가 여전히 미흡하여 시각장애인의 횡단보도 이용이 불편하다는 한계가 존재하였다.

(4) 제3차 교통약자 이동편의 증진계획(2017년~2021년)

제3차 교통약자 이동편의 증진계획(2017년~2021년)은 "더불어 행복한 교통복지 구현"이라는 비전하에 ① 이동편의시설 기준적합 설치율을 72.5%에서 81.4%로 향상, ② 시내버스의 저상버스 보급률 42% 달성, ③ 특별교통수단 보급 법정 기준 84% 달성이라는 구체적 목표를 설정하였다.

① 이동편의시설 기준적합 설치율은 전국 평균 80.1%를 목표치로 하되, 8개 특별·광역시와 9개 도를 나누어 차등 목표를 설정하였다. 그리고 (1) 교통수단에 관하여는 승강구, 교통약자 좌석, 휠체어 승강설비, 장애인 접근가능표시를, (2) 여객시설에 관하여는 장애인 전용주차장과 계단, 점자블록을, (3) 보행환경에 관하여는 보도포장, 점자블록, 볼라드를 우선적으로 개선할 것을 권고하였다. 또한 여객선(설치율

17.6%) 등 개선이 시급한 교통수단은 정부와 지방자치단체에서 이동편의시설 확충 예산을 지원할 것을 추진하였다. ② 시내버스의 저상버스 보급률은 제2차년도에 목표치 달성에 실패한 것을 고려하여 목표치를 제2차년도(41.5%)와 유사하게 42%로 설정하되, 지역별로 차등을 두어 서울시 65%, 8개 특별·광역시 45%, 9개 도 32%로 설정하였다. 저상버스 보급률 목표치는 기존의 시내버스 증가 추세와 일반버스 및 저상버스의 대·폐차 추이를 반영하여 예측한 2021년도 저상버스 보급률(전국 36.6%, 서울시 60.3%, 광역시 39.2%, 9개도 26.3%)를 토대로 설정한 것이다. 그런데 서울시의 경우 제2차년도에 이미 저상버스 보급률 67.5%를 달성하였는데, 아무리 시내버스 증가 추세와 대·폐차 추이를 고려한다고 하더라도 제3차년도의 목표치를 제2차년도에 이미 달성한 보급률 67.5%보다 낮은 65%로 설정한 점은 아쉬운 점이다. ③ 제3차년도에는 장애등급제가 폐지되고 특별교통수단 이용대상이 확대됨에 따라 법정기준대수가 상향되어(보행상 중증 장애인 150명당 1대), 특별교통수단의 목표 보급률은 제2차년도(목표치 100%, 달성률 103.3%)에 비해 하락하였으나, 목표하는 보급 대수는 확대되었다. 나아가 시내버스뿐 아니라 농어촌버스, 마을버스에도 중형 저상버스 운영이 가능하도록 중형 저상버스의 표준모델을 개발하고, 휠체어 사용자가 탑승 가능한 고속·시외버스 표준모델을 개발하는 것을 제3차년도의 연구과제로 삼았다.

제3차 교통약자 이동편의 증진계획의 추진실적은 대체적으로 목표치에 미달했다. ① 이동편의시설의 기준적합 설치율은 전국 평균 78.4%를 달성하여 목표치인 80.1%에 미달했다. (1) 교통수단(81.7%)의 설치율은 목표치(80.2%)를 달성하였으나, (2) 여객시설(목표치 79.8%, 설치율 75.1%)과 보행환경(목표치 81.0%, 설치율 77.6%)은 목표에 미달했다. 여객시설 중 이용빈도가 높은 버스정류장(45.4%), 여객자동차터미널(64.0%)의 기준적합 설치율은 제2차년도에 이어 여전히 낮은 수준이었으며, 9개 도 지역이 8개 특별·광역시에 비해 상대적으로 기준적합 설치율이 더 낮았다. 특히 국가의 지원을 받는 여객자동차터미널의 지역 간 편차(6.7%p)와 비교하여 지방자치단체 자체 재원으로 설치·관리가 이루어지는 버스정류장의 경우 8개 특별·광역시(57.1%)와 9개 도 지역(34.9%)의 편차가 22.2%p로 크게 벌어졌다. 철도차량과 도시·광역 철도차량은 이동편의시설 기준적합 설치율이 각각 98.9%, 96.0%로 목표를 모두 달성하였으나, 철도역사와 도시·광역철도역사는 목표를 달성하지 못하였다. 특히 소규모 역사가 많은 9개 도 지역에서 기준적합 설치율이 낮게 나타났다. 항공기와 공항여객터미널의 기준적합 설치율은 모두 목표를 달성하지 못하였으나, 항공분야의 경우 인적 서비스가 이동편의시설의 상당 부분을 대체하는 특성을 고려할 필요가 있다. 반면, 여객선과 여객선터미널의 경우 철도나 항공분야 대비 이동편의시설 설치율이 저조한 상황이라 지속적인 개선 노력이 필요하다. (3) 보행환경의 경우 기준적합 설치율이 77.6%로 목표치 81.0%에 미달했다. 제1차년도부터 지속적인 한계로 지적되어 온 점자블록의 기준적합 설치율(60.1%)이 여전히 낮은 것으로 나타났다.

　② 제3차년도의 시내버스 저상버스 보급률은 30.6%로 목표치인 42.0%에 미달하였을 뿐만 아니라 제2차년도의 보급률인 37.7%에도 못 미쳤다. 기존에 도입된 저상버스의 차량연한 만료로 폐차가 급증하였고, 운영비 부담으로 저상버스가 일반버스로 대체된 것이 저상버스의 보급 확대를 제약하는 요인으로 분석된다. 시내버스(30.6%) 대비 마을버스(3.9%)와 농어촌버스(1.4%)의 저상버스 도입비율이 매우 낮은 것도 한계점으로 지적되었다. ③ 특별교통수단의 경우 보급률이 86.0%로 목표치인 84%를 상회했다. 다만 특별교통수단 보급 대수는 늘어났음에도 불구하고, 특별교통수단에 대한 이용자 만족도 조사결과 '예약 또는 배차의 편의성'에 대한 만족도가 가장 낮은 것으로 나타났다.

(5) 제4차 교통약자 이동편의 증진계획(2022년~2026년)

제4차 교통약자 이동편의 증진계획(2022년~2026년)은 "모든 사람이 차별없이 편리하게 이동할 수 있는 환경 조성"이라는 비전하에 ① 저상버스·특별교통수단 등의 도입확대, ② 물리적 장애 없는 환경 조성, ③ 시스템적 장애물 없는 환경 조성, ④ 심리적 장애물 없는 환경 조성을 추진전략으로 설정하였다.

국토교통부는 ① 저상버스와 관련하여서는 보급률 향상을 위해 폐차 또는 대차 시 저상버스를 도입하는 것을 의무화하였고(교통약자법 제14조 제7항), 휠체어 탑승이 가능한 고속·시외버스 도입도 확대할 방침을 밝혔다. 특별교통수단과 관련해서는 보급 대수 확대와 차량 종류(다인승, 침대형 등)의 다양화뿐 아니라 타 지역 간 이동 시에도 특별교통수단을 원활하게 이용할 수 있도록 통합예약시스템을 구축하고 교통약자 중에서도 휠체어 이용자에게 특별교통수단을 우선 배차하는 시스템을 도입하여 예약 또는 배차의 편의성을 증진할 계획을 밝혔다. ② 물리적 장애 없는 환경 조성을 위하여 제3차년도까지 이동편의시설 기준적합 설치율이 저조했던 여객선의 개선 작업에 각별한 노력을 기울이고, 여객시설의 접근성 및 교통수단과 여객시설 간 연계성을 강화할 계획을 발표했다. ③ 시스템적 장애물 없는 환경 조성을 위해서 교통약자 이동편의 증진계획의 실행력을 제고하고 이동편의시설의 설치기준과 장애물 없는(Barrier free) 생활환경 인증기준을 정비하겠다는 계획을 세웠다. 그리고 ④ 심리적 장애물 없는 환경 조성을 위해서 운수종사자를 대상으로 교통약자 인식 및 서비스 교육을 추진하고, 교통약자 배려 문화를 조성하기 위한 대국민 인식개선 홍보를 강화할 것이라고 밝혔다.

(6) 소결

제1차 교통약자 이동편의 증진계획을 시작으로 차수를 거듭할수록 이동편의시설 기준적합 설치율이 향상되고 있음은 긍정적으로 평가할 만하다. 다만 교통수단 중 여객선, 여객시설 중 버스정류장과 자동차여객시설의 기준적합 설치율이 저조하고 보행환경 중 보도블럭 설치가 미흡하며, 저상버스 보급률이 목표치를 달성하지 못하였다는 문제가 매 차수마다 지적되고 차회 계획에 반영되었음에도 현재까지 같은 동일한 문제가 해결되지 않고 있다. 저상버스 보급률 저조, 버스정류장과 점자블록 개선 미흡 등과 같은 만성적인 문제를 획기적으로 개선하기 위하여 국가는 물론 각 지방자치단체의 지속적인 관심과 책임이 필요하다. 한편으로 제2차 국가도로망종합계획(2021년~2030년), 제4차 국가철도망 구축계획(2021년~2030년), 제3차 항공정책기본계획(2020년~2024년), 제2차 연안여객선 현대화계획(2021년~2025년)에서 교통약자 이동편의시설 확보를 목표로 설정하고 추진하고 있음은 긍정적이다. 2020년 이후 해양수산부가 교통약자 이동편의시설 설치사업을 실시함에 따라 여객선의 기준적합 설치율이 대폭 증가한 점도 평가할 만 하다. 제4차 교통약자 이동편의 증진계획에서 '시스템적 장애물 없는 환경 조성'이라는 추진과제를 실천하기 위해 중앙 – 광역(시·도) - 지역(시·군) 교통복지협의체를 구성하여 운영하고 교통약자 이동편의 증진계획의 실행력을 제고하겠다는 계획을 수립한 만큼, 제4차년도에는 국가와 지방자치단체가 협력하여 교통약자의 이동편의를 실질적으로 증진시킬 수 있기를 기대한다.

3. 국외 교통약자 이동 현황

가. 개요

장애인 이동권 현황을 연구해온 전문가 및 해외에서 대중교통을 이용한 경험이 있는 장애인들은 선진국의 교통약자 이동 현실과 우리나라의 현실을 비교하며, 개선점을 찾곤 한다. 교통약자 이동권 선진국의

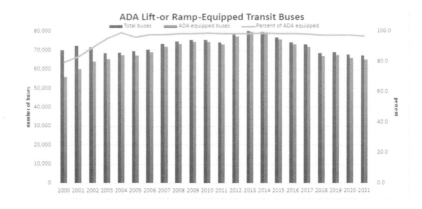

예시로, 누구나 탈 수 있는 택시를 지향하고 있는 미국, 일본 그리고 장애인이 버스나 지하철을 타는 데 걸림돌이 크지 않도록 하여 이동수단의 선택권을 보장하고 있는 독일을 언급했다.[10] 이하에서는 미국, 일본, 독일의 교통약자 이동 현황을 살펴보겠다.

나. 미국

(1) 대중교통수단

미국은 1990년 제정된 미국장애인법(Americans with Disabilities Act, 이하 "ADA")이 저상버스 도입을 의무화하는 등 일반 대중에게 개방된 모든 공간에서 장애인에 대한 차별을 금지하는 내용을 법제화한 이후로 장애인 이동권 선진국으로 분류되고 있다.

버스에 리프트나 출입구 경사판(램프)이 설치된 비중은 2000년 80%였던 것이 2004년부터 거의 100%에 이르렀고, 이는 현재까지 유지되고 있다(아래 그림 참조).[11] 버스 정류장의 경우에도 재질, 랜딩

---

10) CBS노컷뉴스, ""우리 모두를 위한 것"…장애인 이동권 해외 사례는?",
   https://www.nocutnews.co.kr/news/5745385 (2022. 04. 24. 05:15).

11) https://www.bts.gov/content/ada-lift-or-ramp-equipped-transit-buses 참조 (모든 규모의 버스를 포함하며, 버스 구매를 위해 연방 기금을 지원받는 기관 및 연방 기

패드의 크기, 경사도, 인접 도로와의 연결부의 폭 등 ADA의 조건[12]을 충족하는 정류장이 2020년 기준 98%에 이른다.[13] 즉, 미국에서 운행되고 있는 대부분의 버스 및 버스 정류장은 휠체어로 접근 가능하다.

기차의 경우에는 리프트의 최대 높이, 크기, 리프트에 탑승하기 위하여 휠체어를 조종하는 데 필요한 공간의 마련 등 ADA의 조건[14]을 충족하는 기차역의 비중이 2020년 기준 Heavy rail의 경우 약 60%, Commuter rail의 경우 약 72%, Streetcar rail의 경우 약 77%, Light rail의 경우 약 94%였다.[15] 다수의 기차역이 ADA의 조건을 충족하나 약 25%의 기차역은 여전히 휠체어로 접근하기 적합하지 않았고, 미국 교통부(U.S. Department of Transportation)는 2023년 5월 'All Stations Accessibility Program'을 시행하여 모든 대중교통 시설과 차량을 수리, 개선, 변경하여 누구나 접근 가능하도록 만들겠다고 밝혔다.[16] 해당 프로그램은 활발히 시행되는 중이며, 2023. 11. 30. FTA(Federal Transit Administration)는 위 프로그램을 위한 2024년 예산 3억 4,300만 달러(한화 약 4,570억 원)를 확보하였고, 이를 통해 미국 전역의 오래되고 통행량이 많은 기차역의 시설(예컨대, 엘리베이터)을 수리하여 교통약자의 접근성을 높일 계획이라고 밝혔다.[17]

나아가 ADA는 대중에게 교통수단을 제공하는 민간 기관들에게 장애인 이동권을 보장하도록 규율하고 있으며, 여기에는 공항 셔틀, 호텔

금을 지원받지 않더라도 자발적으로 데이터를 제공하는 기관의 정보를 포함함).

12) 상세한 조건은 https://www.uvlsrpc.org/files/4215/4775/9655/SCT_ADA_Bus_Stop_Guidelines.pdf 참조.

13) https://www.statista.com/statistics/1297283/us-public-transit-station-accessibility-by-mode/ 참조.

14) 상세한 조건은 https://railroads.dot.gov/americans-disabilities-act-ada 참조.

15) 각주 13의 통계 사이트 참조.

16) https://www.transportation.gov/mission/accessibility/priorities/multimodal-accessibility 참조.

17) https://www.transit.dot.gov/ASAP 참조.

셔틀, 프라이빗 버스, 고속버스(OTRB) 등이 포함된다. 만일 민간 기관이 운행하는 차량이 장애인이 접근 가능한 차량이 아닌 경우에는 해당 기관에서 교통약자에게 비용, 일정, 시간, 예약 가능 여부 등에서 동등한 서비스를 직접 제공해야 한다.[18]

일례로, 고속버스(OTRB)의 경우, ADA의 하위법령인 고속버스 접근성 규정[19]에 의해 대형 회사는 2006년 10월 30일까지 운행하는 고속버스의 50%, 2012년 10월 29일까지 운행하는 고속버스의 100%에 휠체어 사용자 등이 탑승할 수 있는 설비를 의무적으로 설치하도록 하였다. 그 결과 현재 미국의 대표적 고속버스 업체인 그레이하운드(Greyhound)는 1998~2001년 제작된 차량의 약 75%, 2001~2014년 제작된 차량의 100%에 휠체어 승강 설비가 설치되어 있다. 또한 북미 내 도시 간을 운행하는 저가 고속버스 회사인 메가버스닷컴(Megabus. com)은 ADA에 따른 휠체어 사용자의 접근성을 100% 준수하고 있으며, 휠체어 사용자가 탑승 시 확인해야 할 세부사항을 사이트를 통해 자세히 안내하고 있다.[20]

(2) 특별교통수단

미국에서는 장애인과 비장애인의 구분 없이 누구든지 필요할 때 길가에서 손을 들어 '옐로캡(Yellow Cab)' 택시를 잡을 수 있고, 한국과 달리 별도의 장애인 등록 절차도 필요하지 않다.[21] 옐로캡은 뉴욕주 기준 콜을 부른 이후 15분 이내에 온다고 하며,[22] 옐로캡 홈페이지에

---

18) https://adata.org/factsheet/ADA-accessible-transportation 참조.

19) Fleet accessibility requirement for OTRB fixed-route systems of large operators, 2000년 10월 30일 시행.

20) 복지타임즈, "미국처럼 버스타고 떠나고 싶다", https://www.bokjitimes.com/news/articleView.html?idxno=17721 (2017. 02. 09. 16:13).

21) CBS노컷뉴스, ""우리 모두를 위한 것"…장애인 이동권 해외 사례는?", https://www.nocutnews.co.kr/news/5745385 (2022. 04. 24. 05:15).

22) https://nycwheelchairtransportation.com/yellow-taxi-wheelchair-accessible/

는 휠체어가 안전히 탑승하기 전에 미터를 키거나 탑승을 거부하는 행위는 불법이라고 명시되어 있다.[23] 실제로 다수의 국내 기사에서 미국의 옐로캡[24]과 영국의 블랙캡[25]을 언급하며, 우리나라도 누구나 이용할 수 있는 유니버설 디자인 택시를 도입하여 교통약자의 이동권을 증진해야 한다고 주장을 언급한다.

다. 일본

일본의 경우, 2000년 5월 「교통배리어프리법」이 제정·시행되며 신규철도역 및 철도 차량 등을 배리어프리화 하는 것이 의무화되었고, 시기별 배리어프리 정비 목표를 설정하여 궁극적으로는 모든 시설의 배리어프리화를 추진하고 있다. 구체적으로 일본은 2011년부터 2020년까지를 1기로, 2021년부터 2025년까지를 2기로 설정하였으며, 상세한 2기 목표 및 현황은 아래 표와 같다.[26]

1. 여객시설
1) 철도역 및 버스터미널: 1일 이용객 3,000명 이상, 2,000~3,000명 미만의 시설 중 지자체 기본 구상에서 생활 관련 시설로 지정된 시설에 대해 원칙적으로 모두 배리어프리화 2) 여객선터미널 및 공항: 1일 이용객 2,000명 이상 시설에 대해 원칙적으로 모두 배리어프리화

2. 교통수단		
종류	해당 교통수단의 총수	배리어프리 목표

23) https://www.yellowcabonline.com/for-customers-with-disabilities-seniors/
24) 브릿지경제, "[기후위기 속 장애인⑩] 옐로캡, 닐링버스, 플라스틱 빨대 등 장애인 차별없는 뉴욕", https://www.viva100.com/main/view.php?key=20231112010003341 (2023. 11. 12. 15:19).
25) 오마이뉴스, "장애인·비장애인 함께 탈 수 있는 택시…영국엔 있고 한국엔 없다", https://www.ohmynews.com/NWS_Web/View/at_pg.aspx?CNTN_CD=A0002986551 (2023. 12. 17. 14:33).
26) 전성민, "일본의 배리어프리 관련 도시 정책의 동향 및 시사점" (2022).

철도차량		약 53,000대	약 70%
버스	저상버스	약 50,000대	약 80%
	리프트 장착 버스 등	약 10,000대	약 25% (철도로 접근이 안 되는 공항의 노선 버스는 50% 이상)
	임차 버스	약 2,100대	100%
택시		약 227,000대	복지택시(특별 교통수단)와 유니버설 택시를 약 90,000대 도입하는 것이 목표 (지역의 총택시 중 25% 이상을 유니버설 택시로 도입)
여객선		약 700척	약 60% (일평균 2,000명 이상 이용 여객 터미널에 취항하는 경우 100%)
항공기		약 670대	100%

3. 도로

원칙적으로 중점 정비 지구 내의 생활 관련 도로의 약 70%(4,450km)

4. 도시 공원

1) 공원 내 도로 및 광장: 약 70%
2) 주차장: 약 60%
3) 화장실: 70%

5. 노상주차장

특정 노상주차장(약 3,900곳)의 75%

6. 건축물

연면적 2,000m^2 이상 특정 건축물의 약 67%

7. 마음의 배리어프리

1) 마음의 배리어프리 용어에 대한 인지도: 50%
2) 고령자, 장애인 등의 입장에서 이해하고 행동할 수 있는 사람의 비율: 100%

2기 목표에서 주목할 만한 점은 유니버설 택시의 도입이다. 일본은 휠체어 장애인의 택시 접근성을 높이기 위해 한국의 '장애인 콜택시'와 같은 별개의 시스템을 구축하는 것과 더불어 대중이 이용하는 택시에 휠체어 탑승 기능을 추가하는 '통합'의 방식도 병행하고 있다. 이를 위해 일본 정부는 택시를 위한 신차를 도입하는 경우 휠체어 수용이 가능한 'UD택시'로 바꾸도록 의무화하였다. 2기 목표에 따르면 장애인

과 비장애인이 함께 이용할 수 있는 UD택시를 총 택시의 25% 이상 도입할 계획이다.27)

일본의 2기 목표 달성도 살펴보겠다. 일본의 2022년 말 기준 배리어프리 정비 현황은 다음과 같다. 여객시설의 경우, 단차 해소는 약 93%, 시각장애인 유도용 블록 설치는 43.3~97.6%, 안내설비의 설치는 53.3~92.9%, 장애인용 화장실 설치는 71.4~100% 달성되었고, 차량의 경우, 배리어프리 철도는 56.9%, 저상버스는 68%, 리프트 장착 버스는 6.5%, 배리어프리 임차버스는 1,157대, 복지택시는 45,311대, UD택시는 전체 차량 중 19.2%, 배리어프리 여객선은 56.1%, 배리어프리 항공기는 100% 운행 중이다.28)

즉 2기 목표를 설정한 2021년 이후 지속적으로 정비가 진행되고 있으며, 이러한 일본의 급격한 배리어프리화에는 법 개정과 그에 맞는 체계적인 목표 설정, 그리고 예산 집행이 뒷받침되고 있다. 일본의 경우 교통사업자가 운임을 인상하려면 정부의 인가를 받아야 하나, 배리어프리를 추진하는 것에만 사용하는 경우에는 심사를 받지 않아도 되는 것으로 제도가 개정되었고,29) 실제로 일본의 수도권 철도회사들이

---

27) 한국장애인개발원 서원선 연구위원은 "2021년 도쿄 기준 총 2만 3,000여 대의 택시 중 UD택시가 1만 3,000여 대이고, 그중 90% 이상이 자국 기업인 도요타에서 생산했다"며 "영국의 경우도 길거리에서 볼 수 있는 택시의 절반이 휠체어 탑승이 가능한 기종이다. 장애인들도 일반 택시 부르는 것처럼 탈 수 있는 환경"이라고 설명했다. 그는 "특히 일본의 이런 변화는 접근성 향상을 위한 정부의 5개년 계획과 지자체의 재정지원 그리고 국내 자동차 회사의 적극적인 참여가 합쳐진 결과"라며 "정부의 역할과 더불어 국내 자동차 회사들도 이 부분에 관심을 가져야 하지 않나 생각한다"고 말했다. 그러면서 "기존 택시들을 휠체어가 접근할 수 있는 택시로 바꾸고 있다는 게 인상적이었다"며 "궁극적으로는 장애인·비장애인 상관없이 누구든 택시에 접근할 수 있도록 하는 것이 옳은 방향이라고 생각한다"고 언급했다[CBS노컷뉴스, ""우리 모두를 위한 것"…장애인 이동권 해외 사례는?", https://www.nocutnews.co.kr/news/5745385 (2022. 04. 24. 05:15)].

28) 일본 국토교통성, "배리어 프리 정비 상황", https://www.mlit.go.jp/sogoseisaku/ barrierfree/sosei_barrierfree_mn_000003.html (2024. 4. 12. 확인) 참조.

2023년 5월 단차 해소 및 장애인용 화장실 마련 등을 위하여 운임을 인상한 바 있다.[30][31]

라. 독일

'휠체어 접근성이 좋은 유럽 5대 도시' 중 하나로 베를린이 선정된 적이 있을 정도로 독일 대중교통의 대부분은 저상 차량으로 구성되어 있다. 또한, 대중교통을 이용하기 어려운 중증 장애인을 위한 특별교통수단이 마련되어 있으며, 이러한 서비스는 병원이나 재활시설 같은 의료 목적뿐만 아니라, 출·퇴근 및 등·하교, 행사 또는 쇼핑, 소풍 등과 같은 비의료 목적으로도 이용할 수 있다.[32]

2022년 9월, 독일연방의회는 지자체와 독일철도가 제출한 배리어프리 현황을 바탕으로 2021년 기준 '독일 대중교통 배리어프리 현황'을 발표했다. 철도의 경우, 계단이 아닌 경사로나 엘리베이터로 승강장에 접근할 수 있는 역이 81%이고, 승강장까지 동선 안내용 점자블록이 설치된 역과 열차 운행 전광판과 음성 알림 시설이 설치되어 있는 역은 각각 98%와 99%이며, 대비 색으로 계단이 표시된 역은 74%에 해당한다. 또한, 독일철도는 '유럽연합 교통약자를 위한 호환성 기술 기준'(TSI PRM)에 따라 해당 역들을 조사했고, 경사로와 엘리베이터 설치를 기준으로 전체 역의 81%(승강장 기준 86%)가 접근성을 충족했다고 평가했다.

독일철도는 2012년부터 2021년까지 배리어프리 사업에 약 47억 유

---

29) KBS 뉴스, "日, 철도 요금에 '배리어 프리' 공사비 반영", https://news.kbs.co.kr/news/pc/view/view.do?ncd=3612342 (2018. 03. 01. 09:51).

30) TBS NEWS, "あすからJRなど首都圏鉄道各社が運賃10円値上げ ホームドアやエレベーターなどバリアフリー化で", https://newsdig.tbs.co.jp/articles/-/383763?display=1 (2023. 03. 17. 15:21)

31) KBS 뉴스, "장애인 시설 설치 위한 지하철 요금 인상 찬성", https://news.kbs.co.kr/news/pc/view/view.do?ncd=7680487 (2023. 05. 21. 07:08)

32) 홍선기, "독일 대중교통에 관한 법제연구" (2023).

로(한화 약 6조 3,146억 원)를 투자했다. 2022년에는 연방정부와 주 정부의 지원으로 약 18억 유로(한화 약 2조 4,184억 원)를 들여 독일 전역의 기차역의 배리어프리를 포함한 현대화 작업을 진행하였고, 2023년부터 2030년까지 156억 유로(20조 9,591억 원)를 추가로 투자할 예정이다. 독일철도는 2030년까지 모든 기차역에서 한 개 이상의 승강장을 완전한 배리어프리로 만들겠다는 목표를 가지고 있다.

지자체 대중교통의 경우, 구체적인 수치를 밝힌 주들을 중심으로 살펴보면, 전체 장애인 중 절반 이상이 살고 있는 수도인 베를린의 경우 2021년 기준 버스, 전철, 트램 차량을 모두 배리어프리로 갖추고 있으며, 추가적인 배리어프리 확장을 위해 2021년 500만 유로(한화 약 67억 원)를 투입하였다.[33]

그 결과 베를린은 현재 85%의 지하철역사에 계단을 이용하지 않고 접근 가능하며, 73%의 지하철역사에 동선 안내용 점자블록이 설치되어있다. 또한, 72%의 트램역이 배리어프리 정류장이고, 대부분의 버스 정류장이 배리어프리 정류장이며, 모든 버스에 출입구 경사판이 포함되어 있다. 또한, 45%의 신형 지하철이 지면의 높이와 동일하게 설계되어 있으며, 구형 지하철도 전부 출입구 경사판이 있다. 모든 페리 역시 배리어 프리다.[34]

또한, 베를린에서는 Muva "Flexible Trip"이 시험 운행 중인데, 이는 역-지정장소 간 이동을 돕는 콜택시이다. 지정장소-지정장소간 이동을 돕는 기존의 콜택시와는 다른 개념으로, 보다 많은 사람이 대중교통수단을 이용하게 함과 동시에 혜택받지 못한 지역의 이동성을 높이려는 보완책이다.

베를린 외에도 독일 16개 주 중 인구수가 가장 많은 노르트라인베

33) 프레시안, "한국의 1년 장애인 예산, 독일 1개 도시에도 못 미친다", https://www.pressian.com/pages/articles/2023040415222425011 (2023. 04. 04. 15:35).

34) https://www.bvg.de/en/service-and-support/barrier-free-travel 참조.

스트팔렌주의 경우 버스는 96%, 트램은 87%가 배리어프리로 운행되고 있으며, 최근 4년 사이 매년 4,200만 유로(한화 약 563억 원)를 배리어프리 확장 예산으로 사용하고 있다. 매년 최대 5,600만 유로(한화 약 751억 원)를 대중교통 배리어프리로 사용하고 있는 바이에른주의 경우, 모든 대중교통수단 중 94%가 배리어프리를 갖추고 있고, 2020년에만 약 700대의 버스가 배리어프리로 추가 교체 및 개조됐다.

마. 소결

외국의 여러 사례들은 우리나라의 현실과 대비되면서, 교통약자와 장애인 이동권 보장의 길이 많이 남아 있음을 느끼게 한다. 우리나라에서 이동권이 보장되지 않는 현실을 타개하기 위한 방법으로 소송을 택하기도 하였고, 그 결과는 아래에서 살펴보는 바와 같다.

4. 이동권 소송 현황

가. 지하철 리프트 추락사고로 인한 손해배상 청구 소송

2000년초 지하철 리프트를 이용하던 장애인이 추락사하는 사고가 연이어 발생하였다. 이동권 소송의 관점에서 2002년 발산역 장애인리프트 추락사고는 법원이 서울시 등의 공공시설 관리상 과실을 이유로 유족에 대한 손해배상 및 위자료 지급을 명한 사례로서 장애인 이동권을 폭넓게 인정한 판결로 주목받았다.

피해자는 발산역에서 휠체어리프트를 사용하다가 추락하여 사망하는 사고를 당하였고, 그 아들인 원고는 서울시 등을 상대로 관리 과실의 불법행위로 인한 손해배상을 청구하였다. 제1심법원은 사고 이전 발산역 리프트가 33회나 고장을 일으킨 바 있고 다른 역에서도 승하차시 추락하는 사고가 빈발했음에도 안전장치를 제대로 설치하지 않은 피고들의 책임이 인정된다면서 약 8,800여만 원의 지급을 명하였다(서울지방법원 2003. 11. 6. 선고 2002가합68572 판결).[35] 항소심은 이러한 제1심의 판단을 수긍하면서 위자료 5,400만 원을 더해 1억 4,000여만 원의 지급을 명하였고(서울고등법원 2004. 9. 16 선고 2003나80491 판결),[36] 이는 상고심에서 그대로 확정되었다(대법원 2005. 1. 28 선고 2004다58338 판결).[37]

이후로도 서울역 지하철 리프트 추락사고로 상해를 입은 장애인에 대하여 지하철 사업자의 손해배상책임을 인정한 사건(서울중앙지방법원 2006. 11. 16. 선고 2005가합46276 판결, 서울고등법원 2007. 7. 12. 선고 2006나114470 판결), 부산에서 지하철 리프트 추락사고로 상해를 입은 장애인에 대하여 부산교통공사의 손해배상책임을 인정한 사건(부산지방법원 2009. 2. 20. 선고 2008가합7478 판결), 신길역에서 휠체어 리프트를 이용하다가 추락하여 사망한 피해자에 대한 서울교통공사의 손해배상책임을 인정한 사건(서울남부지방법원 2019. 10. 18. 선고 2018가합103014 판결, 서울고등법원 2020. 5. 13. 선고 2019나2052240 판결) 등이 있었다.

나. 저상버스도입의무불이행 위헌확인 헌법소원

장애인 이동권 쟁취를 위한 연대회의는 2001년 오이도역 장애인 리프트 추락사고가 발생한 이후 저상버스 도입을 다투면서, 보건복지부 장관을 상대로 저상버스를 도입하지 않은 부작위가 청구인의 이동권을 침해하여 행복추구권, 인간다운 생활을 할 권리 등을 침해한다는 이유로 2002. 1. 22. 헌법소원심판을 청구하였다.

헌법재판소는 장애인을 위하여 저상버스를 도입해야 한다는 구체

---

35) 경향신문, "발산역 장애인 리프트 사망사고 "서울시 책임"", https://m.khan.co.kr/national/court-law/article/200311072308171#c2b (2003. 11. 7.).

36) https://www.ablenews.co.kr/news/articleView.html?idxno=5341 (2024. 9. 22.).

37) 법률신문, "지하철 리프트에서 장애인 추락사 "도시철도공사는 1억4천여만원 배상하라"", https://www.lawtimes.co.kr/news/15378 (2005. 2. 15.).

적 내용의 의무가 헌법으로부터 나오는 것은 아니고, 장애인 복지의 구체적 방법과 이행시기는 행정청이 광범위한 재량을 가진다고 보았다. 결국 저상버스를 도입해야 한다는 구체적인 내용의 국가 의무가 헌법으로부터 도출될 수 없으므로, 심판청구는 부적법하다고 판단하였다(헌법재판소 2002. 12. 18. 선고 2002헌마52 전원재판부 결정).

다. 복원된 청계천의 접근권, 이동권 침해를 이유로 한 손해배상 청구 소송

2005년 청계천 복원 개통을 앞두고 국가인권위원회가 청계천의 일부 부대시설이 장애인뿐 아니라 고령자, 어린이, 영유아 동반자 등의 이동권 확보에 지장을 줄 것으로 조사됐다며 서울특별시장에게 장애인 등이 안전하게 접근하여 이용할 수 있도록 시설 개선을 권고하였다. 장애인편의법 시행규칙에 따르면 보도는 유효폭 1.2m 이상을 확보하여야 하나 청계천변 도보의 유효폭은 60~70cm에 불과하다는 것이었다.[38]

이후 2006년 무장애도시만들기공동행동 소속 5인의 장애인들은 서울시장과 서울시시설관리공단을 상대로, 복원된 청계천은 장애인 등 교통약자의 자유로운 접근과 안전한 이동이 불가능한데, 국가인권위원회의 시정조치 및 2006년 제정된 교통약자법에도 불구하고 위 피고들이 적절한 조치를 하지 않아 이동권을 침해당했다며 손해배상을 청구하였다.

제1심법원은 헌법, 장애인복지법의 규정으로부터 장애인들이 국가 또는 지방자치단체에 공공시설 접근을 위한 편의시설의 설치 및 운영

---

38) 국가인권위원회 보도자료, "안전한 청계천을 위한 서울시의 적극적인 노력 필요", https://www.humanrights.go.kr/base/board/read?boardManagementNo=24&boardNo=555007&searchCategory=&page=16&searchType=total&searchWord=%EA%B3%A0%EB%A0%B9&menuLevel=3&menuNo=91 (2005. 11. 16.).

을 요구할 수 있는 구체적인 권리가 직접적, 필연적으로 발생한다고 보기는 어렵고, 2006. 1. 27. 발효한 교통약자법은 2005. 9. 30.경 이미 완성된 청계천 시설에 적용된다고 볼 수 없다는 등의 이유로 원고들의 청구를 기각하였다(서울중앙지방법원 2007. 11. 22. 선고 2006가단 159530 판결).

항소심도 제1심의 판단을 수긍하였고, 이후 제정된 장애인차별금지법에 따라 추가된 손해배상청구에 대하여도 청계천 및 주변시설에 장애인차별금지법이 소급하여 적용된다고 볼 수 없다는 이유로 항소를 기각하여 제1심판결이 그대로 확정되었다(서울중앙지방법원 2009. 3. 17. 선고 2008나145 판결).[39]

라. 승강장 추락사고 손해배상 청구 소송

2012년 인천 덕정역 승강장에서 인천행 열차에 탑승하려는 시각장애인이 반대쪽 승강장에 들어오는 열차 소음을 듣고 인천행 열차에 탑승하려다가 추락하여 크게 상해를 입는 사고가 있었다. 당시 덕정역은 열차가 승강장에 일정한 거리로 접근하면 자동적으로 열차 진입 안내방송이 송출되고 1~2분 내에 열차가 진입하는 자동안내방송 시스템을 갖추고 있었는데, 원고가 승강장에 진입할 당시 이미 반대쪽 열차 진입 안내방송은 끝난 뒤였고 연이어 인천행 열차가 들어오고 있다는 안내방송이 나오고 있어서 이를 들은 원고가 반대편 열차의 도착 소음을 인천행 열차의 도착소음으로 알고 열차에 탑승하려다가 추락하고 만 것이다. 원고는 이 사건 승강장에 스크린도어가 설치되어 있지 않고 도착하는 열차의 오인을 방지하기 위한 안내방송도 없었으며 안전요원도 없었다는 등의 이유로 손해배상을 청구하였다.

제1심법원은 원고의 청구를 전부 기각하였다(서울중앙지방법원

---

39) 홍석표, "법원에서의 장애인 권리구제수단으로서의 공익소송", 사회보장법학 제6권 제1호 (2017. 6.).

2013. 7. 3. 선고 2012가소1363047 판결). 그러나 항소심법원은 원고와 운송계약을 체결한 피고가 부담하는 신의칙상 보호의무의 위반 여부를 판단하였다. 스크린도어의 경우 교통약자법, 도시철도건설규칙 등에서 이를 의무화하고 있지 않은 점을 들어 의무위반을 부정한 반면, 이 사건 사고가 발생하기 몇 달 전에도 시각장애인의 추락사고가 있는 등 덕정역의 상황상 안전요원을 상시 배치할 필요가 있음에도 이를 다하지 않은 것과 미흡한 피고측의 응급조치는 의무위반이라고 판단하였다. 결과적으로 치료비 및 600만 원의 위자료를 인정하였다(서울중앙지방법원 2014. 4. 29. 선고 2013나39826 판결).

이에 앞서 2006년에는 술에 취한 장애인이 지하철 승강장에 진입하는 전동차에 머리를 부딪쳐 사망하는 사고가 발생하여 그 부모인 원고들이 지하철 관리·운영자인 부산교통공사에게 불법행위로 인한 손해배상을 청구한 사건도 있었다. 제1심법원은 피고가 상시 안전요원을 배치하지 않은 것이 사고방지조치로서 불충분하다고 볼 수 없다면서 원고의 청구를 기각하였으나(부산지방법원 2006. 8. 11. 선고 2006가합3625 판결), 항소심에서는 피고가 원고들에게 일정액의 손해배상금을 지급하는 취지의 강제조정이 성립하여 종결되었다(부산고등법원 2006나15717).

마. 지하철역 장애인용 승강기 설치 청구 소송

2012년 말 휠체어를 이용하는 장애인이 서울메트로를 상대로 종로3가역에 장애인용 승강기의 설치 및 위자료의 지급을 구하는 소를 제기하였다. 종로3가역에는 승강기 없이 휠체어 리프트만 설치되어 있는데, 휠체어 리프트는 수차례 사망사고가 발생할 정도로 위험하고 수치심을 유발할 뿐 아니라 잦은 고장으로 이용하기도 어려운 상황이라는 것이었다.[40] 원고는 운송계약 및 장애인차별금지법에 근거하여 장애인

---

40) 미디어생활, "서울중앙지법, "종로3가역 엘리베이터 설치하라"",

용 승강기의 설치 및 위자료의 지급을 구하였다(서울중앙지방법원 2012가합106831).

2012. 12. 21. 소장이 접수된 이후 제1심법원은 2013. 2. 27. 조정절차에 사건을 회부하였으나 거듭 조정이 성립되지 않았고, 결국 2014. 7. 25. 법원의 강제조정으로 사건이 마무리되었다. 법원은 서울메트로에게 2014. 7. 31.까지 지하철 종로3가역 12번 출입구에 장애인용 승강기를 설치할 것, 2016. 12. 31.까지 8번 출입구에 장애인용 승강기를 설치하도록 노력하고, 그 추진계획을 위 공사 완료시까지 2달에 1회 원고에게 정식문서로 제공할 것, 종로3가역 1, 3호선 환승통로에 설치할 특수형 승강기를 연구 개발하여 설치하고 마찬가지로 이를 원고에게 보고할 것, 인터넷 홈페이지에 위 사항들과 관련된 게시판을 신설하고 수시로 관련 자료와 정보를 게시하며 원고를 비롯한 일반인들의 의견을 수렴할 수 있도록 할 것을 명하였다.

2018년에도 장애인차별금지법 제48조에 근거하여 서울교통공사를 상대로 영등포구청역, 충무로역, 신길역, 디지털미디어시티역, 구산역에 각 장애인용 승강기를 설치해달라는 내용의 차별구제청구가 있었다. 제1심법원은 서울교통공사의 정당한 편의제공의무를 인정하면서도 교통사업자 등에게 반드시 교통약자법 시행령 별표2에 열거된 시설을 모두 설치하도록 요구하는 것은 아니고 정당한 편의 제공에 필요한 범위 내에서 유효·적절한 시설을 선택할 수 있다면서, 특정 지점에 일정한 규격을 갖춘 승강기 설치를 구하는 원고들의 청구를 기각하였다(서울남부지방법원 2019. 6. 14. 선고 2018가합105669 판결). 한편 장애인차별금지법상 적극적 조치 명령에 관한 판단에서는 피해자에게 사법상의 구체적인 이행청구권이 없더라도 차별행위가 존재할 경우 법원은 비례원칙에 따라 재량권을 행사하여 그 여부를 결정하면 된다고 보았다.

---

https://www.imedialife.co.kr/news/articleView.html?idxno=12028 (2014. 8. 13.).

그러나 제1심법원은 반드시 원고들이 구하는 방식으로 차별조치가 시정된다고 볼 수 없고, 서울교통공사와 서울시장이 1역 1동선 확보 원칙을 수립하고 대상 역사들에 승강기를 추가 설치할 구체적인 계획을 세워 이행하고 있다는 이유로 적극적 조치를 명하지 않았으며, 항소심에서 그대로 확정되었다(서울고등법원 2020. 6. 10. 선고 2019나 2029929 판결).

바. 버스 휠체어 전용공간 확보 소송

2016년 휠체어를 사용하는 지체장애인인 원고는 자신이 탑승하였던 2층 광역버스의 교통사업자를 상대로 교통약자법 제5조 제1항, 제10조 제1, 2항 및 같은 법 시행규칙 제2조 제1항 별표1이 정한 길이 1.3m 이상, 폭 0.75m 이상의 휠체어 전용공간 확보와 장애인차별금지법 제46조 제1항 및 민법 제750조에 따른 위자료의 지급을 구하는 소를 제기하였다.

제1심법원은 교통약자법의 관련규정이 모든 유형의 버스에 일률적·전면적으로 휠체어 승강설비가 설치되어야 한다고 정한 것은 아니라면서, 저상버스가 아닌 이 사건 버스에는 휠체어사용자를 위한 전용공간 확보의무가 있다고 보기 어렵고, 접이식 좌석을 접을 경우 길이 약 1.3m, 폭 0.75m의 휠체어 전용공간을 마련할 수 있으며, 사후적으로 위 공간이 좁아 휠체어의 방향전환이 어려운 문제점이 발견되었으나 2층 광역버스 최초 도입과정에서 발생한 불가피한 시행착오라는 취지에서 차별행위가 존재하지 않는다고 보아 원고의 청구를 전부 기각하였다(수원지방법원 안산지원 2017. 4. 27. 선고 2016가합6603 판결).

그러나 항소심법원은 이 사건 버스가 교통약자법상 '휠체어 승강설비가 설치된 버스'로서 길이 1.3m 이상, 폭 0.75m 이상의 전용공간을 확보할 의무가 있고, 이때 '길이'는 버스의 긴 방향과 평행한 면을, '폭'은 버스의 짧은 방향과 평행한 면을 의미하는데, 이 사건 버스는

1.3m×0.75m 이상의 전용공간을 확보하고는 있으나 그 길이가 0.97m에 불과하여 교통약자법상 전용공간을 확보하고 있다고 보기 어렵다고 판단하였다. 이에 따라 피고의 차별행위를 인정하고 피고에게 교통약자법상 휠체어 전용공간의 확보를 명하였으며, 원고의 위자료 지급 청구도 30만 원의 범위에서 인용하였다(서울고등법원 2017. 12. 5. 선고 2017나2024388 판결).

대법원은 이 중 이 사건 버스에 설치된 휠체어 사용자를 위한 전용 공간의 규모가 기준에 미달하므로 정당한 편의제공 의무를 위반하였다고 본 원심판단은 수긍하면서도, 피고에게 위 의무위반에 관한 고의 또는 과실을 인정하기 어렵다는 이유로 위자료 지급 부분은 파기환송하였으며(대법원 2021. 4. 1. 선고 2018다203418 판결), 파기환송심에서 이 부분 원고의 항소는 기각되었다(서울고등법원 2021. 11. 19. 선고 2021나2012948 판결).

사. 지하철 단차 소송

2019년 전동 휠체어를 사용하는 장애인인 원고들은 서울교통공사를 상대로, 신촌역과 충무로역 중 지하철 차량과 승강장 연단의 간격이 10cm를 넘거나 높이 차이가 1.5cm를 초과하는 부분에 대하여 안전발판 등 설비의 설치 및 위자료의 지급을 구하는 소를 제기하였다. 원고들을 비롯하여 휠체어를 이용하는 장애인들이 지하철 승강장 승하차 과정에서 휠체어의 앞바퀴가 열차와 승강장 사이 간격에 끼어 휠체어에서 추락하는 등의 사고를 입자, 위 각 역사의 승강장이 도시철도법 제18조, 도시철도건설규칙 제30조의2 제3항, 도시철도 정거장 및 환승편의시설 설계 지침이 규정한 기준을 위반하여 장애인들의 이동권을 부당하게 제한하는 장애인차별금지법상 차별행위에 해당한다고 주장하면서 적극적 조치와 손해배상을 구한 것이다.

제1심법원은 도시철도건설규칙 및 설계지침은 그 이전인 1984~

1985년도에 준공된 위 지하철역에 적용되는 것이 아니어서 이를 위반하였다고 보기 어렵다고 하였고, 그 밖에 교통약자법과 그 하위규정으로부터도 단차 해소를 위한 피고의 구체적인 의무를 도출해내기 어렵다는 등의 이유로 차별행위를 부정하였다(서울동부지방법원 2020. 7. 8. 선고 2019가합108198 판결).

항소심법원은 위 각 지하철역에 설치된 승강장 중 차량과의 간격이나 단차로 인해 휠체어 사용자가 비장애인과 동등하게 승하차하기 어렵다면 차별행위가 존재하는 것이나, 곡선 승강장의 특성상 안전상의 문제로 고정식 안전발판의 설치가 어려울 수 있고, 원고들이 구하는 자동안전발판의 경우 아직 안전성 검토 단계에 있는 등 과도한 부담이나 현저히 곤란한 사정 등 정당한 사유가 있다고 보아 항소를 기각하였다(서울고등법원 2021. 8. 19. 선고 2020나2024708 판결).

아. 시외이동권 소송

2014년 장애인인 원고들은 국토교통부장관, 서울특별시장, 경기도지사를 상대로 광역/시외 고속버스에 저상버스 등 교통약자가 편리하고 안전하게 이용할 수 있는 구조를 가진 버스를 도입하기 위한 교통약자 이동편의 증진계획을 수립하고 이를 도입하며 시책 추진 및 재정지원을 수행하라고 청구하였고, 광역/시외버스 교통사업자를 상대로 위 저상버스 등을 도입하라고 청구하였다. 아울러 장애인은 아니지만 영유아를 양육하거나 고령자인 원고들도 위 피고들을 상대로 위자료의 지급을 구하는 소를 제기하였다.

제1심법원은 교통약자법에 규정된 의무규정만으로 장애인 등 교통약자에게 곧바로 위 각 의무의 이행을 구할 수 있는 구체적인 실체법상 청구권이 부여된다고 볼 수는 없다고 판단하였다. 나아가 원고들의 장애인차별금지법상 적극적 조치 청구에 관하여도, 교통행정기관인 피고들이 갖는 재량권과 피고들이 행하고 있는 노력, 교통사업자인 피고들이 저상버스를 개발하여 도입하는 것의 현실적인 한계를 고려할 때 저상버스를 도입하지 않은 것이 차별행위에 해당하거나 이에 관한 적극적 조치의 필요성이 있다고 보기 어렵다고 판단하였다. 그러나 교통사업자인 피고들에 대한 승하차 편의 제공의 경우, 피고들이 운행하는 버스에 휠체어 승강설비가 설치되어 있지 않고 달리 승하차 편의를 제공하고 있지 않은 것은 차별행위에 해당한다고 보았고, 이에 따라 교통사업자인 피고들에게 휠체어 승강설비 등 승하차 편의 제공을 명하였다. 나머지 원고들의 손해배상청구에 관하여는, 교통약자법에 따르더라도 저상버스 도입이 피고들의 의무에 해당하기 어렵다는 이유로 의무위반을 전제로 한 원고들의 청구를 기각하였다(서울중앙지방법원 2015. 7. 10. 선고 2014가합11791 판결).

항소심 법원 역시 교통사업자인 피고들에 대하여 휠체어 승강설비를 제공할 것을 명하는 외에 원고들의 나머지 청구를 기각하였다(서울고등법원 2019. 1. 25. 선고 2015나2041792 판결).

그런데 대법원은 원심의 판단을 일응 수긍하면서도, 아래와 같이 개별 원고들이 탑승할 개연성 있는 노선을 구체적으로 특정하고, 교통사업자인 피고들의 재정상황을 심리하여, 비례의 원칙에 따라 휠체어 승강설비를 제공할 의무 있는 버스의 범위를 제한해야 한다고 판단하였다(대법원 2022. 2. 17. 선고 2019다217421 판결). 이에 대하여는 장애인단체 등을 중심으로 퇴행적인 판결이라는 비판이 있다.[41]

"적극적 조치 청구소송을 담당하는 법원으로서는 피고가 차별행위를 하였다고 인정하는 경우 원고의 청구에 따라 차별행위의 시정을 위한 적극적 조치 판결을 하는 것을 전향적으로 고려하여야 하고, 그 적극적 조치의 내용과 범위 등을 구체적으로 결정할 때 폭넓은 재량을 가진다고 할 것이다. 다만 비례의 원칙은 법치국가 원리에서 파생되는

[41] 한겨레신문, "휠체어장비 없는 버스 '차별' 맞는데···소송인 이용노선만 시정?", https://www.hani.co.kr/arti/society/society_general/1033996.html (2022. 3. 8.).

헌법상의 기본원리로서 모든 국가작용에 적용되는 것이므로(대법원 2019. 9. 9. 선고 2018두48298 판결 참조), 법원이 적극적 조치 판결을 할 때에도 원고와 피고를 비롯한 모든 이해관계인들의 공익과 사익을 종합적으로 비교·형량하여야 한다. 사인(사인)인 피고에게 재정 부담을 지우는 적극적 조치 판결을 할 때는 피고의 재정상태, 재정 부담의 정도, 피고가 적극적 조치 의무를 이행할 경우 국가나 지방자치단체 등으로부터 받을 수 있는 보조금을 비롯한 인적·물적 지원 규모, 상대적으로 재정 부담이 적은 대체 수단이 있는지, 피고가 차별행위를 하지 않기 위해 기울인 노력의 정도 등도 아울러 고려하여야 한다."

현재는 위 사건의 파기환송심이 진행 중이다. 광주지방법원에서도 이와 유사하게, 장애인들이 교통사업자, 광주시, 정부를 상대로 제기한 시외이동권 소송이 전개되고 있다.[42)]

자. 저상버스정류장 설치 청구 소송

2023년에는 시각장애인, 청각장애인, 지체·뇌병변장애인 등으로 구성된 원고들이 지방자치단체들을 상대로, 현재 설치된 저상버스 정류장은 교통약자법 시행령을 위반하여 점자블록과 유도·안내시설을 설치하지 않아 장애인들의 정류장 접근이 어렵고, 휠체어의 진출입이나 회전이 어려운 구조로 만들어져 장애인의 이동권을 침해한다는 이유로 위 시설을 갖춘 저상버스 정류장의 도입을 청구하여,[43)] 제1심 계속 중이다.

---

42) 연합뉴스, "고속버스에 장애인 탑승시설 설치 소송…재판부 현장검증", https://www.yna.co.kr/view/AKR20231129113600054 (2023. 11. 9.).
43) 미디어생활, "장애인 접근성 차별 버스정류장…지자체장 상대 차별구제 소송", https://www.imedialife.co.kr/news/articleView.html?idxno=44128 (2023. 4. 20.).

차. 탑승거부 차별구제 청구 소송

선박, 장애인콜택시, 버스 등의 장애인 탑승거부에 관한 차별구제 소송도 진행 중이다.

2016년 뇌병변 1급 장애인으로서 전동휠체어를 이용하는 원고는 교통사업자인 피고 운영의 버스에 승차하려다가 버스기사들로부터 휠체어 승강설비 고장, 휠체어 승강설비 사용법 부지, 무정차 통과 등의 이유로 승차거부를 당하거나 휠체어 승강설비를 이용하지 못한 채 승차하게 되자, 교통사업자들과 평택시장을 상대로 손해배상 및 소속운전자들에 대하여 버스 승차거부 행위, 정류소 무정차통과 행위를 하지 않도록 하고 휠체어 승강 시 사용방법이 포함된 교육을 실시하라는 내용의 소를 제기하였다.

제1심법원은 위 버스 기사들의 행위가 여객자동차 운수사업법을 위반한 행위이고, 버스기사들이 소속된 교통사업자는 교통약자법 제11조, 장애인차별금지법 제19조 제1항, 제2항, 제4항을 위반한 차별행위에 해당하며, 이러한 차별행위로 원고가 이동권을 침해당하고 장애를 주된 원인으로 승차거부 등을 당하였다는 정신적 고통을 입었으므로, 교통사업자 등은 버스기사들의 사용자로서 피용자인 버스기사들의 승차거부 등 차별행위로 원고가 입은 손해를 배상할 책임이 있다고 보았다(수원지방법원 평택지원 2017. 7. 7. 선고 2016가단45804 판결). 이는 피고들이 항소하지 않아 그대로 확정되었다.

한편 제1심법원은 평택시장에 대한 원고의 청구는 위 버스기사들의 차별행위를 곧 평택시장의 차별행위로 보기 어렵고, 관련법령상 평택시장에게 교통사업자 소속 버스기사들에 대한 교육의무를 인정하기도 어렵다는 이유로 이를 기각하였다. 항소심도 제1심의 판단을 수긍하였으며(수원지방법원 2018. 4. 5. 선고 2017나72966 판결), 상고기각으로 확정되었다(대법원 2022. 2. 24. 선고 2018다231918 판결).

수원고등법원 2020. 12. 3. 선고 2020나13522 판결은 성남시로부터 교통약자법상 특별교통수단인 장애인콜택시의 운행업무를 위탁받아 운영하는 사업자가 뇌병변 3급 장애인인 원고의 택시 이용 신청에 대하여 '원고는 휠체어를 사용하지 않아 택시 이용대상자에 해당하지 않는다'는 이유로 계속하여 택시를 제공하지 않자 성남시를 상대로 장애인차별금지법 제46조 제1항, 국가배상법 제2조 제1항에 따른 손해배상을 선택적으로 청구한 사안에서, 제1심판결을 깨고 원고의 청구를 받아들여 성남시가 원고에게 위자료를 지급할 의무가 있다고 판단하였다. 중증의 보행장애로 이동이 어려운 상태에 있었던 것으로 보이므로 구 교통약자법 시행규칙 등에서 정한 위 택시의 이용대상자에 해당하므로 이를 거부할 수 없다는 것이다.

최근에는 선박 전동휠체어 탑승거부 차별구제 청구의 소도 제기되었다. 원고들은 운진항 여객터미널에서 선박 승선권을 구매하고 승선시간에 맞춰 탑승을 준비했지만, 전동휠체어를 사용하는 상태로는 승선이 불가하다는 안내만을 받은 채 탑승을 거부당했다. 재차 방문하여 어렵게 승선한 선박에는 휠체어를 이용하는 장애인을 위한 어떤 편의시설도 구비되어 있지 않았다. 이에 피해자들은 해당 교통사업자와 해양수산부장관, 대한민국을 상대로 '장애인 차별금지 및 권리구제 등에 관한 법률' 제4조, 제19조, 제48조에 의거해 차별구제청구소송을 제기하여 계속 중이다.[44]

---

44) 에이블뉴스, "'휠체어 장애인 선박 탑승 거부' 차별구제청구소송 제기",
https://www.ablenews.co.kr/news/articleView.html?idxno=206558 (2023. 8. 23.).

II. 교통약자의 이동권 과제

1. 교통약자법 시행규칙의 위헌성 문제

가. 문제 상황

교통약자와 비교통약자 간 차이 없이 동등하게 대중교통을 이용할 수 있어야 한다. 특히 버스는 교통약자가 주로 이용하는 교통수단이다 (교통약자 동일 지역 내 이동 시 주 교통수단은 버스 51.6%, 지하철 14.2%, 도보 13.4%, 자가용 8.3% 순[45]).

교통약자법은 장애인 이동권을 보장하기 위해 교통사업자에게 휠체어 승강설비 등 이동편의시설 설치를 요구하고(제11조) 이동편의시설 설치 지표를 개선할 목적으로 국토교통부 장관과 지방자치단체장에게 각 교통약자 이동편의 증진계획, 지방교통약자 이동편의 증진계획을 5년마다 수립할 것을 요구하고 있다(제6조). 관련하여 국토교통부가 2022.6. 발표한 2021년 교통약자 이동편의 실태조사는 전국 버스 차량 중 대다수(무려 90%)가 휠체어 승강설비를 비롯하여 교통약자법에 부합하는 이동편의시설을 갖추고 있다고 한다.[46]

한편 기사로 확인되는 통계에 따르면 고속버스 차량 2278대 노선 169개 중 오직 10대 차량(0.44%), 4개 노선(2.4%)만이 휠체어 승강설비를 갖추고 있다. 서울시가 시행한 서울시 교통약자 이동편의증진계획 조사는 '시내버스'가 개선이 가장 시급한 교통수단이라고 지적하고,[47] 교통약자 이동편의 증진계획 개선방안 관련 논문은 성남시 소재 버스 중 94.1%가 휠체어 승강설비가 부족하다고 지적한다.[48]

---

45) 한국교통안전공단, "2021년 교통약자 이동편의 실태조사 연구 부록", 국토교통부 (2022. 6), 156.
46) 위 실태조사, 54.
47) 위 증진계획, 6 및 38.

국토교통부 실태조사 수치와 기사 내지 논문으로 확인되는 수치 사이에는 일견 괴리가 있어 보인다. 전자에서는 거의 모든 버스가 휠체어승강설비를 갖춘 것처럼 보이지만 후자에서는 반대로 버스 다수가 휠체어승강설비를 갖추지 않은 것처럼 보인다. 이 괴리를 파악하기 위해서는 국토교통부 실태조사 지표의 기준이 되는 교통약자법 시행규칙 [별표 1]을 보다 자세히 살펴볼 필요가 있다.

교통약자법 제10조는 제1항에서 대상시설별 설치해야 할 이동편의시설 종류를 대통령령에, 제2항에서 대상시설별 설치해야 할 이동편의시설의 구조/재질 등 세부기준을 국토교통부령에 위임하고 있다. 교통약자법 시행령 [별표2]는 버스가 휠체어 승강설비를 설치해야 한다는 취지로 표시하고 있다. 그런데 교통약자법 시행규칙은 '계단이 있는 버스는 (…) 승강설비를 갖출 수 있다'(이하 "본건 조항")고 하여 계단이 있는 버스는 재량에 따라 휠체어 승강설비를 설치하지 않을 수 있도록 규정하고 있어 사실상 계단이 있는 버스 즉 저상버스가 아닌 버스에 대해 교통약자법 시행령 [별표2]가 부여한 휠체어 승강설비 설치의무를 면제하는 것으로 오인될 수 있다.

더 심각한 문제는 본건 조항으로 휠체어 승강설비 통계가 왜곡된다는 것이다. 교통약자 이동편의 증진계획 내지 실태조사의 통계는 모두 본건 조항을 기준으로 작성되는데, 본건 조항이 계단이 있는 버스에 휠체어 승강설비를 요구하지 않으므로 동 버스가 휠체어 승강설비를 갖추지 않더라도 이동편의시설을 모두 "적합"하게 갖추었다고 간주된다. 예로 국토교통부 증진계획은 휠체어 승강설비 관련하여 저상버스에는 "100% 적합" 표시한 반면 일반버스(저상버스가 아닌 버스)에는 "해당없음" 표시하여 통계에서 배제하고 있다.49) 모든 버스 중 70%를 차지하는 일반버스에 휠체어 승강설비가 설치되었는지 전혀 확인되지

---

48) 조항웅·한웅구, "교통약자 이동편의 증진계획의 개선방안(성남시를 중심으로)", 교통 기술과 정책 제6권 제2호 (2009. 6.), 15.

49) 국토교통부, "제4차 교통약자 이동편의 증진계획(2022-2026)" (2022. 9), 13.

않은 상황에서 30%에 불과한 저상버스만으로 버스 전체가 휠체어 승강설비를 적합하게 갖추었다고 판단되는 것이다.[50)

나. 검토

본건 조항은 아래에서 살펴볼 것처럼 위임 범위를 일탈하여 위헌이라고 보아야 한다. 이러한 본건 조항에 이의를 제기하려는 노력은 예전부터 있었다. 일례로 휠체어를 사용하는 장애인이 교통사업자의 휠체어 승강설비 미제공이 장애인차별금지법상 차별행위라고 주장한 사건에서, 서울고등법원은 "교통약자법 시행규칙은 (…) 계단이 있는 버스의 경우 승강설비 없이 제1계단의 높이를 낮출 수 있는 것으로 규정하여 승강설비 설치에 대한 선택의 여지를 남겼고 (…) 장애인차별금지법 시행령 제13조는 교통약자법 시행령 별표 1, 2만을 준용하고 있을 뿐 교통약자법 시행규칙 제2조는 준용하고 있지 않은바, 교통약자법 시행규칙을 이유로 휠체어 승강설비의 미제공을 정당화할 수는 없다"고 판시하였고(서울고등법원 2019. 1. 25. 선고 2015나2041792 판결), 이어 대법원 또한 "교통사업자는 장애인을 위한 정당한 편의로 버스에 휠체어 탑승설비를 제공할 의무가 있고"라고 판시하였다(대법원 2022. 2. 17. 선고 2019다217421 판결). 이런 노력으로 휠체어 승강설비 미제공에 대해 차별행위를 주장하는 것은 훨씬 수월해졌다. 그러나 시정 대상이 해당 사건의 피고로 한정되고 그 중에서도 판결이 인정한 노선에만 한정된다는 점에서 한계가 있다.

헌법 제75조는 '대통령은 법률에서 구체적으로 범위를 정하여 위임받은 사항과 법률을 집행하기 위하여 필요한 사항에 관하여 대통령령을 발할 수 있다'고 규정한다. 즉 수권법률에 의해 법규명령을 제정하는 수임자는 법률이 구체적으로 정한 범위 내에서 하위법령을 제정해야 한다. 하위법령이 위임의 한계를 준수하고 있는지 판단하는 기준에

---

50) 저상버스 도입률은 위 증진계획, 24.

관하여 대법원은 "위임 규정 자체에서 의미 내용을 정확하게 알 수 있는 용어를 사용하여 위임의 한계를 분명히 하고 있는데도 문언적 의미의 한계를 벗어났는지 여부나 하위 법령의 내용이 모법 자체로부터 위임된 내용의 대강을 예측할 수 있는 범위 내에 속한 것인지" 등을 고려해야 한다고 판시하였다(대법원 2015. 8. 20. 선고 2012두23808 전원합의체 판결). 나아가 대법원은 "예측가능성의 유무는 위임조항 하나만을 가지고 판단할 것이 아니라 (…) 규제 대상의 성질에 따라 구체적·개별적으로 검토"해야 한다고 하면서 항만공사법 시행규칙이 위임 범위를 일탈한 것인지 검토하기 위해 문언 뿐만 아니라 국내 항만운영 정책의 특성과 항만시설사용료 체계 및 운영실태 등도 함께 검토해야 한다고 보았다.

최근 장애인 접근권 사건에서는 장애인등편의법이 편의시설 설치 의무를 규정하면서 의무 대상시설의 구체적인 범위를 시행령에 위임했는데 시행령이 편의점의 경우 바닥면적 합계 300㎡이상인 경우에만 대상시설에 포함된다고 규정하여 결과적으로 전국 편의점 중 대다수에 편의시설 설치 의무를 면제한 것이 위임 일탈인지 여부가 문제되었다. 법원은 ① 하위법령은 기본적으로 수권법률의 입법목적 달성에 기여해야 한다는 내제적 한계를 지닌다는 점, ② 편의점은 음식료품·의약품·생활필수품을 편리하게 구입할 수 있는 장소 특성상 장애인의 생존권과 밀접한 관련이 있다는 점, ③ 바닥면적 300㎡이상인 편의점은 전국 편의점 중 1.8%에 불과해 현행 법령을 적용하면 장애인의 접근권이 심각하게 제한된다는 점, ④ 장애인등편의법이 대상시설 범위를 위임한 것은 편의시설을 설치할 필요성과 동 설치에 소요될 경제적 부담을 종합하여 대상시설 범위를 구체화하라는 것임에도 편의점 대부분을 대상시설에서 제외해버렸다는 점을 근거로 동 조항이 위임 일탈로 위헌이라고 보았다(서울중앙지방법원 2022. 2. 10. 선고 2018가합524424 판결).

대법원이 판시한 내용과 최근 장애인 접근권 판결을 종합하면, ①

하위법령은 수권법률의 문언을 통해 예측할 수 있는 범위 내에서 규정되어야 하고 그 범위를 벗어나면 위임 범위를 일탈한 것으로 보아야 한다. ② 규제 대상에 하위법령을 그대로 적용하면 결과적으로 수권법률의 입법목적에 정면으로 반하게 될 때 하위법령은 위임의 내재적 한계를 일탈한 셈이 된다. 특히 사회적 약자의 권리를 강화하기 위해 관련 사업자에게 일정 의무를 부과하는 법률에서 위임을 받은 하위법령이 결과적으로 해당 사업자의 의무를 전면 면제하여 사회적 약자의 권리를 강화하고자 하는 동 법률의 입법목적 달성을 현저히 어렵게 만든다면 그러한 하위법령은 수권법률의 입법목적이 정한 내재적 한계를 벗어났다고 보아야 한다.

본건 조항 문언을 보면 제1항이 '대상시설별로 설치하여야 하는 이동편의시설의 종류는 (…) 대통령령으로 정한다'고 규정하고 제2항이 다시 위 '대상시설별로 설치하여야 하는 이동편의시설' 단어를 반복하여 규정하고 있다. 뒤에 반복되는 단어는 앞의 단어의 의미를 받는 것이 보통이므로 제2항이 말하는 '대상시설별로 설치하여야 하는 이동편의시설'이란 곧 시행령이 정한 이동편의시설을 의미한다고 봄이 합리적이다. 따라서 본건 조항은 시행령이 정한 이동편의시설 종류에 구속되며 시행령이 정한 범위 안에서 세부 기준을 정해야 한다. 나아가 제2항이 말하는 '세부기준'이란 시행령이 정한 각 이동편의시설이 내용적 측면에서 갖추어야 하는 구체적인 기준을 의미하고 이동편의시설을 갖추지 않아도 되는 사유를 의미한다고 볼 수는 없다. 문언에 비추어 볼 때 교통약자법 제10조가 각 하위 법령에 위임한 취지는 시행령이 대상시설 주 이용자, 설치 비용 등을 종합하여 대상시설별 설치할 이동편의시설 종류를 확정하면 시행규칙이 동 이동편의시설이 갖추어야 할 구체적인 모양이나 기능 등을 정하여 교통사업자가 이를 참고하여 적합한 이동편의시설을 설치할 수 있도록 돕기 위함인 것으로 이해된다. 그럼에도 불구하고 본건 조항은 시행령이 버스 내 이동편의시설 종류로 휠체어승강설비를 규정한 상황에서 계단이 있는 버스에 일률적으로 설치 의무를 면제한바, 이는 '이동편의시설의 세부기준'문언에서 예측할 수 있는 범위를 벗어나 입법한 것으로 평가될 수 있다.

나아가 본건 조항은 교통약자법의 입법 목적에 반하여 그 내재적 한계를 일탈한 것으로 판단된다. 교통약자법은 장애인 이동권을 보장하기 위해 교통사업자에게 이동편의시설 설치 의무를 부과하며 세부기준을 본건 조항에 위임하였다. 따라서 본건 조항은 기본적으로 교통약자법의 이동권이라는 입법 목적 달성에 기여하여야 내재적 한계를 가진다. 장애인이 비장애인과 동등하게 이동하기 위해 버스에 대한 접근이 개선되어야 한다는 점은 이미 강조한 바와 같다. 그러나 휠체어 승강설비가 요구되는 저상버스가 시내버스 중 30%에 그치고 (경기도 19.2%, 충청남도 9.9% 로 지방은 더 열악한 편이다), 시내버스가 아닌 광역급행형, 직행좌석형, 좌석형, 시외버스 등에는 아예 도입되지 않은 것이 현실이다. 이러한 상황에서 휠체어 승강설비를 저상버스에만 의무화하고 계단이 있는 버스에는 면제한다면 장애인이 이용할 버스 과반수 이상이 휠체어 승강설비를 갖추지 않게 되어 장애인 이동권을 강화하고자 한 교통약자법의 입법 목적에 정면으로 반하는 결과가 발생한다. 계단이 있는 버스에 휠체어 승강설비를 설치하는데 교통사업자의 경제적 부담이 다소 증가한다는 점을 감안하더라도 그러한 경제적 부담과 휠체어 승강설비 설치 필요성을 형량함 없이 단순히 계단이 있는 버스 전체에 대해 일률적으로 휠체어 승강설비를 면제한 것은 장애인 이동권을 보장해야 한다는 내재적 한계를 벗어난 것으로 판단된다.

위와 같은 이유로 위임 범위를 일탈한 본건 조항은 교통약자법 시행규칙에서 삭제되어야 할 것이다. 본건 조항을 삭제 개정할 경우 저상버스와 일반버스에 휠체어 승강설비를 요구하는 시행령에 따라 교통사업자는 저상버스 뿐만 아니라 계단이 있는 버스 전부에 대해서도 휠체어 승강설비를 설치할 의무를 부담하게 된다. 이 경우 교통사업자가 일정 기간 내 순차적으로 휠체어 승강설비를 설치하거나 경영 판단에 따라 장기적 시선에서 저상버스로 교체할 수 있도록 경과규정을 두는 것이 적절하다고 생각된다.

2. 교통약자의 이동권 보장을 위한 입법, 행정적 노력

가. 문제 상황

교통약자의 이동권 문제는 꾸준히 개선되어왔다. 그러나 급변하는 우리 사회의 변화 속도에 비해 이동권 개선의 속도는 매우 더디다. 역대 교통약자 이동편의 증진계획의 추진성과에서도 살펴보았듯이, 저상버스 보급률 목표치가 높게 설정되어 있지 않음에도 매번 보급률은 목표치에 미달하고, 버스정류장은 교통약자가 매우 빈번하게 이용하는 시설임에도 기준적합 설치율이 여객시설 중 독보적인 최하위에서 벗어나지 못하고 있다. 고속·시외버스의 휠체어 승강설비 설치도 요원해 보인다.

이러한 현실에 교통약자들은 소송이라는 권리구제 수단을 택하기도 한다. 실제로 교통약자의 손을 들어 준 판결들로 인하여 사회적 분위기가 개선되고, 교통약자의 이동편의시설 개선이 촉발되기도 하였다. 그런데 사법적 권리구제의 한계도 분명히 존재한다. 이동권 소송에서 국가나 지방자치단체 등의 법률상 의무가 도출되지 않는다는 이유로, 편의를 제공하지 못하는 것에 정당한 사유가 있다는 등의 이유로 교통약자가 패소하는 경우도 빈번하다. 법원이 교통약자의 손을 들어준다고 해서 문제가 한꺼번에 해결되는 것도 아니다. 법원을 통한 권리구제는 일회적, 사후적 성격을 갖기 때문에 소송이 진행된 해당 건에 대해서만 효력이 있을 뿐이므로, 교통약자의 권리를 전면적으로 구제하는 효과를 기대하기도 어렵다. 이동권 소송은 장애인차별금지법 제48조 제2항에 따라 이동권 보장과 관련된 차별행위의 시정을 위한 적극적 조치를 구하는 형식을 취하게 되는데, 교통약자법에는 위와 같은 규정이 존재하지 않아 장애인이 아닌 교통약자는 차별행위의 시정을 위한 적극적 조치를 구하는 형태의 소송을 진행할 수 없다는 점도 한계이다.

그렇다면 오랜 시간 동안 해결되지 못한 채 산적해 있는 교통약자의 이동권 문제를 효과적으로 개선할 수 있는 방안과 관련하여 입법과 행정의 측면에서 조금 더 살펴보겠다.

나. 검토

교통약자의 이동권 문제에 대한 사회적 관심이 높아지고 국가와 지방자치단체의 개선 조치가 이루어질 수 있었던 데에는 교통약자법의 역할이 컸다. 장애인등편의법(1997년 제정, 1998년 시행)이 접근권을 교통약자의 법률상 권리로 명시한 데 이어 교통약자법(2005년 제정, 2006년 시행)은 이동권의 법률상 근거를 마련하였다. 또한 교통약자법은 국가와 지방자치단체, 교통사업자 등에게 이동권 보장을 위한 조치를 이행할 의무를 부담시키고, 국토교통부장관에게 교통약자 이동편의 증진계획 수립과 실태조사 실시 의무를 부과함으로써, 교통약자의 이동편의 증진을 위한 국가적 차원의 노력을 이끌어냈다. 이처럼 이동권 문제 개선을 위해서는 국가와 지방자치단체의 책무와 그 범위가 법률로 뒷받침되는 것이 중요하다.

입법은 사회 구성원 간 합의를 필요로 한다. 공론화를 위해서는 교통약자의 이동권 문제가 소수의 문제가 아닌 사회 전체의 문제라는 인식 개선과 함께 교통약자의 목소리가 논의의 장으로 올라올 수 있도록 하는 창구를 마련하여야 한다. 2022년 9월에 장애인 이동권 보장을 위해 민·관이 협력하는 대통령 직속의 장애인이동편의증진 특별위원회가 출범했다. 장애인이동편의증진 특별위원회에서는 장애계 단체를 대상으로 불편사항을 조사하고 교통안전·장애인복지 분야 연구기관의 전문가로부터 자문 등을 받아 이동편의증진에 관한 중점 과제를 도출하고 실현 가능한 방안을 모색하였다. 그러나 비상설기구인 장애인이동편의증진 특별위원회는 실효적인 성과를 도출하지 못한 채 2023년 활동이 종료되었다. 장애인이동편의증진 특별위원회의 성과 자체를 높게 평가하기는 어렵지만, 교통약자의 의견을 수렴하여 정책 제안에 나아갈 수 있는 공식적인 창구 기능을 하였다는 점에서 의미 있는 선례를 남겼다고 생각된다. 장애인이동편의증진 특별위원회와 같은 기구를 상설화, 활성화하여 교통약자의 목소리를 듣고 사회적 합의를 도출하여 입법과 정책에 반영하는 것이 바람직하다.

법률가의 역할도 중요하다. 이동권 소송에서 교통약자 당사자 입장에서는 명백한 차별행위가 존재함에도 불구하고, 관련 법률 및 시행령에서 행정청의 의무가 인정되지 않도록 규정하는 등으로 법원이 판단할 때 행정청의 차별행위를 인정할 수 없는 경우가 종종 있다.[51) 법률가들이 교통약자의 이동권 문제에 관심을 가지고 교통약자 관련 법률 및 시행령의 개정 과정에서 적극적인 의견을 제출하여, 관련 법령을 입법목적에 부합하는 체계정합적이고 실효적인 법령이 되도록 다듬어가는 노력이 필요하다.

입법이 개선되면 동시에 그에 부합하는 정책과 예산 확보가 필요하다. 교통약자의 이동편의증진을 위해서는 국가와 지방자치단체의 협력, 정부 부처 간 협력이 무엇보다 중요하다. 그리고 기관 간 역할을 조정하고 예산을 책임 있게 마련하고 집행하도록 감독할 수 있는 교통약자 이동편의 정책의 컨트롤타워가 필요하다.

장애인복지법은 국무총리 소속으로 장애인정책조정위원회를 두어 보건복지부장관이 5년마다 수립하는 장애인정책종합계획을 사전 심의하도록 하고, 장애인 이동보장 정책에 관한 관계 부처 간의 의견을 조정하도록 하고 있다(제10조의2 제4항, 제11조 제1항, 제2항 제1호, 제5호). 장애인정책조정위원회의 위촉위원 중 2분의 1 이상은 장애인으로

---

51) 홍석표, "법원에서의 장애인 권리구제수단으로서의 공익소송", 사회보장법학 제6권 제1호 (2017. 6.), 199-200.

한다(장애인복지법 시행령 제3조 제4항). 그런데 장애인정책조정위원
회는 비상설기구로서 연 1회밖에 개최되지 않고 운영 방식도 형식적인
수준에 그치고 있어, 실질적인 논의의 장이 되지 못하고 있다. 이에
2021. 7. 12. 김예지 의원이 국무총리 소속하에 있는 장애인정책조정위
원회를 대통령 소속의 국가장애인정책위원회로 격상하고, 위원회의 업
무를 지원하기 위하여 대통령령으로 정하는 바에 따라 사무기구를 두
도록 하는 내용의 장애인복지법 일부개정법률안을 대표발의하였다.[52]
장애인정책조정위원회는 제6차 장애인정책종합계획(2023년~2027년)을
마련하면서, 현행 장애인정책조정위원회의 정책조정 기능을 강화하고
운영을 활성화하기 위해 장애인정책조정위원회를 대통령 소속의 위원
회로 상향하거나 장애인정책조정위원회의 사무국 설치를 추진하겠다
는 계획을 발표하였다. 장애인정책조정위원회를 대통령 소속으로 바꾸
고 사무기구를 두는 것만으로 교통약자 관련 정책의 컨트롤타워 기능
을 갖출 수 있을지는 미지수이다. 그러나 현 정부가 각 부처에 흩어져
있는 교통약자 이동권 관련 모든 정책에 대해서 검토하고 정부, 국회
와 교통약자 당사자 간 협력과 조정의 기능을 책임지는 기관의 필요성
을 환기하고 실천 의지를 드러냈다는 점에서 의의가 있다. 교통약자의
이동편의증진이 국가가 책임지고 시급하게 해결해야 할 과제라는 인
식이 공유되고, 이를 실천할 수 있는 행정적 시스템이 갖추어지기를
바란다.

3. 특별교통수단 확대 논의

가. 문제 상황

교통약자의 이동권을 증진하는 방법으로는 (1) 대중교통수단의 배

---

52) 김예지 의원 발의, "장애인복지법 일부개정법률안", 11467, (2021. 7. 12.) [계류
중], 2.

리어프리화와 (2) 특별교통수단[53])의 확대라는 두 가지 방법이 존재한다.[54] 두 가지 방법을 모두 마련하는 것이 가장 이상적이나, 현실적으로 정부는 '예산'의 문제를 마주하게 되고 두 가지 방법을 적절히 조화하여야 하는 상황에 놓이게 된다.

현재 정부의 예산 책정에 대하여 보면, 2023년과 2024년 교통약자 이동편의 증진 예산안을 분석한 기사는 2024년 장애인 이동권 예산을 '하석상대'라고 비판하였다.[55] 이는 정부가 전국장애인차별철폐연대(이하 "전장연")의 지하철 탑승시위를 비롯한 특별교통수단 증액 요구에 부응하기 위하여 특별교통수단 도입 보조 예산을 265억 원 증액한 대신, 저상버스 도입 보조 예산을 220억 원 감액하였기 때문이다.

이에 대해 정부는 버스 생산업체들이 저상버스를 원활하게 공급하지 못한 탓에 관련 예산 집행이 저조해 2024년 예산을 부득이하게 줄인 것이라고 설명하였으나,[56] 과연 저상버스를 제작할 수 있는 업체가

---

53) 특별교통수단은 장애인복지법 시행규칙 제28조 제1항에 따른 보행상 심한 장애가 있는 사람, 종합병원에서 발급받은 보행장애가 명시된 의학적 진단서를 제출한 일시적 휠체어 이용자(서울, 인천은 이용 불가) 등 영구적·일시적으로 대중교통을 타기 어려운 사람이 이용할 수 있는 '휠체어 탑승설비 장착 차량(장애인 콜택시)'을 의미한다.

54) 대중교통수단이나 특별교통수단 외에 자가용의 구조를 장애인의 몸에 맞게끔 변경하는 방식의 지원도 가능하다. 현재 국내에서는 한국장애인고용공단에서 근로 중인 장애인에 한하여 '차량 구조 변경비'를 지원 받을 수 있고, 직접 운전을 하는 것만큼 언제 어디에서나 이용 가능하고, 대기가 필요하지 않은 편리한 이동수단이 없는 만큼 차량 구조 변경비의 지급대상을 확대하려는 논의가 필요하다. 다만, 교통약자의 다수가 직접 운전을 하기 어려운 상황이라는 점을 고려하여 본고는 대중교통수단과 특별교통수단에만 집중하여 논의하고자 한다[중대신문, "'특별교통수단'이 해결책이 될까". https://news.cauon.net/news/articleView.html?idxno=37772 (2023. 03. 13. 00:18) 참조].

55) 시사위크, "[갈 길 먼 장애인이동권②] 하석상대하는 예산과 지연되는 '이동권 증진'", https://www.sisaweek.com/news/articleView.html?idxno=211098 (2024. 01. 10. 13:43).

56) SBS, "국토부, 내년 저상버스 도입 예산 220억 삭감…"차량공급 부족"", https://biz.sbs.co.kr/article/20000134226?division=NAVER (2023. 09. 05. 07:31).

정부가 언급한 두 곳 뿐인지에 대한 의문과 함께, 줄어든 예산으로도 2026년까지 전국 시내버스의 62% 이상을 저상버스로 교체하겠다는 정책57)을 실현할 수 있을지에 대한 우려가 제기되고 있다.58)

또한, 저상버스 도입 보조 예산을 희생하여 증액된 특별교통수단 도입 보조 예산도 전장연이 주장한 적정 예산(3,350억 원)과는 큰 괴리가 있다. 전장연은 기존 국토부 예산안(470억 원)에 특별교통수단 차량 운전원 인건비가 포함되지 않아 장애인 콜택시가 개정안대로 운행되지 못하고 있다며 예산 증액을 촉구해왔다. 지자체가 운전원 인건비를 오롯이 부담해야 하는 상황에 놓이면서 일부 지역에서는 장애인 콜택시를 이용하기 위해 1주일 전 예약해야 하는 등 서비스 공급이 원활하게 이뤄지지 못하고 있고, 전국의 장애인 콜택시가 하루 18시간 이상 정상적으로 운행되기 위해서는 운전원 인건비를 포함해 총 3,350억원의 예산이 필요하다고 주장하였다.59)

결국 정부의 예산 편성 방식을 살펴보면 정부가 교통약자의 이동권 증진에 사용할 수 있는 예산이 어느 정도 한정되어 있음을 알 수 있다. 궁극적으로는 교통약자의 이동권 증진에 할당되는 예산을 더욱 많이 확보해야 하는 문제이나, 그러한 사회적인 합의에 다다르기 전까지는 대중교통수단의 배리어프리화와 특별교통수단의 확대 중 우선순위를 정해야 한다. 이때 두 마리 토끼를 모두 놓치지 않기 위해서는 적절한 조화에 대한 고민이 필요하다.

---

57) 대한민국 정책브리핑, "2026년 전국 시내버스 62%를 저상버스로…특별교통수단 확대", https://www.korea.kr/news/policyNewsView.do?newsId=148906363&call_from=naver_news (2022. 09. 27. 확인).

58) 위 각주 48의 기사 참조.

59) 연합뉴스, "전장연 지하철 탑승 시위 멈추게 한 '특별교통수단 예산' 뭐길래", https://www.yna.co.kr/view/AKR20231204144100004?input=1195m (23. 12. 05. 07:54).

나. 검토

대중교통수단과 특별교통수단은 상호보완적인 관계이므로 궁극적으로는 두 수단을 모두 개선하여야 하나, 현재의 단계에서는 상황에 따라 우선순위를 달리하는 것이 바람직하다. 가장 핵심적인 기준은 대중교통수단이 있는 상황이라면 대중교통수단의 배리어프리화를, 대중교통수단이 없는 상황이라면 특별교통수단의 확대를 우선적인 목표로 삼아야 한다는 것이다.

지역적인 측면에서 살펴보면, 수도권의 경우 이미 버스, 지하철 등 대중교통수단이 다양한 노선으로 마련되어 있으므로, 저상버스의 100% 도입 및 버스 정류장과 지하철 역사의 환경 개선(계단을 이용하지 않고 접근 가능, 단차 해소, 시각장애인용 점자블록 설치, 장애인용 화장실 설치 등)을 통해 대중교통을 이용하는 교통약자의 편의를 증진하는 방안을 우선적으로 시행하여야 한다.[60] 한편, 지방의 경우에는 대중교통수단 자체가 미비한 지역이 많고, 특별교통수단이 유일한 이동수단인 경우가 대다수다.[61] 이에 지방에 특별교통수단 관련 예산을 인구 대비 많이 투입하여 교통약자의 이동권을 적극적으로 보장할 필요가 있다.

다음으로 시간의 측면에서 살펴보면, 특별교통수단의 보급률 수치와 달리 야간 운행대수는 극히 적은 상황이다. 이재민 전국장애인이동권연대 사무국장은 "서울에서 운행되는 장애인콜택시는 622대인데, 24시간 622대가 운행되는 것은 아니다. 서울시는 밤 11시부터 아침 7시

---

60) 수도권의 경우, 전국 평균 대비 특별교통수단 보급률이 높음에도 여전히 수요가 공급보다 많아 이용이 매우 어렵다는 평가가 있다. 이를 해결하기 위하여 수도권 중에서도 대중교통수단이 없는 지역에 특별교통수단을 우선적으로 배차하거나 (앞서 언급한 독일 베를린의 Muva "Flexible Trip"과 같이) 집-정류장 간의 이동 등 비교적 짧고 필수적인 운행을 위주로 하여 특별교통수단의 1일 탑승가능인원을 늘리는 방안도 고려해 볼 수 있다.

61) 경향신문, "대도시는 지하철이라도 있지만…'장애인 이동권 지역 격차'", https://www.khan.co.kr/national/national-general/article/202210051114021 (2022. 10. 05. 11:14).

까지는 전체 차량 중 단 20대만 운행한다. 이 문제를 해결하기 위해선 차량을 운전해야 하는 운전원이 있어야 하며, 이는 운전원의 인건비 문제와 직결된다"라고 설명하였다. 서울은 그나마 나은 편이다. 부산의 장애인콜택시 181대 중 야간 운행하는 차량은 4대뿐이고, 세종시의 경우 야간에는 한 대도 다니지 않는다. 이 사무국장은 "이번 조사를 하면서 놀랐던 부분은 충남의 15개 지자체 중 야간에 운행하는 지자체는 1곳에 불과했다는 점이다. 충북도 2곳만 야간에 운행을 했다"라며 "늦은 밤 아프거나 가족에게 큰일이 생겼을 때, 장애인은 특별교통수단이 없어 이동할 수 없게 된다"라고 설명하였다.[62] 즉, 수도권의 경우에도 (주간과 달리) 야간에는 대중교통수단을 운영하지 않으므로 특별교통수단의 필요성이 크다. 따라서 전국적으로 주간에 비하여 야간의 콜수가 적다고 하더라도 야간 운행대수를 콜수 대비 늘리는 것이 바람직하다.

　주의할 점은 특별교통수단의 확충과 관련하여 중요한 것은 법정 기준 대수의 마련이 아닌 실질적인 운행횟수의 증가라는 것이다. 지자체별 장애인콜택시 차량 대수는 이미 전국적으로 법정 기준 대수의 60% 이상 마련되어 있으나, 장애인들이 느끼는 운행률은 수년째 제자리다. 이는 특별교통수단을 운행하는 기사가 매일, 매시간 출근 상태가 아니라 실제 이용 가능한 운행률의 편차가 크기 때문이다.[63] 따라서 지방 혹은 야간을 위하여 마련한 특별교통수단 예산으로 차량 대수를 늘리는 것에만 몰두할 것이 아니라, 기존에 있는 차량을 활용하기 위하여 운전원을 추가 채용하고, 효율적인 배차 시스템을 고민할 필요성이 있다.

　한편, 특별교통수단 확대 문제의 궁극적인 해결책은 유니버설 택시의 도입이다. 미국, 영국, 일본 등과 같이 유니버설 택시의 도입을 의무화하면, 특별교통수단 확대에 필요한 예산이 줄어들고, 그 예산을 일

---

62) 비마이너, "저상버스·지하철 없는 지역, 특별교통수단에만 의존…상황은 참혹", https://www.beminor.com/news/articleView.html?idxno=23250 (2022. 04. 29. 19:28).

63) 세계일보, "'30분 대기는 기본'… '장애인 콜택시' 이용 별따기", https://www.segye.com/newsView/20240204508375?OutUrl=naver (2024. 02. 04. 19:48).

반적인 승용차에 탑승하기 어려운 일부 교통약자를 위하여 집중적으로 사용하거나 대중교통수단의 배리어프리화에 활용할 수 있다. 또한, 교통약자도 카카오모빌리티, 우티, 타다 등 가맹택시 플랫폼이 갖춘 완성도 높은 어플과 효율적인 콜 분배 시스템을 활용할 수 있으며, 택시가 부족하여 혹은 콜이 효율적으로 분배되지 않아 몇 시간씩 택시에 탑승하지 못하는 일은 자연스레 사라질 것이다.

이처럼 교통약자도 별도의 등록이나 번거로운 절차를 거치지 않고 원하는 곳에 가기 위해 버스, 지하철, 택시 중 자유롭게 선택할 수 있는 것이야말로 '진정한 이동권'을 보장받는 것이다. 이를 위해 정부는 한정된 예산을 대중교통수단의 배리어프리화와 특별교통수단의 확대(지방·야간 시간대 장애인콜택시 운행횟수 증가 및 유니버설 택시의 도입)에 효율적으로 분배하는 장기적인 계획을 수립하여 발표하는 것이 바람직하고, 그 과정에서 해외의 우수 사례를 참고하고 교통약자의 목소리에 귀 기울이는 것이 필요하다.

4. 비교법적 대안 제시

가. 대중교통 관련 – 장애인 이동편의시설 구비 대중교통차량의 도입에 관한 법제 비교

국토교통부에 의하면, 2021년 기준 우리나라의 시내버스 저상버스 도입률은 30.6%에 불과하였다.[64] 이처럼 저조한 저상버스 도입률을 제고하기 위해 교통약자법 제14조 제7항(2022. 1. 18.) 및 동법 시행령 제14조 제4항(2023. 1. 3.)이 신설되었고, 이에 따라 노선버스 운송사업자는 2023. 1. 19.부터 마을버스 및 일부 시내버스·농어촌버스를 대폐차하는 경우 저상버스로 도입할 의무를 부담하게 되었다. 그러나 교통약자법에서는 저상버스 도입의무 위반시 노선버스 운송사업자에 관한

---

64) 국토교통부, "제4차 교통약자 이동편의 증진계획(2022-2026)" (2022. 9), 12.

법적 제재(행정제재 및 형사처벌) 규정을 두고 있지 않다. 이에 따라, 저상버스 도입의무에 관한 현행법상 규정은 법적 강제력이 부족한 상황이다. 실제로 전국장애인이동권연대는 '2023년 전국 저상버스 의무도입 이행현황'에서 전국 저상버스 의무교체 차량 수 5,597대 중 교체차량 수는 52.9%에 불과하다고 분석하기도 하였다.[65]

독일의 경우, 연방법령을 통해 각 지방자치단체로 하여금 법정 시한 내에 장애인의 대중교통에 관한 '완전한 접근성'을 달성할 의무를 정한 바 있다. 구체적으로, 2013년에 개정된 독일 여객운송법(Personen-beför-derungsgesetz) 제8조 제3항에서는 각 지방자치단체가 2022년 1월 1일까지 지역 대중교통에 대한 장애인의 완전한 접근성을 달성하는 것을 목적으로 지방자치단체 계획을 수립하여야 하고, 위 시한을 준수하지 못하는 경우 그 사유를 명시하여야 한다고 규정하고 있다. 또 같은 법 제27조에서는 각 지방자치단체가 위 규정을 준수하도록 행정적 강제의 근거규정을 두고 있다. 이러한 법적 강제를 바탕으로, 독일은 인구 8만 명의 소도시인 마부르크가 2016년에 24개 시내버스 노선을 100% 저상화하는 등[66] 실질적으로 저상버스 도입률을 제고한 바 있다.

우리나라 교통약자법에서는 구체적 시한을 정하지 않고 '대폐차시' 저상버스를 도입하여야 한다고 정하고 있고, 그마저도 위반 시 법적 제재에 관하여는 정하고 있지 않다는 것과 비교하면, 독일의 입법례는 보다 구체적이고 강제력 있게 장애인 접근성을 구비한 대중교통수단의 도입을 의무화하고 있다고 판단된다.

한편, 미국은 연방법령을 통해 주정부를 비롯한 대중교통 운용주체에 대하여 대중교통 차량을 새로 도입할 시 장애인이 용이하게 이용할 수 있는 차량으로 도입할 의무를 부과하고, 이를 위반할 시 '차별행위'에

65) 에이블뉴스, "전국 저상버스 의무도입 이행률 절반 수준 '낙제점'", https://www.ablenews.co.kr/news/articleView.html?idxno=208582 (2023. 11. 9. 18:15).

66) 이주영, "'배리어 프리' 장애인 차별 없는 복지국가 독일의 오늘" https://www.pressian.com/pages/articles/239273 (2019. 5. 2. 07:51).

해당한다고 규정하고 있다. 미국 장애인법(Americans with Disabilities Act of 1990; 42 U.S. Code Chapter 126) Section 12142에 의하면, 고정 경로 교통수단[67]을 운용하는 공적 단체(주정부 및 그 산하의 공공기관을 포함)가 버스, 고속철도차량 및 경전철차량 등 차량을 구입, 대여 또는 재제조(remanufacture)하는 방식으로 차량을 신규 도입하는 경우, 휠체어 사용자를 비롯한 장애인의 이용이 가능한 차량으로 도입하지 않는다면 차별행위(discrimination)에 해당한다. 위 규정에 따른 차별행위를 당한 장애인은 연방법령에 따른 법적 구제를 구할 수 있다(Section 12133).

우리나라 장애인차별금지법령에서도 시내버스에 휠체어 승강설비 등 일정한 이동편의시설이 제공되어야 한다고 규정하고 있다(장애인차별금지법 시행령 제13조 제2항, 교통약자법 시행령 별표2). 그러나 미국 법제와 달리, 우리나라의 경우 교통사업자 등이 신규 대중교통 차량 도입 시 장애인 이동편의시설이 구비된 차량으로 도입하지 아니하는 것을 별도의 차별행위로 규제하고 있지 아니하다.[68] 그 결과, 우리나라 현행법상 장애인은 이동편의시설이 제공되지 않은 차량에 관하여 개별적·사후적으로 구제를 구할 수밖에 없는 상황이다. 우리도 대중교통 차량의 신규 도입시 이동편의시설을 미구비한 차량을 도입하는 것을 별도의 차별행위로 규정한다면, 구체적 사안에서 장애인의 피해가 발생하기 전에 사전적·근본적으로 대중교통 차량의 이동편의시설 구비를 강제하는 효과를 도모할 수 있을 것으로 생각된다.

---

67) fixed route system - 사전에 지정된 경로 및 시간표에 따라 운용되는 대중교통 수단을 의미함 [Section 12141 (3)].

68) 현행 장애인차별금지법에서는 노선버스 운송사업자가 기존 버스를 대폐차하는 경우 저상버스를 도입하지 아니하는 것(즉 교통약자법 제14조 제7항을 위반하는 것) 또한 차별로 규정하고 있지 않다. 이는 위 규정의 실질적 강력력을 약화하는 결과로 이어질 수 있는바 문제적이라고 생각된다.

나. 택시 등 민간 교통수단 관련 – 운전자의 의무에 관한 법제 비교

교통약자법 및 장애인차별금지법에서는 '교통사업자'를 이동편의시설 설치의무 및 이동 및 교통수단 등에서의 차별금지의무의 주체로 정하고 있다(교통약자법 제5조, 제11조, 장애인차별금지법 제19조). 교통약자법에 의하면 교통사업자란 여객자동차법·도시철도법·철도사업법·궤도운송법·항공사업법·공항시설법·항만법·해운법 등의 관계 법령에 따라 교통행정기관으로부터 면허·허가·인가·위탁 등을 받거나 교통행정기관에 등록·신고 등을 하고 교통수단을 운행·운항하거나 여객시설을 설치·운영하는 자를 의미한다(교통약자법 제2조 제5호).

교통약자법상 교통사업자에 택시운수종사자를 비롯한 민간 교통수단의 운전업무 종사자가 포함되는지 여부에 관하여 법원이 명시적으로 판단한 사례는 확인되지 않는다. 그러나 ① 여객자동차법상 운수종사자는 '운전업무 종사자격'을 취득함으로써 인정되는 지위이고(여객자동차법 제24조) 여객자동차법상 면허·허가·인가·위탁 대상에 해당하지 않는 점, ② 2024. 1. 16. 교통약자법 개정으로 2025. 1. 17. 시행 예정인 교통약자법 제13조 제3항에서는 교통사업자에 대한 교육과 별개로 택시운수종사자에 대한 교육을 규정하고 있어 교통사업자와 택시운수종사자 개념을 구분하고 있는 점 등을 고려하면, 택시운수종사자를 비롯하여 민간 교통수단의 운전업무 종사자는 교통약자법상 교통사업자에 포함되지 않는다고 해석함이 타당하다고 보인다.

간단히 말해, 우리나라 교통약자법 및 장애인차별금지법에서는 택시회사의 의무에 관하여 규정하고 있을 뿐, (개인택시운송사업자 제외하고) 택시회사에 소속된 개별 택시운전사의 의무에 관하여는 정하지 않고 있다고 해석된다.

이에 반하여, 영국은 2022년 택시 및 개인임대차량(장애인)법[Taxis and Private Hire Vehicles(Disabled Persons) Act 2022; 평등법(The Equality Act 2010)에 대한 개정에 해당함]을 통해 택시 및 개인임대차

량의 '운전자'에 대하여 장애인에 대한 차별 금지의무를 부과하고 있다. 위 법에 의하면, 장애인 또는 그 동승인에 의하여 고용된 택시 및 개인임대차량의 운전자는 해당 장애인을 운송할 의무, 휠체어 및 이동보조기구를 운송할 의무, 안전과 합리적인 편리함을 누리도록 합리적인 조치를 취할 의무, 추가 비용을 부과하지 않을 의무 등을 부담한다 (The Equality Act 2010 Part 12 Chapter 1 164A, 165).[69]

우리나라 장애인차별금지법 제19조에서도 이동 및 교통수단 등을 접근·이용함에 있어서 장애인을 제한·배제·분리·거부하는 행위, 장애인보조기구의 동승·반입·사용을 거부하는 행위 및 불리한 요금 제도를 적용하는 행위 등을 금지하고 있다. 그러나 장애인차별금지법 제19조에 따른 금지의무의 적용 대상은 교통사업자 및 교통행정기관으로 국한되고, 전술하였듯 택시운수종사자를 비롯한 운전업무 종사자는 교통약자법상 교통사업자에 해당하지 않는다고 해석되므로 장애인차별법 제19조의 직접적인 적용대상에 포함되지 않는다.

장애인차별금지법 제19조의 궁극적인 취지는 이동 및 교통수단에 있어서의 장애인에 대한 차별행위를 금지하는 것에 있다고 할 것이다. 우리도 영국법제와 마찬가지로 운전업무 종사자가 소속된 교통사업자뿐만 아니라 해당 운전업무 종사자에 대하여도 차별금지의무를 부과한다면 장애인의 민간 교통수단 이용실태에 있어서 차별을 방지하는데 도움이 될 수 있으리라고 생각된다.

III. 결론

지금까지 교통약자 이동권의 현황과 그 과제에 대하여 살펴보았다.

---

69) 김민이, "영국의 장애인에 대한 택시 및 개인임대차량 입법례", 국회도서관 제 2022-15호 (2022), 6.

교통약자 이동권 보장의 필요성에 대하여는 이견이 전혀 없을 것이다. 그 방향성과 방법에 대한 여러 고민들이 있는데, 기본적으로 우리 사회의 합의인 개별 법률에서 정한 사항만큼은 최대한 신속히, 그리고 철저히 이행되어야 할 것이다. 문제점을 지속적으로 지적하고, 개선방안을 모색하고, 개선을 이끌어내는 각고의 노력들이 필요하다. 이 연구가 조금이라도 도움이 되기를 바란다.

참고문헌

논문

국토교통부, 제4차 교통약자 이동편의 증진계획(2022~2026) (2022)

김명수·정재황, "장애인 이동권에 관한 헌법적 고찰", 성균관법학 제19권 제3호 (2007)

김민이, "영국의 장애인에 대한 택시 및 개인임대차량 입법례", 국회도서관 제 2022-15호 (2022)

노호창, "교통약자의 이동권 및 교통편의 증진을 위한 법 개정에 관한 연구", 한 국법학회 법학연구 제20권 제3호(통권 제79호) (2020. 8.)

문영희, "교통약자의 이동권", 사회법연구 제48호 (2022)

박창석, "기본권으로서의 장애인의 이동권", 법학논총 제38집 제4호 (2021)

전성민, "일본의 배리어프리 관련 도시 정책의 동향 및 시사점" (2022)

조항웅·한웅구, "교통약자 이동편의 증진계획의 개선방안(성남시를 중심으로)", 교통 기술과 정책 제6권 제2호 (2009. 6.)

한국교통안전공단, "2021년 교통약자 이동편의 실태조사 연구 부록", 국토교통 부, (2022. 6.)

홍석표, "법원에서의 장애인 권리구제수단으로서의 공익소송", 사회보장법학 제 6권 제1호 (2017. 6.)

홍선기, "독일 대중교통에 관한 법제연구" (2023)

판례

대법원 2015. 8. 20. 선고 2012두23808 전원합의체 판결

대법원 2022. 2. 17. 선고 2019다217421 판결

서울고등법원 2019. 1. 25. 선고 2015나2041792 판결

서울중앙지방법원 2022. 2. 10. 선고 2018가합524424 판결

기타 자료

CBS노컷뉴스, ""우리 모두를 위한 것"···장애인 이동권 해외 사례는?",

https://www.nocutnews.co.kr/news/5745385 (2022. 04. 24. 05:15)

복지타임즈, "미국처럼 버스타고 떠나고 싶다", https://www.bokjitimes.com/news/
articleView.html?idxno=17721 (2017. 02. 09. 16:13)

브릿지경제, "[기후위기 속 장애인⑩] 옐로캡, 닐링버스, 플라스틱 빨대 등 장애
인 차별없는 뉴욕", https://www.viva100.com/main/view.php?key=
20231112010003341 (2023. 11. 12. 15:19)

오마이뉴스, "장애인·비장애인 함께 탈 수 있는 택시 … 영국엔 있고 한국엔 없
다", https://www.ohmynews.com/NWS_Web/View/at_pg.aspx?CNTN_CD
=A0002986551 (2023. 12. 17. 14:33)

KBS 뉴스, "日, 철도 요금에 '배리어 프리' 공사비 반영",
https://news.kbs.co.kr/news/pc/view/view.do?ncd=3612342 (2018. 03. 01.
09:51)

TBS NEWS, "あすからJRなど首都圏鉄道各社が運賃10円値上げ ホームドアや
エレベーターなどバリアフリー化で",
https://newsdig.tbs.co.jp/articles/-/383763?display=1 (2023. 03. 17. 15:21)

KBS 뉴스, "장애인 시설 설치 위한 지하철 요금 인상 찬성",
https://news.kbs.co.kr/news/pc/view/view.do?ncd=7680487 (2023. 05. 21.
07:08)

프레시안, "한국의 1년 장애인 예산, 독일 1개 도시에도 못 미친다",
https://www.pressian.com/pages/articles/2023040415222425011 (2023. 04.
04. 15:35)

경향신문, "발산역 장애인 리프트 사망사고 "서울시 책임"",
https://m.khan.co.kr/national/court-law/article/200311072308171#c2b (2003.
11. 7.)

에이블뉴스, "발산역사고 위자료 5천400만원 추가 판결", https://www.ablenews.
co.kr/news/articleView.html?idxno=5341 (2004. 9. 22.)

법률신문, "지하철 리프트에서 장애인 추락사 "시철도공사는 1억4천여만원 배상
하라"", https://www.lawtimes.co.kr/news/15378 (2005. 2. 15.)

국가인권위원회 보도자료, "안전한 청계천을 위한 서울시의 적극적인 노력 필
요", https://www.humanrights.go.kr/base/board/read?boardManagementNo=
24&boardNo=555007&searchCategory=&page=16&searchType=total&

searchWord=%EA%B3%A0%EB%A0%B9&menuLevel=3&menuNo=91 (2005. 11. 16.)

미디어생활, "서울중앙지법, "종로3가역 엘리베이터 설치하라", https://www. imedialife.co.kr/news/articleView.html?idxno=12028 (2014. 8. 13.)

한겨레신문, "휠체어장비 없는 버스 '차별' 맞는데…소송인 이용노선만 시정?", https://www.hani.co.kr/arti/society/society_general/1033996.html (2022. 3. 8.)

연합뉴스, "고속버스에 장애인 탑승시설 설치 소송…재판부 현장검증", https://www.yna.co.kr/view/AKR20231129113600054 (2023. 11. 9.)

미디어생활, "장애인 접근성 차별 버스정류장…지자체장 상대 차별구제 소송", https://www.imedialife.co.kr/news/articleView.html?idxno=44128 (2023. 4. 20.)

에이블뉴스, "'휠체어 장애인 선박 탑승 거부' 차별구제청구소송 제기", https://www.ablenews.co.kr/news/articleView.html?idxno=206558 (2023. 8. 23.)

중대신문, "'특별교통수단'이 해결책이 될까", https://news.cauon.net/news/article View.html?idxno=37772 (2023. 03. 13. 00:18)

시사위크, "[갈 길 먼 장애인이동권㉒] 허석상대하는 예산과 지연되는 '이동권 증진'", https://www.sisaweek.com/news/articleView.html?idxno=211098 (2024. 01. 10. 13:43)

SBS, "국토부, 내년 저상버스 도입 예산 220억 삭감…"차량공급 부족"", https://biz.sbs.co.kr/article/20000134226?division=NAVER (2023. 09. 05. 07:31)

대한민국 정책브리핑, "2026년 전국 시내버스 62%를 저상버스로…특별교통수단 확대", https://www.korea.kr/news/policyNewsView.do?newsId=148906363&call_ from=naver_news (2022. 09. 27.)

연합뉴스, "전장연 지하철 탑승 시위 멈추게 한 '특별교통수단 예산' 뭐길래", https://www.yna.co.kr/view/AKR20231204144100004?input=1195m (23. 12. 05. 07:54)

경향신문, "대도시는 지하철이라도 있지만…'장애인 이동권 지역 격차'", https://www.khan.co.kr/national/national-general/article/202210051114021 (2022. 10. 05. 11:14)

비마이너, "저상버스·지하철 없는 지역, 특별교통수단에만 의존… 상황은 참혹", https://www.beminor.com/news/articleView.html?idxno=23250 (2022. 04. 29.

19:28)

세계일보, ""30분 대기는 기본"… '장애인 콜택시' 이용 별따기",
    https://www.segye.com/newsView/20240204508375?OutUrl=naver (2024. 02.
    04. 19:48)

에이블뉴스, "전국 저상버스 의무도입 이행률 절반 수준 '낙제점'",
    https://www.ablenews.co.kr/news/articleView.html?idxno=208582 (2023. 11. 9.
    18:15)

이주영, "'배리어 프리' 장애인 차별 없는 복지국가 독일의 오늘",
    https://www.pressian.com/pages/articles/239273 (2019. 5. 2. 07:51)

김예지 의원 발의, "장애인복지법 일부개정법률안", 11467, (2021. 7. 12.) [계류
    중], 2

장애인 공중이용시설 등 접근권 법제 개선 연구

김용혁*·이주언**·이재근***

초록

접근권은 대한민국헌법 제10조 행복추구권 및 위 권리에서 파생된 일반적 행동자유권으로부터 도출되는 헌법상 기본권이다. 장애인의 접근권에 관하여 규율하는 「장애인·노인·임산부 등의 편의증진 보장에 관한 법률」 제7조와 위 법 시행령 제3조 관련 별표1은 일정 면적 기준 이상의 공중이용시설들에만 위 법에 따른 편의시설 설치 의무를 부과함으로써 장애인의 공중이용시설에 대한 접근권을 보장해 주지 못하였고, 서울중앙지방법원 2018가합524424 사건의 재판부는 위 법 시행령 별표1이 헌법상 기본권인 장애인의 행복추구권과 일반적 행동자유권, 평등원칙을 위반한 법령으로서 무효에 해당한다고 판단하였다. 장애인의 접근권을 보장하기 위해서는 미국, 영국 등 주요 국가의 관련 법령 규율 방식과 같이 장애인등편의법 내 일정 면적 기준 미만의 시설들에게 편의시설 설치 의무를 부과하지 않는 방식과 건축시기에 따라 장애인등편의법의 적용을 제외시키는 방식이 폐지되어야 하고, 전면적으로 모든 공중이용시설들에게 편의시설 설치 의무를 부과하며, 건축물의 구조적 문제, 과도한 비용 부담 등으로 인하여 설치가 불가능한 예외적인 경우에만 편의시설의 설치 대신 대안적 방법으로 장애인의 접근권을 보장하는 방식을 허용하여야 한다. 나아가 위 법 내 편

---

  * 법무법인 디엘지 변호사
 ** 사단법인 두루 변호사
*** 이재근 법률사무소 대표

의시설의 설치 범위와 기준이 지나치게 대상시설에 대한 장애인의 접근에만 주목하고 실질적인 장애인의 대상시설 이용이 간과되고 있으므로, 편의시설의 종류와 내용을 확대하며 현실에 맞게 재정비하여야 한다. 또한, 장애인이 접근 가능한 공중이용시설이 어디에 있는지를 정확하게 알 수 있도록 공중이용시설에 대한 물리적 접근성 개선 노력과 동시에 신뢰성 있고, 지속가능한 접근성 정보를 제공하려는 노력이 함께 이루어져야 한다.

I. 서론

1984년 9월 19일 서울에서 시장 상인으로 세식구의 가장이었던 장애인 김순석은 "서울거리 턱을 없애달라"는 유서를 서울시장 앞으로 남기고 스스로 생을 마감했다. 그 후 매해 장애단체들은 김순석 열사 추모제를 열면서 접근권 보장을 요구하고 있다. 김순석 열사의 40주기인 올해, 대한민국의 공중이용시설의 접근성은 얼마나 나아졌을까? 그간 어떤 변화가 있었고, 또 어떤 변화가 필요한가?

이 연구는 장애인, 노인, 임산부 등 일상생활에서 시설에 대한 접근 및 이용에 불편을 가진 사람(이하 '장애인등'이라 한다)이 편의점 등 공중이용시설의 접근성 개선을 요구하며 제기한 소송(서울중앙지방법원 2018가합524424 차별구제청구등 사건)을 수행한 변호사들이 당사자로서 또는 조력자로서 가진 문제의식을 정리한 것이다.[1)]

서울중앙지방법원 2018가합524424 사건은 경사로로 대표되는 건물 1층 진입을 위한 편의시설을 설치하여 이동약자도 동등하게 건물에 들어갈 수 있도록 하자는 접근성 개선을 위한 소송이었다. 위 사건을 기획, 수행한 장애인 단체들과 변호사들은 위 사건을 '모두의 1층 소송'

---

1) 서울중앙지방법원 2018가합524424 사건을 공동 대리한 이재근 변호사는 휠체어를 이용하는 지체장애인으로서 장애당사자이기도 하다.

이라 불렀고, 위 소송은 '모두의 1층 프로젝트'의 일환이었다. 모두의 1층 프로젝트는 소송 뿐 아니라 이동약자 중에서도 휠체어를 이용하는 장애인의 접근성을 개선하는데 중점을 두고 실태조사, 법률 개정안 발의, 대중을 대상으로 한 캠페인, 지방자치단체와의 협업을 통한 시범사업 등 다양한 방식으로 문제를 해결해보고자 하였다. 이번 연구 역시 모두의 1층 프로젝트의 연장선이라고 할 수 있다.

이 연구에서는 우선 이 소송의 개요와 쟁점, 판결의 주요내용을 적극적 구제조치 소송을 중심으로 살펴보고 그 의의와 한계를 살펴본다. 그리고 장애인의 공중이용시설 접근권에 관한 국내외 법규를 분석하였다. 국내법규는 「장애인·노인·임산부 등의 편의증진 보장에 관한 법률」(이하 '장애인등편의법'이라 한다)과 「장애인차별금지 및 권리구제 등에 관한 법률」(이하 '장애인차별금지법'이라 한다)을 집중적으로 살펴보았고, 해외법규는 미국, 영국, 호주의 법제를 중심으로 살펴보았다. 이를 토대로 마지막 장에서는 장애인의 공중이용시설 접근권 보장을 위한 입법적 제언을 담았다.

II. 서울중앙지방법원 2018가합524424 사건에 대한 비판적 고찰

1. 사건의 개요

원고들은 총 3명으로, 그 중 2명(김○○, 이○○)은 휠체어를 이용하는 뇌병변 또는 지체장애인, 1명(고○○)은 아이를 키우는 어머니로 평소 유아차를 이용한다.[2] 피고는 당시 국내 편의점 중 가장 많은 매출

---

2) 소를 제기할 때에는 원고에 노인이 포함되었으나 소송 계속 중 사망하였고, 상속인들이 소송 승계를 원하지 않아 해당 청구를 취하하였다.

을 내고 있던 기업(GS25를 운영하는 주식회사 지에스리테일, 이하 '지에스리테일'이라 한다), 국내 카페 브랜드 중 가장 많은 매출을 내고 있던 카페 기업(투썸플레이스 주식회사, 이하 '투썸플레이스'라 한다), 국내 대표 호텔 운영업체인 주식회사 호텔신라(이하 '호텔신라'라 한다), 그리고 대한민국이다.

원고들은 위 피고들이 운영하는 편의점, 까페, 호텔을 이용하고 싶지만, 위 공중이용시설의 출입구에 턱이나 계단이 있는 등 접근성을 보장하고 있지 아니하여 시설의 이용에 제한을 당하고 있다.

관련 법령인 장애인등편의법은 장애인등이 시설을 항상 편리하게 이용할 수 있도록 시설주등에게 편의시설 설치의무를 부과하고(제9조), 그러한 편의시설을 설치하여야 하는 대상시설의 범위를 정하고 있다(제7조). 하지만 같은 법 시행령에서 대상시설의 범위를 바닥면적을 기준으로 제한하고 있고, 같은 법 및 같은 시행령 부칙으로 시행 이전에 건축된 공중이용시설에 대하여는 법을 적용하지 않도록 하였다. 또한, 장애인차별금지법은 제18조를 통해 시설물 접근·이용에 있어서 장애인에 대한 차별금지 및 정당한 편의의 제공의무를 규정하고 있다. 하지만 동법 시행령에서는 대상시설의 대상과 범위를 정하면서 장애인등편의법 제7조를 준용하고 있다.

이에 원고들은 2018년 4월 11일 공중이용시설(까페, 편의점, 호텔)을 운영하는 사업주들을 상대로 원고들이 공중이용시설을 이용할 수 있도록 편의시설을 설치하라는 적극적 구제조치를 구하는 소송과 장애인등편의법 시행령의 문제점을 개선하지 않고 있는 피고 대한민국을 상대로 손해배상청구소송을 제기하였다. 법원에서는 조정을 시도하였고, 법원에서 제시한 화해권고결정에 대해서 피고 투썸플레이스와 피고 호텔신라는 이를 수용하였다. 화해권고결정을 받아들이지 않은 피고 지에스리테일과 피고 대한민국과의 사이에서는 소송이 계속되었다. 원고들은 소송계속 중 대상시설의 범위를 포괄위임한 장애인등편의법 제7조에 대한 위헌법률심판제청신청을 하였고, 광범위한 바닥면적 기준을 두어 예외를 허용한 장애인등편의법 시행령 제3조에 대한 위헌법령심사청구를 하였다. 법원은 2022년 2월 10일 피고 지에스리테일에 대한 소송에 관해서는 원고 일부 승소 판결을, 피고 대한민국에 대한 소송에 대해서는 원고의 청구를 기각하는 판결을 내렸다.

2. 판결요지

가. 판결 주문

1. 피고 주식회사 지에스리테일은,
   가. 이 판결 확정일로부터 1년 이내에 위 피고가 직영으로 운영하는 편의점 중 2009. 4. 11. 이후 신축증축개축한 시설물에 대하여,
   1) 장애인의 통행이 가능한 접근로, 높이차이가 제거되거나 휠체어리프트 또는 경사로가 설치된 건축물 출입구, 장애인의 출입이 가능한 유효폭과 형태를 가진 출입문을 각 설치하고,
   2) 만약 1)항 기재 편의시설 설치가 불가능하거나 객관적으로 현저히 곤란한 경우 편의점 내에 이동식 경사로를 구비하여 두고 장애인의 출입이 가능하게 하거나, 편의점 외부에 호출벨을 설치하여 직원을 통해 편의점 밖에서 구매를 가능하게 하는 구매보조서비스를 제공하고,
   나. 위 피고가 가맹계약을 체결한 편의점 중 2009. 4. 11. 이후 신축증축개축한 시설물에 대하여,
   1) 이 판결 확정일로부터 6개월 이내에, 장애인의 편의점 시설 접근이용을 위하여 위 가.의 1)항 기재와 같은 편의시설을 갖추거나 위 가.의 2)항 기재와 같은 대안적 조치를 제공하도록 하는 내용의 영업표준을 마련하고,
   2) 이 판결 확정일로부터 1년 이내에, 가맹점사업자들에 대하여 위 1)항 기재 내용의 영업표준에 따른 편의점 점포환경개선을 권고하고,
   3) 가맹점사업자들의 위 2)항 기재 점포환경개선을 위한 비용 중 20% 이상을 부담하라.

2. 원고 김○○, 이○○의 피고 주식회사 지에스리테일에 대한 각 나머지 청구, 피고 대한민국에 대한 청구 및 원고 고○○의 청구를 모두 기각한다.

나. 판결 이유의 요지 - 적극적 구제조치 청구에 대한 판단을 중심으로

우선 법원은 바닥면적을 기준으로 편의시설 설치의무를 면제하고

있는 장애인등편의법 시행령 제3조가 장애인등편의법 제7조의 위임범
위를 벗어나고, 장애인의 행복추구권 및 위 권리에서 파생된 일반적인
행동자유권을 부당하게 침해하며, 헌법상의 평등원칙에 위배되어 무효
라고 판단하였다. 이를 전제로 법원은 피고 지에스리테일이 장애인차
별금지법 제18조 제3항에 따라 장애인의 이용·접근을 위하여 정당한
편의를 제공할 일반적인 의무를 부담한다고 할 것이고, 편의 제공 의
무를 부담하는 시설물의 구체적 범위는 장애인등편의법 제18조 제4항
및 같은 법 시행령 제11조 중 효력을 상실하지 아니한 나머지 부분에
따라 2009년 4월 11일 이후 신축·증축·개축한 편의점(직영점, 가맹점 포
함) 시설물에 한정된다고 보았다.

또한 법원은 피고 지에스리테일이 전국 14,000여 개 편의점 중 50
여 개 편의점을 제외한 나머지 편의점에 대하여 편의시설을 설치하지
아니한 사실과 대안적 조치3)를 제공하지 않은 사실에 주목하여 위 시
설의 관리자로서 정당한 편의 제공 거부의 차별행위를 함으로써 장애
인차별금지법 제18조 제3항을 위반하였다고 보았다. 이에 대하여 피고
는 편의시설 설치를 하려면 임대점포 임대인의 동의를 받아야 하는
점, 편의시설을 설치하였을 때 도로법상 불법점용 문제가 발생할 수
있는 점 등을 주장하였으나, 위 피고가 동의를 얻으려는 노력을 한 점
을 인정할 증거가 없고, 불법점용 문제가 발생할 것이라고 예단할 수
도 없으며, 편의시설 설치 시 소요될 상당한 비용이 피고에게 과도한
부담을 초래한다고 보기 어렵고, 편의시설 설치가 물리적으로 불가능
하거나 교통안전에 현저한 위험을 초래한다고 볼 객관적 자료도 없으
며, 대안적 조치를 제공할 경우 과도한 부담을 초래한다고 보기 어렵

---

3) '대안적 조치'란 장애인 등이 물리적 장애물 등으로 인하여 편의점을 이용할 수
   없을 경우 피고 지에스리테일이 장애인등의 편의점 내 물품 구입이 가능하도록
   장애인등에게 제공하여야 하는 대안적 방법을 말한다. 편의점 출입구에 호출벨
   을 설치한 후 장애인등으로 하여금 편의점 직원을 호출할 수 있도록 하는 방법
   이 가능한 대안적 방법들 중 하나가 될 수 있다.

다고 보아 정당한 사유를 인정하지 않았다.

한편, 원고들은 위 피고가 장차 가맹계약을 체결할 경우에도 시설 표준에 관한 기준을 제시할 것을 요청하였는데, 이에 대해서 법원은 앞서 기존 가맹 편의점에 대하여 통일적 영업표준을 마련할 것을 명한 바 있으므로 장래의 편의점 설치에 관하여 별도로 적극적 조치를 내릴 필요성은 크지 않다고 판단하였다.

3. 대상 판결에 대한 검토

가. 판결의 의의

(1) 정당한 편의 제공 의무의 수범자와 대상시설 범위에 관한 해석

법원은 다음의 사정들을 고려하여 본사인 피고 지에스리테일이 가맹점포 시설의 관리자로서 해당 시설에서 정당한 편의를 제공해야 할 의무를 부담한다는 점을 인정하였다. 첫째, 본사가 가맹사업의 통일적 운영을 위하여 점포 시설과 외관에 관한 규준을 마련하고 가맹계약 체결을 통하여 가맹점사업자에게 일정한 점포환경 설비 구축을 강제할 수 있고, 계약기간 동안 가맹점사업자에게 점포환경개선을 요구할 수 있는 지위에 있다. 둘째, 본사가 편의점 점포설비에 관한 비용을 전적으로 부담하는 것으로 보인다. 셋째, 정당한 편의제공 의무의 수범자를 본사로 보지 않으면 해당 규정의 입법목적을 달성할 수 없고, 위 규정의 실효성을 담보할 수 없다.

법원이 법령상 한계를 극복하고 정당한 편의 제공의무를 확대시켰다는 점도 주목할 점이다. 법원은 장애인차별금지법 제18조 제3항에 따른 일반적인 정당한 편의제공 의무를 인정하면서도, 시설물의 구체적인 범위에 관하여 광범위한 예외를 인정하고 있는 장애인등편의법 시행령 제3조 관련 별표1을 무효로 판단하여 피고들의 의무 범위를 확대시켰다.

또한, 법원은 편의시설 설치의무를 부담하는 대상시설의 범위를 정함에 있어서 장애인등편의법의 입법목적에 따른 내재적 한계를 인정하고, 공중이용시설의 장애인 접근권을 보장하는 것이 장애인의 생존권 및 기타 기본권의 실현과 밀접한 관련이 있다고 보았다. 또한 통계상으로 확인되는 공중이용시설의 장애인 접근성 제한 현실을 지적하면서, 시설주들의 개별적 재정능력을 고려하지 않은 채 일률적으로 일정한 면적 기준 이하 시설물에 대한 편의시설 설치의무를 면제하는 것은, 설령 시설주들의 비용부담 등 재산권 보호와 충돌하는 측면이 있고, 사회, 경제적 부담의 조정이라는 공익을 고려하더라도 피해의 최소성 및 법익의 균형성에 반하여 장애인등의 행복추구권 및 일반적 행동자유권을 침해하는 것이고, 평등원칙에 위반된다고 보았다. 이러한 법원의 판단은 그동안 영세한 시설주의 부담을 경감시킨다는 명목으로 편의시설 설치의무를 면제시켜주는 것을 합리화해온 법령의 존재와 그러한 법령을 만들고 만연히 유지시켜온 정부의 행태에 경종을 울린 것으로 볼 수 있다.

(2) 적극적 구제조치에서 재량을 적극적으로 발휘한 예

법원은 차별구제청구를 인용하면서 편의시설 설치가 불가능하거나 객관적으로 현저히 곤란한 경우에도 대안적 조치를 취하도록 하였다. 대안적 조치로는 ① 편의점 내에 이동식 경사로를 구비하여 두고 장애인의 출입이 가능하게 하는 것 또는 ② 편의점 외부에 호출벨을 설치하여 직원을 통해 편의점 밖에서 구매를 가능하게 하는 구매보조서비스를 제공하는 것을 제시하였다.

참고로 2021년 7월경 대구시가 GS25 대구경북본부와 업무협약을 체결하고 대구시내 100여 개 편의점에 장애인 고객을 위한 도움벨 설치를 추진하였다.4) 영국의 차별금지법(Equality Act)에서는 공공에게

---

4) 국제뉴스, "대구광역시, 편의점 100개소에 장애인 도움벨 설치!", 국제뉴스,

재화나 서비스를 제공하는 기관이나 개인에게 합리적 조정의무를 부과하는데, 합리적 조정의 예시 중 하나로 "이동식 경사로를 내부에 비치해두었을 경우 출입구에 벨을 설치하고 호출시 직원이 경사로를 설치하러 나온다는 안내문 공지"가 제시된다.5) 미국의 장애인법(The Americans with Disabilities Act, 이하 '미국 장애인법'이라 한다)에서도 물리적 장벽 제거가 어려운 경우에는 다른 대안적 조치를 통해 최대한 장애인의 접근성을 보장하도록 요구한다. 여기서 대안적 조치는 인력에 의한 서비스를 포함하고, 모든 물리적 제거 방법을 검토한 뒤 어떠한 방법도 용이하게 달성할 수 없다고 결정된 후에만 최후에 고려되는 것이다. 그러나 대안적 조치조차 공간 및 인력의 제약으로 용이하게 달성할 수 없다면 이러한 조치를 취하는 것이 요구되지 않는다(42 U.S.C. 12182(b)).6) 대안적 조치의 구체적인 예 중 하나로 음식점에 계단이나 연석 때문에 접근이 불가능한 출입구가 있는 경우 출입구에 버튼을 설치하고, 버튼을 누르면 서비스를 제공할 것이라는 내용을 명확하고 크게 출입구에 설치하는 것이 있다. 법원의 판단은 위의 다양한 예들과 같은 취지로 볼 수 있다.

나. 판결의 한계

(1) 장애인등편의법 제7조의 포괄위임입법금지 원칙 위반 문제

법원은 "장애인등편의법 제7조가 편의시설을 설치하여야 하는 대상시설의 범위를 하위 법령에 위임한 것은 대상시설의 종류와 수, 장애인등의 이용수요 등에 따라 편의시설 설치 필요성과 편의시설 설치에 소요되는 사회, 경제적 부담 및 사회적 수용성의 정도를 종합적으로

---

https://www.gukjenews.com/news/articleView.html?idxno=2269983 (2021. 7. 19. 17:49).

5) 국가인권위원회, "일정기준 미만의 공중이용시설에 대한 장애인 접근성 실태조사" (2016. 10.), 157.

6) 국가인권위원회, 앞의 글, 140.

고려하여 장애인등의 사회참여 및 접근권을 실질적으로 보장할 수 있는 한도에서 대상시설의 범위를 구체화하도록 한 것이다."라고 하면서, 위와 같은 고려를 통해 위임의 필요성 및 예측가능성을 확보할 수 있으므로 위 위임규정이 그 자체로 포괄위임입법금지에 반한다고 볼 수는 없다고 판단하였다.

하지만 장애인등편의법 제7조는 대상시설의 범위라는 본질적인 사항을 대통령령에 위임하면서 아무런 기준을 제시하지 않았다. 건물의 위치, 용도, 면적, 건축연도, 편의시설 설치의무자의 부담 정도 등 다양한 기준들 중에서 무엇을 적용할지 위 법률 규정만으로는 예측할 수 없게 만든 것이다. 이는 위임의 필요성과 예측가능성 없이 대통령령에 위임한 것으로 포괄위임입법금지 원칙에 위배된다. 특히 장애인등편의법 제25조에서 대상시설 설치의무를 위반한 자가 시정명령을 이행하지 않는 경우 벌금을 부과하도록 벌칙규정을 두고 있기 때문에 벌칙의 구성요건에 해당하는 내용은 법률에서 더욱 명확하게 규정하여야 하고 위임은 더욱 엄격하게 이루어져야 하는데, 포괄위임을 한 것이므로 더욱 문제가 많다고 볼 수 있다.

(2) '설치'의미에 대한 재검토 필요

장애인등편의법에서는 "시설주등은 대상시설을 설치하거나 대통령령으로 정하는 주요 부분을 변경(용도변경을 포함한다)할 때에는 장애인등이 대상시설을 항상 편리하게 이용할 수 있도록 편의시설을 제8조에 따른 설치기준에 적합하게 설치하고, 유지·관리하여야 한다."고 규정하고 있다(제9조). 시설주등의 편의시설 설치의무를 대상시설을 "설치"하거나 "대통령령으로 정하는 주요 부분 변경"할 때 부과하는 것이다. 시행령에서는 "대통령령으로 정하는 주요 부분을 변경(용도변경을 포함한다)할 때"로 공중이용시설을 "증축·개축·재축·이전·대수선 또는 용도변경할 때"라고 규정하고 있다.

한편, 법원은 주문에서 시설물의 범위를 "2009. 4. 11. 이후 신축·증축·개축한 시설물"로 한정하였다. 위 법령 규정에 비추어 법원은 "설치"를 "신축"과 동일하게 해석하는 것으로 보인다. 증축·개축은 주요 부분 변경에 포함되기 때문이다.

그런데 장애인등편의법에서는 설치에 대한 별도의 정의규정을 두고 있지 않고 있다. 이에 대해서는 장애인등편의법상 대상시설이 건축물 전체에 한정되지 않고, 건축물 안의 개개 점포가 포함된다는 점을 고려하면 설치는 점포의 신규 입점이라고 볼 여지도 있다. 이렇게 본다면 반드시 건축물이 신축, 증축, 개축되지 않더라도 점포가 새로 들어오는 경우에 편의시설 설치의무가 발생하므로 장애인의 행복추구권 등을 보장하는데 바람직하다고 볼 수 있다.

(3) 대안적 조치와 적용의 완화의 관계

법원은 대안적 조치를 명하면서 특별한 근거를 제시하지 아니하였다. 적극적 조치 등의 판결 시 법원에 재량권이 있다고 보고 있으므로, 대안적 조치는 재량권의 행사 결과라고 볼 수 있다. 이로 인해 "편의시설 설치가 불가능하거나 객관적으로 현저히 곤란한 경우"를 판단하는데 현장에서 어려움을 겪을 수 있다. 언제 이동식 경사로를 구비해두고 언제 구매보조서비스를 제공해도 되는지도 해석상 분쟁이 발생할 수 있다. 실제로 편의점에 이동식 경사로를 구비하고 있는 경우와 호출벨로 밖에서만 물품을 구매하는 경우, 장애인 이용자에 따라서 선호가 다를 수 있다. 하지만 동등한 취급의 원칙을 고려하면 최대한 편의점 안에 들어가서 다른 고객들과 동일하게 상품을 비교해보고, 선택하고 결제하는 과정을 동등하게 누릴 수 있도록 하고, 일정 기준에 따른 예외적 경우들에만 대안적 조치의 제공을 허용하는 것이 마땅하다. 그런데 법원은 대안적 조치가 허용되는 경우에 관한 구체적인 기준을 제시하지 않았고, 대안적 조치 상호간의 관계에 대해서도 입장을 명확하게 밝히지 않았다.

한편, 장애인등편의법에서는 제8조 제2항에 따른 세부기준에 적합한 편의시설을 설치하기가 곤란하거나 불합리할 때에 세부기준을 완화한 별도의 기준을 정하고 시설주관기관의 승인을 받아 이에 따라 편의시설을 설치할 수 있도록 규정하고 있다(제15조 제1항). "편의시설을 설치하기가 곤란하거나 불합리할 때"는 ① 세부기준에 적합한 편의시설을 설치하기가 구조적으로 곤란한 경우, ② 세부기준에 적합하게 편의시설을 설치하면 안전 관리에 중대한 위험을 초래할 우려가 있는 경우, ③ 대상시설의 용도와 주변 여건에 비추어 볼 때 세부기준을 완화하여 적용하는 것이 더 적절하다고 인정되는 경우, ④ 그 밖에 대통령령으로 정하는 경우라고 규정하고 있는데, 위 ④를 구체화한 시행령 규정을 보면, 문화재로서의 역사적 가치를 손상할 우려가 있는 경우, 과학시설의 발전 등으로 세부기준보다 안전하고 편리한 대안을 제시하는 경우로 한정하고 있다.

법원이 장애인등편의법 제15조를 고려하였는지는 의문이다. 고려하였다면 주문에서 대안적 조치를 제시할 때 시설주관기관의 승인을 받도록 하였을 수도 있다. 법원이 장애인등편의법 제15조를 고려하지 않았더라도 편의시설 설치가 불가능하거나 객관적으로 현저히 곤란한 경우를 판단함에 있어서는 장애인등편의법 제8조 제2항의 기준을 적용할 수 있을 것이다.

(4) 편의점 이용 측면에서의 적극적 고려

이 사건은 '모두의 1층 프로젝트'의 일환으로 진행된 것으로, 장애인도 비장애인과 동등하게 편의점을 '출입'하도록 하는 것에 주안점을 두었다. 이에 따라 법원이 내린 주문 역시 접근로, 출입구, 출입문을 특정하고 있고, 대안적 조치에서도 이동시 경사로를 언급하고 있다. 하지만 이 판결을 계기로 공중이용시설의 접근성을 개선하기 위해 기업들이 영업표준을 만든다면 고려해야 할 점들이 많다. '출입'이 첫 번째로 중요하기는 하지만 전부는 될 수 없다. 장애인이 공중이용시설을 출입하는 이유가 있기 마련인데 예를 들어 편의점의 경우 물품을 구매하는 것이 주된 이유일 것이다. 따라서 건물의 출입보다 중요한 것은 물품을 구매할 수 있는지 여부이다. 이것은 다양한 측면에서 문제될 수 있다. 출입을 하더라도 통로가 너무 좁아서 움직이지 못하거나, 사려고 하는 물품이 휠체어 이용 고객의 손이 닿지 않는 곳에 전시되어 있는 경우, 계산을 하는데 어려움이 있는 경우에는 편의점을 제대로 이용할 수 없기 때문이다. 따라서 궁극적으로는 편의점 안에서의 접근성을 보장하는 데까지 나아가야 장애인의 권리가 실효적으로 보장된다고 볼 수 있다.

앞서 언급한 대로, 법원은 대안적 조치 중 하나로 편의점 외부에 호출벨을 설치하도록 하여 직원을 통해 구매보조서비스를 제공하도록 명하였다. 이러한 구매보조서비스가 물품을 구매할 수 있다는 점에서는 이동식 경사로만 설치하고 점포 이용의 접근성을 구비하지 못하는 경우보다 더 바람직한 것이라고 생각될 수 있다. 하지만 구매보조서비스의 경우 물품 구매를 위해 다양한 물품을 비교해서 선택하거나 두 개를 구입하였을 때 한 개를 무료로 제공해주는 일명 '2+1'과 같은 구매 혜택을 고려하는 등의 과정이 생략될 수밖에 없고, 결제를 위해서 신용카드를 직원에게 맡기면 직원이 계산대로 가서 카드로 결제를 하고 물품과 함께 카드를 돌려주는 과정을 거쳐야 하는데, 타인에게 신용카드를 맡기는 위험을 감수해야 한다는 점에서 바람직하다고 볼 수 없다.

III. 현행 법제 분석

1. 장애인의 공중이용시설 접근권에 관한 국내 법제

가. 대한민국헌법

접근권이란 스스로 모든 생활 영역에 자유롭게 접근할 수 있는 권리를 말하는 것으로서 장애인뿐만 아니라 비장애인을 포함한 모든 국민들이 갖는 생래적인 권리들 중 하나이다. 「헌법」 내 접근권에 관한 명시적 규정은 존재하지 않지만 접근권이 인간으로서의 존엄과 가치 및 행복추구권에 관하여 천명하고 있는 「헌법」 제10조에서 도출되었다는 점에 대해서는 이론(異論)이 없다. 인간이 자유롭게 행동하거나 행동하지 않을 권리, 즉 일반적 행동자유권에는 원하는 장소나 정보에 자유롭게 접근할 권리가 포함되는데, 위 일반적 행동자유권이 인간으로서의 존엄과 가치 및 행복추구권에 근거하고 있기 때문에 접근권 역시 이에 관하여 규정한 「헌법」 제10조로부터 도출된다는 것이다.[7] 이러한 견지에서 장애인등편의법 제4조도 "장애인등은 인간으로서의 존엄과 가치 및 행복을 추구할 권리를 보장받기 위하여 장애인이 아닌 사람들이 이용하는 시설과 설비를 동등하게 이용하고 정보에 자유롭게 접근할 수 있는 권리를 가진다."고 함으로써, 장애인의 접근권이 인간으로서의 존엄과 가치 및 행복을 추구할 권리로부터 도출된다고 명시적으로 규정하였다.

한편, 장애인의 접근권이 「헌법」 제10조 외에 헌법전문 중 "정치, 경제, 사회, 문화의 모든 영역에서 있어서 각인의 기회를 균등히 하고"에 해당하는 부분이나, 평등권에 관하여 규정한 제11조 제1항, 인간다운 생활을 할 권리에 관하여 규정한 제34조 제1항, 국가의 사회보장증

---

7) 박창석, "기본권으로서의 장애인의 이동권", 법학논총 제38집 제4호 (2021. 12.), 89-90.

진의무에 관하여 규정한 제34조 제2항, 신체장애자의 생활보호청구권에 관하여 규정한 제34조 제5항 등 「헌법」 내 여러 다른 조문들에서도 근거를 찾을 수 있다고 보는 견해가 있는데, 이는 접근권, 특히 장애인의 접근권이 가지는 복합적인 성격에 주목하였기 때문이다.8) 위와 같은 견해들은 접근권이 일반적 행동자유권에 포함되는 기본권으로서 자유롭게 행사하고 침해받지 않을 자유권적 기본권으로서의 성격을 지니고 있지만, 물리적인 시설이나 정보에 대한 접근이 용이하도록 국가에게 일정한 지원을 요청할 수 있는 사회권적 기본권으로서의 성격도 지니고 있다고 한다. 장애인과 같이 물리적 시설이나 정보에 대한 접근이 용이하지 않은 집단의 경우, 시설이나 정보에 대한 접근권이 확보되지 않을 때 해당 시설 등과 연관된 기본권을 침해받을 수 있을 뿐만 아니라 생존 자체를 위협받을 수도 있기 때문에, 국가는 장애인의 인간다운 생활을 할 권리를 보장하기 위하여 해당 시설 등에 대한 장애인의 접근을 개선할 수 있는 여러 지원 방책들을 마련하여야 하고, 장애인은 국가에게 이를 요청할 수 있다는 것이다. 위와 같이 장애인이 여러 생활 영역에서 인간다운 생활을 할 수 있도록 해주는 수단적 권리로서의 접근권에 주목할 경우, 접근권은 「헌법」 제34조에서 그 근거를 찾을 수 있고, 비장애인과 동등하게 접근할 수 있어야 한다는 평등의 원칙에 주목할 경우, 「헌법」 전문과 제11조 제1항에서도 그 근거를 찾을 수 있다.

반면, 사회권적 기본권으로 접근권을 이해하는 것에 관하여 문제점을 지적하는 견해도 있다.9) 사회권적 기본권에 초점을 맞추어 장애

8) 이흥재, "판례연구 장애인의 교육시설 접근권 -서울중앙지방법원 2002. 7. 26. 선고 2001가단76197 판결-", 서울대학교 법학 제48권 제1호 (2007. 3.), 462-463.; 김명수, "장애인 기본권의 기초로서의 접근권에 관한 고찰", 세계헌법연구 제15권 제1호 (2009. 2.), 11.
9) 윤수정, "장애인의 존엄한 삶과 헌법 - 장애인운동이 고안해 낸 새로운 권리의 사법적 수용가능성을 중심으로 -", 공법연구 제44권 제3호 (2016. 2.), 13-17.

인의 권리를 이해할 경우 '장애인의 복지를 향상해야 할 국가의 의무가 다른 다양한 국가과제에 대해 최우선이 될 수 없다'는 논리를 극복할 수 없다는 이유에서이다. 실제 헌법재판소는 저상버스도입의무불이행 위헌확인 사건에서 "국가가 장애인의 복지를 위하여 저상버스를 도입하는 등 국가재정이 허용하는 범위 내에서 사회적 약자를 위하여 최선을 다하는 것은 바람직하지만, 이는 사회국가를 실현하는 일차적 주체인 입법자와 행정청의 과제로서 이를 헌법재판소가 원칙적으로 강제할 수는 없는 것이(다)."고 하면서, 사회권적 기본권에 관한 전통적인 논리를 들어 청구인의 청구를 각하한바 있다(헌법재판소 2002. 12. 18. 자 2002헌마52 결정). 위 견해는 헌법재판소가 접근권을 사회권적 기본권으로 인식하고 사회권적 기본권에 관한 기존의 입장을 고수하였기 때문에 위 사건에서 청구인의 청구를 각하할 수밖에 없었다고 비판한다. 그리고 위 견해는 헌법재판소의 위와 같은 논리가 기본적으로 비장애인 중심의 관점에서 장애인의 '인간다운 생활을 할 권리'를 바라보고 장애인과 비장애인 간의 차이를 복지의 문제로 해결하고자 하였기 때문이라고 주장하였다. 즉, 비장애인의 관점에서 장애인의 기본권을 바라보았기 때문에 비장애인에게 문제가 되지 않는 접근권 문제를 복지의 문제, 사회권적 기본권의 문제로만 인식하게 되었고, 그로 인해 이 문제를 언제나 국가가 최우선적으로 해결하지 않아도 되는 정책적 의사결정의 대상, 자원배분의 대상으로 바라볼 수밖에 없었다는 것이다. 위 견해는 이러한 논리적 문제를 극복하기 위해서는 자유권적 기본권과 사회권적 기본권으로 기분권을 구분하는 이분법적 분류법이 폐기되어야 하고, 장애인이 인간다운 생활을 하는데 필수적인 조건들을 연구한 후, 국가가 이를 제공하지 않을 경우 헌법적으로 입법부작위 판단을 받게 되는 논리가 개발되어야 한다고 주장하였다.

나. 장애인의 권리에 관한 협약

「장애인의 권리에 관한 협약」(이하 '장애인권리협약'이라 한다)은 2006년 12월 13일 유엔총회에서 채택되었고, 우리나라는 2008년 12월 2일 국회에서 비준 동의한 후 2009년 1월 10일부터 국내법적 효력을 갖춘 국제조약으로 발효되었다. 장애인권리협약은 그 전문에 "이 협약의 당사국은, … (중략) … 장애인이 모든 인권과 기본적인 자유를 완전히 향유할 수 있도록 하는데 있어 물리적, 사회적, 경제적, 문화적 환경 및 보건과 교육, 그리고 정보와 통신에 대한 접근성의 중요성을 인정(한다)."고 하면서 접근성(Accessibility)을 언급하였고, 제3조를 통해 접근성을 일반원칙의 하나로 인정하였으며, 제9조에서 접근성에 관한 구체적 규정들을 제시하였다.

장애인권리협약 제9조 제1항은 "당사국은 장애인이 자립적으로 생활하고 삶의 모든 영역에 완전히 참여할 수 있도록 하기 위하여, 장애인이 다른 사람과 동등하게 도시 및 농촌지역 모두에서 물리적 환경, 교통, 정보통신 기술 및 체계를 포함한 정보통신, 그리고 대중에게 개방 또는 제공된 기타 시설 및 서비스에 대한 접근을 보장하는 적절한 조치를 취한다"고 함으로써, 건물, 도로, 교통, 학교, 주택, 의료시설, 직장 등 모든 물리적인 환경에 대한 접근성 보장뿐만 아니라 정보, 통신 영역에서의 접근성, 서비스 영역에서의 접근성도 보장되어야 함을 강조하였다. 또한 같은 조 제2항은 당사국에게 "대중에게 개방된 건물과 기타 시설에 점자 및 읽고 이해하기 쉬운 형태의 공공표지판을 설치할 것, 대중에게 개방된 건물과 기타 시설에 대한 접근성을 촉진하기 위하여 안내인, 낭독자, 전문수화통역사를 포함한 사람과 동물에 의한 보조 및 매개자를 제공할 것."이라는 의무를 부여함으로써, 물리적 환경에 대한 장애인의 접근성을 고려함에 있어서 시청각장애인의 접근성 역시 중요하게 다루어지도록 하였다.

한편, 장애인권리협약은 협약에 비준한 당사국이 장애인의 접근성을 구체적으로 보장하기 위하여 마련된 제9조의 의무들을 즉시 실현해야 하는지 아니면 점진적으로 실현하면 되는 것인지에 관하여는 규율하지 않았다.[10] 다만, 장애인권리협약은 제33조 이하의 규정들에서 장애인권리협약을 실현하기 위한 각종 조치들을 규율함으로써, 장애인권리협약이 각 당사국 내에서 실질적으로 효력을 발휘할 수 있도록 하고 있다.

장애인권리위원회는 2014년 9월 30일 개최된 제165차 회의에서 대한민국의 제1차 국가보고서에 관한 최종 견해를 채택하였는데, 위 견해에서 "위원회는 건물에 관한 접근성 기준이 건물의 크기, 용적, 또는 건축일자에 의해 제한되며 아직까지 모든 공공건물에 적용되지 않은 것에 우려를 표한다."고 하면서 "위원회는 당사국이 건물의 크기, 용적 또는 건축일자에 관계없이 모든 공공시설 및 작업장에 접근성 기준을 적용할 것을 권장한다."고 말한바 있다.[11] 이후 후술하는 것처럼 장애인등편의법과 그 하위 법령의 개정이 이루어졌지만, 장애인권리위원회는 2022년 9월 5일 개최된 제614차 회의에서 채택된 대한민국의 제2,3차 병합 국가보고서에 관한 최종 견해에서 "최근 장애인등편의법 개정

---

10) 국가인권위원회는 장애인권리협약 제9조 접근성을 설명하면서, 어느 정도의 접근성을 보장하는 것이 그 해당국가의 즉각적인 의무범주에 들어가는 것으로 해석될 것인가는 그 국가의 가용자원과 장애인권의 현실 등 구체적인 비교를 통해서 풀어나가야 할 문제이지만, 개발도상국의 경우 서비스와 시설에 대한 접근성이 마련되어 있지 못하며 사회·경제적인 비용의 부담이 크고, 가용자원 및 기술 등에 대한 지원의 필요성이 많기 때문에 국가의 점진적인 실천의무에 해당하는 부분으로 규정될 수 있는 성격이 많다고 보았다(국가인권위원회, "장애인권리협약 해설집" (2007. 3.), 62-63.). 국가인권위원회의 존립 목적과 우리 사회 내 역할을 고려할 때 접근성에 관한 이러한 해석은 다소 아쉽게 느껴진다. 장애인권리협약 전문에 명확히 기재된 것처럼 장애인이 모든 인권과 기본적인 자유를 완전히 향유할 수 있으려면 물리적 환경과 정보 등에 대한 접근성이 보장되는 것이 무엇보다 중요하고 시급하기 때문이다.

11) United Nations Committee on the Rights of Persons with Disabilities, "Concluding observations on the initial report of the Republic of Korea" (2014. 10.), 3.

에도 불구하고 건물 규모와 건축 연도에 따른 면제가 존재하고, 이로 써 공공건물의 완전한 접근성이 지속적으로 저해되고 있다. (중략) 건 축물의 규모, 수용 능력, 건축시기에 관계없이 모든 건축물과 구조물의 접근성을 보장할 수 있도록 의무규정을 포함하여 국내법을 개정할 것 을 권고한다."고 말하였다.[12)

다. 장애인복지법

「장애인복지법」은 장애인의 인간다운 삶과 권리보장을 위하여 제정 된 법률로서 장애인의 권익에 관한 일반법적인 지위를 지니고 있는 법 률이다. 「장애인복지법」의 전신인 「심신장애자복지법」은 1981년 6월 5 일 제정될 당시 "도로·공원·공공건물·교통시설·통신시설 기타 공중이 이용하는 시설을 설치하는 자는 심신장애자가 이를 편리하게 이용할 수 있는 시설이나 설비를 갖추도록 노력하여야 한다."고 규정하였을 뿐(제13조), 편의시설의 종류나 규격, 편의시설을 설치하여야 하는 공 중이용시설의 범위 등에 관한 구체적인 내용이나 위반 시 제재에 관한 규정은 두지 않았다.

이후 1989년 12월 30일 「장애인복지법」으로 전부 개정되면서, 공중 이용시설의 설치자에게 편의시설 설치의무가 있음을 명시하였고 설치 하여야 하는 편의시설의 기준에 관하여도 대통령령에서 정하도록 위 임하였다(제33조). 1990년 12월 1일 전부 개정된 「장애인복지법 시행 령」 제30조는 공중이용시설이 장애인을 위하여 설치하여야 하는 편의 시설에 "평탄한 통로 또는 경사로, 장애인전용주차장, 장애인전용변소, 시각장애인을 위한 유도로"를 기재하면서, 시설이나 설비의 세부설치 기준을 보건사회부장관이 관계부처의 장과 협의하여 정하도록 하였지

---

12) United Nations Committee on the Rights of Persons with Disabilities, "Concluding observations on the combined second and third periodic reports of the Republic of Korea" (2022. 10.), 5.

만, 4년여 동안 세부설치기준이 만들어지지 않다가 1995년 1월 1일 보건복지부령으로「장애인편의시설 및 설비의 설치기준에 관한 규칙」이 제정되면서 편의시설에 관한 세부 기준으로 마련되었다. 그러나 위 규칙은 바닥면적의 합계가 1,000m² 이상인 공공업무시설, 금융기관 기타 업무시설, 바닥면적의 합계가 1,000m² 이상인 판매시설, 500석 이상의 영화관, 극장, 호텔급 숙박시설, 병원급 의료시설 등에게만 편의시설을 설치할 의무를 부과함으로써, 편의시설 설치 대상시설의 범위를 매우 제한적으로만 인정하였다.

「장애인복지법」내 편의시설에 관한 위 조항은 장애인등편의법이 1997년 4월 10일 제정될 때까지 변화 없이 유지되다가 장애인등편의법이 제정되면서 위 법으로 이동하였고,「장애인복지법」안에는 국가 및 지방자치단체의 편의시설 설치와 운영에 필요한 정책 강구와 지원 의무만이 남게 되었다.

라. 장애인·노인·임산부 등의 편의증진 보장에 관한 법률

장애인등편의법은 1997년 4월 10일 제정되어 이듬해 4월 11일부터 시행되었다. 장애인등편의법은 장애인 뿐 아니라 노인, 임산부 등 일상생활에서 이동이나 시설 이용 등에 불편을 느끼는 모든 사람들을 위하여 제정된 법률이지만, 장애인의 접근권에 관한 가장 일반적이고 포괄적인 내용을 담고 있는 법률이기 때문에 본 연구에서 가장 중점적으로 검토되어야 할 법률이다.

(1) 장애인등편의법의 연혁

장애인등편의법이 제정될 당시에는 현행 법률의 내용보다 훨씬 더 적극적으로 장애인의 접근권을 수호하려는 안이 발의되었으나, 국회를 통과하는 과정에서 현행 법률과 같은 내용으로 상당부분 후퇴하였다.[13] 장애인등편의법이 제정된 후 몇 차례 개정이 있었지만, 법률의 수준에서 편의시설을 설치하여야 하는 대상시설의 범위를 확대한다거나 편의시설을 설치하지 않은 자에게 행정적 내지 형사적 제재를 추가, 강화하는 등의 극적인 변화를 만들어내는 개정은 없었다. 장애인등편의법의 주요한 개정 내용들을 정리하면 아래와 같다.

장애인등편의법의 개정	주요 개정 내용
2003. 12. 31. 법률 제7040호	• 제12조의2를 신설하여 보건복지부에 장애인등의 편의증진에 관한 중요 사항들을 심의하기 위한 편의증진심의회를 두도록 하였고, 제12조 제4항을 개정하여 보건복지부장관이 국가종합계획을 수립할 때 편의증진심의회의 심의를 거치도록 하였음 • 제16조의2를 신설하여 장애인등이 대통령령이 정하는 공공건물 및 공중이용시설을 이용하고자 할 때 시설주에게 안내서비스, 수화통역 등의 편의제공을 요청할 수 있고, 해당 요청을 받은 시설주는 정당한 사유가 없는 한 이에 응하도록 하였음
2012. 5. 23. 법률 제11443호	• 제27조 제1항 제1호의2를 신설하여 제16조의2에 따른 안내서비스, 수화통역 등 인적편의제공을 요청받음에도 정당한 사유 없이 불응한 시설주에게 200만 원 이하의 과태료를 부과하도록 하였음
2015. 1. 28. 법률 제13109호	• 제3조를 개정하여 편의시설의 기본 원칙을 '가능하면 최대한 편리한 방법으로 최단거리로 이동'으로 수정하였고, 편의시설을 설치할 의무가 있는 자의 범위에 「건축법」 등 관계 법령에 따른 허가나 처분을 신청하는 등 절차를 진행 중인 자'도 포함시켰음 • 제9조의2를 신설하여 시설주관기관이 건축허가 등의 단계부터 미리 편의시설 설치기준에 대한 적합성 여부를 확인하고, 편의시설 설치가 적합하지 않은 경우 시설주 등에게 보완을 요구하도록 하였음 • 제10조의2 내지 7을 신설하여 보건복지부장관과 국토교통부장관이 편의시설을 설치한 대상시설에 대해 장애물 없는 생활환경 인증을 할 수 있도록 하였음 • 제17조 제1항을 개정하여 장애인전용주차구역의 설치의무 대상을 공공건물 및 공중이용시설 외에 공원과 공동주택 등으로 확대
2016. 2. 3. 법률 제14005호	• 제11조 제2항을 신설하여 시설주관기관이 편의시설 설치에 관하여 실시하는 실태조사를 매년 전수조사 또는 표본조사의 방법, 5년마다 전수조사의 방법으로 하도록 정함 • 제23조를 개정하여 시설주관기관이 편의시설의 설치, 개선 뿐만 아니라 관리, 보수를 위해서도 시정명령을 내릴 수 있도록 하였음

---

13) 장애인등편의법 제정안이 수립될 당시의 여러 논의들에 관하여는 '차성안, "장애인·노인·임산부 등의 편의증진보장에 관한 법률 제정사", 사회보장법연구 2012년 제2호 (2012. 12.)'가 상세하게 소개하고 있다.

장애인등편의법의 개정	주요 개정 내용
2019. 1. 15. 법률 제16257호	• 제8조 제2항을 수정하여 보건복지부장관이 편의시설의 안내 표시에 관한 사항들을 정할 때, 편의시설의 종류별로 내용과 디자인 기준을 정하도록 하였음

한편, 장애인등편의법은 제정 당시부터 편의시설을 설치하여야 하는 대상시설의 범위와 편의시설의 종류를 대통령령에 위임하였다. 장애인등편의법 시행령 제3조와 별표1이 대상시설의 범위에 관하여 규정하고, 같은 시행령 제4조와 별표2가 대상시설별로 설치하여야 하는 편의시설의 종류에 관하여 규정하고 있는데, 위 규정들은 1998년 2월 24일 시행령의 제정 이후 거의 개정되지 않고 있다가 2022년 4월 27일 대통령령 제32607호로 개정되었다.

개정의 핵심은 편의시설 설치 대상시설의 범위가 확대된 것이었다. 구체적으로 제1종 및 제2종 근린생활시설 중 장애인등을 위한 편의시설을 의무적으로 설치해야 하는 대상시설의 최소 면적을 수퍼마켓 등의 소매점 및 일반음식점의 경우 '300㎡'에서 '50㎡'로, 이용원·미용원의 경우 '500㎡'에서 '50㎡'로, 의원·치과의원 등의 경우 '500㎡'에서 '100㎡'로 하향 조정하였다. 이로써, 바닥면적의 합계가 50㎡ 이상이고 300㎡ 미만인 편의점 등 제1종 근린생활시설들도 편의시설을 설치할 의무를 부여받게 되었지만, 부칙규정을 두어 개정된 시행령이 시행되기 전에 설치된 공중이용시설 또는 개정된 시행령이 시행될 당시 건축허가 신청 등 설치를 위한 행정절차가 진행 중이거나 시공 중인 공중이용시설의 편의시설 설치에 관하여는 개정되기 전의 시행령이 적용된다는 경과규정을 두었다.

(2) 장애인등편의법의 내용

장애인등편의법은 편의시설 설치의 기본 원칙(제3조)과 위 법을 통하여 보장하려는 접근권의 내용과 성격(제4조)에 관하여 천명한 후 편의시설을 설치하여야 하는 대상시설(제7조)과 대상시설의 소유자 또는 관리자가 갖는 의무(제9조), 편의시설의 설치기준(제8조, 제9조의2, 제9조의3), 국가 및 지방자치단체의 편의시설 설치에 관한 지도·감독(제10조), 설치기준에 맞게 편의시설을 설치한 경우 부여하는 장애물 없는 생활환경 인증 제도(제10의2 내지 제10조의11), 국가 및 지방자치단체의 편의시설 설치계획 수립과 실태조사 기타 편의시설 설치에 대한 지원과 제재(제11조 이하)에 관한 내용을 담고 있다.

(가) 편의시설을 설치해야 하는 대상시설

장애인등의 안전하고 편리한 시설과 설비 이용, 접근을 보장하기 위해서는 일상생활에서 이용하는 모든 시설과 설비에 편의시설이 설치되어야 한다. 그렇게 되어야만 장애인등이 그렇지 않은 사람이 이용하는 시설과 설비를 동등하게 이용하고 접근할 수 있게 되며, 그로써 인간으로서의 존엄과 가치 및 행복을 추구할 권리를 보장받게 되기 때문이다. 장애인등편의법 제4조는 접근권을 규정하면서 장애인등이 이러한 권리를 보장받는다고 선언하였다.

그런데 장애인등편의법의 제정자들은 장애인등에 대한 접근권 보장이 시설의 소유자 내지 관리자가 갖는 이익과 형량의 대상이라고 판단한 나머지 장애인등이 아닌 사람들이 이용하는 시설들 중 일부 시설들이 편의시설을 설치할 의무에서 벗어날 수 있도록 해주는 길을 열어주었다. 입법기관으로서 장애인등의 접근권을 수호하기 위하여 법률의 수준에서 편의시설 설치 대상시설의 범위를 명확히 규정하여야 했음에도 그 역할을 하위 법령에 위임함으로써 행정부가 편의시설 설치 대상시설의 범위를 결정하도록 만든 것이다. 장애인등편의법 제7조를 보면 이러한 문제를 쉽게 인식할 수 있다. 아래에서 보는 것처럼 장애인등편의법 제7조는 이 법에 따라서 편의시설을 설치해야 하는 대상시설의 범위를 대통령령에서 정하도록 하였을 뿐, 그 밖에 어떠한 내용도 규정하지 않았다. 행정부가 대통령령으로써 얼마든지 대상시설의 범위

를 축소시킬 수 있도록 허용한 것이다.14)

장애인등편의법

제7조(대상시설) 편의시설을 설치하여야 하는 대상(이하 "대상시설"이라 한다)은 다음 각 호의 어느 하나에 해당하는 것으로서 대통령령으로 정하는 것을 말한다.
1. 공원
2. 공공건물 및 공중이용시설
3. 공동주택
4. 통신시설
5. 그 밖에 장애인등의 편의를 위하여 편의시설을 설치할 필요가 있는 건물·시설 및 그 부대시설

우려와 같이 행정부는 대상시설의 범위를 매우 제한적으로 축소하였다. 구체적 대상시설의 범위는 장애인등편의법 시행령 제3조 관련 별표1에 규정되었는데, 많은 종류의 시설들이 제외되었고 포함된 시설들도 일정 면적 이상의 시설들에게만 편의시설을 설치할 의무를 부과함으로써 장애인등이 그렇지 않은 사람이 이용하는 시설을 동등하게 이용할 수 있도록 한다는 법의 목적과 이념을 형해화시켰다. 그리고

---

14) 이는 헌법 제75조로부터 도출되는 포괄위임입법금지의 원칙과 배치되는 규율 형태로서 위헌적인 소지가 있다고 할 수 있다. 헌법재판소는 포괄위임입법금지의 원칙에 관하여 "헌법 제75조는 위임입법의 근거 및 그 범위와 한계를 제시하고 있는데 '법률에서 구체적으로 범위를 정하여 위임받은 사항'이란 법률에 이미 대통령령으로 규정된 내용 및 범위의 기본사항이 구체적으로 규정되어 있어서 누구라도 당해 법률로부터 대통령령에 규정된 내용의 대강을 예측할 수 있어야 함을 의미한다."고 설시하였다(헌법재판소 2006. 4. 27.자 2004헌가19 결정 참조). 즉, 법률이 하위 법령에 위임하려면 하위 법령으로 정할 대상을 특정 사항으로 한정하여야 하고(대상의 한정성), 그 대상에 대하여 행정입법을 행함에 있어 행정기관을 지도 또는 제약하기 위한 목표 기준, 고려하여야 할 요소 등을 명확하게 지시하여야 하는데(기준의 명확성), 장애인등편의법 제7조는 구체적 범위와 기준을 전혀 제시하지 않은 채 하위 법령에 대상시설의 범위를 위임해 버린 것이다(조정찬, "포괄위임 금지에 관한 단편적 검토", 법제처 법제자료 (2009. 8.) 28-31. 참조).

장애인등편의법 시행령의 별표1은 1998년 2월 24일 제정되어 1998년 4월 11일 시행된 이래 2022년 4월 27일 대통령령 제32607호로 개정될 때까지 단 한 차례도 개정되지 않았고, 개정된 시행령마저도 시설의 소유자 및 관리자의 이익을 위해 장애인등의 접근권은 제한될 수 있다는 논리에서 벗어나지 못함으로써 오랜 시간 동안 접근권의 침해를 겪어 온 장애인등에게 다시 한 번 좌절을 안겨주었다.

가령, 개정되기 전 시행령 별표1에서는 슈퍼마켓, 편의점, 일용품 (의류, 잡화, 완구, 서적, 의약품 등) 판매점, 일반음식점 등 일상생활에서 매우 빈번하게 이용되는 점포의 경우 바닥면적의 합계가 300㎡ 이상인 경우에만 편의시설을 설치할 의무가 있다고 규정함으로써, 2019년 기준 전국 43,975개 편의점 중 98.2%가 편의시설을 갖추지 않아도 되었고, 전국 107,505개의 음식료품점 중 97.8%가 편의시설을 갖출 의무로부터 제외되게 되었으며, 전국 506,970개의 음식점 중 93.7%가 편의시설을 갖추지 않아도 되었고, 전국 24,762개의 의약품 및 의료용품 소매점 중 97.9%가 편의시설을 갖추지 않아도 되었다.[15] 즉, 입법기관이 법률인 장애인등편의법을 제정함에 있어서 대상시설의 범위에 관한 기준 등을 구체적으로 규정하지 않음으로써, 행정부가 소매점 운영자가 가지는 권익과 장애인등의 접근권을 비교형량한 후 소상공인이 운영하는 소매점의 소유자 및 관리자를 위하여 장애인등의 접근권을 과감히 제한시킨 결과가 빚어진 것이다.

장애인등편의법 시행령 별표1이 2022년 4월 27일 대통령령 제32607호로 개정되면서, 슈퍼마켓, 편의점 등 소매점과 일반음식점 중 편의시설을 설치해야 하는 시설의 바닥면적의 합계가 300㎡에서 50㎡로 하향 조정됨으로써 2022년 기준 전국 편의점 57,617개 중 편의시설

---

15) 국가통계포털사이트 도소매업, 숙박 및 음식점업 시도/산업/건물면적규모별 현황 참조 https://kosis.kr/statHtml/statHtml.do?orgId=101&tblId=DT_2KB9004&vw_cd=MT_ZTITLE&list_id=O_8_001_001&seqNo=&lang_mode=ko&language=kor&obj_var_id=&itm_id=&conn_path=MT_ZTITLE (최종접속일: 2024. 3. 31.).

을 설치하지 않아도 되는 편의점의 비율이 4.2%로 급격하게 줄어들었지만, 전국 55만개가 넘는 일반음식점의 경우에는 여전히 29.8%의 일반음식점들이 편의시설을 갖추지 않아도 무방하고, 전국 26,855개의 의약품 및 의료용품 소매점의 경우 37.7%인 10,121개의 의약품 및 의료기기 소매점들이 편의시설을 갖출 의무로부터 제외되었다.[16] 경기도로 한정할 경우, 편의시설을 갖추지 않아도 되는 의약품 및 의료용품 소매점의 비율은 전체 의약품 및 의료용품 소매점의 42.1%로 올라가고, 충청북도는 44.4%, 서울특별시는 52.1%, 부산광역시 52.4%, 경상북도 56.7%까지 올라간다.

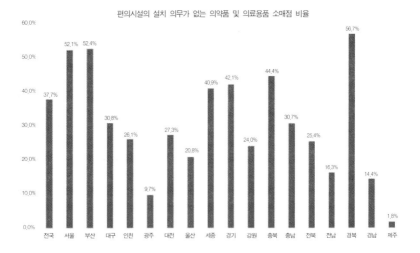

〈그림 1〉 편의시설의 설치의무가 없는 의약품 및 의료용품 소매점 비율

16) 국가통계포털사이트 도소매업, 숙박 및 음식점업 시도/산업/건물면적규모별 현황 참조 https://kosis.kr/statHtml/statHtml.do?orgId=101&tblId=DT_2KB9004&vw_cd=MT_ZTITLE&list_id=O_8_001_001&seqNo=&lang_mode=ko&language=kor&obj_var_id=&itm_id=&conn_path=MT_ZTITLE (최종접속일: 2024. 3. 31.).

　즉, 장애인등편의법 시행령 별표1이 개정됨으로써 더 많은 공중이용시설들이 편의시설을 설치할 의무를 부여받았다고는 하나, 여전히 높은 비율의 공중이용시설들이 편의시설 설치 의무로부터 제외되었고, 그 결과 장애인등이 공중이용시설에 동등하게 접근하여 이용할 권리 역시 보장되기가 요원한 것이다.

　한편, 장애인등편의법의 제정 이전에 건축된 대상시설도 위 법에 따른 편의시설 설치의무를 부담하여야 하는지 여부가 문제 되었다. 당시의 제정자들은 이 문제 역시 대통령령에 위임하였고, 행정부는 시행령을 제정하면서 위 법 이전에 건축된 대상시설들 대부분에게 편의시설 설치 의무가 적용되지 않도록 해 주었다. 구체적으로 장애인등편의법의 제정 당시 마련된 부칙 제2조 제2항은 "이 법 시행 전에 설치된 대상시설 중 대통령령이 정하는 것은 이 법 시행일로부터 2년 이상 7년 내의 범위 안에서 편의시설을 설치하여야 한다."고 규정하였고, 장애인등편의법 시행령의 제정 당시 마련된 부칙 제3조는 "법 시행전에 설치된 대상시설중 법 부칙 제2조제2항의 규정에 의하여 편의시설을 설치하여야 하는 대상시설·설치기간 및 설치기준은 별표3과 같다."고 하면서 별표3에서 횡단보도, 일정 규모의 공공건물, 일정 규모의 공중화장실, 장애인복지시설과 노인복지시설, 종합병원, 장애인특수학교, 여객자동차터미널, 공항시설, 항만시설, 철도역사 및 도시철도역사만 편의시설 설치의무가 있는 대상시설에 포함시킴으로써, 거의 모든 공중이용시설과 공동주택 등을 제외시켰다. 즉, 법률과 시행령의 부칙 규정 모두 명시적으로 소급적용을 금지한다는 표현을 하지 않았지만, 사실상 대부분의 대상시설들에게 소급적용을 금지한 것이다. 장애인등편의법 시행령 별표1이 2022년 4월 27일 대통령령 제32607호로 개정될 때에는 보다 직접적으로 소급적용을 금지하는 경과규정을 부칙에 두었다. 당시 부칙 제2조 제1항은 "이 영 시행 전에 설치된 공중이용시설 또는 이 영 시행 당시 건축허가 신청 등 설치를 위한 행정절차가 진행 중이거나 시공 중인 공중이용시설의 편의시설 설치에 관하여는 별표1

제2호가목·나목 및 별표2 제3호나목의 개정규정에도 불구하고 종전의
규정에 따른다."고 하여, 개정된 시행령이 개정 전에 설치된 대상시설
에는 적용되지 않는다는 점을 분명히 하였다.

그런데 장애인등편의법의 제정 이전에 건축된 대상시설이라 하더
라도 이후 건축물을 변경하였을 때 장애인등편의법의 적용 대상이 되
는지 쟁점이 될 수 있다. 이 문제에 관하여 장애인등편의법 제9조는
"시설주등은 대상시설을 설치하거나 대통령령으로 정하는 주요 부분
을 변경(용도변경을 포함한다)할 때에는 장애인등이 대상시설을 항상
편리하게 이용할 수 있도록 편의시설을 제8조에 따른 설치기준에 적합
하게 설치하고, 유지·관리하여야 한다."고 하였고, 위 법 시행령 제5조
는 주요 부분의 변경이란 "증축·개축·재축·이전·대수선 또는 용도변경
할 때"를 말한다고 규정하였다.17) 따라서 장애인등편의법 제정 이전에
건축된 대상시설이라고 하더라도 증축, 개축, 재축, 이전, 대수선 또는
용도변경으로 인하여 장애인등편의법에 따른 편의시설 설치 의무를
부담하는 대상시설이 되었다면, 위 법 제9조 및 시행령 제5조의 해석
상 편의시설을 설치할 의무를 부여받게 된다는 주장이 있을 수 있는
반면, 위 법의 제정 당시 부칙 제2조 제2항에 따라 위 법 시행 전에 설
치된 대상시설은 주요 부분을 변경하더라도 편의시설을 설치할 의무

---

17) 증축, 개축 등은 건축법상의 용어들로서 증축, 개축, 재축, 이전, 대수선은 건축
    법 제2조와 동법 시행령 제2조에 정의되어 있고, 용도변경은 건축법 내 별도의
    조문으로 절차와 기준 등이 마련되어 있다.

용어	정의
증축	기존 건축물이 있는 대지에서 건축물의 건축면적, 연면적, 층수 또는 높이를 늘리는 것
개축	기존 건축물의 전부 또는 일부[내력벽·기둥·보·지붕틀(제16호에 따른 한옥의 경우에는 지붕틀의 범위에서 서까래는 제외한다) 중 셋 이상이 포함되는 경우를 말한다]를 해체하고 그 대지에 종전과 같은 규모의 범위에서 건축물을 다시 축조하는 것
재축	건축물이 천재지변이나 그 밖의 재해(災害)로 멸실된 경우 그 대지에 기존과 같거나 더 적은 연면적으로 다시 축조하는 것
이전	건축물의 주요구조부를 해체하지 아니하고 같은 대지의 다른 위치로 옮기는 것
대수선	건축물의 기둥, 보, 내력벽, 주계단 등의 구조나 외부 형태를 수선·변경하거나 증설하는 것
용도변경	기존 건축물의 용도를 다른 용도로 변경하는 것

가 없다는 주장이 가능한 것이다. 이에 대한 사법부의 판단은 아직 없으나, 장애인등편의법의 취지와 목적, 위 법 제9조에 따라 시설주 등의 편의시설 설치 의무가 대상시설을 설치하거나 대상시설의 주요 부분을 변경할 때 발생한다는 점을 고려하면, 위 법 제정 이전에 설치된 대상시설이라 하더라도 해당 대상시설의 주요 부분을 변경한 경우 변경 시점에 편의시설 설치의무가 발생한다고 보아야 한다.

한편, 장애인등편의법의 제정 이전에 건축된 건축물이 인테리어공사(실내건축 공사)를 통해 장애인등편의법 시행령 별표1에 규정된 대상시설이 되었을 경우에도 위 법의 해석상 편의시설을 설치할 의무를 부여받아야 하는지에 관하여는 더 큰 논쟁이 있을 수 있다. 가령, 장애인등편의법 제정 이전에 건축된 건축물 내 미용원이 운영되다가 변경된 시설주가 실내건축 공사 후 바닥면적 50㎡ 이상의 편의점을 운영하는 경우, 해당 편의점의 시설주가 위 법에 따라 편의시설을 갖춰야 하는 의무를 부담하게 되는지 여부이다. 장애인등편의법 제9조가 시설주 등이 대상시설을 "설치"할 때 편의시설을 설치하여야 한다고 규정하고 있는 만큼 시설주가 바닥면적 합계 50㎡ 이상의 편의점을 새로이 "설치"하였으므로 위 법에 따라 편의시설을 설치할 의무를 부담하게 된다는 견해[18]도 있을 수 있으나, 실내건축 공사는 위 법 시행령 제5조에 주요 부분의 변경에 포함되지 않았으므로 편의시설의 설치 의무를 부담하지 않는다는 견해도 가능한 것이다. 아직 이에 대한 법원의 판단이 없으나, 장애인등편의법이 말하는 대상시설은 '건축물'이 아닌 사람들이 일상생활에서 이용하는 시설, 즉 소매점이나 의원, 사무소, 학교 등을 말하는 것이므로 실내건축 공사를 통하여 새로운 대상시설이 설

---

18) 국가인권위원회의 일정기준 미만의 공중이용시설에 대한 장애인 접근성 실태조사 용역을 수행한 사단법인 두루는 위 용역에 대한 보고서를 집필하면서 장애인등편의법 제9조가 이렇게 해석되어야 한다는 견해를 피력하였다(국가인권위원회, "일정기준 미만의 공중이용시설에 대한 장애인 접근성 실태조사" (2016. 10.) 61.

치되었다면, 위 법 제9조에 따라 시설주 등이 편의시설 설치의무를 부담하여야 한다는 견해가 보다 설득력이 있다고 할 것이다.

(나) 편의시설의 종류와 기준 등

각 대상시설들이 설치하여야 하는 편의시설의 종류와 기준 등은 장애인등편의법 제8조가 규정하고 있지만, 편의시설의 종류는 대통령령에, 편의시설의 기준은 보건복지부령에 위임한다는 내용만 두고 있을 뿐이다.

장애인등편의법

제8조(편의시설의 설치기준) ① 대상시설별로 설치하여야 하는 편의시설의 종류는 대상시설의 규모, 용도 등을 고려하여 대통령령으로 정한다.
② 편의시설의 구조와 재질 등에 관한 세부기준은 보건복지부령으로 정한다. 이 경우 편의시설의 종류별 안내 내용과 안내 표시 디자인 기준을 함께 정하여야 한다.

장애인등편의법 제8조 제1항의 위임을 받아 위 법 시행령 제4조 관련 별표2가 편의시실의 종류에 대해 규정하였다. 공중이용시설이 갖춰야 하는 편의시설의 종류로는 장애인등의 통행이 가능한 접근로, 장애인전용 주차구역, 높이 차이가 제거된 건축물 출입구, 장애인등의출입이 가능한 출입구, 장애인등의 통행이 가능한 복도 및 계단, 장애인용 승강기, 장애인용 에스컬레이터, 휠체어리프트 또는 경사로, 장애인등이 이용 가능한 화장실 및 욕실, 샤워실, 탈의실, 점자블록, 시각 및 청각장애인 유도·안내설비, 시각 및 청각장애인 경보·피난시설, 장애인등이 이용 가능한 객실 또는 침실, 장애인등이 이용 가능한 관람석, 열람석, 장애인등이 이용 가능한 접수대 또는 작업대, 장애인등이 이용 가능한 매표소, 판매기 또는 음료대, 임산부 등을 위한 휴게시설이 제시되었다.

그런데 위 별표2는 대상시설 별로 설치해야 하는 편의시설의 종류를 달리 하였고, 일부 편의시설들에 대하여는 설치가 권장될 뿐 설치할 의무가 부여되지 않는다고 하였다. 가령, 슈퍼마켓, 일용품 소매점, 이미용원, 목욕장의 경우, 주출입구 접근로와 높이차이제거, 장애인등이 이용 가능한 출입문에 대하여만 설치 의무가 있고, 장애인전용주차구역, 장애인등이 이용 가능한 복도, 계단 또는 승강기, 장애인용화장실에 대해서는 설치가 권장될 뿐 설치되지 않아도 된다고 하였으며, 그 외의 편의시설들은 설치 권장 시설에서도 제외시켰다. 즉, 슈퍼마켓이나 일용품 등의 소매점은 시각 및 청각장애인을 위한 유도·안내설비를 설치할 의무가 없고 설치가 권장되지도 않으며, 슈퍼마켓이나 일용품 등의 소매점과 이미용원은 장애인등이 이용 가능한 접수대나 작업대를 설치할 의무가 없고 설치가 권장되지도 않는다. 이러한 편의시설이 갖춰지지 않은 이미용원 등을 장애인등이 그렇지 않은 사람과 동등하게 이용할 수 있을 것인지, 장애인등편의법의 현 규정 내용 하에서 장애인등이 이미용원 등에 대한 접근권을 보장받고 있는 것인지 매우 큰 의문이 제기되는 부분이다. 대상시설의 종류에 따라 설치의무가 있는 편의시설을 달리한 것은 이해할 수 있는 일이나, 지나치게 최소한의 범위에서 편의시설 설치의무를 부여하고 있다는 평가는 피할 수 없다.

편의시설의 구조와 재질 등 기준에 관하여는 장애인등편의법 제8조 제2항의 위임을 받아 위 법 시행규칙 제2조 제1항 관련 별표1이 규정하고 있다. 재질이나 색상, 크기에 이르기까지 비교적 상세하게 편의시설의 설치 기준에 대하여 규정하고 있으나, 장애인등이 실제로 이용하는데 불편함이 없는지 지속적으로 모니터링하여 개선해 나가는 것이 중요하다고 할 것이다.

한편, 장애인등편의법 제15조 및 위 법 시행령 제7조는 편의시설을 설치하는 것이 구조적으로 곤란하거나 안전에 중대한 위험을 초래하거나 문화재를 훼손하거나 더 안전하고 편리한 대안이 있을 경우 시설주 등이 관할 지방자치단체의 장 등 시설주관기관의 승인 하에 별도의 기준으로 편의시설을 설치할 수 있도록 하였다. 시설주 등이 스스로 별도의 편의시설 설치 기준을 마련하여 시설주관기관에게 신청서를 제출하고 시설주관기관이 전문가 3인 이상의 의견을 청취한 후 승인 여부를 결정하는 방식으로서, 제도의 취지는 나쁘지 않다고 하겠으나 시설주 스스로 완화된 설치기준과 대안을 마련하도록 한 것이나, 건물의 구조적 특성 등의 사유로 인하여 편의시설의 설치 자체가 곤란한 경우의 대안에 대하여는 전혀 규정하지 않고 있다는 점은 매우 아쉬운 대목이다.

(다) 편의시설의 설치 의무자

장애인등편의법 제9조에 따라 편의시설을 설치할 의무가 있는 자는 대상시설의 시설주와 대상시설의 설치를 위하여 건축법 등 관계 법령에 따른 절차를 진행 중인 자이다. 장애인등편의법 제2조는 시설주란 대상시설의 소유자 또는 관리자(해당 대상시설에 대한 관리 의무자가 따로 있는 경우만 해당한다)를 말한다고 정의하였다. 많은 경우에 있어서 공중이용시설은 소유자가 아닌 임차인이 해당 시설을 점유하면서 사용, 수익하고 있기 때문에, 임차인이 관리자로서 대상시설에 편의시설을 설치할 의무를 부담하게 된다. 그런데 임차인의 경우 임대차계약의 내용에 따라 임대인의 승인 없이 대상시설의 구조를 변경하거나 설치하기 곤란한 경우가 많기 때문에 임차인이 대상시설에 편의시설을 설치할 의무를 부담하는 경우 대상시설의 소유자가 이에 응하여야 한다는 규정이 포함될 필요가 있다. 많은 경우에 있어서 임차인은 임대인이 동의하지 않는다는 이유로 편의시설 설치 요청을 거부하고 있기 때문이다.

마. 장애인차별금지 및 권리구제 등에 관한 법률

(1) 장애인차별금지법의 구조와 내용

장애인차별금지법은 모든 생활영역에서 장애를 이유로 한 차별을 금지하고 장애를 이유로 차별받은 사람의 권익을 효과적으로 구제하기 위한 목적에서 제정된 법률이다. 장애인차별금지법은 2007년 4월 10일 제정되어 이듬해 4월 11일부터 시행되었는데, 제1장 총칙에서는 장애 및 장애인의 정의, 이 법이 금지하는 차별행위의 유형과 내용, 차별을 판단하는 원칙 등에 관하여 규정하고, 제2장 차별금지에서는 고용, 교육 등 각 생활영역에서의 장애인 차별에 관하여 규정하였다. 시설물을 접근, 이용함에 있어서의 차별에 관하여는 제2장 제18조에 규정되어 있다.

장애인차별금지법 제1장 총칙에 위치한 제4조 제1항은 장애인에 대한 차별행위를 유형화하고, 이 내용은 제2장 이하에 규정된 각 생활영역에 모두 적용된다. 위 조항은 장애인차별금지법이 금지하는 차별행위를 크게 6가지로 구분하는데, 첫째, 정당한 이유 없이 장애를 사유로 장애인을 제한, 배제, 분리, 거부하는 직접차별(1호), 둘째, 형식상으로는 제한, 배제, 분리, 거부 등 장애인을 불리하게 대하지 아니하지만 장애를 고려하지 않는 기준을 적용함으로써 장애인에게 불리한 결과를 초래하는 간접차별(2호), 셋째, 정당한 사유 없이 장애인에게 정당한 편의 제공을 거부하는 정당한 편의 제공의 거부(3호), 넷째, 정당한 사유 없이 장애인에 대한 차별을 표시, 조장하는 광고를 직접 행하거나 그러한 광고를 허용, 조장하는 행위(4호), 다섯째, 장애인을 돕기 위한 목적에서 장애인을 대리, 동행하는 자를 차별하는 행위(5호), 여섯째, 보조견 또는 장애인보조기구 등의 정당한 사용을 방해하는 행위(6호)이다.

장애인차별금지법 제18조는 장애인의 시설물 접근, 이용에 있어서 발생할 수 있는 각 차별행위들을 유형별로 구분하여 금지하고 있다. 아래에서 보는 바와 같이 위 법 제18조 제1항은 시설물 접근, 이용에 있어서 장애인에 대한 직접차별과 간접차별을 금지하고, 제2항은 시설물에 접근하거나 이용함에 있어서 보조견 또는 장애인보조기구의 정당한 사용을 방해하는 행위를 금지하며, 제3항은 시설물을 접근, 이용하는 장애인에게 정당한 편의 제공을 거부하는 행위를 금지한다. 특기할 만한 점은 장애인차별금지법 제18조 내 직접차별과 간접차별(제1항), 보조견 또는 장애인보조기구의 사용 방해(제2항)에 관하여는 해당 조항들이 적용되는 시설물의 범위에 대하여 어떠한 제한도 두지 않은 반면, 정당한 편의 제공의 거부(제3항)에 관하여는 대통령령으로 위 조항이 적용되는 시설물의 범위를 제한한 것이다.

장애인차별금지법

제18조(편의시설의 설치기준) ①시설물의 소유·관리자는 장애인이 당해 시설물을 접근·이용하거나 비상시 대피함에 있어서 장애인을 제한·배제·분리·거부하여서는 아니 된다.
②시설물의 소유·관리자는 보조견 및 장애인보조기구 등을 시설물에 들여오거나 시설물에서 사용하는 것을 제한·배제·분리·거부하여서는 아니 된다.
③시설물의 소유·관리자는 장애인이 당해 시설물을 접근·이용하거나 비상시 대피함에 있어서 피난 및 대피시설의 설치 등 정당한 편의의 제공을 정당한 사유 없이 거부하여서는 아니 된다.
④제3항을 적용함에 있어서 그 적용을 받는 시설물의 단계적 범위 및 정당한 편의의 내용 등 필요한 사항은 관계 법령 등에 규정한 내용을 고려하여 대통령령으로 정한다.

구체적으로, 장애인차별금지법 제18조 제4항은 제3항을 적용함에 있어서 그 적용을 받는 시설물의 단계적 범위 및 정당한 편의의 내용 등 필요한 사항을 대통령령으로 정한다고 하고, 위 법 시행령 제11조는 위 법 제18조 제4항에 따른 시설물의 대상과 단계적 적용범위가 장애인등편의법 제7조 각 호의 어느 하나에 해당하는 대상시설 중 2009년 4월 11일 이후 신축, 증축, 개축하는 시설물로 한다고 하며, 같은 영

제12조는 위 법 제18조 제4항에 따른 시설물의 소유·관리자가 제공하여야 하는 정당한 편의 내용 및 그 설치기준은 장애인등편의법 시행령 별표2에 따른다고 하였다. 즉, 장애인차별금지법 제18조 제3항은 제1항 및 제2항과 달리 그 적용을 받는 시설물의 범위를 장애인차별금지법의 최초 시행일로부터 1년이 지난 2009년 4월 11일 이후 신축, 증축, 개축된 시설물로 한정하고, 그러한 시설물을 접근, 이용하는 장애인들에게 제공하여야 하는 정당한 편의의 내용과 설치기준을 장애인등편의법 시행령 별표2에 규정된 편의시설의 내용과 설치기준으로 정한 것이다.

(2) 장애인차별금지법 제18조의 문제점

그런데 이러한 규정체계는 크게 두 가지 점에서 혼란을 일으킬 수 있다. 하나는 장애인 차별행위의 유형에 따라 제18조가 적용되는 시설물의 범위가 달라진다는 점으로 인한 혼란이고, 다른 하나는 장애인차별금지법 시행령 제11조가 적용되는 시설물의 범위에 관한 혼란이다.

먼저 장애인차별행위의 유형에 따라 장애인차별금지법 제18조가 적용되는 시설물의 범위가 달라진다는 것은 제18조가 유독 정당한 편의 제공의 거부라는 차별행위 유형에 관하여만 적용되는 시설물의 범위를 제한하고, 나머지 차별행위 유형에 관하여는 전혀 이를 제한하지 않기 때문이다. 즉, 장애인이 시설물을 접근·이용함에 있어서 직접차별이나 간접차별을 받았을 경우에는 시설물의 범위에 제한이 없기 때문에, 2009년 4월 11일 이전에 신축, 증축, 개축된 시설물에 대하여도 장애인차별금지법 제18조 제1항이 적용될 수 있지만, 정당한 편의 제공을 거부하는 행위에 대하여는 2009년 4월 11일 이후에 신축, 증축, 개축된 시설물에 대하여만 장애인차별금지법 제18조 제3항이 적용되어 큰 차이가 있다. 물론 이렇게 차별행위의 유형별로 시설물의 범위에 차이를 둔 이유를 설명하는 것은 불가능하지 않다. 직접차별과 간접차별은 차별이라는 행위 자체에 주목하여 이를 금지시키는 것이기 때문에 시설물의 건축시기가 중요하지 않은 반면, 장애인의 시설물 접근·이용에 있어서 갖추어야 하는 정당한 편의들은 건축물에 직접 설치해야 하는 물리적인 것들이 대부분이기 때문에 장애인차별금지법의 시행일로부터 1년이 지난 날 이후에 건축된 시설물로 그 범위를 제한시킨 것이다.

그러나 이러한 설명 역시 문제를 가진다. 가장 큰 문제는 장애인이 시설물을 접근·이용하는데 필요한 정당한 편의의 종류에는 건축물의 구조를 변경하여야 하는 물리적인 것들만 있는 것이 아니라는 점이다. 건축물 구조의 변경을 수반하지 않는 시설이나 장비의 설치나 제공만으로도 장애인이 시설물에 접근하거나 시설물을 이용할 수 있는 경우가 많고, 물적 시설 외에 다른 수단을 통해서도 얼마든지 시설물 접근·이용을 위한 정당한 편의 제공이 가능한 경우가 많다. 가령 이동형 경사로는 건축물의 구조를 변경하지 않고도 장애인의 출입을 가능하게 해주고, 출입구에서 호출을 하여 물건을 구입할 수 있도록 하는 대안적 방법으로도 시설물을 이용하는 것이 가능할 수 있다.

장애인차별금지법 제18조 제3항과 제4항이 지나치게 휠체어를 타거나 보행이 어려운 지체장애인에게 주목했다는 문제도 있다. 지체장애인 이외의 다른 유형의 장애인들 역시 시설물을 접근·이용함에 있어서 정당한 편의의 제공이 필요한데, 이러한 편의들은 대부분 시설물의 건축 연도와는 무관하다. 시각장애인이 공공건물을 이용함에 있어서 필요한 편의는 해당 공공건물을 이용할 수 있게 해주는 시각보조장비 내지 인적 편의인데, 시설물이 2009년 4월 11일 이전에 건축되었다고 이러한 편의 제공이 불가능한 것도 아니고 이러한 편의 제공을 요구하는 것이 시설물 소유자·관리자의 권익을 지나치게 제약하는 것도 아니다. 따라서 장애인의 시설물 접근·이용에 있어서의 정당한 편의 제공과 관련된 장애인차별금지법 제18조 제3항 역시 원칙적으로 시설물이 건축된 시기와는 무관하게 적용되어야 하고, 예외적으로 건축물의 구조 변경 등으로 인하여 정당한 편의 제공이 과도한 부담이 될 경우에 한하여 차별에 해당하지 않는다고 보아야 한다.

다음으로 장애인차별금지법 시행령 제11조가 적용되는 시설물의 범위에 관한 논란은 장애인등편의법 제7조의 적용 범위와 관련된 장애인차별금지법 시행령 제11조의 해석과 관련이 있다. 장애인차별금지법 시행령 제11조는 시설물을 접근·이용하는 장애인을 위하여 정당한 이유 없이 정당한 편의 제공을 거부할 수 없는 시설물의 범위를 규율한 규정으로서, '장애인등편의법 제7조 각 호의 어느 하나에 해당하는 대상시설'이라는 문구를 사용하였다. 장애인차별금지법 시행령 제11조의 문리적 해석에 집중하여 장애인등편의법 제7조 각 호의 내용만이 준용된다고 할 경우 모든 공원과 공공건물, 공중이용시설, 공동주택, 통신시설, 그 밖에 장애인등의 편의를 위하여 편의시설을 설치할 필요가 있는 건물·시설 및 그 부대시설들이 정당한 편의 제공을 거부할 수 없는 시설물의 범위에 포함된다.

반면 장애인등편의법 제7조의 규정 방식과 취지에 주목하여 장애인차별금지법 시행령 제11조를 해석할 경우, 장애인등편의법 제7조가 준용하는 장애인등편의법 시행령 제3조 관련 별표1에 규정된 대상시설들만이 정당한 편의 제공을 거부할 수 없는 시설물의 범위에 포함된다는 주장이 가능하다. 장애인등편의법 제7조는 법률의 수준에서 대상시설의 범위를 획정하지 않고 대통령령을 통하여 획정하기 때문에, 그 규정방식과 취지에 따라 장애인차별금지법 시행령 제11조 역시 장애인등편의법 제7조가 준용하는 위 법 시행령 제3조 관련 별표1까지 함께 고려하여 해석되어야 한다는 것이다.[19] 시설물의 소유자·관리자가

---

19) 국가인권위원회의 일정기준 미만의 공중이용시설에 대한 장애인 접근성 실태조사 용역을 수행한 사단법인 두루의 집필진은 이러한 견해에서 장애인차별금지법 시행령 제11조가 해석되는 것이 자연스럽다고 주장하였다(국가인권위원회, "일정기준 미만의 공중이용시설에 대한 장애인 접근성 실태조사" (2016. 10.), 68-69.

제공하여야 하는 정당한 편의의 내용 및 그 설치기준에 관하여 규정한 장애인차별금지법 시행령 제18조가 장애인등편의법 시행령 별표2를 준용하였다는 점도 위 견해를 뒷받침하는 논거이다. 장애인등편의법 시행령 별표2는 같은 시행령 별표1을 전제로 편의시설의 종류와 설치 기준을 규정한 것이기 때문에, 일정 규모 이하의 공공건물, 공중이용시설들, 가령 바닥면적 50㎡ 미만의 일반음식점이 설치해야 하는 편의시설의 종류와 기준에 대한 내용은 아예 존재하지 않는다. 장애인등편의법 제7조 각 호에만 주목하여 모든 공원과 공공건물, 공중이용시설 등이 정당한 편의의 제공을 거부할 수 없는 시설물에 해당한다고 장애인차별금지법 시행령 제11조를 해석할 경우, 시설물의 소유자·관리자가 제공하여야 하는 정당한 편의의 내용 및 설치기준에 관하여 규정한 위 법 시행령 제12조와 맞지 않는 문제가 발생한다는 것이다.

그러나 장애인차별금지법 시행령 제12조와 충돌할 수 있다는 문제 때문에 위 법 시행령 제11조를 '장애인등편의법 제7조 각 호의 어느 하나에 해당하는 시설 중 대통령령으로 정한 시설'이라고 해석하는 것은 문리적 해석의 범위를 뛰어넘는 것이다. 장애인차별금지법 시행령 제11조를 입법한 자가 위와 같은 해석을 의도하였다면 위 시행령 제11조를 입법하면서 위 시행령 제12조와 마찬가지로 장애인등편의법 시행령 별표1을 바로 준용하였을 것이지만 그렇게 하지 않았다. 즉, 장애인차별금지법 시행령의 입법자가 제11조를 '법 제18조제4항에 따른 시설물의 대상과 단계적 적용범위는 「장애인·노인·임산부 등의 편의증진보장에 관한 법률 시행령」 별표1에 따른다.'고 규정하지 않고 '법 제18조제4항에 따른 시설물의 대상과 단계적 적용범위는 「장애인·노인·임산부 등의 편의증진보장에 관한 법률」 제7조 각 호의 어느 하나에 해당하는 대상시설'이라고 규정한 것은 장애인등편의법 제7조 각 호에 규정된 시설물을 모두 포함시키겠다는 의도였다고 보아야 한다. 따라서 장애인차별금지법 시행령 제11조는 입법자의 의도와 사용된 문구에 맞게 해석하여야 하고, 위 시행령 제12조와 함께 고려할 경우 일정

규모 미만의 시설물들에 제공되어야 할 정당한 편의의 내용과 설치기
준이 없다는 문제는 입법의 미비로 보고 입법적으로 해결하여야 한다.

2. 장애인의 공중이용시설 접근권에 관한 주요 해외 법제[20]

가. 미국

미국장애인법은 장애인에 대한 차별을 금지하는 연방민권법(federal
civil rights law)인데, 위 법은 장애인이 일상 활동에서 차별받지 않도
록 보장하며, 장애의 기준과 장애인에 대한 보호 조치를 명시하고 있
다. 공중이용시설에 대한 장애인의 접근과 관련해서는 미국장애인법
중 제3장 공공편의시설 및 상업시설(Public Accommodations and
Commercial Facilities)이 규정하고 있다. 제3장은 공공편의시설로 여
관·호텔·모텔 등의 숙박시설, 음식점·주점 등 음식과 음료를 판매하는
시설, 영화관·콘서트홀·공연장 등 엔터테인먼트 목적의 시설, 빵집·식
품점·의류점·철물점·쇼핑센터 등 도소매 시설, 세탁소·은행·이미용실·
여행사·잡화점·주유소·법률사무소·회계사무소·약국·보험사·병원 등
서비스 시설, 터미널 등 교통시설, 박물관·도서관·화랑 등 전시 목적
시설, 공원·동물원·놀이공원 등 레크리에이션 목적의 시설, 어린이집·
유치원·초중등학교·대학교 등 교육시설, 데이케어센터·노인센터·노숙
인센터·무료급식소 등 사회복지 시설, 체육관·체력단련장·볼링장·골프
장 등 운동 시설 등을 예시하고 있고, 여행, 무역, 교통, 상업, 통신 등
상업과 관련 있는 비거주 목적의 시설을 상업시설이라 하고 있다(42
U.S.C. §12181(2),(7)).

---

20) 이 부분을 집필하기 위하여 법무법인 지평과 사단법인 두루, 장애인법연구회에
서 공동으로 작성한 '장애인의 공중이용시설 접근권 개선을 위한 해외 입법례
연구 자료집'을 참고하였다. 위 자료집은 외부에 출간되거나 공표되지 않았기 때
문에 참고문헌에 포함시키지 않았지만, 본 논문을 집필하거나 앞서 소개한 서울
중앙지방법원 2018가합524424호 사건을 수행하는데 있어서 큰 도움이 되었다.

제3장 공공편의시설 및 상업시설은 장애를 이유로 공공편의시설과 상업시설에서 제공하는 상품, 서비스, 시설, 특혜, 장점 혹은 숙박에 관하여 장애인을 차별하는 것을 금지하고 있다(42 U.S.C. §12182(a)). 여기서 금지되는 차별이란 장애를 이유로 장애인이 공공편의시설과 상업시설에서 제공되는 재화, 용역, 특혜, 이익 등으로부터 이익을 얻고자 참여하려는 기회를 직간접적으로 박탈하는 것)과 장애인에게 불평등한 편익을 제공하거나 비장애인과는 다르거나 분리된 편익을 제공하는 것을 말한다(42 U.S.C. §12182(b)). 그리고 미국장애인법은 시설을 소유, 임차 또는 운영하는 자가 시설의 건축적(물리적) 장애물 등을 용이하게 제거할 수 있음에도 제거하지 않거나, 혹은 용이하게 장애물 등을 제거할 수 없지만 대안적 수단(alternative methods)을 제공할 수 있음에도 제공하지 않는 것이 차별에 해당한다고 하였다(42 U.S.C. §12182(b)(2)(A)). 여기서 '용이하게 할 수 있다는 것'(readily achievable)은 큰 어려움이나 비용 없이 할 수 있다는 것을 의미하는데, 이 법에 따라 차별을 제거하기 위하여 필요한 행위의 비용과 성격, 해당 시설의 전체적인 재무 상황과 근로자의 수, 차별을 제거하기 위한 행위가 만들어낼 효과 등을 종합적으로 고려하여야 한다고 하였다(42 U.S.C. §12181(9)).

한편, 미국장애인법의 경우, 건축시기를 기준으로 편의시설 설치 의무를 면제하는 규정이 존재하지 않기 때문에, 미국장애인법의 제정 이전에 건축된 시설의 운영자도 미국장애인법에 따른 편의시설 설치 의무를 갖는다. 다만, 미국장애인법은 신축 내지 개조한 시기에 따라 적용되어야 하는 접근성 디자인 표준을 달리하였고(Appendix to 28 C.F.R. §36.406(a)), 새로 신축되거나 개조되는 건물의 운영자가 일정 시점 이후에 시설을 신축하거나 개조하는 경우 구조적으로 실현 불가능한 경우를 제외하고는 장애인이 쉽게 접근가능하고 이용할 수 있도록 시설을 신축하거나 개조하여야 한다는 점을 강조하였다(42 U.S.C. §12183(a)).

법무부는 미국장애인법에 따라 '2010년 미국장애인법에 따른 접근
성 디자인 표준(2010 ADA Standards for Accessible Design)'(이하 '미
국장애인법 접근성 표준'이라 한다)과 '미국장애인법접근성 표준에 대
한 가이드라인(Guidance on the ADA Standards for Accessible Design)'
등을 제정하여 보다 구체적인 시설기준을 정비하였다. 미국장애인법
접근성 표준에 따르면, 공공편의시설 등 시설은 장애인이 주차장, 대중
교통 정류장, 도로 및 보도 등으로부터 시설로 접근할 수 있도록 접근
가능한 통로를 하나 이상 설치하여야 하고, 접근 가능한 통로는 일정
기준보다 가파르지 않은 경사로, 출입구, 승강기 등으로 구성되어야 하
며, 출입구에 장애인이 이용할 수 없는 회전문 등이 사용되어서는 안
된다. 단, 3층 이하이거나 300평방피트 면적 이하의 시설의 경우 승강
기 설치 의무로부터 면제된다. 승강기 설치 의무 외에 미국장애인법
내 건물의 규모를 근거로 예외를 인정하는 규정은 존재하지 않는다.

나. 영국

영국은 차별금지법(Equality Act 2010)과 건축법(Building Act 1984)
을 통하여 장애인의 시설 접근법을 보장하고 있다. 영국 차별금지법은
시설물에 대한 접근에 있어서 장애인에 대한 차별을 금지하는 내용을
주로 담고 있고, 영국 건축법은 각 시설의 건축자와 시설주가 장애인
의 접근권 보장을 위한 편의시설들을 갖춰야 한다는 점을 규율하고,
갖춰야 하는 편의시설들의 설치 기준에 관한 내용을 담고 있다.

구체적으로 영국 차별금지법은 제13조 내지 제19A조를 통하여 직
접차별과 간접차별 등 차별의 유형에 관하여 상세히 규정한 후 제20조
내지 제23조에서 차별 금지에 관한 내용을 규정하였다. 영국 차별금지
법은 차별의 유형을 크게 직접차별과 간접차별, 장애기인 차별
(Discrimination arising from disability) 등으로 구분하고 있다. 직접차별
과 간접차별은 우리 장애인차별금지법의 것과 유사한 의미를 지니지

만, 장애를 이유로 누군가를 불리하게 대우하는 것을 직접차별이라고 정의함으로써, 장애인을 직접 차별하는 것 외에 장애를 가진 배우자나 지인으로 인하여 차별을 당하는 것도 차별에 포섭될 수 있게 하였고, 실제 장애를 갖고 있지 않지만 가졌다고 오인을 하여 차별을 당하는 것도 차별의 형태에 포섭될 수 있도록 하였다는 점이 특징이다.[21]

영국 차별금지법 제20조는 차별을 방지하기 위하여 행하여야 하는 합리적 조정 의무에 관하여 규정하고 있다. 크게 3가지 형태로 구성되는데, 첫째 장애인이 어떠한 규정, 기준, 관행으로 인하여 비장애인 보다 상당한 불이익을 받게 될 경우 그러한 불이익을 제거하기 위하여 해당 규정 등을 합리적으로 조정해야 한다는 것이고, 둘째, 장애인이 어떠한 물리적 형상으로 인하여 비장애인보다 상당한 불이익을 받게 될 경우 그러한 불이익을 제거하기 위한 합리적인 조치를 취하여야 한다는 것이며, 셋째, 보조장치를 마련하지 않아서 장애인이 비장애인보다 상당한 불이익을 받게 될 경우 해당 보조장치를 마련하기 위한 합리적인 조치를 취하여야 한다는 것이다. 공중이용시설에 대한 접근권과 관련된 규정은 위 세 가지 합리적 조정에 관한 내용 중 두 번째에 해당하는데, 영국 차별금지법 제20조 제10항은 이러한 물리적 형상에는 건축물의 구조나 디자인, 건축물에 대한 접근로나 출입로, 부지 내 또는 부지 위의 부착물, 가구, 재료, 설비 또는 다른 물리적인 것들이나 재질 등이 모두 고려되어야 한다고 하였으며, 같은 조 제9항은 물리적 형상으로 인한 불이익을 제거하기 위한 합리적 조치에는 문제가 되는 물리적 형상을 제거하는 것이나 물리적 형상을 개조하거나 대안적인 수단을 제공하는 것이 포함된다고 규정하였다. 한편, 영국 차별금지법 제20조 제7항은 합리적 조치 내지 조정을 하는 자가 장애인에게 해당 비용을 부담시킬 수 없다고 규정하였고, 같은 법 제21조는 제20조에 규정된 합리적 조정을 하지 않을 경우 장애인에 대한 차별행위에

---

21) 심재진, "영국의 차별금지법 개관", 한국법제연구원 2015 제4호 (2015. 8.), 6-7.

해당한다는 점을 명시하였다.

영국 건축법(Building Act 1984)과 영국 건축 규정(Building Regulations 2010)은 건축 허가가 필요한 건축물을 건축할 때 해당 건물과 시설들에 모든 이가 접근 및 이용할 수 있도록 합리적 조치들을 취해야 한다고 규정하였다(Building Regulations 2010 Schedule1 Part M).위 규정을 근거로 건축물에 대한 접근과 사용에 대한 지침(Approved Document M – Access to and use of buildings; Volume 2 – Buildings other than dwellings)이 만들어 졌는데, 모든 비거주용 건축물을 신축, 증축, 개축하려면 합리적 조정을 제공하고 있는지 사전에 허가를 받아야 한다고 규정하였다. 위 지침은 비거주용 건축물에 대한 접근, 건물 내 수평 및 수직 이동, 건물 내 시설과 위생시설로의 접근성 등에 대하여 상세히 규정하고 있는데, 가령 건축물의 출입과 관련해서는 모든 사람들이 모든 건축물의 입구, 주출입구, 로비 등에 접근할 수 있어야 하고, 접근이 불가능한 경우 접근이 가능한 대안적 입구 등을 제공하여야 한다고 규정하였으며, 건물 내 식음료 시설의 카운터는 휠체어 사용자에게도 적합한 높이에 위치하여야 한다는 규정까지 둘 만큼 상세하게 규정하였다.

다. 호주

호주 장애인차별금지법(Disability Discrimination Act 1992) 중 공중이용시설에 대한 접근권 문제는 제23조 부지와 시설물 등(Premises)[22]에 대한 접근과 관련이 있다. 공중이용시설은 호주 장애인차별금지법에서 말하는 부지와 시설물 등(Premises)의 범위에 포함되는데, 호주 장애인차별금지법 제23조는 사람들의 출입과 사용이 허용되는 어떤

---

22) 호주 장애인차별금지법에서 말하는 부지와 시설물 등(Premises)은 그 범위가 매우 넓은데, 구조물, 건축물, 비행기, 차량, 선박뿐만 아니라 토지(구조물이 설치되어 있는지와 무관)와 구조물 등의 일부까지 모두 포함된다(호주 장애인차별금지법 제4조).

부지와 시설물 등에 장애인이 접근하거나 사용하는 것을 허용하지 않을 경우 차별에 해당하고, 어떠한 조건 하에서만 장애인이 접근하거나 사용하도록 하는 것도 차별에 해당하며, 부지와 시설물 등에 접근하는 수단을 제공하는 것에 있어서 차별하는 것도 이 조항에 따른 차별에 해당하고, 장애인이 부지와 시설물 내에 있는 어떤 시설에 접근하거나 사용하지 못하게 하거나 어떤 조건 하에서만 사용하도록 하는 것도 차별에 해당하며, 장애인에게 부지와 시설물 등으로부터 떠나달라고 요청하거나 사용을 중단할 것을 요구하는 것도 차별에 해당한다고 하였다.

호주 장애인차별금지법 제31조는 보다 구체적인 내용을 규정하기 위하여 장애인 차별금지 기준을 제정할 수 있다고 하였고, 2010년 부지와 시설물 등에 대한 접근성 표준(Disability (Access to Premises — Buildings) Standards 2010, 이하 '호주 장애인 접근성 표준'이라 한다)이 제정되어 2011년 5월 1일 발효되었다. 호주 장애인 접근성 표준은 출입구에 대한 접근성 표준, 승강기 관련 접근성 표준 등 매우 상세한 내용을 담고 있는데, 대중교통시설을 제외하고는 접근성 표준이 발효된 날짜 이후에 신축되거나 개축된 건물에 한하여 접근성 표준을 준수할 의무가 있다고 하여 2011년 5월 1일 이전 신축되거나 개축된 건물을 제외하는 경과규정을 두었다.

IV. 장애인의 공중이용시설 접근권 보장을 위한 제언

이하에서는 앞선 논의를 바탕으로 하여 장애인의 공중이용시설 접근성을 보장함에 있어 현행 법제가 갖는 한계를 장애인등편의법을 중심으로 정리하고, 이에 대한 개선방안을 제시하고자 한다.

1. 장애인등편의법의 한계점 및 향후 개선 과제

가. 면적기준으로 인하여 광범위한 접근성 사각지대를 방치

장애인등편의법의 가장 큰 문제점은 일정 면적 기준 이상의 대상시설들에게만 편의시설 설치 의무를 부과함으로써 접근성의 사각지대가 여전히 크게 남는다는 것이다. 이와 같은 지적에 대하여 장애인등편의법 시행령의 개정을 통해 편의시설 의무설치의 면적 기준이 하향, 가령, 슈퍼마켓·일용품 소매점의 편의시설 의무설치 면적 기준이 $300m^2$ 이상에서 $50m^2$ 이상으로 대폭 하향되었으므로 장애인의 공중이용시설 접근성이 크게 향상되었다는 반론도 있다. 그러나 앞서 살펴본 바와 같이 전국 55만개가 넘는 일반음식점의 경우 여전히 29.8%의 일반음식점들이 편의시설을 설치하지 않아도 무방하고, 전국 26,855개의 의약품 및 의료용품 소매점의 경우 37.7%의 의약품 및 의료기기 소매점들이 여전히 편의시설을 갖출 의무로부터 제외되고 있다는 점을 고려하면 개정법의 면적 기준 변경으로 장애인의 공중이용시설 접근성이 상당한 수준으로 개선되었다는 주장에는 전혀 동의하기 어렵다.

나. 장애인등편의법 시행 전 건물의 대부분이 편의시설 설치대상에서 제외

장애인등편의법과 위 법 시행령이 부칙 경과규정을 통해 일정 시기 이전에 건축된 건축물의 시설주에게 편의시설 설치 의무를 부과하지 않고 있다는 점도 장애인의 접근권을 개선시키지 못하는 이유이다. 전술한 대로 장애인등편의법 시행령 별표1이 개정되어 편의시설 설치 의무가 부과되는 대상시설의 면적 기준이 하향되었지만, 위 시행령 부칙 제2조 제1항이 "이 영 시행 전에 설치된 공중이용시설 또는 이 영 시행 당시 건축허가 신청 등 설치를 위한 행정절차가 진행 중이거나 시공 중인 공중이용시설의 편의시설 설치에 관하여는 별표1 제2호 가목·

나목 및 별표2 제3호 나목의 개정규정에도 불구하고 종전의 규정에 따른다."고 하여, 시행령의 개정 이전에 지어진 대상시설이 편의시설 설치 대상에서 제외되는 결과가 초래되었다. 장애인등편의법의 제정 당시 면적을 기준으로 하여 편의시설 설치의무를 광범위하게 면제하였다는 점까지 함께 고려하면, 사실상 광범위한 접근성의 사각지대가 남는 것이 현실이다.

다. 단순 '접근'이 아닌 실제 '이용가능성'에 대한 고려 미비

장애인등편의법은 별표2에서 대상시설 별로 설치해야 할 의무가 있는 편의시설의 종류를 달리하면서 광범위한 범위의 편의시설을 '권장' 사항으로 분류하고 있는바, 이로 인하여 해당 시설에 대한 '접근'만 가능할 뿐, 당사자 관점에서 실제 충분한 이용이 어려운 상황을 허용하고 있다. 가령, 스타벅스 등 주요 카페 가맹사업자들의 경우 2층에만 일반화장실을 설치하고 매장 전체에 별도의 장애인 화장실을 설치하지 않은 경우가 많은데 이는 시행령 별표2에 장애인화장실의 설치가 권장 사항으로 규정되어 있기 때문이다. 그리고 카페 가맹사업자들은 복층 형태로 카페를 운영하면서 오직 계단으로만 2층 및 3층에 출입할 수 있도록 하고 승강기 등 별도의 편의시설을 설치하지 않아 휠체어 사용자 등의 2, 3층 접근이 불가능한 경우가 많다. 카페 가맹사업자들의 매장의 경우 1층은 대체로 주방 및 진열대, 주문 접수대가 면적의 상당 부분을 차지하고, 나머지 극히 일부 공간에 이용자를 위한 탁자와 좌석을 배치하는 경우가 많아서 장애인등의 좌석 선택의 폭이 과도하게 제한된다는 문제점도 있다. 장애인등편의법과 위 법 시행령 내 이러한 문제점을 감안한 편의시설 설치에 관한 내용은 전혀 존재하지 않는다.

라. 소결

요컨대 장애인등편의법은 최근 시행령의 개정을 통하여 편의시설 설치 의무의 대상시설을 일부 확대하기는 하였으나, 전체 대상 시설 중 소규모 점포가 상당한 비율을 차지한다는 한국의 특수한 조건으로 인하여 여전히 편의시설 설치에 대한 광범위한 면제를 허용하고 있고, 건축시기에 따라 편의시설 설치 의무를 면탈하는 부칙 경과규정으로 인하여 상당수의 공중이용시설들 여전히 편의시설 설치의무에서 제외되는 문제가 있다. 또한, 위와 같이 면적, 건축시기 등에 따라 광범위한 대상시설에 대하여 편의시설 설치 의무를 면제하면서도, 그마저도 편의시설 설치의무를 지는 대상시설에 대하여 지나치게 많은 항목을 단순히 '권장'사항으로만 규정하여 장애인등이 해당시설에 단순히 접근만 가능하고, 실제 온전한 이용이 어려운 상황을 방치하고 있다는 점에서 한계가 분명하다. 요컨대 장애인등편의법은 장애인의 공중이용시설에 대한 접근성을 실효적으로 보장하고 있다고 보기 어렵다.

2. 향후 입법적 개선방향에 대한 제언

위와 같은 이유로 장애인등편의법은 향후 다음과 같이 개선되어야 한다. 첫째, 면적 및 건축시기 등을 기준으로 편의시설 설치 대상시설에서 일률적으로 제외하는 기조를 폐기하고, 모든 공중이용시설 등 대상시설이 편의시설 설치의무를 부담하고, 예외적인 경우에 한하여 설치의무를 면제받는 대신 합리적인 대안적 방법으로 장애인등의 접근권을 보장하는 방향으로 법률을 개정하여야 한다. 현재와 같이 면적을 기준으로 편의시설 설치 대상을 정하는 것은 소규모 점포가 큰 비중을 차지하는 한국의 특수한 현실 하에서 편의시설 설치의 예외를 지나치게 넓게 허용하고, 그 결과 사실상 매우 광범위한 접근성의 사각지대를 방치하는 결과를 가져온다는 점에서 근본적인 문제를 내포하고 있다. 앞선 장을 통하여 살펴본 바와 같이 미국, 영국 등 주요 국가들은 공중이용시설의 편의시설 설치 의무를 규정함에 있어 면적 기준 등과 관계 없이 편의시설 설치를 원칙으로 하고, 필요한 경우 대안적 조치, 합리적 조정 등을 통하여 접근성의 공백을 채워나가는 형식을 취하고 있다는 점을 상기하여야 한다. 이는 별도의 면적 기준이나 건축시기에 따라 편의시설 의무의 면제를 일괄적으로 설정한 한국과는 명확히 구별되는 지점이다.

둘째, 접근성에 관한 신뢰성 있는 정보 제공이 이루어질 필요가 있다. 현재 장애인 당사자가 겪는 접근성 문제는 상당 부분 접근성에 대한 "정보의 부재", 즉 이용 가능한 장소 또는 서비스가 어디에 어떠한 형태로 존재하는지 모른다는 점에서 비롯된다. 장애인 당사자의 입장에서 접근가능한 시설이 현재보다 10% 늘어나는 것도 중요하지만 접근 가능한 시설이 어디에 있는지를 정확하게 아는 것이 당장의 불편을 해소하는 체감할 만한 개선이 될 수 있다. 따라서 공중이용시설에 대한 물리적 접근성 개선 노력과 동시에 신뢰성 있고, 지속가능한 접근성 정보를 제공하려는 노력이 함께 이루어져야 한다. 관련하여 과거 공공과 민간 영역 모두에서 접근성 DB를 구축하여 왔으나, 각 정보 수집 및 운영 주체가 다르고, 정보의 수집 및 관리를 위한 인적, 물적 자원의 한계도 명확하여, 정보제공의 범위가 일부 지역으로 제한되고, 제공되는 정보의 품질이 낮으며, 그마저도 지속적으로 갱신되지 않아서 얼마 지나지 않아 폐기되는 일이 반복되어 왔다. 최근에도 민간 장애인단체 차원의 접근성 지도 제작 시도가 이루어지고 있으나, 같은 관점에서 장기적, 근본적인 효과를 기대하기에는 무리가 있다.

따라서 일회적이고, 파편화된 과거 접근성 정보 제공의 문제점을 인식하고, 차제에는 접근성 정보의 품질 면에서는 표준화되고, 정보의 범위 면에서는 포괄적이며, 정보의 지속성 면에서는 장기적으로 지속 가능한 접근성 정보를 수집, 관리, 제공하여야 한다. 이를 위해서는 과거 시민사회의 자원 활동가 중심으로 직접 찾아다니며 각자 다른 기준으로 접근성 정보를 수집, 작성하던 방식에서 벗어나, 서비스 제공자 (건물주, 사업주 등)가 일관된 기준에 따라 접근성 정보를 제공하고, 충분한 권한과 자원을 부여 받은 공공 또는 민간기관에서 접근성 정보를 수집, 관리, 제공하여 통합적, 장기적인 관점에서 운영하고, 관련 기관에 기술적 솔루션과 공공참여를 지원할 수 있는 법률적 근거를 마련하여야 할 것이다.

V. 결론

장애인의 여러 권리 중 접근성의 문제는 '빈틈없이', '촘촘하게' 보장하지 않으면, 실제 장애인 이용자 관점에서 실효적인 개선을 기대하기 어렵다는 특징이 두드러지는 영역이다. 이는 마치 하나의 다리가 한쪽 시작 지점에서 반대쪽 지점까지 사람들을 이동시키는 본래의 기능을 다하기 위해서는 다리의 시작 지점부터 도착 지점까지 각 다리의 모든 구성 부분이 '빈틈없이', '촘촘하게' 연결되어 있다는 안전감이 있어야 비로소 망설임 없이 다리 건너기를 시작할 수 있는 것과 같다.

가령 휠체어를 이용하는 장애인이 스타벅스를 이용하려는 경우를 생각해보자. 우선 집에서 대중교통의 접근성이 보장되어야 하고, 대중교통을 이용하기 위해 가는 보행로의 접근성도 보장되어야 한다. 원하는 스타벅스 지점에 도착한 다음에는 1층 출입구를 통한 매장 접근이 가능해야 함은 물론이고, 2층 이상 매장이라면 해당 층에 대해서도 휠체어를 이용한 접근이 가능해야 할 것이며, 이렇게 도달한 층에 장애인이 사용할 수 있는 화장실이 설치되어야 할 것이다. 안타깝게도 현재 상당수의 카페 가맹사업자들의 매장에는 2, 3층 접근을 위한 엘리베이터가 설치되어 있지 않고, 제한적으로 이용할 수밖에 없는 1층에는 장애인화장실이 마련되어 있지 않다. 이와 같이 편의시설 이용에 대한 접근성이 부분적, 제한적으로만 보장되는 경우, 부득이 장애인 이용자는 해당 시설을 이용하는 것을 스스로 단속하게 된다. 즉 밖으로 나가기를 포기한다.

공중이용시설의 장애인 접근성 개선은 이와 같은 특징을 충분히 감안하여 접근성 문제의 '전 영역'에 걸쳐, '포괄적', '장기적'인 관점에서 이루어져야 하며, 무엇보다도 장애인 당사자의 실제 이용편의성을 향상시키는데 초점을 맞추어야 한다. 따라서 접근성에 관한 물리적 관점에서는 '모든' 공중이용시설이 장애인을 포함한 모든 고객들이 접근 가능하도록 관련 편의시설을 제공, 구비하는 방식으로 제도의 큰 기조를 바꾸고, 건축물의 구조적 문제, 과도한 비용 부담 등으로 인하여 발생하는 문제는 대안적 조치나 합리적 조정을 통하여 대상시설의 부담을 최소화하는 방법으로 빈틈없이 접근성을 보장하여 나가야 한다. 이와 동시에 정보 접근성 관점에서는 접근성 정보에 대한 기술적 솔루션 제공 및 공공참여를 지원하는 관련 제도 및 법률을 마련하여 신뢰할 수 있고, 지속가능한 접근성 정보를 장애인 당사자에게 제공할 필요가 있다.

접근성에 대한 권리(Right to Access) 이른바 접근권은 단순히 누군가가 어느 지점으로 가겠다는 단순한 이동 욕구의 실현에 그치는 것이 아니다. 접근권은 우리 국민이 누리는 헌법상의 모든 권리, 나아가 온전한 생활을 영위하기 위하여 당연히 보장되어야 할 인간의 모든 권리, 이를테면 차별 없이 교육을 받고, 자유롭게 직업을 선택하며, 망설임 없이 행복을 추구하여 나가기 위한 출발점이자 전제가 된다는 점에서 그 중요성을 아무리 강조해도 지나치지 않다. 이러한 중요성을 충분히 인식하고, 접근권에 대한 광범위한 예외를 허용해 왔던 과거의 입법기조에서 벗어나 향후 포괄적이고, 실효적이고, 완전한 접근성 보장을 위한 전향적 입법이 이루어지기를 기대한다.

참고문헌

국가인권위원회, "미국 장애인법 개설" (2003. 6.)

국가인권위원회, "일정기준 미만의 공중이용시설에 대한 장애인 접근성 실태조사" (2016. 10.)

국가인권위원회, "장애인권리협약 해설집" (2007. 3.)

김명수, "장애인 기본권의 기초로서의 접근권에 관한 고찰", 세계헌법연구 제15권 제1호 (2009. 2.)

노호창, "교통약자의 이동권 및 교통편의 증진을 위한 법 개정에 관한 연구", 법학연구 제20권 제3호 (2020. 9.)

박창석, "기본권으로서의 장애인의 이동권", 법학논총 제38집 제4호 (2021. 12.)

서정희, "장애인의 접근권-장애인권리협약과 비준당사국의 이행보고서 지침을 기준으로", 사회보장연구 제26권 제4호 (2010. 11.)

서정희 외 2명, "유엔 장애인권리협약 접근권과 반차별권", 국제사회보장리뷰 Vol 5 (2018. 6.)

심재진, "영국의 차별금지법 개관", 한국법제연구원 2015 제4호 (2015. 8.)

오대영, "장애인 이동권과 차별구제 – 대법원 2021. 4. 1. 선고 2018다203418 판결을 중심으로 -", 사회보장법연구 제10권 제2호 (2021. 12.)

윤수정, "장애인의 존엄한 삶과 헌법 - 장애인운동이 고안해 낸 새로운 권리의 사법적 수용가능성을 중심으로 -", 공법연구 제44권 제3호 (2016. 2.)

이동영, "법적 근거에 기반한 장애인 접근권의 개념정립에 관한 일 고찰", 비판사회정책 제56호 (2017. 8.)

이흥재, "판례연구 장애인의 교육시설 접근권 -서울중앙지방법원 2002. 7. 26. 선고 2001가단76197 판결-", 서울대학교 법학 제48권 제1호 (2007. 3.)

조원탁 외 2명, "장애인의 공공시설 이용접근권의 문제점 및 개선방안 - 광주광역시에 대한 사례 연구 -", 사회복지정책 제8집 (1999. 1.)

조정찬, "포괄위임 금지에 관한 단편적 검토", 법제처 법제자료 (2009. 8.)

차성안, "장애인·노인·임산부 등의 편의증진보장에 관한 법률 제정사", 사회보장법연구 2012년 제2호 (2012. 12.)

한국장애인개발원, "유엔장애인권리협약 일반논평(1, 2호) 안내서" (2021. 11.)

United Nations Committee on the Rights of Persons with Disabilities, "Concluding observations on the initial report of the Republic of Korea" (2014. 10.)

United Nations Committee on the Rights of Persons with Disabilities, "Concluding observations on the combined second and third periodic reports of the Republic of Korea" (2022. 10.)

장애인 의무고용제도의 현황과 개선방안

윤정노*·김진영**·정성희*·김보람*·오예지*

초록

우리나라는 장애인의 노동권 보장을 위한 노력의 일환으로 1990년'장애인 의무고용제도'를 도입하였다. 그 이후 해당 제도의 실효성을 높이고자 변천을 거듭하여 현행 의무고용제도에 이르렀다. 그러나 의무고용제도에 관한 대부분의 논의는 장애인 고용률 상향, 즉 양적 차원에 집중되어 왔으며, 그마저도 충분한 고용률 증가를 견인하지 못하였다는 한계가 지적된다. 이에 본 연구는 우리나라의 현행 장애인 의무고용제도와 그 제도하의 장애인 고용 현황을 살펴보고, 그 개선방안을 제시하는 데 목적이 있다. 이를 위하여 장애인 의무고용제도의 핵심적 내용을 개괄적으로 살피고, 장애인 고용 현황 및 기존 법체계의 한계를 지적한 후 해외 입법례를 살펴보았다. 연구 결과를 토대로 의무고용제도 개선을 위하여 고용부담금 제도 개선(고용 형태를 고려한 부담기초액 산정), 고용장려금 기준 완화 및 구직 활동 중인 장애인과 사업주 사이 연계 강화, 고용 안정을 위한 근로지원인 및 직업생활상담원 제도 개선, 정신장애인에 대한 특화된 접근법 고안, 장애인 고용 형태를 공공기관 경영평가 요소에 반영하는 방안을 제안하였다.

---

  * 이상 법무법인(유한) 태평양 변호사
 ** 재단법인 동천 변호사

I. 서론

　모든 국민은 근로할 권리를 가진다(헌법 제32조 제1항). 장애인의 권리에 관한 협약 제27조 제1항은 장애인의 노동권을 인정하는 한편, 당사국으로 하여금 장애인의 노동권 실현을 보호, 증진하기 위해 입법 등 적절한 조치를 취할 것을 요구하고 있다. 특히 협약은 노동권의 개념과 관련하여 "장애인이 장애인에게 개방적이고 통합적이며 접근 가능한 노동시장과 근로환경 내에서 자유로이 선택하거나 수용한 직업을 통하여 삶을 영위할 기회를 가질 권리를 포함한다."고 규정하고 있다.

　이러한 배경에서 장애인고용촉진 및 직업재활법(이하 '장애인고용법'이라 한다)는 장애인들의 고용 기회 확대를 통하여 자활 여건을 조성하고 장애인의 사회 통합을 촉진시키기 위하여 장애인 의무고용제도를 도입하였다. 그동안 몇 차례의 변화는 있었지만, 우리나라의 의무고용제도는 사업주에게 고용 의무를 부과하고 그 준수 여부에 따라 부담금을 부과하거나 장려금을 지급하는 등 경제적 수단을 중심으로 구성·운영되어 왔다.

　의무고용제도는 장애인의 직업활동에 대한 관심을 불러일으키고 기업들로 하여금 최초로 장애인을 고용하도록 유도하였다는 점에서 의의가 있다. 그러나 현행 제도는 장애인 고용률에만 초점을 맞추고 있고, 장애인이 취업하는 일자리의 다양성이나 고용의 안정성 등은 고려하지 않고 있다. 또한 경제활동과 관련하여 가장 열악한 상황에 처해 있는 정신장애인의 고용 촉진과 관련하여서는 의무고용제가 별다른 역할을 하지 못하고 있는 것이 현실이다.[1]

---

1) 제6차 장애인고용촉진 및 직업재활 기본계획(2023-2027)에서 처음으로 정신장애인에 특화된 지원의 필요성을 인식하고 발달장애인과 별도로 정신장애인에 관한 내용을 포함하기 시작하였으나, 구체적인 고용정책 추진 계획이나 방안이 제시되지는 않았고 정신장애인의 의무고용과 관련된 논의도 이루어지지 않았다

장애인 고용을 확대하고 내실을 다지기 위해서는 그 근간이 되는 장애인 의무고용제도의 효과적인 운영과 지속적인 개선에 대한 고민이 필요하다. 이에 본 연구에서는 현행 장애인 의무고용제도의 문제점을 살펴보고 그 개선방안을 제시하고자 한다.

II. 장애인 의무고용제도의 현황

1. 장애인 의무고용제도의 개요

장애인 의무고용제도는 1990년 처음 도입되었다. 근 30년 동안 사업주가 부담하는 장애인 의무고용률이 상향되거나 수범자의 범위가 확대되거나, 부담금의 가산 또는 감면 요건이 추가되는 등의 변화는 있었지만, 기본적으로 한국의 의무고용제는 일정한 고용률을 설정하고 이에 미치지 못한 사업주에게 부담금을 부과하는 한편, 고용률을 초과하여 장애인을 고용한 사업주 등에게 인센티브를 부여하는 방식으로 구성, 운영되었다.

이하에서는 현행 장애인 의무고용제도의 구체적인 내용을 살펴본 후 그 한계와 개선방안에 관하여 자세히 논의하고자 한다.

2. 장애인 의무고용제도의 내용

가. 장애인 의무고용률의 설정

현재 상시 50명 이상의 근로자를 고용하는 사업주는 원칙적으로 고용된 근로자 총수의 3.1% 비율 이상에 해당하는 장애인[2]을 고용하여

[고용노동부, 제6차 장애인고용촉진 및 직업재활 기본계획(2023-2027) (2023), 9.].
2) 여기서 '장애인'이란 신체 또는 정신상의 장애로 장기간에 걸쳐 직업생활에 상

야 한다(장애인고용법 제28조 제1항, 같은 법 시행령 제25조 제3호). 다만, 장애인고용법은 위 제28조에도 불구하고 국가, 공공기관3)에 대하여는 별도의 규정을 두어 더 높은 비율의 장애인 고용을 요구하고 있다. 공공 부문의 장애인 의무고용률은 2021. 1. 1.부터 2021. 12. 31.까지는 3.4%, 2022. 1. 1.부터 2023. 12. 31.까지는 3.6%, 2024년 이후는 3.8%로 규정되어 있다(같은 법 제27조 제1항 및 제28조의2).

한편, 장애인고용법은 장애인 고용인원을 산정함에 있어 중증장애인을 그 인원의 2배수(1개월 동안의 소정근로시간이 60시간 미만인 중증장애인은 제외)로 보는 특칙을 두고 있다(장애인고용법 제28조의3, 같은 법 시행령 제26조의2). 위와 같은 이른바 '더블카운트 제도'는 2009. 10. 9. 법률 제9791호로 중증장애인의 고용을 촉진하기 위하여 신설되었다.

나. 장애인 고용부담금 부과

장애인 의무고용률을 준수하지 못한 사업주(상시 100명 미만의 근로자를 고용하는 사업주 제외)는 매년 부담금을 납부하여야 한다(장애인고용법 제33조 제1항, 동법 시행령 제36조). 부담금액은 사업주가 의무고용률에 따라 고용하여야 할 장애인 총수에서 매월 상시 고용하고 있는 장애인 수를 뺀 수에 고용수준별 적용 부담기초액4)을 곱한 금액

당한 제약을 받는 사람으로서 ① 장애인복지법 시행령 제2조 또는 ② 국가유공자 등 예우 및 지원에 관한 법률 시행령 제14조 제3항에 따른 상이등급 기준에 해당하는 사람을 의미한다(장애인고용법 제2조 제1호, 같은 법 시행령 제3조 제1항).

3) 국가, 지방자치단체의 장, 공공기관의 운영에 관한 법률에 따른 공공기관, 지방공기업법에 따른 지방공사·지방공단과 지방자치단체 출자·출연 기관의 운영에 관한 법률에 따른 출자기관·출연기관.

4) 부담기초액은 고용부담금 산정의 기초가 되는 금액으로, 월 단위로 환산한 최저임금액의 100분의 60 이상의 범위에서 고용노동부장관이 정하여 고시하되, 고용 의무의 이행 수준에 따라 적용될 부담기초액을 달리 정하고 있다. 다만, 장애인을 상시 1명 이상 고용하지 아니한 달이 있는 경우에는 그 달에 대한 사업주

의 연간 합계액으로 한다(장애인고용법 제33조 제2항).

　장애인 고용부담금 산정기준을 계산식으로 나타내면 아래와 같다.

〈표 1〉 장애인 고용부담금 산정기준 계산식

> ○ 월 부담금 = 해당 월 고용의무 미달인원 × 고용 의무 이행 수준별 적용 부담기초액
> ○ 부담금 납부총액 = 매월 부담금의 연간 합계액

　한편, 2024. 1. 1.부터 2024. 12. 31.까지 사업주의 고용의무의 이행 수준에 따라 가산한 부담기초액은 아래와 같다[장애인고용법 제33조 제3항, 고용노동부 고시 제2023-91호 "장애인고용부담금의 부담기초액", 장애인고용과 (2024. 1. 1.), 제2조].

〈표 2〉 고용 의무 이행 수준별 적용 부담기초액

장애인 고용의무 인원 대비 고용하고 있는 장애인 근로자 비율				
3/4 이상	1/2 이상 3/4 미만	1/4 이상 1/2 미만	1/4 미만	1명도 고용하지 않은 경우
1,237,000원	1,311,220원 (6% 가산)	1,484,400원 (20% 가산)	1,731,800원 (40% 가산)	2,060,740원 (해당 연도 최저임금)

다. 부담금 감면 및 고용장려금 등의 인센티브

(1) 연계고용에 따른 부담금 감면

　장애인고용법은 부담금 납부 의무가 있는 사업주(기관의 장)가 장애인 직업재활시설(장애인복지법 제58조 제1항 제3호) 또는 장애인표준사업장(장애인고용법 제22조의4 제1항)에 도급을 주어 그 생산품을 납품받는 경우, 위 사업장에서 생산활동에 종사한 장애인근로자를 부담금 납부 의무 사업주(기관의 장)가 고용한 것으로 간주하여, 사업주의 부담금을 감면하는 이른바 "연계고용부담금감면제도"를 두고 있다

의 부담기초액은 최저임금법에 따라 월 단위로 환산한 최저임금액으로 한다(장애인고용법 제33조 제3항).

[장애인고용법 제33조 제4항, 제11항, 고용노동부 고시 제2023-90호 "연계고용에 따른 부담금 감면기준", 장애인고용과 (2024. 1. 1.)]. 이처럼 연계고용부담금감면제도는 의무고용 대상 사업주의 간접고용을 인정하여 부담금을 감면하는 방식을 취한다.

(2) 고용장려금 지원

장애인고용법은 ① 의무고용률(2024년 기준 민간 3.1%, 공공 3.8%)을 초과하여 장애인을 고용하는 사업주와 ② 장애인근로자를 신규로 고용하고 6개월 이상 고용을 유지한 상시근로자 5인 이상 50인 미만 사업주에게 일정액의 지원금을 고용장려금으로 지급하고 있다(장애인고용법 제30조).[5]

일반고용장려금은 매월 상시 고용하고 있는 장애인 수에서 의무고용률에 따라 고용하여야 할 장애인 총수(그 수에서 소수점 이하는 올림)를 뺀 수에 고용노동부장관이 정한 지급단가를 곱한 금액으로 한다(장애인고용법 제30조 제2항). 일반고용장려금 산정 계산식은 아래와 같다.

---

[5] 본래 장애인고용법은 기준고용률을 초과하여 고용한 사업주에게는 '고용지원금'을, 그 외 사업주에게는 '고용장려금'이라는 이름의 지원금을 지급하였다[구 장애인고용법(2000. 1. 12. 법률 제6166호로 개정되기 전의 것) 제37조]. 그러나 2000. 1. 12. 장애인고용법이 전부 개정되어 제26조 제1항에서 "고용한 사업주(고용의무를 지지 않는 자를 포함)에게 고용장려금을 지급할 수 있다"라고 규정하기 시작하면서 '고용장려금'으로 지원금 체계를 일원화하였다[구 장애인고용법(2007. 5. 25. 법률 제8491호로 개정되기 전의 것) 제26조 제1항]. 따라서 위 개정 법 이후로는 공식적으로 고용장려금이라는 표현만 사용되는 것이 타당하다. 다만 본 연구에서는 각 지원금 구분을 위하여 필요시 '일반고용장려금', '신규고용장려금'이라고 구분하여 칭한다.

〈표 3〉 일반고용장려금 산정 계산식

○ **고용장려금** = (월별 고용장려금 지급인원 × 지급단가) 의 합계액
○ **월별 고용장려금 지급인원** = [장애인근로자수 - 고용장려금 제외인원 - 고용장
  려금 지급기준인원]

고용장려금 지급기준인원(2024년)
민간사업체의 경우 [월별 상시근로자수 × 3.1%(소수점이하 올림)]
공공기관의 경우 [월별 상시근로자수 × 3.8%(소수점이하 올림)]

현행 신규고용장려금은 2022. 1. 1. 시행된 제도로서, 2022. 1. 1. 이
후 장애인근로자를 신규채용하여 6개월 이상 고용을 유지한 상시근로
자 5인 이상 50인 미만 (민간)사업주에게, 그 고용유지 기간에 아래 각
지급 단가를 반영한 금액이 지급된다(장애인고용법 제30조 제1항, 단 지
급단가와 월 임금 60%를 비교하여 낮은 단가를 적용한다). 현행 신규고
용장려금은 2022. 1. 1. 시행되어, 2024. 12. 31.까지 신규 채용된 장애인
근로자에 대하여 2025년도까지 지원을 신청할 수 있는 제도이다.[6]

고용장려금의 지급단가 및 지급기간은 고용노동부장관이 정하여
고시한다(같은 법 제30조 제3항). 2023년 발생분부터 적용되는 장려금
의 지급단가는 다음과 같다[고용노동부고시 제2022-138호, "장애인고용
장려금 지급기준", 장애인고용과 (2023. 1. 1.), 제3조, 별표].

〈표 4〉 고용장려금(일반고용장려금, 신규고용장려금) 지급단가

	남성	여성	비고
경증장애인	350,000원	500,000원	지급 단가와 월 임금액의 60%를 비교하
중증장애인	700,000원	900,000원	여 낮은 단가 적용

이하에서는 위와 같은 장애인 의무고용제가 현실에서 어떻게 작동
하고 있는지 살펴본다.

---

6) 한국장애인고용공단, 장애인 신규고용장려금 시행지침, (2014), 11.

III. 장애인 고용현황과 현행 장애인 의무고용제도의 한계

1. 장애인 고용 현황

가. 전체 장애인 고용률 현황

최근 5년 간(2018~2022년) 장애인 고용률을 살펴 보면, 국가·자치단체 중 비공무원 및 공공기관의 고용률은 매년 지속적으로 상승하였으나, 국가·자치단체 중 공무원은 2020년부터 오히려 감소하는 추세이며, 민간기업 역시 2020년 이후로 장애인 고용률이 약 2.9% 수준에 머무르고 있다.[7]

〈표 5〉 장애인 고용률 변화(2018~2022년)

(단위: %)

구분		2018년	2019년	2020년	2021년	2022년
총괄		2.78	2.92	3.08	3.10	3.12
국가·자치단체	공무원	2.78	2.86	3.00	2.97	2.93
	비공무원	4.32	5.06	5.54	5.83	6.16
공공기관		3.16	3.33	3.52	3.78	3.84
민간기업		2.67	2.79	2.91	2.89	2.91

한편, 2022년 12월 말 기준 장애인 의무고용 사업체(31,455개소)의 장애인 고용인원은 278,823명, 고용률은 3.12%로,[8] 전년 동기 대비 장애인 고용인원은 10,160명 증가하고, 고용률은 0.02%p 상승하였다. 특히 민간기업의 경우, 장애인 고용인원은 203,138명, 고용률은 2.91%로, 전년 동기 대비 고용인원이 7,690명 증가하고, 고용률은 0.02%p 상승

---

7) 고용노동부, 2022년 장애인 의무고용현황 (2023), 1-2.
8) 장애인 고용률(%) = [(장애인 공무원+장애인 근로자 수)/(공무원 정원+상시근로자 수)] × 100.

하였으나, 100인 미만 기업과 대기업집단에서는 오히려 고용률이 하락하였다.[9]

특히 민간 부문 중에서도 100인 미만 기업과 1,000인 이상 및 대기업집단에 주목할 필요가 있다. 100인 미만 기업은 지속적으로 장애인 고용률 감소 추세에 있는 반면, 1,000인 이상 기업은 장애인 고용률 증가 추세에 있으나 의무고용률을 충족한 적이 없다. 대기업집단의 경우 2019년에 고용률이 비교적 큰 폭으로 증가한 것 외에 답보 상태를 면치 못하고 있다.

고용된 장애인의 경우에도 대부분 일자리의 질이 좋지 못하다는 것도 심각한 문제이다. 2023년 상반기 장애인경제활동실태조사 결과에 따르면 장애인 임금근로자 666,203명 중 비정규직 근로자는 448,223명으로 67.3%를 차지했으며, 보다 구체적으로는 한시적 근로자가 326,182명(49.0%), 시간제 근로자가 297,554명(44.7%), 비전형 근로자가 128,987명(19.4%)로 나타났다.[10][11] 2022년 상반기 대비 2023년 상반기 장애인 임금근로자의 비정규직 비율(67.3%)은 2.4%p 상승하였다.[12]

이와 관련하여, 국회 기획재정위원회 소속 김주영 더불어민주당 의원이 공공기관 경영정보공개시스템인 알리오(ALIO)를 분석한 결과에 따르면, 2022년 공공기관 전체 정규직 채용 인원 25,135명 중 장애인은 739명(2.9%)이었고, 체험형 인턴[13] 채용 인원 19,284명 중 장애인

---

9) 고용노동부, 2022년 장애인 의무고용현황 (2023), 2.
10) 한국장애인고용공단 고용개발원, 2023년 상반기 장애인경제활동실태조사 (2023), 160.
11) 전체 인구는 통계청 경제활동인구조사 근로형태별 부가조사(2023년 8월)를 참조하였으며, 비정규직 내 유형별 중복으로 인해 유형별 규모와 비정규직 전체 비율의 합계는 불일치한다.
12) 한국장애인고용공단 고용개발원, 위의 글, 160.
13) '체험형 인턴 제도'란, 6개월 또는 1년 등의 단기간 동안 해당 기관의 업무를 경험해 볼 수 있는 인턴 제도로서, 이른바 '채용형 인턴 제도'와 달리 인턴 과정 참가가 (정규직) 고용과 연계되어 있지 않는 제도를 의미한다.

은 1,504명(7.8%)으로, 정규직이 아닌 체험형 인턴으로 채용된 장애인의 인원 및 비율이 2배 이상 더 높았다.[14] 이에 더하여 한 공기업이 2023년 체험형 인턴 170명을 모두 장애인으로 채용한 것이 드러나면서 체험형 인턴으로 장애인 의무고용률을 일시적으로 충족하려는 '꼼수 채용'이라는 지적을 받기도 했다.

나. 정신장애인 등록 및 고용 현황

2021. 4. 13. 장애인복지법 하위법령이 개정되면서 정신장애 인정기준에는 기존 4개 질환에 대해서는 경증기준과 그 외 4개의 질환에 의한 행동·정신장애가 있는 사람이 추가되었다.[15] 이처럼 최근 장애인복지법은 정신장애 인정기준에 '경증'의 정신질환도 포함하기로 하면서 장애인의 복지를 폭넓게 증진하고자 하였다.

그러나 정신질환자의 경우 장애인복지법에 따른 장애등록 비율이 낮고, 등록 정신장애인은 아직까지 중증[16] 정신장애인이 대부분을 차지하는 것으로 보인다. 2018년 연간 자료에 기반한 관련 연구에 의하면 정신질환자 수에 대비하여 장애인복지법에 따른 등록정신장애인의 수는 1/4 수준에 그치는 것으로 확인되었다.[17] 2021년 기준 등록된 정신장애인 전체 104,214명 중 103,981명이 중증 장애인, 233명이 경증 장애인이었고, 2022년 기준 등록된 정신장애인 전체 104,424명 중 103,680명이 중증 장애인, 744명이 경증 장애인이었다.[18]

---

14) 연합뉴스, "공공기관 장애인 채용, 정규직보다 인턴…2배 이상 차이", https://www.yna.co.kr/view/AKR20230920161400002 (2023. 9. 21. 06:01).

15) 보건복지부 보도자료, "장애인복지법 하위법령 등 개정안 공포·시행", 장애인정책과 (2021. 4. 12.). 장애인복지법 시행령 [별표 1] 장애의 종류 및 기준에 따른 장애인(제2조 관련).

16) 이하 편의상 장애의 정도가 심한 장애(인)을 '중증 장애(인)', 장애의 정도가 심하지 않은 장애인을 '경증 장애(인)'라고 한다.

17) 강상경 등, "정신재활시설 운영 이용실태 및 이용자 인권실태조사 보고서", 국가인권위원회 (2020. 10.), 46-47.

장애인고용공단의 2023년 상반기 장애인경제활동실태조사에 의하면, 정신장애인의 2023년 상반기 고용률은 10.5%로 전체 장애인 평균 36.1%의 1/3 수준이고, 이는 15가지 장애 유형 중 가장 낮은 수준으로 확인된다.[19] 2021년 장애인경제활동실태조사 원자료에 의하면 2021년 정신장애인의 경제활동참여율 또한 12.9%로 장애인 전체의 경제활동참가율 37.3%의 1/3 수준이다.[20]

2021년 장애인경제활동실태조사에 사용된 원자료(raw data)에 의하면, 취업한 정신장애인 약 1만 1천명 중 임금근로자는 약 85.8%이었다. 취업 정신장애인 임금근로자 중 임시직 근로자는 53.7%로 과반수 이상을 차지하였다. 이는 취업한 전체 장애인 임금근로자 중 임시직 근로자 비율 23.1%, 취업 발달장애인 임금근로자 중 임시직 근로자 비율 35.4%보다도 더 높은 수준이었다. 취업 정신장애인의 직종을 살펴보면, 취업 정신장애인의 52.0%가 단순노무종사자였다. 이 비율은 취업 인구의 50.9%가 단순노무직에 근무하고 있는 발달장애인보다 높았다. 취업 정신장애인 중 임금근로자의 사업체 규모를 살펴보면, 그 중 60.8%

18) 보건복지부, 장애인현황 (2022), 시도별, 장애유형별, 장애정도별, 성별 등록장애인수.
19) 한국장애인고용공단 고용개발원, 2023년 상반기 장애인경제활동실태조사 (2024), 11. 다만, 2023년 상반기 장애인경제활동 실태조사를 위한 모집단의 정신장애인인 102,351명은 모두 중증 정신장애인이고, 경증 정신장애인은 포함되지 않았던 것으로 보인다(위 실태조사 60). 참고로 정신장애인 고용률은 등락을 반복하는 추세를 보이나, 계속해서 전체 장애인 고용률의 1/3 수준에 머문다. 2022년 하반기 정신장애인의 고용률은 13.2%, 전체 장애인 고용률은 34.3%로 확인되었다[한국장애인고용공단 고용개발원, 2022년 하반기 장애인경제활동실태조사(2023), 11.]. 2022년 상반기 정신장애인 고용률은 11.3%, 전체 장애인 고용률은 36.4%로 확인되었다[한국장애인고용공단 고용개발원, 2022년 상반기 장애인경제활동실태조사 (2022), 11.]. 2021년 정신장애인 고용률은 10.9%, 전체 장애인 고용률은 34.6%로 확인되었다[한국장애인고용공단 고용개발원, 2021년 장애인경제활동실태조사 (2021), 11.].
20) 국가인권위원회, 정신장애인 노동권 보장을 위한 실태조사 (2022), 25-32., 한국장애인고용공단 고용개발원, 2021년 장애인경제활동실태조사 (2021), 135-158.

가 50인 미만 소규모 사업장에 근무하는 것으로 조사되었다. 이 비중은 전체 장애 유형 중 가장 높은 비율이다. 취업 정신장애인 중 임금근로자의 비정규직 비율은 87.2%로 확인되었다. 결과적으로 취업 정신장애인 임금근로자의 월평균 임금은 94.51만 원으로 취업한 장애인 임금근로자의 평균 189.37만 원의 1/2 수준에 가깝고, 이는 취업한 발달장애인 임금근로자의 월평균 임금 106.04만 원보다도 낮았다. 평균 근속기간 역시 취업 정신장애인은 35.19개월로 취업한 장애인 평균 75.19개월보다 낮고 취업한 발달장애인의 58.02개월보다도 낮았다.[21)]

2. 현행 장애인 의무고용제도의 한계

가. 고용의 '질'을 고려하지 않는 의무고용제도

부담금 제도가 의무고용률의 상향과 더불어 어느 정도 장애인 고용률 상승을 견인해 온 것은 사실이다. 하지만 부담기초액은 최저임금의 60% 수준에 머물러 사업주가 장애인을 고용하는 경우 지급하여야 하는 최저임금의 액수보다 장애인을 고용하지 않는 경우 지급하여야 하는 부담금의 액수가 더 낮은 문제가 있고, 위 부담기초액 산정에는 사업장의 규모를 고려하지 않는다는 한계가 있다[장애인고용법 제33조 제3항, 고용노동부 고시 제2023-91호 "장애인고용부담금의 부담기초액", 장애인고용과 (2024. 1. 1.), 제2조 참조]. 현재 이러한 문제를 해결하기 위해 장애인고용법 일부 개정 법률안이 발의되어 있는데, 위 개정안에서는 ① 부담기초액의 범위를 최저임금법에 따라 월 단위로 환산한 최저임금액의 100분의 100 이상으로 상향하고, ② 부담기초액은 장애인 고용률뿐만 아니라 사업장 규모도 고려하여 가산할 수 있도록 함으로써 장애인 고용정책의 실효성을 제고하고자 하고 있다.[22)]

---

21) 국가인권위원회, 위의 글, 27-32.

22) 전혜숙 의원 발의, "장애인고용촉진 및 직업재활법 일부개정법률안", 2125250,

그러나 이러한 개정안마저도 현행 제도와 동일하게 장애인의 고용형태(정규직, 비정규직, 인턴 등)에 관하여 아무런 규정을 두고 있지 않다는 한계가 있다.[23] 앞서 III. 1. 가.항에서 살펴본 것과 같이 장애인 임금근로자 중 65.2%가 비정규직 근로자에 달하는 이유는, 현행 제도가 장애인 고용의 '양'에 집중하고 있을 뿐, 고용 형태, 임금 등에 관하여는 충분한 고려를 하고 있지 않기 때문이다. 가령, 고용 형태 등을 기준으로 하여 부담금을 부과 및 가산하거나 고용인원을 산정함에 있어 차등을 둘 수 있는데 이와 관련된 내용은 전혀 존재하지 않고, 고용장려금과 같은 인센티브 산정에 있어서도 고용 형태 등이 반영되지 않고 있다.

이에 장애인을 인턴 제도나 단기간 근로자와 같은 방식으로 고용함

(2023. 11. 1.) [계류 중], 2.

23) 개정안은 부담기초액을 산정함에 있어 장애인 노동자의 일 또는 월 근로시간도 고려하지 않는다. 그런데 이와 관련하여 장애인, 특히 여성장애인이나 중증장애인의 경우에는 초단시간 근로에 대한 요구가 있을 수 있으며, 나아가 이러한 고용에의 접근과 적응을 통해 고용의 범위를 확장할 수 있는 가능성을 확보할 수 있다는 의견도 있다[조임영, "장애인 고용의무 이행방식의 다양화 -프랑스의 입법 및 정책 사례를 중심으로-", 동아법학 제90호 (2021. 2.), 290.]. 한편, 현행 장애인고용법에 따르면 중증장애인은 노동시간이 월 60시간 이상이면 장애인 2명을 고용한 것으로 간주되는데, 월 60시간의 기준은 중증장애인 고용을 촉진하기 위한 것임에도 불구하고 오히려 이로 인해 하루 3.5시간, 월 70여 시간의 초단시간 일자리만 양산되는 부작용이 발생하기도 하였다[매일노동뉴스, "[중증 시각장애인 일자리 표류기] "내 꿈은 하루 8시간 일하는 노동자", http://www.labortoday.co.kr/news/articleView.html?idxno=217866 (2023. 10. 22. 19:28)]. 결국 부담기초액 산정 시 장애인 노동자의 근로시간을 고려하게 되면 근로시간이 일정 시간 이상으로 유지되고 그에 따른 임금이 지급됨으로써 장애인의 생활이 안정될 수 있다는 장점이 있으나, 본인이 원치 않음에도 불구하고 부담기초액 산정 시 기업이 손해를 보지 않거나 이익을 얻을 수 있는 최소 시간만 근무하는 형태로 채용되는 부작용도 발생할 수 있다. 따라서 장애인 노동자의 단시간 근로 등 근로시간과 관련하여서는 보다 심도깊은 논의가 필요하다고 생각되어, 이 글에서는 근로시간과 관련된 논의는 생략하기로 한다.

으로써 사업주의 부담을 최소화하고 의무고용률은 충족시키는 문제가 빈번하게 발생하고 있다. 이러한 사정을 고려하면, 현행 제도에는 전체적으로 장애인 '고용의 질' 향상 측면에서는 아쉬운 부분이 존재한다고 평가할 수 있다.[24]

나. 명목상의 인센티브에 불과한 고용장려금

현행 장애인 의무고용제도에서는 기본적으로 고용장려금 외에 사업주의 장애인 고용을 촉진할 만한 인센티브가 부재한데, 그 고용장려금조차도 사업주들의 적극적인 참여를 이끌어내기에는 역부족인 것으로 평가되는 상황이다.

현행 고용장려금은 신규고용장려금과 일반고용장려금으로 구분된다(장애인고용법 제30조). 장애인 근로자의 신규고용을 유도하기 위한 신규고용장려금은 3년간 한시지원 사업으로 2022. 1. 1.~2024. 12. 31.까지 신규 채용된 인원에 대해 신청 가능하며, 해당연도 사업예산 소진 시 지급되지 않는다. 종합하면 신규고용장려금은 한시적 사업으로 제도의 장기적 효과를 기대할 수 없고, 그마저도 예산 소진 시 지급되지 않아 새로운 기업의 장애인 고용을 촉진하는 데 분명한 한계를 갖는 셈이다. 장애인 고용 촉진의 가장 큰 난관 중 하나가 장애인에 대한 편견이고, 이러한 편견을 깨뜨리기 위해서는 사업주가 처음으로 장애인을 고용할 수 있도록 이끌어줄 촉진제가 필요한데, 신규고용장려금제도의 종료에 맞추어 이를 대신할 제도에 관한 논의는 부재한 상황이다.

일반고용장려금은 의무고용률을 초과하여 장애인을 고용하는 사업주에게 지급된다. 장애인고용법이 상시근로자 100인 미만 사업주가 위 일반고용장려금을 지급받기 위하여 고용하여야 하는 장애인총수를 산

---

[24] 조혁진, "장애인 고용의 양적확대와 질적향상을 위한 장애인 고용부담금 개편 방안", 장애인 고용의 질적 향상과 양적 확대를 위한 장애인 고용촉진 및 직업 재활법 개정 토론회, 대한민국 국회 (2023. 9. 7. 발표), 43.

정함에 있어 소수점 이하를 올림으로 처리하여 사업주의 지원을 어렵게 하는 측면이 있다(장애인고용법 제30조 제2항). 예를 들어, 상시근로자 50인 민간 사업주의 경우, 그 상시근로자 수에 민간사업주에게 적용되는 의무고용률인 3.1%를 그 상시근로자 수에 곱하면 1.55이다. 장애인고용법 제30조 제2항에 따라 소수점 이하를 올림으로 처리하면, 해당 사업주가 고용장려금을 지급받기 위하여 고용하여야 하는 장애인 수는 2인이 된다. 따라서 사업주는 위와 같이 계산된 의무고용률 2를 초과하여 최소 3인을 고용하여야 고용장려금을 지급받을 수 있다. 더 심각한 문제는 고용의무를 부담하지 않는 상시근로자 50인 미만 사업주에게도 일반고용장려금 지급 시 동일한 기준(민간 3.1%, 공공 3.8% 초과) 및 소수점 이하를 올림으로 처리하는 방식을 적용한다는 것이다. 50인 미만 사업주의 경우 상시근로자 수에 따라 조금씩 차이는 있지만 최소 2인에서 3인을 고용하여야 일반고용장려금을 받을 수 있는데, 현실적으로 소규모 사업주일수록 수인의 장애인을 고용하는 게 매우 힘들다. 한시적으로 시행하고 있는 신규고용장려금마저 폐지되고 나면 상시근로자 50인 미만 사업주가 고용장려금을 받을 수 있는 방법은 사실상 없는 것이나 마찬가지다.

덧붙여, 일반고용장려금의 지급에는 사업장 규모와 산업별 특성도 반영되지 않고 있다. 여기서 사업장 규모와 산업별 특성이라 함은 상대적으로 고용하기 어려운 조건임을 감안하여 상시근로자 50인 미만 사업주 또는 업무 특성상 장애인을 고용하기 어려운 경우 등을 염두에 둔 것인데, 현 제도상 이와 관련된 고려가 전무하다.

위와 같이 사업주가 현실적으로 고용장려금을 지원받기 어려운 상황임을 고려하면, 사업주들에게 장애인 고용에 적극성을 기대하기는 어렵다. 현재 고용장려금은 명목상의 기능만을 수행할 뿐 장애인 고용을 촉진하는 실질적인 유인책의 역할은 하지 못하고 있는 것으로 보인다.

다. 장애인과 사업주의 연결에 관한 고려가 부족한 정책

장애인의 고용 촉진을 위해서는 장애인의 노동시장 진입, 장애인과 사업주의 매칭, 사업주의 장애인 고용이라는 세 가지 측면에서 고르게 지원이 이루어질 필요가 있다. 한국의 장애인 고용 정책은 의무고용제도를 중심으로 사업주의 장애인 고용 측면에 초점을 맞추고 있고, 구직 활동 중인 장애인과 사업주의 연계를 원활히 할 방안이나 장애의 정도나 유형에 따른 적합한 직무를 개발하려는 제도는 미비한 상황이다.

현재의 의무고용제도하에서 장애인 고용이 충분히 이루어지지 않는 원인이 현재의 장애인 취업알선 제도에 기인한다는 지적도 나오고 있다. 이와 관련하여 2023년 기업체장애인고용실태조사(2023) 중 '근로자를 채용했거나 채용할 예정이지만 장애인은 채용하지 않았거나 채용하지 않을 예정인 기업체'를 대상으로 한 설문조사 결과를 주목할 만하다. 장애인 근로자 채용 계획이 없는 이유로는 '장애인에게 적합한 직무가 부족하거나 찾지를 못해서'(50.4%)라고 응답한 비율이 가장 높았고, '의무고용률을 달성했거나, 고용의무가 없어서'(29.6%), '업무능력을 갖춘 장애인이 부족해서'(8.0%) 순으로 나타났다. 특히 기업체 규모가 커질수록 '장애인에게 적합한 직무가 부족하거나 찾지 못해서', '장애인 지원자 자체가 없어서'라고 응답한 비율이 높게 나타났다.[25]

---

[25] 한국장애인고용공단 고용개발원, 2023년 기업체장애인고용실태조사 (2023), 279.

〈표 6〉 2023년 장애인 근로자 채용 계획이 없는 주된 이유 – 전체 기업체

(단위: %, 개)

구분	전체 (고용+ 미고용)	장애인 고용 여부		고용의무기업체 여부				부담금 납부 대상 (100명 이상)
		고용	미고용	비의무 (5~49명)	의무(50명 이상)			
					50~ 299명	300~ 999명	1,000명 이상	
의무고용률을 달성했거나 고용의무가 없어서	29.6	29.5	29.6	30.6	20.7	20.3	22.1	19.2
장애인에게 적합한 직무가 부족하거나 찾지 못해서	50.4	26.5	54.1	52.6	31.7	32.2	34.9	24.8
업무능력을 갖춘 장애인이 부족해서	8.0	22.5	5.7	6.1	23.8	23.2	20.6	29.3
장애인 지원자 자체가 없어서	7.8	16.2	6.4	6.7	16.1	20.1	20.5	21.1
사업주, 관리자, 동료 등이 장애인 채용을 꺼려서	0.5	0.5	0.6	0.5	1.0	0.8	-	1.2
채용 후 인사관리가 어려울 것 같아서	0.7	0.7	0.7	0.5	2.0	1.0	-	1.4
장애인용 시설 및 장비·편의시설 등이 부족해서	0.3	1.1	0.2	0.1	2.5	0.5	1.1	1.3
근무환경이 유해하거나 위험해서	2.7	2.9	2.7	2.8	2.0	1.5	-	1.5
기타	0.0	0.2	0.0	0.0	0.2	0.3	0.9	0.2
전체 (추정수)	100.0 (133,862)	100.0 (18,089)	100.0 (115,772)	100.0 (119,845)	100.0 (12,614)	100.0 (1,209)	100.0 (193)	100.0 (6,987)

위 설문조사 결과에 따르면 장애인 고용의무가 있는 기업들이 실제 장애인 고용을 꺼리는 핵심 요인은 '적합한 직무의 부족'과 '업무능력을 갖춘 장애인의 부족'이다. 이 두 요인은 사업주가 근로를 희망하는 장애인의 직무능력을 파악하는 데에 어려움을 겪고 있음을 보여준다.

사업주로서는 짧은 시간 내에 지원자의 특성이나 능력을 파악하기 어려워 탐색 비용이 증가하고, 이에 따라 장애인 근로자가 업무를 잘 수행할 수 있을지에 대하여 막연한 두려움을 갖게 되므로, 장애인 근로자 채용에 소극적인 입장을 취하게 되는 것으로 보인다.

한편, 장애인 지원자 역시 자신에게 적합한 직무를 찾아 노동시장에 진입하는 데에 어려움을 겪고 있다. 일례로, 2023년 6,528명의 장애학생이 고등학교를 졸업하였지만, 졸업생의 약 33%(2,181명)는 진학이나 취업 등을 하지 못한 것으로 나타났다.26) 장애학생들이 학교 졸업 이후 사회로 진출하기 위하여서는 졸업 이후에도 연속적으로 지원을 받을 수 있는 제도가 필요하지만, 현실적으로 이를 뒷받침해줄 수 있는 법적 근거는 마련되어 있지 못한 것이 그 원인 중 하나로 이해된다.

그럼에도 불구하고 현행 법령은 장애인 취업알선에 관하여 "고용노동부장관은 고용정보를 바탕으로 장애인의 희망·적성·능력과 직종 등을 고려하여 장애인에게 적합한 직업을 알선하여야 한다."고 하는 등 원론적인 차원에서 의무를 규정하고 있고(장애인고용법 제15조 제1항), 취업알선기관 사이에 효율적인 연계를 꾀하고 장애인고용공단에서 취업알선 업무를 종합적으로 관리할 수 있도록 전산망 구축 등을 지원하여야 한다는 내용을 담고 있을 뿐이다(장애인고용법 제16조 제1항). 실제 취업알선 프로그램도 짧은 시간 내에 단발적으로 이루어지는 경우가 많아 관련 기관이나 사업주로서는 장애인 지원자의 적성과 능력을 정확히 파악하기 어려운 상황이다. 교육기관과 연계가 부족하여 장애학생들의 사회 진출에서 실질적인 효과를 발휘하지 못하고 있는 것으로 보인다.

라. 장기적 고용 유지를 위한 대책 미비

장애인의 취업 이후에, 장애인이 안정적인 고용상태를 유지하기 위

---

26) 교육부, "2023 특수교육통계", (2023. 6.), 8.

해서는 채용 단계를 넘어 그 이후 취업 장애인을 조력할 만한 부가적 제도가 필요하다. 그러나 현행 제도는 장애인의 직장 적응을 돕고 장기적 고용을 이끌어 내기에 부족하다.

이하에서는 장애인의 업무 지원을 위한 대표적인 제도로 불리는 근로지원인 제도와 장애인 직업생활 상담원 제도에 대하여 살펴본다.

(1) 근로지원인 제도의 미비점

근로지원인제도란 업무에 필요한 핵심 업무 수행능력을 보유하고 있으나 장애로 부수적인 업무를 수행하는 데 어려움을 겪고 있는 중증장애인 근로자(공무원 포함)가 근로지원인의 도움을 받아 업무를 수행할 수 있도록 지원하는 것을 말한다(장애인고용법 제19조의2 제1항, 제21조의2 제1호). 지원 대상은 중증장애인 근로자 또는 고용지원 필요도 결정을 통해 필요성을 인정받은 장애인 근로자이다. 다만, 월 소정근로시간이 60시간 미만인 장애인근로자, 최저임금 미만을 지급받는 장애인근로자 중 최저임금 적용제외 인가를 받지 않은 자, 고용관리비용 지원을 받고 있는 장애인근로자는 그 대상에서 제외된다[고용노동부고시 제2024-9호, "사업주 및 장애인 등에 대한 융자·지원규정", 장애인고용과 (2024. 1. 30.), 제40조 제1항 각호].

현 제도상 근로지원인의 임금은 기본적으로 최저임금으로 계산(해당년도 최저임금 이상이라고만 규정)되고, 수어통역, 점역교정, 속기 관련 자격증이 있거나 해당 업무에 1년 이상 종사한 사람에게만 20% 가산수당이 지급된다[고용노동부고시 제2024-9호, "사업주 및 장애인 등에 대한 융자·지원규정", 장애인고용과 (2024. 1. 30.), 제49조 제1항 제1호 및 제2호]. 덧붙여 계약기간은 1년을 최대로 하고 장애인 근로자가 재신청 시 연장할 수 있다[고용노동부고시 제2024-9호, "사업주 및 장애인 등에 대한 융자·지원규정", 장애인고용과 (2024. 1. 30.), 제44조 제2항]. 다만, 관련 규정이 부재하여 근로지원인이 장기 근무하더라도 호봉을 인정하지 않는다. 근로지원인에 대한 열악한 처우는 곧 장애인 근로자의 고용안정성 하락을 야기한다. 최저임금을 기준으로 한 급여 체계와 단기 고용 형태로 인하여 근로지원인의 연령대는 대부분 나이 어린 학생이거나 고령자로 구성된다. 이는 근로지원인의 잦은 변경으로 이어지는 경우가 많은데, 그때마다 적합한 근로지원인을 찾지 못할 경우 장애인 근로자는 업무 지원의 공백을 경험하고, 심한 경우에 이는 장애인 근로자의 휴직 내지 실직으로 이어진다.

나아가 근로지원인에 대한 급여 지급 기준은 장애인 근로자의 업무 다양성을 전혀 고려하지 않는다는 점에서 문제가 있다. 장애인 근로자가 법조인, 컴퓨터 프로그래머, 의사, 통번역가, 교수와 같이 전문직이거나 사무직에 종사하는 경우, 그 업무를 지원하는 근로지원인에게도 상대적으로 높은 업무 수행 능력 및 IT 기술 활용 능력이 요구되어야 하는 사정이 있을 수 있다. 그럼에도 불구하고 현행 법령은 근로지원인에 대하여 원칙적으로 최저 임금에 준하는 임금을 지급하고 단기 고용 형태를 유지하면서 우수한 인재들의 근로지원인 유입을 막고 있다.

또한, 근로지원인에 대한 급여를 가산하는 기준은 체계적이지 못하고 정신장애에 대한 고려도 배제되어 있다. 장애인고용공단은 근로지원인의 자격을 아래와 같이 세 가지로 나누는데, 전술한 것처럼 제2유형에 대하여만 급여를 가산한다[고용노동부고시 제2024-9호, "사업주 및 장애인 등에 대한 융자·지원규정", 장애인고용과 (2024. 1. 30.), 제48조 제1항 별표 4]. 그런데 제3유형의 경우 상대적으로 까다로운 자격요건을 요구하고, 주로 정신장애인의 작업지도와 정서 및 신변관리 중심의 근로지원을 하게 된다는 점에서 그 중요성 또한 간과할 수 없다. 이처럼 제3유형 근로지원인의 경우 업무 수행에 많은 전문지식과 능력을 필요로 함에도 불구하고 이러한 사정이 급여에 반영되지 않고 있는 것이다.

〈표 7〉 지원유형에 따른 근로지원인 자격 기준

지원유형	자격기준
제1유형	1. 근로지원업무가 가능한 사람
제2유형	1. 한국수어통역사 자격증 소지자 또는 한국수어 관련 업무에 1년 이상 종사한 사람 2. 점역교정사 자격증 소지자 또는 점역교정 관련 업무에 1년 이상 종사한 사람 3. 속기사 자격증 소지자 또는 속기 관련 업무에 1년 이상 종사한 사람
제3유형	1. 재활·교육·심리·의료·기술 및 사회사업분야의 전문학사 이상의 학위를 소지한 사람 2. 사회복지사, 직업상담사, 직업능력개발훈련교사, 특수교사, 정신보건전문요원 등 관련분야 자격증 소지자 3. 직업재활 실시 기관 2년 이상 종사자, 장애인고용사업장 3년 이상 종사자 4. 근로지원 서비스(장애인활동지원사 경력 포함)를 1년 이상 제공한 이력이 있는 자 중 공단 또는 공단에서 위탁한 교육기관의 발달장애인 근로지원인 양성교육 과정을 이수한 자

종합하자면, 현행 근로지원인 제도는 최저임금 기준의 임금체계와 단기 고용 형태로 인해 장애인 근로자의 장기 근속에는 실질적인 도움이 되지 못하고 있으며, 장애인 근로자와 근로지원인의 업무 다양성 및 특성을 고려하지 못하고 있다. 또한 급여의 가산 기준에서도 수어통역, 점역교정, 속기만을 우대함으로써 정신적 장애를 배제하고 있다고 할 수 있겠다.

(2) 장애인 직업생활 상담원 제도의 제한적 운용

장애인 근로자는 직장 생활에서 비장애인 직원들과 협업 및 의사소통에 어려움을 겪는다. 이에 우리 법은 사업장 내에서 장애인근로자의 고충상담 및 직장적응 등을 돕는 직업생활 상담원 제도를 두고 있다. 상시 20인 이상의 장애인 근로자를 고용하는 사업주는 장애인 근로자의 직장 적응 및 직업생활 지원을 위하여 장애인 직업생활 상담원을 선임하여야 하고(장애인고용법 제75조 제1, 2항, 같은 법 시행령 제80조 제1항), 사업주가 장애인 직업생활 상담원 선임의무를 위반한 때에는 100만 원 이하의 과태료가 부과된다(장애인고용법 시행령 제86조 제4항 제2호).

문제는 직업생활 상담원 제도의 운용이 제한적이며 이에 대한 국가적 지원이 부재하다는 데 있다. 현행법상은 상시 20명 이상 장애인 근로자를 고용한 사업주에 대하여만 직원생활 상담원 선임 의무를 부담하게 한다.27) 그러나 상시 20명 미만의 근로자를 고용하는 사업장이라고 하더라도 직업생활 상담원의 필요성은 결코 적지 않고, 오히려 아래와 같은 현실적인 여건을 고려하면 상시 20명 미만의 근로자를 고용하는 사업장이야말로 직업생활 상담원이 필요한 곳이라고 볼 수도 있다. 오히려 장애인 근로자를 상시 20명 이상 고용할 수 있는 사업장이라고 한다면 직업재활시설이나 장애인 표준사업장일 가능성이 높다. 그리고 이러한 사업장은 상대적으로 장애친화적 환경을 갖추고 있는 경우가 많다. 즉, 장애인 근로자의 적응과 안정적 직장생활 및 다른 직원들과의 의사소통 등을 고려할 때 오히려 20인 미만, 정확히는 장애인 근로자의 수가 적어질수록 직업생활 상담원의 필요성이 커질 수 있다는 뜻이다.

나아가 현행법상 상시 장애인 근로자 수에 비례하여 직업생활 상담원을 채용할 의무가 부과되지 않는다는 점도 문제이다. 상시 20명 이상 장애인 근로자를 고용한 사업주는, 직업생활 상담원을 1명이라도 선임하기만 하면, 해당 사업주가 고용한 장애인 근로자의 수와 무관하게, 사업주는 직업생활 상담원 선임의무를 이행한 셈이 된다. 단순 비교만 하더라도 장애인 근로자가 20명인 사업장과 100명이 넘는 사업

---

27) 장애인고용법 시행령 제80조 제1항은 "상시 20명 미만의 장애인 근로자를 고용하는 사업주의 경우에는 장애 유형에 따른 특성을 고려하여 고용노동부령으로 정하는 바에 따라 상담원을 두게 할 수 있다."고 규정하고 있으나, 해당 조문에서 위임한 사항을 규정한 부령은 제정되지 않았다.

장의 경우에 현실적으로 필요한 직업생활 상담원의 수는 다를 수밖에 없다.

또한 직업생활 상담원 등의 운용에 있어 국가적 지원이 존재하지 않는다. 현행법은 고용노동부장관이 장애인을 고용하거나 고용하려는 사업주에게 장애인 고용에 드는 비용, 특히 장애인의 적정한 고용관리를 위하여 장애인 직업생활 상담원, 작업 지도원, 한국수어 통역사 또는 낭독자 등을 배치하는 데 필요한 비용을 융자하거나 지원할 수 있다고 규정하고 있다(장애인고용법 제21조 제1항 제3호). 그러나 현재 이에 대한 지원은 작업 지도원에 한하여 이루어지고 있다[고용노동부 고시 제2024-9호, "사업주 및 장애인 등에 대한 융자·지원규정", 장애인고용과 (2024. 1. 30.), 제16조 제1항]. 2010년까지만 하더라도 관리비용의 일환으로 직업생활 상담원, 작업 지도원, 한국수어 통역사 등을 배치하는 데 필요한 비용을 모두 지원하였으나 2012년(제2010-48호, 2010. 10. 12. 일부개정)에 직업생활 상담원이 빠지고, 2013년(제2013-19호, 2013. 3. 14 일부개정)에 한국수어 통역사 등을 배치하는 데 필요한 비용까지 제외되었다. 이는 위에서 살핀 바와 같이 장애인고용법 제21조 제1항 제3호에 의거, 고용노동부 장관이 지원 여부를 임의로 정할 수 있도록 되어 있기 때문이다.

무엇보다도 사업주가 선임의무를 이행하지 않았을 경우 부과되는 과태료가 100만 원 이하 수준에 머물러, 사업주의 이행을 강제하기에는 부족한 상황이다. 2019년 기준, 직업생활 상담원 미선임 사업장은 총 377개였고, 그중 272개소가 상시 근로자 300인 이상의 기업이었음에도 불구하고 고용노동부는 2019년까지 미선임 사업장에 대하여 한 건의 과태료 처분도 하지 않은 것으로 확인된다.[28]

종합하자면, 상시 20명 이상 장애인 근로자를 둔 사업주는 상담원

---

28) 비마이너, "삼성전자 등 272개 대기업, 장애인 직업생활 상담원 뽑지 않아", https://www.beminor.com/news/articleView.html?idxno=13940 (2019. 10. 15. 16:56).

을 선임하여야 할 의무를 부담하지만, 사업주가 상담원을 선임하는 데 필요한 비용을 관리비용의 일환으로 지원하지 않고, 의무를 위반한 사업주에게 실질적인 불이익을 주는 제재가 있은 적이 없다. 장애인의 안정적인 직업생활을 위하여는 상담원 선임을 견인할 만한 유인책이 도입될 필요가 있다.

마. 정신장애인 고용 대책의 부재

현행 장애인 의무고용제도는 전체 장애유형 중 가장 낮은 경제활동 참가율, 고용률을 보이고 있는 정신장애에 대하여 특화된 접근법을 규정하고 있지 않고, 오히려 배제하는 모습을 보이고 있다.

현행 의무고용제도의 핵심은 의무고용률, 고용부담금, 고용장려금 제도인데, 각 제도에 정신장애에 대한 특별한 고려는 반영되어 있지 않은 상황이다. 고용장려금은 장애 정도(경증/중증)와 성별(남성/여성)을 기준으로 대상별 장려금 지급단가를 구분하여 차등 지급하고 있는데,29) 별도로 정신장애인 고용을 위한 지원이 필요하다는 의견도 있다.30) 한편, 고용부담금은 장애인고용법 제33조 제4항에 따른 연계고용이 이루어지는 경우 감면될 수 있는데(장애인고용법 제33조 제4항 및 제11항), 연계고용 대상 사업장에는 장애인고용법 제22조의4 제1항

---

29) 장애인고용촉진 및 직업재활법 제30조 제1, 2항 및 고용노동부고시 제2022-138호, "장애인고용장려금 지급기준", 장애인고용과 (2023. 1. 1.), 제3조, 별표.

30) 의무고용제도에서 정신장애인에 대한 특화된 접근법을 고안하여야 하는 논의는, 정신장애인이 직업 관련 차별에 있어서 전체 장애인이 느끼는 것보다 더 많은 차별을 느낀다고 조사된 일련의 연구 결과에 기인하는 것으로 보인다. 정신장애인은 장애인 차별을 본인이 느낀다는 질문에 대해 51.5%가 그렇다고 응답하였고, 취업시 차별 경험여부에서는 27.8%, 직장생활에서 임금 차별은 16.1%, 동료관계 차별은 16.7%, 승진차별은 10.1%가 경험했다고 대답하였다. 이는 각 전체 장애인 평균을 상회하는 수준이었다[김성희 등, 2020년 장애인 실태조사 보건복지부 (2020), 국가인권위원회, 정신장애인의 노동권 보장을 위한 실태조사 (2022). 540에서 재인용].

에 따라 인증을 받은 장애인 표준사업장 또는 장애인복지법 제58조 제
1항 제3호의 장애인 직업재활시설이 포함되지만, 위 장애인 직업재활
시설과 유사한 사업을 수행하고 있는 정신건강복지법 제27조의 재활
훈련시설은 포함되어 있지 않다.

취업한 정신장애인의 고용 안정을 위한 지원 제도도 미비하기는 마
찬가지이다. 선행 연구 및 실태조사 결과에 따르면 정신장애인의 직업
유지는 여타 장애인에 비해 더 어려운 것으로 나타나고 있다. 정신장
애인의 주된 특성인 불특정성, 불확정성으로 인하여 정신장애인은 직
장 내 적응, 대인관계의 조정, 정당한 편의의 조정에 더 큰 어려움을
겪을 수 있기 때문이다. 실제로 정신장애인의 경우 직장 적응 문제, 정
신장애로 인한 자신감과 자존감 부족 문제 해소를 위하여는 고용관리
지원으로 취업 후 지속적인 지원 및 보호, 개인 맞춤형 서비스 등이 필
요한 것으로 확인되었다.[31] 그러나 장애인 근로자 전반의 장기 근속을
위한 지원책이 미비하고, 정신장애인에 맞추어진 고용 안정 제도도 미
비하다.

한편, 정신질환자가 정신장애인으로서 장애인복지법, 장애인고용법
에 등록되어 있는 서비스를 받기 위하여서는 장애인 등록이 선행되어
야 한다. 그러나 정신질환자가 장애인복지법상 정신장애인으로 등록하
는 비율이 낮고, 특히 경증 정신질환자의 정신장애 등록률은 아직까지
미미한 상황이다. 더욱이 고용 지원과 직업재활 서비스가 필요한 20 ~
30대 정신질환자들이 정신장애인으로 등록하지 않고 있다. 현실적으로
고용 지원의 중점적인 대상이 되어야 하는 정신장애인들이 의무고용
제도의 사각지대에 놓여 있다는 점 역시 유의할만하다.

---

31) 국가인권위원회, 정신장애인 노동권 보장을 위한 실태조사 (2022), 84, 525-530.

Ⅳ. 해외의 장애인 의무고용제도

1. 개요

의무고용제도의 역사는 제1차 세계대전 이후 유럽으로 거슬러 올라가는데, 장애를 입은 상이군인의 고용을 위하여 독일, 이탈리아, 프랑스 등에서 고용 할당 제도를 도입한 것이 그 시작이다. 이후 제2차 세계대전을 거치면서 많은 국가에서 고용 할당 제도를 도입하였고, 그 대상도 상이군인에서 장애를 가진 일반시민으로 확대되면서 장애인 의무고용제도는 오늘날과 같은 형태를 갖추게 되었다.[32]

이와 같은 의무고용제의 연혁에 비추어 보면, 우리나라보다 앞서 장애인 의무고용제도를 채택한 해외의 사례들은 우리나라의 제도 개선을 위한 실마리를 제공해 줄 수 있을 것으로 보인다. 특히 독일과 프랑스의 경우, 정부와 민간 부문에 장애인 고용의무를 부과하고 이를 준수하지 않는 경우 부담금을 부과하며 이와 같이 징수한 부담금을 장애인 고용 지원을 위한 재원으로 사용한다는 점에서 우리나라와 유사한 의무고용제도 체계를 가진다. 이하에서는 독일과 프랑스의 장애인 의무고용제도 및 장애인 고용 현황을 개략적으로 살펴본다.

2. 독일

가. 장애인 의무고용제도

독일은 「사회법전 제9권-장애인의 재활과 참여에 관한 법」에서 장애인 의무고용에 대한 사항을 규정하고 있으며, 의무고용의 대상을 장애정도가 50% 이상인 중증장애인 및 준중증장애인[33]으로 한정하고

---

32) 신지예·남용현·조임영, "주요 국가의 장애인 의무고용제도의 변화 비교", 한국
   사회복지학 제70권 제3호 (2018. 8.), 30.

있다는 특징이 있다. 독일 의무고용제도의 구체적인 내용을 살펴보면, 상시근로자 20인 이상을 둔 모든 민간 또는 공공 사업자는 전체 근로자의 5% 이상을 중증장애인으로 고용하여야 하며, 여성 중증장애인을 특별히 고려하여야 한다(§154 SGB Ⅸ). 독일은 중증장애인 중에서도 장애정도가 더욱 심하거나 복합장애를 가지고 있어 취업에 더 많은 제약 또는 어려움이 있는 중증장애인 1인을 고용할 경우 중증장애인 2인 혹은 3인을 고용한 것으로 인정해 주는 제도를 운영하고 있다.34)

중증장애인 고용의무를 이행하지 않은 사업자에게는 부담금을 부과하고, 부담금은 중증장애인 고용률에 따라 차등적으로 부과된다. 사업자는 연간 평균 고용률이 3% 이상 5% 미만인 경우 미고용한 장애인 1인당 140유로, 2% 이상 3% 미만인 경우 245유로, 0% 이상 2% 미만인 경우 360유로, 0%인 경우 720유로를 매월 납부하여야 한다(§160 Abs.1 SGB Ⅸ). 다만, 상시 근로자 40 미만과 60인 미만의 소규모 기업에 대해서는 부담금 감면제도를 운영하고 있고, 연계고용제도를 통해 국가에서 인정하는 장애인 작업장에 도급을 줄 경우 납부 부담금 중 최대 50%까지 감면받을 수 있다.35)

한편, 독일은 장애인을 고용한 사업주에 대해서는 재정적인 인센티브를 제공하여 장애인 고용을 유도하고 있는데, 고용의무가 없는 사업주가 중증장애인을 고용하거나 고용의무가 있는 사업주가 의무고용률을 초과해서 장애인을 고용한 경우 재정적 지원을 하고 있다. 이외에 중증장애인근로자의 개별적 특성이나 사업주의 상황 등에 따라 지원금의 지급 여부를 결정하고, 지원금액 수준과 지원 기간을 탄력적으로

---

33) '준중증장애인'이란 장애정도가 30 이상 50 미만인 장애인 가운데 연방노동공단으로부터 해당 신청자의 장애로 인해 노동시장에서 일자리를 구하거나 일자리 유지가 어렵다고 인정하는 경우 중증장애인에 준하는 자격을 부여받은 사람을 의미한다(§2 Abs.3 SGB Ⅸ).

34) 유은주, "한국, 독일, 프랑스 장애인고용정책 사례 비교", 한국장애인고용공단 고용개발원 (2022. 11.), 23.

35) 유은주, 앞의 글, 26.

운영하고 있다.36)

또한, 통합전문가와 같은 다양한 제도도 활용되고 있는데, 통합전문가는 중증장애인의 고용 촉진을 위해 활동하는 전문인력으로 중증장애인은 물론 사업자를 위해서도 다양한 활동을 하고 있다. 적합한 일자리 개발, 구직 장애인에 대한 상담, 취업한 장애인에 대한 지도 및 조정 등에 더하여 장애 학생·졸업생 및 부모에 대한 상담, 사업자 및 동료 근로자에 대한 상담과 교육, 중증장애인의 일반 노동시장 전이를 지원하는 업무 등을 수행한다.37)

나. 장애인 고용 현황

독일의 중증장애인 고용률은 지난 10년간 유사한 수준으로 유지되고 있으며, 기업 규모가 클수록 중증장애인 고용률도 높게 나타나고 있다.38) 구체적인 고용률은 아래 표와 같다.39)

〈표 8〉 독일의 장애인 고용률

구분	2015년	2016년	2017년	2018년	2019년
전체	4.7%	4.7%	4.6%	4.6%	4.6%
민간부문	4.1%	4.1%	4.1%	4.1%	4.1%
공공부문	6.6%	6.6%	6.5%	6.5%	6.5%

---

36) 신지예·남용현·조임영, 앞의 글, 43.
37) 남용현, "독일의 최근 중증장애인 고용 동향과 시사점", 국제사회보장리뷰 제8권 (2019. 3.), 101-102.
38) 남용현, 앞의 글, 100.
39) 유은주, 앞의 글, 29.

3. 프랑스

가. 장애인 의무고용제도

프랑스는 「노동법전」 제L5212-1조부터 제L5212-17조에서 장애인근로자 고용의무(OETH)를 규정한다. 고용의무 대상은 국가장애인위원회의 판정에 기초한 인정장애인, 최소 10% 이상 장애율을 가진 산재장애인 등으로, 공공부문을 포함하여 20인 이상을 고용하는 모든 사용자는 전체 근로자 수의 6% 이상을 장애인으로 고용해야 한다.[40] 프랑스의 경우 중증장애인에 대한 더블카운트 제도는 도입하고 있지 않으나, 50세 이상 고령 장애인을 고용하는 경우 그 인원수의 1.5배를 고용한 것으로 인정하고 있고, 주당 법정 근로시간 1/2 이상이면 장애인을 1명 고용한 것으로 인정하고 있다.[41]

장애인 고용의무를 이행하지 않는 사업주는 고용부담금을 납부하여야 하는데, 그 금액은 기업 규모에 따라 최저임금의 400배에서 최대 600배의 정액으로 정해진다. 기업 규모가 20~199명인 경우 미고용한 장애인 1인당 연간 3,868유로, 200~749명인 경우 4,835유로, 750명 이상인 경우 5,802유로이다.[42] 3년 연속으로 장애인을 고용하지 않는 사업주에 대해서는 최저 임금의 1,500배에 달하는 징벌적 가산금이 부과된다.[43]

프랑스는 재정적인 인센티브를 통해서도 사업주의 장애인 고용을 유도하고 있는데, 업주에 대한 채용지원, 고용유지지원, 직업교육지원, 장애보상지원 등 다양한 형태의 지원 정책을 실시하고 있다. 프랑스의

---

40) 세계법제정보센터, "세계 각국의 장애인 고용의무제도", https://world.moleg.go.kr/web/dta/lgslTrendReadPage.do?A=A&searchType=all&searchPageRowCnt=10&CTS_SEQ=51187&AST_SEQ=3891&ETC=1 (2024. 3. 28. 확인).

41) 유은주, 앞의 글, 23.

42) 유은주, 앞의 글, 20.

43) 유은주, 앞의 글, 24.

경우 의무고용률을 달성하지 않더라도 특정한 요건이 충족되면 지원을 한다는 것이 특징이며, 의무고용률을 초과하는 경우 일률적으로 지급되는 고용지원금 제도는 두고 있지 않다.44)

나. 장애인 고용 현황

프랑스의 장애인 고용률은 아래 표와 같다. 프랑스에서는 중증장애인이 파트타임으로 근무하고 단기간 근무하는 형태로 근로하는 경향이 있고, 이 경우는 고용의무 인정기준을 충족하지 못한다. 따라서 의무고용제도에 따른 고용률은 3%로 집계되고 있으나, 실제 전체 장애인고용률은 약 5%대로 보고되고 있다.45)

〈표 9〉 프랑스의 장애인 고용률

구분	2015년	2016년	2017년	2018년	2019년
민간부문	3.4%	3.5%	-	-	-
공공부문	5.17%	5.32%	5.49%	5.61%	5.79%

4. 한국, 독일, 프랑스의 제도 비교46)

〈표 10〉 국가별 고용의무제도 비교표

구분	한국	독일	프랑스
의무 고용률	· 민간기업 3.1% · 공공부문 3.8%	· 5% · 일부 연방정부기관은 6%	· 6%
적용대상 사업주	· 상시 근로자 50인 이상	· 월평균 근로자 20인 이상	· 상시근로자 20인 이상
고용의무	· 법정등록장애인	· 장애 정도 50 이상 중증	· 국가장애인위원회 인정장

---

44) 신지예·남용현·조임영, 앞의 글, 14.
45) 유은주, 앞의 글, 28.
46) 유은주, 앞의 글, 17 일부 참조.

구분	한국	독일	프랑스
대상	・국가유공자	장애인 ・준중증장애인(판정 필요)	애인(판정 필요) ・영구장애(10% 이상) 산재근로자로 장애연금수급자 등
인정기준	・월 60시간 이상, 16일 이상 근무	・주당 18시간 이상	・주당 법정 근로시간의 1/2 이상 근무
더블 카운트	・중증장애인 고용 시 2명 고용으로 인정	・원호청 판정을 통해 2명 또는 3명 고용으로 인정	・50세 이상 고령장애인 고용 시 1.5명 고용으로 인정
단시간 근로자	・월 60시간 미만은 중증장애인의 경우에만 1명 고용으로 인정	・주당 18시간 미만 중증장애인은 판정에 따라 1명 고용으로 인정	・주당 법정 근로시간 1/2 미만 근로한 장애인은 0.5명 고용으로 인정
대체 고용	・미인정	・직업훈련을 받는 중증장애인은 2명 고용으로 인정	・직업훈련 실습생에 대해서는 채용과 관계 없이 장애인 고용으로 인정
부담금 단가	・고용의무 이행률 따라 부담기초액 대비 일정 비율 가산	・고용률에 따른 정액부담금	・기업 규모에 따른 정액부담금 ・3년 연속 미고용 시 징벌적 가산금

V. 장애인 의무고용제도의 개선방안

1. 고용부담금 제도의 개선방안

현재 상시근로자 100인 미만 기업에는 현실적인 여건을 고려하여 고용부담금이 부과되지 않고 있다. 그러나 한국이 급격한 고령사회에 들어선 이상 노화에 따른 장애 발생과 고령층의 경제 참여가 증가할 수밖에 없는 점, 상시근로자 100인 미만 기업의 비율이 전체 기업 대비 98% 정도 된다는 점을 고려하면 우리나라도 결국 장애인 고용 의무 및 부담금 부과 대상을 확대할 필요가 있을 것으로 생각된다. 앞서 살펴본 바와 같이 독일, 프랑스 등에서는 이미 상시 근로자 20인 이상 사업주에게 고용의무를 부담시키고 이를 미이행하는 경우 고용부담금을 부과하고 있다. 다만, 상시 근로자 100인 미만 기업에 일시에 100인

이상 기업과 동일한 수준의 부담금을 부과하는 경우, 이는 소규모 기업에 과도한 부담이 될 것으로 예상된다. 따라서 부담금 부과 대상 사업주의 범위를 순차적으로 확대하고 기업의 규모에 따라 부담기초액의 금액에 차등을 두는 방안을 모색할 필요가 있다.

우리나라는 대기업 집단의 장애인 고용률이 상대적으로 저조하고, 장애인 고용의무 미이행 기업이 장애인 고용의무를 지속적으로 회피하는 경향을 보이고 있다. 이러한 현상을 개선하는 데 고용부담금 제도가 일정한 역할을 할 수 있을 것으로 보인다. 일례로 프랑스와 같이 고용부담금의 액수 산정에 기업 규모를 고려하고, 장애인 고용의무 미이행이 반복되는 사업체에 대해서는 징벌적 가산금을 부과하는 방안을 고려할 수 있을 것이다. 실제 2023. 11. 1. 전혜숙 의원 등 12인이 발의한 의안을 보면, 부담금 산정을 위한 부담기초액을 최저임금법에 따라 월 단위로 환산한 최저임금액의 100분의 100 이상으로 상향하고, 사업장 규모에 따른 가산이 가능하도록 하고 있는데, 이는 대기업의 장애인 고용 확대를 목적으로 하는 것이다.[47]

한편, 현행 고용부담금 제도는 이와 같이 고용의 양을 늘리는 방향뿐만 아니라 고용의 질을 개선하는 방향으로도 나아갈 필요가 있다. 장애인 고용률 달성에만 초점을 맞추는 경우 질 낮은 일자리를 양산할 수 있다는 문제가 있기 때문이다. 이를 개선하기 위해서는 (i) 부담기초액 산정 시 양적 요소인 장애인 고용 비율뿐만 아니라 장애인의 고용 형태도 고려하는 방안, (ii) 현행 부담금 산출 방식을 유지하되 장애인을 정규직으로 채용하는 경우에는 부담기초액을 삭감하여 주는 방안 등을 고려해 볼 수 있을 것이다.[48]

---

47) 전혜숙 의원 발의, "장애인고용촉진 및 직업재활법 일부개정법률안", 2125250, (2023. 11. 1.) [계류 중], 2.

48) 나아가, 장애인 고용의 질을 제고하는 또 다른 방안으로, 장애인이 명시적으로 정규직으로 고용된 것은 아니라 하더라도 국가 기관 등 또는 사업주가 장애인 노동자와 기간의 정함이 없는 근로계약을 체결하였다면 정규직으로 간주하도록

또한, 현행 고용부담금 제도는 개별 장애의 유형에 특수화된 접근법을 도입하고 있지 않아 노동시장에서 가장 취약한 상태에 놓여 있는 정신장애인의 고용은 이끌어내지 못하고 있다. 이에 정신장애인을 고용하는 사업주에 대해서는 부담기초액을 삭감하여 주거나 고용부담금 부과와 관련하여 장애의 유형이 충분히 반영되도록 할 필요가 있다.

2. 고용장려금 제도의 개선방안

한편, 고용부담금 제도만으로는 장애인 고용 활성화 및 일반 노동시장 통합을 달성하기 어렵다. 고용부담금 제도는 사업주로 하여금 의무를 달성하기 위해 필요한 수준까지만 장애인을 고용하면 된다는 인식을 심화시킬 수 있기 때문이다. 이에 고용의무를 모범적으로 준수하는 사업주에게 인센티브를 주어 사업주의 장애인 고용 동기를 높일 필요가 있다.

현재 우리나라에서 장애인을 고용한 사업주에게 주어지는 재정적 인센티브는 고용장려금 제도가 사실상 유일하다. 그러나 앞서 살펴본 바와 같이 현행 고용장려금 제도는 의무고용률을 넘어 장애인을 고용하는 사업주에게 일률적으로 지급되고 있을 뿐, 장애의 유형이나 사업주의 특수한 상황 등이 충분히 고려되지 못하고 있다. 물론 현행 고용장려금 제도에서도 장애 정도와 성별에 따라 지급 액수에 차등을 두고는 있으나, 의무고용률을 달성하지 못한 사업주는 애초에 고용장려금을 받을 수 없는 구조이기 때문에 고용을 촉진하는 데에는 한계를 보이고 있다.

따라서 고용부담금 제도가 장애인 고용률 증진과 고용 형태의 개선에 초점을 맞춰야 한다면, 고용장려금 제도는 사업주에 대한 인센티브

하는 규정을 도입하는 것을 고려할 수 있다. 일례로, 신세계그룹은 장애인과 근로계약을 체결하는 경우에 계약기간 만료 시점을 2099년으로 명시하고 있는데, 이는 사실상 기간의 정함이 없는 근로계약으로 볼 수 있을 것이다.

제공을 통해 취업취약 장애인층의 노동시장 유입을 촉진하고, 사업주로 하여금 장애인 신규 고용을 유도하는 수단으로서 기능할 필요가 있다. 이에 현행 고용부담금 제도는 중증장애인, 정신장애인, 고령장애인 등 경제활동과 관련하여 열악한 상황에 처해 있는 장애인을 고용하거나 최초로 장애인을 고용하는 경우 의무고용률 달성 여부와 무관하게 고용장려금을 지급하는 제도로 재설계될 필요가 있다.

또한, 고용장려금 제도는 현행 고용부담금 제도의 영향을 받지 않는 사업주의 장애인 고용 촉진을 유도하는 데 있어서 일정한 역할을 할 수 있다. 상시 근로자 100인 미만 기업의 경우 현실적으로 장애인 편의시설을 갖추기 쉽지 않고 고용부담금의 부과 대상이 되지 않아 장애인 고용의 유인이 크지 않다. 이에 상시 근로자 100인 미만 기업에 대해서는 고용장려금에 있어 의무고용률을 고려하지 않거나 지급의 요건을 완화함으로써 인센티브 제공을 통한 장애인 고용 유도에 집중할 필요가 있을 것이다. 일례로, 2022. 5. 23. 이종성 의원 등 10인이 발의한 의안을 보면, 상시 근로자 50인 미만의 사업주로서 장애인 고용의무가 없는 사업주가 장애인을 고용하는 경우 장애인 의무고용 비율과 관계없이 장애인 고용장려금을 지급하도록 하고 있다.[49]

3. 장애인과 사업주의 연결을 지원하는 대책 마련

앞서 살핀 바와 같이 그간 한국의 의무고용제도는 사업주의 장애인 고용 유도 차원에만 집중하여 왔고, 장애인의 역량 향상과 구직활동을 하는 장애인과 사업주의 매칭이라는 측면에서는 많은 논의가 이루어지지 못했다. 이에 장애인과 사업주의 연결을 원활히 할 수 있는 방안들이 법제화될 필요가 있으며, 이하에서 구체적인 방안에 대하여 살펴본다.

---

49) 이종성 의원 발의, "장애인고용촉진 및 직업재활법 일부개정법률안", 2115686, (2022. 5. 23.) [계류 중], 2.

가. 복지, 교육, 고용의 연계를 위한 근거법령 마련

특수교육대상자의 경우 대부분 교육, 직업재활, 취업 모두를 필요로 하는 경우가 많으므로, 장애인과 장애학생을 위한 취업지원을 효율적으로 제공하기 위해서는 유관기관 및 관계부처의 연계·협력이 긴밀하게 이루어질 필요가 있다. 그러나 현행법은, 교육부장관은 「장애인 등에 대한 특수교육법」에 따른 특수교육 대상자의 취업을 촉진하기 위하여 필요하다고 인정하면 직업교육 내용 등에 대하여 고용노동부장관과 협의하여야 하고(장애인고용법 제8조 제1항), 보건복지부장관은 직업재활 사업 등이 효율적으로 추진될 수 있도록 고용노동부장관과 긴밀히 협조하여야 한다(장애인고용법 제8조 제2항)고 규정하고 있을 뿐 교육부장관, 고용노동부장관, 보건복지부장관이 함께하는 협의체에 관한 규정은 두고 있지 않고, 협력의 구체적인 실행방안에 대한 언급도 없다.[50)

이처럼 복지, 교육, 고용이 밀접하게 연계되지 못하면서 학교에서 오랜 시간 장애학생을 지도하면서 파악한 특성, 직업적성, 선호도 등의 데이터가 전혀 활용되지 못한 채 유사한 절차가 무의미하게 반복되고 있고, 기업의 필요나 현장의 상황과 동떨어진 직업훈련이 이루어지는 경우도 많다. 결국 복지, 교육, 고용을 밀접하게 연계하는 것은 장애학생의 진로·직업교육, 장애인의 취업·직업역량 강화, 일자리 개발 및 지원사업을 효율적으로 연결하여 장애인과 사업주의 원활한 매칭을 지원하는 방안이 될 수 있다. 일례로, 특수학교와 기업을 적극적으로 연계하여 특수학교에서 학생들의 직무능력, 성향 등에 대한 정보를 장애인 본인의 동의하에 기업에 제공할 수 있도록 하거나 기업의 요청에 따라 학생들이 어떤 직종, 직무에 적합한지 확인할 수 있도록 한다면 채용 과정에서의 기업의 탐색 비용과 부담을 줄일 수 있을 것이다.

---

50) 이혜경·이수용·지은숙·김원호·김민정·이루리, 위의 글, 219-220.

이를 위하여 교육부, 보건복지부, 고용노동부 등 관계부처가 책임감을 가지고 실질적인 연계를 할 수 있도록 근거 법령이 마련될 필요가 있다. 교육부, 보건복지부, 고용노동부 등의 협의체를 구성하고, 주기적으로 회의를 개최하여 장애학생의 취업지원을 위한 정책을 도출하고 그 결과를 공유 및 평가하여 협의체 운영의 실효성을 높이도록 하는 법령을 신설한다면 복지, 교육, 고용의 밀접한 연계를 위한 초석을 다질 수 있을 것이다.

나. 다양한 직무의 개발과 직무역량 강화를 위한 지원 확대

현재 장애인 근로자가 종사하는 직무의 유형은 매우 한정적이어서, 장애인에게 적합한 직무를 찾지 못한 사업주가 장애인 고용을 포기하는 경우가 빈번하게 발생하고 있다. 이에 다양한 직무 개발의 필요성이 대두되고 있으며, 특히 취업취약층인 정신장애인의 경우 특화된 일자리 확보가 중요 과제이므로 고용노동부장관으로 하여금 지속적으로 다양한 직무를 개발할 의무를 부과하고 이에 필요한 조치를 취할 수 있도록 하는 규정의 신설을 고려할 수 있을 것이다.

이와 관련하여, 한국장애인개발원은 2023년, 정신장애특화 직무로 정신장애인을 대상으로 '동료상담', '자조모임지원', '사회활동지원' 직무를 수행하는 정신장애인 동료지원활동 직무를 제시하고 그 적정 근무 조건은 주 5일, 1일 3~5시간 이내로 주 14시간 근무시간이 적합하다는 내용의 연구 결과를 발표하였는데, 이는 정신장애인 특화형 일자리를 마련하는 데 의미 있는 참고자료가 될 것으로 보인다.[51]

한편, 장애인에게 적합한 직무를 확대하는 좋은 방안 중 하나는 장애인의 직무능력을 향상하는 것이다. 이에 장애인고용법에서는 직업능력훈련개발에 관한 규정을 두고 있으나, 실제 직업능력개발은 다양한 직종에서 요구되는 일반적인 직무능력에 관한 것이 대부분이고 기업

---

51) 한국장애인개발원, 장애인일자리 직무매뉴얼 통합보고서 (2023), 10-30.

의 실제 수요를 반영하여 직업훈련이 이루어지는 경우는 많지 않다. 한국장애인고용공단은 맞춤훈련센터를 운영하고 있으나, 맞춤훈련센터 는 전국에 서울, 전주, 창원, 제주 4곳뿐이어서 접근성이 떨어진다.[52]

맞춤훈련의 경우 기업의 실제 수요를 반영해 사업장의 직무를 분석 하고 장애인이 이에 부합하는 직무능력을 갖출 수 있도록 교과과정을 설계하고 있어 훈련생의 취업 성공으로 이어질 가능성이 높고 취업 이 후에도 직장에 원활히 적응할 수 있는 단초를 제공해줄 수 있다. 이에 맞춤훈련센터의 추가 설치를 통하여 현장실무중심의 직업훈련이 이루 어지도록 할 필요가 있다. 다만, 필요한 곳마다 모두 맞춤훈련센터를 추가로 설치할 수는 없으므로, 해당 산업분야에서 이미 장애인을 고용 하고 있는 민간기업들의 참여를 통하여 맞춤훈련을 확대하는 방안도 고려하여 볼 수 있다. 참고할 만한 사례로, SK의 경우 SK행복나눔재단 을 통해 장애인 직원을 정규직으로 고용할 것을 조건으로 장애인 채용 희망 기업을 모집하고, 해당 기업의 직무에 맞게 장애인을 3~4개월간 훈련시켜 고용하도록 하는 프로젝트를 진행하고 있다.[53]

장애인의 직무역량 강화와 관련하여 새롭게 떠오르는 화두는 장애 인의 디지털 격차 해소이다. 4차 산업혁명 시대를 맞이하면서 기존의 산업과 경제 구조 등이 크게 변화하고 있고, 이에 따라 디지털을 이해 하고 다룰 줄 아는 디지털 활용 능력이 중요해졌다. 오늘날 디지털 리 터러시와 디지털 기기의 이용 등은 대부분의 직무에서 보편적으로 요 구되는 직무능력이 되었다. 그럼에도 불구하고 디지털 역량 측면의 장 애인 고용, 장애인 교육, 직업훈련 등 논의는 아직까지 정책의 전면에 등장하지 못하고 있고, 장애인의 디지털 격차 해소를 위한 지원 역시

---

52) 한국장애인고용공단, "맞춤훈련센터 소개",
     https://www.kead.or.kr/ctintrd/cntntsPage.do?menuId=MENU0728 (2024. 3. 28. 확인).
53) 복지타임즈, "SK행복나눔재단, 2024 채용연계형 장애인 육성 프로그램 훈련생 모집", https://www.bokjitimes.com/news/articleView.html?idxno=36952 (2024. 2. 6. 15:32).

한참 부족하다. 이에 장애인 등에 대한 특수교육법, 장애인고용법 등에 국가가 장애인의 디지털 역량 강화를 위한 시책을 강구하고 필요한 조치를 취하여야 한다는 등 지원을 위한 근거 규정을 명시적으로 마련할 필요가 있다.

4. 장애인 근로자의 직장 적응 및 장기 근속을 위한 지원 강화

장애인의 사회 통합을 위한 장애인 의무고용제도가 소기의 목적을 달성하기 위해서는, 이미 취업한 장애인이 직장에 성공적으로 적응하여 오랫동안 고용 상태를 유지할 수 있어야 한다. 우리나라에서는 이를 지원하기 위한 제도로 근로지원인 제도와 직업생활 상담원 제도를 두고 있지만, 해당 제도들의 미비점으로 인하여 장애인의 장기 근속과 관련하여서는 실질적인 효과를 거두고 있지 못한 상황이다.

우선 근로지원제도와 관련하여서는 앞서 살펴본 바와 같이 근로지원인의 처우 개선이 이루어져야 한다.

첫째, 관련 법령에 근로지원인의 급여에 관한 최소한의 기준을 마련하는 한편, 기업들로부터 징수한 부담금을 근로지원인의 급여 지급을 위한 재원으로 사용할 수 있도록 하여야 한다. 현재 기업으로부터 징수한 부담금 등으로 장애인 고용촉진 및 직업재활 기금을 조성하고 있기는 하나 해당 기금의 용도에는 근로지원인의 급여에 필요한 비용이 포함되어 있지 않다(장애인고용법 제70조 각호). 여기서 급여의 최소한의 기준이라 함은, 단순히 급여의 액수에서 그치는 것이 아니고 가산 기준이나 호봉제를 도입하여야 한다는 것 등을 포함한다. 급여를 가산하는 항목으로는 수어통역, 점역교정, 속기 등의 장애와 관련한 것에 더하여 근속기간, 장애인 근로자의 업무를 지원하는데 필요한 능력(워드, 엑셀, PPT, 외국어 구사능력 등)을 생각해볼 수 있다.

둘째, 근로지원인의 근로 기간도 개선이 필요한데, 현재는 1년 계약을 원칙으로 하고 장애인 근로자의 신청이 있으면 계약기간을 연장할

수 있도록 하고 있다. 이러한 계약 형태는 근로지원인의 예측가능성
및 안정성을 떨어뜨려 근속을 어렵게 할 수 있다. 따라서 첫 1년은 계
약직 형태로 하되, 장애인 근로자가 기한의 정함이 없는 형태로 근무
하고 있고 장애인 근로자 및 지원인의 의사가 합치하는 경우 지원인
역시 기한의 정함이 없는 형태로 고용할 수 있도록 하여야 한다.

한편, 직업생활 상담원 제도는 장애인 직원에 대한 세심한 관리와
지원이 가능하도록 하는 장점이 있으나, 과태료 등의 제재와 지원금
등의 인센티브가 모두 작동하지 않아 명목상의 제도로 평가되기에 이
르렀다. 따라서 우선 직업생활 상담원 선임 의무를 미이행하는 기업에
대한 과태료 액수를 상향하고 실제 과태료를 부과하여, 과태료 등의
제재수단이 실질적으로 법 위반을 방지하는 기능을 할 수 있도록 전반
적인 관리·감독을 강화할 필요가 있다.

다음으로는 직업생활 상담원 등의 운용에 있어 국가적 지원을 강화
할 필요가 있다. 현행 제도는 상시 근로하는 장애인의 수가 20명 이상
인 경우에만 직업생활 상담원 선임 의무를 부과하고 있으나, 사업주는
직업생활 상담원 선임에 관하여 별도의 지원을 받지 못하고 있다. 이
러한 구조하에서 사업주에게는 더 많은 장애인을 고용할 유인이 없게
된다. 따라서 직업생활 상담원의 선임과 관련하여서는 제재보다 인센
티브가 더 큰 역할을 할 수 있다. 직업생활 상담원을 선임한 기업에 보
조금을 지급하거나 소규모 기업의 경우 직업생활 상담원 선임에 소요
되는 비용을 국가에서 지급할 수 있는 근거 법령을 마련하여 직업생활
상담원 선임에 대한 사업주의 부담을 완화할 필요가 있다.

특히 정신장애인의 근로실태 조사 결과 고용 및 직업 관련하여 지
원 필요도가 가장 높게 나타난 것 중 하나는 '취업 후 지속적 지원 및
옹호(인적지원)'이었다.54) 현재 실시하고 있는 인적지원은 직무지도원,

54) 박주홍, "취업한 정신장애인의 장기근속과정에 관한 질적 연구", 정신보건과 사
회사업 제33권 (2009. 12.), 74-75; 성준모, "정신장애인의 경제활동에서 사회적
배제의 경험은 어떠한가?", 정신보건과 사회사업 제44권 제4호 (2016. 12.),

근로지원인, 작업지도원 지원이 있고, 이를 활성화하여 정신장애인의 직장 적응, 대인관계기술 등을 지도하여 주는 것이 필요하다. 이와 관련하여, 정신장애인 지원에 관한 전문성을 가진 자를 고용하거나 위탁받아 정신장애인 고용 관리를 실시하는 방안, 정신장애인을 지원하는 전문가를 육성하는 방안, 1년 이상 안정적으로 일하고 있는 정신장애인에게 새로이 입사한 정신장애인의 고용 관리를 의뢰하는 방안도 함께 생각해볼 수 있다.

또한, 현재 직업생활 상담원 제도는 장애인에 대한 상담 및 지도 등에만 초점을 맞추고 있는데, 직업생활 상담원이 장애인 근로자뿐만 아니라 사업주 및 동료 근로자에 대한 상담과 교육 등을 실시하고 이를 통해 사업장 전체가 장애인 근로자에 대한 이해를 높이고 직장생활에서 발생하는 고충을 해결할 수 있다면 장애인의 직장 적응도 한결 수월해질 수 있을 것이다. 이러한 측면에서 직업생활 상담원의 선임을 촉진하는 한편 그 역할을 확대할 수 있도록 관련 법령이 정비될 필요가 있다.

5. 미등록 정신질환자에 대한 고용지원

정신질환자가 장애인복지법, 장애인고용법에서 마련하고 있는 서비스를 제공받기 위하여서는 장애인 등록이 선행되어야 하지만, 정신질환자가 장애인복지법상 정신장애인으로 등록하는 비율이 낮고, 특히 경증 정신질환자의 정신장애 등록률은 아직까지 미미한 상황이다. 정신질환자가 장애인복지법상 정신질환자로 등록하지 않는 혹은 하지 못하는 대표적인 이유로는 사회적 낙인이 있다. 그럼에도 불구하고 고용지원을 받고자 장애등록을 하는 경우도 존재한다.55) 사회적 편견과

80-85; 하경희, "정신장애인의 노동권 보장을 위한 장애인고용지원제도 개선방안", 정신건강과 사회복지 제51권 제2호 (2023. 6.), 71-72; 국가인권위원회, 위의 글, 585.

낙인으로 인하여 자의 아닌 자의로 장애인복지법상 장애등록을 하지 않는 정신질환자가 있는 이상, 당장 정신질환자를 일률적으로 장애인 복지법상 등록장애인으로 규율하여야 한다는 의견을 제시하기는 어려울 것으로 생각된다.[56] 본 논의에서는 자의든, 타의든 정신장애인의 경우 장애인복지법상 장애등록을 하지 않고 있는 사람들이 많다는 점이, 의무고용제도와 그 외 정신장애인에 대한 고용 지원 및 직업재활서비스 활성화에 반드시 고려될 필요가 있다는 의견을 남기고자 한다.

지금으로서는 미등록한 정신질환자들의 고용 지원을 위하여 별도의 평가를 통하여 미등록한 정신질환자의 개별 직업재활서비스 및 고용지원에 대한 필요도를 확인하고 이를 제공하는 제도가 필요하다. 일본의 경우 우리나라 장애등록과 같은 보건복지수첩 외에도 '장애복지서비스 수급자증'이 있어 필요한 서비스는 이용할 수 있도록 하고 있어 이를 차용할 수 있다. 이와 관련하여 선행 연구는 주치의 의뢰서를 제출하도록 하는 조건을 부여하는 방안을 제시하고 있으므로, 이러한 방안도 제도 개선에 참고할 수 있을 것이다.[57]

6. 장애인 고용 형태를 공공기관 경영평가 요소에 반영

전 세계적으로 ESG(Environment, Social, Governance)는 중요한 하

---

55) 조윤화·송승연·이수연,"미등록 정신장애인의 장애등록 경험에 관한 탐색적 연구", 한국장애인복지학 제52권 제52호 (2021. 1.), 341-342.

56) 현재 장애인복지법의 정신장애는 시행령이 규정하는 8개 질환에 한정되는 반면, 정신건강복지법상 복지서비스 지원의 대상인 "정신질환자"는 망상, 환각, 사고나 기분의 장애 등으로 인하여 독립적으로 일상생활을 영위하는 데 중대한 제약이 있는 사람으로 정의된다. 궁극적으로 정신질환자를 규율하는 법 체계가 통일되어야 함은 별론으로 한다.

57) 최희철·박동진, "미등록 정신질환자의 고용활성화 방안에 관한 연구: 직업재활 실무자의 인식을 중심으로", 한국산학기술학회논문지 제24권 제2호 (2023. 2.), 350-352.

나의 트렌드로 자리 잡고 있으며, 새로운 경영 패러다임으로 부각되면서 글로벌 선진 기업들의 자발적인 참여 증가는 물론 다양한 규제화 방안들도 모색 중이다. 세계 각국의 ESG의 중요성과 시급성에 대한 인식이 변화하면서 빠르게 규제화, 규범화되어 가고 있고, 기업은 이제 ESG를 고려하지 않으면 기업의 존폐 위기를 걱정하여야 한다.58) 이러한 ESG 경영은 공공기관에도 확산되고 있다. 한국의 공공기관 경영평가에 반영되고 있으며,59) 특히 사회분야(S)의 경우 민간기업보다 사회적 가치를 더욱 강화해야 한다.60)

다만, ESG가 매우 중요해지는 상황임에도 불구하고 2024년도 공공기관 경영평가 편람상 경영평가 지표 중 장애인 고용과 관련된 지표로는 '장애인 의무고용' 준수 여부(배점 0.3점) 및 '고졸자, 지역인재, 장애인, 자립준비청년, 저소득층 등 사회형평적 인력 채용을 위한 노력과 성과'라는 비계량 지표가 존재할 뿐이다.61)

따라서 향후 공공기관 경영평가 지표에 장애인 '고용 형태'를 새롭게 반영함은 물론 이를 민간 기업에도 의무화하여 공공기관과 민간 기업 모두가 사회적 가치에 더 기여할 수 있도록 하여야 한다. 무엇보다 장애인고용법에서 정하고 있는 의무 고용률을 충족시키는 것 외에 장애인 노동자에게 안정적인 고용 환경 및 형태 등을 보장하도록 할 필요가 있다.

---

58) 김윤희·남정민, "ESG 인식에 대한 세대별 비교 연구: Borich 요구도와 The Locus for Focus 모형 활용", 한국진로창업경영학회지 제7권 제3호 (2023. 5.), 4.
59) 이태호·김광기·황성주·전대현, 공공기관 ESG 현황과 경영전략: 해외 사례를 중심으로, 대외경제정책연구원 (2022), 30.
60) 이태호·김광기·황성주·전대현, 위의 글, 31.
61) 기획재정부, 2024년도 공공기관 경영평가편람 (2023), 21.

VI. 결론

지금까지 장애인 의무고용제도와 관련하여 그 구성과 한계, 개선방안 등을 살펴보았다. 그 결론을 요약하면 다음과 같다.

첫째, 장애인 의무고용제도는 고용된 장애인의 수를 늘리는 것을 넘어서 장애인의 고용형태나 고용기간 등 일자리의 '질'도 개선할 수 있는 방향으로 나아갈 필요가 있다. 고용부담금 제도에서 장애인의 고용형태나 고용기간에 따라 부담기초액을 다르게 산정하거나 부담기초액을 삭감해주는 등의 조치를 고려하는 것이 적절한 방안이 될 수 있다.

둘째, 장애인 고용률 증진과 고용 형태 개선을 위한 고용부담금 제도 외에도 취업 취약 장애인층의 노동시장 유입 촉진과 사업주의 장애인 고용 동기 부여를 목표로 고용장려금 제도를 활성화할 필요가 있다. 구체적으로, 사업주가 중증장애인, 정신장애인, 고령장애인 등 취업취약층 장애인을 고용하거나 최초로 장애인을 고용하는 경우, 의무고용률 달성 여부와 무관하게 고용장려금을 지급하는 방향으로 정책을 재설계하는 것이 바람직하다.

셋째, 장애인의 고용 촉진을 위해서는 장애인의 노동시장 진입 및 장애인과 사업주의 연결이라는 측면에서의 지원이 필요하다. 이를 위해서는 복지, 교육, 고용이 밀접하게 연계되어 장애학생들의 사회 진출이 원활하게 이루어져야 하므로, 교육부, 보건복지부, 고용노동부 등 유관기관의 협의체 구성을 통하여 장애학생의 취업지원을 위한 정책을 도출하여야 한다. 나아가 장애인이 다양한 직무에 종사할 수 있도록 직무능력 향상을 위한 지원이 강화될 필요가 있는데, 그 방안으로 민간기업과의 연계를 통한 맞춤훈련 확대, 디지털 역량 강화에 관한 근거 규정 마련 등이 제시될 수 있다.

넷째, 취업 장애인 근로자의 직장 적응을 위한 제도가 필요하다. 이를 위해서는 우선 근로지원인의 처우를 개선하여 근로지원인의 근속이 가능하도록 하여야 한다. 또한, 사실상 사문화된 직업생활 상담원 제도가 원활히 작동할 수 있도록 제도를 정비할 필요가 있다.

다섯째, 장애인 의무고용제도에 장애유형별로 특화된 접근이 고안될 필요가 있다. 특히 장애인 중에서도 고용률이 가장 낮은 정신장애인에 대한 제도적 지원이 필요하다는 의견이 있다. 또한 사회적 낙인을 우려하여 장애인 등록을 하지 못하고 있는 미등록 정신질환자를 의무고용제도로 포섭할 수 있는 방안에 대해서도 지속적인 고민이 필요하며, 그 일환으로 별도의 평가를 통하여 미등록한 정신질환자의 개별 직업재활서비스 및 고용지원에 대한 필요도를 확인하고 이를 제공하는 제도를 고려하여 볼 수 있을 것이다.

본 연구에서 논의된 방안들은 장애인 의무고용제도의 근본적인 틀을 재설계하고, 이에 기반하여 구체적인 정책을 마련하는 데 주요한 역할을 할 수 있을 것으로 보인다. 이를 통해 장애인이 도움을 받아야 하는 사회적 약자에 머무르지 않고, 사회구성원으로서 직업활동에 참여함으로써 경험과 관계를 확대하며 살아가는 사회를 만들기 위한 초석을 다질 수 있기를 기대한다.

참고문헌

단행본

한국장애인고용공단 고용개발원, 2023년 상반기 장애인경제활동실태조사 (2023)

강상경 등, "정신재활시설 운영 이용실태 및 이용자 인권실태조사 보고서", 국가
　　인권위원회 (2020. 10.)

한국장애인고용공단 고용개발원, 2021년 장애인경제활동실태조사 (2021)

국가인권위원회, 정신장애인 노동권 보장을 위한 실태조사 (2022)

조혁진, "장애인 고용의 양적확대와 질적향상을 위한 장애인 고용부담금 개편
　　방안", 장애인 고용의 질적 향상과 양적 확대를 위한 장애인 고용촉진
　　및 직업재활법 개정 토론회, 대한민국 국회 (2023. 9. 7. 발표)

유은주, "한국, 독일, 프랑스 장애인고용정책 사례 비교", 한국장애인고용공단
　　고용개발원 (2022. 11.)

한국장애인개발원, 장애인일자리 직무매뉴얼 통합보고서 (2023)

논문

조임영, "장애인 고용의무 이행방식의 다양화 -프랑스의 입법 및 정책 사례를 중
　　심으로-", 동아법학 제90호 (2021. 2.)

신지예·남용현·조임영, "주요 국가의 장애인 의무고용제도의 변화 비교", 한국사
　　회복지학 제70권 제3호 (2018. 8.)

남용현, "독일의 최근 중증장애인 고용 동향과 시사점", 국제사회보장리뷰 제8
　　권 (2019. 3.)

박주홍, "취업한 정신장애인의 장기근속과정에 관한 질적 연구", 정신보건과 사
　　회사업 제33권 (2009. 12.)

성준모, "정신장애인의 경제활동에서 사회적 배제의 경험은 어떠한가?", 정신보
　　건과 사회사업 제44권 제4호 (2016. 12.)

하경희, "정신장애인의 노동권 보장을 위한 장애인고용지원제도 개선방안", 정
　　신건강과 사회복지 제51권 제2호 (2023. 6.)

조윤화·송승연·이수연, "미등록 정산장애인의 장애등록 경험에 관한 탐색적 연
　　구", 한국장애인복지학 제52권 제52호 (2021. 1.)

최희철·박동진, "미등록 정신질환자의 고용활성화 방안에 관한 연구: 직업재활실무
　　자의 인식을 중심으로", 한국산학기술학회논문지 제24권 제2호 (2023. 2.)
김윤희·남정민, "ESG 인식에 대한 세대별 비교 연구: Borich 요구도와 The Locus
　　for Focus 모형 활용", 한국진로창업경영학회지 제7권 제3호 (2023. 5.)
이태호·김광기·황성주·전대현, 공공기관 ESG 현황과 경영전략: 해외 사례를 중
　　심으로, 대외경제정책연구원 (2022)

기타자료

고용노동부, 제6차 장애인고용촉진 및 직업재활 기본계획 (2023~2027)
한국장애인고용공단, 장애인 신규고용장려금 시행지침 (2014)
고용노동부, 2022년 장애인 의무고용현황 (2023)
통계청 경제활동인구조사 근로형태별 부가조사 (2023. 8.)
연합뉴스, "공공기관 장애인 채용, 정규직보다 인턴…2배 이상 차이", https://www.
　　yna.co.kr/view/AKR20230920161400002 (2023. 9. 21. 06:01)
보건복지부, 장애인현황(2022), 시도별, 장애유형별, 장애정도별, 성별 등록장애
　　인수
전혜숙 의원 발의, "장애인고용촉진 및 직업재활법 일부개정법률안", 2125250,
　　(2023. 11. 1.)
매일노동뉴스, "[중증 시각장애인 일자리 표류기] "내 꿈은 하루 8시간 일하는
　　노동자", http://www.labortoday.co.kr/news/articleView.html?idxno=217866
　　(2023. 10. 22)
교육부, "2023 특수교육통계", (2023. 6.), 8.
비마이너, "삼성전자 등 272개 대기업, 장애인 직업생활 상담원 뽑지 않아",
　　https://www.beminor.com/news/articleView.html?idxno=13940 (2019. 10. 15.
　　16:56)
세계법제정보센터, "세계 각국의 장애인 고용의무제도", https://world.moleg.go.kr/
　　web/dta/lgslTrendReadPage.do?A=A&searchType=all&searchPageRowCnt=
　　10&CTS_SEQ=51187&AST_SEQ=3891&ETC=1 (2024. 3. 28)
이종성 의원 발의, "장애인고용촉진 및 직업재활법 일부개정법률안", 2115686,
　　(2022. 5. 23.)

한국장애인고용공단, "맞춤훈련센터 소개", https://www.kead.or.kr/ctintrd/cntnts
　　　Page.do?menuId=MENU0728 (2024. 3. 28)
복지타임즈, "SK행복나눔재단, 2024 채용연계형 장애인 육성 프로그램 훈련생 모
　　　집", https://www.bokjitimes.com/news/articleView.html?idxno=36952 (2024.
　　　2. 6. 15:32)
기획재정부, 2024년도 공공기관 경영평가편람 (2023)

중증장애인 노동권 증진을 위한 법제 개선방안

김 진 우*

초록

사회복지정책이 점차 다기화되면서 정책 수요자 중심으로 촘촘하게 권리를 보장하려는 보편적 흐름과 함께 정부는 장애인 노동권의 내실을 기하며 확대하는 방향으로 움직이기 위해 다각적인 노력을 기울이고 있다. 장애인 일자리 확대를 꾸준히 추진해 오고 있으며 중증장애인이라 하더라도 각자의 처지와 환경에 적합한 공공일자리를 제공받을 수 있게 하려는 공공적 노력이 끊임없이 경주되고 있다. 하지만 현실에서는 여전히 기대와 이상의 간극이 있으며, 사회정책적 관점에서의 일 개념이 위치할 공간은 여전히 협소할 뿐만 아니라 분리고용의 한계를 벗어나지 못하는 직업재활시설에서 많은 중증장애인들의 노동권은 제대로 실현되지 못하고 있다. 이러한 가운데 UN장애인권리협약은 우리에게 미래방향으로의 도약을 요구하고 있다.

이에 우리 사회가 새로운 패러다임에서 장애인의 노동권을 보장하기 위해 추진해야 할 정책적 과제로 노동관련 중증장애인의 개념 도입, 일반노동시장에서의 최저임금 적용제외 폐지, 직업재활시설 중 근로사업장의 고용노동부로의 이관 추진, 보호작업장과 직업적응훈련시설의 정체성 확립 및 근로와 사회서비스의 융합적 구조 마련, 일반노동시장으로의 전이를 구현시킬 수 있는 임금보조정책의 도입 등을 적극 검토할 필요가 있으며 정책 수립 및 집행의 실효성을 담보하기 위한 관련 법제화 작업도 함께 수반되어야 할 것으로 보인다.

---

* 덕성여자대학교 교수.

I. 서론

근대국가를 넘어 현대국가로 접어들면서 시민권 또는 인권을 보장하기 위한 정부의 역할과 책임이 한층 강조되고 있는 가운데, 인간으로서의 존엄을 지키고 인간다운 삶을 보장하기 위한 다각적인 노력이 많은 국가에서 이루어져 왔다. 2차 세계대전 이후 재건기를 거쳐 1960년대 전 세계적인 경기호황에 힘입어 각 국가는 앞다투어 복지정책의 확대를 추진해 오고 있고, 최근에는 사회권적 기본권에 기초한 사회보장시스템을 더욱 촘촘하게 수요자 중심으로 발전시켜 오고 있다.

우리나라도 마찬가지다. 고도성장기를 통해 이루어낸 양적인 경제발전을 토대로 2000년대 들어서는 성장과 분배, 경제와 복지 간의 균형이 지속 가능한 발전에 필요하다는 사회적 합의가 이루어짐에 따라 이후부터는 이를 구현하기 위한 정책의 수립 및 집행에 역점을 두고 있다. 이러한 노력은 따지고 보면 사회보장수급권의 실질적 내용을 구체화하려는 노력과 크게 다르지 않다. 근원적으로 따지고 보면 이는 인간으로서의 존엄과 가치 그리고 행복추구권(헌법 제10조), 인간다운 생활을 할 권리(헌법 제34조)에 기초한다. 아울러 이러한 헌법정신을 구체화한 사회보장기본법에서는 사회보장을 받을 권리인 사회보장수급권(사회보장기본법 제8조)을 규정하고 있는데 여기에서 정책발현의 맹아적 속성을 들여다볼 수 있다. 사회보장은 크게 사회보험, 공공부조 및 사회서비스를 말하는데 사회서비스는 국가·지방자치단체 및 민간부문의 도움이 필요한 모든 국민에게 복지, 보건의료, 교육, 고용, 주거, 문화, 환경 등의 분야에서 인간다운 생활을 보장하고 상담, 재활, 돌봄, 정보의 제공, 관련 시설의 이용, 역량 개발, 사회참여 지원 등을 통하여 국민의 삶의 질이 향상되도록 지원하는 제도를 말하며(사회보장기본법 제3조 제4호) 이 글에서 구체적으로 살펴보고자 하는 영역의 상위범주인 고용에서의 상담, 재활, 사회참여 지원 또한 넓은 의미에서의 사회보장수급권에 포섭된다.

그러므로 고용 또는 일할 권리 또한 사회보장수급권의 한 부분이면서 헌법상으로나 법률상으로 법원(法源)을 가지고 있다고 볼 수 있다. 또한 헌법에서 모든 국민은 근로의 권리를 가지고 있는 동시에 근로의 의무를 지고 있음을 천명하고 있다(헌법 제32조 제1항 및 제2항). 이는 일상생활에서의 권리의무관계로 구현되는데 국가는 근로의 의무의 내용과 조건을 민주주의 원칙에 따라 법률로 정하도록 하고 있다(헌법 제32조 제2항). 아울러 근로조건의 기준은 인간의 존엄성을 보장하도록 법률로 정하도록 하고 있다(헌법 제32조 제3항). 이에 따라 제정된 것이 고용정책기본법이며 여기에서 근로자의 직업능력개발, 고용촉진 및 고용조정과 안정 대책 마련 등에 대한 기본골격을 제시하고 있다. 아울러 최저임금법과 근로기준법으로 인간의 존엄성을 보장하는 근로조건의 기준을 상세하고 있다.

장애인의 고용과 일할 권리도 마찬가지다. 장애인 또한 국민의 한 구성원으로서 대한민국 헌법이 보장하는 인간으로서의 존엄성과 행복추구권, 인간다운 생활을 할 권리를 보장받는다. 그런데도 장애인, 그 중에서도 장애의 정도가 심한 장애인의 일할 권리에 대한 보장 현실은 더욱 열악하다. 중증장애인의 경우 경제활동인구율은 23.2%, 실업률은 5.9%, 고용률은 21.8%에 그치고 있어 장애 인구 전반에서의 이 세 가지 수치인 36%, 4.5% 및 34.3%와 큰 차이를 보인다. 나아가 우리나라 인구 전체의 경제활동인구 비율 62.5%, 실업률 2.9%, 고용률 68.5%와는 현격한 격차가 있음을 쉽게 알 수 있다[1].

노동을 교환가치에 기초한 상품으로 팔아야 하는 자본제 사회에서 신체적·정신적 손상이 노동생산성의 상실 또는 저하로 이어졌다고 간주하는 경우 노동시장으로의 진입은 용이하지 않게 된다. 더군다나 무

---

1) 이윤지·변혜미·김호진·조신영·임예직·이지우·변민수·최종철, 2022년 하반기 장애인경제활동실태조사, 한국장애인고용공단 고용개발원 (2023).

한 경쟁(Unlimited competition)과 탈규제(De-Regulation)로 특징지어지는 세계화(Globalization)의 성격2)을 주어진 외생변수로 받아들이게 되면 더 낮은 비용으로, 더 높은 가치를 창출해야 하는 기업의 입장으로는 인간세계의 적자생존(Survival of the fittest) 원리라고 할 수 있는 사회적 다윈주의(Social Darwinism)의 논리를 거부하기 힘들게 된다. 하지만 장애를 개인적 불행이나 원죄에 대한 벌, 또는 개인이 온전히 책임져야 하는 운명으로 받아들이는 패러다임은 점차 퇴색되고 있다. 대신, 손상으로 인해 생겨나는 추가적인 욕구에의 사회적 대응 정도에 따라 장애인 능력의 발현 여부가 결정된다는 '장애에 대한 사회적모델(Social Model of Disability)'3)이 각국에서 정책의 구현·변용·발전의 이념적 기축으로 자리잡게 되었다. 우리나라도 이러한 흐름에서 벗어나 있지 않다. 그러므로 노동시장에서 배제되거나 주변부로 내몰리는 중증장애인의 일할 권리를 새로운 패러다임에서 새롭게 조명하여 이들도 당당한 노동자로서의 법적 지위를 가지고 적극적으로 사회에 참여할 수 있는 통로로서의 일자리를 마련·제공하는 것은 당사자뿐만 아니라 우리 사회 전체에 대해서도 매우 중요한 의미를 지닌다고 볼 수 있다.

그런 의미에서 아래에서는 중증장애인의 노동권이 무엇이며, 그러한 노동권 중에서 본 연구에서 다룰 법제 개선방안으로 연결시킬 수 있는 부분을 획정하고 이에 따라 어떤 제도적 틀을 마련해야 하는지 살펴 이에 필요한 다양한 대안을 모색해 보고자 한다.

---

2) Yeates, N., *Globalisation and Social Policy*, Sage (2001).

3) Oliver, M. *Understanding Disability*, Macmillan (1996).

II. 중증장애인 노동권 이해

1. 일반적인 중증장애인의 범주

1989년 장애인복지법이 제정되면서 시작된 장애등급제는 일부 의료기관의 장애등급 남발, 장애인활동지원서비스 제공시스템과 연동되어 이루어진 장애등급 판정 및 재판정에 따른 서비스 지원축소 등의 이슈가 등장함에 따라 종국적으로 폐지되기에 이르렀다. 이후 종래의 장애등급제를 대신하기 위한 대안시스템 개발에 정부는 온 힘을 쏟다가 결국 욕구에 기반한 세심한 정책 대응은 슬그머니 사라지고 결과적으로는 '장애의 정도가 심한 장애인', '장애의 정도가 심하지 않은 장애인'이라는 부르기 불편한 명칭으로 대체되는 수준으로 머물고 말았다[장애인복지법 시행규칙 제2조 및 별표1, 보건복지부 고시 제2023-42호 "장애정도판정기준, 장애인정책과 (2023. 3. 21.)]. 이를 흔히 다른 말로 전자를 중증장애인, 후자는 경증장애인이라고 부른다. 그러나 이용어를 사용함에 있어서는 다소 주의를 요한다. 장애인연금법에서는 중증장애인이라는 개념을 법상 정의하고 있기 때문이다(장애인연금법 제2조). 해당 법률은 중증장애인은 장애인복지법 제32조에 따라 등록한 장애인 중 근로능력이 상실되거나 현저하게 감소되는 등 장애 정도가 중증인 사람으로서 대통령령으로 정하는 사람(장애인연금법 제2조)으로 규정하면서 실제 법 운용상으로는 중증장애인을 종래 장애등급제 하에서의 1급, 2급 및 3급 중복장애인으로 하고 있다4). 그러므로 흔히 우리가 중증장애인이라는 용어를 쓰면 3급까지인지, 3급이라도 중복장애를 가진 자로 한정할 것인지 이견이 남게 되지만5) 본 연구에서

---

4) 보건복지부, 2024년 장애인연금 사업안내 (2024).
5) 오욱찬·이원진·엄다원, "장애인 소득분배 변화의 원인과 소득보장 정책 효과에 대한 연구", 한국보건사회연구원 (2022).

는 종전 1, 2, 3급 장애인 전체를 통칭하는 용어로 사용하고자 한다.

2. 노동분야에서의 중증장애인 범주

장애인고용촉진 및 직업재활법에서는 "중증장애인"을 장애인 중 근로 능력이 현저하게 상실된 사람으로서 대통령령으로 정하는 기준에 해당하는 사람으로 규정하고 있다(장애인고용촉진 및 직업재활법 제2조 제2호). 이에 따라 중증장애인은 장애인복지법 시행령 제2조 및 별표 1에 따른 사람 중 고용노동부령으로 정하는 기준에 해당하는 사람과 국가유공자 등 예우 및 지원에 관한 법률 시행령 제14조 제3항(보훈보상대상자 지원에 관한 법률 시행령 제8조에 따라 준용되는 경우를 포함한다)에 따른 상이등급에 해당하는 사람 중 3급 이상의 상이등급에 해당하는 사람(장애인고용촉진 및 직업재활법 시행령 제4조)으로 규정된다.

그렇다면 노동분야에서 중증장애로 분류되는 장애 종별과 정도의 기준은 장애인고용촉진 및 직업재활법 시행규칙에서 정해지게 되는 셈이다. 이 글에서 관심을 갖는 발달장애 분야를 세부적으로 살펴보면 중증인 지적장애인은 지능지수가 70 이하인 사람으로서 교육을 통한 사회적·직업적 재활이 가능한 사람으로, 자폐성장애인은 제10차 국제질병사인분류(International Classification of Diseases, 10th Version)의 진단기준에 따른 전반성발달장애(자폐증)로 정상발달의 단계가 나타나지 않고, 기능 및 능력 장애로 인하여 발달장애 평가척도(Global Assessment Scale for developmentally disabled) 점수가 50점 이하인 사람으로 규정함으로써(장애인고용촉진 및 직업재활법 시행규칙 제2조 및 별표1) 여전히 의학적 판단기준에 의존하고 있어 장애등급제 폐지의 취지를 무색하게 하고 있다.

장애등급제를 폐지하기 위한 준비과정에서 노동분야에서의 중증장애 범주는 2022년말까지 마련하기로 하여6) 여러 정책분야 중에서 가장 후순위로 배치될만큼 그 난이도가 충분히 배려되었으나 정작 장애등급제 폐지 첫발을 뗀 지 10년이 지나도록 여전히 구체적 대안이 마련되지 않고 있다. 즉, 각종 사회급여를 제공하는데 필요한 중증장애 개념을 노동분야에서 무비판적으로 차용하고 있어 실제 돌봄분야에서의 중증장애가 노동분야에서의 중증장애와 일치하느냐는 의문과 비판을 여전히 해소하지 못하고 있다.

3. 최중증 발달장애인 개념 등장

노동분야에서 중증장애 개념을 명확하게 하지 못하는 사이에 돌봄분야에서는 '최중증 발달장애인'이라는 개념이 2022년 새롭게 도입되었다. 2022년 6월에 발달장애인 권리보장 및 지원에 관한 법률을 개정하여 최중증장애인에 대한 통합돌봄을 제공하도록 법제화하게 된 것이다. 여기에서 국가와 지방자치단체는 장애의 정도가 극히 심한 발달장애인, 즉 최중증 발달장애인에게 일상생활 훈련, 취미활동, 긴급돌봄, 자립생활 등을 전문적·통합적으로 지원하는 서비스(통합돌봄서비스)를 제공하도록 함으로써(발달장애인 권리보장 및 지원에 관한 법률 제29조의3 제1항) 최중증 발달장애인에의 지원근거가 마련된 것이다. 이는 그동안 발달장애인 중 일부가 장애 특성으로 인해 많은 사회적 지원을 필요로 함에도 지원의 수준이 발현되는 욕구에 충분히 대응하지 못하는 사회적 한계를 극복하고자 이들을 법적 개념으로 포착하기에 이른 것으로 보인다.

하지만 이러한 최중증 발달장애인 개념을 노동분야에서 활용할 수

---

6) 보건복지부, "보도자료 – 장애인 정책이 31년만에 바뀝니다: 장애등급제 단계적 폐지, 수요자 중심 장애인 지원체계로 전환" https://www.korea.kr/briefing/pressReleaseView.do?newsId=156337913 (2019. 6. 25.).

있을지는 여전히 미지수다. 개념상으로는 최중증 발달장애인의 경우 노동권과는 상당히 거리가 있어 양측은 별개로 봐야 한다. 하지만 중증장애 개념조차도 보건복지부의 개념규정에 기초해 온 고용노동부의 정책 수준을 볼 때 이후에도 정책적 종속상태에서 과연 벗어날 수 있을지 의문이다. 다만, 고용노동부가 최중증 발달장애 개념을 설사 부득이하게 차용한다 하더라도 그대로 이식하기는 어려워 보인다. 발달장애인 권리보장 및 지원에 관한 법률에서 통합돌봄서비스의 지원 대상, 지원 기준 및 방법 등에 필요한 사항은 보건복지부령으로 정하도록 하고 있어(발달장애인 권리보장 및 지원에 관한 법률 제2항) 최중증 발달장애인 개념이 통합돌봄 지원체계 구축에 상대적으로 특화된 것이기에 최중증 발달장애인을 근로무능력자로 볼 것인지 아닌지에 관하여는 고용노동부가 별도로 추가 판단을 해야 할 것으로 보인다.

4. 연구대상으로서의 중증장애인 노동권 범위

그렇다면 최중증 발달장애인 개념은 돌봄분야에서 먼저 최종적으로 구체화되어야 하고 아울러 노동분야에 어떻게 적용할지에 대한 고용노동부의 추후 판단이 이루어져야 하므로 이 글에서 논의의 비중을 두기는 어렵다. 중증장애인 개념 또한 아쉽지만, 현재로서는 여전히 장애서비스, 돌봄분야에서의 중증장애와 크게 다르지 않은 것으로 일단 간주할 수밖에 없다. 그러한 아쉬움은 뒤로 남기고 여기에서는 노동권에 대한 개념을 살펴보고 이 중에서 본 연구에서 초점을 맞추고자 하는 부문이 어디인지를 상세하고자 한다.

먼저 권영숙(2020)은 노동권을 노동의 시민권(Citizenship right)이라고 명명하면서 노동존중의 관점에서 구성요소를 포섭하고 있다. 노동존중은 결국 노동의 존재에 대한 인정(recognition)이며 이는 노동계급의 존재에 대한 인정, 노동자가 가지는 권리에 대한 인정, 그리고 앞의 두 가지가 존중되면 이후로 연결되는 것이 정치사회에서 정치적인 힘을 인정하고 정치적 주체화를 긍정하는 것까지 포괄하는 개념으로 이해한다7). 한편, 정영훈(2019)의 연구에서는 노동권을 헌법재판소의 판결문을 통해 '근로에 대한 권리'로 내용을 재구성하였는데, 헌법재판소는 근로의 권리에 대한 내용을 '일할 자리에 관한 권리'와 '일할 환경에 관한 권리'로 대별한 바 있다. 이에 따라 정영훈(2019: 118)은 근로의 권리의 내용을 ①더 많은 고용의 기회를 갖게 하는 것, ②사용자와 근로자의 합의에 의하여 성립된 고용관계의 유지·보장에 관한 것, ③ 성립된 고용관계를 바탕으로 하는 노동력의 제공과 이용에 관한 내용, 즉 근로조건에 관한 것 등으로 대안을 제시하고 있다.

신은경·곽지영(2018: 62)에서는 노동권을 "노동의 능력과 의욕을 지닌 사람이 사회적으로 노동할 기회의 보장을 요구할 수 있는 권리"라고 하면서 장애인의 노동권을 침해하는 근로빈곤문제와 비정규직 이슈에 대한 대안을 제시하고 있다. 하경희(2023)의 연구에서는 제목에서 노동권을 언급하고 있으나 실제 내용에서의 문헌고찰에서 노동권 보장을 위한 정당한 편의 제공 또는 고용지원제도에서의 미흡함을 지적하는데 집중하고 있고, 정다운(2018)의 경우에도 중증장애인의 노동권 그 자체보다는 일할 권리를 둘러싼 현실의 문제점과 그에 대한 대안 제시에 치중하고 있다.

이에 따라 본 연구에서는 법제 개선방안 모색에 초점이 있는 점을 감안, 정영훈(2019)의 노동권 개념에 따른 내용 중 더 많은 고용 기회를 가지게 하는 것과 근로환경 중 근로조건에 관한 내용으로 압축하여 관련 내용을 살펴보고자 한다. 참고로 더 많은 고용기회는 일 개념의 전환을 통해 중증장애인 일자리 수를 늘리는 대안 모색에 초점을 맞추고, 아울러 근로조건은 이 글의 제한된 내용적 범위를 감안, 그 전체를

---

7) 권영숙, "한국 노동권의 현실과 역사: '노동존중'과 노동인권에서 노동의 시민권으로", 한국산업노동학회 제26권 제1호 (2020. 2.), 217-269.

살펴보기 보다는 더 많은 근로기회를 창출할 수 있는 연결지점에 초점
을 맞추어 성찰해 보고자 한다.

5. 중증장애인 노동권 관련 국내외 동향

가. 국내법

(1) 장애인 고용촉진 및 직업재활법: 중증장애인에 대한 정책적 관심

실질적인 장애인정책의 본격적인 추진기반이 되어 온 1989년 장애
인복지법에서도 장애인이 그 능력에 따라 그에 맞는 직업에 종사할 수
있도록 각종 시책을 강구할 책임을 국가와 지방자치단체에게 부과하
고 있다(장애인복지법 제13조). 하지만 이는 추상적인 국가 및 지방자
치단체의 책무를 언급한 것에 불과하며 본격적으로 장애인의 노동권
을 보장하기 위한 서막은 1990년에 신설된 구 장애인 고용촉진 등에
관한 법률(2000. 1. 12. 13. 법률 제6166호로 개정되기 전의 것)을 통해
이루어졌다. 이 법은 노동시장의 주류에서 벗어난 장애인을 노동시장
으로 진입시키기 위한 의무고용제를 중요한 핵심 정책으로 설정하고
장애인고용공단 설립을 통한 장애인 고용에의 전문성 함양에 기초하
여 장애인 고용의 양적 증대와 질적 개선을 도모하는데 초점을 두고
있었다.

하지만 시행 10년에 가까워지면서 과연 장애인 고용촉진 등에 관한
법률이 중증장애인을 위한 실질적인 역할을 수행해 왔었는지에 대한
의문과 함께 혁신적인 대안 모색의 필요성이 대두하였고 당시 국회 보
건복지위원회에서 「장애인직업재활법(안)」이 논의·통과되는 한편, 동
법안의 제출에 긴장한 환경노동위원회에서는 장애인 고용촉진 등에
관한 법률 개정법률안이 제출·통과되었다. 결국 법제사법위원회에서
양 법안이 충돌하게 되는 초유의 상황이 벌어졌던 셈이다. 유사한 정

책이 경쟁적으로 국회에 제출됨에 따라 정부는 국회로부터 정책조정
에 대한 내적 기능 상실에 대해 강한 질타를 받았고 이 같은 갈등은
최종적으로 장애인 고용촉진 및 직업재활법으로 봉합됨으로써 마무리
되었다.[8] 이 법이 제정됨에 따라 명실상부 중증장애인에 대한 본격적
인 고용이슈가 전면에 부상하게 되었다. 장애인 고용촉진 및 직업재활
기금의 2/9를 보건복지부가 중증장애인 고용을 위해 사용하게 되는 기
형적 재정배분원칙이 새로 만들어졌고 이에 따른 전달체계의 혼선은
불가피해 보였다.

그럼에도 불구하고 시간이 흐르면서 장애인 고용촉진 및 직업재활
법은 고용노동부와 장애인고용공단으로 하여금 중증장애인의 고용에
대한 새로운 패러다임을 고민하게 만들었으며, 그에 따라 각종 직종개
발 및 일자리 창출 및 취업알선을 위한 관심과 노력이 점증하는 가운
데 장애인 고용정책에서 중증장애인을 빠뜨려서는 곤란하다는 것을
체득하게 되는 계기가 되었다고 볼 수 있다.

(2) 장애인복지법에서의 장애인 직업재활시설: 명암의 딜레마적인 속성

한편, 장애인 고용촉진 등에 관한 법률 제정 이전부터 전통적으로
장애인 고용창출을 위한 노력은 장애인복지관과 장애인단체를 통해
꾸준히 이루어져 오고 있었다. 특히 많은 장애인복지관에서는 여러 재
활사업 중 직업재활의 일환으로 스스로 보호작업장을 운영하고 아울
러 일반노동시장으로의 진입을 지원하는 역할을 수행해 오고 있었다.
하지만 구 장애인 고용촉진 등에 관한 법률이 제정된 이후에는 일반노
동시장으로의 진입 지원은 고용노동부가, 보호고용은 보건복지부가 담
당하는 것으로 역할이 분담되면서 후자는 장애인직업재활시설을 통해
보호고용정책의 형태로 구현되었다. 장애인 직업재활시설은 장애인복

---

8) 조문순, "장애인직업정책 결정과정의 참여자 갈등에 관한 연: 장애인고용촉진및
직업재활법 개정과정을 중심으로", 성공회대학교 시민사회복지대학원 (2001).

지시설의 한 종류로서 일반 작업환경에서는 일하기 어려운 장애인이 특별히 준비된 작업환경에서 직업훈련을 받거나 직업 생활을 할 수 있도록 하는 시설을 의미한다(장애인복지법 제58조).

장애인 직업재활시설은 일반 작업환경에서 일하기 어려운, 즉 중증장애인이 직업훈련을 받거나 직업생활을 할 수 있도록 정부가 공간, 장치와 설비를 지원한다는 점에서 적극적인 조치(Active Action)로 이해될 수 있다. 또 과거 지역사회에서 낮 동안 자신이 원하는 활동을 펼쳐나갈 수 있는 서비스 공간이 절대적으로 부족한 상황에서 낮 동안에 사회에 연결될 수 있는 접점을 제공하고 그들의 부모에게는 자녀 돌봄으로 인해 상실했던 근로기회를 회복시켜 준다는 점에서 그 의미가 적지 않다고 볼 수 있다. 하지만 중증장애인이 일반노동시장으로 진입하기 힘들다는 이유로 장애인만을 분리하여 일자리를 제공하는 한계에 대해서는 지속해서 비판받아 왔다. 이를 극복하기 위해 보건복지부는 더욱 많은 장애인이 최저임금 이상을 받을 수 있도록 하게 하는 한편, 일반노동시장으로의 전이 노력을 게을리하지 않도록 하는 넛지(Nudge) 효과 정책을 끊임없이 강구·적용해 오고 있다.

(3) 최저임금법: 적용제외 허용을 둘러싼 딜레마

임금수준과 관련하여 우리나라에서는 1996년 최저임금법을 제정하여 근로자에 대해서는 임금의 최저수준을 보장하여 근로자의 생활안정과 노동력의 질적 향상을 꾀하도록 하고 있다. 하지만 그와 동시에 정신장애나 신체장애로 근로 능력이 현저히 낮은 사람, 그리고 그 밖에 최저임금을 적용하는 것이 적당하지 아니하다고 인정되는 사람으로서 고용노동부장관의 인가를 받으면 이들에 대해 최저임금을 지급하지 않아도 되는 적용제외 규정을 두고 있다(최저임금법 제7조, 최저임금법 시행령 제6조). 이에 따라 인가를 받으려는 사용자는 관할 지방고용노동관서의 장에게 신청서를 제출하도록 하고 있고 고용노동부장관은 인가기준에 따라 적용제외를 인가하게 된다(최저임금법 시행규칙 제3조). 이러한 절차를 밟기 위해 고용노동부 지방노동관서에서 장애인고용공단으로 작업능력평가를 의뢰하면 사업장을 방문하여 작업능력평가를 실시하고 그 결과를 다시 고용노동부 지방노동관서로 보내어 신청한 사업주에게 그 결과를 통보하도록 하고 있고 다만 인가기간은 1년을 초과할 수 없다(최저임금법 시행규칙 제3조 제1항에 따른 별표3).

최저임금 적용제외신청은 2005년에는 일반기업체가 37건으로 전체의 26.4%를, 직업재활시설 등에서는 103건으로 73.6%를 차지하였으나 2019년 말에는 일반기업체가 308건으로 3.3%로 상대적인 비중은 대폭 줄어드는 반면, 직업재활시설 등에서는 8,919건으로 96.7%로 압도적 다수를 차지하게 되었다. 즉, 최저임금 적용제외가 인가되는 대부분은 직업재활시설 등에서 이루어지고 있음을 알 수 있다. 이를 통해 직업재활시설이 최저임금 조차도 지급하지 않는 노동권의 사각지대라고 볼 수도 있으나[9] 다른 한편으로는 사회적으로 통용되는 현재의 일 개념 아래 낮 동안 어떤 형태이든 일할 기회를 제공하기 위한 시설 설치 목적을 생각한다면 근로 능력이 현저히 떨어진다 하더라도 노동과정에 포섭되어 사회에 참여할 수 있는 기회를 제공해 준다는 점에서 긍정적 기능을 하고 있음도 간과하기 어렵다. 아울러 최저임금 미지급이 장애인 직업재활시설 그 자체보다는 장애인 직업재활시설의 정체성을 모호하게 유지하는 보건복지부의 정책 노선이 문제라고 보여진다.

한편, 미래지향적으로 중증장애인의 노동권이라는 관점에서 근로조건이 갖춰진 보다 많은 일자리를 확보하는 것이 정책적 목표라고 한다면 직업재활시설이라고 해서 과연 최저임금 적용의 사각지대로 남겨놓는 것이 바람직하며 미래지향적인지에 대해서는 좀 더 각론적으로

---

9) 명숙, "장애인 최저임금 적용제외 조항의 문제점과 실태", 장애인최저임금법 제도개선 토론회 (2023. 4.).

살펴볼 필요가 있다. '일'(work)은 자본제 사회에서 노동 수요·공급의 시각에서 보면 약육강식과 적자생존의 원칙과 더불어 세계화라는 거시적 환경의 지배 아래 놓여있다. 하지만 노동정책이 경제정책이면서도 사회정책인 이유는 '일'에 대한 개념과 일자리가 자유방임적 노동질서에 무방비 상태로 맡겨지는 것이 아니라 국가의 적극적인 고용정책을 통해 그 형태와 내용이 결정될 수 있기 때문이며 이는 일반적인 복지국가의 속성과 밀접하게 연결되어 있다. 불안정한 경기변동에 따른 국가경제의 부침을 일정 정도 조정하기 위해서라도 정부는 재정정책을 통해 사회적 일자리의 총량을 결정하기도 하고 사회서비스정책 확충을 통해 공공의 일자리 확충을 도모하여 경기변동에 따른 불안정을 최소화하려는 움직임은 그 정도의 차이는 있을지라도 이제는 전 세계적인 보편성을 지닌다고 할 수 있다. 마찬가지로 노동시장의 언저리에 위치하는 장애인 및 노인의 일자리와 노동권이 시장경제의 지배 담론에 맡겨지는 것이 아니라 국가 정책적 목표를 달성하는데 중요한 정책영역으로 간주된다. 이는 인구감소 시대에 경제활동인구의 규모를 유지하기 위한 노력과도 일응 부합된다고 할 수 있다.

그러므로 장애인의 노동권이 사회보장과 사회정책적 맥락에서 조망되고 관련 강화방안이 마련되어져야 한다. 그런 의미에서 최저임금 적용제외정책은 재고의 여지가 크다. 특히 최근 발달장애인의 부모가 그 자녀와 동반자살하는 많은 사례를 볼 때 장애인 노동권의 중요성은 그 어느 때보다도 더 주목을 받게 된다. 발달장애인 가족의 동반자살은 남은 생에 있어 희망이 없다고 생각하기 때문에 발생하며 생명연장의 수단이자 기초 토대밖에 되지 않는 국민기초생활보장제도나 장애인소득보장정책만으로는 계속 유지되기가 어렵다. 희망은 자신의 생존에 필요한 비용보다 더 많은 소득이 있어서 조금씩 늘어나는 자산을 통해 내가 원하는 것을 해 볼 수 있는 자유, 내 행복을 위해 무엇을 할지를 고민하는 자유가 있어야 생길 수 있기 때문이다. 그러한 자유를 보장해 주기 위해서는 노동생산성과 최저임금 사이에 국가가 적절하게 개입하는 정치적 결단이 필요하다.

다만, 여기에도 여러 가지 추가적인 고민이 수반된다. 모든 노동시장에서 최저임금제가 준수되도록 강제할 것인지, 최종적으로 최저임금이 지급되도록 정부가 개입할 것인지이다. 전자는 장애인의 노동권을 확보하기 위한 매우 강력한 정책 수단임에 틀림없다. 하지만 이때 일반노동시장에서 고용주는 되도록 장애인에게 근로의 기회를 주지 않으려고 법적으로 허용하는 범위 내에서 합리적 이유를 찾아내고 이를 갖추는데 더 큰 힘을 쏟을 것으로 예상된다.

한편, 최저임금 적용제외 전체 신청건수의 3.3%밖에 되지 않는다는 통계적 수치를 차용하여 적용제외를 폐지한다 하더라도 전체 노동시장에 미치는 영향력은 크지 않을 것으로 해석하는 경우도 있으나[10][11] 추가적이고 부수적인 후속조치가 없이 단순히 최저임금 적용제외만 폐지하는 것은 매우 위험할 수 있다. 아예 채용 자체를 하려고 하지 않거나 의무적으로 해야 할 경우라도 장애인고용부담금을 내는 것을 선택하는 쪽으로 더 경도될 가능성을 배제하기 어렵기 때문이다. 그러므로 엄격한 최저임금 준수가 장애인 미고용으로 연결되는 구축효과가 어느 정도인지에 대한 세밀한 연구가 뒷받침되어야 할 것으로 보인다.

덧붙여, 최저임금을 지급하게 하더라도 최저임금 지급책임을 고용주에게 전적으로 전가하는 것이 아니라 장애인 근로자의 노동생산성과 최저임금 간의 간극을 정부에서 임금보조를 통해 메워주는 방법을 강구해 볼 수 있다. 이는 고용주로 하여금 중증장애인 고용에 따른 최저임금 준수에의 심리적·재정적 압박을 낮춰 장애인 고용의 총수는 늘리면서 근로조건에 있어서의 노동권 확보도 달성할 수 있는 정책 수단으로 이해된다. 하지만 이럴 경우 대다수의 최저임금 적용제외는 직업재활시설 등에서 일어나므로 시설 근로자에 대해 최저임금을 지급하

---

10) 명숙, 앞의 글.

11) 정다운, 장애인 최저임금 적용 제외 조항 삭제와 장애인 공공일자리 확대.

게 되면 결과적으로 보호고용, 분리고용을 영속적으로 고착화시키는 결과가 초래될 수 있다는 우려가 생길 수도 있다.[12] 그러므로 정책대안을 마련할 때에는 도입될 정책의 잠재적 역기능 또는 상쇄 효과 등을 충분히 포괄적으로 고려할 필요가 있다.

나. UN장애인권리협약과 일반논평, 그리고 국가보고서에 대한 UN 최종검토

2008년 우리나라에서 비준되어 2009년부터 효력이 발생한 UN장애인권리협약에는 근로와 고용에 대한 내용이 제시되고 있다. 당사국은 다른 사람들과 동등한 조건으로 장애인의 노동권을 인정하며, 이것은 장애인이 노동시장에서 자유로이 선택하거나 수용한 직업과 장애인에게 개방적이고 통합적인 접근가능한 근로환경을 통하여 삶을 영위할 기회를 가질 권리를 포함한다(UN장애인권리협약 제27조). 여기서 우리가 주목할 것은 동등한 노동권 인정과 개방적이고 통합적인 근로환경이다. 전자는 최저임금 적용제외와 관련하여, 후자는 보호고용 형태의 장애인직업재활시설에 대한 향후 정책방향과 관련되어 있다.

UN장애인권리협약에 대한 일반논평에서는 장애인이 일반노동시장에서 일할 권리에 접근하고 이를 실현하는데 있어 많은 장벽에 부딪히고 있고 높은 실업률, 열등한 근로조건, 접근성 제약, 비숙련노동과 비공식부문으로 내몰리는 등의 불이익을 겪고 있다는 점을 강조하고 있다(UN장애인권리협약에 대한 일반논평 제8호). 아울러 특히 정책 간의 연계에 주목하면서 장애인 노동권과 평등 및 차별금지, 여성장애인, 접근성, 법 앞의 동등한 대우, 사법접근성, 착취로부터의 해방, 교육, 건강과 재활 그리고 적절한 생활수준과 사회보호 등을 강조하고 있다.

한편, 우리나라는 2011년 12월에 제1차 국가보고서를 제출하였고 이에 대한 UN의 최종검토(Concluding Observation on the Report)가

---

12) 명숙, 앞의 글.

2014년 10월에 제시된 바 있으며 이에 따른 권고안(Committee's List of Concerns)이 2018년 3월에 최종적으로 채택되었다. 물론 이후에도 2019년 3월 제2차 및 제3차 국가보고서가 제출되었고 2022년 8월에 동 보고서에 대한 유엔의 검토가 제네바에서 이루어졌는데 이에 대한 UN 권고안이 아직 공식적으로 발표되지 않았기 때문에 여기에서는 2018년도의 최종견해에 기초하여 관련 내용을 살펴보고자 한다.

UN 장애인권리위원회에서는 우리나라 국가보고서에 대한 최종견해에서 최저임금에서 배제되어 있는 장애인에 대한 보상적 급여를 제공하고, 권리협약에 상세하게 설명된 바와 같이 장애인의 통합고용을 증진하고 관련 대안을 모색하는 한편, 장애인을 분리고용하는 장애인 직업재활시설을 장려하지 않도록(Discourage) 노력하라[13]고 제시하고 있다. 이에 대해 우리나라 정부에서는 장애정도, 장애특성에 따른 고용 격차를 고려할 때, 발달장애인 등 중증장애인들이 지역사회 안에서 일터에 접근할 수 있는 기회를 좀 더 많이 가지고 향후 경쟁고용시장으로 옮겨가기 위한 준비를 할 수 있도록 보호된 고용환경을 마련하여 정책적으로 지원할 필요가 있다[14]는 입장을 밝힌 바 있다. 아울러 보건복지부는 일반고용시장에서 채용되기 어려운 중증장애인을 주 대상으로 하여 장애인 보호작업장을 설치·운영하는 것을 원칙으로 하고 있으며 운영방식에서는 장애인만으로 구성된, 격리된 보호시설이 아니라 비장애인이 함께 고용되어 공동으로 생산·서비스 활동을 할 수 있도록 보장함으로써 실질적으로 일반경쟁고용 사업장과 유사한 형태로 운영되고 있음을 재차 강조하고 있다. 즉, 정부는 UN의 권고안에 대해 수용하기 어려우며 장애인 직업재활시설 또한 나름대로의 목적을 위해 설치·운영되는 것임을 항변하고 있다는 것을 알 수 있다.

---

13) UN장애인권리위원회, 유엔 장애인권리협약 제1차 국가보고서에 대한 장애인권리위원회의 최종견해 (2018), 50.
14) 대한민국 정부. 유엔장애인권리협약 제2·3차 병합 국가보고서 추가보고서 (2022), 146-149.

다. 일본에서의 중증장애인 노동권

일본에서도 장애인 노동권 확보를 위한 다양한 정책적 노력이 강구·추진중이지만 논의를 좁혀 여기에서는 최저임금제와 보호고용의 실태에 대해 간단하게 살펴보고자 한다. 아래 표는 일본 최저임금법 제7조에서 규정하고 있는 최저임금 감액제도에 대한 내용이다. 한국에서는 최저임금 적용제외제도를 시행하고 있지만, 일본에서는 최저임금 감액제도를 실시하고 있다. 즉, 전자는 적용제외의 가능성에 대해, 후자는 적용을 제외하더라도 어느 정도 낮게 줄 것인지에 대한 기준을 보다 명확하게 제시하는 특징을 지닌다. 하지만 양쪽 모두 정신장애 또는 신체장애로 근로능력이 현저히 낮은 사람에 대해서는 최저임금 미지급이 위법사유가 되지 않음을 명시하고 있다는 점에서 유사하다.

〈표 1〉 일본의 최저임금법과 한국의 최저임금법 비교

한국(최저임금법)	일본(최저임금법)
제7조(최저임금의 적용 제외) 다음 각 호의 어느 하나에 해당하는 사람으로서 사용자가 대통령령으로 정하는 바에 따라 고용노동부장관의 인가를 받은 사람에 대하여는 제6조를 적용하지 아니한다.	제7조(최저임금의 감액 특례) ①사용자가 후생노동성령으로 정하는 바에 따라 각 광역지자체 노동국장의 허가를 받은 때 다음의 근로자에 관하여는 그 최저임금에서 정하는 최저임금액에서 해당 최저임금액에 근로능력, 그 밖의 사정을 고려하여 후생노동성령에서 정하는 비율을 곱하여 얻은 금액을 감액한 금액에 따라 제4조의 규정을 적용한다.
1. 정신장애나 신체장애로 근로능력이 현저히 낮은 사람 2. 그 밖에 최저임금을 적용하는 것이 적당하지 아니하다고 인정되는 사람	1. 정신 또는 신체장애로 근로능력이 현저히 낮은 자 2. 수습 사용 중인 자 3. 직업능력개발촉진법(1969년법률제64조) 제24조 제1항의 인정을 받아 행해지는 직업훈련 중 직업에 필요한 기초적인 기능 및 이에 관한 지식을 습득하는 것을 내용으로 하는 훈련을 받은 자로서 후생노동성령으로 정한 자 4. 단순업무에 종사하는 자, 그 밖에 후생노동성령으로 정한 자

한편, 중증장애인 직업재활기관으로는 「장애자 고용촉진 등에 관한 법률」에 따른 장애자직업종합센터, 광역 및 지역 장애자직업센터 그리고 장애자 취로·생활지원센터 등이 있고, 다른 한편으로 장애인자립지원법에 따른 취로계속지원A형과 취로계속지원B형이 있다. 장애인 보호고용 형태인 취로계속지원A형은 '일반사업장에 고용되는 것이 곤란한 자를 고용계약에 기초해 취로기회 제공 및 생산 활동 기회제공, 기타 취로에 필요한 지식 및 능력 향상을 위한 훈련 및 기타 지원을 실시'하는 것으로, 취로계속지원B형은 '연령이나 체력면에서 일반사업체에 고용되기 곤란한 사람 또는 50세 이상으로 장애기초연금 1급 수급자 등을 고용계약에 기초해 취로기회 제공 및 생산 활동 기회제공, 기타 취로에 필요한 지식 및 능력향상을 위해 훈련, 기타 지원을 실시'하는 것으로 대별하고 있다[15]. 정식 고용계약을 맺는 취로계속지원A형과 달리 B형은 일반취업이 곤란한 자를 대상으로 하는 복지서비스적 측면이 강하기 때문에 근로활동에 대한 경제적 보상, 즉 최저임금 이상의 급여를 지급하지 않아도 무방하며 B형 사업소에서의 전국 평균 임금은 약 한화 15만원(15,000엔) 수준에 그치고 있다[16].

장애인의 일자리 창출과 관련해서는 일본의 공공부문에서의 장애인 일자리 창출을 위한 노력이 점차 주목을 받고 있다. 2018년 중앙부처의 장애인 고용 숫자 부풀리기 문제가 불거지면서 공공부문에서의 장애인 고용의 내실화가 재조명되어야 한다는 사회적 요구에 따라 곽정란(2021)은 일본의 「국가기관의 장애인 임면 상황 집계결과」와 「국가 행정기관의 장애인 채용·정착 상황 등 특별조사 집계결과」를 살펴 공공부문에서의 장애인 고용 우수사례를 소개하고 있다. 여기에서 일본의 노동후생성, 도도부현 노동국, 노동기준감독원 및 공공직업안정

---

15) 이미정, "일본의 중증장애인 직업재활정책에 관한 일 고찰", 직업재활연구, 제23권 제1호 (2013. 4.), 5-25.

16) 복지타임스, "기획특집 - 일본, 농업·복지 연계해 장애인 자립지원 꾀한다", https://www.bokjitimes.com/news/articleView.html?idxno=22686 (2020. 2. 18. 11:07).

소(헬로 워크) 등에서 직원모집단계에서 일반직원과 가벼운 업무에 종사할 직원으로 이원화하여 가벼운 업무의 경우 장애의 특성을 고려하여 문서 작성 보조, 문서 정리, 우편물의 취급, 불필요해진 문서의 폐기 등을 담당하는 직원을 지적장애인으로 채용하고 있고 정착률도 비교적 높은 것으로 나타났다고 소개하고 있다.

라. 독일에서의 중증장애인 노동권

UN장애인권리협약이 등장하기 훨씬 전인 1970년대까지 독일에서의 장애인에 대한 전통적인 시각은 근로 능력 감소라는 관점에 기초해 있었다. 이들에 대한 사회정책의 목표는 사회보장정책을 적절하게 제공하는 한편, 노동시장에 적절하게 접근할 수 있게 하는 재활서비스를 제공하는데 초점을 두었고, 이에 따른 적절한 조치는 의료적 개입과 전문가적인 재활로 이루어졌다. 그 결과 종전에 비해 더 많은 장애인들이 사회정책, 교육기회 그리고 여가생활에서 보호를 받을 수 있었지만, 분리와 사회적 고립 그리고 보호주의라는 문제점이 지적되었고 관련 논의가 진행되었다[17]. 그러한 전통은 1970년대 후반에 접어들면서 장애에 대한 사회적모델과 같이 장애가 사회문화적 환경에 의해서도 만들어질 수 있다는 관점이 새롭게 도입되고 아울러 자립생활 관련 장애운동이 본격화되면서 그간의 전통적인 정책기조는 흔들리기 시작하였다. 1994년에는 장애인차별금지법이 제정되었고 사회법전 제11권에서 재활과 참여를 규정하기에 이르게 되었다. 장애에 대한 이해도 사회환경적 요인으로 인한 불이익을 고려하는 포괄적 접근이 이루어졌고 2002년에는 공공부문에서의 장애인평등법이, 고용과 시민법 영역에서의 동등대우에 대한 일반법이 2006년에 제정되었다. 다만 아쉽게도 정당한 편의 제공에 대한 법적 정의는 그 당시에는 아직 이루어지지

---

17) 조성혜, "독일의 장애인작업장 제도와 최근의 장애인 사회통합정책", 사회법연구, 제36권 (2018. 12.), 311-361.

못하고 있었다. 한편, 2001년 7월에는 모든 사회보장과 복지 관련법이 사회법전(Sozilgesetzbuch: SGB 1권~3권)으로 통합되었으며 장애인 직업재활 관련 주요 법은 사회법전 제3권(고용촉진)과 제9권(장애인의 재활 및 사회참여)에 집중되어 있다[18].

UN장애인권리협약이 체결된 이후에는 사회법전 9권의 장애 개념이 유엔장애인권리협약을 반영하는 내용으로 개정되었다[19]. 아울러 제27조에 따라 다양한 고용증진 조치들이 이루어졌는데, 우리가 주목할 것으로 의무고용제 실시와 보호작업장 운영을 들 수 있다. 먼저 전자와 관련해서는 독일에서 상시근로자 20명 이상을 고용하는 고용주는 근로자의 5% 이상을 장애인으로 고용하도록 의무화하고 있다. 만약 할당량만큼 장애인을 고용하지 않으면 부담금을 내도록 되어 있는데 이 또한 고용 정도에 따라 달라진다. 만약 3%에서 5% 사이의 고용률이면 140유로, 2%에서 3% 사이면 245유로, 그리고 2% 이하이면 최대 360유로의 부담금을 지불해야 한다. 나아가 2024년부터는 만약 장애인 고용률이 0%인 경우 최대 720유로를 내도록 하여 최근 독일정부는 장애인 미고용에 따른 지출부담 수준을 대폭 제고시킨 바 있다[20].

다른 한편으로 정부는 보호작업장 운영을 지원하고 있다. 보호작업장은 이윤을 추구하는 영리회사라기보다는 직업재활을 위한 복지기관적 성격을 지닌다. 여기에서는 일반노동시장 내에서 취업하기 어려운 중증장애인에게 적절한 직업재활 및 근로의 기회를 제공하는데 일차

---

18) Wansing, G., Inclusion in Society: Changes and Challenges of Social Policy in Germany after the UN-CRPD, *International Symposium on International and Taiwanese Experiences of the UNCRPD Implementation: Domestic Right Application and Social Policy Improvement* (2019).

19) 남용현, "독일의 최근 중증장애인 고용 동향과 시사점", 국제사회보장리뷰, 제8권, (2019. 3.), 94-104.

20) Colle, M., "New German Law Aims to Promote a More Inclusive Labor Market', https://ogletree.de/blog-posts/new-german-law-aims-to-promote-a-more-inclusive-labor-market/?lang=en (2023. 5. 30.).

적인 목적이 있지만 소득창출역량을 제고시키는데 역점을 두어 일반 노동시장으로의 전이 증진에도 힘을 쏟는다. 하지만 일한 댓가는 평균적으로 월 180유로 정도에 불과하다. 즉, 독일은 2014년 8월 「일반 최저임금 규제에 관한 법률」을 제정하여 2015년 1월 1일부터 시간당 8.5유로의 최저임금제를 독일 전역에 걸쳐 모든 산업에 시행하는데 2년 경과규정을 두어 2017년부터 전면 실시하였다. 하지만 보호고용 영역에 속하는 보호작업장에 종사하는 대부분의 중증장애인들은 근로자 신분이 아닌 '근로자와 유사한 자(Arbeitnehmeranliche Personen)'로 분류되며 이들에게는 최저임금제도가 적용되지 않는다[21]. '근로자와 유사한 자'라는 개념은 단체협약법(Tarifvertragsgesetz, TVG) 제12조에 정의되어 있는 개념으로 근로자가 아님에도 불구하고 실정법 규정에 의하여 노동법의 적용을 받게 되는 사람을 의미한다. 즉, 근로자로 인정되기 위해서는 인적 종속성과 경제적 종속성이 모두 인정되어야 하는데 근로자와 유사한 자란 경제적 종속성만 인정되고 인적 종속성은 인정되지 않음에도 불구하고 노동법의 적용을 받는 사람을 뜻한다. 현재 장애인작업장의 중증장애인들은 직업훈련생이나 실습생과 마찬가지로 법적 '근로자'가 아닌 '근로자와 유사한 자'이기 때문에 최저임금 제도 적용에 있어서는 배제되고 있는 것이다. 2017년 현재 보호작업장은 약 740개가 설치되어 있으며 31만명 정도가 고용되어 일하고 있고 2017년 보호작업장에서 일반노동시장으로 전이되는 장애인 수는 216명으로 전체의 0.07%에 불과했다[22].

이러한 보호작업장에 대해 UN장애인권리위원회에서는 독일 정부에 대해 엄중히 경고하고 나섰다. 즉각적인 실행 가능한 출구전략의 일정을 마련하는 한편 주류 노동시장에서 공공 및 민간 고용이 늘어날 수 있도록 조치를 취하여 종국적으로는 보호작업장을 폐쇄(phasing

---

21) 변경희·강동욱·남용현·김용혁·이미정·신직수, 중증장애인 노동권 증진을 위한 실태조사, 국가인권위원회 (2016).

22) Wansing, 앞의 자료.

out)하도록 권고한 것이다. 이에 대해 2019년 독일정부가 UN장애인권리위원회에 제출한 보고서에 따르면 2018년부터 중증장애인과의 고용계약 활성화를 위해 「Budget for Work」기금을 마련하여 영구적 임금보조(Permanent Wage Subsidy)정책을 실시할 것을 약속한 바 있고 실제 2018년말까지 1,800여명의 작업장 근로자가 일반노동시장으로 전이하였음을 보고하고 있다[23]. 특히 2024년부터는 「Act to Promote an Inclusive Labor Market」을 제정하여 최저임금 수준이 오르더라도 그에 상응하는 임금보조가 이루어질 수 있도록 하여 고용주로 하여금 「Budget for Work」을 통해 장애인을 고용하는 것이 더 매력적으로 다가올 수 있도록 하고 있다[24]. 이러한 상황을 종합해 보면, 독일에서는 보호작업장을 폐쇄하려는 공식적인 의사결정은 없는 가운데 강력한 인센티브 역할을 하는 임금보조를 통해 더 나은 근로조건이 마련되어 있는 일반노동시장으로의 전이가 장애당사자에게도 유리하다고 판단하도록 하여 보호작업장 내 근로장애인의 수를 줄여나간다는 정책방향을 계속 유지할 것으로 보인다.

III. 중증장애인 근로 실태 및 문제점

그렇다면 우리나라에서 얼마나 많은 중증장애인이 경제활동을 하고 있을까? 일반노동시장에서 그리고 직업재활시설에서 근로의 창(窓)을 열고 있는 중증장애인은 얼마나 될까? 그러한 지표가 비장애인에 비해, 경증장애인에 비해 얼마나 열악한 현실을 보여주고 있는 것일까? 아래에서는 이러한 중증장애인의 근로실태를 살펴보고 나아가 중

---

23) UN장애인권리위원회, Combined second and third reports submitted by Germany under article 35 of the Convention, pursuant to the optional reporting procedure, due in 2019 (2019).

24) colle, 앞의 자료.

증장애인의 노동권을 위협하는 요소로 무엇이 있는지를 살펴보고자
한다.

1. 중증장애인 근로 실태

가. 전국 중증장애인의 경제활동 현실

중증장애인의 경제활동상태는 매년 실시하는 장애인경제활동실태
조사를 통해서 상세하게 드러난다. 아래 표는 중경증 여부별 경제활동
상태를 보여주고 있는데, 중증의 경우 경증에 비해 또 장애전체인구에
비해 각종 지표들에 있어 더 열악한 결과를 보여주고 있다.

〈표 2〉 장애인 경제활동상태 추정: 중경증 여부별

(단위: 명, %)

구분	15세 이상 인구		경제활동인구			비경제 활동인구	경활률	실업률	고용률
	인구 수	비중	소계	취업자	실업자				
중증	794,541	30.8	184,086	173,206	10,879	610,456	23.2	5.9	21.8
경증	1,788,989	69.2	744,806	713,463	21,342	1,044,183	41.6	4.2	39.9
장애인구	2,583,530	100.0	928,891	886,669	42,222	1,654,639	36.0	4.5	34.3

주 1) 경활률(경제활동참가율) = (경제활동인구/15세 이상 인구)×100
주 2) 실업률 = (실업자 수/경제활동인구)×100
주 3) 고용률 = (취업자 수/15세 이상 인구)×100
자료: 2022년 하반기 장애인경제활동실태조사 (2023: 321)

중경증별로 평균 취업시간 및 평균 근속기간에 있어서도 중증장애
인은 경증장애인에 비해 취업시간이 짧을 뿐만 아니라 평균 근속기간
도 8년 2개월로서 경증장애인에 비해 훨씬 짧은 것으로 나타났다.

〈표 3〉 장애인 취업자의 평균 취업시간 및 평균 근속기간: 중경증 여부별

(단위: 시간, 명, 년/개월)

구분	전체	중경증 여부	
		중증	경증
주 평균 취업시간	34.9	31.0	35.8
추정 수	886,669	173,206	713,463
현재 직장(일자리) 평균 근속기간(년/개월)	11년 3개월	8년 2개월	12년
추정 수	860,119	168,170	691,949

자료: 2022년 하반기 장애인경제활동실태조사(2023: 321)

나. 장애인 직업재활시설에서의 중증장애인 근로 현실

장애인 직업재활시설은 일반 작업환경에서는 일하기 어려운 장애인이 특별히 준비된 작업환경에서 직업훈련을 받거나 직업생활을 할 수 있도록 하는 시설이라고 할 수 있다(장애인복지법 제58조). 이러한 장애인직업재활시설은 운영방향과 일하는 장애인의 근로역량에 따라 장애인 보호작업장, 장애인 근로사업장으로 대별되었다가 2015년말부터 작업평가와 사회적응훈련 등에 초점을 둔 직업적응훈련시설이 신설되면서 현재의 세 가지 종별시설이 갖추어지게 되었다(장애인복지법 시행규칙 별표40, (2015.12.31.)). 현재 우리나라에서 장애인에 대한 보호고용을 실시하는 직업재활시설의 수를 살펴보면 아래 표와 같이 2022년말 현재 보호작업장이 682개소, 근로사업장이 70개소, 직업적응훈련시설이 40개소 등 총 792개로 2016년에 비해 최근까지 계속 증가 추세에 있음을 알 수 있다.

<표 4> 장애인 직업재활시설 유형별 개소수 추이

(단위: 개소)

구분	2016년	2017년	2018년	2019년	2020년	2021년	2022년
전체	582	625	651	683	720	773	792
근로사업장	63	62	63	65	67	68	70
보호작업장	516	553	573	593	619	667	682
직업적응훈련시설	3	10	15	25	34	38	40

자료: 2016년~2022년 보건복지부 장애인직업재활시설 운영실적(2023a)

장애인 직업재활시설을 이용하는 장애인 수는 2022년 기준 20,819명(근로장애인 14,228명, 훈련장애인 6,591명)이고, 이 중 중증장애인이 19,231명(92.4%), 발달장애인이 17,203명(82.7%)으로 나타났으며 이용장애인 수 또한 2016년에 비해 지속적으로 증가추세에 있다.

<표 5> 장애인 직업재활시설 유형별 현황

(단위: 개소)

구분	2021년			2022년		
	시설수	이용장애인수	중증장애인(비율)	시설수	이용장애인수	중증장애인(비율)
전체	773	20,504	19,712	792	20,819	19,231
보호작업장	667	16,791	16,296(97.1)	682	17,017	15,936(93.6)
근로사업장	68	2,923	2,635(90.1)	70	2,951	2,482(84.1)
직업적응훈련시설	38	790	781(98.9)	40	851	813(95.5)

자료: 2016년~2022년 보건복지부 장애인직업재활시설 운영실적(2023a)

여기서 일하는 근로장애인들의 임금과 훈련장애인의 수당을 살펴보면 근로사업장이 보호작업장보다는 월등하게 높게 나타나고 있다. 근로사업장의 경우 월평균 임금이 1,255천원, 훈련수당은 184천원인 반면, 보호작업장의 경우에는 월평균임금이 498천원, 훈련수당이 99천원인 것으로 파악되었다.

〈표 6〉 2022년 장애인 직업재활시설 근로장애인 월평균 임금 및 훈련장애인 수당

구분	근로사업장	보호작업장	직업적응훈련시설	전체
근로장애인 월평균 임금	1,255천원	498천원	-	648천원
훈련장애인 훈련수당	184천원	99천원	47천원	94천원

자료: 2016년~2022년 보건복지부 장애인직업재활시설 운영실적(2023a)

다. 보건복지부 장애인 공공일자리 사업

보건복지부는 취업 취약계층 장애인에게 일자리를 제공해 사회참여를 확대하고 유형별 맞춤형 신규 일자리 발굴·보급을 통해 자립생활을 활성화시키고자 장애인 공공일자리 사업을 2007년부터 추진해 오고 있다. 2007년 행정도우미(현 일반형일자리)와 복지일자리로 시작했다가 2010년 복지일자리 유형을 확대하고 시각장애인 안마사 파견을 도입한 바 있고, 2014년에는 발달장애인 요양보호사 보조제도를, 2017년에는 일반형 일자리(시간제)를 도입하여 복지 일자리를 대폭 확대한 바 있다[25]. 최근 10년 동안의 일자리 배정 현황은 아래 표와 같다.

〈표 7〉 보건복지부 장애인 일자리사업 참여 장애인 수

(단위: 명)

연도	2014	2015	2016	2017	2018	2019	2020	2021	2022	2023
배정인원	14,594	14,879	14,827	17,352	17,352	19,852	22,396	25,896	27,546	29,546

자료: 2023 장애인 일자리사업안내(2023)

이러한 보건복지부 장애인 일자리사업은 크게 일반형과 복지형 그리고 특화형 일자리로 나뉜다. 일반형에는 전일제와 시간제로, 복지형 일자리는 참여형·특수교육복지연계형으로 세분화되고, 특화형 일자리는 시각장애인 안마사 파견과 발달장애인 요양보호사 보조로 구성되

---

25) 보건복지부, 2023년 장애인 일자리사업 안내 (2023b).

는데 자세한 내용은 아래 표와 같다.

<표 8> 보건복지부 장애인 일자리사업 내용 구성

구 분		사업기간	월 임금(원)				지원인원 (총 29,546명)
			근로시간	인건비	인건비	운영비	
일반형 일자리	전일제	12개월	1월~11월	주 5일	2,010,580원	224,730원 (1인/월)	7,590명
			12월	주 5일 (37.5시간)	1,885,520원		
	시간제	12개월	1월~11월	주 20시간	1,005,290원	112,650원 (1인/월)	3,925명
			12월	주 19시간	953,340원		
복지 일자리	참여형	12개월	주 14시간 아내 (월 56시간)		538,720원	23,690원 (1인/월)	15,794명
	특수교육복 지연계형						
특화형 일자리	시각장애인 안마사 파견	12개월	1월~11월	주 5일 (25시간)	1,260,220원	153,330원 (1인/월)	1,160명
			12월	주 5일 (23.5시간)	1,183,260원		
	발달장애인 요양보호사 보조	12개월	1월~11월	주 5일 (25시간)	1,260,220원	155,660원 (1인/월)	1,077명
			12월	주 5일 (23.5시간)	1,183,260원		

자료: 2023 장애인 일자리사업안내(2023b)

라. 서울시 중증장애인 권리형 일자리

한편, 서울시는 최중증장애인의 노동권을 실현한다는 취지로 2020년에 지방자치단체로서는 처음으로 권리중심 중증장애인 공공일자리 사업을 도입한 바 있다[26]. 노동능력을 인정받기 어려운 최중증 장애인 및 탈시설 장애인에게 공공일자리 260개를 창출하는 것을 시작으로 출발한 동 시범사업은 장애인 권익옹호, 문화예술, 장애인 인식개선 등의 분야에서 근무하도록 하면서 시급 8,590원을 지급하였다.

26) 서울시, 내부자료 - 권리중심 중증장애인맞춤형 공공일자리 사업 개요 (2023).

〈표 9〉 서울시 중증장애인 권리형 일자리 사업개요

구 분	사업기간	근로시간	근로형태	지원액(원)(1인/월)		계획인원(260명)	비 고
				인건비	운영비		
시간제일자리	'20.07.01~12.31.(6개월)	1일 4시간/주20시간	장애인권익옹호활동,문화예술활동,장애인인식개선활동 등	897,660	90,540	130명	인건비최저시급8,590원적용
복지형일자리		주 14시간이내(월 56시간)		481,040	20,660	130명	

자료: 서울시 권리중심 중증장애인맞춤형 공공일자리 사업 개요(2023)

이 사업은 2020년 도입 이후 2023년까지 조금씩 그 사업을 확대해 왔는데, 수행기관은 11개소에서 25개소로, 사업인원은 260명에서 400명으로, 전담인력도 처음에는 지원하지 않다가 2021년부터 지원하기 시작하여 2023년에는 25명의 인건비가 지원된 바 있다. 특히 2022년에는 시간제 월 957,220원(1일 4시간, 주 5일 근무)으로 확장되었으며 2023년에는 근무시간은 동일하나 시간당 임금수준이 향상되어 월 1,005,290원으로 상향되었다.

〈표 10〉 서울시 중증장애인 권리형 일자리 추진실적

구 분		'20년	'21년	'22년	'23년
수행기관(공모)		11개	15개	15개	25개
사업기간		'20.7~12월(6개월)	'21.4~12월(9개월)	'22.1~12월(12개월)	'23.1~12월(12개월)
사업인원		260명(시간제 130,복지형 130)	275명(시간제 158,복지형 117)	350명(시간제 158,복지형 192)	400명(시간제 200,복지형 200)
사업예산		1,191백만원(최저임금 8,590원)	2,552백만원(최저임금 8,720원)	4,557백만원(최저임금 9,160원)	5,803백만원(최저임금 9,620원)
근로시간	시간제	1일 4시간(주 20시간)	1일 4시간(주 20시간)	1일 4시간(주 20시간)	1일 4시간(주 20시간)
	복지형	주 14시간	1일 3시간(주 15시간)	1일 3시간(주 15시간)	1일 3시간(주 15시간)
전담인력		인건비 미지원	15명 인건비 지원(보조사업자별 1명)	15명 인건비 지원(보조사업자별 1명)	25명 인건비 지원(보조사업자별 1명)

※ '21년부터 장애인고용공단의 근로지원인을 지원받을 수 있도록 복지형일자리 근무 시간을
　　주 14시간 이내에서 주 15시간으로 확대
※ 자료: 서울시 권리중심 중증장애인맞춤형 공공일자리 사업 개요 (2023)

　　그러나 일부 국회의원이 동 사업의 파행적 운영행태에 대해 비판하면서 분위기는 급반전되었다. 즉, 전국장애인차별철폐연대의 관계자 증언을 토대로 동 사업과 관련하여 돈을 벌기 위해 시위에 참여한다는 이야기가 사회적 반향을 불러일으키면서 서울시는 동 사업에서의 중증장애인 수행업무 종류 중에 권익 옹호 부문을 삭제하고 집회 신고 여부를 불문하고 모든 시위, 집회, 캠페인 활동을 금지하고 이에 참여 시 일자리 활동으로 간주하지 않아 임금을 지급할 수 없다고 사업수행 방침을 수정 변경한 것이다(한겨레, 2023). 이어서 2024년 예산에 동 사업 예산을 제로화함으로써 시범사업을 전면 백지화하고 이에 대한 대체 정책으로서 "장애 유형 맞춤형 특화일자리 사업"을 2024년에 기획·제시하게 되었다[27].

　　종래의 권리중심 공공일자리 사업이 참여 장애인의 집행직무가 불분명하거나 복지관 프로그램과 유사한 경우가 많았고 수행기관 또한 특정 단체에 편중되었다고 판단하여 새로운 사업을 구상하게 되었다. 즉, 장애 유형 및 특성을 반영한 유용한 일자리를 제공하고 수행기관 또한 다양한 복지단체나 민간 인프라를 활용하는 방향으로 정책을 설계한 것으로 보인다. 하지만 전환 이후 첫 시행단계이기 때문에 어떻게 집행될지, 또 어떻게 변용되어 나갈지 그 추이와 성과는 당분간 지켜봐야 할 것으로 보인다. 그러나 우리가 보다 눈여겨봐야 할 것은 유의미한 집행실적도 중요하지만 사회정책적 관점에서 중증장애인에 대한 일할 기회의 제공을 정부의 기본책무로 간주하려는 정책 패러다임이 제대로 정착할 수 있을 것인지이다. 장애인단체나 정부 모두 거시

---

27) 에이블뉴스a, "서울시, '2024년 장애 유형 맞춤형 특화일자리' 수행기관 공개모집", https://www.ablenews.co.kr/news/articleView.html?idxno=209667 (2023. 12. 31. 09:09).

적 맥락과 흐름에서 지금의 맹아적 속성인 본 사업이 어떤 흐름과 방향으로 가야 하는지에 대한 숙의의 장을 마련하고 다 함께 정책의 토대와 줄기 그리고 방향을 고민해야 할 것으로 보인다.

마. 중증장애인 지역맞춤형 취업지원 시범사업

한편, 고용노동부는 2019년부터 직접사업으로 비경제활동 또는 실업 상태에 있는 참여자(중증장애인)를 대상으로 동료지원가(중증장애인) 자조모임, 상담 등 동료지원 활동을 제공하여 취업의욕을 고취하고 경제활동 상태로의 전이를 지원하기 위해 중증장애인 지역맞춤형 취업지원사업을 실시한 바 있다. 고용노동부가 참여 지방자치단체를 공모하고, 지방자치단체에서 위탁수행기관을 선정하여, 수행기관 소속의 중증장애인 동료지원가들이 같은 장애유형의 참여자들을 대상으로 동료지원활동을 제공하는 사업이다. 신청자격은 동료지원활동 참여를 통해 추후 경제활동에 참여하고자 하는 중증장애인이며 사업수행기관은 기본운영비로 동료지원가 1인당 89만원(월 60시간 기준)과 함께 동료지원가 운영에 필요한 인건비성 경비를 지급받았다. 아울러 수퍼바이저의 경우에도 기관당 월 50만원, 수행기관 70개소에 대해 지급하며 참여자에 대해서는 1인당 1회 5,000원, 최대 15회를 받을 수 있었고 참여자 중 취업지원 프로그램 연계자가 있을 경우 1인당 20만원의 연계수당을 지급받는데 이러한 지원을 받은 2023년 사업수행기관은 68개소였다[28].

그러나 이 사업 또한 기획재정부가 2024년도 정부예산안 편성과정에서 전면 삭감하여 2024년부터는 동 시범사업이 중단되게 되었다. 고용노동부는 2023년까지의 사업실적의 부진을 이유로 2023년도 예산 23억보다 훨씬 낮은 16억여원을 요구했으나 이를 전면 삭감당한 것이다. 이로 인해 지금까지 활동해 오고 있는 동료지원가 187명이 실직하

---

28) 고용노동부, 2023년도 중증장애인 지역맞춤형 취업지원 사업 지침 (2023).

게 되는 어려움에 처하게 되었다[29].

2. 중증장애인 노동권 위협 요소

장애인에 대한 차별과 억압, 배제와 분리가 여전히 우리 사회에 남아 있는 현실에서 장애 여부와 상관없는 동등한 노동권을 실현시키기 위한 노력의 중요성은 아무리 강조해도 지나침이 없다. 또 이는 장기적 과제라기보다는 단기적으로도 관심의 사각지대에 방치된 중증장애인의 노동권 확보에의 노력이 정책화될 필요가 있다는 점에서 중첩적 구조와 성격을 지닌다. 그런 의미에서 지금의 정책구조 아래 중증장애인의 일할 기회와 근로여건이라는 두 가지 관점에서 상대적으로 배제되고 소외되어 있는 노동권을 확보하는데 걸림돌로 작용하는 것을 정리해 보는 것은 이의 극복방법을 모색하고 나아가 법령의 개정과 새로운 입법화를 통해 중증장애인의 노동권을 확보할 방안을 모색하는데 시사하는 바가 클 것으로 예상된다.

먼저 제시될 수 있는 위협요소로 최저임금과 일자리 창출과 관련된 정책 지향관점의 부재를 들 수 있다. 지금으로서는 장애인 근로에 대한 최저임금 적용예외를 법적으로 인정하고 있고 일부 중증장애인의 권리형 일자리와 지역맞춤형 취업지원사업은 변형·축소되거나 백지화되었다. 중증장애인의 경우 일을 하고자 하면 최저임금 이하의 임금도 감수해야 하며, 적극적으로 최저임금 지급을 고집하면 취업기회를 얻지 못할 가능성이 크다. 그렇다고 해서 '일' 개념을 수정하여 중증장애인에 대해 새로운 사회적 가치를 부여하는 일자리 창출도 녹록치 않다. 그렇게 되면 기존의 능력주의 관점에 따라 중증장애인은 비경제활동인구로 내몰려 국가 소득보장에 전적으로 의존하는 국민기초생활보

---

29) 에이블뉴스b, "'중증장애인 동료지원가 사업 전면 폐지' 장애인들 거리로", https://www.ablenews.co.kr/news/articleView.html?idxno=207179 (2023. 9. 13. 15:10).

장 수급자가 되든지, 아니면 최저임금보다도 낮은 저임금의 덫에서 벗어나지 못하게 된다. 과연 그러한 영역이 넓어지는 경향과 추세를 그대로 관망하는 것이 현대복지국가에서의 정부의 역할일까? 그렇지 않다. 그뿐만 아니다. 어떠한 이유에서건 근로자가 근로 대가로 받을 수 있는 최저한에 또 다른 예외를 설정하는 것은 최저임금제 제도의 도입 취지를 무색하게 하는 것이기 때문에 적용제외를 받아들이기 어렵다. 다만, 최저임금 폐지에 따른 부작용은 무엇이고 이를 최소화하기 위해서는 어떤 부가적인 정책적 조치가 이루어져야 하는지에 대한 세밀한 연구는 반드시 뒷받침될 필요가 있다. 이념적 지향과 패러다임은 정책 변화의 필요성에 대한 사회적 공감대를 넓혀 정부로 하여금 변화되어야 할 정책으로의 이양을 결정하도록 압박하고 그와 기초한 정책내용이 고안되도록 하는데 그 의의가 있다. 즉, 새로운 이념적 지향과 패러다임을 정부가 수긍했다 하더라도 실제 그에 기초한 정책을 완결적 수준으로 설계하기 위해서는 불가피하게 어느 정도의 시간이 소요될 수밖에 없다. 이때 정부도 복지부동의 자세로 정책설계속도를 늦추어서는 안 되겠지만 아울러 장애인단체 또한 명분에 천착하여 정부를 무리하게 다그치는 것도 바람직하지 않다. 많은 경우 그런 과정을 통해 정책이 왜곡되는 경우가 그동안 많았기 때문이다.

둘째로 직업재활시설에서의 낮은 임금과 훈련수당이다. 현재의 직업재활시설은 시설운영자와 직업재활서비스를 제공하는 직원들의 인건비를 정부에서 지원하고 일부 부지사용 등 고정비용 지출에의 인센티브를 통해 생산단가를 낮추고 아울러 중증장애인생산품 우선구매제도를 통해 수요창출에 기반한 일자리 마련을 지원받고 있다. 그런데도 많은 보호작업장이 대다수의 장애근로자에게 최저임금을 지급하지 못하는 모순적 운영구조를 그대로 유지하고 있다. 그뿐만 아니라 최저임금을 지급하는 경우에 주어지는 장애인고용장려금이 장애인 직업재활시설이 아니라 시설운영법인으로 귀속된다는 문제도 깊이 있게 검토해 봐야 한다. 그야말로 고용주의 장애인 고용실적을 치하하는 격려 성격의 장려금이 '묻지마 지출'로 이어질 수 있으므로 법인으로서는 매우 매력적인 수입이 되고, 그러한 장려금이 직업재활시설 근로장애인의 임금수준 제고를 위한 인프라 투자 등으로 선순환되지 못할 가능성은 여전히 잔존하고 있기 때문이다. 그 외에도 직업재활시설 운영활성화에 따른 인센티브가 없기 때문에 시설을 잘 운영하든 그렇지 않든 상관없이 정부보조금은 그대로 집행되므로 옥석을 가려내기 힘들고 그런 운영구조로 인해 도덕적 해이가 생길 가능성 또한 얼마든지 있다. 또 열심히 혁신적으로 노력하여 많은 수익금이 나더라도 인센티브가 없다 보니 더 성장해야 할 유인책과 동력을 확보하기 어렵다는 문제도 있다. 마지막으로 하나 더 보탠다면 UN장애인권리위원회에서 요구하는 바와 같이 근로장애인의 분리 이슈는 끊임없이 제기될 것이므로 장애-비장애 통합근무 형태를 고안해 내야 할 오랜 숙제도 미해결상태이다.

　셋째는 장애인 직업재활시설의 정체성에 관한 것이다. 우리나라뿐만 아니라 일본 및 독일에서도 우리나라의 보호작업장, 일본의 취로지원사업B형, 독일의 보호작업장은 일종의 사회서비스적 성격을 지니고 있다. 생산 또는 판매에 따른 수입 규모 증대뿐만 아니라 때로는 심리지원, 일을 통한 사회참여, 건강관리 등의 역할을 하게 되므로 정확하게 어떤 정책적 목표를 달성하기 위해 존재하는 기관인지에 대한 명확한 좌표설정이 필요해 보인다. 그렇지 않으면 내재적 가치와 외부적 요구 간의 간극이 갈등적 상황으로 전환될 가능성도 없지 않기 때문이다. 그러므로 지금으로서도 다양한 층위를 가진 직업재활시설이 고용창출기능에 더 역점을 둘 것인지, 토털 사회서비스 제공기관으로서 낮 활동의 중심기관으로 자리매김할 것인지 등 다양한 방안과 전략에 대해 고민하고 정리할 필요가 있다. 아울러 이러한 정체성 논란과 함께 패키지로 고려해야 할 것은 지금까지 매우 미약한 수준에서 이루어져 왔던 일반노동시장으로의 전이를 통해 명실상부한 노동권 회복의 가치를 실현하게 해 줄 정책적 대안이라고 볼 수 있다.

Ⅳ. 중증장애인 노동권 증진을 위한 법제 개선방안

1. 노동분야에서의 중증장애 개념 도입

장애등급제 폐지의 사회적 화두가 등장한 지 10년이 지났지만 노동분야에서의 중증장애 개념은 여전히 종래의 패러다임에 기초해 있다. 물론 장애등급제 자체가 개편 이후 '장애의 정도가 심한' 그리고 '장애의 정도가 심하지 않은' 정도로 개편되었으니 진정한 욕구 기반 정책을 설계할 수 있는 토대로서의 역할을 제대로 하기 어렵다는 점에서 진일보한 정책결과인지에 대해서는 의문이 있다. 이러한 한계와 더불어 이 글에서 관심을 가지는 노동분야에서의 중증장애 개념 정립은 매우 시급해 보이는데 그 이유는 아래와 같다.

첫째, 직업적 중증장애인은 돌봄서비스 수급량을 결정하기 위한 중증장애인과는 거리가 멀기 때문이다. 오히려 전자의 경우는 다양한 직업 유형으로 인해, 일 개념에의 접근시각에 따라 후자와 매우 상이한 양상을 띨 수밖에 없다. 그러므로 소득보장과 돌봄서비스분야에서의 수급자격과 수급량을 결정하는 것과는 별개로 직업적 중증장애 개념이 별도로 마련되어야 형평성 시비가 일어나지 않게 된다. 아울러 단순히 의학적 개념으로 마련된 장애 판정 기준에서 일부 엄격성을 가미한 수준 정도로 근로능력 정도를 유추하는 것은 비합리적이라는 비판에서 자유로울 수 없다.

둘째, 중증장애인의 노동권을 규명할때도 노동분야에서의 중증장애 개념이 필요하기 때문이다. 예를 들어 독일의 경우에도 현재의 보호작업장에서 근무하는 중증장애인이 일반노동시장으로 전이하려고 할 때 정부의 임금보조가 이루어진다. 우리나라에서도 최저임금 준수를 위한 정부의 임금보조정책이 시행되기 위해서는 '누가 중증장애인인가'라는 질문에 답할 수 있어야 하고 이는 정책설계의 기초토대로서 정책대상의 명확화가 전제되어야만 가능하다. 이는 결국 노동분야에서의 중증장애 개념의 도입 및 그에 따른 노동능력 상실 정도를 정확하게 규명하는 정책집행설계가 세밀하게 마련되어야 함을 시사해 준다. 그래야만 보조임금액을 결정할 수 있고 그 결정에 대해 민간기업이 정책에 수긍할 것이며 결과적으로 정책집행의 실효성을 담보할 수 있게 해준다.

셋째, 노동시장으로 진입할 수 있는 중증장애인과 그렇지 못한 최중증장애인을 구별할 수 있는 기준이 마련되어야 한다. 현재로서는 노동시장에서의 중증장애 개념도 흔들리지만 최중증장애인의 경우, 특히 발달장애인의 경우 현재로서는 돌봄서비스에 적용되는 개념이지만 노동시장에서는 어떤 개념과 내용으로 자체 개념규정할지에 대한 향후 기준과 방향이 모색되어야 한다. 이에 덧붙여 노동시장에서 근로무능력의 개념에 대해 – 물론 현재보다는 훨씬 축소된 개념이 되어야 하겠지만 – 돌봄서비스와의 연계 속에서 모색될 필요가 있다. 결국 근로능력이 현저히 떨어지지만 일정한 과도기를 거쳐 일반노동시장으로의 전이를 도모해야 할 중증장애인과 일보다는 의미있는 낮 활동의 일환으로 일과 훈련을 병행하는 중증장애인, 그리고 일과 훈련보다는 다양한 활동을 통해 일상의 평범한 삶을 영위하는 것이 행복한 삶이 될 수 있는 흔히 근로무능력자로 판단하는 기준이 연속선상에서 시계열적으로 제시되어야 할 것이다.

2. 최저임금제 개정과 임금보조제 도입

장애인에 대한 최저임금제 적용제외 규정은 적어도 일반노동시장에서는 적용되지 않도록 전면삭제하는 방향이 검토될 필요가 있다. 적용제외가 폐지되면 일반노동시장에서의 장애인 고용이 위축될 것을 우려할 수 있다. 하지만 현실에서는 일반기업체에서 최저임금 적용제외를 신청한 것은 2019년에 308건에 불과하다. 즉, 적용제외를 신청한 일반기업체에서 적용제외 폐지로 선회되면 최대 308명의 장애인이 실직할 수 있다. 하지만 이에 대해서는 두 가지 측면에서 살펴볼 필요가 있다. 먼저 장애인에 대한 최저임금 적용제외 폐지로 인해 피해를 볼 것으로 예상되는 숫자보다 일반노동시장에서 장애를 이유로 최저임금 이하의 임금을 지급해도 된다는 느슨한 제도운영과 심리를 다잡는 효과에 주목할 필요가 있다. 장애의 유무를 떠나, 노동생산성의 고저를 떠나 노동시장에서 대우받아야 할 최저한이라는 수준인 점을 감안하여 예외를 인정하지 않는 제도적 장치로 새롭게 고안해 내는 긍정적 효과에 방점을 둘 필요가 있다. 물론 적용제외 폐지가 308명 전체의 해고로 이어지는 것 또한 소홀하게 다루어서는 안되겠지만 새로운 패러다임 도래에 따른 사회적 인식변화로 인해 전체 고용량의 수준은 크게 변화하지 않을 것이라는 전망에 더 초점을 둘 필요가 있다고 본다.

하지만 최저임금 준수는 사회 통념상 노동생산성이 현저히 낮은 장애인의 경우 그만큼 고용주에 대한 심리적·경제적 압박으로 전가될 가능성이 크므로 이에 대한 보완적 대책 마련이 필요하다. 즉, 독일과 같이 최저임금의 약 75%까지는 정부가 임금을 보조해 줌으로써 보다 많은 장애인 고용을 창출할 수 있는 제도적 여건 마련에 힘을 쏟아야 한다. 이는 또 2013년 국가인권위원회가 권고한 바이기도 하다.

이러한 방안의 법제화와 관련하여 우선적으로 최저임금 적용제외 폐지와 관련해서는 아래 표와 같이 해당 조항을 삭제하되 일본에서처럼 수습중이거나 직업훈련 중일 때에는 최저임금을 지급하지 않아도 되는 예외적 상황 발생에도 충분하게 대비할 필요가 있어 보인다.

<표 11> 최저임금 적용제외 폐지를 위한 최저임금법 개정 대안

현행(최저임금법)	개정안(최저임금법)
제7조(최저임금의 적용 제외) 다음 각 호의 어느 하나에 해당하는 사람으로 서 사용자가 대통령령으로 정하는 바에 따라 고용노동부장관의 인가를 받은 사람에 대하 여는 제6조를 적용하지 아니한다. 1. 정신장애나 신체장애로 근로능력이 현저히 낮은 사람 (신설) (신설)	제7조(최저임금의 적용 제외) 다음 각 호의 어느 하나에 해당하는 사람으로 서 사용자가 대통령령으로 정하는 바에 따라 고용노동부장관의 인가를 받은 사람에 대하 여는 제6조를 적용하지 아니한다. 1. 정신장애나 신체장애로 근로능력이 현저히 낮은 사람 2. 수습 중인 사람 3. 장애인복지법 제58조 제1항 제3호의 장애 인 직업재활시설 중 보건복지부장관이 지정 한 사람
2. 그 밖에 최저임금을 적용하는 것이 적당하 지 아니하다고 인정되는 사람	4. 그 밖에 최저임금을 적용하는 것이 적당하 지 아니하다고 인정되는 사람

한편, 장애인에 대한 직업능력평가 결과에 따라 근로능력별로 정부가 고용주에게 일정 정도 임금을 보전하여 실제 근로능력과 최저임금 사이의 간극을 좁혀 고용주의 부담도 경감하면서 장애인의 노동권 확보를 위한 정부 책임을 명확하게 하는 방안도 모색해 볼 수 있다. 이는 장애인 고용촉진 및 직업재활법 제21조에서 장애인 고용사업주에 대한 지원의 한 갈래로 임금보조 규정을 신설하는 방안을 생각해 볼 수 있다.

〈표 12〉 최저임금 적용제외 폐지에 따른 임금보조정책 도입의 법적 근거 마련

현행(장애인 고용촉진 및 직업재활법)	개정안(장애인 고용촉진 및 직업재활법)
제21조(장애인 고용 사업주에 대한 지원) ① 고용노동부장관은 장애인을 고용하거나 고용하려는 사업주에게 장애인 고용에 드는 다음 각 호의 비용 또는 기기 등을 융자하거나 지원할 수 있다. 이 경우 중증장애인 및 여성장애인을 고용하거나 고용하려는 사업주를 우대하여야 한다.	제21조(장애인 고용 사업주에 대한 지원) ① 고용노동부장관은 장애인을 고용하거나 고용하려는 사업주에게 장애인 고용에 드는 다음 각 호의 비용 또는 기기 등을 융자하거나 지원할 수 있다. 이 경우 중증장애인 및 여성장애인을 고용하거나 고용하려는 사업주를 우대하여야 한다.
1. 장애인을 고용하는 데에 필요한 시설과 장비의 구입·설치·수리 등에 드는 비용	1. 장애인을 고용하는 데에 필요한 시설과 장비의 구입·설치·수리 등에 드는 비용
2. 장애인의 직업생활에 필요한 작업 보조 공학기기·장비 또는 그 공학기기·장비의 구입·대여에 드는 비용	2. 장애인의 직업생활에 필요한 작업 보조 공학기기·장비 또는 그 공학기기·장비의 구입·대여에 드는 비용
3. 장애인의 적정한 고용관리를 위하여 장애인 직업생활 상담원, 작업 지도원, 한국수어 통역사 또는 낭독자 등을 배치하는 데에 필요한 비용	3. 장애인의 적정한 고용관리를 위하여 장애인 직업생활 상담원, 작업 지도원, 한국수어 통역사 또는 낭독자 등을 배치하는 데에 필요한 비용
(신설)	**4. 제43조 제1항 제2호에 따른 직업능력평가에 따라 필요하다고 판단된 임금보조에 드는 비용**
4. 그 밖에 제1호부터 제3호까지의 규정에 준하는 것으로서 장애인의 고용에 필요한 비용 또는 기기	5. 그 밖에 제1호부터 **제4호**까지의 규정에 준하는 것으로서 장애인의 고용에 필요한 비용 또는 기기
② 고용노동부장관은 장애인인 사업주가 장애인을 고용하거나 고용하려는 경우에는 해당 사업주 자신의 직업생활에 필요한 작업 보조 공학기기·장비를 지원하거나 그 공학기기·장비의 구입·대여에 드는 비용을 지원할 수 있다.	② 고용노동부장관은 장애인인 사업주가 장애인을 고용하거나 고용하려는 경우에는 해당 사업주 자신의 직업생활에 필요한 작업 보조 공학기기·장비를 지원하거나 그 공학기기·장비의 구입·대여에 드는 비용을 지원할 수 있다.
③ 제1항 및 제2항에 따른 융자 또는 지원의 대상 및 기준 등에 필요한 사항은 대통령령으로 정한다.	③ 제1항 및 제2항에 따른 융자 또는 지원의 대상 및 기준 등에 필요한 사항은 대통령령으로 정한다.

3. 장애인 직업재활시설 개편을 통한 중증장애인 노동권 확보 및 수준 제고

가. 장애인 직업재활시설 중 근로사업장을 고용노동부로 이관

위에서 제안한 바와 같이 최저임금 적용제외를 폐지하고 나면 명숙(2023)의 연구에서 지적한 바와 같이 장애인 직업재활시설에서의 근로장애인이 모두 최저임금을 받게 되는 상황이 초래되는데 그러면 보호고용을 보다 고착화시킬 수 있다는 우려도 있다. 아울러 명숙(2023)의 연구에서는 직업재활시설로의 유입을 사전에 차단하기 위해 장애인단체를 중심으로 중증장애인 공공일자리 창출이 함께 논의되어야 함을 제시하고 있다. 그러나 중증장애인 공공일자리 창출은 아직 격변의 시기를 거치고 있고 구체적인 정책으로 전환된다 하더라도 현실에서 어떻게 작동하게 할 것인지에 대해서는 다양한 방안 구상이 가능하다. 그러므로 중증장애인에 대한 공공의 일자리를 확충하는 작업과 더불어 단기적으로 집중해야 하는 것은 오히려 장애인 직업재활시설을 혁신하는 것이라고 볼 수 있다.

현재 장애인 직업재활시설은 근로사업장, 보호작업장 및 직업적응훈련시설로 구성되어 있다. 근로사업장은 근로의 기회를 제공하고 이에 상응하는 노동의 대가를 임금으로 지급하도록 규정하고 있어 상당수가 최저임금 이상의 임금을 실제로 받고 있다. 반면, 보호작업장의 경우 대다수가 최저임금을 받지 못하고 있을 뿐만 아니라 직업적응훈련시설은 기초작업역량을 향상시키는데 초점을 두고 있다. 그런 만큼 장애인 직업재활시설은 일반노동시장에서의 경쟁력과 유사한 근로체계를 갖춘 곳에서부터 최저임금 수준과 상당한 격차를 보이는 노동생산성을 보이는 시설까지 모두 포섭하고 있어 그 정체성이 명확하지 않다는 문제점을 잉태하고 있다.

이런 문제점을 극복하기 위해서는 장애인 직업재활시설이 무엇을 하는 곳인지에 대한 성격을 분명히 할 필요가 있는데 그에 대한 대안으로 장애인 근로사업장을 현재 보건복지부 소속에서 고용노동부 소속으로 변경하여 이들을 고용노동부 및 장애인고용공단의 운영지원으로 재편할 것으로 제안한다. 그 이유는 첫째 근로사업장의 개소수가 많지 않아 고용노동부로서는 이양에 따른 예산의 추가부담이 크지 않아 실현가능성이 높다고 볼 수 있으며, 둘째 근로사업장의 경우 최저임금 이상을 지급하는 것을 지향하고 있으므로 보호적 성격의 사회서비스라기 보다는 명실상부한 장애인 고용창출의 의미가 강하고, 셋째 그렇게 함으로써 남게 되는 보호작업장과 직업적응훈련시설의 기능과 역할이 더욱 선명해질 수 있기 때문이다. 넷째, 그렇게 될 때 현재의 고용장려금을 법인이 임의적으로 사용하지 않고 근로장애인의 임금수준 제고에 쓸 수 있도록 하는 새로운 규정을 고용노동부로서는 자신의 산하 시설에 대하여 더욱 분명하게 제정·적용할 수 있으리라고 본다. 시설 소관부처 이양은 현재로서는 경로의존적 성격 때문에 변경에 따른 반발이 클 것으로 예상된다. 하지만 부처이기주의를 떠나 장애인 노동권 확보 및 수준 제고를 위한 대승적 차원에서 국가 아젠더로 좌표를 설정하고 이를 추진하기 위한 부처 간 협력이 절대적으로 필요하다.

이를 추진하기 위한 법령의 변화 부문에 있어서는 우선적으로 장애인복지법시행규칙 [별표 4]에서 장애인 직업재활시설의 종류 중 장애인 근로사업장을 삭제하고, 대안적으로 장애인 고용촉진 및 직업재활법 제14조(보호고용) 아래 제14조의1을 신설하여 근로사업장에 대한 지원근거를 마련하는 방안을 모색해 볼 수 있다. 물론 이 외에도 정부 업무 소관 변경에 따른 예산 및 책임 이관 시점 설정, 설치 및 운영에 대한 지도감독권이 지방자치단체에서 고용노동부 소속 지방노동관서로 이관됨에 따른 후속적 행정조치 등의 부대적 처리 규정과 절차가 마련되어야 할 것이나 법령개정사항이라기 보다는 부처간 업무협의와 관련된 것이므로 본 연구에서는 이에 대해 깊게 다루지 않기로 한다.

〈표 13〉 장애인복지법시행규칙 [별표 4] 개정안

구분	현행(장애인복지법시행규칙 [별표 4])	개정안(장애인복지법시행규칙 [별표 4])
장애인직업재활시설	가. 장애인 보호작업장: 직업능력이 낮은 장애인에게 직업적응능력 및 직무기능 향상훈련 등 직업재활훈련 프로그램을 제공하고, 보호가 가능한 조건에서 근로의 기회를 제공하며, 이에 상응하는 노동의 대가로 임금을 지급하며, 장애인 근로사업장이나 그 밖의 경쟁적인 고용시장으로 옮겨갈 수 있도록 돕는 역할을 하는 시설	(삭제)
	나. 장애인 근로사업장: 직업능력은 있으나 이동 및 접근성이나 사회적 제약 등으로 취업이 어려운 장애인에게 근로의 기회를 제공하고, 최저임금 이상의 임금을 지급하며, 경쟁적인 고용시장으로 옮겨갈 수 있도록 돕는 역할을 하는 시설	나. 장애인 근로사업장: 직업능력은 있으나 이동 및 접근성이나 사회적 제약 등으로 취업이 어려운 장애인에게 근로의 기회를 제공하고, 최저임금 이상의 임금을 지급하며, 경쟁적인 고용시장으로 옮겨갈 수 있도록 돕는 역할을 하는 시설
	다. 장애인 직업적응훈련시설: 작업능력이 극히 낮은 장애인에게 작업활동, 일상생활훈련 등을 제공하여 기초작업능력을 습득시키고, 작업평가 및 사회적응훈련 등을 실시하여 장애인 보호작업장 또는 장애인근로사업장이나 그 밖의 경쟁적인 고용시장으로 옮겨갈 수 있도록 돕는 역할을 하는 시설	다. 장애인 직업적응훈련시설: 작업능력이 극히 낮은 장애인에게 작업활동, 일상생활훈련 등을 제공하여 기초작업능력을 습득시키고, 작업평가 및 사회적응훈련 등을 실시하여 장애인 보호작업장 또는 장애인근로사업장이나 그 밖의 경쟁적인 고용시장으로 옮겨갈 수 있도록 돕는 역할을 하는 시설

〈표 14〉 장애인 고용촉진 및 직업재활법 개정안

현행(장애인 고용촉진 및 직업재활법)	개정안(장애인 고용촉진 및 직업재활법)
(신설)	제14조의1(장애인 근로사업장에 대한 지원) ①고용노동부장관은 장애인 근로사업장을 설립·운영하려고 자에게 그 설립·운영에 필요한 비용을 지원할 수 있다. ②장애인 근로사업장에 대한 생산품 우선구매, 설립취소, 지원금 지원제한 등은 제22조의 2 내지 제23조의 내용을 준용한다.

나. 장애인 직업재활시설 정체성 재정립: 근로기회 제공과
사회서비스 융합

재편에 따라 남아 있게 되는 보호작업장과 직업적응훈련시설의 정체성도 재정립되어야 한다. 그와 관련하여 보호작업장과 직업적응훈련시설은 모두 중증장애인에게 근로기회를 제공하면서 다른 한편으로는 사회서비스를 제공할 수 있는 융통적 및 융합적 서비스 제공기관으로 재탄생할 필요가 있다. 이러한 융합서비스가 필요한 이유는 발달장애인의 근로특성에 있다. 직업재활시설의 주된 근로자는 발달장애인이다. 직업재활시설에서 어떤 발달장애인은 1일 8시간 주당 40시간을 일할 수 있겠지만 그러한 발달장애인이 전부는 아니다. 많은 경우 체력적 한계로 인해 하루 8시간을 근로하기 힘들 수도 있고 최근 시대적 분위기에 따라 워라밸을 추구하면서 적정 노동, 적정 여가 패턴으로 일하는 예도 늘어나고 있다. 또 다른 한편으로는 아침의 분위기에 따라 어제와는 전혀 다른 근로 태도를 보이기도 한다. 예를 들어 부모에게 아침에 꾸지람을 듣고 오거나, 자신의 루틴이 깨어졌을 때 그 이전과 같은 패턴으로 근로에 전념하기 어려운 예도 있다. 이렇듯 언제든지 근로시간과 근로이탈시간이 바뀔 수 있는 구조를 생각하면 8시간을 획일적으로 고집하기보다는 일하다가도 자신이 힘들면 사회서비스를 받는 구조로 유연하게 전이될 수 있다면 노동이 고통이나 스트레스로 직결되는 문제점을 어느 정도 해소할 수 있게 된다. 그러므로 직업재활시설이 작업공간 외에도 휴게공간, 각종 바우처 제공공간도 함께 갖출 수 있도록 정부는 관련 지원정책을 강구해야 한다.

위에서 제안한 내용을 개념화하면 직업재활서비스와 돌봄서비스간의 융통적 구조를 만드는 것이라고 할 수 있다. 현재는 직업재활과 활동지원 등 돌봄서비스 양자를 배타적 서비스로 구획 지어 놓고 있지만, 앞으로 이 양자는 넘나듦의 미학으로 재설계하여 한 공간에서 융통적으로 제공될 수 있어야 하고, 이를 위한 시스템이 고안되어야 한다. 지금과 같은 이분법적인 구도에서는 일하든지, 사회서비스를 받든지 양자 택일해야 하는 구조이지만 앞으로는 이로 인한 경직성으로 인해 초래하게 되는 현실적 어려움을 해소하면서 나아가 자신의 장애 정도와 특성에 맞게 적절한 서비스를 제공받음으로써 일상의 행복한 삶을 살아나갈 수 있도록 하는 데 초점을 둘 필요가 있다.

다. 장애인 직업재활시설 근로장애인의 일반노동시장 전이에 따른 임금보조 지원

근로사업장을 제외한 장애인 직업재활시설을 보다 세부적으로 살펴보면 직업적응훈련시설은 근로와 사회서비스 간의 비중에 있어서 후자가 훨씬 높아 일반노동시장으로의 전이를 현실에서 실현시키는데 무게중심을 두기 보다는 '행복한 일상의 삶'을 영위하는데 초점이 있다. 즉, 소득보장의 토대 위에 조금이라도 일한 대가를 활용하여 자신의 행복과 선택의 자유를 구현하는데 방점을 두는 것이다. 물론 일로 간주되는 시간에 대해서는 최저임금을 지급해야 하지만 그 시간은 그리 많아 보이지 않으며 대부분 훈련으로 간주되는 시간으로 채워질 것으로 보인다. 반면, 보호작업장은 다양한 중첩적 성격을 지닌다. 근로와 사회서비스의 이중구조 아래 놓여 있다 하더라도 최소 하루 4시간의 근로시간에 대해서는 최저임금지급을 의무화되도록 하고 그 이외의 시간에 대해서는 개별 근로장애인의 장애 정도와 특성에 따라 최저임금 지급의무를 최대한 구현할 수 있도록 규정하거나 유인할 수 있도록 할 필요가 있다.

물론 8시간 전체에 대해서 최저임금을 보장해 주는 것이 이념적으로는 바람직하다고 주장할 수 있다. 그러나 그렇게 되면 고용노동부로 이관하는 근로사업장에서 일하는 장애인과 다를 바가 없게 된다. 아울러 장애인을 분리하는 장애인 직업재활시설을 최저임금으로 고착화한다는 비판에서 벗어나기 어렵다. 그러므로 추가로 설계되어야 할 것은 직업재활시설에서 일반노동시장이나 근로사업장으로 근무공간을 옮길 경우 고용주에게 지급하는 임금보조정책이다. 직업재활시설 근로장애인의 경우 일반노동시장으로 나가면 더 많은 임금이 보장될 것이므로 마다할 이유가 없고, 직업재활시설의 직원에게도 고용 전이 실적에 따른 인센티브를 제공한다면 그 속도는 가속화될 수도 있다. 물론 이 정책이 도입되기 위해서는 근로 관련 중증장애 개념이 정립되어야 함은 앞서 검토한 바와 같다.

V. 결론

보호고용은 보건복지부가, 일반고용은 고용노동부가 담당하던 암묵적 합의가 2000년 「장애인 고용촉진 및 직업재활법」이 제정됨에 따라 와해되면서 정책의 중복과 중첩은 지금까지도 큰 개선 없이 현재로 이어지고 있다. 그런 와중에서도 중증장애인 더블카운트제, 직업재활시설의 확충 등 과거에 비해 일부 나아진 면이 없지 않지만 그렇다고 하여 중증장애인의 노동권이 획기적으로 개선되었다고 보기도 어렵다. UN장애인권리협약의 체결과 그에 따른 후속조치는 우리 정부로 하여금 중증장애인에게 더 많은 일자리, 그리고 평등하고 함께 하는 근로환경과 조건을 요구하고 있다. 이에 이 글에서는 중증장애인 노동권의 획기적인 개선을 이룰 수 있는 새로운 패러다임에 기초한 정책적 틀을 갖추기 위한 법제 개선방안을 살펴보았는데 주요 핵심내용은 아래와 같다.

먼저 장애를 이유로 한 최저임금 적용제외는 폐지하되, 그에 따른 고용주의 추가적인 심리적·경제적 부담을 완화할 필요가 있고 이는 최저임금법 제7조의 개정 및 장애인 고용촉진 및 직업재활법 제21조의 개정을 통해 정책추진의 근거를 마련할 필요가 있다. 최저임금 적용제외 폐지는 그간에도 지적되었던 장애인 직업재활시설의 정체성 이슈에 대한 고민과 해결책 제시를 요구하게 되는데 먼저 너무 넓은 성격을 지니는 직업재활시설의 한계를 극복하기 위해서는 근로사업장을 고용노동부 소관으로 이전하고 남은 보호작업장과 직업적응훈련시설의 경우 일정 시간에 대해서는 최저임금을 지급하면서도 근로와 사회서비스를 동시에 융통적이고 융합적으로 제공할 수 있는 공간으로 재정립할 필요가 있다. 아울러 더 많은 자유와 희망, 행복과 미래설계가 가능하도록 자신의 가처분소득이 많아지는 방향으로 정책적 유인구조를 확실하게 제시할 필요가 있다. 아울러 근로능력이 현저히 떨어지는 중증장애인의 경우에도 의미있는 낮 활동을 통해 사회에 참여할 수 있는 통로로서의 역할을 하는, 열린 시스템을 구축하는 것이 필요하다고 본다.

정책은 모든 방향의 토끼를 한꺼번에 다 잡을 수는 없다. 그러므로 위에서 제시한 정책들과 입법과제들은 또 다른 측면에서의 부작용과 한계에 직면할 수 있으며, 장단기 과제로 우선순위를 가늠해 봐야 한다. 하지만 분명한 것은 많은 중증장애인들이 근로의 기회조차 상실하거나 최저임금보다 못한 대우를 받는 2등 시민 취급에서 벗어날 수 있는 발판을 만들어나가는 과정에 있는지다. 만약 그러한 과정에 있다면 부작용과 한계는 보완의 대상에 불과하다. 제3의 길을 모색해 나가면서 정치적으로도 타협할 수 있다. 아울러 더불어 경계해야 할 것은 명분과 당위성의 포로가 되는 것이다. 정책은 맥락 아래 놓여있다. 제도가 행위자를 구속하는 올드버전의 역사적 제도주의도 경계해야 하지만 행위자가 역사적 맥락을 무시하면 혼동 속에서 제도 도입은 더욱 늦어질 수밖에 없다[30]는 점도 분명하게 할 필요가 있다. 중증장애인의 노동권이 보다 두텁게 보장되기 위해서는 그 어느 때보다 장애당사자, 장애인단체, 정부와 실천전문가 그리고 학계관계자들이 함께 집현(集賢)의 자리에 모여야 함을 마지막으로 제언하고자 한다.

---

30) 배병룡, "조직 연구와 사회학적 신제도주의: 연구 현황과 평가", 한국자치행정학보 제31권 제3호 (2017. 9.), 75-99.

참고문헌

김진우·김동기·송태영·박은아, "지역사회중심 장애인복지관 역할의 미래방향 모색 연구", 한국장애인복지관협회 (2023)

고용노동부, 2023년도 중증장애인 지역맞춤형 취업지원 사업 지침 (2023)

변경희·강동욱·남용현·김용혁·이미정·신직수, 중증장애인 노동권 증진을 위한 실태조사, 국가인권위원회 (2016)

보건복지부, 유엔장애인권리협약 제2·3차 병합 국가보고서 (2019)

보건복지부, 2016년~2022년 장애인직업재활시설 운영실적 (2023a)

보건복지부, 2023년 장애인 일자리사업 안내 (2023b)

보건복지부, 2024년 장애인연금사업 안내 (2024)

서울시, 내부자료 – 권리중심 중증장애인맞춤형 공공일자리 사업 개요 (2023)

오욱찬·이원진·엄다원, "장애인 소득분배 변화의 원인과 소득보장 정책 효과에 대한 연구", 한국보건사회연구원 (2022)

이윤지·변혜미·김호진·조신영·임예직·이지우·변민수·최종철, 2022년 하반기 장애인경제활동실태조사, 한국장애인고용공단 고용개발원 (2023)

조문순, "장애인직업정책 결정과정의 참여자 갈등에 관한 연구: 장애인고용촉진 및직업재활법 개정과정을 중심으로", 성공회대학교 시민사회복지대학원 (2001)

Oliver, M., *Understanding Disability*, Macmillan (1996)

UN장애인권리위원회, 유엔 장애인권리협약 제1차 국가보고서에 대한 장애인권리위원회의 최종견해 (2018), 50

UN장애인권리위원회, Combined second and third reports submitted by Germany under article 35 of the Convention, pursuant to the optional reporting procedure, due in 2019 (2019)

Wansing, G., Inclusion in Society: Changes and Challenges of Social Policy in Germany after the UN-CRPD, *International Symposium on International and Taiwanese Experiences of the UNCRPD Implementation: Domestic Right Application and Social Policy Improvement* (2019)

Yeates, N., *Globalisation and Social Policy*, Sage (2001)

권영숙, "한국 노동권의 현실과 역사: '노동존중'과 노동인권에서 노동의 시민권
　　　으로", 한국산업노동학회 제26권 제1호 (2020. 2.), 217-269

남용현, "독일의 최근 중증장애인 고용 동향과 시사점", 국제사회보장리뷰, 제8
　　　권 (2019. 3.), 94-104

대한민국 정부, 유엔장애인권리협약 제2·3차 병합 국가보고서 추가보고서 (2022),
　　　146-149

명숙, "장애인 최저임금 적용제외 조항의 문제점과 실태", 장애인최저임금법 제
　　　도개선 토론회 (2023. 4.), 7-21

배병룡, "조직 연구와 사회학적 신제도주의: 연구 현황과 평가", 한국자치행정학
　　　보 제31권 제3호 (2017. 9.), 75-99

신은경·곽지영, "장애인 임금근로자의 노동권 증진 방안에 관한 연구 - 근로빈곤
　　　과 비정규노동을 중심으로 -", 법과인권교육연구. 제11권 제2호 (2018.
　　　8.), 61-84

이미정, "일본의 중증장애인 직업재활정책에 관한 일 고찰", 직업재활연구, 제23
　　　권 제1호 (2013. 4.), 5-25

정다운, "중증장애인 노동권 실태와 개선방향", 월간 복지동향, 제232권 (2018.
　　　2.), 42-48

정다운, "장애인 최저임금 적용 제외 조항 삭제와 장애인 공공일자리 확대", 장
　　　애인최저임금법 제도개선 토론회 (2023. 4.), 22-28

정영훈, "헌법재판 30년과 노동권 보장", 저스티스, 제170권 제3호 (2019. 6.),
　　　97-136

조성혜, "독일의 장애인작업장 제도와 최근의 장애인 사회통합정책", 사회법연
　　　구, 제36권 (2018. 12.), 311-361

하경희, "정신장애인의 노동권 보장을 위한 장애인고용지원제도 개선방안", 정
　　　신건강과 사회복지 제51권 제2호 (2023. 6.), 53-81

복지타임스, "기획특집 - 일본, 농업-복지 연계해 장애인 자립지원 꾀한다",
　　　https://www.bokjitimes.com/news/articleView.html?idxno=22686 (2020. 2.
　　　18. 11:07)

에이블뉴스a, "서울시, '2024년 장애 유형 맞춤형 특화일자리' 수행기관 공개모
　　　집", https://www.ablenews.co.kr/news/articleView.html?idxno=209667

(2023. 12. 31. 09:09)

에이블뉴스b, "'중증장애인 동료지원가 사업 전면 폐지' 장애인들 거리로",
　　https://www.ablenews.co.kr/news/articleView.html?idxno=207179 (2023. 9.
　　13. 15:10)

한겨레, "서울시 '권리중심 공공일자리' 무력화 … 장애인 기본권 침해한 위헌
　　비판도", https://www.hani.co.kr/arti/area/capital/1103737.html (2023. 8. 10.
　　10:31)

Colle, M., "New German Law Aims to Promote a More Inclusive Labor Market',
　　https://ogletree.de/blog-posts/new-german-law-aims-to-promote-a-more-inclu
　　sive-labor-market/?lang=en (2023. 5. 30.)

보건복지부, "보도자료 – 장애인 정책이 31년만에 바뀝니다: 장애등급제 단계적
　　폐지, 수요자 중심 장애인 지원체계로 전환", https://www.korea.kr/
　　briefing/pressReleaseView.do?newsId=156337913 (2019. 6. 25.)

정신건강복지법의 한계와 개선방안

신 권 철*

초록

본 글에서는 한국에서 정신장애인 강제입원제도를 규율하고 있는 정신건강복지법을 비판적으로 다루고자 한다. 정신건강복지법의 과거인 구 정신보건법부터 이어져 온 여러 개념과 제도들이 어떻게 생성되고, 지난 20여 년간 사회 현실 속에서 어떻게 작동하였는지를 보여주고, 그 문제점도 드러내보고자 한다.

글의 전개방식은 구 정신보건법을 포함하여 법의 제정이나 개정 과정에서 나타난 쟁점과 법원이나 헌법재판소의 판결과 결정들, UN 장애인권리협약이나 일반논평, 한국 정부에 대한 권고, WHO의 최근 보고서 등을 소재로 하고, 필요한 경우 외국의 예를 찾아 소개하고, 강제입원과 관련된 국내외의 통계도 필요한 경우 언급하였다.

머리말에서는 정신건강복지법이 숨기고 있는 치안입법으로서의 성격이 어떤 방식으로 드러나는지를 설명하면서 그러한 내밀한 치안적 성격을 어떻게 다스려야 하는지를 논의하였다. 본문에서는 정신건강복지법이 가지고 있는 개념과 제도를 다음과 같이 10개 항목으로 구분하여 논의하면서 주로 문제점을 지적하였다.

ⅰ) 정신건강복지법의 입법과정
ⅱ) 정신질환자 개념
ⅲ) 정신질환자 자격취득 제한(결격사유) 문제

* 서울시립대학교 법학전문대학원 교수

iv) 보호의무자 제도

v) 보호입원 및 행정입원 제도

vi) 응급이송 및 응급입원 제도

vii) 입원심사제도

viii) 외래치료지원 제도

ix) 정신요양시설

x) 복지서비스의 제공

결론 부분에서는 정신건강복지법의 방향으로 보호의무자 제도와 같은 대체의사결정제도의 폐지와 정신보건복지에서의 모든 강압의 폐지라는 2023년 WHO의 지침을 바탕으로 인격적 박탈과 신체적 자유 박탈을 막을 수 있는 방안과 지금의 강제입원제도가 미래의 시각에서 보면 국가의 법제도적 죄과가 될 수 있음을 지적하였다.

Ⅰ. 머리말

보이는 신체와 보이지 않는 정신으로 결합되어 있는 인간이 신체적으로 감금되는 일은 특별한 상황에서 발생한다. 예를 들면, 범죄와 같이 사회적으로 위법한 행위를 자신의 의지로 저질러 체포·구속되어 재판을 받아 감금되는 것이 그 한 예이다. 이러한 범죄에 대한 감금의 형벌은 저지른 행위에 대한 스스로의 귀책사유나 비난가능성을 통해 정당화된다.

그렇다면 정신장애(정신질환)를 이유로 한 본인의 의사에 반한 수용은 어떠한가? 무엇이 그러한 조치를 정당화시키는가? 범죄자의 경우와 달리 질병은 자신의 귀책사유가 아니며, 아직 범죄행위를 저지르지도 않고, 재판절차도 거치지 않았는데도 수용이 되는 점에서 형사사법절차와 차원을 달리하기 때문에 그와 다른 정당화 근거가 필요하다.

생각건대, 그 정당화 근거로서 법이라는 형식과 그 목적이 치료(治療)와 치안(治安)이라는 명분을 가지고 있기 때문에 우리는 그러한 수용을 정당하다고 생각하게 되는 것이다.[1] 현행 한국의 정신건강복지법(정식 명칭은 "정신건강증진 및 정신질환자 복지서비스 지원에 관한 법률"이나 법제처 약칭으로 이하에서는 '정신건강복지법'이라 한다)은 그러한 명분과 형식을 갖추고는 있다. 그러나 구체적 현실에서 강제입원과 관련해 법이 작동하는 방식은 거칠고, 입원 당사자보다는 입원시키려는 측에 편의적이며, 입원절차를 국제기준에 맞게 실질적으로 통제하는 시스템은 아직까지도 미비하다.

2023년 여름 지하철 역사에서 발생한 흉기난동 사건에서 그 당사자에게 정신병력이 있었다는 점이 이슈화되었고, 그 직후 법무부에서는 사법입원 제도 도입을 공론화하였고, 2024년 현재까지 보건복지부와 함께 강제입원의 심사와 결정을 법원이 하는 사법입원 제도의 도입을 검토하고 있다.

정신건강복지법이 보건복지부 관할 법률임에도 법무부가 먼저 사법입원 제도를 통해 그 개정에 나선 것은 정신건강복지법이 사실상 치안입법으로서 역할하고 있음을 보여주는 것이다. 그러나 정신건강복지법 어디에도 범죄의 예방이나 치안을 위한 것임을 표시하는 용어는 없다. 법 제1조의 법 목적에서도 예방, 치료, 재활, 복지, 권리보장 등의 목적만이 나열되어 있을 뿐이다. 그런데도 어떻게 법무부는 자신들이 먼저 나서서 보건복지부 관할 입법을 개정하겠다고 나설 수 있는 것일까? 정신건강복지법이 의료입법이자 복지입법인 것을 법무부가 모르는 것일까? 아니면 정신건강복지법은 겉으로는 의료와 복지를 말하고 있지만 실질적으로는 범죄예방과 치안을 위해 작동해 온 것일까?

정신건강복지법이 치안입법으로 오해받거나 아니면 실질적으로 치

---

1) 정신건강복지법의 치안입법적 성격에 대한 비판과 논의는 신권철, 정신건강복지법 해설(입원편), 법문사 (2018), 43-46.

안입법으로 작동하는 이유는 법이 규율하는 강제입원제도(보호입원, 행정입원, 응급입원) 속에 입원요건을 표현하는 하나의 단어 때문이다. 바로 '자타해 위험'이라는 단어이다. 이것을 드러내지 않기 위해 정신건강복지법은 '자신의 건강 또는 안전이나 다른 사람에게 해를 끼칠 위험'이라는 긴 문구로 표현하고 있다. 우리 헌법재판소도 2016년 구 정신보건법의 보호입원에 대한 위헌(헌법불합치)결정을 하면서 그 결정문에서 가족에 의한 보호입원제도가 환자의 치료와 "사회의 안전을 지키기 위한 것"이라 하여 정신보건법 어디에도 없던 '사회의 안전'(치안을 의미한다)을 해석을 통해 드러내었다.[2]

형벌은 이미 저질러진 행위를 벌할 수 있지만 개인의 위험을 벌할 수는 없다. 개인의 위험을 벌하려면 그가 적어도 한 번은 범죄를 저질러야 한다. 그 위험성은 통상 재범의 위험성이라 하여 형벌이 아닌 보안처분으로 대응한다. 정신장애(정신질환)가 있는 피고인에게 치료명령, 치료감호, 성충동약물치료 등의 이름으로 통상 형벌과 함께 법원에서 보안처분이 부과되고 있고, 실제 그 집행단계에서는 의사에 의한 치료적 조치들이 이루어진다. 법무부가 정신건강복지법에 사법입원제도를 도입하고자 나설 수 있던 이유는 바로 그 치안의 위험을 관리할 책임이 자신들에게도 있다고 믿기 때문이다.

그러나 정신건강복지법은 적어도 법문언상으로는 치안을 위한 것이 아니라 치료를 위한 것이며, 정신장애인(정신질환자)의 권리보장과 복지를 확보하기 위한 법으로 명시되어 있다. 그리고 정신건강복지법의 목적은 그래야 한다.

사법입원이 정신건강복지법에 도입된다고 하더라도 기존의 법의 목적과 이념, 기본취지는 바뀔 수 없으며, 오히려 사법입원을 통하여 기존에 취약했던 입원절차상의 조력과 권리보장을 국제기준에서 요구하는 수준으로 개선해 나가야 할 것이다. 이러한 관점에서 본 글에서

---

2) 헌법재판소 2016. 9. 29. 선고 2014헌가9 결정.

는 현행 정신건강복지법의 입원제도와 복지제도가 가진 문제점과 한계를 지적하고, 결론 부분에서는 정신건강복지법이 향후 지향해야 할 방향성을 검토해 보기로 한다.

II. 정신건강복지법의 문제점(한계)

1. 정신건강복지법의 입법과정

정신건강복지법은 1995년 제정된 정신보건법을 2016년 전문개정한 것이다. 전문개정이라고 하지만 보호입원제도, 보호의무자제도, 정신요양시설과 같이 구 정신보건법의 기존 제도들이 일부의 수정만 이루어진 채로 계속 유지되었고, 입원제도와 관련된 국제기준인 1991년 UN의 정신장애인 보호 원칙(MI principles)에 따른 입원심사의 원칙과 방식3)이나 2006년 제정된 UN의 장애인권리협약(CRPD)의 주요 조항에 따른 권고(대체의사결정제도의 폐지 등)는 당시의 정신건강복지법에 반영되지 못하였다.

다만, 정신건강복지법 제정 과정에서 정신장애 당사자 및 그 지원단체의 의견을 담은 입법안이 일부 반영되어 정신건강복지법의 목적과 기본이념에 UN 장애인권리협약에서 말하는 정신장애인의 자기결정권과 정책결정 과정참여 및 도움을 받을 권리 등이 명시되었고, 제4장에 별도로 복지서비스의 제공에 관한 규정(복지서비스의 개발, 고용

---

3) 1991년 UN 총회에서 결의된 의결(Principles for the protection of persons with mental illness and the improvement of mental health care. General Assembly resolution 46/119)로서 회원국에 정신보건법의 입원제도가 가져야 할 원칙과 내용 등을 담고 있다. 원문은 아래 홈페이지를 통해 확인할 수 있다.
https://www.ohchr.org/en/instruments-mechanisms/instruments/principles-protection-persons-mental-illness-and-improvement (2024. 3. 21. 확인).

및 직업재활 지원, 평생교육 지원, 문화·예술·여가·체육활동 등 지원, 지역사회 거주·치료·재활 등 통합 지원, 가족에 대한 정보제공)이 신설되었다. 그러나 예산과 인력, 정책 프로그램의 부족으로 2017년 정신건강복지법 시행 후 2023년까지 실질적인 서비스 제공은 미비하였다.

최근인 2024년 1월 개정된 정신건강복지법은 ⅰ) 위기를 겪는 정신장애인에 대한 동료지원 쉼터 설치·운영(제15조의4), ⅱ) 입·퇴원하는 정신장애인을 위한 절차조력인의 지원 신설(제38조의2), ⅲ) 성년후견제 이용지원(제38조의3), ⅳ) 강제입원환자의 최초입원심사에서 의견진술권 보장(제47조제2항 개정), ⅴ) 동료지원인 양성 및 활동지원(제69조의2) 등 입원을 예방하고, 입·퇴원 과정에서 사실적·법적 조력을 받고, 의견진술을 할 수 있는 규정을 신설하였다. 이는 2017년 정신건강복지법 시행 후 정신장애인의 자기결정과 이를 실현하기 위한 구체적 조력조치의 일환이라 할 수 있다.

그러나 2024년 1월의 위 개정 내용은 국회에서 여야와 정부가 서로 합의점을 찾은 사항만이 통과된 것이고, 실제 21대 국회(2020. 5. 30.~2024. 5. 29.)에 제출된 법안들 중에는 보호의무자 제도 및 보호입원 폐지(행정입원으로 일원화),4) 정신요양시설 폐지(기능전환)5)와 같이 입원제도에 있어 근본적인 대안을 마련하고자 하는 시도가 있었다. 다만, 이는 국회 심의과정에서 여야의 의견 차이로 입법화되지 못한 채 2024년 3월 현재 국회 계류 중에 있고, 2024년 5월 국회 임기만료로 폐기될 운명에 있다.

참고로 21대 국회(2016. 5. 30.~2020. 5. 29.)에서는 2019년을 전후하여 발생한 정신질환자의 범죄에 사회적 관심이 집중되면서 강제입원심사기관으로 가정법원을 두는 정신건강복지법 개정안이 3건이나 발

---

4) 2023. 2. 14. 인재근 의원이 대표발의한 정신건강복지법 일부개정법률안(의안번호 20018. 2024. 3. 현재 국회 계류 중).

5) 2023. 2. 3. 남인순 의원이 대표발의한 정신건강복지법 일부개정법률안(의안번호 19822. 2024. 3. 현재 국회 계류 중).

의되었으나6) 정부와 법원이 소극적인 태도를 취하면서 국회 임기만료로 2020년 5월 폐기되었다.

　이하에서는 보다 구체적으로 정신건강복지법이 구 정신보건법에서부터 지난 30여 년 동안 법적 개념과 제도로서 구축해 온 정신질환자 개념, 보호의무자 제도, 보호입원 및 행정입원 제도, 응급이송 및 응급입원 제도, 입원심사 제도, 외래치료지원제도, 정신요양시설, 복지서비스 제공의 문제점과 한계를 차례로 살펴보기로 한다.

2. 정신질환자 개념

　정신질환은 세계보건기구(WHO)의 국제질병분류(ICD. International Statistical Classification of Diseases and Related Health Problems)나 미국 정신의학회(APA)의 정신질환 진단 및 통계 편람(DSM. Diagnostic and Statistical Manual of Mental Disorders), 그리고 위의 국제질병분류를 참고한 한국의 표준질병·사인분류(KCD)에 따라 여러 정신질환이 각각의 특성을 가지고 분류되고, 판을 거듭하면서(ICD는 11차까지, DSM은 5판까지, KCD는 9차 개정을 추진하고 있음) 새롭게 변화하고 있다.

　법에서의 정신질환 개념7)도 위와 같은 변화를 인식하고 있지만 법 개념이 가진 추상성이나 하나의 징표를 가진 단어로 모든 것을 아울러야 하는 어려움 등으로 인해 대표적인 질병명이나 질병분류를 나열하거나 사실상 그 개념 정의를 포기하고 동어반복적 개념 정의를 하게

---

6) 윤일규 의원이 2019. 1. 25. 대표발의한 개정안(의안번호 2018323), 김재경 의원이 2019. 7. 31. 대표발의한 개정안(의안번호 2021735)이 있고, 그러한 정신질환 범죄에 대한 대응이 아니라 입원된 정신질환자의 권익보호를 위해 절차보조와 사법심사를 마련해야 한다는 취지로 김상희 의원이 2018. 5. 24. 대표발의한 개정안이 그것이다.

7) 정신질환자 개념에 대한 법적 고찰에 관해서는 신권철, "정신질환자 개념의 규범적 고찰", 법조 제644 (2010. 5.), 44-59.

된다.

   법은 개념 정의를 통해 법의 적용대상이 되는 정신질환과 그렇지 않은 것과의 경계를 설정해야 하는데, 그러한 경계설정의 역할에도 어려움이 있다. 구체적으로 살펴보면 한국은 구 정신보건법부터 현행 정신건강복지법까지 다음과 같이 정신질환자 개념을 정의해 왔다.

〈표 1〉 정신건강복지법의 정신질환자 개념 정의

	정신질환자 개념 정의
1995년 정신보건법	정신병(器質的 精神病을 포함한다)·인격장애 기타 비정신병적정신장애를 가진 자
2000년 정신보건법	정신병(器質的 精神病을 포함한다)·인격장애·알코올 및 약물중독 기타 비정신병적정신장애를 가진 자
2016년 정신건강복지법	망상, 환각, 사고(思考)나 기분의 장애 등으로 인하여 독립적으로 일상생활을 영위하는 데 중대한 제약이 있는 사람(제3조제1호)
	정신질환자등: 정신질환자 또는 정신건강에 문제가 있는 사람 중 **대통령령으로 정하는 사람**(제3조제7호)
2016년 정신건강복지법 시행령 (대통령령)	제2조(정신재활시설 이용자의 범위)「정신건강증진 및 정신질환자 복지서비스 지원에 관한 법률」(이하 "법"이라 한다) 제3조제7호에서 "대통령령으로 정하는 사람"이란 다음 각 호의 어느 하나에 해당하는 장애를 가진 사람을 말한다. 1. 기질성 정신장애 2. 알코올 또는 약물중독에 따른 정신장애 3. 조현병 또는 망상장애 4. 기분장애 5. 정서장애, 불안장애 또는 강박장애 6. 그 밖에 제1호부터 제5호까지의 장애에 준하는 장애로서 보건복지부장관이 정하여 고시하는 장애

   1995년 제정 정신보건법은 정신질환의 범주(유형)를 과거 정신의학에서 크게 신경증(neurosis)와 정신병(psychosis)으로 나누던 것에 근거하여 정신병을 맨 앞에 세우고, 다음으로 정신병과 구분될 수 있는 인격장애를 집어넣고, 마지막에 기타 비정신병적 정신장애라 하여 사실상 정신병 외의 모든 정신장애(mental disorder)를 포함시키고 있다. 결과적으로 정신병과 인격장애를 포함한 모든 정신장애를 포함시키고

있으나 정신장애 개념을 별도로 정의하지 않아 정신장애의 개념 징표나 범주를 해석에 맡기고 있다. 1995년 제정 정신보건법의 정신장애는 멘탈 디스오더(mental disorder)라는 의료적 용어로 정신장애(mental disability)와는 구분되는 용어로 해석된다.

우리 대법원은 구 정신보건법의 정신장애(정신질환) 개념을 해석하면서 알코올중독과 치매를 포함시키고, 추가로 그 의심이 있는 자도 포함시키면서 정신장애(정신질환)의 범주와 범위를 확장하는 해석을 하고 있다. 그 내용을 구체적으로 보면 다음과 같다.

〈표 2〉 대법원의 구 정신보건법상 정신장애(정신질환) 개념의 확대

대법원의 정신장애(정신질환) 개념 요지		
알코올 중독	대법원 2001. 12. 24. 선고 2001도5222 판결	구 정신보건법 제3조 제1호에서 정신질환자를 '정신병(기질적 정신병을 포함한다)·인격장애 기타 비정신병적 정신장애를 가진 자'로 정의하고 있는바, 알코올 중독증은 위 비정신병적 정신장애의 일종으로 볼 수 있다.
치매	대법원 2004. 12. 10 선고 2004도4850 판결	노인성치매(老人性癡呆, senile dementia)는 65세 이상의 노인에게 발증하는 뇌위축(腦萎縮)으로 인한 치매를 주된 증상으로 하는 기질적 정신병이어서, 이 병을 앓고 있는 사람은 정신보건법 제3조 제1호에서 말하는 "정신질환자"로 보아야 하고, 따라서 노인성치매 환자를 본인의 동의 없이 장기간 입원시키려면 정신보건법 규정에 따른 입원절차와 요건을 갖추어야 한다.
정신 질환의 의심이 있는 자	위 2001도522 판결	정신질환자의 치료 및 보호라는 정신보건법의 목적에 비추어 의학적으로 정신병 또는 정신장애의 진단을 받은 경우뿐만 아니라 그러한 정신장애의 의심이 있는 자도 포함된다
	대법원 2015. 10. 29. 선고 2015도8429 판결	정신보건법 제3조 제1호는 정신질환자를 정신병(기질적 정신병을 포함한다)·인격장애·알코올 및 약물중독 기타 비정신병적 정신장애를 가진 사람으로 정의하고 있으나, 정신질환자의 치료 및 보호라는 법의 목적에 비추어 볼 때 여기서 말하는 정신질환자에는 의학적으로 정신병 또는 정신장애의 진단을 받은 사람뿐만 아니라 그러한 정신장애의 의심이 있는 사람도 포함된다.

위 대법원 판결은 1995년 제정 정신보건법에 '알코올 중독'이 명문으로 정신질환 유형으로 규정되어 있지 않았지만 2001년 해석을 통해

정신질환의 범주에 포함시켰고, 2004년에는 치매도 기질적 정신병의 하나에 포함된다며 치매 환자에 대해서 정신보건법에 따른 입원요건과 절차를 거쳐야 함을 지적하고 있다. 아울러 정신장애(정신질환)를 의사로부터 진단받은 사람 외에 정신장애(정신질환)의 의심이 있는 경우에도 정신질환자 개념 정의에 포함시켜 강제적 입원이 가능하다고 판단하고 있다.

실은 대법원의 위와 같은 판결이 나오기 전인 1998년 국회에서는 당시 여당 의원의 대표발의로 정신질환자 범위에 '치매, 알코올 및 약물중독'을 포함시키는 법안이 발의되었으나[8] 1999년 12월 국회에서 치매는 그 성격상 병원 수용보다는 지역사회 치료가 더 적당하다는 이유로 제외하고,[9] 정신질환자 개념 범주에 '알코올 및 약물중독'을 추가하는 개정법을 통과시켰다. 위와 같이 입법정책상으로는 1999년 12월 국회에서 치매를 의식적으로 제외했음에도 불구하고 대법원은 2004년 12월 법상의 개념정의 해석을 통해 입법안에서 의식적으로 제외되었던 '치매'를 기질적 정신병이라 하여 포함시킨 것이다. 정신장애(정신질환) 개념에 대한 입법과정에서의 국회의 입장(치매 제외)과 대법원의 해석(치매 포함)이 충돌된 것이다.

입법기관인 국회와 정부 사이의 서로 다른 입장은 2016년 정신건강복지법으로의 전부개정 과정에서 나타난다. 구 정신보건법의 정신장애(정신질환) 개념은 유형에 따른 범주만 나열하여 그 장애의 경중이나 정도를 구별하지 않고 있어 경미한 우울증 등도 해석상 포함되어 있는데, 이는 강제입원의 대상자를 넓히고, 각종 자격취득의 결격사유가 있

---

8) 1998. 11. 28. 이성재 의원이 대표발의한 정신보건법개정법률안(의안번호 151492).
9) 위 개정법률안에 대한 국회 보건복지위원회 전문위원의 검토의견 및 심사의견을 보면 '치매'의 경우에는 노인인구의 높아지는 치매유병률을 고려하여 수용과 치료 위주의 정신보건사업보다는 가족과 지역사회에서 격리되지 않는 보호서비스가 더 필요함을 강조하고 있다(위 개정법률안에 대한 1998. 12. 검토보고서. 3. 및 1999. 12. 심사보고서, 5.).

는 사람도 확대하게 되는 문제점이 있었다. 특히 대법원이 정신장애의 진단이 없이 그 의심만 있는 경우도 구 정신보건법상의 정신질환자의 개념에 포함시켜 해석한 것에 의해 그 대상자의 범주가 확대되어 있는 상태이다.

또한 우리 대법원이 치매 환자의 경우에도 구 정신보건법상의 정신질환자 범주에 포함되므로 정신보건법의 강제입원(보호입원) 절차와 요건을 준수하여야 한다는 취지로 판단하고 있으나 정신의료기관의 경우에만 그러한 법적 규제가 적용되고, 노인을 위한 요양병원이나 요양시설의 치매노인의 경우에는 그러한 절차적 통제가 실제 현실에서 이루어지지는 않고 있다. 이는 대법원 판결이 사실상 무용지물인 규범적 상태에 있음을 의미한다.

3. 정신질환자 자격취득 제한(결격사유) 문제

각종 자격취득 법령에서 구 정신보건법 제3조 제1호의 '정신질환자'에 해당하는 경우에는 자격취득 자체가 제한되는 경우(의료인, 약사, 수의사, 의료기사, 미용사 등)가 많이 있었다. 이를 해결하고자 정부는 2014년 1월 정신보건법 전부개정법률안을 마련해 국회에 제출하였고, 그 주요내용으로 법에 의한 정신질환자 개념을 현재의 정신건강복지법과 같이 '망상, 환각, 사고(思考)나 기분의 장애 등으로 인하여 독립적으로 일상생활을 영위하는데 중대한 제약이 있는 사람'으로 한정하는 개정안을 제시하였다.[10]

그러나 그러한 입법취지에도 불구하고, 국회에서의 법안 심사과정에서는 만약 위와 같은 축소된 정신질환자 개념 정의를 여러 국가 공인 자격취득법령에서의 정신질환자 결격사유 규정에 도입하면 결국 경중의 정신질환자들도 사람을 대면하는 서비스 업종의 자격을 취득

---

10) 정부의 2014. 1. 16. 정신보건법 전부개정법률안(의안번호 9081호).

할 우려가 있다는 의견이 제시되었다.

이에 따라 국회 논의과정에서 정부도 이를 수용하여 2016년 전부개정한 정신건강복지법 부칙 제7조에서 25개의 정신질환자 자격취득 제한 법률에서는 구 정신보건법 제3조 제1호의 정신질환자 개념을 그대로 유지하는 예외 규정을 두었다. 이는 정신질환을 가진 사람의 취업에 대한 불안을 입법자들이 드러낸 것이며, 그러한 자격취득 제한이 여전히 필요하고, 그 제한의 대상자가 되는 정신질환자 범위 또한 법으로 넓게 포함하여야 한다는 입장을 보여준 것이다.

위와 같은 일부 입법자들의 의견이 전부개정된 정신건강복지법 부칙에 반영되기는 하였지만 2024년 3월 현재 앞서 본 부칙의 25개 법률 중 농림축산식품부가 관할하는 법인 축산법상의 가축인공수정사만 여전히 구 정신보건법 규정에 따른 결격사유를 두고 있고, 2017년부터 2020년 사이에 24개의 법률은 모두 현행 정신건강복지법의 정신질환자 개념을 차용하여 자격제한을 하고 있다. 이제 정신질환자 개념과 관련해 구 정신보건법이냐? 현행 정신건강복지법이냐?의 문제가 아니라 정신질환자에 대해 법률에 명시적으로 자격취득을 제한하는 규정을 두는 것이 헌법적으로 타당하냐? 라는 문제로 넘어간다.

이러한 자격취득제한 법령은 주로 한국이 일본의 법령을 참조하면서 지난 수십 년간 만들어 온 제도이다. 그러나 일본의 경우 2000년 전후로 정신질환자의 자격취득을 결격사유로 법률에 명시하여 두는 것이 헌법상 직업의 자유 침해나 차별의 문제가 있어 그 개선을 위한 논의를 범정부적으로 시행하고, 정신질환을 절대적 결격사유가 아닌 상대적 결격사유(의사의 진단과 평가 여부에 따라 자격취득을 가능하도록 하는 것)로 바꾸는 법령개선작업을 시행하였다.[11] 서구의 경우에는 이렇게 직접적으로 법률에 정신질환자의 자격취득제한을 명시하는 방

11) 신권철, "정신질환자 자격제한 법령의 문제점과 개선방안, 인권과 정의 제433호 (2013. 4.), 65-66.

법이 가진 문제점을 감안하여 개별 직업자격을 취득하는 과정에서 개별적으로 구체적 과거력이나 정신질환의 정도를 평가하여 자격취득 여부를 판단하는 방식을 취하고 있다. 한국에서는 아직 이 부분과 관련된 논의는 소극적·산발적으로 논의되고 있지만 차별금지라는 헌법적 요구와 한국이 비준한 UN 장애인권리협약이 법 앞의 동등한 인정으로서 기존에 금치산이나 후견과 같이 정신적 장애를 결격사유로 한 투표권의 회복과 마찬가지로 기존의 위험과 무능력의 관점으로 접근하는 것이 아닌 사회적 통합과 시민적 권리의 관점에서 접근할 필요가 있다.

참고로 일본과 한국 모두 금치산자나 피후견인의 선거권 박탈 규정에 관해 일본에서는 법원의 위헌 판결 후 법률의 개정으로,[12] 한국에서는 2020년 선거관리위원회의 유권해석으로 모두 선거권이 회복되었다.[13]

4. 보호의무자 제도

보호의무자란 정신장애가 있는 사람에 대해 가족이나 민법상 후견인이 그를 대신하여 보호의무자라는 지위에서 입원을 신청하거나 동의하는 등의 권한을 부여받고, 동시에 정신장애가 있는 가족의 자타해 위험을 방지하는 의무 등을 부담하는 정신건강복지법상의 제도이다.

그 제도의 기원을 보면, 일본이 19세기 후반 메이지 유신을 통해 근대적 법제도를 도입하는 과정에서 1900년 정신병자감호법을 제정하여

---

12) 東京地方裁判所 平成25年3月14日 平成23(行ウ)63 (公職選挙法11条1項1号の合憲性). 원문은 아래 일본 재판소 홈페이지 참조; 홍남희. "피성년후견인의 선거권 등 제한에 대한 법적 고찰". 사회보장법연구 제4권 제1호 (2015. 6.), 15-19 https://www.courts.go.jp/app/hanrei_jp/detail5?id=83641 (2024. 3. 25. 확인).

13) 뉴시스, 피성년후견인도 총선 투표한다. 서울시 선관위 "선거권 있다", https://www.newsis.com/view/?id=NISX20200310_0000950551&cID=10201&pID=10200 (2020. 3. 11. 06:00).

가족이 가정 내 공간에서 정신질환이 있는 가족을 감금하여 행정관청에 신고하여 관리하는 제도를 마련하였고, 그러한 감호의무를 가진 가족을 감호의무자라 하여(그러한 감호의무자가 없으면 우리의 시군구에 해당하는 시정촌의 장이 보충적으로 감호의무자가 되었음) 보호와 관리의 책임을 지게 한 것이다. 이러한 감호의무자 제도는 1950년 정신위생법 제정을 통해 보호의무자 제도로 명칭이 변경되었고, 한국은 일본의 1987년 정신보건법상의 보호의무자제도를 참조하여 1995년 정신보건법을 마련하였다. 한국은 이후 2016년 정신건강복지법으로 전부개정되는 과정에서도 보호의무자 제도의 일부 내용만 변경한 채 기본적 틀은 현재까지 그대로 유지하고 있다.

반면에 일본은 가족인 보호의무자를 통해 그 가족 내 정신질환자를 관리하는 제도가 가족에게 과도한 부담이 됨을 인식하고서 '의무'를 뺀 보호자 제도를 시행해 오다가 2013년 보호자 제도를 폐지하는 정신보건복지법 개정을 하여 2016년 실제 폐지하였다.[14] 일본의 보호자 제도 폐지의 이유를 보면, 보호자에게 자타해방지의무가 부과됨으로써 가족 중 정신질환자가 저지른 범죄나 불법행위에 대하여 그 가족인 보호자가 손해배상책임을 져야 하는 부담이 생기게 된다는 게 주된 이유였다. 그러나 보호자 제도를 폐지하였음에도 후견인이나 가족이라는 이름으로 정신질환자의 입원에 대해 동의를 하는 보호입원제도는 여전히 남아 있어 사실상 가족에 의한 입원제도는 현재까지도 유지하고 있고, 실제 위와 같은 제도 변화 이후에 오히려 강제입원의 하나인 보호입원은 더 증가하였다.

한국의 제정 정신보건법은 과거 일본의 1987년 정신보건법의 보호

---

14) 신권철, "정신질환자 보호의무자 제도 폐지와 그 대안", 사회보장법연구 제12권 제2호 (2023. 12.), 52-55; 일본의 보호의무자 제도 변천에 관한 구체적 설명으로는 백승흠.,"정신보건법상 보호자제도와 민법상 감독자책임에 관한 검토- 일본 정신보건복지법상 보호자제도의 폐지과정을 중심으로", 재산법연구 제3권 제4호 (2015. 2.), 286-294.

의무자 제도를 참고하였지만 이후 법 개정을 해 나가면서 점차 차이가 나게 된다. 예컨대 일본은 1950년 보호의무자 제도 시행 당시부터 법에 의해 순위가 정해진 가족이나 후견인 중 1명이 보호입원에 동의하는 권한을 가졌지만 일본의 현행 정신보건복지법(정식 명칭은 '정신보건 및 정신장애인복지에 관한 법률'임. 이하 '정신보건복지법'이라 한다) 에 의한 보호입원은 가족이나 후견인 중 순위와 관계 없이 동의권한이 있는 것으로 개정하여 보호입원이 오히려 증가하게 되었다. 반면에 한국의 1995년 제정 정신보건법은 보호의무자인 가족이나 후견인 중 누구라도 순위 없이 보호입원에 동의할 수 있었지만 이후 법을 개정하여 가족이나 후견인 중 2명 이상이 법이 정한 순위대로 보호입원의 신청이나 입원연장에 동의할 수 있도록 하여 보호입원에 대한 가족 내 통제가 이루어질 수 있도록 하였고, 그러한 법 개정으로 실제 보호입원이 감소하는 계기가 되기도 하였다.

그러나 보호의무자가 가진 제도적 의미는 한국이나 일본 모두 공통적이다. 정신장애로 인한 치안과 보호의 책임을 국가에서 가족으로 전환시키는 것이다. 정신장애는 과거에도 그랬지만 현재에도 여전히 치안과 관련된 국가의 권한과 책임을 요구하고 있는데, 20세기의 일본과 한국은 그것을 가족에게 미루어 둔 채로 긴 시간을 지내온 것이다. 한국의 정신건강복지법에 있는 보호의무자의 정신질환자에 대한 자타해 방지 유의의무(제40조 제3항)는 비록 그 의무위반에 대한 제재규정은 없지만 민사상 불법행위책임의 근거규정이 되고 있다. 대법원은 최근 위 조항을 소환하여 정신질환이 있는 젊은 자녀의 아버지에게 자녀의 방화를 막지 못한 책임을 물어 옆집 아파트가 입은 손해를 배상하도록 하였다.[15] 이러한 가족에게로의 법적 책임의 전가 또는 연대는 가정 내 정신질환자에 대한 보호책임을 가족에게 확대시키고, 가족 입장에서는 사실상 어떤 노력으로도 그 위험을 예상하거나 막기는 어렵기 때

---

15) 대법원 2021. 7. 29. 선고 2018다228486 판결.

문에 가정 내 갈등과 불안을 야기시킨다.

보호의무자 제도는 UN 장애인권리협약에서 그 폐지를 권고하고 있는 대체의사결정제도의 하나이다. 강제입원과 관련해 서구에서는 가족이 아니라 후견인이라는 이름으로 입원에 대한 의사결정 대체를 합법화한 반면, 한국과 일본은 가족이 그 보호자로서 입원에 대한 의사결정을 대체해 온 것이다.16)

한국의 보호의무자 제도는 아직도 살아 숨쉰다. 그것은 보호입원이라고 하는 가족에 의한 입원시스템을 두고 있기 때문이다. 보호입원 외에 입원은 자유롭지만 퇴원이 제한될 수 있는 동의입원에 있어서도 가족인 보호의무자의 동의(입원과 퇴원 모두)가 필요하다. 후견인도 보호의무자 중의 1인으로서 가족에 우선하도록 현행 정신건강복지법이 규정하고 있으나 실제 후견인이 선임된 경우는 전체 보호입원의 0.1% 정도로 극소수이다.17)

보호의무자 제도는 그 탄생에서부터 보았듯이 일본에서 아직 국가의 역할이 정립되지 않은 상황에서 가족에게 국가가 담당해야 할 치안의 책임을 떠넘긴 것이기도 하지만 120년 전에는 의료인력과 의료시설이 미비한 상황에서 가족이 유일한 대안이 되었던 것이다. 지금은 그러한 인적·물적 자원이 확보되고, 국가의 역할 또한 그 당시와는 달리 치안적 역할 외에 치료, 돌봄, 복지의 모든 방면을 관할하고 있어 가족의 역할은 점차 축소될 수 밖에 없고, 가족의 빈 공간을 이제 국가가 이어받아 수행할 필요도 있다.

---

16) 보호의무자에 의한 보호입원의 위헌성에 대해서는 정태호, "보호의무자에 의한 정신질환자 강제입원·치료제도의 위헌성-독일 연방헌법재판소의 관련 판례의 응용을 중심으로 -", 경희법학 제51권 제2호 (2016. 1.), 123 이하를 참조할 것.
17) 국가인권위원회, 정신장애인 인권보고서 (2021), 158 표.

5. 보호입원 및 행정입원 제도

　정신건강복지법은 본인의 의사에 반한 강제입원제도로서 보호입원제도와 행정입원제도를 가지고 있다. 응급입원도 본인의 의사에 반한 입원이기는 하지만 그 기간이 3일로 짧고, 그 기간 내에 다른 입원으로의 전환(자의입원, 동의입원, 보호입원, 행정입원)이나 퇴원을 전제하는 것이어서 장기적인 입원이 전제되는 보호입원이나 행정입원과는 차이가 있다.

　보호입원은 보호의무자 2인 이상의 신청으로 정신의료기관의 장이 결정하는 반면, 행정입원은 시군구청장(특별자치시장 및 특별자치도지사를 포함. 이하 같음)의 의뢰와 결정으로 지정된 정신의료기관에서 입원이 이루어진다. 보호입원은 보호의무자인 가족에 의해 그 입원이나 퇴원이 주도되는 반면, 행정입원은 행정기관에 의해 입원과 퇴원이 결정된다.[18] 이러한 강제입원 유형의 구분은 프랑스·독일·일본과 같은 대륙법계 국가에서는 명확한 반면, 영국·미국·호주와 같은 영미법계 국가에서는 그러한 구분 없이 이루어지는 경우가 더 많다.

　예컨대, 프랑스 공중보건법전은 가족 등 제3자의 청구에 의한 입원과 행정관청(국가대리인)의 결정에 의한 입원으로,[19][20] 독일은 민법상 후견인에 의한 입원(민법상 수용)과 각 연방주의 정신질환자법(PsychKG)

---

18) 현행 행정입원의 법적 성격과 내용에 대한 비판적 의견으로는 박현정, "행정법적 관점에서 본 비자의입원의 법적 성격과 절차", 행정법연구 제56호 (2019. 2.), 154-168.

19) 프랑스의 경우 입원 승인은 승인권자에 따라 가족 등 제3자의 청구에 대한 의료시설장에 의한 승인과 국가행정기관(행정관청)인 데빠르뜨망 지사에 의한 승인으로 나뉜다. 이에 대한 구체적 설명으로는 박현정, "프랑스의 비자의 정신치료와 법원의 역할", 법학논총, 제35권 제2호(2018), 36.

20) 프랑스 강제입원제도에 대한 구체적 설명으로는 양승엽, "정신질환자의 강제입원에 대한 사법적 심사 - 프랑스 법제를 중심으로", 서울법학 제25권 제2호 (2017. 8.), 276-293.

상의 행정관청에 의한 입원(공법상 수용)으로,[21] 일본 정신보건복지법은 가족 등에 의한 의료보호입원과 도도부현 지사에 의한 조치입원으로 각각 구분하여 크게 가족이나 후견인의 신청을 통한 입원과 행정기관에 의한 입원을 구분한다. 또한 가족이나 후견인에 의한 입원은 주로 환자의 동의능력의 부족을 요건으로 하는 반면에 행정관청에 의한 입원은 환자의 자타해 위험을 그 요건으로 한다.

반면에 영미법계인 영국 정신보건법은 그 절차와 목적에 따라 긴급수용(Emergency Detention. 우리의 응급입원과 유사), 진단을 위한 단기입원 단계와 치료를 위한 장기입원 단계로 구분될 뿐 강제입원의 절차는 하나로 통일되어 있다. 다만 그 입원의 신청인은 의사, 승인된 정신보건전문가(approved mental health professional. AMHP), 최근친(nearest relative)에 의해 이루어진다.

미국은 각 주마다 강제입원(civil commitment. 민사수용)의 요건과 절차가 다양하게 규정되고 있으나 대체로 정신과적 응급위기 상황에서 승인된 정신보건 전문가나 위기대응을 위한 치안관(peace officer) 등이 이송이나 입원의뢰를 맡고, 가족은 위와 같은 사람에게 그 이송을 의뢰하는 방식으로 강제입원이 이루어진다.[22]

호주도 각 주마다 정신보건법을 제정하여 운영하고 있는데 예컨대 뉴사우스웨일즈 주(시드니가 주의 수도임)의 정신보건법은 친족의 요청이나 의사의 증명서 등에 기반하여 경찰, 구급대원 등에 의해 임시로 병원에 입원되어 강제입원절차가 진행된다.

대륙법계 국가와 영미법계 국가가 강제입원 유형에 있어 위와 같은

---

21) 독일의 강제입원제도에 대한 구체적 설명으로는 박귀천, "독일의 정신보건법제와 정신질환자 강제입원제도", 법학논집 제19권 제2호 (2014. 1.), 361-368.

22) 예컨대 미국 캘리포니아 주의 THE LANTERMAN-PETRIS-SHORT ACT이 그러한 규정을 포함하고 있다. 위 법률의 원문은 아래 홈페이지 참조.
https://leginfo.legislature.ca.gov/faces/codes_displayText.xhtml?lawCode=WIC&division=5.&title=&part=1.&chapter=2.&article=1 (2024. 3. 25. 확인).

차이점을 가지게 된 것은 대륙법계 국가의 경우 국가 중심의 공법과 민간 영역의 사법의 구분이 명확한 반면, 영미법계 국가의 경우 공법과 사법에 대한 구분을 명확히 하지 않는 법제사적 전통에 기인한 것이기도 하다.

그렇다면 한국은 보호입원과 행정입원을 명확히 구분하여 활용하고 있을까? 1995년 제정 정신보건법은 일본 정신보건법을 참조하여 그러한 구분을 두어 지금의 보호입원에 해당하는 입원(1995년 제정 정신보건법 당시 명칭은 동의입원임)에서는 보호의무자가 환자를 대신해 동의하는 입원형태를 가지고 있었고, 공법적 조치로서 자타해 위험이 의심되는 환자에 대해 정신과 전문의나 정신보건전문요원의 신청을 받아 시도지사(2008년 법 개정을 통해 시군구청장으로 그 권한 주체가 변경됨)가 진단 및 입원을 의뢰하는 시도지사에 의한 입원(현행 정신건강복지법의 행정입원에 해당)으로 구분하고, 그 요건과 입원연장절차도 다르게 규율하였다. 그러나 2016년 정신건강복지법으로 전부개정되면서 보호입원과 행정입원의 요건과 절차, 입원연장 방식이 유사해졌고, 이로 인해 보호입원과 행정입원이 가진 서로 다른 목적과 성격은 옅어지게 되었다.

이와 같은 강제입원 유형 구분의 불명확성 문제와 더불어 UN 장애인권리협약에 따른 대체의사결정제도의 폐지 권고를 받아들여 21대 국회에서는 2023년 2월 보호의무자 제도 폐지와 함께 보호의무자의 입·퇴원 동의가 필요한 동의입원제도와 환자 아닌 보호의무자만으로 입원이 가능한 보호입원제도의 폐지를 담은 법안이 발의되었다.23) 2024년 3월 현재 위와 같은 정신건강복지법 개정법률안이 국회 계류 중이기는 하지만 정부와 국회 내에서 다른 의견들도 있어 2024년 5월 국회 임기만료로 폐기될 가능성이 높다.

---

23) 2023. 2. 14. 인재근 의원이 대표발의한 정신건강복지법 일부개정법률안(의안번호 20018. 2024. 3. 현재 국회 계류 중).

위와 같은 법적 쟁점은 강제입원제도에서 가족과 국가의 역할을 어떻게 배분해야 하는 것인가?라는 근본적인 문제와 맞물려 있다. 만약에 그 개선방향과 관련된 단계적 순서가 있다면 보호입원과 행정입원 중 보호의무자에 의한 보호입원을 폐지하는 것이 순서상 맞을 것이다. 그 이유는 보호의무자 제도가 탄생하게 된 배경을 보면 가족을 앞세운 전 근대적 국가 시스템에서 비롯된 것이기 때문이다. 하지만 보다 근본적으로는 가족이 강제입원의 권한을 가지게 되면 그 상대방이 되는 정신장애를 가진 가족은 그 신체와 관련해 이해관계가 서로 충돌대립되고, 서로 대면하기 힘든 과정을 겪어야 하기 때문이다. 다만, 가족은 함께 생활하는 다른 가족의 건강이나 안전을 옆에서 지켜보면서 파악할 수 있어 위험한 상황에서는 입원이 아니라 병원까지의 이송이나 진단을 공적 기관에 요청할 수 있도록 하고, 입원 이후에도 지속적인 돌봄과 지원의 역할을 가족이 할 수 있도록 지원하는 것은 허용되고, 더 나아가 필요하다고 볼 것이다.

6. 응급이송 및 응급입원 제도

강제입원은 입원을 거부하는 환자의 강제이송에서부터 시작된다. 입원에 동의하는 환자에게는 강제이송이나 강제입원의 절차는 필요하지 않다. 그런데 강제이송을 누가 하는가? 우리의 현실에서는 주로 민간의 응급이송단체가 가족의 요청으로 돈을 받고 그 역할을 하고 있다. 그렇다면 강제이송은 누가 할 수 있고, 누가 하여야 하는가? 대답해 보자면 강제라는 물리력을 합법적으로 행사할 수 있는 법적 권한 있는 자만이 할 수 있고, 그렇게 하여야만 한다.

최근에는 환자 이송 시 물리력을 행사하는 민간에 의한 불법이송(사설업체 이송)을 묵인하고, 방관하는 경찰에 대해 2023년 5월 국가인권위원회가 민간이송업체 직원이 환자의 자유를 구속하는 불법행위를 하는데도 묵인하고 방관하였다는 이유로 신체의 자유를 침해한 것이라 지적하였다.24) 이미 20여 년 전부터 법원도 민간이송업체의 물리력 행사를 통한 환자 강제이송을 감금죄로 보아 형사처벌을 하고 있다. 한편, 입원적합성심사위원회도 입원과정(이송)에서의 강압행위가 있을 경우 입원부적합 판정을 하여 불법한 입원이라는 이유로 퇴원을 시키고 있는데, 2018년 7월부터 2019년 6월까지 이러한 사유로 인한 부적합 판정 사건은 연간 117건으로 전체 부적합 사유 중 21%를 차지하고 있다.25)

그러나 통계적으로 보면 강제입원에 있어 합법적 물리력을 행사할 수 있는 경찰이나 119 구급대원에 의해 환자가 이송되는 경우보다 가족의 요청으로 돈을 받고서 민간 이송업체에 의해 이송되는 경우가 더 많다. 이를 구체적으로 보면 다음과 같다.

〈표 3〉 강제입원환자의 병원 이송방식(2018. 7. 1.~2020. 6. 30.)26)

기간별 결정 건수와 비율		병원 이송 방식						
		복수체크 가능	경찰	구급대원	가족	시설응급 이송단	환자 자발적 내원	기타
2018.7~ 2019.6	건수	5,170	1,586	26,078	7,635	464	3,254	
	비율	14.7%	4.5%	74.4%	21.8%	1.3%	9.3%	
2019.7~ 2020.6	건수	6,799	2,027	23,976	7,212	0	4,385	
	비율	20.9%	6.2%	73.8%	22.2%	0.0%	135%	
국립정신경원별 이송방식 (2년간)건수와 비율		복수체크 가능	경찰	구급대원	가족	시설응급 이송단	환자 자발적 내원	기타
국립정신건강센터 (수도권)		30,770	16.7%	3.8%	76.3%	30.8%	1.0%	16.9%
국립공주병원 (충청권)		6,611	19.0%	10.5%	77.7%	11.9%	0.2%	8.7%

24) 국가인권위원회 2023. 4. 25.자 2022진정0227600 결정. 사건[정신병원 입원과정에서 경찰의 부적절한 대응으로 인한 인권침해 사건].

25) 국가인권위원회, 정신장애인 인권보고서 (2021), 175 표.

26) 국가인권위원회, 정신장애인 인권보고서 (2021), 174 표(원 출처는 보건복지부 내부자료).

기간별 결정 건수와 비율	병원 이송 방식						
	복수체크 가능	경찰	구급대원	가족	사설응급 이송단	환자 자발적 내원	기타
국립나주병원 (호남권)	7,731	19.3%	8.7%	56.8%	9.1%	0.3%	5.7%
국립부곡병원 (영남권)	19,903	18.0%	3.9%	78.7%	18.8%	0.6	6.0%
국립춘천병원 (강원권)	2,528	20.1%	12.1%	54.0%	5.1%	0.3%	8.5%

위 표의 가족이 환자를 병원으로 이송시키면서 그 지원을 받는 방식을 보면 ⅰ) 사설 이송단의 비율이 22% 내외로 가장 많고, ⅱ) 그 다음이 경찰 2018.7월~2019.6월은 14.5%, 2019.7월~2020.6월은 20.9%이며, ⅲ) 119 구급대원에 의한 이송은 5% 내외로 적은 편이다. 이는 강제입원에 있어 국가가 아닌 가족과 민간에 더 많은 역할과 책임이 부과된 것임을 알 수 있다. 또한 각 지역별로도 119 구급대원이나 사설이송단이 이송에 참여하는 비율의 편차가 있다.

경찰과 119 구급대원은 왜 환자 이송에 소극적인가? 경찰은 경찰관직무집행법 제4조(보호조치 등)에 의해 자타해 위험이 있는 정신질환자를 보건의료기관으로 이송하여 인계할 권한과 책임이 있다. 119 구급대원 또한 응급의료법에 따라 응급환자로 간주되는 정신질환자에 대해 응급의료조치로서 병원으로의 이송의무가 있다. 그리고 위 표에서 보는 바와 같이 실제 일부 경찰과 구급대원은 그 역할을 하고 있다. 그러나 더 많은 경찰과 구급대원은 정신의료기관에서의 입원거절 등여러 사유를 들어 병원 이송에 소극적인 태도를 취하고 있다. 반면에 2019년 4월 진주아파트 방화살인 사건 직후 경찰은 태도를 바꾸어 적극적으로 이송조치를 한 적이 있으나 아직 그 이송 역할은 부족한 상태이다. 경찰과 119 구급대원의 2018~2019년 월별 현황을 강제입원 유형별로 구체적으로 보면 다음과 같다.

〈그림 1〉 경찰관 및 구급대원 이송 월별 현황(2018.6.~2019.7.)[27]

위 그림을 보면 2019년 4월 진주아파트 방화살인사건 전후로 경찰에 의한 이송은 i) 보호입원의 경우 월별로 보면 300건 내외에서 500건 내외로 증가하고, ii) 행정입원 또한 100건 내외에서 250건 내외로 증가하였다. 구급대원에 의한 이송도 월별로 보면 i) 보호입원의 경우 100건 내외에서 150건 내외로, ii) 행정입원의 경우 20~30건 내외에서 50건 내외로 증가하였다. 2019년 4월의 위 진주아파트 사건은 경찰에게 환자 이송의 법적 책임이 있음을 인식하게 해 주었고, 그 결과 경찰에 의한 병원이송과 응급입원 동의가 일부 증가하기도 하였다. 실제 경찰의 범죄백서를 보면 경찰관의 행정입원 요청 및 이송(정신건강복지법 제44조 제2항) 또는 응급입원 동의 및 이송(제50조 제1항 및 제2항)은 위 사건 시점을 전후하여 통계를 달리 내고 있다. 이를 구체적으로 보면 다음과 같다.

---

27) 고려대학교 의료원 산학협력단, 개정 정신건강복지법 평가 및 제도개선 연구, 보건복지부 연구용역보고서 (2019), 94 그림 8.

〈표 4〉 경찰의 행정입원 요청(신청) 및 응급입원 동의(의뢰) 현황[28]

기간	총계 (월평균)	행정 입원		응급 입원	
		신청	월평균	의뢰	월평균
진주사건 이전 ('18.9.~'19.3/7개월)	2,388명 (341명)	110명	15.7명	2,278명	325.4명
진주사건 이후 ('19.4.~'22.9/44개월)	29,166명 (662.8명)	1,796명	40.8명 (159.19%↑)	27,370명	622명 (91.1%↑)

위 표를 보면, 경찰이 단순히 환자를 정신의료기관으로 이송만 하는 것이 아니라 정신건강복지법에 따른 법적 권한으로서 시군구청장에 의한 행정입원을 요청하거나 응급입원에 동의(의뢰)할 수 있는 권한을 일부 행사하고 있다. 그리고 이러한 경찰의 권한은 동시에 법적 책임을 부담하게 된다. 경찰이 정신장애로 인한 자타해 위험을 의심하였음에도 경찰관직무집행법에 따른 의료기관 보호조치 및 정신건강복지법에 따른 행정입원 요청 등의 조치를 취하지 않아 다른 사람이 피해를 입은 경우 국가의 손해배상책임이 발생하기도 한다.

2019년 4월 발생한 진주아파트 방화살인사건에 대한 피해자 유족의 국가에 대한 손해배상청구사건이 그 예이다. 위 소송에서 1심 법원은 2023년 11월 정신질환으로 인한 자타해위험을 경찰이 사실상 알면서도 묵인하거나 방치한 경우 여러 사람의 생명이 위태로울 수 있고, 정신건강복지법에 따른 경찰의 행정입원 요청이 그러한 위험을 막을 수 있는 수단임을 지적하며 국가에 대해 사망 피해자 유족들에 대한 손해배상책임을 인정하였다.[29] 앞서 보호의무자인 가족에게 정신질환이 있는 다른 가족의 불법행위로 인한 손해배상책임을 인정하듯, 국가도 행정입원과 관련해서는 경찰과 시군구청장 등이 그 절차에 관여할 권한과 의무가 있음을 전제로 그 책임을 인정한 것이다. 앞서 통계에서 보듯이 위의 사건 발생 후 경찰의 행정입원 요청이나 응급입원 동

---

28) 경찰청, 경찰백서 (2023), 154 표 2-81.
29) 서울중앙지방법원 2023. 11. 15. 선고 2021가합580851 판결.

의 건수는 증가하였고, 그로 인해 행정입원이나 응급입원 건수도 증가하였다. 이는 강제입원에서의 국가의 역할이 조금씩 확대되고 있음을 보여주는 것이기도 하다.

7. 입원심사제도

입원심사는 강제입원, 그 중에서도 응급입원을 제외한 진단이나 치료를 목적으로 한 장기적 입원을 심사하는 것이고, 통상적으로 각 나라의 정신보건법에 그 심사절차와 방식이 마련되어 있다. 1991년 마련된 UN의 정신장애인 보호원칙(MI 원칙)은 입원심사제도가 어떠한 원칙과 방식으로 마련되어야 하는지 잘 제시하고 있는데, 한국의 정신건강복지법에 따른 입원심사는 그러한 원칙과 방식이 미비한 상태이다. 2023년 8월 법무부로부터 제기된 강제입원 심사에 있어 사법입원 도입 논의는 2024년 3월 현재까지 별다른 외부적인 결과 발표는 없지만 법원에 의한 강제입원 심사(사법입원)가 가져야 할 원칙도 위에서 본 UN의 정신장애인 보호원칙에 포함되어 있어 이를 간단하게 살펴보기로 한다.

1991년 UN의 정신장애인 보호원칙(MI 원칙)은 입원심사기관(review body 제17조) 및 절차적 보호장치(procedural safeguards 제18조)가 어떠해야 하는지 다음과 같이 규정하고 있다(아래는 규정 내용의 요지를 필자가 정리한 것임).[30]

1) **심사기관(독립성과 중립성)**: 국내법에 의해 설립된 사법기관 또는 그 밖의 독립적·중립적 기관으로서, 그 직무가 국내법에 의해 정해진 절차에 따라 운영되어야 하고, 심사기관은 공식적인 결정을 내

---

30) 이하의 UN 정신장애인 보호원칙은 아래 홈페이지의 원문을 참조함.
https://www.ohchr.org/en/instruments-mechanisms/instruments/principles-protection-persons-mental-illness-and-improvement (2024. 3. 25. 확인).

리는 데 있어 자격 있는 독립적인 정신보건 전문가 1인 이상의 조언을 참고해야 함(MI 17-1)

2) **입원심사의 신속성·자동성·정기성**: 강제입원이나 입원연장(계속입원) 결정에 대한 심사기관의 최초 심사는 가능한 한 빨리 이루어져야 하고, 국내법에 의해 규정된 대로 수월하고 신속하게 수행되어야 하며, 심사는 국내법에 규정된 대로 적당한 기간마다 주기적으로 심사해야 함(MI 17-2, 3)

3) **퇴원신청 및 심사**: 강제입원 환자는 국내법 규정에 따라 적당한 기간을 두고서 심사기관에 퇴원이나 자발적 입원상태로의 전환을 신청하여 강제입원 기준에 해당하지 않는 경우 퇴원할 수 있고, 그러한 신청을 하지 않더라도 강제입원 기준에 해당하지 않는 경우 담당 정신보건전문가는 퇴원 지시를 하여야 함(MI 17-4, 5, 6)

4) **불복할 권리**: 환자나 그 대리인, 기타 이해관계인에게 입원(계속입원) 결정에 대해 상급법원에 불복(항소)할 권리가 보장되어야 함 (MI 17-7)

5) **절차적 인력지원**: 환자의 항소(이의제기) 시 변호인과 함께 자신을 대리할 대리인을 선임할 권리가 있고, 그 지불여력이 안 되는 경우에는 무료로 변호인을 확보하도록 해야 하며(MI 18-1), 통역(진술조력) 서비스 제공을 해야 함(지불여력이 없는 경우 무료 제공)(MI 18-2)

6) **증거 및 기록**: 환자와 그 변호인은 심리 시 독립적인 정신보건 보고서 등과 관련 증거자료를 요청하고, 제시할 수 있으며(MI 18-3), 환자 기록 및 관련 자료들은 환자와 그 대리인에게 사본을 전달하고, 환자에게 공개 시 건강이나 안전에 위협이 될 경우 환자의 개인 대리인과 변호인에게 전달하고, 환자에게는 그 사실과 이유를

고지해야 하고, 이에 대한 사법심사가 가능해야 함(MI 18-4)

7) **환자의 대면진술권(말하여질 권리)**: 환자와 그 대리인 및 변호인은 심리에 직접 출석해 참여하고 발언할 수 있는 권리가 주어져야 함 (MI 18-5)

위와 같은 UN이 제시한 심사기관의 성격과 절차를 기준으로 한국의 강제입원심사기관이라 할 수 있는 5개 국립정신병원(국립정신건강센터, 국립공주병원, 국립부곡병원, 국립나주병원, 국립춘천병원) 산하 입원적합성심사위원회, 입원연장 및 퇴원청구 심사를 담당하는 시군구청장 소속의 정신건강심사위원회, 마지막으로 강제입원환자의 퇴원청구로서 활용되는 인신보호제도(판사가 담당)를 비교해 보면 다음과 같다.

〈표 5〉 한국의 강제입원심사기관의 MI 원칙 적합 여부 비교

UN의 MI 원칙	입원적합성 심사위원회	정신건강 심사위원회	인신보호판사
소속(독립성 및 중립성)	국립정신병원	시군구청장	법원
심사 시 의료전문가 조언	지정진단의사의 진단서		필요한 경우 전문가 진단의뢰
신속성/자동성/정기성	1개월 내 심사 (자동성)	6개월마다 심사 (최초는 3개월) (정기성)	청구하면 심사 (2주일 내 심문기일 지정)
퇴원청구	따로 규정 없음	가능	가능
결정에 불복할 권리	따로 규정 없음	상급(시도) 정신건강심사위원회에 불복 가능	상급법원에 항고(재항고)
변호인(국선변호인)	없음		있음(국선변호인)
통역(진술조력)	현재 없음 (절차조력인 신설. 2026. 1. 3. 시행)		민사소송의 예에 따름 (통역 및 진술보조 규정)
심사방식	서면		대면
결정방식	위원회 의결		단독판사 결정
증거 및 기록	1차 및 2차 진단서 + 조사원 보고서 등 (따로 증거제출 규정 없음)		진료기록 위주

UN의 MI 원칙	입원적합성 심사위원회	정신건강 심사위원회	인신보호판사
환자의 대면진술권	현재 없음 (입원환자 의견진술권 신설. 2024. 7. 3. 시행)		법정심리 중 대면진술 가능

　위 표를 보면, 먼저 인신보호판사에 의한 입원심사의 경우, 법원의 중립성과 판사의 독립성은 잘 보장되지만 UN의 정신장애인 보호원칙(MI 원칙)에서 요구하는 자동성, 즉 강제입원된 환자의 청구 없이도 입원심사를 해야 하는 원칙에 어긋나기 때문에 입원심사기관이 가져야 할 속성이 결여되어 있다. 입원적합성심사위원회나 정신건강심사위원회는 환자의 청구 없이도 입원심사를 자동적, 정기적으로 하지만 법원과 같은 중립성이나 판사와 같은 독립성을 갖추지 못하고 있는 점에서 문제가 된다. 입원적합성심사위원회는 보건복지부 소속 정신의료기관인 국립정신병원에 소속되어 국립정신병원의 입원환자를 심사하고 있고, 입원환자를 조사하는 조사원도 국립정신병원에 소속되어 있다. 입원적합성심사를 하는 위원들 또한 그 의결에 대해 독립성이나 중립성을 보장하는 장치가 마련되어 있지 않다. 시군구에 소속된 정신건강심사위원회 또한 마찬가지이고, 시군구청장이 행정입원을 통해 입원시킨 사람을 심사해야 하는 문제점도 있다. 이러한 중립성과 독립성의 부재는 그 심사의결에도 영향을 미치는 요소가 된다. 참고로 2022년 1년 간 입원적합성심사위원회는 29,195건을 심사하여 그 중 부적합 판정을 한 것은 572건으로[31] 부적합 비율은 약 2% 정도이다. 그 입원부적합 사유를 보면 ⅰ) 입원에 따른 증빙서류 미비가 169건으로 29.5%를 차지하고, ⅱ) 그 다음으로 입원요건인 입원치료 필요성과 자타해 위험성이 진단결과서상 명확하지 않은 경우가 115건으로 20.1%를 차지하며, ⅲ) 환자이송 중 강압행위로 이송이 부적법하다는 이유가 102건으로 17.8%를 차지한다. 그 외에 기타(111건), 보호의무자 자격 불인

31) 보건복지부등, 국가 정신건강현황 보고서 (2022), 70-71.

정(38건), 입원유형 전환기간 미준수(21건) 등의 사유로 부적합 판정을
받고 있다.

우리의 입법에 참조가 된 일본의 입원심사기관인 도도부현 산하의
정신건강심사회는 2018년 기준으로 신고(정기보고 포함)된 의료보호
입원과 조치입원(우리의 행정입원에 해당)의 심사건수만 해도 27.6만
건에 이르고, 우리와 마찬가지로 99%가 넘게 입원을 승인하는 기구로
운영되고 있다. 구체적으로 보면 2007년 기준으로 의료보호입원의 입
원연장을 위한 정기보고에 대한 심사건수 8.6만 건 중 입원계속을 하
지 않은 것은 1건, 다른 입원형태로의 전환은 4건으로[32] 입원계속 승
인율이 99.9%에 이른다. 그러나 대만은 우리나 일본과 유사하게 위원
회 형식의 심사기관인 강제감정 및 강제지역치료 심사회가 강제입원
등을 심사하는데, 그 심사현황을 보면, 2023년 1년 간 심사건수가 570
건으로 강제입원된 숫자 자체가 한국이나 일본과 비교할 수 없이 적
고, 입원 불허 건수는 25건, 허가 건수는 545건으로 입원 승인율은
95.6%로[33] 한국이나 일본에 비해 엄격한 입원심사를 하는 편이다.

다만 한국의 경우 2008년 인신보호법이 제정된 후 강제입원된 환자
의 퇴원을 요구하는 인신보호청구가 크게 늘어 2019년 830건, 2020년
820건, 2021년 959건, 2022년 1,084건, 2023년 1,465건으로 증가했
다.[34] 그 중 2020년 820건으로 감소한 것은 코로나 19로 인한 입원환
자 숫자의 감소때문으로 추정되며, 2023년 건수가 크게 늘어난 것은

---

32) 일본 후생노동성, 정신의료심사회 심사현황 (2007) 아래 홈페이지 통계 현황 참고
   https://www.mhlw.go.jp/shingi/2009/07/dl/s0730-11b_0004.pdf (2023. 3. 25. 확인).
33) 대만 위생복리부의 중증 정신질환자 강제감정 및 지역사회 강제치료심사회 통
   계에 관한 아래 홈페이지 참조
   https://dep.mohw.gov.tw/DOMHAOH/cp-405-62833-107.html (2024. 3. 25. 확인).
34) 대한민국 법원 통계월보 중 인신보호 통계에 관한 아래 홈페이지 참조.
   https://www.scourt.go.kr/portal/justicesta/JusticestaViewAction.work?gubun_code=
   G16&tcode=T01&scode=S01&year=2024&gubunyear=2024&month=03
   (2024. 3. 25. 확인).

인신보호청구에 대한 권리고지 및 청구서식이 입원환자에게 보다 유용하게 바뀌면서 발생한 결과이기도 하다.

서구 국가의 경우 국제기준인 MI 원칙에 따라 법원(court)이나[35] 심판원(tribunal)의 판사나 위원이 중립성과 독립성을 확보하고서 재판방식으로 환자의 절차적 기본권을 보장하고 있는 반면에 앞서 본 일본의 정신보건법을 참조한 한국이나 대만의 경우에는 위원회의 서면심사 방식으로 진행하고 있기 때문에 환자의 절차적 기본권이라 할 수 있는 변호인의 조력이나 대면 진술 및 증거 제출 등이 제대로 이루어지지 못하고 있다.

8. 외래치료지원 제도

각 국의 정신보건법은 최초 제정될 당시에는 격리수용되는 강제입원이라는 하나의 제도적 선택지만을 가지고 있었다. 그러나 1950년대 이후 정신과 약물의 발전으로 인해 지역사회 내에서 약물의 복용을 통해 증상을 완화하거나 유지하는 방식이 일반화되고, 이는 탈시설(탈원화)의 계기가 되기도 하였다. 그러나 여전히 강제입원이라는 사회적 격리시스템이 잔존해 있으면서 그 대안으로서 또 다른 선택을 할 수 있는 선택지로 지역사회 내에서 치료를 강제하는 지역사회치료명령(Community Treatment Order, CTO)제도가 21세기를 전후하여 각 국의 정신보건법에 도입되기 시작하였다.

그 중에서도 호주의 빅토리아 주는 외래치료명령을 강제입원의 대체 또는 보완방법으로 활발하게 활용하고 있다. 호주 빅토리아 주의 2014년 정신보건법(mental health act 2014)은 정신질환으로 인해 환자의 건강 악화나 자타해 위험을 막기 위해 치료가 요구되는 경우 정신

---

35) 프랑스의 경우 인신보호판사가 비자의치료(강제입원)에 대한 사법심사를 진행하고 있다. 그 구체적 내용에 대해서는 박현정, "프랑스의 비자의 정신치료와 법원의 역할", 법학논총, 제35권 제2호 (2018), 50-63.

보건심판원(Mental Health Tribunal. 이하 '심판원'이라고만 한다)에서 치료명령을 발령하는데, 그 치료명령은 크게 6개월 이내의 입원치료명령(Inpatient Treatment Order)과 12개월 이내의 지역사회 치료명령(Community Treatment Order)으로 나뉜다. 심판원 심사는 원칙적으로 대면심사로 대부분 정신의료기관에 강제로 입원되어 4주 간의 임시치료명령을 받은 상태에서 진행된다. 연간 약 1만 건 내외의 심사(청문. hearing)가 진행되는데 그 중 치료명령을 내리는 경우는 2022/2023년 (2022. 7. 1.부터 2023. 6. 30.까지) 기준으로 약 7,000여 건이다.36) 전체 심사 결과와 최초 입원 후 내려진 심사 결과의 현황을 보면 다음과 같다.

〈표 6〉 호주 빅토리아 주 심사(hearing) 결과 치료명령 발령 현황(2020~2023)37)

전체 심사(결과)	2022/2023	2021/2022	2020/2021
지역사회치료명령	61% (4,663)	61% (4,295)	61% (4,381)
입원치료명령	33% (2,576)	33% (2,274)	32% (2,298)
임시치료명령/ 치료명령취소	6% (479)	6% (449)	7% (547)
합계	100% (7,718)	100% (7,718)	100% (7,226)
최초 심사(결과) (입원 후 28일 이내)	2022/2023	2021/2022	2020/2021
지역사회치료명령	48% (1,624)	46% (1,423)	46% (1,532)
입원치료명령	45% (1,544)	46% (1,438)	45% (1,481)
임시치료명령/ 치료명령취소	7% (254)	8% (261)	9% (289)
합계	100% (3,422)	100% (3,122)	100% (3,302)

36) Mental Health Tribunal, Annual Report 2022-2023 (2023. 8.), 18.
37) Mental Health Tribunal, 위 보고서, 19-20.

위 표를 보면, 지난 3년 간 호주 빅토리아 주의 경우 강제입원된 환자가 심판원의 입원여부 심사를 거치면서 1/3가량(약 33%) 정도만 입원명령이 내려지고, 2/3 가량(약 61%)은 지역사회치료명령(Community Treatment Order)이 내려지고 있음을 알 수 있다. 이는 지역사회치료명령이 병원 내에서의 장기입원을 막고, 지역사회 내에서의 치료를 유지시키는 대안적 수단으로 활발하게 활용되고 있음을 보여주는 사례라 할 수 있다.

다만, 강제입원 후 최초심사(28일 내 청문) 결과를 보면, 지역사회치료명령과 입원치료명령이 비슷한 비율(각각 45% 내지 48%)로 발령되고 있는데, 이는 최초입원심사에서는 6개월 이내의 입원명령이 내려지더라도 그 후의 입원연장 여부에 대한 심사에는 지역사회치료명령이 내려지는 비율이 더 높아지게 되는 것을 의미한다. 즉, 강제입원된 환자에게 있어서는 퇴원 시 지역사회치료명령이 수반되는 경우가 많음을 의미하는 것이다. 이러한 경향에 대해서는 퇴원 후 자유로워야 하는 환자가 지역사회 내에서까지 강제적 조치를 장기간 수행해야 하는 문제점을 지적하는 의견도 있다.

한국은 2008년 정신보건법 개정을 통하여 외래치료명령제도를 도입하였고, 2016년 정신건강복지법에서도 그 내용을 승계하면서 추가로 입원연장심사과정에서 시군구 산하 정신건강심사위원회가 입원환자를 퇴원시키면서 외래치료명령을 내릴 수 있도록 개선하였다. 그러나 최초 시행일인 2009년부터 2018년까지 10년 간 독자적으로 외래치료명령을 청구한 경우는 거의 없고, 2016년 정신건강복지법으로 전부개정 후 입원연장심사나 퇴원청구심사 등에서 퇴원을 시키며 외래치료명령을 내린 경우는 있지만 2018/2019(2018. 6월~2019. 7월까지 1년 2개월 간) 16건으로 그 기간 전체 입원연장심사건수 38,312건[38] 중 0.04% 수

---

38) 고려대학교 의료원 산학협력단, 개정 정신건강복지법 평가 및 제도개선 연구, 보건복지부 연구용역보고서 (2019), 109 표 35.

준이다. 이는 앞서 본 호주 빅토리아 주의 지역사회치료명령 비율과 비교해 보면 거의 활용되지 않고 있는 수준이라 할 수 있다.

2019년 초 환자에 의한 의사 사망 사건을 계기로 외래치료명령 제도를 활성화하기 위한 법안이 국회에 제출되었고, 국회 논의과정에서 '외래치료명령'이 '외래치료지원'으로 바뀌었으나 그 실질은 환자에 대한 강제적 치료조치여서 그 법적 성격이 명령임에는 차이가 없다. 2019년 개정된 외래치료명령제도는 기존에 보호의무자 동의를 받아 외래치료명령을 청구하던 것을 보호의무자 동의 요건을 삭제하였다.

외래치료명령의 대상자를 보면, 입원되었다가 퇴원하는 환자만을 대상으로 하던 것을 퇴원하는 환자 외에 입원하지 않은 지역사회 환자에 대해서도 외래치료명령을 할 수 있도록 하였다. 아울러 청구권자를 과거에는 정신의료기관의 장으로만 한정했으나 개정된 법은 정신건강복지센터의 장도 청구가 가능하도록 하였다. 위와 같은 개정에도 불구하고 실제 외래치료명령이 활성화되지 않은 이유를 보면, ⅰ) 정신의료기관의 장과 정신건강복지센터의 장이 외래치료지원 청구권자인데, 그 둘은 실제 청구에 있어 이해관계가 많지 않고, 청구하게 되면 정신건강복지센터가 그 치료지원 및 관리를 담당하여야 하는 상황이어서 이를 쉽게 청구하기가 어렵고, ⅱ) 실제 외래치료명령(지원)을 집행해야 하는 기관이 명확하지 않고, 정신건강복지센터는 공권력을 실현하여 강제적 치료를 집행할 수 있는 기관도 아니어서 실제 외래치료명령이 내려진다고 하더라도 그 집행 단계에서 수행할 수 있는 일이 적고, ⅲ) 앞서 본 호주 빅토리아 주의 경우 법령에 상세하게 외래치료명령의 집행방법을 규정하고 있으나 한국의 정신건강복지법은 그 집행을 하위법령에 위임하여 일부 내용을 마련하기는 하였지만 집행기관들의 협조를 받기 어려워 실제 치료조치를 수행하는 데 어려움이 있다. 이러한 여러 이유로 지금의 외래치료지원제도는 그 기능과 효과를 발휘하기 어려운 상황이다.

9. 정신요양시설

1995년 정신보건법 제정 당시에는 정신장애를 의료화하는 것이 가장 큰 목적이었다. 법 제정 이전인 1980년대까지는 정신장애가 있는 사람은 정신병원보다 미인가시설이나 기도원 등에서 본인 의사와 무관하게 수용되어 있는 경우가 많았고, 정신병원의 경우에도 법이 없다 보니 사실상 특별한 절차나 규제 없이 가족에 의해 강제로 입원되는 경우가 대부분이었다.

이러한 문제점을 개선하기 위해 1995년 정신보건법은 강제입원의 유형을 법으로 정하고, 원칙적으로 정신과 전문의가 상주하는 정신의료기관에서만 강제입원이 가능하게 하였다. 기존의 사회복지사업법에 따른 정신질환자요양시설(이하 '정신요양시설'이라 한다)은 정신과 전문의가 상주하지 않고 있고, 여러 인권적 문제가 있다는 이유로 구 정신보건법 시행 후 7년 이내 모두 폐지하거나 정신요양병원이나 강제적 입소가 허용되지 않는 사회복귀시설로 전환하여야 했다(1995년 제정 정신보건법 부칙 제3조).

1996. 12. 31. 시행된 제정 정신보건법은 1997년 1년 간 시행하면서 법에 의해 폐지된 정신요양시설이 정신요양병원이나 사회복귀시설로 전환하는 것은 지연되었고, 정신요양시설에 수용된 정신장애인의 경우 과거 노숙이나 부랑 등으로 가족관계가 단절되고, 만성화된 정신질환으로 인해 지역사회 생활에 도움이 필요하지만 그러한 지역사회 복귀 지원 체계가 마련되어 있지 않은 상황이었다. 이러한 문제들을 해결하지 못한 정부는 1997. 12. 31. 이미 폐지가 예정된 정신요양시설을 다시 복구하는 정신보건법 전부개정을 하여 본인의 의사에 반한 정신요양시설 입소제도(보호입소)를 도입하였다. 이는 현행 정신건강복지법까지 승계되어 현재도 유지되고 있다.

위와 같은 정신요양시설은 주거서비스를 제공하는 공간이기는 하지만 본인의 의사에 반하거나 본인의 의사와 무관한 입소가 법적으로 허용되기 때문에 진정한 복지서비스로 인정받기는 어렵다.

위와 같은 문제점 때문에 2019년 20대 국회[39] 및 2023년 21대 국회[40]에서 정신요양시설의 폐지 및 기능전환을 마련하는 정신건강복지법 개정법률안이 발의되기도 하였지만 각각 제대로 된 심의도 진행하지 못한 채 국회 임기만료로 폐기되었거나 폐기될 예정이다.

이와 같이 정신요양시설 문제에 대해 일부에서는 당위적으로 폐지되어야 함을 주장하지만 또 다른 현실에서는 그곳에 존재하는 정신장애인들의 지역사회 전환과 그 일상을 지원할 시스템을 마련할 생각이 없거나 오히려 지역사회로 내보내어서는 안 된다는 마음들이 있다. 정부는 정신요양시설의 유지를 위해 매년 지속적으로 예산을 지원하고 있다. 이러한 사람들의 마음과 정부의 예산이 정신요양시설을 지난 수십년 간 버티게 한 힘의 원천이기도 하다. 2021년 8월 정부에서 마련한 장애인 탈시설 로드맵도 정신요양시설을 탈시설의 대상으로 삼지는 않았다. 2020년 20대 국회에서 발의된 장애인 탈시설 지원 등에 관한 법률안[41]은 탈시설의 대상으로 정신요양시설을 포함하고 있으나[42] 입법논의가 크게 진전하지 못한 채 2024년 5월 국회 임기만료로 폐기될 운명이다. 정부와 국회 어디서도 정신요양시설의 문제는 논의하거나 이슈화하고 싶지 않은 것이다. 이유는 그 제도 안에 수십년 간 수용된 사람들의 존재 자체로 우리 사회의 근본적 치부를 보여주기 때문이다. 마치 어슐러 르 귄의 단편소설 '오멜라스를 떠나는 사람들'에서 나오는 지하실의 아이처럼.[43]

---

39) 2019. 1. 25. 윤일규 의원이 대표발의한 정신건강증진 및 정신질환자 복지서비스 지원에 관한 법률 일부개정법률안(의안번호 18323호).

40) 2023. 2. 3. 남인순 의원이 대표발의한 정신건강증진 및 정신질환자 복지서비스 지원에 관한 법률 일부개정법률안(의안번호 19822호).

41) 2020. 12. 10. 최혜영 의원이 대표발의한 장애인 탈시설 지원 등에 관한 법률안 (의안번호 6331).

42) 위 의원의 법률안 제2조 제2호 나. 목.

43) 미국 SF 소설가 어슐러 르 귄의 1973년 간행된 단편소설로 5페이지의 짧은 이

10. 복지서비스의 제공

1995년 제정 당시의 정신보건법은 정신의료 제공체계를 위주로 계획되면서 사회복지 제공체계의 마련은 미비하였다. 물적 자원으로는 주거 및 재활시설 중심의 사회복귀시설만을 두고 있고, 인적 전문가로는 정신건강전문요원제도를 두고 있었으나 당시에는 전문요원의 유형인 정신보건간호사, 정신보건사회복지사, 정신보건임상심리사 중 의료인인 정신보건간호사의 인원이 가장 많았다. 즉, 정신보건법은 태생 당시부터 보건의료법제로서 탄생한 것이다.

정신장애인에게는 치료 외에도 다른 장애인처럼 주거, 직업, 일상지원, 사회적 관계와 자조모임 등이 모두 필요하다. 그러나 제정 정신보건법은 정신의료체계 구축에 중점을 두었고, 1995년 당시 시행되던 장애인복지법과 그 시행령은 등록장애인의 유형 중에 정신장애인을 포함시키지 않아 장애인복지법에 따른 서비스를 받을 수 없었다. 2000년 장애인복지법이 전부개정되어 시행되면서 등록장애인의 유형으로 정신장애인(지속적인 정신분열병, 분열형 정동장애, 양극성 정동장애 및 반복성 우울장애)이 포함되었으나(2000년 시행된 장애인복지법 시행령 별표 1. 제10호), 정신장애인의 장애인복지법에 따른 복지서비스를 제한하기 위하여 당시 장애인복지법 제13조에서 정신보건법의 적용을 받는 장애인에 대해서는 장애인복지시설에서의 상담, 치료, 주거서비스, 훈련 등의 서비스를 받지 못하도록 하였다(2000년 장애인복지법 시행령 제10조 제2항). 이러한 제한조항의 의도는 실은 명백하였다. 정신장애인은 장애인복지서비스 전달체계에서 배제하겠다는 것이다. 명목은 정신보건법이 제정되어 있으니 정신장애인은 그리로 가서 서비

야기이다. 한글본과 영어 원문 전체를 아래 홈페이지에서 읽을 수 있다.
https://ttalgi21.khan.kr/3221 (2024. 3. 25. 확인).
https://shsdavisapes.pbworks.com/f/Omelas.pdf (2024. 3. 25. 확인).

스를 받으라는 것이라지만 실은 정신보건법에는 2000년에도 사회복귀
시설에 의한 일부 서비스만이 존재하였을 뿐이다. 이러한 법적 차별의
문제는 이후 장애인복지서비스가 커져 나갈수록 더 심화되었다.

결국 위 규정 도입으로부터 20여 년이 지난 후 정신장애단체들이
적극적인 문제 제기와 폐지촉구를 하자44) 2021년 6월 국회에서 정신
장애인의 장애인복지서비스 이용을 제한하는 장애인복지법 제15조를
폐지하는 법안이 발의되었고,45) 같은 해 12월 국회 본회의를 통과하여
정신장애인에 대해 장애인복지법에 따른 서비스를 제한하는 규정은
폐지되었다. 이렇게 폐지되어야 할 차별적 조항을 2000년도의 사람들
과 국회의원은 왜 신설하였던 것일까? 사람의 속 마음은 지금도 큰 차
이가 없을 것이다. 그러나 2000년도에는 그런 방식으로 차별하면 안
된다는 당위적 감정이 없거나 적고, 현실의 편의와 이해관계에만 치중
했던 것이다. 지난 20년 동안 한국 사회에서는 장애인권리협약의 비준
을 비롯하여 장애인의 권리 신장이 장애당사자 단체들의 목소리와 연
대를 통해 성장하였다.

이러한 당사자단체의 힘으로 2016년 정신건강복지법의 전부개정을
통해 제4장에서 복지서비스 제공의 장을 신설하고, 그 내용으로 복지
서비스의 개발, 고용 및 직업재활 지원, 평생교육 지원, 문화예술여가
체육활동 등 지원, 지역사회 거주·치료·재활 등 통합지원, 가족에 대한
정보제공과 교육에 관한 규정(제33조 내지 제38조)을 두게 되었다. 비
록 현재까지도 위의 내용 중 구체화된 것이 많지 않고, 인력이나 예산
또한 제대로 투입되지는 못하고 있으나 위의 조항들도 생기를 불어 넣

---

44) 2021년 정신장애단체와 장애단체를 중심으로 당시 정신장애인에 대한 장애인복
지서비스 배제규정인 장애인복지법 제15조에 대해 '장애인복지법 제15조 폐지
연대'가 출범하였고, 정부와 국회에 대한 적극적인 폐지 요구를 진행하기 시작
하였다. 구체적인 폐지요구와 그 과정에 대해서는 아래 홈페이지를 참조할 것.
https://hanwool.org/35/?idx=9709527&bmode=view (2024. 3. 26. 확인).

45) 2021. 6. 28. 인재근 의원이 대표발의한 장애인복지법 일부개정법률안(의안번호
11117).

을 수 있도록 구체화되고, 예산과 인력의 마련도 필요할 것이다.

　　최근인 2024년 초에는 UN 장애인권리협약과 그 권고에 기반하거나 정신장애단체에서 적극적으로 신설을 요구한 정신장애인에 대한 지원서비스가 정신건강복지법에 입법화되기도 하였다. 예컨대 동료지원쉼터의 설치운영(제15조의4), 절차조력서비스(제38조의2시행), 성년후견제 이용지원(제38조의3), 동료지원인 양성 및 활동지원(제69조의2)(각 2026. 1. 3. 시행) 등이 그것이다. 비록 성년후견제도는 대체의사결정제도여서 UN 장애인권리위원회에서 폐지를 권고하고 있으나 그 운영(예컨대, 후견 유형 중 전반적인 의사결정이 제한되는 성년후견을 자제하고, 특정후견을 위주로 운영하는 방안)이나 실질에 있어 의사결정지원시스템인 절차조력 등에 의해 보완되고, 법원의 최종적 감독에 의해 관리된다면 후견이라는 대체의사결정제도의 폐해는 어느 정도 감소될 수 있을 것이다.

　　정신장애인에게는, 치료나 복지서비스를 이용하기 위해서도 스스로의 선택으로 자신에게 필요한 도움의 내용이나 방식을 결정하는 제도가 마련되어야 한다. 특히 기존과 같이 일방적으로 강행되거나 강요되는 치료나 복지서비스는 사실상 환자의 자기결정권을 침해하는 것이 될 수 있음을 이미 정신장애 관련 분야에서는 오랫동안 경험해 왔기 때문에 그러한 문제를 해소할 수 있는 절차조력이나 동료지원과 같이 당사자의 결정권을 침해하지 않는 유연한 방식의 지원제도들이 2024년 초 도입된 것은 긍정적인 변화라 할 수 있다.

III. 정신건강복지법의 방향

　　우리의 정신건강복지법은 구 정신보건법 제정 당시부터 현재까지 30여 년이 채 되지 않는 짧은 역사를 가지고 있다. 1995년 제정된 정신보건법은 '시설에서 병원으로'라는 의료화를 현실적 목표로 하였고, 그 결과 정신병원 입원제도를 중심으로 현재까지 20여 년 넘게 이어져 왔다.

2016년 정신건강복지법으로의 전부개정은 다시 '병원에서 지역사회'로 라는 또 다른 방향을 제시하고 있다. 이를 위해 복지서비스 제공의 장이 별도로 신설되었지만 앞서 본 바와 같이 구체적 실행계획이 부족하였고, 인력과 예산도 거의 마련되지 못하였다. 그러나 의사결정지원제도의 마련을 요구하는 UN 장애인권리위원회의 한국정부에 대한 권고46)와 국내의 정신장애단체의 적극적 노력이 반영되어 2024년 1월에는 동료지원가, 절차조력 및 동료지원쉼터 등이 정신건강복지법에 신설되어 진일보한 의사결정지원제도로의 전환이 시작되기도 하였다. 그렇다면 이러한 정신건강복지법상 제도의 변화는 어디서부터 시작된 것일까?

1995년 정신보건법 제정 당시부터 최근까지 법은 정신장애인의 것이 아니었고, 오히려 법을 만드는 사람들은 정신장애인을 대상화하였다. 치료와 강제의 대상으로 삼기 위해서는 법적 근거를 두어야 했기 때문이다. 즉, 강제의 합법화를 위해 정신보건법이 만들어진 것이다. 어쩌면 그것마저도 진일보라 할 수 있다. 그 법 제정 이전에는 법적 근거도 없이 강제로 입원되었기 때문에 그렇게 말할 수 있는 것이다.

그러나 정신보건법 자체가 잘못되었다는 것, 즉 법률에 근거한다고 하더라도 정신장애인(정신질환자)을 대상화하고, 사물화해서는 안 된

---

46) 한국정부는 2008년 UN 장애인권리협약을 비준하여 정기적으로 UN 장애인권리위원회에 장애관련 정부보고서를 제출하고 있는데, 2022년 UN 장애인권리위원회는 한국 정부에 대해 후견인 등 대체의사결정제도를 폐지하고, 개별화된 지원의사결정제도로 전환하고, 정신건강복지법의 자타해위험성에 의한 자유박탈을 폐지하고, 강제입원절차에서 절차적 지원을 제공할 것을 권고하였다. 위 권고의 원문은 아래 홈페이지에서 확인할 수 있다.
https://tbinternet.ohchr.org/_layouts/15/treatybodyexternal/Download.aspx?symbol no=CRPD%2FC%2FKOR%2FCO%2F2-3&Lang=en (2024. 3. 25. 확인).

다는 헌법상 원칙(인간의 존엄을 깨뜨려서는 안 된다는 원칙)이나 기본권인 신체의 자유를 침해하면 위헌적 법률로 선언될 수 있다는 것을 우리는 2016년 헌법재판소의 구 정신보건법상 보호의무자에 의한 보호입원의 위헌(헌법불합치) 결정[47]에서 확인할 수 있었다.

그러나 헌법재판소는 자신이 위헌을 선언한 법률에 의해 강제로 입원된 수만 명의 사람들에 대해서는 그대로 거기에 계속 있도록 하였다. 그 위헌선언에도 불구하고 아무도 퇴원하지 못하게 만든 헌법재판소의 결정이유에 대해서도 우리는 알고 있다. '보호입원을 시킬 수 없는 법적 공백 상태의 발생'을 우려한 것으로 결정문에는 표현되어 있지만 실은 위헌결정으로 '퇴원하게 될 수 많은 사람들'을 우려한 것이기도 하다. 이렇게 법을 입법하거나 선언하는 기관의 정신장애에 대한 이중적 태도, 더 나아가 은밀한 조치들은 앞서 본문에서 본 내용들에서도 확인할 수 있다. 2016년 정신건강복지법으로의 전부개정과 함께 정신질환자 개념을 축소하여 자격제한 법률의 적용을 받는 사람을 줄이겠다는 인권보호를 위한 정부의 법률개정안은 그 부칙에서 기존 구 정신보건법의 정신질환자 개념을 다른 자격제한 법률에 잔존시켜 사실상 아무런 것도 바꾸지 않은 것이 되도록 만들었다. 2000년 장애인복지법은 등록장애인에 정신장애인을 추가하면서 동시에 정신장애인(정신질환자)은 장애인복지법의 서비스를 제공받지 못하게 하였다. 국가는 이러한 법적 눈속임들이 정신장애인에게 가능하다고 본 것일 게다.

그러나 이제 그러한 법적 눈속임은 앞으로 쉽지 않을 것이다. 지난 10년 여 동안 정신장애 당사자단체 및 가족단체의 성장이나 이를 지원하는 권익옹호단체들이 국제기준과 다양한 관점을 통해 새로운 법과 제도에 대한 강한 열망을 가지고서 연대하고 있기 때문이다.[48] 앞서

47) 헌법재판소 2016. 9. 26. 선고 2014헌가9 결정.

48) 서구 정신장애운동(mental health activism)의 변화와 발전에 대해서는 모하메드 아부엘레일 라셰드, 미쳤다는 것은 정체성이 될 수 있을까? - 광기의 인정에 대한 철학적 탐구, 송승연·유기훈 옮김, 오월의 봄 (2023), 37-96.

본 2016년 헌법재판소의 위헌 결정을 이끌어 낸 것도 당사자단체와 권익옹호단체들의 긴 싸움의 결과였고, 2016년 정신건강복지법으로 전부 개정되는 입법과정에서 입법안을 주도적으로 제안한 것도 그들이었다. 2024년 1월의 동료지원가, 절차조력, 동료지원쉼터 규정의 신설 또한 그들의 노력이었다. 정부와 국회는 이제 입법적 상상력을 잃었고, 정신건강복지법의 주인이 자신들이 아님을, 그래서 사실상 시늉만으로 기존의 법을 지키거나 마지못해 내어주는 역할로 축소시키고 있다. 그러나 정부가 변변한 입법안을 마련하지 못하는 것을 탓할 것은 아니다. 원래 장애입법은 장애를 가진 사람들이 주체적으로 싸워 나가며 만들어지는 것이기 때문이다. 발달장애인법이 그랬고, 지금 국회에 계류 중인 장애인권리보장법안들이 그러하다.

앞서 보았지만 정신건강복지법은 격리·강박 통신제한, 강제이송 및 강제치료와 같은 여러 억압적 조치들이 기존의 제도적 관성에 따라 남아 있고, 정신장애를 가진 사람에게 제공되어야 할 적절한 서비스도 사실상 부재한 상황이다. 또한 UN 장애인권리위원회나 WHO(세계보건기구)가 정신장애와 관련해 내 놓는 의제(아젠다)들은 명확하고, 구체적이지만 그것을 우리 사회가 공유하고, 받아들이는 것에는 더딘 시간이 필요할 때도 있다. 과거 국회에 보호의무자 제도 및 보호입원의 폐지에 관한 정신건강복지법 개정안이나 법원이 강제입원심사를 하는 정신건강복지법 개정안이 발의되었으나 국회 문턱을 넘지 못한 채 폐기된 것은 아직 그러한 제도적 변화를 받아들이는 것에 반감이나 두려움이 작동하고 있기 때문이다.

그럼에도 UN 장애인권리위원회가 2014년 장애인권리협약 제12조 법 앞의 동등한 인정에 관한 일반 논평 제1호[49])에서 제시한 '대체의사결정제도의 폐지', 그리고 2023년 WHO가 UN과 공동으로 출간한 정

---

49) 원문은 UN의 아래 홈페이지 참조
    https://www.ohchr.org/en/documents/general-comments-and-recommendations/general-comment-no-1-article-12-equal-recognition-1 (2024. 3. 25. 확인).

신보건, 인권, 법률의 가이드와 실무[50])에서 제시하고 있는 정신보건에서의 모든 '강압(coercion)의 폐지'와 같은 이념과 방향은 우리에게 시사하는 바가 크다. 전자는 인격적 의사결정과 관련된 박탈의 문제이고, 후자는 신체적 자유박탈의 문제이다. 인격적 박탈은 신체적 자유박탈의 전제가 되기도 하고, 신체적 박탈로 인격적 박탈이 발생하기도 한다.

정신장애인에게 후견은 인격적 박탈이 될 수 있고, 입원은 신체적 박탈의 시작이 될 수 있다. 그러한 인격과 자유 박탈의 수단이 후견과 강제입원이라면, 대체의사결정제도의 폐지와 정신보건에서의 모든 억압의 폐지는 그것과 싸우는 두 가지 방향이라 할 수 있다. 그런 면에서 우리의 보호의무자 제도에 따른 가족에 의한 입원제도는 입원에 대한 의사결정권과 신체의 자유가 어떤 방식으로 빼앗기게 되는지를 잘 보여주는 제도라 할 수 있다.

우리는 현재의 강제입원제도가 합법적인 것이라 상상한다. 그러나 국가의 제도나 강압적 조치는 사후적으로 뒤돌아 보았을 때에는 늘 제도적 피해자를 양산한다. 1980년대까지 유지되어 온 부랑인 시설, 1970, 80년대 부랑아나 불량배라는 이름으로 수용된 선감학원이나 삼청교육대, 1960년대 한센병으로 수용되어 강제불임시술을 당한 사람들도 그러하였다. 그러한 시설에 수용된 아동, 환자, 부랑인은 수십년이 지난 후에서야 국가를 상대로 그 법적 책임을 물을 수 있게 되었다.[51])

---

50) WHO and United Nations, Mental health, human rights and legislation: guidance and practice, 2023.

51) 부랑인시설인 형제복지원 시설 수용자들의 국가에 대한 손해배상청구에 대해서는 서울중앙지방법원 2023. 12. 21. 선고 2021가합596894 판결(원고들 일부 승, 2024. 3. 28. 기준 피고 대한민국 항소 중); 부산지방법원 2024. 2. 7. 선고 2022가합48062 판결(원고들 일부 승. 2024. 3. 28. 기준 피고 대한민국 및 부산광역시 항소 중); 한센인들의 수용시설에서의 강제불임시술에 대한 손해배상청구에 대해서는 대법원 2017. 2. 15. 선고 2014다230535 판결(피고 대한민국 상고 기각 확정); 선감학원에 수용되었던 아동에 대해서는 진실화해위원회 2022. 10. 18. 결정 사건 2라21-1(병합) 선감학원 아동침해 사건 참조; 삼청교육대에 수용된 사람에 대한 손해배상판결로는 창원지방법원 진주지원 2023. 7. 13. 선고

그러한 부랑인 시설 등에 있다가 1995년 정신보건법 제정으로 정신요양시설이나 정신의료기관으로 넘어와 현재까지 그 공간에 수용되어 있는 사람들은 하나둘 그곳에서의 생을 마감하고 있다. 국가는 죄를 쌓아가고 있다. 그리고 그 모른 척함의 책임에서는 누구도 자유로울 수 없다.

2022가단40900 판결 등.

참고문헌

단행본

경찰청, 경찰백서 (2023)

고려대학교 의료원 산학협력단, "개정 정신건강복지법 평가 및 제도개선 연구", 보건복지부 연구용역보고서 (2019)

국가인권위원회, 정신장애인 인권보고서 (2021)

모하메드 아부엘레일 라셰드, "미쳤다는 것은 정체성이 될 수 있을까? - 광기의 인정에 대한 철학적 탐구", 송승연·유기훈 옮김, 오월의 봄 (2023)

보건복지부등, 국가 정신건강현황 보고서 (2022)

신권철, 정신건강복지법 해설(입원편), 법문사 (2018)

WHO and United Nations, Mental health, human rights and legislation: guidance and practice, 2023

Mental Health Tribunal(호주 빅토리아 주), Annual Report 2022-2023 (2023)

논문

박귀천, "독일의 정신보건법제와 정신질환자 강제입원제도", 법학논집 제19권 제2호 (2014. 1.)

박현정, "프랑스의 비자의 정신치료와 법원의 역할", 법학논총, 제35권 제2호(2018)

박현정, "행정법적 관점에서 본 비자의입원의 법적 성격과 절차". 행정법연구 제56호 (2019. 2.)

백승흠, "정신보건법상 보호자제도와 민법상 감독자책임에 관한 검토- 일본 정신보건복지법상 보호자제도의 폐지과정을 중심으로", 재산법연구 제3권 제4호 (2015. 2.)

신권철, "정신질환자 개념의 규범적 고찰", 법조 제644 (2010. 5.)

신권철. "정신질환자 보호의무자 제도 폐지와 그 대안". 사회보장법연구 제12권 제2호 (2023. 12.)

신권철, "정신질환자 자격제한 법령의 문제점과 개선방안, 인권과 정의 제433호 (2013. 4.)

양승엽, "정신질환자의 강제입원에 대한 사법적 심사 - 프랑스 법제를 중심으로", 서울법학 제25권 제2호 (2017. 8.)

정태호, "보호의무자에 의한 정신질환자 강제입원·치료제도의 위헌성 - 독일 연
    방헌법재판소의 관련 판례의 응용을 중심으로 -", 경희법학 제51권 제2
    호 (2016. 1.)

홍남희. "피성년후견인의 선거권 등 제한에 대한 법적 고찰". 사회보장법연구 제
    4권 제1호 (2015. 6.)

판례와 결정

대법원 2021. 7. 29. 선고 2018다228486 판결

대법원 2017. 2. 15. 선고 2014다230535 판결

헌법재판소 2016. 9. 29. 선고 2014헌가9 결정

부산지방법원 2024. 2. 7. 선고 2022가합48062 판결

서울중앙지방법원 2023. 11. 15. 선고 2021가합580851 판결

서울중앙지방법원 2023. 12. 21. 선고 2021가합596894 판결

창원지방법원 진주지원 2023. 7. 13. 선고 2022가단40900 판결

국가인권위원회 2023. 4. 25. 자 22진정0227600 결정

東京地方裁判所 平成25年3月14日 平成23(行ウ)63 (公職選擧法11条1項1号の合
    憲性)

기타자료

이성재 의원 발의, "정신보건법개정법률안", 151492, (1998. 11. 28.)

정부 발의, "정신보건법 전부개정법률안", 9081, (2014. 1. 16.)

김상희 의원 발의, "정신건강복지법 일부개정법률안", 13728, (2018. 5. 24.)

윤일규 의원 발의, "정신건강복지법 일부개정법률안", 2018323, (2019. 1. 25.)

최혜영 의원 발의, "장애인 탈시설 지원 등에 관한 법률안", 6331, (2020. 12. 10.)

인재근 의원 발의, "장애인복지법 일부개정법률안", 11117, (2021. 6. 28.)

인재근 의원 발의, "정신건강복지법 일부개정법률안", 20018, (2023. 2. 14.)

남인순 의원 발의 "정신건강복지법 일부개정법률안", 19822, (2023. 2. 3.)

"피성년후견인도 총선 투표한다…서울시 선관위 "선거권 있다"", 뉴시스 (2020.

3. 11.)

UN, Principles for the protection of persons with mental illness and the improvement of mental health care. General Assembly resolution 46/119) https://www.ohchr.org/en/instruments-mechanisms/instruments/principles-protection-persons-mental-illness-and-improvement (2024. 3. 21. 확인)

UN 장애인권리위원회의 2014년 장애인권리협약 제12조 법 앞의 동등한 인정에 대한 일반논평 제1호 https://www.ohchr.org/en/documents/general-comments-and-recommendations/general-comment-no-1-article-12-equal-recognition-1 (2024. 3. 25. 확인)

UN 장애인권리위원회의 한국정부에 대한 2022년 최종 권고 원문 https://tbinternet.ohchr.org/_layouts/15/treatybodyexternal/Download.aspx?symbolno=CRPD%2FC%2FKOR%2FCO%2F2-3&Lang=en (2024. 3. 25. 확인)

UN 정신장애인 보호원칙 https://www.ohchr.org/en/instruments-mechanisms/instruments/principles-protection-persons-mental-illness-and-improvement (2024. 3. 25. 확인)

미국 캘리포니아 주의 THE LANTERMAN-PETRIS-SHORT ACT https://leginfo.legislature.ca.gov/faces/codes_displayText.xhtml?lawCode=WIC&division=5.&title=&part=1.&chapter=2.&article=1 (2024. 3. 25. 확인)

대한민국 법원 통계월보 중 인신보호 통계 https://www.scourt.go.kr/portal/justicesta/JusticestaViewAction.work?gubun_code=G16&tcode=T01&scode=S01&year=2024&gubunyear=2024&month=03 (2024. 3. 25. 확인)

일본 후생노동성, 정신의료심사회 심사현황 (2007) https://www.mhlw.go.jp/shingi/2009/07/dl/s0730-11b_0004.pdf (2023. 3. 25. 확인)

대만 위생복리부의 중증 정신질환자 강제감정 및 지역사회 강제치료심사회 통계 https://dep.mohw.gov.tw/DOMHAOH/cp-405-62833-107.html (2024. 3. 25. 확인)

어슐러 르 귄, 오멜라스를 떠나는 사람들 (1973)

https://ttalgi21.khan.kr/3221 (2024. 3. 25. 확인)

https://shsdavisapes.pbworks.com/f/Omelas.pdf (2024. 3. 25. 확인)

장애인의 탈시설과 주거권

변용찬*·조준호**

초록

주거란 인간이 생활을 영위하는 장소와 그 안에서의 다양한 활동을 의미하며, 인간의 존엄성과 행복을 추구할 수 있는 물리적 기초이다. 주거를 기반으로 다른 삶의 권리가 보장되기 때문에 장애인의 주거권 또한 사회권의 가장 기본적이고 중요한 권리 중의 하나이다. 이 글에서는 먼저 주거권의 국제적인 흐름과 주거권의 구조를 장애인권리협약 및 유엔 사회권규약위원회 일반논평의 '적절한 주거'의 7가지 요소와 관련된 항목을 통해 살펴보았다. 또한, 주거약자로서 장애인의 특징과 함께 시설의 기본 속성에 대한 이해 속에서 현재 우리나라의 장애인 탈시설 정책에 대해 비판적으로 고찰해보았다. 2000년대 이후 당사자 중심의 권리 기반 논의 속에서 장애인의 시설 거주에 대한 근본적인 문제 제기는 2021년부터 진행되어 온 '탈시설 장애인 지역사회 자립지원 로드맵'을 통해 장애인의 탈시설화를 가속화시키고 있다. 그러나 중증 장애인들의 경우 돌봄의 필요나 지역사회에서의 고립 등의 문제로 당사자 또는 가족의 시설 입소 수요가 여전히 많다는 현실을 반영하지 못하고 있음을 조사 결과를 통해 파악하였으며, 유럽연합 주요국의 30인 이상 대규모 시설 운영 여부 등의 해외 사례를 통해 탈시설은 개별 국가의 상황에 맞게 진행되고 있음을 알 수 있다. 지역사회에서 행복한 자립생활을 영위하기 위한 주거권 확보는 장애

---

 * 한국사회정책연구원 연구실장
** 엔젤스헤이븐 대표

인이 통합되어 살 수 있는 지역사회 돌봄 서비스 체계 및 여건 마련과 함께 고민되어야 하며, 시설과 탈시설의 대립을 넘어 장애인 주거복지 대안으로서 시설의 변화와 지원주택, 지역사회 돌봄서비스 체계를 제안하여 장애인 당사자는 물론 그 가족의 존엄과 행복이 보장되는 주거권 확보를 위한 다양하고, 더 발전된 장애인의 주거권 증진 방안을 고민해 보고자 한다.

I. 들어가며: 장애인 주거권이 중요한 이유

현대국가는 국가의 의무로 국민의 인간다운 삶을 보장하고자 한다. 대한민국의 경우 헌법 제34조 1항의 인간다운 생활을 할 권리, 제35조 1항의 건강하고 쾌적한 환경에서 생활할 권리에서 그 근거를 찾을 수 있으며, 3항에서 "국가는 주택개발정책 등을 통하여 모든 국민이 쾌적한 주거생활을 할 수 있도록 노력하여야 한다"라고 명시하고 있다. 또한, 2015년에는 「주거 기본법」을 제정하여 주거권을 다음과 같이 구체화하고 있다. "국민은 관계 법령 및 조례로 정하는 바에 따라 물리적·사회적 위험으로부터 벗어나 쾌적하고 안정적인 주거환경에서 인간다운 주거생활을 할 권리를 갖는다."[1] 다시 말해서 국제규약이나 헌법과 법률을 통해서 보면 주거권은 사회권과 자유권을 담고 있는 인간 권리의 가장 기초적인 기본권이라고 할 수 있다.

현대사회에서 주거가 보장되지 않으면, 인간다운 삶은 불가능하다. 안정적인 주거를 방해하는 요소를 가진 주체를 '주거약자'[2]라고 할 수

---

1) 주거기본법 제2조
2) 장애인·고령자 등 주거약자 지원에 관한 법률(주거약자법) 제2조에서의 "주거약자"의 정의는 다음과 같다.
   1. "주거약자"란 다음 각 목의 어느 하나에 해당하는 사람을 말한다.
     가. 65세 이상인 사람

있으며, 주거약자 중에서 장애인은 다음과 같이 네 가지 측면에서 더 어려움을 겪고 있다. 첫째는 '빈곤'의 문제이다. 노벨경제학상을 수상한 아마르티아 센(Amartya Sen)은 빈곤은 단순히 돈이 없음이 아니라 '인간으로서 갖는 가능성이 박탈되는 것'이라고 했다. 즉, 장애인이 사회경제적인 이유로 자신의 삶을 구성하는 기본인 집을 구매하거나 임대할 수 없을 때, 건강하고 안정적인 환경에서 살 수 있는 기본권이 박탈되는 것이다. 둘째는 장애인을 포함한 사회적 소수자에 대한 차별의 문제이다. 인종, 성적 취향, 종교, 장애 등을 이유로 다수 집단과 구별되는 소수자에 대한 주거차별은 지배적 사회 기준과 가치를 지닌 주류 사회가 사회적 소수자와 같은 혹은 가까운 주거 공간에 존재 또는 공유하는 것을 거부하고 배제하는 것이다. 특히 우리 사회에서는 장애인을 주류 사회에서 배제하고 격리함으로써 장애인들의 권리를 침해해 왔다. 직접적으로는 장애가 있다는 이유로 시설에서 살게 하는 것, 간접적으로는 특수학교나 장애인 관련 시설을 혐오시설로 규정하고, 건립을 강하게 반대하는 현상 등을 예로 들 수 있다. 그러나 그에 대한 반작용으로 탈시설만이 장애인의 주거권을 온전히 보장하는 것이라고 하기는 어렵다. 250만 명의 장애인 중 빈곤과 사회적 편견, 차별로 주거권을 침해받는 사례 및 문제점 그리고 그 해결 방안에 대한 면밀한 조사와 논의가 필요한 것이다. 셋째는 주거권에서의 유니버설디자인

나. 장애인복지법 제2조 제2항에 해당하는 장애인
다. 그 밖에 대통령령으로 정하는 사람
1. 국가유공자 등 예우 및 지원에 관한 법률에 따른 국가유공자로서 상이등급 1급부터 7급까지의 판정을 받은 사람
2. 보훈보상대상자 지원에 관한 법률에 따른 보훈보상대상자로서 상이등급 1급부터 7급까지의 판정을 받은 사람
3. 5·18민주유공자예우 및 단체설립에 관한 법률에 따라 등록된 5·18민주화운동 부상자로서 신체장해등급 1급부터 14급까지의 판정을 받은 사람
4. 고엽제후유의증 등 환자지원 및 단체설립에 관한 법률에 따른 고엽제후유의 증환자로서 경도(輕度) 장애 이상의 장애등급의 판정을 받은 사람

측면이다. 휠체어 이용장애인의 접근성, 청각 장애인, 시각장애인의 주거 편의성 등 누구에게나 접근가능하고, 이용가능한 물리적 주거환경이 갖추어지지 않으면 주거권은 보장되기 어렵다. 넷째는 장애인의 '돌봄과 자기결정권의 문제'이다. 중증 장애인의 상시적 돌봄의 필요성과 자기결정권 행사의 어려움에 대한 문제는 '탈시설'에 직면한 장애인 당사자 및 가족의 생존 문제와 직결된다. 시설 거주의 문제는 중증의 장애로 돌봄이 필요하고, 자기결정권 행사에 어려움을 겪는 장애인이 통합된 사회 환경 속에서 살아가지 못하는 경우와 함께 검토되고, 사회통합과 지역사회에서의 삶을 최대한 지원하는 방안의 하나로 고민되어야 한다. 장애인의 주거권은 주거약자의 문제에 '장애'라는 특성을 고려하고, '돌봄과 자기결정권의 문제'를 더하여 장애인의 인간다운 삶을 보장하는 기본적인 인권으로서 검토되어야 할 중요한 권리라고 할 수 있다.

II. 주거권의 국제적인 흐름과 주거권의 구조

국제적인 차원에서 보편적인 인간 모두의 권리를 논의하기 시작한 것은 1, 2차 세계 대전 이후 1948년 세계인권선언(Universal Declaration of Human Rights)부터이다. 전쟁 이후 개별 국가 수준을 넘어 UN 차원에서 모든 인간에 대한 '보편적 권리'로서 인권을 논하고, 인간다운 삶을 발전시켜왔다. 세계인권선언에서 "모든 사람은 의식주, 의료, 필수적인 사회서비스를 포함하여 자신과 가족의 건강과 안녕에 적합한 생활 수준을 누릴 권리를 가진다."고 선언하고, 1966년 시민 정치적 권리에 관한 국제규약 (자유권 규약)과 경제사회문화적 권리에 관한 규약 (사회권 규약)을 합의하여 인권을 보편적인 규범으로 만들고자 하였다.

주거와 관련하여 자유권 규약에서는 제12조 거주 이동의 자유로서 국가

내 이동과 거주의 자유, 국외로의 자유로운 퇴거, 자국으로 귀국할 권리를 포함하고, 제17조 거주에 대한 불간섭의 권리로서 사생활과 가정 등에 간섭이나 비난받지 않을 권리, 이에 대해 보호받을 권리로 주거권을 명시하여 인간의 기본권으로 정의하였다. 사회권 규약에서는 모든 사람이 적당한 식량, 의복 및 주택을 포함하여 자신과 가정을 위한 적당한 생활 수준을 누릴 권리와 생활 조건을 지속적으로 개선할 권리를 가지는 것을 규정하여 자유권 실현의 기본토대가 사회권(인간다운 삶의 보장)임을 명확히 하였다.

자유권 규약과 사회권 규약이 인간다운 삶의 기본적인 요소들을 구체화한 것이었고, 그 중 주거와 관련된 인간의 권리는 1976년 유엔인간정주 Human Settlements; Habitat I에 관한 밴쿠버 선언(해비타트 I)과 제2차 유엔인간정주Human Settlements; Habitat II(해비타트 II)를 통해서 구체화하였다. 밴쿠버 선언은 적절한 주거와 서비스가 기본적인 인권임을 명시하여 적정한 주거의 중요성을 확인하였고, 제2차 유엔인간정주회의: 해비타트 II(The Second United Nations Conference on Human Settlements; Habitat II)는 저소득층과 소외계층의 주거 안정 및 주거권 보장을 위한 국제적 결의와 합의를 도출하였다. 이러한 국제적 합의가 발전하여 유엔 경제적·사회적 및 문화적 권리 위원회(이하 '사회권규약위원회')는 1991년 '일반논평 4: 적절한 주거에 한 권리'를 채택하고, 본격적으로 주거권에 대한 구체적인 내용을 적절한 주거의 7요소로 규정하였다.

주거권에 대한 기본적인 논의가 전개됨에 따라 실질적인 주거에 대한 보호를 받아야 하는 주체들에 대한 논의도 진전되었다. 1996년 인간정주에 대한 이스탄불선언에서 "정책, 프로그램, 주거와 지속가능한 인간정주 개발을 위한 프로젝트에서 젠더 평등 뿐만 아니라 장애인을 위한 완전한 접근성을 촉진해야 한다."라고 선언하여 장애인을 고려하는 주거권을 논의하였고, 2002년 UN의 '고령화에 관한 마드리드 국제행동계획(Madrid International Plan of Action on Ageing)'에서는 특히 장애 노인들의 욕구를 고려하여 독립적인 주거를 향상시킬 수 있도록 주택과 환경 설계를 증진할 것을 주문하였다.

III. 장애인 권리협약에서의 주거권

장애인의 권리는 장애의 정의, 사회의 변화와 연결되어 재구성되어 왔다. 장애에 대한 정의와 장애인 권리는 기존의 담론을 해체하고, 장애를 바라보는 관점에 따라서 새로운 맥락으로 공유된다. 따라서 장애의 정의, 당사자에 대한 권리의 개념이 전문가 중심에서 장애인 당사자 중심으로 재구성되기 전과 후의 장애인 주거권에 대한 강조점은 다르다.

UN의 1971년 「정신지체인3) 권리선언」 제4조4)에서는 가족 또는 위탁부모와 함께 살 권리 및 공공부조 수급권과 시설 입소 때에는 가능한 정상적인 생활과 가깝게 운영되는 조건에서 생활할 수 있는 권리로 장애인의 주거와 관련된 권리를 규정하고 있다. 또한 1975년 「장애인권리선언」 제9조에서는 "주거에 관한 모든 장애인은 건강상태나 개선을 위해 불가피한 경우를 제외하고 어떤 차별대우도 받아서는 안된다. 장애인이 '불가피하게 특수 시설에 수용되는 경우', 그곳의 환경과 생활조건은 가능한 그와 연령이 똑같은 일반인이 정상적으로 누리는 생활조건과 유사해야 한다"고 규정하여, 시설을 장애인 주거의 하나의 선택지로 보고 있었다.

인권적 관점에서 국가마다 장애인이 시설에서 생활하는 것에 대한 문제 제기가 꾸준히 진행되어 왔으며, 시설 거주나 수용을 최소화하고, 자립생활

---

3) 1960년까지는 전문가 중심의 장애 분류 입장에서 본질적으로 치료 불가능하다는 입장의 '정신박약'이라는 용어를 사용하였고, 1961년부터는 발달론적 입장에서 '정신지체'라는 용어를 사용함. 1992년부터 지적 정도에 따른 분류 대신 지원에 따른 분류와 당사자 중심의 개념을 확립하여 '지적장애'라는 표현을 사용하고 있으며, 2000년 이후 지적장애라는 용어와 함께 정신지체, 발달장애, 학습장애 등의 용어가 혼용되고 있음(이영철, 2010).

4) 제4조 정신지체인은 가족들과 함께 살 권리가 있다. 또한 모든 사회 생활에 참가하며 여가를 즐길 수 있는 조치가 마련되어야 한다. 정신지체인과 동거하는 가족들은 부조를 받아야 한다. 만일, 시설에서의 양호가 필요한 자라면 그 시설은 최대한도로 가정적 분위기가 조성되어야 한다.

과 지역사회 거주를 기본적인 장애인 주거의 권리와 복지로 향상시켜왔다. 탈시설에 대한 서구의 지난한 논의가 장애인 권리로 국제적인 합의가 이루어진 시기는 2006년 제정된 장애인권리협약(Convention on the Rights of Persons with Disabilities 이하 CRPD)이다. 장애인권리협약에서 주거권과 관련된 조항은 제19조로 '자립적 생활 및 지역사회에의 동참'을 주 내용으로 하고 있다. 이 조항에서 "이 협약의 당사국은 모든 장애인이 다른 사람과 동등한 선택을 통하여 지역 사회에서 살 수 있는 동등한 권리를 가짐을 인정"해야 한다고 명시하고 있으며, "장애인이 다른 사람과 동등하게 자신의 거주지 및 동거인을 선택할 자유를 가지며, 특정한 주거 형태에서 살도록 강요받지 않는다. 또한 장애인의 지역사회에서의 생활과 통합을 위하여 개별 지원을 포함하여 가정 내 지원서비스, 주거 지원서비스 및 그 밖의 지역사회 지원 서비스에 접근할 수 있다. 대중을 위한 지역사회 서비스와 시설은 동등하게 장애인에게 제공되고, 장애인의 욕구에 부합해야 한다"는 점을 포함하고 있다.

또한 제28조 제1항에서 "장애인이 장애로 인한 차별 없이 적절한 식량, 의복 및 주택을 포함하여 자기 자신과 가정을 위한 적절한 생활 수준을 누릴 권리와 생활 조건을 지속적으로 개선할 권리가 있다"라고 규정하고 있다. 이는 유엔 사회권규약위원회 일반논평 4 (1991): 적절한 주거에 대한 권리 (규약 제11조 1항) (General comment No. 4: the right to adequate housing(1991))에서 밝히고 있는 '적당한 생활수준을 영위할 수 있는 권리에서 파생된 적절한 주거에 대한 인간의 권리는 모든 경제적, 사회적 및 문화적 권리를 누리는 데 있어 가장 중요한 요소이며, '적절한 주거'의 7가지 측면과 관련된 항목을 포괄적으로 정의한 것으로 볼 수 있다. 장애인의 주거권 보장은 이 7가지 측면과 관련하여 검토되어야 할 뿐만 아니라, '장애'와 관련된 논의, 즉 장애인의 '돌봄과 자기결정권의 문제'가 더해져야 장애인의 주거권이 제대로 보장될 수 있다.

1. 적절한 주거의 7가지 요소⁵⁾와 주거기본법

유엔 사회권규약위원회 일반논평 4(1991)의 적절한 주거의 7가지 요소
와 관련하여 국내 법률은 「주거기본법」과 「장애인·고령자 등 주거약자 지원
에 관한 법률」 (이하 주거약자법)을 통해서 주거약자의 주거권을 보장하고
있다. 적절한 주거의 7가지 요소와 그것이 보장하는 권리의 내용은 아래의
표와 같다.

<표 1> 적절한 주거의 7가지 측면

	적절한 주거의 7가지 측면	설명
1	법적으로 보장된 점유의 보장성	임차인은 임차의 형태와 상관없이 강제퇴거의 위협으로부터 임차 기간을 보호받아야 한다.
2	주거기반 시설 및 제반서비스의 이용가능성	인간이 거주하는 주거지에는 사람들의 건강과 위생적인 생활을 보장하는 기반 시설과 서비스가 공급되어야 한다.
3	경제적 부담가능성	사람들의 구입 능력에 맞는 다량의 주택이 공급되어야 한다.
4	물리적 거주 적합성	적절한 공간 규모, 건강 위해요소로부터 안전을 보장받을 수 있어야 한다.
5	접근 가능성	노인, 장애인, 어린이, 환자 등의 조건에 상관없이 접근하기 용이한 주거조건을 갖추어야 한다.
6	적절한 위치	주택은 생산활동의 기반으로부터 멀리 떨어져 있지 않아야 하며, 보건소, 학교, 탁아소 등의 사회적 시설로부터 인접한 곳에 위치해야 한다.

---

5) 사회권규약위원회는 '적절성의 개념은 규약의 목적에 비추어 특정 형태의 주거
가 "적절한 주거"를 구성하는지를 결정하기 위해 고려해야 할 많은 요소들을 강
조하기 때문에, 주거에 대한 권리와 관련하여 적절성의 개념은 특히 중요하다.
적절성이 부분적으로 사회, 경제, 문화, 기후, 생태적 요인 등에 따라 결정되기
는 하지만, 그럼에도 불구하고 위원회는 어떤 특정 상황에서라도 적절성을 위해
고려해야 하는 주거권의 특정 측면들을 파악하는 것이 가능하다고 믿는다.'고
주장함. 국가인권위원회, 주거권 국제기준 자료집: 적절한 주거에 대한 권리, 강
제퇴거 관련 (2020), 20-22.

	적절한 주거의 7가지 측면	설명
7	문화적 적절성	주택의 건설방식에 있어 그 재료나 형태 등이 문화적 다양성을 인정해야 하며, 저소득층이 거주하는 커뮤니티에 형성된 문화적 정체성과 전통을 파괴하지 않도록 해야 한다.

　적절한 주거의 7가지 측면은 주거의 법적 안정성, 지불가능성, 물리적 환경, 적절한 위치뿐만 아니라 문화적 적절성이나 다양성 등을 보장하는 내용으로 인간다운 삶의 조건 모두를 구분하여 정리하고 있다. 우리나라의 경우 2012년 제정된 「주거기본법」에서는 적절한 주거의 7가지 요소를 제3조 주거정책의 기본원칙 제1호 및 제9호를 통해 그 권리를 보장하고 있다. 이에 더하여 「주거약자법」을 통해서 장애인의 주거권을 특별히 보장하고, 장애인과 고령자를 주거약자로 규정하여 국가가 특별히 보호하도록 하고 있다. 이 법은 특별히 제10조 주거약자용 주택의 의무건설, 제15조 주택개조비용 등을 통해 장애인 등의 주거약자를 지원하는 근거를 제공한다. 그러나 「주거기본법」과 「주거약자법」에서는 적절한 주거의 7가지 요소 중 1항부터 5항까지의 내용, '점유의 보장성, 주거서비스의 이용가능성, 경제적 부담가능성'을 법적으로 보장하고자 하나, 6항 '적절한 위치'와 7항 '문화적 적절성'과 관련해서는 여러 가지 차별이 아직 존재한다고 볼 수 있고, 5항 '접근가능성'의 부분도 완전히 보장된다고 보기는 어렵다.

　장애인권리협약 제19조에 따르면 장애인은 지역사회에서의 생활과 통합을 위하여 활동보조(개별지원)와 가정 내 지원서비스, 주거 지원서비스, 기타 지역사회 지원서비스에 접근할 수 있다. 대중을 위한 지역사회 서비스와 시설은 동등한 기초위에서 이용 가능해야 하며, 장애인의 욕구에 부합해야 한다는 조항은 장애인의 경우는 적절한 주거의 7가지 요소가 보장되어도 그에 더하여 주거지원서비스가 보장되어야 함을 권리로 선언하고 있다. 서울시[6]와 광역시 등의 지원주택 관련 조례에서 보장하는 장애인에 대한 주거는 장애가 없는 주거약자와는 달리 제19조에서 언급한 지원서비스가 제공되어야 주거권이 보장된다고 볼 수 있는 것이다. 대한민국의 주거 보장에 대한 부분은 주거약자의 관점이 아닌 공급자의 관점에서 의무적으로 제공되는 경향이 강하다. 다시 말해 국가의 책무로서 주거 관련 법률은 정비가 되었으나 당사자인 주거약자를 위한 권리보호는 법적으로 잘 갖추어져 있다고 보기 어렵다.

2. 주거약자로서의 장애인

주거약자로서 장애인은 앞서 언급한 세 가지의 사회적 약자로 중첩된다. 첫째, 장애인에 대한 차별의 문제이다. 이는 빈곤의 문제와 사회적 소수자로서의 차별 문제로 주거권 보장을 살펴볼 수 있다. 「주거기본법」에서는 주거정책의 기본원칙에서 소득수준, 생애주기 등에 따라 주거비가 부담가능한 수준이 되도록 하고, 임대주택을 확대하며, 주택이 쾌적하고 안전하게 관리되고, 장애인 등의 주거약자가 안전하며, 편리한 생활을 영위할 수 있도록 지원할 것을 법으로 정하고 있다. 그러나 권리보호가 단순히 국가가 주택을 제공하는 법과 제도 수준에서 머물면 안된다. 이는 다시 지방자치단체의 공무원, 부동산 중개인, 임대인이 주거약자의 권리보호를 어떻게 해야 하는지(e.g. 교육 의무화)로 구체화되어야 한다. 미국의 경우 공정주택법(Fair Housing Act)[7] 내에 이를 구체적으로 정하여 주거약자들의 주거권을 보장하고 있다. 미국

---

6) 서울특별시 "지원주택 공급 및 운영에 관한 조례", (2018).
7) 미국의 공정주택법은 주택과 도시개발부(HUD, U.S. Department of Housing and Urban Development)에서 관장하며, 공정한 주택 정책을 추구하기 위하여 인종이나 피부색, 종교, 성별, 출신국, 그리고 가족 구성 상황 또는 장애 등에 상관없이 주택을 구입하거나 렌트를 할 때 부당한 대우를 못하도록 금지하는 것을 주요 내용으로 하고 있음. 주마다 공정주택법에 의하여 보호받는 차별의 내용에 차이가 있음(김정미, 2020, 주간포커스).

의 공정주택법 3604절은 주택에서의 매매와 임대에서의 차별, 3605절은 주거용 부동산 관련 거래에서의 차별, 3606절은 중개서비스 제공에서의 차별로 구분하여 중개인과 임대인이 주거약자를 차별하는 것을 금지하고 차별이 발생했을 경우 지자체의 개입 근거를 명시하고 있다. 휠체어 이용장애인이나 발달장애인이 집을 구할 때 장애를 이유로 자신이 원하는 집을 구매하거나 임대할 수 없다면 차별이 발생하는 것이고, 주거와 관련된 권리를 침해받는 것이다. 이는 민간임대주택이나 공공주택에서만 주거약자의 권리가 보장되는 것이 아니라 거의 모든 주택에 해당한다. 국내법상에서는 이러한 조항 즉, 일반 국민임에도 장애인이라는 이유로 주거에서의 권리 침해가 발생하는 경우에 이 같은 차별을 금지하는 내용이 미비한 상황이다.

둘째, 유니버설 디자인과 관련된 접근성의 문제이다. 주거약자 지원에 관한 법률 제9조와 제15조에서 장애인 등의 주거약자에 대한 주택개조지원, 편의시설 설치 등을 지원하도록 하고 있다. 그러나 현실에서는 주택 개조가 개인과 자선의 영역에서 이루어지는 경우가 많으며, 오히려 주택 개조를 할 경우 임대인이 원상복구를 요구하는 경우가 더 많다. LH나 SH의 공공주택에서도 주택을 장애인에게 맞게 고치면 퇴거 시 원상복구를 요구한다. 접근성의 문제는 적절한 주거의 7가지 요소 중 5항 접근가능성과 6항 적절한 위치와 관련 있으며, 이는 단순히 주거구조만 언급하는 것이 아니라 지역사회에서 살아가는 인간, 비장애인과 다르지 않은 환경에서 살 권리를 언급하는 것으로, 보다 적극적인 권리주장이라고 할 수 있다. 적절한 주거의 7가지 요소 중 5항과 6항은 CRPD 제19조의 주거지원서비스로 연결하여 고려해야 한다. 장애인이 사는 환경과 비장애인이 사는 주거환경, 지역사회, 접근성 등이 크게 다르지 않고, 만약 다른 부분이 있으면 그것을 최소화하는 물리적, 사회적, 문화적 환경으로 바꿔나가야하는 것이다.

셋째, 장애인의 주거권은 돌봄의 문제와 자기결정권 행사에 어려움을 겪는 중증 장애인의 문제 즉, 장애인 거주시설의 이용 문제로 탈시설과 연결되어 검토되어야 하며, 다음 장에서 자세히 살펴보고자 한다.

3. 장애인 돌봄과 자기결정권의 문제 - 시설과 탈시설

WHO의 국제장애분류(ICF)에 따르면 장애는 손상을 가진 개인과 그 개인을 둘러싼 개인을 둘러싼 태도, 환경적 장벽들과의 상호작용의 결과로 정의한다. 즉 개인의 손상이 그가 살고 있는 사회속에서의 활동과 참여에 어려움을 겪는 경우 그것을 어떻게 보장할 것인가가 장애인이 살고 있는 해당 사회가 장애를 받아들이고 다루는 태도이다. 장애에 대하여 어떻게 정의하는가는 곧 장애인 인권의 문제라고 할 수 있으며, 그 속에서 장애인 주거권의 제대로 된 보장이 논의될 수 있다. 대한민국은 2000년대 이전까지는 장애인에 대한 권리 옹호보다 시설을 통한 보호가 우선이 되어 기본적인 장애인의 당사자의 주거 권리보다는 돌봄 문제의 해결, 다시 말해서 중증의 장애인에 대한 '가족의 돌봄 감당 불가능의 문제'를 시설 이용을 통해서 해결해왔다. 장애의 정도가 심한 장애인에게 시설 외의 다른 선택지가 없어서 시설에 입소하는 경우, 당사자의 의사는 중요하지 않았다.

그 후 장애인 권리의식의 강화와 장애인복지의 발전 속에서 시설을 통한 장애인 돌봄 문제의 해결에 대한 장애인 당사자들의 근본적인 문제 제기로 '탈시설'이라는 새로운 정책과제가 장애인 인권의 핵심과제가 되었다. 당사자 중심의 장애운동의 발전 속에서 2000년대 이후 한국의 장애운동의 3대 과제로 장애등급제 폐지, 부양의무제 폐지, 탈시설을 핵심과제로 설정하였고, 등급제 폐지와 부양의무제 폐지를 이루어냈다. 지난 정부에서는 마지막 과제인 탈시설 로드맵을 이끌어 냈다. 1980년대 이전까지는 장애인 권리, 인권 선언 등에서 시설 입소가 명시되어 있는 것처럼 거주시설이 장애인의 삶의 선택지 중 하나였다. 2000년대 이후 당사자 중심의 장애담론이 장애운동과 결합하여, 시설 거주에 대한 근본적인 문제 제기가 있었으며, 자립생활과 지역사회 거주에 대한 논의가 본격화되었다. 그러나 시설에 대한 근본적인 성찰이 부재한 상태에서 탈시설 정책이 시행되다 보니 여러 가지 시행착오와 방향성의 부재가 발생하고 있다.

4. 시설(Institution)의 본질과 장애인 거주시설

시설 자체가 구조적인 악은 아니다. 시설 "Institution"은 통제와 관리, 특정한 목적을 가진 영조물과 조직체계를 말한다고 할 수 있으며, 통제의 정도에 따라 교도소, 군대, 병원, 거주시설, 학교로 구분할 수 있다. 이러한 시설들은 설립목적을 달성하기 위한 규칙과 규정에 근거해서 운영되며 시설장의 책임하에 있는 조직이다. 그리고 이러한 시설들은 특정 집단의 사람을 대상으로 치료나 훈련, 교육 등의 특정 목적을 달성하기 위해 사람에 대한 관리와 통제를 합리화 한다. 사람들은 입소, 입대, 입원, 입학의 개념으로 특정한 조직이나 시설의 구성원이 되며, 규칙과 규정은 강제성을 가지고 이를 어길 경우 강한 통제를 받게 된다. 시설의 구성원이 된다는 것은 시설의 목적과 관련하여 자신의 권리 일부를 시설장의 권한 아래 두게 됨을 의미한다. 시설 내에서 발생하는 일은 그 책임이 시설의 장에게 있으므로 시설은 본질적으로 감시와 통제를 기본으로 할 수밖에 없다. 시설마다 목적이 다르므로 그 통제의 정도도 다르다. 병원이나 학교, 군대 등의 시설들은 삶의 전 부분을 전 생애에 걸쳐서 통제하고, 관리하는 것을 목적으로 하지 않으나 과거의 장애인거주시설의 경우에는 타인에게 자신의 삶의 생애주기 전체의 선택권과 통제권을 위임해야 했다. 거주시설의 속성상 자신의 권리보다 시설의 권한이 우선되는 구조가 '영구적'이고, 그 이유가 장애 때문이라면, 장애인에게만 해당되는 특수한 차별이라고 할 수 있을 것이다. 장애인에 대한 학대나 착취가 없다고 해서 장애인의 시설에서의 삶이 정당화되는 것은 아니다. 보다 근본적으로 시설이 갖고 있는 규율과 규칙성, 시설장의 허락과 통제 아래 삶이 규율되는 방식으로 시설이 운영되는 것이 근본적인 장애인 거주시설의 문제이다. 따라서 장애를 이유로 시설에서 살 수밖에 없다면 이는 비장애인의 주거권 침해와는 전혀 다른 본질적인 인간권리 침해의 상태라고 할 수 있다. 미래에도 장애인 거주시설이 장애인의 삶 전체와 생애주기 전체를 규율하고, 장애인 당사자가 자신의 모든 권리를 시설에 일차로 위임하는 형태라면 시설이 장애인의 거주의 선택지의 하나로 허용되는 것은 깊이 검토되어야 한다.

이에 비해서 주거, 즉 집에서 산다는 것은 입주의 개념으로 집에 들어간다는 의미를 갖는다. 시설에 들어가는 입소는 당사자 장애인의 선택보다는 가족을 포함한 타인의 결정에 의해서 결정된다. 거주시설의 입소는 또한 행정적인 행위를 수반하며, 입소한 장애인의 삶을 시설의 장이 책임지는 구조로 삶이 구성된다. 이에 비해 보통 사람의 주거와 관련된 입주는 당사자 본인(장애인)의 계약을 통해서 이루어진다. 입소와 입주 그 관계가 권력관계인가 계약관계인가의 근본적인 차이를 만들어낸다.

인간다운 삶의 물리적 기초는 주거에 있다. 주거를 기반으로 다른 삶의 권리가 보장되기 때문에 장애인의 주거권은 사회권의 가장 기본적인 권리 중의 하나라고 할 수 있다. 따라서 복지의 발전, 권리의 증진 차원에서 시설의 변화, 탈시설화는 매우 의미 있는 장애인 권리의 증진이라고 할 수 있다. 그러나 탈시설(화)가 시설에서 살고 있는 장애인이 시설에서 나오는 것을 의미하는 것으로 해석되어서는 안된다.

거주시설이 갖고 있는 본질적 한계와 권리침해에 대한 성찰은 장애운동계가 먼저 시작한 것이 아니다. 1990년대부터 기존의 시설들은 시설이 갖고있는 규율과 통제의 방식이 시설에서 살고 있는 장애인들의 삶을 구조적으로 억압하고 있음을 깨닫고 다양한 변화를 시도하였다. 장봉혜림원, 교남소망의 집, 월평빌라 등 선도적인 거주시설들은 장애인들이 지역사회에서 자립해서 통합된 삶을 살아가는 것을 지향하는 변화를 만들어내었으며, 시설에서 생활한다고 해도, 기존의 시설적 속성들에서 벗어나는 당사자중심의 선택권과 자기결정권을 보장하고, 지역사회 속에서의 삶을 지향하는 시설 운영을 하고 있다. 반면 일부의 시설들은 기존의 패러다임에 따른 시설운영을 하고 있기도 하여, 장애운동의 흐름에 의해서 탈시설을 강력하게 요구받게 되었다.

IV. 장애인 탈시설 정책

1. 탈시설 논쟁

정부는 거주시설에 살고 있는 장애인을 대상으로 탈시설 정책을 추진하고 있다. 탈시설이란 말 그대로 '시설에서 살고 있는 장애인을 퇴소시켜 지역사회에서 생활하게 하자는 것'이다. 장애인의 돌봄문제를 시설에서 지역사회로 변화시키는 패러다임의 변화라 할 만하다.

현재 우리나라 장애인의 돌봄문제는 전적으로 가족에게 맡겨져 있다. 다만, 이러한 돌봄을 여러 가지 이유로 가족이 책임지기 어려울 때에는 시설 입소라는 절차를 거쳐 장애인 돌봄을 장애인거주시설[8]이 담당하여 왔다. 이러한 장애인 거주시설은 거주서비스 뿐만 아니라 요양서비스, 그리고 다양한 일상생활이나 지역사회생활 지원서비스를 제공하는 곳이다. 이러한 장애인 거주시설은 그동안 우리나라에서 장애인복지의 중요한 부분을 차지하여 왔다.

그러나 거주시설은 집단생활과 통제, 사회로부터의 격리라는 한계가 있고, 그동안 인권침해 사례가 나타난 바 있다[9]. 또한 자립생활 운

---

8) 장애인 거주시설이란 '거주공간을 활용하여 일반가정에서 생활하기 어려운 장애인에게 일정기간 동안 거주·요양·지원 등의 서비스를 제공하는 동시에 지역사회 생활을 지원하는 시설'로 정의되어 있다(장애인복지법 제58조 제1항 제1호).

9) 장애인 거주시설은 그동안 폐쇄적인 운영을 해온 관계로 시설 내에 거주하는 장애인을 사회로부터 분리시키고, 사회의 구성원으로 살아갈 기회를 박탈하며,

동의 영향으로 거주시설 장애인도 탈시설하여 자립적인 생활을 보장해야 한다는 요구가 증대되고 있다. 원칙적으로 장애인들이 지역사회에서 자립적으로 생활해야 하고, 지역사회에 통합될 수 있도록 최대한 지원을 하여야 한다는 것이다.

이러한 '탈시설'이 장애인의 인권에 부합한다는 장애인단체의 주장이 힘을 얻으면서, 정부는 2021년 장애인 탈시설 로드맵을 발표하였다. 그러나 정부의 탈시설 로드맵이 발표되자 거주시설에 자녀를 둔 부모단체를 중심으로 탈시설 정책에 반대한다는 목소리가 강하게 나타나고 있다. 탈시설 정책이 찬성과 반대로 갈리고 있는 것이다.

장애인 탈시설을 찬성하는 측에서는 탈시설이 UN 장애인권리협약10)에서 명시된 장애인의 '주거결정권'과 '지역사회에서 생활할 권리'를 보장하기 위한 장애인의 기본적인 인권이라는 점을 강조한다. 그러나 반대하는 입장은 아직 제도적으로 인프라가 완비되어 있지 않은 상태에서의 탈시설은 문제이고11), 오히려 중증장애인의 인권을 침해할 소지가 있다면서12), 시설에서의 퇴소는 오히려 현실성이 없고 사

획일화되고 집단적인 삶을 강요함으로써 인간다운 삶을 살 권리를 침해해 왔다고 하면서 탈시설을 주장하고 있다(박숙경 외, 2017).

10) 유엔 장애인권리협약(Convention on the Rights of Persons with Disabilities: CRPD) 제19조는 모든 장애인들이 다른 사람들과 동등한 조건으로 거주지 선택의 자유와 어디서 누구와 살 것인가에 대한 선택의 자유를 가지며 특정한 거주형태에서 사는 것을 강요받지 않아야 함을 규정하고 있다. 나아가 국가는 장애인이 지역사회로부터 소외 또는 격리되지 않도록 필요한 가정 내 지원서비스, 주거 지원서비스 및 지역사회 지원 서비스에 대한 접근성을 보장할 의무가 있음을 명시하고 있다.

11) 이송희 외(2019)는 탈시설화 정책의 문제점으로서 탈시설 후 지역사회의 정착을 위한 인력 및 지원 서비스가 부족하다고 지적하였다. 특히 탈시설 장애인에 대한 활동지원서비스 확대, 탈시설 후 주간활동 지원을 위한 서비스 확대, 그리고 가족 등 비공식 돌봄제공자에 대한 지원등이 필요하다고 하였다.

12) 장애인 탈시설화 운동의 기저에는 시설이 장애인의 인권, 인간으로서의 존엄성, 자기결정권, 행복추구권, 정의 및 형평 등에 반한다는 논리가 깔려있다. 그러나 오히려 탈시설화야말로 발달장애인과 그 부모의 인권, 인간으로서의 존엄성, 자

형선고와 같다고 주장하고 있다13).

2. 발달장애인 돌봄 문제와 시설에 대한 수요

발달장애인법14)상 발달장애인15)이란 지적장애인 및 자폐성 장애인을 포함하는 개념이다. 발달장애인은 인지기능과 언어기능에 장애가 있어 의사소통에 어려움이 있는 경우가 많고, 사회적 상호작용의 문제로 대인관계에도 어려움이 나타나는 경향이 있다. 행동이나 일과를 반복하는 상동행동을 보이는 경우도 있고, 타인의 도움이 없이는 일상생활이나 사회생활을 영위하기가 어려운 경우가 많다16). 특히 발달장애

기결정권, 행복추구권, 정의 및 형평 등에 반할 수 있다. 자립이 가능한 경증의 발달장애인에게는 자기결정권이나 자립이라는 개념이 중요한 가치이므로 탈시설이 그들의 더 나은 삶을 보장할 수 있다. 그러나 중증의 발달장애인을 가정에서 돌볼 수가 없어 최후의 선택지로 시설을 택한 부모의 입장에서는 탈시설화가 발달장애인과 그 가족을 다시 비극적 상황으로 내 몰게 될 시한폭탄과 다름없다. 그런 의미에서 시설 거주 발달장애인에 대한 강제적 탈시설화는 그와 그 가족에 대한 폭력이고 인권침해이다(조성혜, 2022).

13) "대책없는 탈시설은 '사형선고' … 발달장애인 모 청원글 올려", 소셜포커스, https://www.socialfocus.co.kr/news/articleView.html?idxno=10614 (2021. 7. 22. 12:59).

14) '발달장애인 권리보장 및 지원에 관한 법률'(약칭: 발달장애인법)을 말한다.

15) 발달장애인법 제2조 제1호는 발달장애인에 대하여 다음과 같이 규정하고 있다. "발달장애인"이란 장애인복지법 제2조제1항의 장애인으로서 다음 각 목의 장애인을 말한다.
   가. 지적장애인: 정신 발육이 항구적으로 지체되어 지적 능력의 발달이 불충분하거나 불완전하여 자신의 일을 처리하는 것과 사회생활에 적응하는 것이 상당히 곤란한 사람
   나. 자폐성장애인: 소아기 자폐증, 비전형적 자폐증에 따른 언어·신체표현·자기조절·사회적응 기능 및 능력의 장애로 인하여 일상생활이나 사회생활에 상당한 제약을 받아 다른 사람의 도움이 필요한 사람
   다. 그 밖에 통상적인 발달이 나타나지 아니하거나 크게 지연되어 일상생활이나 사회생활에 상당한 제약을 받는 사람으로서 대통령령으로 정하는 사람

16) 강정배 외, 발달장애인 도전적 행동 지원방안 연구, 한국장애인개발원 (2021. 10.).

인이 성장하게 되면 이와 반대로 돌보는 부모는 노령으로 인하여 스스로의 돌봄도 어려운 경우가 있는데, 수시로 도전적 행동을 하는 성인 자녀를 감당하기 힘들어 돌봄의 한계 상황에 직면하게 되는 경우가 많다. 즉, 발달장애인의 도전적 행동은 당사자의 사회적 배제 및 가족의 돌봄 부담 가중, 서비스 제공자의 소진 등 다양한 어려움에 직면하게 하는 요인이 된다[17].

실제로 서울시여성가족재단에서 성인 발달장애인의 돌봄문제에 대하여 조사한 결과를 보면, 가족 내에서의 돌봄 제공자는 여성이 90.9%이고, 남성은 9.1%로서 주로 여성에게 집중되어 있으며, 돌봄대상자가 성인이 된 후 64.3%가 돌봄 시간이 증가하였고, 71.1%가 돌봄비용이 증가했다고 응답하였다. 또한 쉼 없는 돌봄으로 인하여 돌봄제공자의 7.1%는 치료가 필요한 정도의 우울증을, 6.4%는 적극적 치료가 요구되는 심한 우울증을 보이는 등 정서·심리적 건강이 심각한 상황이다[18].

이처럼 발달장애인의 돌봄 문제는 가족의 돌봄부담 가중으로 이어지며 돌봄제공자의 건강문제와 겹치면서 최후의 수단으로 장애인 가족은 발달장애인의 시설 입소를 고려하게 된다. 그럼에도 시설에는 대기자가 많아 마음대로 입소하는데 어려움이 있다. 한 언론보도에 의하면, 최근 4년간 장애인 시설에 입소하고 싶어도 들어가지 못하는 '시설 입소 대기 장애인'이 전국에 누적 1,200여 명에 달하는 것으로 나타났는데, 이들 중 대다수는 일상생활이 매우 어려운 지적·자폐성 장애를 가지고 있어 지역사회복지 사각지대에 놓여 있다고 한다[19].

---

17) 도전적 행동은 행동을 하는 사람이나 타인의 신체적 안전을 심각하게 해할 가능성이 있는 강도, 빈도, 기간의 측면에서의 행동 또는 지역사회 시설을 이용하는 데 심각한 제약을 주거나 접근을 불가능하게 하는 행동이다. 김미옥 외, "최중증 성인 발달장애인을 위한 주간활동서비스 모형개발 연구", 보건복지부·전북대학교 (2018), 15-16.
18) 강은애, "성인 발달장애인의 가족 내 돌봄: 쉼 없는 평생 돌봄, 실태와 정책방향", 젠더이슈, 서울시여성가족재단 (2021).
19) "시설입소대기 장애인 전국 1223명⋯'동반자살' 사각지대 놓였다", 여성경제신

   장애인 거주시설의 연간 입·퇴소 추이를 보면, 시설 거주장애인 규모는 2014년 정점을 지나 완만한 감소세를 보이고 있으며 2015년부터 퇴소자 수가 입소자 수보다 많아지기 시작하고 있다. 이처럼 퇴소인원이 많은 가장 큰 이유는 연고자에게 인도하기 때문이다. 장애인 거주시설은 장애인복지법[20]에 따라 일반 가정에서 생활하기 어려운 장애인이 입소 대상인데, 이미 입소한 장애인을 다시 연고자에게 인도한다는 것은 돌봄의 책임을 다시 연고자에게 떠넘기는 것은 아닌지 검토가 필요하다.

   또 한가지 중요한 사실은 2018년에는 1,429명, 2019년에는 1,611명이 장애인 시설에 입소하였는데, 최근에도 계속 입소가 이루어지고 있다. 이들은 아마 엄격한 입소 심사를 거쳐 입소가 확정된 경우라고 할 수 있다. 그만큼 시설 입소에 대한 수요가 있음을 반영하고 있다고 하겠다. 앞서 언급한 시설 입소 대기자까지 더하면 시설 입소 수요는 더 많아질 것으로 보인다.

문, https://www.womaneconomy.co.kr/news/articleView.html?idxno=218102 (2023. 8. 1. 확인).

20) 장애인복지법 제58조 제1항 제1호에 의하면, 장애인거주시설이란 '거주공간을 활용하여 일반가정에서 생활하기 어려운 장애인에게 일정기간 동안 거주·요양·지원 등의 서비스를 제공하는 동시에 지역사회생활을 지원하는 시설'로 정의되어 있다.

〈표 2〉 거주시설 전체 입·퇴소자 규모

연도	입소인원	퇴소인원				
		계	연고자인도	취업	사망	기타
2014	1,974	1,720	1,071	95	249	305
2015	1,704	1,888	1,273	86	267	262
2016	2,487	2,729	2,009	68	274	378
2017	1,721	2,008	1,429	42	244	293
2018	1,429	1,970	1,295	61	262	352
2019	1,611	2,101	1,380	73	251	397

* 보건복지부, 탈시설 장애인 지역사회 자립지원 로드맵, 2021, 51쪽.

3. 정부의 탈시설 로드맵 고찰

정부는 장애인의 주거결정권과 지역사회에서 생활할 권리를 보장하자는 취지로 2021년 8월 '탈시설 장애인 지역사회 자립지원 로드맵[21]'을 발표하였다. 본 로드맵에 따르면, 2020년 현재 1,539개 거주시설에서 생활하고 있는 2만 9천여 명 가운데, 단기·공동생활가정 거주자 4,600여 명을 제외한 24,481명의 장애인을 대상으로 단계적으로 자립을 지원하여 2041년이 되면 2,193명[22]만 거주시설에서 생활하게 하고, 나머지 장애인은 시설에서 지역사회로 거주형태[23]의 전환을 마무리할 계획이다. 즉 튜브 섭식 등 1인 단독 거주가 어려운 장애인을 제외한 모든 장애인은 거주시설에서는 살 수 없고, 공동형 주거나 개별형 주거 형태로 살아가야 한다.

탈시설 로드맵은 탈시설 장애인이 독립생활을 영위할 수 있도록 물리적 거주공간과 복지서비스를 결합하여 지원하고, 탈시설 초기 안정

---

21) 보건복지부, "탈시설 장애인 지역사회 자립지원 로드맵", (2021. 8. 2.).
22) 튜브 섭식 등 1인 단독 거주가 어려운 장애인 등으로 한정하여 전문 서비스가 제공되는 거주시설에서 거주하는 인원임.
23) 지역사회 거주 형태에는 공동형 주거지원 형태와 개별형 주거지원 형태가 있다.

적 지역사회 정착을 위하여 집중 사례관리 지원 및 일시적 서비스 지원을 확대하며, 이를 위해 정부는 이들의 장애유형에 맞게 편의시설이 설치된 저렴한 주거 공간을 공급하고 개인별 욕구와 선택에 따라 주거유지지원 서비스, 일상생활지원 서비스, 사회참여지원 서비스, 권리옹호지원 서비스 등 다양한 서비스를 제공할 계획이다. 그리고 거주시설의 경우 신규 개소를 금지하고, 거주인의 자립생활을 촉진할 수 있도록 거주시설의 변환을 지원할 계획이다.

한편, 정부는 본 로드맵을 작성하기 위하여 전체 거주시설 장애인 총 24,481명에 대한 전수조사(2020년)를 실시하였다. 실태조사 결과를 보면, 거주인 가운데 중증장애인이 98.3%이고, 지적 및 자폐성 등 발달장애가 80.1%로서 대부분을 차지하고 있다. 실제 대면조사시 본인이 응답하여 의사소통이 가능한 경우가 6,035명(28.5%)이고, 이 가운데 탈시설 욕구가 있는 경우는 2,021명(33.5%)에 불과하고, 이보다 훨씬 많은 59.2%(3,572명)는 시설에서 나가고 싶지 않다고 응답하였다. 즉, 시설에 거주하는 장애인 24,481명 중 탈시설 욕구를 표현한 장애인은 2,021명으로 10%도 안되는 것으로 조사되었다. 이처럼 탈시설 욕구를 표현한 2,021명이 탈시설 정책의 주 대상이 되어야 하는데, 시설 거주 전체 장애인, 그 중에서도 탈시설을 희망하지 않은 시설 거주인까지 탈시설 정책의 대상으로 삼은 것은 문제가 있는 것으로 보인다.

이와 관련하여 장애인 거주시설에는 일반가정에서 생활하기 어려운 장애인이 입소[24]하고 있는데, 다시 원가정이나 지역사회로 나오게 하는 것은 장애인에게 필요한 각종 서비스가 충분히 제공되지 않는 한 모순의 여지가 있다. 특히 시설 입소 장애인의 98.3%가 중증이고, 지적 및 자폐성 등 발달장애인이 80.1%를 차지하고 있는데, 이들이 지역사회에서 살아가기 위해 필요한 각종 서비스와 제도 등 지역사회에서 살아가기에 적합한 인프라가 충분히 갖추어지지 않은 상황에서 이들

---

24) 장애인복지법 제58조(장애인복지시설) 제1항 제1호 장애인 거주시설 참조.

을 지역사회로 내보내는 것은 방임이라고 할 수 있다.

김진우(2018)[25]는 영국의 사례를 검토한 후 '탈시설화 정책이 갖는 긍정적 함의에도 불구하고 일부 발달장애인들은 여전히 대형병원에 남아 있으며 소규모 거주공간에서도 인권보장의 사각지대가 존재하고, 준비되지 않은 상태에서 추진한 탈시설화는 오히려 당사자의 삶의 질적 수준을 떨어뜨리는 결과를 초래하게 된다'고 한다. 준비되지 않은 탈시설은 그만큼 발달장애인의 삶에 부정적 영향을 미치게 되는 것이다.

국회 보건복지위원회 소속 최재형 의원이 2023년 10월 25일 열린 보건복지부 국정감사에서 '탈시설 장애인 지역사회 자립지원 로드맵'의 장애인 탈시설 목표 600명 중 고작 80명인 13%만이 탈시설해 자립주택에서 생활하고 있어서 목표 대비 실적이 매우 저조하다고 지적했다. 2021년 발표된 '탈시설 로드맵'은 2022년 200명, 2023년 400명 총 600명 누적 인원이 탈시설 목표로 설정돼 있다. 하지만 현재까지 탈시설해 자립주택으로 들어간 인원은 약 80여 명으로 파악돼 목표 대비 실적 인원이 13% 정도로 매우 적은 상황이다[26]. 최재형의원은 이러한 결과에 대하여 탈시설 로드맵이 현실과 동떨어져 있기 때문이라고 지적하였다[27].

---

25) 김진우, "영국 장애인 탈시설화의 함의 – 지역사회 내 거주 및 주체성 증진을 중심으로 -", 한국사회복지학 Vol(70) No(3) (2018. 8).

26) "'장애인 탈시설 로드맵' 목표 인원 600명 중 13%만 자립", 에이블뉴스, https://www.ablenews.co.kr/news/articleView.html?idxno=208154 (2023. 10. 25. 확인).

27) 최재형 의원은 "탈시설 로드맵을 보면 2041년까지 1인 단독 거주가 어려운 장애인 약 2,200명을 제외한 모두를 탈시설할 계획이다. 현재의 진행 상황으로 보면 계획 자체가 지나치게 현실과 동떨어져 있다는 생각이 든다." 이어서, "장애인 지원 주택도 다양하게 마련해 지역사회에서 통합해 살아갈 수 있는 분들은 그렇게 하고, 또 시설에서 케어를 받을 수밖에 없는 장애인들은 그 의사를 반영해 주면서 다양하게 장애인 탈시설 계획을 세워주었으면 한다"고 주문했다. "'장애인 탈시설 로드맵' 목표 인원 600명 중 13%만 자립", 에이블뉴스, https://www.ablenews.co.kr/news/articleView.html?idxno=208154 (2023. 10. 25. 확인).

탈시설한 장애인에 대해서는 주택을 제공하고 각종 생활지원서비스를 제공함에도 불구하고, 탈시설에 실패한 비율이 매우 높은 것은 그만큼 중증장애인이 거주시설에서 나와 지역사회에 적응하며 생활하는 것이 어렵다는 현실을 보여준다. 실제로 무조건적인 탈시설 정책을 획일적으로 추진하는 것은 오히려 장애인을 방임이나 학대받을 수 있는 환경에 노출하는 등 새로운 인권문제가 될 소지가 있다[28].

4. 유럽 등 외국의 탈시설 현황

Jan Siska와 Julie Beadle-Brown은 2020년 유럽연합 27개국을 대상으로 장애인, 아동, 노인에 대한 시설보호에서 지역사회 보호로의 이행에 관한 보고서를 발간하였다[29]. 동 보고서에 의하면, 유럽 연합 27개국의 경우 지난 10년 동안 시설 거주인 수가 크게 변화하지 않았다고 보고 있다. 특히 대부분의 국가에서 지역사회 기반 서비스의 부족과 사회 주택의 부족이 탈시설에 있어서 주요 장애물 중의 하나라고 하고 있다. 또한 책임성의 문제에서 국가에서 지방 차원으로 이전되고 있어서, 서비스의 조정, 일관성 등에 잠재적인 문제가 있으므로, 국가의 리더십이 중요하다고 강조하고 있다.

다음에 제시하는 표는 30인 이상 거주하는 대규모 시설이 복지 선진국이라는 독일과 프랑스 등 스웨덴을 제외한 대부분의 유럽연합 국가에 있어서 여전히 존재하고 있음을 보여 준다. 특히 장애아동, 성인

28) 조성혜(2022)는 '무엇보다 탈시설 정책은 탈시설로써 직접적 영향을 받게 될 거주시설 발달장애인과 그 부모들의 상황과 의견을 무시하고 일방적으로 시설 축소 및 폐쇄를 부추기고 있다는 점에서 비민주적이고, 이들의 자기결정권 및 행복추구권을 침해한다는 점에서 위헌적이다'라고 주장하고 있다.

29) Jan Siska and Julie Beadle-Brown(2020), Report on the transition from Institutional care to Community-based services in 27 EU member States: Final reports. Research report for the European Expert Group on Transition from Institutional to Community-based care.

장애인, 성인정신장애인의 경우 대부분의 국가에서 30인 이상의 대규
모 시설이 존재하고 있다. 다만, 스웨덴에 있어서는 30인 이상 거주하
는 대규모 시설은 운영하지 않고 있으며, 소규모 지역사회 시설(그룹
홈)을 운영하고 있음을 보여 준다. 이러한 사실은 아래의 그림을 보면,
명확히 이해할 수 있다.

〈표 3〉 유럽연합 주요국의 30인 이상 대규모시설 운영 여부(2020)[30]

국가	아동	장애아동	성인장애인	성인정신장애인	노인
독일	○	○	○	○	○
프랑스	○	○	○	○	○
스페인	○	○	○	○	○
오스트리아	×	○	○	○	○
벨기에	○	○	○	○	○
덴마크	○	○	○	○	○
그리스	○	○	○	○	○
이태리	○	○	○	○	○
네덜란드	○	○	○	○	○
폴란드	○	○	○	○	○
포르투칼	○	○	○	○	○
루마니아	○	○	○	○	○
아일랜드	×	○	○	○	○
핀란드	-	○	○	○	○
스웨덴	×	×	×	×	×

---

30) 보건복지부, "탈시설 장애인 지역사회 자립지원 로드맵", 2021. 15; Jan Siska
and Julie Beadle-Brown (2020), 10.

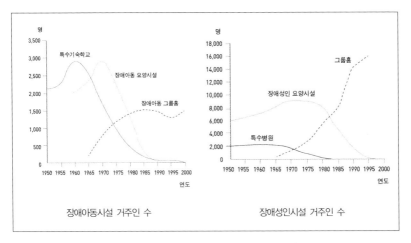

〈그림 1〉 스웨덴의 시설 거주 장애인 규모 변화[31]

스웨덴을 제외한 대부분의 유럽 연합 국가는 여전히 30인 이상의 대규모 시설을 운영하고 있고, 시설에 거주하고 있는 거주인의 수가 크게 줄어들고 있지 않다는 사실은 우리에게 시사점을 준다. 유럽과 같은 복지 선진국에서조차도 시설의 존재는 여전하고, 스웨덴의 경우에서만 그룹홈으로 전환에 성공하였다는 것은 개별 국가의 상황에 맞게 탈시설이 진행되고 있음을 보여 준다.

미국의 경우 대형시설은 줄어들고 소규모 시설은 늘어나는 등 유사한 추세를 보여주고 있다[32]. UN 장애인권리위원회 한국대표 전문위원으로 활동한 바 있는 김형식 외(2019)는 탈시설화의 문제에 대하여 다양한 국가의 사례를 검토하면서, '어느 나라를 예로 들어도 탈시설화의 문제는 그 이념을 달성하기에는 아직도 요원한 것만은 사실인 것

---

31) 보건복지부, "탈시설 장애인 지역사회 자립지원 로드맵" (2021), 14.
32) 미국의 경우 탈시설화가 추진된 1977~1998년 사이에 대형시설은 154,638개에서 52,488개로 줄어들었고, 16명 이하의 정신/인지 장애인 시설도 52,718개에서 35,247개로 줄어든 반면, 6명 이하를 수용하는 시설은 20,400개에서 202,266개로 증가하였다. 김형식 외, "유엔장애인권리협약-복지에서 인권으로", 어가 (2019), 174.

같다'고 언급하였다[33].

　이러한 사실은 우리나라의 경우 탈시설 정책에 대하여 속도 조절을 할 필요가 있음을 시사하는 것으로 해석된다. 탈시설 이념을 달성하기 위하여 빠르게 탈시설을 추진하면 좋겠지만, 탈시설 이념보다도 탈시설한 장애인이 행복하게 지역사회에서 살 수 있는 여건 마련이 우선이라 하겠다. 지역사회 기반 서비스나 지역사회 인프라가 부족하고 장애에 대한 인식개선이 필요한 우리나라의 상황에서 무리하게 탈시설을 급격히 추진하게 되면 오히려 부작용이 커질 소지가 있다. 유럽은 1960년대부터 탈시설을 추진해 왔다고 할 때 이미 50년이 경과하였음에도 여전히 탈시설이 진행 중에 있다.

　따라서 2041년이라는 짧은 기간(20년 이내) 내에 탈시설을 완료하겠다는 정부의 무리한 계획은 재검토되어야 한다. 정부는 탈시설 이념이 아무리 인권에 부합한다고 할지라도 현실적인 여건을 무시하면 안 된다. 현실적으로 탈시설이 이루어지도록 하기 위해서는 선행적으로 발달장애인 등 중증장애인이 행복하게 잘 살 수 있도록 주거, 의료, 일상생활지원, 사회생활지원 등 지역사회 돌봄 서비스 체계를 완벽하게 구축하고, 아울러 장애인 거주시설도 지역사회 기반 시설이 될 수 있도록 시설의 기능 개편을 꾸준히 추진해 나가야 하겠다.

5. 중증장애인의 주거권

　중증·발달장애인을 돌보는 문제는 개인이나 가족에게 부담을 지우기보다는 사회가 그 책임을 떠맡아야 한다. 그러나 가족이 무한 책임을 지고 있는 현실에서 장애인을 돌보는 데 한계 상황에 도달한 가족이 많이 있다. 극단적인 선택을 하는 가족도 나타나고 있다. 중증장애인 가족은 최후의 수단으로서 시설에의 입소를 알아보지만, 시설이 부

---

33) 김형식 외, "유엔장애인권리협약 해설-복지에서 인권으로", 어가 (2019), 179.

족하고 대기자가 많은 현실에서 어려움을 겪고 있는 실정이다. 이러한 장애인 부모의 시설에 대한 현실적인 수요에 대하여 정부의 정책은 응답해야 한다.

중증발달장애인 거주생활 문제에 있어서는 탈시설만이 해답이 될 수 없다. 장애인의 더 나은 삶을 위하여 장애의 특성을 고려하여 무조건적인 탈시설보다는 보다 정밀한 욕구에 기반한 맞춤형 대응이 요구된다고 하겠다. 탈시설을 원치 않거나 탈시설을 할 수 없는 중증의 발달장애인에게는 시설보호를 계속해 나가야 할 것이다. 이를 위해 거주시설을 무조건 배척하기보다는 오히려 시설에 대한 인식개선과 기능강화가 필요하다. 거주 및 생활 환경을 개선하는 것이 필요하고 시설에서 제공하는 각종 서비스도 확대해 나가야 하겠다. 즉, 탈시설 가능 장애인에게는 주거, 의료, 각종 돌봄 서비스 등 다양한 지역사회 서비스를 지원하여 자립생활을 도모하고, 탈시설이 어려운 장애인에 대해서는 거주시설의 개편을 통해 장애인의 인권을 신장하는 등 우리나라의 실정에 맞는 Two-Track 접근이 필요하다. 이런 측면에서 볼 때 시설 퇴소 중심의 장애인 탈시설 정책은 반드시 재검토해야 한다.

UN 장애인권리위원회는 대한민국 제2,3차 병합 국가보고서에 대한 최종견해[34]에서 UN 장애인권리협약 제19조 '자립적 생활 및 지역사회에의 동참'과 관련하여 당사국에 '탈시설 로드맵'을 재검토할 것을 권고하고 있다.[35] 또한 2023년 보건복지부 국정감사에서 탈시설 로드맵

---

[34] '대한민국 제2,3차 병합 국가보고서에 대한 최종견해', 보건복지부, https://www.mohw.go.kr/board.es?mid=a10710050100&bid=0056&act=view&list_no=376133&tag=&nPage=1 (2024. 4. 22. 확인).

[35] 구체적인 권고사항은 다음과 같다. (a) 자립지원 로드맵을 장애인단체와 협의하여 검토하고 충분한 예산 및 기타 조치를 포함할 뿐 아니라, 생활 환경에 관한 장애인의 선택권과 자기 결정권, 특정 생활환경에서 살 의무가 없는 권리, 지역사회로부터 분리되지 않고 포용의 가치에 대한 인식을 제고하는 활동이 포함되도록 하는 등 해당 로드맵이 협약에 부합하도록 할 것; (b) 여전히 거주시설 환경에 있는 성인장애인 및 장애아동의 탈시설화를 위한 탈시설화 전략의 실행을

에 대하여 현실성이 부족하다는 최재형의원의 질문에 보건복지부 장관은 재검토하겠다고 답변한 바 있다36).

따라서 이러한 권고에 따라 우리나라 탈시설 로드맵은 재검토될 것으로 보인다. 앞으로 재검토할 탈시설 로드맵에서는 발달장애인의 특성을 고려한 현실적인 로드맵이 될 수 있어야 하겠다. 특히 탈시설의 주요 대상인 발달장애인과 그 가족의 목소리가 탈시설 로드맵에 반영되어야 하고, 발달장애인과 그 가족이 동의하는 탈시설 로드맵이 될 수 있어야 한다.

V. 장애인 주거권과 주거복지:
시설과 탈시설의 대립을 넘어

장애인의 주거권은 자유권으로 보자면, 즉, 타인에 의해 권리를 침해당하는 부분에서의 차별금지 등으로 소극적인 권리보장의 측면임에 비해, 사회권으로 보면 적극적 권리보장이 되어야 그 권리가 보장되는 적극적 권리로 볼 수 있다. 예를 들어 장애인의 이동권은 경사로, 편의시설 등 장애인의 이동이 가능하게 하는 여러 환경조성과 적극적 조치가 있어야 그 권리가 보장된다고 볼 수 있다. 장애인의 주거권도 단순히 비장애인과 같은 권리를 보장하는 것, 권리침해가 되는 지를 살펴보는 소극적 권리보장이 아닌 적극적 권리보장의 차원에서 장애인의 주거권을 접근해야 하며, 이는 결국 주거복지를 어떻게 장애인에게 맞게 지원하느냐가 장애인의 주거권 보호의 핵심이 되는 것이라고 할 수

강화하고 사람들이 독립적으로 생활하고 지역사회에 참여할 수 있도록 하는 것을 목표로 하는 지역사회 기반 서비스의 가용성을 높일 것.
36) "'장애인 탈시설 로드맵' 목표 인원 600명 중 13%만 자립", 에이블뉴스, https://www.ablenews.co.kr/news/articleView.html?idxno=208154 (2023. 10. 25. 확인).

있다.

즉 비장애인으로서 주거약자들의 경우 감당할 수 있는 비용으로 접근성과 환경이 보장되는 주거를 보장받으면 주거권이 보장된다고 할 수 있고, 그것이 주거복지가 될 수 있을 것이다. 그러나 장애인의 경우 장애로 인한 활동과 참여가 저해 받지 않도록 장애에 맞는 주거 제공과 그에 따른 서비스가 제공되어야 한다.

이는 단순히 주거약자라는 장애인 개인에 대한 복지서비스의 제공으로 한정되어서는 안된다. 예를 들어 발달장애아동과 함께 사는 가족이 지역사회에서 살기 위해서는 그들이 비장애인 가족과 크게 다르지 않게 살 수 있는 지역사회 환경이 구성되어 있어야 한다. 교육, 돌봄, 의료, 이동지원 등과 관련된 지원서비스를 받을 수 있어야 한다. 학령기 시기에 모든 아동과 청소년은 의무교육으로 교육을 받을 권리가 있지만, 장애를 이유로 교육받지 못하는 경우(적절한 교육)가 발생하고, 성인이 되어 돌봄이 필요함에도 돌봄이 오롯이 가족의 부담으로 채워지는 것, 치과 진료 등의 의료적 지원이 필요한 때에 제공되지 못한다면 그 장애인과 가족의 주거권은 보장될 수 없다. 또한 그것이 대도시인가 중소도시인가, 농촌인가에 따라 격차가 크다면, 국가는 모든 국민, 주로는 대도시가 아닌 중소도시와 농촌에 사는 장애인과 그 가족의 권리를 심각하게 차별하고 있는 상황으로 볼 수밖에 없다.

따라서 주거권은 주거복지라는 적극적 차원에서 권리보장을 통해 접근할 때 온전히 보장될 수 있다. 즉 장애인의 주거권은 주거복지의 구현이라고 할 수 있고, 그것은 장애인권리협약의 지역사회 삶의 보장을 의미하는 것으로 정리해 볼 수 있다.

1. 장애인 주거복지로서의 시설, 지원주택과 돌봄시스템

장애인과 가족의 주거권 보장에서 가장 쟁점이 되는 부분은 거주시설 이용의 문제일 것이다. 장애를 이유로 시설에서 평생을 사는 것은 장애인의 삶에 대한 본질적인 권리침해이다. 그럼에도 불구하고 전문적 또는 상시적인 돌봄이 필요하거나 자기결정권 행사에 어려움이 있는 중증 장애인들의 자립과 존엄한 삶을 어떻게 보장해 나갈 것인가의 답을 찾아 나가야 하는 것이 현실이며, 시설의 변화를 고민한다면 한국 사회에서 장애인의 주거지 중 하나의 선택지가 될 수 있을 것이다.

가. 시설 (Institution)

우리 사회에서 탈시설 논쟁은 기존의 장애인 거주시설의 역할과 성격의 변화를 요구해 왔다. 거주시설이 이제는 수용시설이 아니라 이용시설로 지역을 기반으로 한 주거와 돌봄 서비스를 제공하는 기관으로 변화해야 하는 것이다. 지역에서 돌봄이 장기간에 걸쳐 집중적으로 필요하고, 자기결정권 행사에 있어 제약이 큰 장애인의 온전한 삶을 지원하고 책임지는 시설, **'돌봄 중심의 거점서비스 기관'이 되어야 하는 것이다.** 지역사회에서 장애인 거주시설에 대한 이용 욕구는 크게 두 가지 상황에서 발생한다. 첫째는 자기결정권과 돌봄의 문제에 직면한 최중증 장애인의 시설 서비스 이용의 문제, 둘째는 중고령 장애인의 돌봄 문제이다.

장애인과 그 가족이 지역사회에서 살다가 장애인 당사자가 40세가 넘고, 부모가 70세가 넘어 고령이 되었을 때, 돌봄의 문제를 가족이 부담하는 것이 현실적으로 매우 어려워진다. 그런 경우 중고령 장애인이 자신의 거주 선택지 중 하나로 자신이 살던 지역의 시설 서비스를 이용할 수 있는 것이 필요하다. 하지만 최중증 장애인이라고 하더라도 유아기부터 시설에서 입소하는 경우는 없어야 한다. 학대, 유기, 방치가 아닌 한에 있어서 가족과 함께 살 수 있도록 가족의 삶을 지원하는 시스템이 뒷받침되어야 하며, 성인기에 자립을 위하여 최중증 장애인 거주지의 선택지 중 하나가 시설 서비스 이용이 되어야 하는 것이다. 더하여 시설은 지역사회에서 격리되거나 배제되는 곳이 아니라 인간 존엄과 지역 공동체의 구성원으로서의 삶을 지원하는 서비스를 제공하는 공간이자 영역이 되어야 하는 것이다.

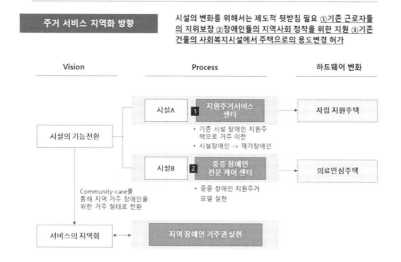

〈그림 2〉 'Community Care(지역사회통합돌봄)를 활용한 엔젤스헤이븐 지원주거 사례(2020)'
중 거주시설의 변화 방향성

나. 지원주택 (Supported Housing)

돌봄이 필요하고, 자기결정권의 행사도 완전하지 않지만 조력을 받으면 자립생활이 가능한 장애인의 경우 지원주택을 통해서 지역사회에서의 삶을 가능하게 지원할 수 있다. 현재 한국 사회는 지원주택 법이 제정되어 있지 못하고, 서울특별시 등 광역시 차원에서 조례를 만들어 지원주택 서비스를 제공하고 있다. CRPD에서의 지역사회의 삶에 대한 장애인 주거권 보장은 지원주택 서비스를 통해서 이루어질 수 있다. 지역사회에서 살아온 장애인이 장애와 돌봄이나 자기결정권 행사에 어려움을 겪는다는 이유로 그 지역에서 사는 권리를 침해받는 것이 아니라 그에 맞는 서비스 지원을 통해서 지역사회의 구성원으로 살아갈 수 있게 하는 것이다. 현재 한국의 지원주택으로는 다양한 장애인 시설을 운영하였던 사회복지법인의 지원주택과 탈시설 운동의 주체들이 진행하는 지원주택이 있다.

지원주택의 서비스는 비장애인을 위한 적절한 주거의 7가지 요소를 넘어 장애인이 지역사회에서 인간다운 삶을 가능하게 하는 모든 서비스를 제공하는 것을 목표로 한다. 지원주택 서비스는 맞춤형 서비스를 지향하며, 개별 장애인 당사자의 필요와 욕구에 따라 그 지원은 다르며, 지역사회의 주민으로 살아가는 것을 목표로 한다.

지원주택 모델

지원주택을 통해 장애인이 지역사회 자립하기 위해서는 ①삶의 질을 높이는 주거 (housing) ②주거와 함께 공급되는 지지체계(service) ③지역사회 고립되지 않도록 하는 공동체 (community)의 형성이라는 3가지 요소가 충족되어야 함

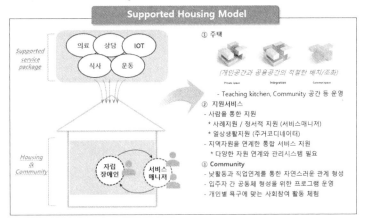

〈그림 3〉 엔젤스헤이븐 지원주거 사례(2020) 중 지원주택 모델의 3가지 요소

〈그림 4〉 엔젤스헤이븐 지원주거서비스의 5가지 지원 영역 네트워크 모델

다. 돌봄 서비스 (Care Service) - 가족지원 체계

비장애인과 마찬가지로 장애인은 처음부터 자립하여 지역사회에서 살아가는 것이 아니라 생애주기에서 학령기를 거쳐 성인이 되고, 자립하기까지 가족의 구성원으로 살아가게 된다. 장애인 거주시설 이용에 대한 욕구는 돌봄시스템이 부재한 상황에서는 사실 장애인 당사자의 필요성 보다 가족 구성원의 필요가 더 크다고 볼 수 있다. 즉, 전 생애에 걸쳐 장애 정도와 상관없이 가족이 필요시 이용할 수 있는 돌봄시스템 구축이 지역사회 지원체계의 핵심 중 하나라고 할 수 있는 것이다.

학령기에는 특수교육의 필요를 가진 장애아동·청소년에게 교육과 함께 돌봄서비스를 가족과 함께 분담하는 구조가 설계되어 있어야 하며, 청년이 되어 지역사회에서 살아갈 때는 주간활동서비스, 주간보호센터, 긴급돌봄센터 등 장애인 가족의 돌봄을 사회가 분담하는 구조가 안정화되어 있어야 한다. 서울시의 경우도 아직 장애인 주간보호센터와 같은 돌봄 기관이 수요와 공급을 맞추지 못하고 있고, 지방은 이러한 돌봄 지원 시스템의 부재와 열악함으로 거주시설 이용 욕구가 과다하게 나타나며, 기존의 (수용 위주의) 시설 서비스가 지속되는 근거가 되고 있다. 가족 지원시스템이 구축되지 않으면 시설 중심의 수용 서비스는 없어지기 어렵다. 교육과 돌봄, 재활치료, 의료 등 장애인 가족이 장애아동 그리고 성인이 된 장애 자녀와 함께 살아가는 데 큰 어려움이 없도록 지역사회에서 가족지원 체계를 제대로 구축해야 한다.

〈그림 5〉 지역사회통합돌봄(Community Care)을 통한 장애인 돌봄 서비스 구축

〈그림 6〉 지역사회 내 지원주택 이용인의 의료, 교육 및 활동, 주장애 관련 서비스 연계도

VI. 결론: 탈시설과 장애인 주거권 보장

장애인 주거권의 핵심은 지역사회에서의 행복하고 존엄한 삶이다. 장애가 있다는 이유로 사회와 격리되어 전통적 의미의 시설에서 평생을 사는 방식이 아니라 부족한 대로 어려운 대로 필요한 만큼 지원과 돌봄을 이용하면서 세상과 소통하며 살아갈 수 있도록 보장하는 것이 주거권의 보장과 주거복지의 핵심일 것이다.

탈시설이 모든 장애인 거주시설을 폐쇄하는 방향으로 나아가서는 안 된다. 장애인의 삶을 중심으로 그의 삶이 비장애인과 다르지 않은 온전한 삶이 보장될 때 탈시설은 의미가 있을 것이다. 지역사회와 아무런 관계 맺음 없이 집에서 24시간 생활하며 고립되고, 최소한의 서비스만을 보장받는 것이 탈시설의 진정한 의미가 아닐 것이다. 이것은 장애인 주거의 공간과 형태만 바뀐 것일 뿐 장애인의 주거권을 통한 인간다운 삶의 보장은 되지 못한다. 최중증 장애인에 대한 시설보호, 지원주택, 지역사회 돌봄체계라는 세 가지 축을 제대로 만들어가는 것이 2040년까지 우리 사회의 장애인 주거권 보장의 발전 방향이라고 할 수 있을 것이다.

참고문헌

강은애, "성인 발달장애인의 가족 내 돌봄: 쉼 없는 평생 돌봄, 실태와 정책방향, 젠더이슈", 서울시여성가족재단 (2021)

강정배 외, "발달장애인 도전적 행동 지원방안 연구", 한국장애인개발원, (2021. 10.)

국가인권위원회, "주거권 국제기준 자료집: 적정한 주거에 대한 권리, 강제퇴거 관련", (2020)

김미옥 외, "최중증 성인 발달장애인을 위한 주간활동서비스 모형개발 연구", 보건복지부·전북대학교, (2018)

김진우, "영국 장애인 탈시설화의 함의 - 지역사회 내 거주 및 주체성 증진을 중심으로 -", 한국사회복지학 Vol(70) No(3) (2018. 8.)

김형식 외, "유엔장애인권리협약 해설-복지에서 인권으로", 어가 (2019)

박숙경 외 공저, "장애인 탈시설 방안 마련을 위한 실태조사 - 시설에서 지역사회로의 전환을 위한 정책연구", 국가인권위원회 (2017)

보건복지부, "탈시설 장애인 지역사회 자립지원 로드맵", (2021)

보건복지부, "대한민국 제2,3차 병합 국가보고서에 대한 최종견해", https://www.mohw.go.kr/board.es?mid=a10710050100&bid=0056&act=view&list_no=376133&tag=&nPage=1

이송희 외, "장애인 탈시설화 정책의 주요 쟁점과 과제: 서울시를 중심으로", 한국보건복지학회, 보건과 복지, 제21권 제4호 (2019)

이영철, "'지적장애' 용어의 변화와 최근 동향, 지적장애연구" vol.12, no.3, 한국지적장애교육학회 (2010), 1-24

이호선 외, "장애인 주거권 보장을 위한 주거권 지표개발 및 정책 방안 연구", 한국장애인개발원 (2017)

조성혜, "발달장애인 탈시설화의 문제점 - 장애인 탈시설 지원 등에 관한 법률안의 검토와 제도개선방안을 중심으로 -", 노동법논총 제55집, 한국비교노동법학회 (2022. 8.)

Jan Siska and Julie Beadle-Brown(2020), Report on the transition from Institutional care to Community-based services in 27 EU member States: Final reports. Research report for the European Expert Group on Transition from Institutional to Community-based care

장애인 의료접근권 현황과 법적 과제

배 건 이*

초록

장애인의 기본권 행사는 장애로 인해 제약되는 특성을 갖기에 필요한 편의를 제공하여 자유로운 행사가 가능한 구조를 만드는 것부터 시작되는데, 이를 가능케 하는 것이 '접근권'이라 할 수 있다. 따라서 장애인 접근권은 장애인 기본권 행사의 전제가 되는 기본권이라 할 수 있을 것이다. 기본권의 전제라는 점에서 접근권은 국민에게만 인정되지 않고 장애를 갖는 인간이라면 누구나 인정될 수 있는 인권적 보편성 역시 갖는다. 다만, 장애인에게 필요한 편의제공 영역은 생존에 필요한 모든 영역이라 할 수 있으므로, 사회변화에 따라 그 편의의 형태와 내용이 달라질 수 있기에, 접근권의 내용은 개방성을 띤다. 이런 특성으로 인해 장애인권리협약(CRPD)에서는 접근권을 생명권이나 평등권과 같은 권리형태로 규정하지 않고, 권리가 가져야 할 기본적 내용에 초점을 맞춰 '접근성(accessibility)'으로 규정한 것이다. 따라서 장애인권리협약(CRPD)상의 접근성에 관한 규정은 장애인 접근권의 근거로 보아야 하며, 접근성과 접근권을 구분되는 개념으로 이해해서는 안 될 것이다. 하지만 아직까지 헌법재판소는 장애인 접근권을 개별 기본권으로 보는 판시를 구체적으로 제시하지는 않고 있기에, 기본권성 인정을 위한 헌법의 구체화는 입법의 영역을 통해 실현되는 구조이다. 장애인 접근권이 장애인 기본권의 전제가 되는 기본권이라고 본다면, 장애인이 행사하고자 하는 기본권에 따라 접근권의 내용 역시 달라질

* 한국법제연구원 연구위원

수 있다. 따라서 장애인 접근권은 시설(설비)이용권과 정보접근권과 이동권으로 한정되지 않으며, 보건의료 영역에서는 장애인의 건강권 보호를 위해 ① '의료기관의 이용'과 ② '의료정보의 접근' 그리고 ③ '의료선택 및 결정의 자유'가 인정될 수 있어야만 하므로, 이것이 바로 장애인의 '의료접근권'이 주요내용이 된다.

현행법상 장애인 의료접근권의 보장 현황을 살펴보면 여전이 다음과 같은 문제점이 발견된다. 첫째, 장애인 의료정보접근권 보호 차원에서 감염병 상황에 대한 정부브리핑처럼 공적 정보의 제공은 국가가 수어 통역을 제공할 당사자임에도 민간방송사에 대한 장애친화적 의사소통수단의 제공에 대한 요청의무만을 규정하고 있을 뿐, 국가의 직접 제공의무와 범위에 대해서는 현행법상 구체적 규정이 마련되어 있지 않다. 또한 코로나 19 지침처럼 중앙정부가 일반 공중에게 제공하는 가이드라인의 점자화는 중앙정부가 직접 제공하는 것이 아니라, 지방자치단체 역량과 책임의 영역으로 남아 있어 필수적인 제공의무 주체에서 양자 모두 제외되어 있다. 따라서 향후 이 같은 문제는 「장애인복지법」 및 「감염병예방법」 개정 시 보다 구체적으로 논의되어야 할 필요가 있을 것이다.

둘째, 의료결정권 차원에서도 보건의료의 전문성과 긴급성을 고려해 의료기관 개설허가 또는 장애인 의료관련 사업 인증기준과의 연계를 통해, 수어통역사 배치를 의료기관의 필수인력으로 요건화하는 보다 세분화된 입법방식을 고려하지 않은 채, 그 의사소통에 대한 모든 부담을 공공이 메워야 하는 형태로 구조화함으로써 긴 대기시간과 의사소통의 질에 대한 부담은 장애인의 몫이 되었다. 이 같은 입법방식은 장애인법제 및 공공의료법제 전반에서 나타나고 있으므로, 장애인 의료결정권에 관한 문제를 단순히 해당 조문개정영역으로만 보지 말고, 입법방식과 유형 등을 고려한 입법론 차원으로 접근하는 관점의 전환이 필요하다고 판단된다. 셋째, 감염병 등과 같은 위기상황은 지속적으로 반복될 수 있으므로, 이들의 일상활동을 지원하는 돌봄종사자에 대한 건강권 보호도 장애인 의료이용권 차원에서 함께 다룰 수 있는 법적 근거를 마련해야 할 것이다.

I. 서론

2022년 보건복지부 통계에 따르면 국내 장애인 인구(등록장애인)는 약 265만 3천명으로 전체 인구 대비 5.2%의 수준이며, 65세 이상 장애인 비율은 2011년 38%에서 2022년 52.5%로 지속적으로 증가추세이다.[1] 2016년부터 장애인건강보건통계가 작성되기 시작하면서 장애인 건강권 보호를 위한 다양한 시책들이 마련되었지만,[2] 2020년 장애인 실태조사 결과에서 볼 수 있듯이 코로나 19 위기상황 속에서 장애인들은 여전히 '의료이용'을 가장 어려운 생활영역으로 꼽고 있다.[3] 이미 2000년대 초반 WHO의 ICF[4]에 따라 장애개념에 있어 사회적 모델을 수용할 수 있는 국제적 기준이 제시되고, 2008년 「장애인차별금지법」이 제정되어 장애로 인한 사회적 차별을 방지할 수 있는 법적 체계 구조 역시 마련하였으나, 여전히 장애개념은 장애인등록제를 중심으로 의료적 모델에 맞춰 좁게 설정되어 있다. 일반적으로 장애인 접근권은 이동권, 정보접근권, 시설이용권을 주요내용으로 한다는 포괄적 해석으로 정의되고 있을 뿐, 보건의료 영역에서 의료접근권처럼 보다 구체적 권리로서 그 내용과 요소에 대한 고찰은 충분히 이뤄지지 못하고 있다. 따라서 본 연구에서는 실제 보건의료 현장에서 문제시 되는 사례별로 접근하여, 장애인의 의료접근권의 내용을 보다 구체적으로 살펴보고, 그에 대한 입법적 과제를 제시하고자 하였다. 특히, 코로나 19와 같은 감염병 위기상황은 언제든 재현될 수 있기에 각 사례별로 장

---

1) 보건복지부 보도자료(2023. 04. 20), 2022년도 장애인 등록현황, 1.
2) 보건복지부 국립재활원, 2021년도 장애인 건강보건 통계 (2023. 12.).
3) "2020년 장애인 실태조사 결과에 따르면 응답자의 48.5%가 코로나 19 감염확산 기간 동안 평소와 비교해 일상생활에 '상당히' 어려웠던 영역으로 '의료이용'을 꼽고 있다.", 김성희 외 12인, 2020년 장애인 실태조사 (2020), 437.
4) 국제기능장애건강분류International Classification of Impairment, Disability and Health.

애인 의료접근권 현황을 고찰해, 그에 대한 입법적 대안 역시 장기적
관점에서 제언하고자 하였다.

II. 장애인 의료접근권의 개념 및 법적 체계

1. 법적 개념으로서 장애 및 장애인

가. 장애 개념의 형성 및 발전

일반적으로 '장애'는 "신체기관이 본래의 제 기능을 하지 못하거나
정신능력이 원활하지 못한 상태"를 의미하는 용어로 통용되고 있는데,
그 언어적 관념이 개인의 신체·정신적 '손상(Impairment)'에 초점이 맞
춰져 있다.5) 법적으로 장애는 「장애인복지법」이 정한 장애유형(15가
지)6)에 해당해 장애인등록이 가능한 장애를 의미하며(제32조), 크게
주요 외부신체기능 및 내부기관의 장애등을 의미하는 '신체적 장애'와,
발달장애7) 또는 정신질환으로 발생하는 장애인 '정신적 장애'8)로 구
분된다(제2조제2항). 법적으로 '장애인'이란 신체 및 정신에 장애가 있
는 것만으로 인정되지 않으며, 이로 인해 오랫동안 일상생활이나 사회

---

5) 국립국어원 표준국어대사전, https://stdict.korean.go.kr/search/searchResult.do?page
   Size=10&searchKeyword=%EC%9E%A5%EC%95%A0%EC%9D%B8 (2024. 03. 30.).
6) 장애인복지법 시행령 별표 1.
7) 발달장애인법상 '발달장애'는 지적장애나 자폐성장애 등을 갖고 있는 자로서(제
   2조), 장애인복지법상 등록된 장애인을 의미한다.
8) 정신건강증진 및 정신질환자 복지서비스 지원에 관한 법률(이하 '정신건강복지
   법')상 '정신질환자'는 "망상, 환각, 사고(思考)나 기분의 장애 등으로 인하여 독
   립적으로 일상생활을 영위하는 데 중대한 제약이 있는 사람"으로써(제3조제1
   호), 재활시설을 이용할 수 있는 범위를 기질성 정신장애, 알코올 또는 약물중독
   에 따른 정신장애, 조현병 또는 망상장애, 기분장애, 정서장애, 불안장애 또는
   강박장애 등으로 한정하고 있다.

생활에 상당한 제약을 받을 것이 인정되어어만 가능하다(제2조제1항).[9] 여기서 발달장애인은 「장애인복지법」 제2조제1항의 장애인 가운데 지적 장애나 자폐성 장애 등을 갖고 있는 경우를 의미하며, 연령별로 보면 장애인 가운데 '장애아동'은 18세 미만의 사람 중 「장애인복지법」 제32조에 따라 등록한 장애인을 의미한다.[10] 법적 장애개념이 장애인 등록요건에 부합하는 장애종류의 기준을 갖춰야만 한다는 점에서 사회통념상의 장애개념과 구분된다 할지라도, 개인의 신체·정신적 '손상(Impairment)'의 정도나 장애판단은 당사자의 주관적 인식에 따르지 않고 의료적 진단에 따른 객관적 절차를 거쳐야만 한다는 점에서 의학적 접근에 기반한다.

이처럼 장애의 개념설정시 의학적 접근이 이뤄진 것은 전통적으로 장애를 일종의 질병으로 간주해 진단과 치료중심의 의학적 모델에 기반했기 때문이다(의학적 모델).[11] 장애인인권운동이 활성화 되지 않던 1970년대 이전의 초기 사회보장행정 영역에서 대부분의 장애개념은

---

9) 장애인복지법 제2조(장애인의 정의 등) ①"장애인"이란 신체적·정신적 장애로 오랫동안 일상생활이나 사회생활에서 상당한 제약을 받는 자를 말한다.
　②이 법을 적용받는 장애인은 제1항에 따른 장애인 중 다음 각 호의 어느 하나에 해당하는 장애가 있는 자로서 대통령령으로 정하는 장애의 종류 및 기준에 해당하는 자를 말한다.
　1. "신체적 장애"란 주요 외부 신체 기능의 장애, 내부기관의 장애 등을 말한다.
　2. "정신적 장애"란 발달장애 또는 정신 질환으로 발생하는 장애를 말한다.
10) 장애아동복지지원법 제2조(정의) 이 법에서 사용하는 용어의 뜻은 다음과 같다.
　1. "장애아동"이란 18세 미만의 사람 중 장애인복지법 제32조에 따라 등록한 장애인을 말한다. 다만, 9세 미만의 아동으로서 장애가 있다고 보건복지부장관이 별도로 인정하는 사람을 포함한다.
11) "세계보건기구 World Health Organization; 이하 'WHO')는 1976년 공식보고서 국제질병분류(International Classification of Disease; 이하 'ICD')에서 질병을 '의학적으로 비정상적이고 사회적으로 일탈한 것'으로 규정하면서 장애를 일종의 질병으로 간주하였다.", 윤수정, 장애의 개념에 대한 헌법적 고찰 - 장애인차별금지 및 권리구제 등에 관란 법률을 중심으로 -, 공법학연구 제21권 제3호(2020. 8.), 163.

의학적 모델에 기반하였다.[12] 이 모델에 따를 경우 사회정책적[13]으로 보호받아야 할 장애인의 범주는 의학적 진단에 따라 치료를 받을 필요가 있거나 사회적 서비스를 받을 필요가 있는 사람(truly disabled)으로 한정되며, 의료적 소견에 따른 장애판단이 중심이 될 수밖에 없다.[14]

하지만 장애는 질병 등으로 인해 발생하는 신체의 변형이나 기능적 손상을 의미하는 결과이므로 손상과 구별되며, 치료가 아닌 재활이 중심이 된다는 점에서 의학적 모델은 실제 장애인에게 필요한 재활서비스를 포섭하지 못하는 한계를 갖는다. 또한 손상으로 인한 사회적 불이익에 대해서는 보호받을 수 없어 장애인의 사회적 참여가 어려워지는 문제 역시 사회정책의 대상으로 포섭하지 못해 적극적 해결을 하지

---

12) 제2차 세계대전 당시 1930년 독일에서는 장애를 일종의 질병으로 보고, 장애나 유전질환이 예상되는 병의 치유를 위해 불임수술을 합법화 하는 '유전질환자손예방법(Gesetz zur Verhüttung erbkranken Nachwuchses)'을 시행하기도 하였다. 이후 독일은 장애인분리정책에 대한 반성에서 출발해, 통일 이후 독일기본법 제정시 장애로 인한 차별금지(제3조제3항)를 명문화 하였다. 우리나라는 현행 장애인복지법의 전신인 심신장애자복지법(1981년 제정)에서는 "심신장애자"라 함은 지체불자유, 시각장애, 청각장애, 음성·언어기능장애 또는 정신박약등 정신적 결함(이하 "心身障碍"라 한다)"라고 규정해, 개인의 신체·정신적 '손상(Impairment)'에 기초한 의료적 모델에 기반하였다, 홍선기, 장애 개념에 관한 독일법제 및 판례검토, 유럽헌법연구 제35호 (2021. 04.), 208-211., 윤수정, 앞의 글, 171.

13) 사회국가란 한마디로, 사회정의의 이념을 헌법에 수용한 국가, 사회현상에 대하여 방관적인 국가가 아니라 경제·사회·문화의 모든 영역에서 정의로운 사회질서의 형성을 위하여 사회현상에 관여하고 간섭하고 분배하고 조정하는 국가이며, 궁극적으로는 국민 각자가 실제로 자유를 행사할 수 있는 그 실질적 조건을 마련해 줄 의무가 있는 국가를 의미한다(헌법재판소 2002. 12. 18. 2002헌마52 결정). 따라서 사회적 정의실현을 위한 사회적 조정은 국가의 사회정책의 영역이며, 이는 법률유보 원칙에 따른 사회정 조정으로써, 의료서비스 제공 등의 급부행정영역을 비롯해 차별금지 및 시정조치를 통한 사회적 참여영역도 포함하는 넓은 의미의 사회정책을 의미해야 할 것이다.

14) 조임영, "장애인차별금지 및 권리구제 등에 관란 법률의 '장애'의 정의에 대한 입법론 연구 – 비교법적 분석·검토를 통한 논증적 접근을 중심으로 -", 노동법논총 제44집 (2018. 12.), 35.

못한다는 비판 역시 제기되었다.[15)

이에 대해 1980년 WHO는 '국제장애분류(International Classification of Impairment, Disability and Handicap: 이하 ICIDH)'를 통해 장애란 신체적 구조에 관한 '손상(Impairment)', 그로 인한 활동능력의 제한을 의미하는 '기능제약·불능(Disability)' 그리고 사회적 불이익을 의미하는 '사회적 불리(Handicap)'를 요소로 한다는 판단기준을 제시하였다.[16) 이 역시 사회적 불이익을 없애기 위해서는 손상회복이 우선시된다는 구조를 전제했기 때문에 사회적 차별해소 등에 대한 적극적 개입조치를 위한 논거로는 한계를 갖는다는 비판이 제기되면서, WHO는 개정작업에 들어가 2001년에는 '국제기능장애건강분류International Classification of Impairment, Disability and Health: 이하 'ICF')를 통해 장애개념이 질병에 초점을 두기보다는 개인과 환경적 맥락을 고려한 일상생활 및 사회참여 제약까지 포함해야 한다는 확대기준을 제시하게 되었다(사회적 모델 반영).[17) WHO는 의료적 소견에 따른 손상중심의 장애를 접근하는 의학적 모델과 손상과 장애를 구분해 장애를 사회적 장벽의 결과로 보는 사회적 모델 간의 결합을 시도한 것으로서, ICF에 의할 경우 사회적 제약범위에 따라 기능적 장애유무를 판단하게 되므로 보다 포괄적으로 장애의 개념적 범주를 설정하는 것이 가능해진다.[18)

이는 1970년대 이후 전개된 장애인권운동의 영향으로 사회적 장애 모델이 반영될 결과로서, 이 모델에서 장애(Disability) 개념은 "개인과 환경작용으로부터 발생하는 사회적 구조물"로서 손상과 구분되므로 그 초점이 장애인에게 불이익을 제공하는 환경이나 구조의 개선에 맞

15) 윤수정, 앞의 글, 165-167.
16) 윤수정, 앞의 글, 167-168.
17) 조윤화 외 2인, 미등록 정신장애인의 장애등록 경험에 관한 탐색적 연구, 장애인복지 제52권 제52호 (2021. 6.) 328-329.
18) 조윤화 외 2인, 앞의 글, 328.

취져 있어, 자연스럽게 장애인에 대한 차별에 대한 시정이 중요한 사
회정책의 일환이 되어야 한다고 보았다.[19]

장애개념을 둘러싼 의료적 모델과 사회적 모델 간의 오래된 논쟁이
어느 정도 제도적 접합점을 갖게 된 것은 장애인인권을 위한 국제규범
인 '장애인권리협약(Cenvestion on the Rights of Person with Disability:
이하 'CRPD')'이 제정되고 난 후부터다. 2006년 마련된 장애인권리협
약(Cenvestion on the Rights of Person with Disability: 이하 'CRPD')[20]
전문에서는 "···장애는 발전하는 개념이며, 다른 사람들과 동등한 기초
위에서, 완전하고 효과적인 사회참여를 저해하는 태도 및 환경적인 장
벽과 손상을 지닌 개인과의 상호작용으로부터 야기된다는 것을 인정
하며···"라고 규정하여, 장애개념을 손상과 구별하고 변화하는 개념으
로 설정하고 있다.[21] 나아가 장애인권리협약(CRPD) 제1조제2문은 "장
애인은, 다양한 장벽과의 사회적 작용으로, 다른 사람들과의 동등한 기
초위에서 완전하고 효과적인 사회참여를 저해하는 장기간 신체적, 정
신적, 지적 또는 감각적 손상을 가진 사람을 포함한다."고 정하여, 장
애인을 타인과의 동등한 사회적 참여를 저해하는 손상을 갖는 사람을
포함하는 개방형 조문형태를 띤다.[22] 이로 인해 장애인의 범주가 신체
적 손상을 입은 사람에서부터 사회적 차별을 받는 사람에 이르기까지
모두 포함됨으로써, 기존에 장애개념에 상반된 입장차이(사회적 모델

---

19) 조임영, 앞의 글, 35.
20) 2024년 현재 총 190개 국가가 CRPD에 가입하였으며, 대한민국은 2008년 국회
    비준을 통해 가입하였으며, 2009년부터 국내에 발표되고 있다. UN 장애인권리
    위원회에 CRPD의 국내이행에 관한 국가보고서 제출은 2014년부터 이뤄졌으며
    (제1차), 2019년 제2차 및 제3차 국가보고서가 병합심사 형태로 제출되었다, 보
    건복지부, https://www.mohw.go.kr/menu.es?mid=a10710020200 (2024. 03. 30.).
21) 국가인권위원회, 장애인권리협약 해설집 (2007. 4.), 14.
22) "'장애인을 이와 같이 정의한다'라는 형식이 아닌 '장애인은 다음을 포함한다'
    라는 개방적인 형식을 취함으로써 포괄적인 방식으로 장애인의 개념을 설명하
    였다.", 국가인권위원회, 앞의 책, 19.

vs. 의료적 모델)를 갖는 당사국들을 모두 포섭될 수 있게 되었다.[23]

나. 장애개념의 문제점 및 한계

우리나라는 장애인 인권향상을 위한 국제적 상황에 부합하기 위해 2007년 UN 장애인권리협약(CRPD)에 가입하였으며, 동시에 「장애인차별금지 및 권리구제 등에 관한 법률」(이하 '「장애인차별금지법」)을 제정하여 장애인에 대한 비차별 원칙을 실현할 수 있는 법적 기반을 마련하였다. 현재 「장애인차별금지법」 제2조에서는 장애를 "신체적·정신적 손상 또는 기능상실이 장기간에 걸쳐 개인의 일상 또는 사회생활에 상당한 제약을 초래하는 상태"로 정의하고, 구체적인 차별행위를 열거하며(제4조), 고용·교육·재화와 용역의 제공 및 이용·사법 및 행정절차와 참정권, 모·부성권 등의 다양한 사회적 영역에서 비장애인과 동등한 기회와 환경이 제공될 수 있도록 정당한 편의제공의무를 규정하고 있다.

「장애인차별금지법」은 장애인에 대한 비차별 원칙을 실현할 수 있는 법원칙이란 점에서 사회적 모델의 장애개념을 반영한 것은 분명하지만, 차별판단의 1차적 기준이 되는 장애의 개념적 범위를 보면 "신체적·정신적 손상 또는 기능상실"로 좁게 규정해 ICF에서 제시한 '사회적 환경'과 요소는 포함되어 있지 않다.[24] 물론 입법과정에서 장애

---

23) "장애의 정의는 의학적 또는 사회적 장애모델을 어떠한 관점으로 각 국의 법률, 정책 및 문화에 반영했는가에 따라 다르다. 또한 이러한 입장차이는 당사국의 의무 이행을 위한 사회·경제적 비용부담에 대한 인식의 차이를 반영하고 있기도 하다. 사회적 모델을 따르는 장애개념이 채택될 경우 본 협약의 적용대상자가 확대되기 때문에 사회적 장벽을 제거해야 하는 각 정부의 경제적 부담이 커지게 된다. 그러나 장애인의 입장에서는 장애인의 권리의 보장 및 회복을 위해 당사국들의 적극적 의무이행을 요구하고 정부가 광의의 장애개념(즉 사회적 모델)을 수용하길 희망하게 되는 것이다.", 국가인권위원회, 앞의 책, 23.

24) "이미 우리는 제도적으로 사용하고 있는 장애인복지법에 의한 장애진단판정기준이 있다. 그러나 그것이 의료적 모형에 치중되어 있다는 한계를 가지고 있고,

범위가 국가의 급부부담능력을 넘어 무한정으로 확대되는 것을 방지하기 위해, 「장애인복지법」과의 체계정합성 차원에서 동일한 수준으로 규정한 것은 이해할 수 있다.

그러나 장애인권리협약(CRPD)상 장애로 인한 차별을 방지하고 회원국에게 편의제공의무를 부여한 것은 장애인과 비장애인과 동등한 대우를 넘어, 실질적으로 사회적 참여에 있어 동등성이 이뤄질 수 있도록 일정한 편의를 제공하도록 의무화 하여 특별한 배려를 더한 것이다. 국제조약의 특성상 개별 회원국의 입장에 따라 국내법적 수용정도는 달라질 수 있지만, 장애인권리협약(CRPD)의 취지는 의료적 모델에 기반한 장애개념을 기반으로 하더라도 차별금지영역에서는 사회적 모델에 기반한 장애개념을 수용할 수 있는 구조를 마련해 보다 폭넓은 보호체계를 마련코자 한 것이다.

하지만 현행 「장애인차별금지법」은 그 목적은 장애인권리협약(CRPD) 수준으로 정하고 있으면서도, 정작 중요한 장애인의 차별증명시 우선시 되는 장애개념에서 '사회적 환경'과 같은 요소를 배제함으로써, 실질적으로는 매우 좁은 범위에서만 차별입증이 가능한 구조로 이어지게 하고 있어 입법목적과 그 내용이 서로 일치되지 않는다. 때문에 「장애인차별금지법」상 장애개념은 비차별원칙을 실현하는데 오히려 한계로 작용한다는 비판이 여전히 제기되고 있는 것이다. 최근 2023년 제정된 「장애인 건강권 및 의료접근성 보장에 관한 법률」(이하 「장애인건강권법」) 역시 「장애인차별금지법」 및 「장애인복지법」상의 장애개념을 그대로 수용해 그 한계를 극복하기 위해 ICF 장애기준을 반영하기

한 개인의 장애를 손상 뿐 아니라 활동과 참여와의 상호작용을 고려하는 기능(Functioning)의 측면으로 이해되어야 한다는 주장은 끊임없이 제기되어 왔다. 또한 이것이 개인을 둘러싼 환경요인에 의해 영향을 받을 것이라는 점, 그래서 일관적인 장애등급 부여가 개인이 속한 열악한 환경을 반영해 주지 못한다는 점에 한계로 지적되어 왔다.", 신은경 외 2인, 장애인복지법에 따른 15개 장애유형에 적용된 ICF 2단계 분류, 보건사회연구 32(4) (2012. 12.), 525.

위한 개정안이 제기되고 있는 것을 볼 때, 우리나라의 장애인인권수준의 향상을 위한 근본적 법제개선은 장애개념의 보완에서부터 시작해야 할 것이다.[25]

지금까지 대부분의 문헌은 「장애인차별금지법」 및 「장애인복지법」상 좁은 장애개념으로 인한 형식적 평등의 문제만을 언급하였다. 하지만 과연 이 같은 좁은 장애개념이 소득보장제도와 같은 실질적 평등 영역에는 아무런 영향을 미치지 않을 것일까?

장애와 관련된 대표적인 소득보장제도로는 국민기초생활보장제도에 따른 생계급여를 제외하고는 '장애인연금(기초급여)'과 국민연금의 '장애연금'을 언급할 수 있다. 「장애인복지법」상 장애판정기준에 따른 등록장애인 가운데, 18세 이상의 중증장애인은 소득액이 월 130만원 미만일 경우에는 장애인연금(2024년 기준 약 34만원)을 수령할 수 있다(「장애인연금법」 제4조).[26] 중증장애인은 실질적으로 소득활동을 하기 어렵기 때문에 국가에 의한 소득보전이 필요하므로, 자기기여가 없는 공공부조 형태의 장애인연금을 지급해 기본적인 생활유지를 가능케 함으로써 장애인의 인간다운 생활할 권리를 보장하는 것이다.

반면, '장애연금'은 일정기간 이상의 급여납부를 통한 자기기여에 기반하는 사회보험형식의 공적 연금인 국민연금에 가입한 자가 질병이나 부상으로 신체적 또는 정신적 장애가 남았을 때 이에 따른 소득 감소부분을 보전함으로써 본인과 가족의 안정된 생활을 보장하기 위한 급여로서 장애정도(1급~4급)에 따라 일정한 급여를 지급하는 제도

---

25) 2023년 장애인건강권법상 ICF를 반영해 장애인건강보건정보사업이 구축될 수 있도록 의원발의안(이종성의원안)이 제출되었는데, 의학적 진단에 기반을 둔 장애인등록제나 장애인 지원체계의 한계를 개정사유로 제시하고 있다, 조문상, 장애인건강권법 일부개정법률안 검토보고, 보건복지위 (2023. 9.), 6.

26) 장애인연금법 제4조(수급권자의 범위 등) ①수급권자는 18세 이상의 중증장애인으로서 소득인정액이 그 중증장애인의 소득·재산·생활수준과 물가상승률 등을 고려하여 보건복지부장관이 정하여 고시하는 금액(이하 "선정기준액"이라 한다) 이하인 사람으로 한다.

이다.[27] 따라서 장애연금을 수급받기 위해서는 「국민연금법」상 연금가입자(18세 이상 60세 미만)여야만 하고 장애원인을 안 초진일 기준 가입기간이 10년 이상이거나, 적어도 초진일 기준 연금보험료를 낸 기관이 가입대상기간의 1/3을 넘어야 하는 등의 기준을 충족해야만 하고, 그 정확한 급여수준은 '국민연금 장애등급 판정기준'에 따라 별도로 정해진다(「장애인연금법」제67조).[28]

---

27) 국민연금공단, https://www.nps.or.kr/jsppage/info/easy/easy_04_03.jsp (2024. 03. 30.).
28) 국민연금법 제67조(장애연금의 수급권자) ① 가입자 또는 가입자였던 자가 질병이나 부상으로 신체상 또는 정신상의 장애가 있고 다음 각 호의 요건을 모두 충족하는 경우에는 장애 정도를 결정하는 기준이 되는 날(이하 "장애결정 기준일"이라 한다)부터 그 장애가 계속되는 기간 동안 장애 정도에 따라 장애연금을 지급한다.
   1. 해당 질병 또는 부상의 초진일 당시 연령이 18세(다만, 18세 전에 가입한 경우에는 가입자가 된 날을 말한다) 이상이고 노령연금의 지급 연령 미만일 것
   2. 다음 각 목의 어느 하나에 해당할 것
      가. 해당 질병 또는 부상의 초진일 당시 연금보험료를 낸 기간이 가입대상기간의 3분의 1 이상일 것
      나. 해당 질병 또는 부상의 초진일 5년 전부터 초진일까지의 기간 중 연금보험료를 낸 기간이 3년 이상일 것. 다만, 가입대상기간 중 체납기간이 3년 이상인 경우는 제외한다.
      다. 해당 질병 또는 부상의 초진일 당시 가입기간이 10년 이상일 것
   ② 제1항에 따른 장애결정 기준일은 다음 각 호에서 정하는 날로 한다.
   1. 초진일부터 1년 6개월이 지나기 전에 완치일이 있는 경우: 완치일
   2. 초진일부터 1년 6개월이 지날 때까지 완치일이 없는 경우: 초진일부터 1년 6개월이 되는 날의 다음 날
   3. 제2호에 따른 초진일부터 1년 6개월이 되는 날의 다음 날에 장애연금의 지급대상이 되지 아니하였으나, 그 후 그 질병이나 부상이 악화된 경우: 장애연금의 지급을 청구한 날(제61조에 따른 노령연금 지급연령 전에 청구한 경우만 해당한다. 이하 이 조에서 "청구일"이라 한다)과 완치일 중 빠른 날
   4. 제70조제1항에 따라 장애연금의 수급권이 소멸된 사람이 장애연금 수급권을 취득할 당시의 질병이나 부상이 악화된 경우: 청구일과 완치일 중 빠른 날
   ③ 제1항에 따라 장애연금의 지급 대상이 되는 경우에도 불구하고 다음 각 호의 어느 하나에 해당되는 경우에는 장애연금을 지급하지 아니한다.
   1. 초진일이 제6조 단서에 따라 가입 대상에서 제외된 기간 중에 있는 경우

「장애인복지법」상 장애인연금수급권은 자기기여가 없다는 점에서 사회보장수급권적 성격만 갖는다면, 「국민연금법」상 장애연금수급권은 장애로 인한 근로위기에 대비한 소득보장수단이므로 사회보장수급권적 성격을 갖지만 가입자의 보험료(자기기여)에 기반해 지급되므로 재산권성을 함께 갖는다. 때문에 장애연금을 받더라도 연금가입자로서 근로소득이나 사업소득이 있는 경우에는 연금보험료를 납부해야만 한다.

문제는 양자 모두 개별 근거법에 따라 각각 다른 장애판정기준을 갖고 있지만, 아래 표에서 볼 수 있듯이 사회적 환경과 같은 사회적 모델의 장애개념적 요소가 배제된 채, 의료적 장애개념에 따라서만 연금수급여부가 결정되는 구조라는 점이다.[29] 장애인연금은 중증장애인

---

2. 초진일이 국외이주·국적상실 기간 중에 있는 경우
3. 제77조에 따라 반환일시금을 지급받은 경우
    ④ 장애 정도에 관한 장애등급은 1급, 2급, 3급 및 4급으로 구분하되, 등급 구분의 기준과 장애 정도의 심사에 관한 사항은 대통령령으로 정한다.
29) 〈국민연금법 및 장애인복지법상 장애유형 비교〉

구분		국민연금법(13개 유형)	장애인복지법(15개 유형)
장애유형		눈의 장애	시각장애
		귀의 장애	청각장애
		입의 장애	언어장애
		지체의 장애/팔(손가락)의 장애/다리(발가락)의 장애/척추의 장애/사지마비의 장애	지체장애(절단장애, 관절장애, 기능장애, 척추장애, 변형장애, 뇌병변장애)
		정신 또는 신경계통의 장애	지적장애
			정신장애
			간질장애
		호흡기의 장애	호흡기장애
		심장의 장애	심장장애
		심장의 장애	신장장애
		간의 장애	간장애
		혈액·조혈기의 장애	해당없음
		복부·골반장기의 장애	장루·요루장애
		안면의 장애	안면장애
		악성신생물(고형암)의 장애	해당없음
		해당없음	자폐성장애
장애등급		1~4급	없음

중심의 소득보전제도이므로, 일정 수준이상의 근로가 가능한 장애인은 국민연금의 장애연금을 통해 소득보전이 가능한 구조이다. 하지만 장애인연금은 등록장애인에게만 한정되므로, 중증도의 장애를 갖지만 등록되지 못한 장애인에게는 그 혜택이 주어지지 못한다. 또한 중증도의 장애를 갖지는 않지만 실제 장애로 인해 비장애인과 동일한 직무를 수행하기 어려워, 지속적인 근로활동의 유지가 불가능한 장애인은 장애인연금은 물론 장애연금도 수급받기 어렵다. 왜냐하면 「장애인복지법」상 등록장애인인 경우에는 고용지원제도를 통해 일정수준의 직업활동 지원이 가능한 구조이나, 미등록장애인의 경우 그 혜택에서 배제되기 때문에 대부분 5인 이하의 사업장근로자로서 열악한 근로조건에서 일하는 비정규직근로자인 경우가 많다. 「국민연금법」상 장애판정기준에 의해 장애를 인정받으면 좋겠지만, 「장애인복지법」과 동일하게 의료적 장애개념에 기초해 좁은 범주로 판정을 설정하고 있기 때문에 「장애인복지법」상 미등록장애인은 「국민연금법」상 장애판정을 받기 어려울 수 있다. 때문에 이들 미등록장애인 입장에서는 생활비도 부족한 상황에서 소득의 일부를 연금보험료로 납부하기는 더욱 어려워, 일정기간 연금보험료를 납부해야만 충족되는 장애연금 수급요건 역시 충족하기 어렵다. 따라서 이들 미등록장애인들은 장애인정책의 수혜대상에서도 포함되지 못하고, 「국민연금법」상 연금사각지대에 해당함으로서 실질적인 장애인 인권의 사각지대에 놓여있을 수 있다. 최근 사회복지학에서는 이처럼 중첩적으로 취약상황에 노출된 집단을 '다중취약계층'으로 분류하여 복합적인 사회정책의 필요성이 제기되고 있는 실정이다. 향후 법제개선을 통해 의료적 관점의 좁은 장애개념의 보완책을 마련하여 미등록장애인에 대한 충분한 지원대책이 마련되어야만 할 것이다. 이는 장애인등록제도에서 배제되었기 때문에, 생활유지를 위해 등록제도의 범주에 포함되도록 하는 것이 중요한 것이 아니라, 미등록장애인이라 할지라도 필요한 사회서비스의 경우 제공받을 수 있도록 개별 요건을 차등화 하는 대안마련을 의미한다 할 것이다.[30]

2. 장애인 의료접근권의 개념 및 법적 구조

가. 장애인 접근권의 개념 및 특성

헌법상 장애인 역시 국민으로서 기본권의 주체가 되므로, 헌법전에 명시된 기본권을 포함해 명시되지 않은 기본권 역시 비장애인과 동등하게 향유할 수 있다. 하지만 장애인의 기본권 행사는 장애로 인해 제약되는 특성을 갖기에 필요한 편의를 제공하여 자유로운 행사가 가능한 구조를 만드는 것부터 시작되는데, 이를 가능케 하는 것이 '접근권'이라 할 수 있다. 따라서 장애인 접근권은 장애인 기본권 행사의 전제가 되는 기본권이라 할 수 있을 것이다.31) 기본권의 전제라는 점에서 접근권은 국민에게만 인정되지 않고 장애를 갖는 인간이라면 누구나 인정될 수 있는 인권적 보편성 역시 갖는다.32)

---

30) "일본의 '정신장애인 보건복지수첩'은 일정정도의 장애상태에 있는 정신장애인의 자립과 사회참가의 촉진을 도모하기 위해 마련된 것으로, 타 장애와 달리 정신장애는 장애지원등급판정을 받지 않고도 보건복지수첩을 신청할 수 있다. 즉 보건복지수첩은 등록장애제도와는 별도로 존재하는 것이며, 이는 정신적 어려움을 겪고 있는 당사자의 특성을 반영한 정책이라고 볼 수 있다. 보건복지수첩을 통해 공공요금 등의 할인, 각종 세금의 공제 및 감면 등의 혜택을 받을 수 있지만, 가장 중요한 것은 자립지원의료(정신과통원의료)에 의한 의료비조성과 장애인종합지원법에 의한 장애인복지서비스를 이용할 수 있다는 것이다." 조윤화 외 2인, 앞의 글.

31) "장애인에게 있어 접근권의 의미는 '이용할 수 있는 권리'로 이해할 수 있다. 접근권은 광의의 개념과 협의의 개념으로 나눌 수 있다. 접근권의 광의의 개념에는 사회모든 분야에 접근할 수 있어야 하며, 이용할 수 있어야 하는 권리이다.", 김명수, 장애인 기본권의 기초로서의 접근권에 관한 고찰, 세계헌법연구 5(1) (2009. 1.), 9-10.

32) 미등록이주아동에 대한 출생등록 관련 판례(대법원 결정 2020. 6. 8. 자2020스575)에서 대법원은 아동권리협약상 아동의 출생등록될 권리라는 아동이 태어난 즉시 보장되지 않으면 성장과 발달과 관련된 일련의 필수적 사회서비스를 받을 수 없는 상황이 존재하기에 보편적 인권성을 갖는 기본권의 전제가 되는 기본권으로 인정하였다.

이 같은 특성으로 인해 장애인 접근권은 인간의 존엄과 가치 그리고 행복추구권에 따라 인정되는 기본권으로서(제10조), 국가는 헌법상 열거되지 않은 기본권이라 할지라도 보호할 의무를 갖기에(제37조제2항), 개인이 갖는 불가침의 기본적 인권을 확인하고 보장할 의무에 따라 헌법 제34조제5항에서는 장애인에 대한 국가의 보호의무를 보다 구체적으로 명시하고 있다. 장애인 접근권은 장애로 인한 제약이 차별로 이어지지 않도록 하기 위한 권리라는 점에서 헌법상 평등권(제11조제1항) 역시 중요한 근거라 할 수 있으며, 사회 및 정치적 참여의 동등성 차원에서 본다면 교육권(헌법 제31조) 및 참정권(헌법 제24조 및 제25조) 역시 그 근거로 인정된다 할 것이다. 특히 장애인 접근권은 제약되는 환경을 지원하기 위한 인적 그리고 물적 지원과 보호를 모두 포함하므로, 장애에도 불구하고 인간다운 삶을 향유할 수 있어야 한다는 점에서 헌법 제31조제1항 역시 중요한 근거가 된다 할 것이다.

다만, 장애인에게 필요한 편의제공 영역은 생존에 필요한 모든 영역이라 할 수 있으므로, 사회변화에 따라 그 편의의 형태와 내용이 달라질 수 있기에, 접근권의 내용은 개방성을 띤다. 이런 특성으로 인해 장애인권리협약(CRPD)에서는 접근권을 생명권이나 평등권과 같은 권리형태로 규정하지 않고, 권리가 가져야 할 기본적 내용에 초점을 맞춰 '접근성(accessibility)'으로 규정한 것이다.[33] 따라서 장애인권리협

---

[33] "중요한 점은 동 조항의 성격이 점진적 실현의 대상이 되는 사회권에 해당하는가 아니면 즉각적인 실현의무를 부여하는 가의 여부이다. 장애의 특성 때문에 비장애인과 달리 접근성은 장애인 인권증진의 필수적인 요소이다. 따라서 국가가 과도한 예산과 비용을 수반하지 않는 한 장애인에 대한 접근성을 증진시킬 의무는 즉각적인 의무에 해당한다고 보여진다. 즉 합리적인 편의제공의 문제와 유사하게 볼 여지가 있는 것이다. 그러나 접근성을 높이거나 장벽을 철폐하는 사업이 비용을 수반하게 되는 것이 대부분이며 이는 그 사회의 가용자원의 제한을 받을 수밖에 없는 것이 현실이기도 하다. … 따라서 어느 정도의 접근성을 보장하는 것이 그 해당국가의 즉각적인 의무범주에 들어가는 것으로 해석될 것인가는 그 국가의 가용자원과 장애인 인권의 현실 등 구체적인 비교를 통해서 풀어나가야 할 문제라고 보인다.", 국가인권위원회, 장애인권리협약 해설집

약(CRPD)상의 접근성에 관한 규정은 장애인 접근권의 근거로 보아야 하며, 접근성과 접근권을 구분되는 개념으로 이해해서는 안 될 것이다.

또한 헌법 제6조제1항에 따라 장애인권리협약(CRPD)의 효력을 헌법에 의해 체결되고 일반적으로 승인된 국제법규로서 국내법적 효력(법률효)을 갖고 있다. 하지만 이 같은 효력을 인정할 경우 장애인권리협약(CRPD) 권리가 마치 법률상의 권리인 것처럼 해석될 여지가 있다. 헌법 제6조제1항에 따른 조약의 효력은 국제조약의 국내법적 이행에 대한 국가부담여부를 고려해 일반적으로 국내법적 효력을 인정한 것이므로, 장애인권리협약(CRPD)상 인정된 장애인의 인권은 기본적 인권으로서 보편성을 갖기에 국내법 차원에서는 헌법상 기본권적 지위에서 출발해야만 할 것이다. 따라서 국내법적 해석시 필요한 것은 장애인권리협약(CRPD)상 개별 인권이라 할지라도, 현행 헌법상 기본권으로 포섭될 수 있는지를 확인하고, 포섭되는 경우 그 범위와 내용이 어디까지인지를 확인하는 것이라 판단된다.

하지만 아직까지 헌법재판소는 장애인 접근권을 개별 기본권으로 보는 판시를 구체적으로 제시하지는 않고 있기에, 기본권성 인정을 위한 헌법의 구체화는 입법의 영역을 통해 실현되는 구조이다.34) 이와 관련해 「장애인·노인·임산부 등의 편의증진 보장에 관한 법률」(이하 '「장애인등편의법」')에서는 장애인의 '접근권'을 "인간으로서의 존엄과 가치 및 행복을 추구할 권리를 보장받기 위하여 장애인등이 아닌 사람들이 이용하는 시설과 설비를 동등하게 이용하고, 정보에 자유롭게 접근할 수 있는 권리"로 규정하였다(제4조). 여기서 접근권은 법률상 권

(2007. 4.), 61.

34) "헌법에 열거되지 아니한 기본권을 새롭게 인정하려면 그 필요성이 특별히 인정되고, 그 권리내용(보호영역)이 비교적 명확하여 구체적 기본권으로서 실체, 즉 권리내용을 규범상대방에게 요구할 힘이 있고 그 실현이 방해되는 경우 재판에 의하여 그 실현을 보장받을 수 있는 구체적 권리로서의 실질에 부합하여야 할 것이다." 헌법재판소 판례 2009. 5. 28. 2007헌마369.

리가 아니며, 장애인의 존엄과 행복추구를 실현하기 위한 기본권으로
서, 헌법의 구체화로서 「장애인등편의법」에서 이를 재확인한 것으로
보아야 할 것이다.

나. 장애인 의료접근권의 개념 및 근거

「장애인등편의법」 제4조는 장애인 시설(설비) 이용권 및 정보접근
권, 그리고 「교통약자의 이동편의 증진법」 (이하 「교통약자법」') 제3조
에서는 이동권[35]을 규정하고 있어, 대부분의 장애인 접근권은 이들 3
가지 내용을 중심으로 정의한다. 하지만 장애인 접근권이 장애인 기본
권의 전제가 되는 기본권이라고 본다면, 장애인이 행사하고자 하는 기
본권에 따라 접근권의 내용 역시 달라질 수 있다. 따라서 장애인 접근
권은 시설(설비)이용권과 정보접근권과 이동권으로 한정되지 않으며,
보건의료 영역에서는 장애인의 건강권 보호를 위해 ① '의료기관의 이
용'과 ② '의료정보의 접근' 그리고 ③ '의료선택 및 결정의 자유'가 인
정될 수 있어야만 하므로, 이것이 바로 장애인의 '의료접근권'의 주요
내용이 된다.

먼저 장애인 의료접근권의 내용으로서 의료선택 및 결정의 자유는
의료적 영역에서 장애인의 자기결정권이 동등하게 인정되어야 함을
의미하므로 그 근거를 헌법 제10조에 따라 기본권의 주체가 스스로 자
신의 생명과 건강 등에 대해 자율적으로 결정하는 행위가능성에 대한
보장으로서 '일반적 행동자유권'에서 찾을 수 있다.[36] 이에 따라 현행

---

35) 교통약자법 제3조(이동권) 교통약자는 인간으로서의 존엄과 가치 및 행복을 추
   구할 권리를 보장받기 위하여 교통약자가 아닌 사람들이 이용하는 모든 교통수
   단, 여객시설 및 도로를 차별 없이 안전하고 편리하게 이용하여 이동할 수 있는
   권리를 가진다.
36) "헌법 제10조가 정하고 있는 행복추구권에서 파생되는 자기결정권 내지 일반적
   행동자유권은 이성적이고 책임감 있는 사람의 자기 운명에 대한 결정·선택을
   존중하되 그에 대한 책임은 스스로 부담함을 전제로 한다. 자기책임의 원리는
   이와 같이 자기결정권의 한계논리로서 책임부담의 근거로 기능하는 동시에 자

「장애인차별금지법」제7조제1항에서는 "장애인 자신의 생활전반에 관하여 자신의 의사에 따라 스스로 선택하고 결정할 권리를 가진다."라고 규정하고 있고, 「보건의료기본법」제12조에서는 "모든 국민은 보건의료인으로부터 자신의 질병에 대한 치료방법, 의학적 연구대상 여부, 장기이식 여부 등에 관하여 충분한 설명을 들은 후 이에 관한 동의여부를 결정할 권리를 가진다."라고 정하고 있다. 따라서 장애인의 의료자기결정권은 질병, 재활, 의료적 연구 등 자신과 관련된 모든 보건의료 영역에서의 자율적인 선택권의 인정과 이를 위해 보건의료인의 설명의무의 이행을 그 내용으로 하는 것으로 이해해야 할 것이다.

또한 이 같은 자유로운 의료결정은 필요한 의료정보의 제공이 적시에 이뤄져야 한다는 것을 전제로 하므로, 의료정보의 접근권 역시 보장되어야만 가능하다. 이 같은 접근권을 의료정보 영역의 접근성으로 이해한다면 정보접근권에 대한 헌법상 근거가 의료정보접근권의 근거로 인정될 수 있다. 헌법재판소는 정보접근권에 대해 표현의 자유(제21조제1항)에서 인정되는 기본권으로 판시하고 있는데,[37] 자유로운 접근을 방해하는 제도나 조치의 제거를 요구할 수 있는 정보방해제거청구권, 공공기관이 보유·관리하는 정보를 공개해 줄 것을 청구할 수 있는 권리(정보공개청구권), 정보의 격차를 해소하기 위한 적극적 조치를 요구할 수 있는 권리로서 정보격차해소청구권 등을 내용으로 한다.[38]

장애인 의료접근권에 대해 장애인권리협약(CRPD) 역시 국내법적 구조와 유사하게 자유로운 장애인의 의사표현의 자유과 정보접근의 자유를 제21조에서 동시에 규정하고 있다.[39] 다만, 동조에서 말하는

기가 결정하지 않은 것이나 결정할 수 없는 것에 대하여는 책임을지지 않고 책임부담의 범위도 스스로 결정한 결과 내지 그와 상관관계가 있는 부분에 국한됨을 의미하는 책임의 한정원리로 기능한다", 헌법재판소 판례 2004. 6. 24. 2002헌가27

37) 헌법재판소 판례 1991. 5. 13. 90헌마133.

38) 권건보, 정보접근권의 실효성 보장에 관한 고찰 -정보주체의 정보접근권을 중심으로-, 미국헌법연구 제29권 제2호 (2018. 9.), 6-8.

의견표현의 자유는 장애인이 자신의 욕구에 맞게 자율적으로 의사소
통 방식을 선택하여 자유로이 의견이나 표현을 전달할 수 있다는 의미
로 장애인의 자기선택권과 자율성, 다양성을 존중하고 있는 개념을 의
미한다. 따라서 이를 국내법적으로 수용했다면, 장애인과 관련된 의료
의 전 과정에서 장애인 편의에 맞춰 의사소통방식(보조인 지원이나 의
사소통 장치 등)이 다양화되고 장애인이 이를 선택할 수 있는 구조가
형성되어야만 한다. 하지만 현행 장애관련법제에서는 이에 대한 구체
적 내용이 여전히 충분히 마련되어 있지 않다. 따라서 향후 장애인의
의료결정권 및 정보접근권의 보호는 입법적 차원에서는 장애인 의료
과정에서의 의사소통방식에 대한 제도적 보완에서부터 출발해야 할
것이다.

마지막으로 장애인 의료접근권은 장애인의 건강상 안녕과 유지에
그 초점이 맞춰져 있으므로, 헌법상 건강권에서도 그 근거를 찾을 수
도 있다. 다만, 현행 헌법은 건강권을 직접적으로 명문하지는 않고 있
으므로, 건강40)이 인간이 생활을 영위하기 필수적으로 동반되어야만

---

39) 장애인권리협약(CRPD) 제21조(의견·표현 및 정보접근의 자유) 당사국은 이 협
   약 제2조에서 정의된 바와 같이 장애인이, 다른 사람들과 동등한 기초 위에서,
   자신이 선택한 모든 의사소통의 방법을 통해 정보와 사상을 추구하고 접수하며
   전달하는 자유를 포함한 의견 및 표현의 자유에 대한 권리를 행사할 수 있도록
   보장하기 위하여 다음을 포함한 모든 적절한 조치를 취한다.
   (a) 대중을 위한 정보를 다양한 장애유형에 적합하게 접근가능한 형태 및 기술
      을 통해 적절한 방법으로 별도의 추가비용 없이 장애인에게 제공할 것
   (b) 공식적인 교류에 있어 수화, 점자, 보완적이고 대안적인 의사소통 그리고 장
      애인의 선택에 의한 기타 모든 접근가능한 수단, 방법, 형태를 사용하도록
      수용하고 촉진할 것
   (c) 인터넷을 포함해 대중에게 서비스를 제공하는 민간주체와 장애인을 위한 접
      근 및 이용가능한 형식으로 정보와 서비스를 제공하도록 촉구할 것
   (d) 인터넷을 통해 정보를 제공하는 자를 포함하여 대중매체에게 장애인에게 접
      근가능한 서비스를 만들도록 권장할 것
   (e) 수화사용을 인정하고 증진할 것
40) "'건강'이란 세계보건기구(WHO)의 헌장에 따르면 "건강이란 질병이 없거나 허

하는 신체 및 환경적 여건이라는 의미로 이해한다면, 현행 헌법상 국민의 인간다운 생활을 할 권리(헌법 제34조제1항)를 건강권의 직접적 근거로 볼 수 있을 것이다.[41] 헌법 제36조제3항에서는 건강과 유사한 개념으로 국가의 보건을 통한 보호의무를 명시하고 있는데, 헌법재판소는 2007헌마1285 결정에서 "국민이 자신의 건강을 유지하는데 필요한 급부와 배려를 요구할 수 있는 권리로서 보건에 관한 권리"라 판시하여 '보건'과 '건강'을 구분하지 않고 있으므로, 동 조항 역시 건강권의 근거로 볼 수 있을 것이다.[42]

의료접근권 확보를 통한 건강권 보장이라는 점에서 양자 간 상호불가분성은 인정되지만, 그 침해에 대한 사법적 판단은 공권력의 주체에게 헌법에서 유래하는 작위의무가 특별히 구체적으로 규정되어 있고, 그에 따라 기본권의 주체가 행정행위를 청구할 수 있음에도 공권력의 주체가 그 의무를 해태한 경우에만 인정된다.[43] 그러므로 아직까지 의

약하지 않은 것만 말하는 것이 아니라, 신체적·사회적으로 완전히 안녕한 상태에 놓여 있는 것"이라고 정의하고 있다. 보건의료학계에서는 이 같은 건강 개념을 전제로 하고 있으나, 법학에서는 '건강'을 구체적으로 정의하기 보다는 건강권의 내용과 관련된 구체적 권리(건강침해배제권 및 건강보장청구권 등)를 찾아내는 방식으로 기술하고 있다.", 대한예방의학회, 예방의학과 공중보건학III (2019), 4., 김주경, 헌법상 건강권의 개념 및 그 내용, 헌법판례연구 제12집(2011. 3.), 152.

41) "헌법 제35조제1항은 "모든 국민은 건강하고 쾌적한 환경에서 생활할 권리를 가지며, 국가와 국민은 환경보전을 위하여 노력하여야 한다."고 규정하고 있다. 이는 건강하고 쾌적한 환경에서의 생활을 영위할 권리라는 '환경권'의 직접적 근거로서, 인간의 존엄과 가치를 실현하는 가장 기본적인 전제조건으로서 건강권과 긴밀한 연관성을 갖기는 하지만, 건강권을 직접적으로 규정한 것은 아니다.", 허영, 헌법이론과 헌법, 박영사 (2010), 634., 배건이, 아동 보건의료법제 개선방안 연구 (2019), 66.

42) "…국민이 자신의 건강을 유지하는데 필요한 국가적 급부와 배려를 요구할 수 있는 권리인 이른바 '보건에 관한 권리'를 규정하고 있고, 이에 따라 국가는 국민의 건강을 소극적으로 침해하여서는 아니 될 의무를 부담하는 것에서 한 걸음 더 나아가 적극적으로 국민의 보건을 위한 정책을 수립하고 시행하여야 할 의무를 부담한다.", 헌법재판소 2009. 2. 26. 선고 2007헌마1285 결정.

료접근권의 개별기본권성을 인정하지 않은 사법적 구조에서는 현행 헌법에 기해 곧장 장애인 의료접근권 침해 = 건강권 침해를 주장하기 어려운 실정이다.

하지만 헌법의 특성상 입법을 통한 기본권 확대를 금지하는 것은 아니기 때문에, 결국 의료접근권의 확보는 현 상황에서는 입법의 영역을 통해 재확인 되는 구조를 띨 수밖에 없다.[44] 입법의 영역에서 의료접근권은 차별이 아닌 격차만으로 정책수혜의 대상이 될 수 있기 때문에, 의료접근권은 국가의 부담능력의 범위 내에서 개방성을 갖는다. 의료접근권의 성격상 국가에 의한 동등한 의료서비스 제공과 이에 대한 적극적 보호의무란 점에서 주관성 공권성 외에 객관적 가치질서성도 가질 수 있다. 다만, 이 경우 기본권의 대사인적 효력이 인정되고 그 범위가 정해지지 않는 한 사적 영역에 대한 공적 개입이 용이해지는 계기가 될 수 있으므로, 입법적 차원에서는 의료접근권의 보호범위와 수준을 가능한 구체화하여, 해석적 혼란의 여지를 줄일 필요가 있다.

이로 인해 현행 「장애인건강권법」 제4조에서는 장애인의 '건강권'을 "질병 예방, 치료 및 재활, 영양개선, 재활운동, 보건교육 및 건강생활의 실천 등에 관한 제반 여건의 조성을 통하여 최선의 건강상태를 유지할 권리를 말하며, 보건과 의료서비스를 제공받을 권리"로 정의하면서, 제2조에서 의료접근권에 대해 "건강관리 및 보건의료서비스 접근에 있어 비장애인과 동등한 접근성을 가질 권리"라고 규정하고 기본이념으로 설정하고 있다. 여기서 '의료'는 예방의학분야가 발달하면서, 공중위생 중심의 '보건'과 질병치료 중심의 '의료'의 영역이 중첩되면서 '보건의료'란 법적 개념으로 통합되었기 때문에, 국민의 건강을 보

---

43) 헌법재판소 2009. 5. 28. 선고 2007헌마369 결정.

44) 예컨대, "헌법이 기본권주체를 국민으로 한정하였다고 하여 입법에 의하여 외국인에게도 기본권적 지위를 확대하는 것까지 금지하는 것은 아니므로, 외국인에게 기본권적 지위를 인정할 것인지의 문제는 헌법상 보장의 문제가 아니라 입법정책의 문제라고 한다.", 한수웅, 헌법학 (2022), 403.

호하기 위한 국가 및 보건의료기관 또는 보건의료인이 행하는 모든 활동인 '보건의료'를 의미한다(「보건의료기본법」).45) 단순히 의료를 의료기관(의료인)에서 하는 질병치료로만 이해하면, 재활서비스 역시 의료접근권의 대상에서 배제될 수 있을 뿐만 아니라, 건강검진과 같은 예방의학적 건강증진프로그램이나 방문간호 역시 의료접근권의 대상에서 제외될 수 있다. 때문에 「장애인건강권법」에서는 장애인 건강보건관리사업을 장애인의 건강권 보장을 위한 제반 보건의료활동의 일환으로 규정하고 있다(제3조제3호).

장애인권리협약(CRPD) 역시 제25조에서 장애인의 건강권을 규정하고, 이를 위해 당사국이 건강과 관련된 재활을 포함해, 성별을 고려한 보건서비스에 접근을 보장하는 조치를 취할 의무를 부여하고 있다.46) 동 조약 제26조는 장애인에게 제공되는 재활서비스의 중요성을

---

45) 이 같은 특성으로 인해 군보건의료법에서는 조문제명을 '보건의료접근권'이라 조문제명을 정하고 있다.

46) 장애인권리협약(CRPD) 제25조(건강) 당사국은 모든 장애인이 장애로 인한 차별 없이 도달가능한 최고 수준의 건강을 향유할 권리가 있음을 인정한다. 당사국은 건강과 관련된 재활을 포함하여, 성별을 고려한 보건서비스에 대한 접근을 보장하는 모든 적절한 조치를 취한다. 특별히 각 당사국은,

(a) 장애인에게 성적·생식적 보건분야 및 인구에 기초한 공중보건프로그램을 포함하여, 다른 사람들과 동일한 범위 및 질과 수준의 무상 또는 적정한 가격의 건강관리 및 프로그램을 제공한다.

(b) 아동과 노년을 포함하여 조기 발견과 적절한 예방 및 추가적인 장애를 최소화 하고 예방하기 위한 서비스를 포함하여 특히 장애로 인해 장애인이 필요로 하는 보건서비스를 제공한다.

(c) 농촌 지역을 포함하여, 장애인이 속한 지역사회와 가장 인접한 곳에서 이러한 보건서비스를 제공한다.

(d) 의료전문가가, 공공 및 민간보건에 대한 윤리적 기준의 보급과 훈련을 통한 장애인의 인권, 존엄성, 자율성 및 욕구에 대한 인식의 개선에 기초한 자유로운 사전동의에 입각하여 다른 사람들과 동일한 수준의 치료를 제공해야 한다.

(e) 건강보험과 공정하고 합리적인 방식으로 규정된 국내법에 의하여 인정된 생명보험이 장애인에게 차별적으로 제공되는 것을 금지한다.

(f) 장애를 이유로 건강관리, 보건서비스 또는 음식과 음료의 차별적인 거부를

인식해, 재활서비스의 목표와 방식 등에 대한 세부내용을 보다 구체적
으로 정하고 있다.47) 특히, 공공보건의료 차원에서는 건강이상의 조기
발견과 추가적 장애발생가능성을 최소화 하기 위한 서비스 제공(제25
조(a) 및 (b)) 및 장애인이 속한 지역적으로 인접한 곳에서의 보건의료
제공(제25조(c))을 명하고 있는데, 장애인에 대한 별도의 건강관리 프
로그램을 제공하고 이는 예방과 재활차원에서 정기적으로 제공되어야
만 하며, 나아가 '인접한 곳'이라는 점은 주치의제도와 같은 일차의료
차원에서 이뤄지는 의료체계의 구축을 의미한다 할 것이다. 이로 인해
「장애인건강권법」에서는 장애인권리협약(CRPD)의 내용을 수용해 장
애인건강검진사업(제7조)과 건강관리사업(제8조) 및 장애인 건강주치
의(제16조)제도를 운영하고 있으며, 재활의료기관 지정(제18조)을 통해
장애인이 적절한 재활서비스를 받을 수 있는 체계를 구축하고 있다.48)

금지한다.

47) 장애인권리협약(CRPD) 제26조(선천적 및 후천적 장애에 대한 재활) 1. 당사국
   은 장애인이 최대한 자립과 완전한 신체적·정신적·사회적·직업적 능력 그리고
   삶의 모든 측면에서 완전한 참여와 통합을 달성하고 유지하기 위하여 동료집단
   의 지원을 포함한 효과적이고 적절한 조치를 취한다. 이를 위하여 당사국은 특
   히 보건, 고용, 교육 그리고 사회서비스 영역에서 다음과 같은 방법으로 종합적
   인 재활서비스와 프로그램을 구성, 강화, 확장하며 이러한 서비스와 프로그램은,
   (a) 가능한 초기 단계에서 시작하고 개별적인 욕구과 역량에 대한 여러 전문분
       야별 평가에 기반을 두어야 한다.
   (b) 지역공동체와 사회전반에 있어서의 장애인의 참여와 통합을 지원하고, 자발
       적이며, 농촌지역을 포함하여 장애인이 자신들의 지역공동체에서 최대한 근
       접한 곳에서 이용할 수 있어야 한다.
   2. 당사국은 재활서비스에 종사하는 전문가 및 직원을 위한 최초 훈련 및 지속
   적인 훈련의 개발을 증진한다.
   3. 당사국은 재활과 관련이 있는 장애인을 위해 고안된 보장구 및 기술에 대한
   유용성, 지식 그리고 사용을 장려한다.
48) 장애인건강권법 제7조(장애인 건강검진사업) ① 국가와 지방자치단체는 장애인
   의 건강증진 및 질환 예방을 위한 건강검진사업(이하 "장애인 건강검진사업"이
   라 한다)을 시행할 수 있다.
   제8조(장애인 건강관리사업) ① 국가와 지방자치단체는 장애발생 후 장애인의

III. 현행 장애인 의료접근권의 문제점 및 법적 과제

현재 국내에는 장애인들의 의료현황, 즉 의료기관, 의료인, 의료이동서비스, 기관별 의사소통지원인력 등을 모두 포함해 종합적으로 제시되는 실태조사가 제공되지 않기 때문에, 정확한 통계 및 데이터에 기반해 의료접근권의 현황을 분석하고 그에 대한 문제점을 파악할 수밖에 없는 실정이다. 물론 「장애인복지법」 제31조 이하에 따라 '장애인 실태조사'가 3년마다 실시되지만, 이는 장애인의 실태 및 복지욕구를 파악하기 위한 조사로서 장애유형별 실태정도만 제공되므로, 의료접근권 보장을 위해 필요한 의료현황에 대한 정보는 제공되지 않는다. 따라서 의료접근권 현황에 대한 분석은 문헌검토를 통해 지속적으로 문제시 되었던 상황을 중심으로 기술하였으며, 개별 상황에 대한 보다 쉬운 쟁점전달을 위해 사례화 하여 제시하고자 하였다. 이 같은 현황 분석을 토대로 관련 법상 제도적 보완이 필요한 사항에 대해서는 법적 과제로 도출하고자 한다.

1. 장애인의 의료정보접근권 보호영역

(사례1) 2020년 코로나 19 확산시기 청각장애인 A씨는 감염에 대한 불안으로 인해 TV에서 방송되는 정부브리핑을 지속적으로 시청했으나 자막이나 수화통역이 제공되지 않아 관련 내용을 제때 즉각적으로 확인할 수 없었다. 코로나 19 거리두기 단계가 지속적으로 상향되고 있는 상황에서도 시각장애인 B씨 역시 점자본으로 된 코로나 19 방역지침을 안내받을 수 없어 해당 보건소에 전화를 통해 문의했으나 현재 마련 중이라는 답변만 계속 들었다.

생애주기별, 성별 질환 관리를 위한 사업(이하 "장애인 건강관리사업"이라 한다)을 시행할 수 있다.
제16조(장애인 건강 주치의) ① 국가 및 지방자치단체는 장애인에 대하여 장애인 건강 주치의 제도를 시행할 수 있다.

2020년 1월 20일 코로나바이러스감염증- 19(이하 '코로나 19') 국내 첫 환자가 보고되었고, 2월 24일에는 지역사회 전파가 확인되는 상황에서 정부는 위기단계를 '경계'에서 '심각'으로 상향하였다.[49] 2020년 코로나 19 확산 초기 정부는 국민의 알 권리 차원에서 정확한 감염병 정보와 대응상황을 공식적인 정부브리핑 방식으로 제공하였고, 국가 및 지방자치단체 그리고 의료기관이나 학교 등과 같은 사회적 이용과 공중의 접근이 지속적으로 일어나는 장소별로 대응지침을 마련하여 전달하였다.[50]

하지만 초기 정부브리핑에서는 자막과 수화통역이 제공되지 않았기 때문에, 시·청각장애인들은 감염병 정보전달체계에서 배제된 채 정보를 직접 확인할 수 있을 때까지 기다려야만 하는 불안한 상황에 놓여야만 했고, 의사소통 지원인력의 도움 없이 직접 내용확인이 어려운 복합장애인인 시청각장애인의 경우 코로나 19 위생수칙 역시 적시에 제공되지 못한 상태에서 사회적 활동이 이뤄지면서 위험에 노출되는 상황 역시 발생하였다.[51] 이에 대해 장애인단체에서 집회 등을 통해 접근권 차단의 문제를 제기하면서, 수어통역사와 자막 등이 제공되는 브리핑 방식으로 변화하였다. 다만, 이 당시 수화통역사와 화면 자막제공 등은 법령상 근거에 의한 것이 아니라, 관계부처의 요청에 따라 방송통신위원회의 장애인방송 확대결정에 따라 제공된 것으로서, 제도적

---

49) 코로나바이러스 감염증 -19 중앙방역대책본부·중앙사고수습본부, 코로나 코로나 바이러스 감염증 -19 집단시설·다중이용시설 대응지침 제2판 (2020. 02. 26), 1.

50) '학교, 사업장, 청소년·가족시설, 어린이집, 유치원, 사회복지시설, 산후조리원, 의료기관 등'을 '집단시설'로 분류하고, '도서관, 박물관, 미술관, 공연장, 체육시설, 종교시설, 버스·철도·지하철·택시 등 대중교통, 쇼핑센터, 영화관, 대형식당, 대중목욕탕 등'과 같은 불특정 다수가 이용하는 장소는 '다중이용시설'로 분류하여 코로나 19 예방 및 관리지침을 제시하였다, 코로나바이러스 감염증 -19 중앙방역대책본부·중앙사고수습본부, 코로나 코로나바이러스 감염증 -19 집단시설·다중이용시설 대응지침 제2판 (2020. 02. 26), 1.

51) 중앙일보, " 청각장애인들 신종코로나 정부브리핑, 왜 수화통역은 안 해주나요", https://www.joongang.co.kr/article/23697507 (2020. 02. 04. 15:08).

개선은 코로나 19가 4급 감염병으로 대응단계가 하향조정(2023년 8월 31일) 된 후인 2023년 12월 말이 되어서야 「장애인복지법」 및 「방송사업법」 개정이 이뤄졌다.

이에 따라 「장애인복지법」 제35조의2를 신설하여 국가 및 지방자치단체가 청각장애인이나 시청각장애인에 대하여 그 이동과 일상생활의 활동에서 의사소통을 원활히 할 수 있도록 경제적 부담능력 등을 고려하여 한국수어 통역사 또는 제22조제5항에 따른 시청각장애인을 위한 의사소통 지원 전문인력(이하 이 조에서 "한국수어 통역사등"이라 한다)을 지원할 수 있는 근거를 마련하였고, 세부적인 한국어 통역사 등의 지원기준 및 방법 등에 관해서는 대통령령으로 정하도록 하였다.52) 「장애인복지법」 제35조의2의 지원범위를 확인할 수 있는 대통령령을 보아야만 확인할 수 있는데, 구체적인 내용이 여전히 마련 중에 있는 상황이다. 이어서 「방송사업법」 제16조의3을 신설하여 인터넷 멀티미디어 방송사업자에게 자체 제공서비스를 위해 콘텐츠를 제작할 경우 장애인을 위한 한국수어·폐쇄자막·화면해설 등을 제공할 의무를 부여하고, 정부가 그에 대한 필요한 경비를 지원할 수 있는 근거를 마련하였다.53)

---

52) 장애인복지법 제35조의2(한국수어 통역사 등 지원) ① 국가 및 지방자치단체는 청각장애인이나 시청각장애인에 대하여 그 이동과 일상생활의 활동에서 의사소통을 원활히 할 수 있도록 경제적 부담능력 등을 고려하여 한국수어 통역사 또는 제22조제5항에 따른 시청각장애인을 위한 의사소통 지원 전문인력(이하 이 조에서 "한국수어 통역사등"이라 한다)을 지원할 수 있다.
  ② 한국수어 통역사 등의 지원 기준 및 방법 등에 관하여 필요한 사항은 대통령령으로 정한다.

53) 방송사업법 제16조의3(한국수어·폐쇄자막·화면해설 등의 제공) ① 인터넷 멀티미디어 방송사업자는 자신이 제공하는 서비스를 위하여 콘텐츠를 자체제작하는 경우 장애인의 원활한 이용을 돕기 위하여 한국수어·폐쇄자막·화면해설 등을 제공하여야 한다.
  ② 정부는 인터넷 멀티미디어 방송사업자가 제1항에 따른 한국수어·폐쇄자막·화면해설 등을 제공하는 데 필요한 경비를 지원할 수 있다.

장애인 정보접근권 보장차원에서 의사소통수단의 마련을 의무화한 이들 두 법률의 개정내용은 매우 중요한 의미를 갖는 것은 분명하다. 하지만 이들 개정에도 불구하고, 여전히 장애인의 의료정보접근권은 다음과 같은 문제를 안고 있다고 판단된다.

첫째, 「장애인복지법」제35조의2는 일상생활에서의장애인을 지원하는 의사소통지원인력에 대한 재정지원근거이고, 「방송사업법」제16조의3는 민간사업자인 방송사업자에 대한 한국수어·폐쇄자막·화면해설 등을 제공의무(이하 '장애친화적 의사전달체계 마련 의무')와 그에 대한 지원근거일 뿐, 국가에게 직접적인 제공의무를 부여하고 있지 않다.54) 「장애인복지법」제22조제1항에서 국가 및 지방자치단체의 정보접근권을 개선하기 위해 노력해야 한다고 규정하고 있지만, 이는 선언적 규정일 뿐 구체적 작위의무를 직접적으로 부여한 것은 아니다.

사례1에서 보듯이 감염병 위기상황이 발생했을 때, 장애인들이 가장 먼저 주의를 기울이고 동시에 전달받고자 했던 정보는 긴급상황에 대한 정부브리핑이었다. 이는 국가가 국민의 알 권리차원에서 상황발생 즉시, 정부집계를 바탕으로 직접적으로 전달하는 정보로서, 민간방송사는 브리핑 장소에서 방송을 송출할 뿐, 그 브리핑의 내용은 모두 국가가 제공하는 공적 정보이다. 따라서 수어통역사를 통한 현장전달은 민간방송사가 책임지는 부분이 아니며 우선적으로 국가책임의 영역이다. 하지만 「방송사업법」제16조의3에서는 민간방송사에게 장애친

---

54) 신설된 2개 규정 모두 일반적인 의사소통 상황을 전제로 한 규정일 뿐, 감염병 위기와 같은 공중보건 위기 상황에서 국민의 알 권리 차원에서 장애에게도 비장애인과 동등하게 제공되어야만 하는 공공정보를 그 대상으로 한 것은 아니다. 신설된 2개 규정을 통해, 감염병 위기상황에도 충분히 적용될 수 있다고 볼 수도 있으나, 신설된 2개 규정 역시 국가 및 지방자치단체의 재정능력의 범위 내에서 재정지원여부를 결정할 수 있다는 형태(재량권)로 조문화 되어 있으므로, 법적 근거가 마련되어 있다 할지라도 실질적으로 현장의 요구와 달리 재정부담이란 현실의 한계에서 밀려 지원되지 못하는 상황이 얼마든지 발생할 수 있다.

화적 의사전달방식의 송출을 요청할 국가의 의무만을 규정하고 있을 뿐, 국가가 정부공식브리핑과 같은 공적 정보를 장애친화적으로 전달할 의무를 직접적으로 규정하고 있지는 않다.「장애인복지법」제22조 제2항 및 제3항[55]) 역시 국가와 지방자치단체가 구체적으로 요청할 수 있는 한국수어·폐쇄자막 또는 화면해설방영 방송프로그램의 범위를 대통령령으로 정하도록 위임하고 있는데, 그 하위법령인「장애인복지법 시행령」제14조에서는 그 범위를 보도프로그램, 선거프로그램과 국경일 및 기념일 행사방송으로 한정해 열거하고 있을 뿐, 감염병 관련 국가의 공식적인 브리핑과 같은 장애인의 건강과 안전 등에 영향을 미치는 정보를 필수대상으로 규정하고 있지 않다.[56]) 따라서 여전히 국가

---

55) 장애인복지법 제22조(정보에의 접근) ①국가와 지방자치단체는 장애인이 정보에 원활하게 접근하고 자신의 의사를 표시할 수 있도록 전기통신·방송시설 등을 개선하기 위하여 노력하여야 한다.
② 국가와 지방자치단체는 방송국의 장 등 민간 사업자에게 뉴스와 국가적 주요 사항의 중계 등 대통령령으로 정하는 방송 프로그램에 청각장애인을 위한 한국수어 또는 폐쇄자막과 시각장애인을 위한 화면해설 또는 자막해설 등을 방영하도록 요청하여야 한다.
③ 국가와 지방자치단체는 국가적인 행사, 그 밖의 교육·집회 등 대통령령으로 정하는 행사를 개최하는 경우에는 청각장애인을 위한 한국수어 통역 및 시각장애인을 위한 점자 및 인쇄물 접근성바코드(음성변환용 코드 등 대통령령으로 정하는 전자적 표시를 말한다. 이하 이 조에서 같다)가 삽입된 자료 등을 제공하여야 하며 민간이 주최하는 행사의 경우에는 한국수어 통역과 점자 및 인쇄물 접근성바코드가 삽입된 자료 등을 제공하도록 요청할 수 있다.
④ 제2항과 제3항의 요청을 받은 방송국의 장 등 민간 사업자와 민간 행사 주최자는 정당한 사유가 없으면 그 요청에 따라야 한다.
56) 장애인복지법 시행령 제14조(한국수어·폐쇄자막 또는 화면해설방영 방송프로그램의 범위) 법 제22조제2항에서 "대통령령으로 정하는 방송 프로그램"이란 다음 각 호의 어느 하나에 해당하는 방송프로그램을 말한다.
1. 방송법 시행령 제50조제2항에 따른 보도에 관한 방송프로그램
2. 공직선거법 제70조부터 제74조까지, 제82조 및 제82조의2에 따른 선거에 관한 방송프로그램
3. 국경일에 관한 법률에 따른 국경일 및 각종 기념일 등에 관한 규정에 따른 기념일의 의식과 그에 부수되는 행사의 중계방송

의 감염병상황에 대한 공식브리핑시 수어통역사를 통한 동시전달은 국가의 의무가 아닌 재량적 선택의 영역으로 남아 있으며, 이는 동일한 위기상황이 발생한다 할지라도 수어통역은 얼마든지 후순위로 밀릴 수 있다는 것을 의미한다.

질병관리청 및 보건복지부에서 제공하는 국가브리핑 자료처럼 시급한 현안을 다루는 자료는 국민의 알 권리 차원에서 누구나 공평하게 제공받아야 하는 공적 정보로서 장애인 역시 동등하게 접근할 수 있는 정보를 의미한다. 여기서 '접근의 동등성'은 국가가 제공하는 감염병 등의 재난정보와 같은 필수적 공적 정보에 있어 타당한 사유가 존재하지 않는 한 긴급상황을 이유로 장애인이 접근할 수 있는 수어, 화면해설이나 자막 등의 방식이 후순위로 밀려서는 안 된다는 의미를 포함한다. 수어통역사·화면해설이나 자막제공은 정부의 코로나 19 대응지침처럼 점자화를 통한 별도의 제공방식을 마련하기 위해서 일정시간이 확보되어야 제공할 수 있는 의사소통수단이 아니기 때문에, 방송의 현장송출 결정 즉시 관련 인력을 통해 충분히 제공이 가능한 영역이다. 따라서 방송사업자에 대한 부담을 고려해 한국수어·폐쇄자막 또는 화면해설방영 제공주체의 범위를 「장애인복지법 시행령」에 정한 것이라 할지라도, 실제 송출과정에서 국가가 무엇을 제공해야만 할 것인지를 보다 명확히 규명해야만 했는데, 해당 개정과정에서는 이 같은 요건을 구체화하지 못했다.

2002년 사스, 2012년 메르스 및 2020년 코로나 19 전파에 이르기까지, 일련의 감염병 유행상황은 언제든 재현될 수 있는 가능성이 높다. 따라서 장애인 의료 정보접근권을 보다 수준 높은 차원에서 보장하고자 한다면, 적어도 보건의료 영역에서는 공식브리핑을 통해 전달되는 감염병 정보처럼 필수적 공적 정보와 일반정보를 구별하고, 국가가 직

---

4. 그 밖에 청각장애인이나 시각장애인이 정보에 접근하는 데에 필요하다고 인정하여 보건복지부장관이 정하여 고시하는 방송

접 제공해야만 하는 공적 정보인 경우에는 그 제공방식과 유형에 대해 보다 구체적으로 제시하여 보다 직접적인 보장체계를 마련할 수 있는 방식의 입법적 개선이 필요할 것이다.

관련하여 「장애인복지법」상 장애인 의사소통수단에 관한 규정을 개정하는 방식을 비롯해, 「감염병예방법」 및 「재난안전기본법」 상 장애인에 대한 재난정보 및 감염병정보 전달에 관한 원칙과 구체적 방식을 규정하는 형태의 개정도 함께 이뤄진다면 보다 다층적 보호체계를 가질 수 있을 것이라 판단된다. 왜냐하면 장애인 감염정보에 대한 접근권 보장은 국가가 시혜적으로 제공하는 급부란 의미에서 '복지'가 아니라, 장애인이 정당하게 누려야 할 당연한 '권리'로서 자리매김하는 것을 의미하기 때문이다. 따라서 향후 재난에 관한 주요 법률에서 이 같은 원칙과 내용을 규정하는 것은 보다 합리적이라 판단되며, 장애인의 입장에서 향후 감염병 등의 위기 상황발생을 위한 법적 과제로서 보다 중요하게 다뤄져야 할 부분일 것이다.[57]

둘째, 감염병 정보에 대응하기 위해 마련한 코로나 19 대응지침 등과 같은 국가의 중요지침에 대한 점자본 제공 역시 국가책임의 영역으로서 그 제공의무에 대한 구체적 근거를 마련할 필요성이 있다.

코로나 19 위기시, 중앙대책방역본부에서 작성하는 대응지침이 가장 먼저 제공되고, 이에 따라 지방자치단체와 의료기관 등이 그 범위

---

57) "워싱턴DC 연방법원은 미국농아인협회(National Association of the Deaf, NAD) vs. 트럼프대통령 사건(the NAD v. Trump)에서 백악관의 코로나 19 관련 브리핑시 수어통역(American Sign Language)를 제공하지 않은 것은 누구나 접근할 수 있는 팬데믹 정보에 대한 장애인들의 접근권을 제한하는 것으로서 연방법에 위배된다고 판시하였다.", NAD v. Trump(1:20-cv02107-JED), https://www.nad.org/2020/09/11/judge-orders-white-house-to-provide-asl-interpreters/ (2024. 3. 30.), "영국법원은 영국부의 코로나 19 공식 브리핑에서 수화통역을 제공하지 않은 것은 청각장애인들에 방송정보접근권에 대한 차별로서 평등법 위반으로 보았다", https://www.nad.org/2020/09/11/judge-orders-white-house-to-provide-asl-interpreters/ (2024. 3. 30.).

내에서 자체적으로 해당 지역과 기관별 대응지침을 별도로 마련하는 형태를 띠었다. 감염병 정보에 대한 접근권을 그 정보를 받는 시기 역시 동등성을 요하는 부분으로 이해한다면, 중앙정부차원에서 제공하는 코로나 19 대응지침 역시 국민에게 공개되는 순간, 점자본도 함께 준비되어 제공되어야만 할 영역일 것이다.

지역별로 적합한 코로나 19 대응지침을 마련해야 한다는 차원에서 중앙정부는 별도의 점자본을 제공하지 않았으나, 이는 점자본 마련에 드는 행정비용을 지방자치단체에게 전가하는 형태일 뿐이다. 실제 점자본 형태의 코로나 19 대응지침을 제공하지 않은 지방자치단체가 상당수일 뿐만 아니라, 지역별 코로나 19 대응지침의 내용 역시 중앙정부가 제공한 코로나 19 대응지침과 그 내용이 거의 유사하기 때문에 재원의 효율성 차원에서 중앙정부의 점자본이 우선 제공되고, 지역별 사항만 별본으로 지방자치단체가 제공하는 형태가 오히려 효과적이라 판단된다. 「장애인복지법」 개정시 기존의 의사소통지원규정과 연계해 감염병대응지침과 같은 긴급상황에 제공되는 국가의 지침은 장애인의 건강과 안전에 영향을 미치는 공적 정보로서 국가책임의 영역임을 확인하는 구체적 근거가 마련되어야만 할 것이다. 나아가 「감염병예방법」 및 「재난안전기본법」 상 장애인들과 같은 취약계층에 대한 맞춤형 정보제공의무 조항을 신설하여, 그 대상과 내용을 보다 구체적으로 규정하는 형태의 개정 역시 뒤따라야 할 부분일 것이다.

2. 장애인의 자유로운 의료결정 및 선택의 보호영역

> **(사례2)** 청각장애인 A씨는 7년 전부터 당뇨진료를 위해 정기적으로 서울의 OOO 병원을 방문하였는데, 해당 병원을 선택한 것은 '의료 전문 수어통역사' 때문이었다. 하지만 병원이 갑작스럽게 수어통역서비스를 중단하면서, 해당 지역의 수어통역센터를 통해 인력지원을 받게 되었다. 하지만 해당 수어통역센터는 통역사 4명과 센터장 1명으로 구성되어 있는 작은 조직이고, 해당 상급병원의 수어통역 중단으로 인해 이 병원을 이용하던 청각장애인들의 의료통역이 모두 이곳으로 집중되면서 업무가 몰려 장애인들의 대기시간이 늘어나게 되었다. 또한 병원이 채용한 수어통역사일 경우 병원 내 차트확인을 통해 바로 상담이 가능하고 약물부작용 등도 바로 공유되었는데, 바뀐 구조에서는 병원 외 상담을 통한 예약확인 절차를 거치므로 개인의 건강정보에 기반한 전문적 안내가 어려워서 지속적인 불편이 발생하였다. 또한 매번 바뀌는 수어통역사로 인해 환자인 장애인이 직접 병력을 재확인해야 주어야 하는 부담 역시 발생하고 있다.[58]

장애인은 장애로 인해 자유로운 의사전달이 어려운 경우가 발생하기 때문에, 의료서비스 선택 및 결정시 의사소통 보조수단이나 지원인력의 도움이 필요한 경우가 많다. 의사소통 보조수단의 경우, 「장애인·노인 등을 위한 보조기기 지원 및 활용촉진에 관한 법률」(이하 "「장애인보조기기법」")을 통해 지원받는 구조이며, 수어통역사와 같은 전문인력의 지원은 「장애인복지법」 제35조의 2에 따라 국가 및 지방자치단체가 한국수어통역사를 제공하고 있다.

하지만 사례2의 상황을 볼 때, 현재 상급종합병원 내 의료전문 수어통역사에 대한 배치가 의무화된 것은 아니므로 대부분의 병원에는 수어통역사가 배치되지 않고 있으며 그나마 있던 병원 역시 인력을 줄이고 있는 실정이어서, 대부분 「장애인복지법」 상 수어통역센터 소속 수어통역사의 도움을 받아야만 하는 상황이다. 그러나 이들 인력 역시 충분하지 않고, 통역이 필요한 모든 상황에 투입되고 있어 의료통역에 대한 전문성 역시 충분히 발휘될 수 없는 구조여서, 이로 인한 부담은

---

58) 경향신문, https://www.khan.co.kr/national/national-general/article/202311011726001
    (2023. 11. 1.), (2024. 3. 30.).

고스란히 청각장애인의 몫으로 되돌아 올 수밖에 없다.[59]

수어통역사를 늘리는 것이 가장 근본적인 대안이란 점에는 동의하지만, 사회정책 및 그에 따른 입법은 사회적 영향을 고려해 그 과정과 절차 역시 보다 세심하게 고려하는 전제가 바탕이 되어야만 하므로, 장애인의 의료선택 및 결정권 차원에서 몇 가지 문제점을 다음과 같이 언급하고자 한다.

첫째, 먼저 공공보건의료영역에 있어 수어통역의 배치는 '복지적 혜택'에 따른 선택이 아니라 필수적 의무로서, 청각장애인들의 언어로서 의료 자기결정권의 전제가 되는 기본권 행사의 영역이라는 점이다. 병원 내 수어통역은 전문성을 필요로 할 뿐만 아니라, 급박한 의료결정 상황이 제시되는 경우 대기시간 없이 즉시 의사소통이 이뤄져야만 하는 특성을 갖는데, 현행 수어통역인력 지원구조는 지역 내 공공센터의 인력을 신청하고 기다려야만 하는 구조이므로, 장애인 의료결정을 위한 전문성과 긴급성을 발휘할 수 없다. 사회국가원리에 따라 입법시 국가차원의 의무로 인정되는 영역은 기본권 주체에게 미치는 영향이 보다 커지거나 위험의 크기나 빈도가 높아질수록, 행정청에게 구체적 의무가 부여되는 형태를 띤다(Je-Desto). 따라서 입법자는 수어가 청각장애인의 언어라는 점을 인식했다면, 관련 입법시 병원 내 응급상황에

---

59) "대전시에 따르면 지난달 기준 대전 농아인 수는 1만 95명이다. …반면 대전지역 병원의 의료전담 수어통역사는 한 명도 없다. …지역 수어통역상 정원은 20명으로 5개 자치구 수어통역센터에 각 4명씩 배치돼 있다. 이마저도 1명은 육아휴직 상태로 현원이 19명. 기간제인 탓에 지원자가 없어 충원이 이뤄지지 않고 있다. 상황이 이렇다 보니 수어통역사 1명이 수치상 약 531명의 농아인을 모든 생활영역에서 담당, 예약이 쉽지 않다. 특히 센터에 있는 모든 수어통역사가 외부일정이 있으면 응급상황에도 대응하기 어려운 상황이다. 또 전문의학 용어를 통역하는 데에도 어려움이 따른다. …농아인은 어디가 아픈지 표현하는데에 어려움이 있다 보니 통역하는 데도 한계가 있다며, 실제로 의학용어에 대한 통역이 제대로 이뤄지지 않아 다른 약을 처방받은 사례도 있었다고 설명했다.", 대전일보 https://www.daejonilbo.com/news/articleView.html?idxno=2090243 (2023. 10. 11.).

대한 적절한 보호조치 마련 차원에서 의료보조인력으로서 수어통역사를 의무적으로 배치하는 규정을 마련했어야만 했다. 하지만 현행 장애인법제 및 공공의료법제 전반에 이 같은 규정체계는 마련되어 있지 않다.

향후 장애인 의료결정권 보장을 위해, 기존의 입법적 방식을 벗어나 적어도 중증 및 긴급성을 요하는 장애인환자에 대한 신속한 의료대응 차원에서는 병원 내 의료보조인력으로 수어통역사 배치를 의무화하고, 만성질환이나 질병치료처럼 예약을 통한 정기적 예방이 필요한 경우에는 수어통역센터를 이용하는 형태로 구분하는 입법적 개선을 통해 의료전문통역의 전문성과 접근성을 모두 담보할 수 있는 구조를 마련해야만 할 것이다.

둘째, 과연 민간보건의료기관은 수어통역사 배치의무에서 완전히 배제되고, 이에 대해서는 국가가 지속적으로 비용을 지원하는 입법적 구조로 운영하는 것이 정당한가에 대한 부분이다. 민간보건의료기관이 영업의 자유를 누리는 주체라 할지라도, 장애인 역시 의료서비스를 제공받는 소비자로서 병원 내 이용이 자유로울 수 있도록 의료기관은 그 편의를 제공해야할 의무를 진다. 이 같은 편의제공에는 단순히 휠체어 이동이 가능한 공간구조를 마련하는 물적 시설제공에만 그치는 것이 아니라 수어통역사 배치처럼 인적 지원서비스도 포함된다고 본다. 보다 충실한 의료행위에 대한 설명의무 이행을 위해 병원 내 외국인 환자를 위한 통역서비스가 제공되기도 하는데, 수어 역시 청각장애인들의 언어로서 그 통역을 담당하는 수어통역사의 배치는 의료행위라는 영업을 위한 당연의무에 포함될 수 있다. 또한 장애인의 의료결정권은 가장 내밀한 기본권 보호영역에 속하고, 이는 해당 사회의 객관적 가치질서로서 대사인적 효력을 가질 수 있다. 따라서 민간보건의료기관이 영업의 자유 차원에서 수어통역사 배치의무를 갖지 않는다고 보기 어려우며, 적어도 입법자가 민간보건의료기관의 부담과 국가의 장애인 기본권 보호의무 간 조정을 고려했다면, 의료기관 개설 허가시 각 유

형에 따라(1차·2차·3차) 장애인 환자의 이용빈도와 질환여부 등을 고
려해, 의료보조인력에 대한 기준을 별도로 마련하여 3차 이상의 상급
병원에만 필수적 보조인력의 설치의무를 부여하는 형태의 다양한 입
법적 구조마련은 충분히 가능한 방식이었을 것이다. 하지만 여전히 이
같은 입법적 방식은 고려되지 않고 있다. 장애친화적 의료제도의 마련
은 의료기관 설립과정에서부터 고려해야만 하는 사항이라 판단되며,
복지법제 중심의 지원근거 마련규정을 통한 입법방식 보다는 의료기
관 개설허가 요건 등과 연계해 요건화 하는 입법방식을 고민해야 할
시점이라 판단된다.

또한 현행 「공공보건의료법」 상 '공공보건의료'라는 개념은 소유주
체 중심(민간vs.공공)의 관점에서 '공공의 이익 실현'을 위해 공공의 역
할을 민간에 부여할 수 있다는 기능적 관점으로의 전환과 함께 법제화
된 개념으로, 다양한 공공보건의료사업 책임자를 선정하는 방식을 통
해 민간보건의료기관이 그 주체로 활동하고 있는 형태이므로 사업자
선정요건과 평가요건에서 수어통역사 배치와 같은 인력기준을 요건화
하는 입법방식 역시 보다 실효성 있는 입법방식이라 판단된다.[60)]

3. 장애인의 의료이용권 보호영역

장애인 의료이용권은 의료이용과정 순으로 구분해 보면, 우선 본인
이 선택한 장소에서부터 의료기관(시설)까지 자유로운 이동이 보장되
어야만 하는데, 이는 진료 및 재활치료 등이 끝나고 그 복귀를 포함하
는 개념으로 이해되어야만 한다. 이어서 해당 의료기관 및 시설을 자
유롭게 이용할 수 있을 것을 보장해야만 하는데, 이는 그 접수과정에

---

60) "민간의료기관이 90%에 이르는 보건의료 환경에서 소유주체에 기반한 이분법적
    인 접근으로는 실효성 있는 공공보건의료 정책수행이 곤란함으로, 이에 소유주
    체 중심(공공vs.민간)에서 '공공의 이익실현'이라는 기능중심으로 공공보건의료
    의 개념을 전환하였다", 보건복지부, 제1차 공공보건의료 기본계획 (2016. 3), 3.

서부터 진료 및 검진과정에서의 시설 역시 장애인의 편의를 고려해야만 한다는 것을 의미한다.[61] 이 같은 의료이용의 전 과정은 장애의 특성에 따라 지원인력의 도움이 필요한 경우가 대부분이기 때문에, 이들에 대한 보호 역시 장애인 의료이용권의 실질적 보장 차원에서 함께 검토되어야 할 것이다.

> (사례4) 코로나 19 위기상황에서 활동보조인 B씨는 담당 장애인의 코로나 확진을 알고도 병원이송을 지원하였지만 방호복을 지원받지 못해 이송과정에서 감염되는 상황에 처하였다. 또한 재가요양보호사로 일하고 있는 A씨는 고령 중증장애환자를 방문해 돌보고 있어 밀접접촉으로 인해 감염에 취약한 상황에 노출됨에도 불구하고, 갑자기 마스크가 지원되지 않은 상황이 발생하였다.[62]

코로나 19 확산시기 사회적 거리두기에도 불구하고, 장애인들의 생존권 보호 차원에서 활동보조인들의 지원이 필수적인 사회서비스임이

---

61) 특히, 최근 병원예약 및 접수시스템의 디지털화로 인한 무인화는 장애인 의료기관 이용권 차원에서 검토가 필요하다고 생각된다. 왜냐하면 코로나 이후 대부분의 병원들은 아날로그 방식을 통한 대면접수의 기회를 아예 배제하고, 전자접수 형태의 예약시스템만으로 환자를 받고 있는데, 이는 아날로그 방식을 통해서 접수가능한 사람들이 예약할 수 있는 기회를 원천차단하는 것이므로 예약시스템을 이용하기 어려운 장애인 입장에서는 병원이용을 보다 어렵게 만드는 원인이 된다. 최근 유럽에서는 이 같은 디지털화로 인해 사회적 취약계층의 매체나 시설이용이 어렵게 되는 상황에 대해 아날로그 접근권(사람을 통한 대면방식에 의한 서비스제공 등을 의미)을 기본권으로 확장하려는 이론적 움직임 역시 더해지고 있음을 볼 때, 향후 이론적 논의를 더해 제도적 개선책이 이뤄져야 할 사항이라 판단된다. Lorenz, Grundrecht auf analoges Leben, MMR 2022, S. 935-940.

62) "전국요양보호사협회와 전국사회복지유니온이 지난 4일부터 9일까지 전국의 요양보호사와 장애인활동지원사 2184명을 대상으로 '코로나 19 사태에 따른 돌봄노동자 안전대책 및 서비스 실태'에 대해 조사한 결과, 응답자 10명 가운데 8명이 재가 방문 때 마스크와 소독제를 지원받지 못한 것으로 나타났다. 또한 '코로나 19 이후 이용인의 서비스 기피로 근무를 못 하고 있느냐'는 질문에 18%가 '그렇다'고 답했고, '생계대책이 있느냐'는 질문에는 95%가 '아니오'라고 답했다", 한겨레, https://www.hani.co.kr/arti/society/society_general/932167.html (2020. 3. 11.).

재차 확인되면서, 마스크 등을 지원하는 방식으로 활동보조서비스가 재개되었다. 「장애인활동지원법」 제16조에 따르면, 장애인 '활동지원'은 장애인 가정 등을 방문해 신체활동, 가사활동 및 이동보조 등을 지원하는 행위, 목욕설비를 통해 방문목욕서비스를 제공하는 행위, 간호사 등이 의사, 한의사 또는 치과의사의 지시에 따라 방문간호서비스를 제공하는 행위와 야간 보호행위를 모두 포함한다.[63]

기본적으로 이들 활동지원인력은 장애인에게 돌봄서비스를 제공하는 인력으로서 넓은 의미에서는 돌봄종사자에 속한다.[64] 하지만 이들 대부분은 국가 및 지방자치단체에 소속된 정규직 인력이 아니라, 제공된 시간만큼 보수를 지급받는 형태의 근로계약을 체결한 단기간 근로자 등의 비정규직 인력이 대부분이다.[65] 그리고 이들 지원인력에 대한

---

63) 장애인활동지원법 제16조(활동지원급여의 종류 등) ① 이 법에 따른 활동지원급여의 종류는 다음 각 호와 같다.
    1. 활동보조: 활동지원인력인 제27조에 따른 활동지원사가 수급자의 가정 등을 방문하여 신체활동, 가사활동 및 이동보조 등을 지원하는 활동지원급여
    2. 방문목욕: 활동지원인력이 목욕설비를 갖춘 장비를 이용하여 수급자의 가정 등을 방문하여 목욕을 제공하는 활동지원급여
    3. 방문간호: 활동지원인력인 간호사 등이 의사, 한의사 또는 치과의사의 지시서(이하 "방문간호지시서"라 한다)에 따라 수급자의 가정 등을 방문하여 간호, 진료의 보조, 요양에 관한 상담 또는 구강위생 등을 제공하는 활동지원급여
    4. 그 밖의 활동지원급여: 야간보호 등 대통령령으로 정하는 활동지원급여
64) 사회보장기본법 제3조(정의) 이 법에서 사용하는 용어의 뜻은 다음과 같다.
    1. "사회서비스"란 국가·지방자치단체 및 민간부문의 도움이 필요한 모든 국민에게 복지, 보건의료, 교육, 고용, 주거, 문화, 환경 등의 분야에서 인간다운 생활을 보장하고 상담, 재활, 돌봄, 정보의 제공, 관련 시설의 이용, 역량 개발, 사회참여 지원 등을 통하여 국민의 삶의 질이 향상되도록 지원하는 제도를 말한다.
65) "아이돌봄서비스처럼 국가와 국민사이에 법인이나 단체 등 서비스 기관의 매개를 통해 복지서비스 같은 현물급여를 사회보장급여로 제공할 수도 있다. 아이돌봄서비스의 경우 국가-매개체(서비스기관)-국민(서비스제공자+서비스이용자)'의 형태로 삼면관계에서 국민에게 복지서비스가 제공되는 전형적인 형태이다. 이런 경우에 매개체에 해당하는 서비스기관을 통해 모집된 서비스제공자들이 근로기준법상 근로자인지가 문제시 될 수 있다." 2023년 대법원은 아이돌보미의

임금 및 보수수준은 국가가 제공하는 사회서비스로서, 국가의 사회보장재정 부담능력의 범위 내에서 최저임금에 맞춰 결정되므로, 실질적으로 그리 높지 않은 상태가 대부분이다.[66]

이 같은 근로조건 속에서, 코로나 19 위기시 장애인 돌봄종사자들은 서비스수급자인 장애인과 밀접하게 생활해야만 가능한 '활동지원'이라는 업무의 특성상 감염을 예방하기 위한 거리확보가 불가능하기 때문에 감염에 취약한 근로환경에 지속적으로 노출되면서도 업무를 수행해야만 했다. 실제 사례4에서 볼 수 있듯이, 코로나 19 위기시 돌봄종사자의 지원업무는 장애인의 의료기관 이동이나 이용을 위해 필수적 사회서비스로 인식되었지만, 방호복이나 마스크 지급과 같은 필

근로자성을 최초로 인정하였다. 노호창, 아이돌보미의 근로기준법상 근로자성 여부와 헌법상 근로자로서의 보호방법에 대한 단상, 노동법학 제71호 (2019. 09), 351, 대법원 2023. 8. 18. 선고 2019다252004 판결.

66) "아이돌보미, 노인생활지원사, 요양보호사 등 돌봄 노동자들의 평균 월급이 172만원이라는 조사 결과가 나왔다. 초고령사회로 진입하면서 돌봄수요가 늘고 있지만 100만 명을 웃도는 돌봄노동자의 열악한 노동조건은 제자리걸음을 하고 있다. 민주노총 서비스연맹과 민주일반연맹은 19일 서울 정동 민주노총에서 기자회견을 열고 돌봄노동자 임금실태조사 결과를 발표했다. 이번 조사는 지난달 5-14일 정부 제공 돌봄서비스사업에 종사하는 아이돌보미, 노인생활지원사, 요양보호사, 장애인활동지원사, 보육대체교사 등 돌봄 노동자 1001명을 대상으로 진행됐다. 조사 결과 응답자들의 지난해 12월 기준 세전 월급은 평균 171만9000원이었다. 한 달 평균 근무일수는 21일, 하루 평균 근무시간은 6.2시간이어서 시급으로 환산하면 약 1만3300원이다. 다만 이는 주휴수당, 연월차수당, 휴일근로수당, 연말 상여금 등이 포함된 금액이기 때문에 기본급을 기준으로 하면 최저임금 수준이라고 강은희 서비스연맹 정책연구원장은 설명했다. 돌봄 노동자들이 저임금을 받는 이유 중 하나는 경력이 임금에 제대로 반영되지 않기 때문이다. 조사 대상자들의 경력은 평균 6.3년이었다. 근속에 따라 수당을 받거나 임금이 인상되는 경우는 21.5%에 그쳤고, 78.5%는 근속이 임금에 반영되지 않는다고 답했다. 서비스연맹은 "경력이 임금에 반영되는 경우는 요양보호사가 대부분으로 한 기관에서 3년 이상 일한 경우 장기근속장려금을 지급하기 때문"이라고 밝혔다.", 경향신문, https://www.khan.co.kr/national/labor/article/202403191634001 (2024. 03. 19.).

수의료용품 지급과 같은 의료자원 우선공급 순위에서는 배제되면서 보다 악화된 상황을 경험했다.[67] 이로 인해 돌봄노동자의 건강권 보호에 대한 필요성이 강력히 제기되면서, 국가 및 지방자치단체에서는 민간과의 협약이나, 다른 지방자치단체 간 협약을 통해 공급지원책을 확보하는 노력을 통해 돌봄인력에게 의료용품을 안정적으로 제공하는 정책지원방식을 취하였다.

하지만 감염병 위기상황은 언제든 재현될 수 있으며, 각 지방자치단체나 국가차원의 방역물품 비축물량이 적은 상황에서는 감염병 대응을 위한 필수 의료인력이 아닌 한, 장애인 돌봄인력에 대한 방역물품 지급은 언제든 후순위로 밀릴 수 있다. 정책지원방식은 감염병 위기상황을 유연하게 대처할 수 있는 장점을 갖지만, 사회적 취약계층에 대한 대비가 불충분할 경우 지원 사각지대에 해당하는 집단은 건강과 안전에 심각한 위기가 초래될 수 있다. 때문에 입법적 차원에서는 이같은 상황에 대비해 사회서비스 제공인력에 대한 방역물품 우선제공 근거를 마련하거나, 적어도 돌봄종사자 보호를 위한 국가 및 지방자치단체의 의무규정이라도 마련하여 장애인-돌봄종사자 간 보호의 연계성을 강화 할 필요가 있음에도, 현행 「장애인활동지원법」 이나 「장애인복지법」 그리고 「노인복지법」 이나 「장애아동복지지원」 에 이르기까지

---

67) "코로나 19 돌봄노동현황을 보면, 첫째, 돌봄기관 내 종사자의 경우 돌봄노동의 특성상 서비스수급자들의 감염이 확인되었을 때를 제외하고는 한정된 공간에서 감염원인자와 분리될 수 없어 지속적인 접촉을 통해 업무를 수행하고 있으며, 감염확인 이후에도 의료지원 및 환자이송 등을 담당하고 있어, 감염에 취약한 근로환경에 노출되어 왔다. 둘째, 돌봄시설의 재정 및 인력부족 등으로 인해, 실제 시설 내 감염자 관리에 적극적으로 대처할 수 없는 한계가 존재한다. 셋째, 방문식 돌봄서비스 종사자의 경우 서비스 수급자 및 가족접촉과정에서 감염전이가 지속적으로 발생할 수 있는 구조이다. 넷째, 돌봄시설에 대한 코호트격리의 경우 대체인력투입이 어렵고 긴급하게 필요한 감염병예방지원물품의 우선적 확보 및 지원이 체계화 되저 있지 못한 상태에 있어, 격리 이후 집단담검이 확산되는 실정이다.", 배건이, 돌봄노동자 건강권보호를 위한 쟁점 및 대응방안 (2020. 5.), 5.

장애인법제 분야의 어느 곳에서도 이 같은 내용의 규정이 마련되어 있지 않다. 따라서 향후 입법적 과제로서 「장애인복지법」에서 감염병 위기상황시 장애인 돌봄종사자에 대한 방역물품 지원에 관한 포괄적 근거를 마련하거나, 적어도 장애인 돌봄지원인력에 관한 근거법에서 이들의 활동보조가 위기상황에서는 생존지원적 성격을 갖는 점을 인식해, 재난위기기 필요한 감염병대응 의료물품을 필수적으로 지급받을 수 있는 근거규정을 마련하는 형태의 입법적 개선이 뒤따라야 할 것이다.

Ⅳ. 결론

장애인권리협약(CRPD)에서는 장애인 의료접근권에 대해 일반적으로 '접근성'이라 표현하지만, 사회변화에 따라 장애인의 생존을 위해 필요한 편의제공의 형태와 내용이 달라질 수 있기에 접근권의 내용은 개방성을 갖는다. 따라서 동 협약에서는 권리가 가져야 할 기본적 내용에 초점을 맞춰 그 특성을 접근성이란 용어로 규정한 것이므로, 이를 접근권과 구별되는 개념으로 이해해서는 안 될 것이다. 이 같은 접근권은 장애인의 기본권 행사를 위해 전제되는 기본권이란 점에서 인간이라면 누구나 인정될 수 있는 기본적 인권성을 갖고 있으며, 현행 헌법은 열거되지 않은 기본권이라 할지라도 국가가 보호할 책무를 갖는다는 기본권보호의무(헌법 제37조제1항 및 제10조)를 인정할 뿐만 아니라, 헌법 제34조제5항에는 보다 구체적으로 국가의 장애인보호의무를 규정하고 있으므로, 장애인의 기본권으로 해석되어야만 할 것이다. 다만, 아직까지 헌법재판소는 장애인 의료접근권에 대해 개별 기본권성을 인정하는 판례를 제시하지는 않고 있으므로, 그 보호와 보장은 '법률을 통한 헌법의 구체화' 차원에서 입법자에 의해 실현되는 구조라 할 것이다.

따라서 장애인 의료접근권은 장애인의 기본권으로서, 보건의료영역에서 의료기관(시설)의 자유로운 이용과 의료정보의 접근 그리고 의료선택 및 결정의 자유를 그 내용으로 한다. 2023년 코로나 19 종식이 선언되었고, 장애인 의료접근권 보호를 위해 많은 법제개선이 이뤄졌지만, 여전히 입법적 보완이 필요한 부분은 남아 있다. 먼저 장애인 의료정보접근권 보호 차원에서 감염병 상황에 대한 정부브리핑처럼 공적 정보의 제공은 국가가 수어통역을 제공할 당사자임에도 민간방송사에 대한 장애친화적 의사소통수단의 제공에 대한 요청의무만을 규정하고 있을 뿐, 국가의 직접 제공의무와 범위에 대해서는 현행법상 구체적 규정이 마련되어 있지 않다. 또한 코로나 19 지침처럼 중앙정부가 일반 공중에게 제공하는 가이드라인의 점자화는 중앙정부가 직접 제공하는 것이 아니라, 지방자치단체 역량과 책임의 영역으로 남아 있어 필수적인 제공의무 주체에서 양자 모두 제외되어 있다. 따라서 향후 이 같은 문제는 「장애인복지법」 및 「감염병예방법」 개정시 보다 구체적으로 논의되어야 할 필요가 있을 것이다. 둘째, 의료결정권 차원에서도 보건의료의 전문성과 긴급성을 고려해 의료기관 개설허가 또는 장애인 의료관련 사업 인증기준과의 연계를 통해, 수어통역사 배치를 의료기관의 필수인력으로 요건화 하는, 보다 세분화 된 입법방식을 고려하지 않은 채, 그 의사소통에 대한 모든 부담을 공공이 메워야 하는 형태로 구조화함으로써 긴 대기시간과 의사소통의 질에 대한 부담은 장애인의 몫이 되었다. 이 같은 입법방식은 장애인법제 및 공공의료법제 전반에서 나타나고 있으므로, 장애인 의료결정권에 관한 문제를 단순히 해당 조문개정만으로 보지 말고, 입법방식과 유형 등을 고려한 입법론 차원으로 접근하는 관점의 전환이 필요하다고 판단된다. 셋째, 감염병 등과 같은 위기상황은 지속적으로 반복될 수 있으므로, 이들의 일상활동을 지원하는 돌봄종사자에 대한 건강권 보호도 장애인 의료이용권 차원에서 함께 다룰 수 있는 법적 근거를 마련해야 할 것이다.

마지막으로 장애인 의료접근권의 보호는 단순히 보건의료 영역에서만의 문제가 아니며 보다 근본적으로는 법적 장애개념의 한계에 대한 인식에서부터 출발해야 할 것이다. 왜냐하면 현행 장애개념은 의료적 모델 중심으로 좁게 설정되어 있어 재활의료서비스에서부터 연금과 같은 소득보장제도에 이르기까지 미등록장애인의 사회정책적 보호를 어렵게 만드는 원인이 된다. 그 대안적 논의는 단순히 장애인등록제도의 범위를 확대해 모든 장애인이 가능한 등록장애인제도의 범주 속에서 보호받아야 한다는 의미가 아니라, 미등록장애인이라도 장애의 특성에 따라 필요한 사회보장서비스는 얼마든지 제공받을 수 있도록 각 수혜요건을 다층화 하는 차원의 논의가 보다 심도있게 이뤄져야 할 것이다.

참고문헌

1. 국내외 문헌

국가인권위원회, 장애인권리협약 해설집 (2007. 4.)

권건보, 정보접근권의 실효정 보장에 관한 고찰 - 정보주체의 정보접근권을 중심으로 -, 미국헌법연구 제29권 제2호 (2018. 9.)

김명수, 장애인 기본권의 기초로서의 접근권에 관한 고찰, 세계헌법연구5(1) (2009. 01.)

김문현, 기본권의 법적 근거와 판단기준에 관한 소고, 세계헌법연구 제18권 제2호 (2012. 01.)

김성희 외 12인, 2020년 장애인 실태조사 (2020)

김주경, 헌법상 건강권의 개념 및 그 내용, 헌법판례연구제 제12권 (2011. 3.)

김희성·홍은경, 강원법학 제36권 (2012. 6.)

노호창, 아이돌보미의 근로기준법상 근로자성 여부와 헌법상 근로자로서의 보호 방법에 대한 단상, 노동법학 제71호 (2019. 9.)

대한예방의학회, 예방의학과 공중보건학Ⅲ (2019)

배건이, 돌봄노동자 건강권보호를 위한 쟁점 및 대응방안 (2020. 5.)

배건이, 아동 보건의료법제 개선방안 연구 (2019)

서경미, 광의의 의미의 엑세스권의 기본권성 인정에 대한 비판적 검토, 제5권 제2호 (2018. 12.)

윤수정, 장애의 개념에 대한 헌법적 고찰 - "장애인차별금지 및 권리구제 등에 관란 법률"을 중심으로 -, 공법학연구 제21권 제3호 (2020. 8.)

조문상, "장애인건강권법" 일부개정법률안 검토보고, 보건복지위 (2023. 9.)

조윤화 외 2인, 미등록 정신장애인의 장애등록 경험에 관한 탐색적 연구, 장애인복지 제52권 제52호 (2021. 6.)

조임영, "장애인차별금지 및 권리구제 등에 관란 법률의 '장애'의 정의에 대한 입법론 연구 - 비교법적 분석·검토를 통한 논증적 접근을 중심으로 -", 노동법논총 제44집 (2018. 12.)

홍선기, 장애 개념에 관한 독일법제 및 판례검토, 유럽헌법연구 제35호 (2021. 4.)

한수웅, 헌법학 (2022)

허영, 헌법이론과 헌법, 박영사 (2010)

Lorenz, Grundrecht auf analoges Leben, MMR (2022)

2. 기타

경향신문 (2024. 03. 19.), https://www.khan.co.kr/national/labor/article/202403191634001

국립국어원 표준국어대사전, https://stdict.korean.go.kr/search/searchResult.do?page
    Size=10&searchKeyword=%EC%9E%A5%EC%95%A0%EC%9D%B8

국민연금공단, https://www.nps.or.kr/jsppage/info/easy/easy_04_03.jsp

대전일보 (2023. 10. 11.), https://www.daejonilbo.com/news/articleView.html?idxno=
    2090243

보건복지부, https://www.mohw.go.kr/menu.es?mid=a10710020200

보건복지부 보도자료 (2023. 04. 20), 2022년도 장애인 등록현황

보건복지부, 제1차 공공보건의료 기본계획 (2016. 3.)

보건복지부 국립재활원, 2021년도 장애인 건강보건 통계 (2023. 12.)

중앙일보, https://www.joongang.co.kr/article/23697507

한겨레 (2020. 03. 11.), https://www.hani.co.kr/arti/society/society_general/932167.html

장애인을 위한 공공신탁의 필요성과 과제

제 철 웅*

초록

수익자에게 재산을 안전하게 배분하기 위한 목적으로 위탁자의 재산을 수탁자에게 이전하여 관리하도록 하는 제도인 신탁은 장애인도 이용할 수 있다. 그러나 일상생활, 치료, 요양 등에 사용될 재산을 안전하게 관리해서 신탁목적에 적합하게 지출하도록 보장받고자 하는 장애인의 특별한 수요(needs)를 충족시킬 수 있는 신탁제도는 우리나라에서 찾아볼 수 없다. 장애인의 이런 특별한 수요는 개인이나 금융기관에 의해 충족되기가 매우 어렵기 때문에 국가나 비영리법인이 수탁자로서의 역할을 할 필요가 있다. 국가나 비영리법인이 수탁자로서 장애인의 특별한 수요를 충족시키기 위해 수탁자로 활동하는 것을 이 글에서 공공신탁이라 개념정의하면서, 이런 공공신탁이 왜 필요한지를 설명하기 위해 한편에서는 해외 선진국의 법제도를 소개하고 다른 한편에서는 우리나라의 현실을 소개하고, 공공신탁의 작동구조에 관하여 설명한다.

* 한양대학교 법학전문대학원 교수

I. 서론

1. 신탁제도의 유용성

우리 법제는 권리의 절대적 귀속을 원칙으로 한다.[1] 권리의 절대적 귀속은 권리 보유자의 채권자 및 거래 상대방을 두텁게 보호할 수 있다는 점에서 장점이 있다. 채권자 또는 거래 상대방은 권리보유자가 가진 재산을 책임재산(채무불이행이 있을 때 그 재산의 환가대금으로 채권을 변제할 수 있는 재산)으로 보고 거래할 수 있기 때문에 거래에서의 리스크가 무엇인지를 가늠하기가 쉽다. 결과적으로 안정적 거래에 기여하여 시장경제가 발달할 수 있는 제도적 기반이 된다.

그러나 권리의 절대적 귀속의 단점도 적지 않다. 특수한 목적(가령 재산관리가 어려운 장애인이 안전하게 사용할 수 있도록 한다는 목적)의 실현에 걸림돌이 되기도 한다. 장애인의 안전한 사용이라는 특수목적의 실현에 이바지하도록 형제나 자매 명의로 재산을 이전시켜 둔 경우 그 형제자매의 채권자가 그 재산을 압류하여 환가할 수도 있고, 형제자매가 특수목적과 다른 용도로 사용하는 것을 막을 방법이 마땅치 않기 때문이다.

물론 특수목적을 위해 제공된 재산을 안정적으로 보존할 수 있는 재단법인 제도도 있다. 그러나 재단법인은 주무관청의 감독을 통한 국가의 개입이 강력하기 때문에(민법 제37조), 재산을 탄력적으로 활용하는 데에는 한계가 있다. 특히 특정 장애인의 사적 이익(가령 그 장애인의 생활, 요양, 치료의 목적으로 재산을 사용하도록 하는 것)을 위해

---

1) 물론 채권의 귀속에는 민법 제450조의 대항요건을 갖추어야 하기 때문에 제한적 범위에서 권리의 절대적 귀속 원칙이 적용되지 않는다. 대항요건을 갖추지 못한 채권 양수인 등은 채무자 또는 양도된 채권과 양립할 수 없는 관계에 있는 자에게는 권리귀속을 주장할 수 없다는 것이다. 그러나 대항요건을 갖추게 되면 권리의 절대적 귀속원칙이 그대로 적용된다.

재단법인제도를 활용할 수 없다.

권리의 절대적 귀속과 재단법인 제도의 단점을 보완하기 위해서는 특수목적으로 재산을 보유하더라도 보유자의 채권자의 압류·환가로부터 보호되고,2) 동시에 재산보유자가 특수목적 이외의 용도로 그 재산을 처분할 때 추급할 수도 있고,3) 특수목적이 개인의 사적 이익일 수 있어야 한다. 이를 보장하는 법적 수단으로 신탁보다 더 나은 것이 없다. 이런 이유 때문에 신탁이라는 법수단은 다양한 경제활동에 활용되고 있다. 신탁은 수탁자가 자신에게 이전된 신탁재산의 법적 귀속권자이지만, 자신의 여타의 재산으로부터 분리된다. 더 중요한 것은 수탁자가 신탁재산을 수익자의 이익을 위해 '신중하게' 관리·처분할 책임을

---

2) 신탁법 제21조제1항은 "신탁재산에 대하여는 강제집행, 담보권 실행 등을 위한 경매, 보전처분 또는 국세 등 체납처분을 할 수 없다. 다만, 신탁 전의 원인으로 발생한 권리 또는 신탁사무의 처리상 발생한 권리에 기한 경우에는 그러하지 아니하다."라고 규정함으로써 수탁자의 채권자만이 아니라 위탁자의 채권자로부터도 보호받을 수 있다. 다만 위탁자가 채권자를 해할 목적으로 신탁을 한 경우 그 채권자는 수탁자가 그 사실을 알지 못했다 하더라도 채권자취소권을 행사하여 신탁을 취소할 수 있다(신탁법 제8조).

3) 신탁법 제4조는 다음과 같이 규정한다. ① 등기 또는 등록할 수 있는 재산권에 관하여는 신탁의 등기 또는 등록을 함으로써 그 재산이 신탁재산에 속한 것임을 제3자에게 대항할 수 있다. ② 등기 또는 등록할 수 없는 재산권에 관하여는 다른 재산과 분별하여 관리하는 등의 방법으로 신탁재산임을 표시함으로써 그 재산이 신탁재산에 속한 것임을 제3자에게 대항할 수 있다. ③ 제1항의 재산권에 대한 등기부 또는 등록부가 아직 없을 때에는 그 재산권은 등기 또는 등록할 수 없는 재산권으로 본다. ④ 제2항에 따라 신탁재산임을 표시할 때에는 대통령령으로 정하는 장부에 신탁재산임을 표시하는 방법으로도 할 수 있다. 그런데 신탁재산이 현금인 경우 현행법 하에서는 이를 공시할 수 있는 방법이 없다. 부동산 기타 등기나 등록할 수 있는 재산이 아닌 신탁재산의 공시와 관련해서는 동법시행령에서 규정한 장부에는 신탁법 제79조제1항에 따른 수익자명부만 언급하고 있는데 이는 '수익증권'이 발행된 경우에 한정되기 때문이다. 따라서 사인(private person)인 수탁자 명의로 이전된 현금은 수탁자가 별개의 통장을 개설하여 분별하여 관리하더라도 신탁목적을 벗어난 용도로 그 계좌에서 제3자에게 송금한 경우 그 제3자에게 대항할 수 없다는 한계가 있다.

부담한다. 이 점은 타인의 사무를 관리하는 자가 부담하는 선관주의 의무의 범위를 넘어선다. 즉 신탁재산의 원본과 소득을 보존할 수 있도록 주의를 기울여야 하고, 수익자의 이익에 충실해야 한다. 신중한 관리자(prudent person)의 의무가 신탁에 내재하는데 우리 신탁법은 금전의 경우 위탁자의 다른 정함이 없을 때 국·공채, 정기예금 등에 보관하도록 하는 것도 그 때문이다(동법 제41조).

수탁자는 수익자의 이익을 우선적으로 고려할 책임이 있다는 점에서 '보험'과 구분된다. 보험은 사회적 연대 하에 개인이 직면할 수 있는 위험을 분산시키는 것인데, 신탁은 이런 사회적 연대 하에 위험을 분산시키는 것과 무관하다. 보험에 소득재분배의 기능도 부가한 사회보험과도 구분되는데, 신탁은 수탁자가 여러 건의 신탁재산을 관리하더라도 개별 수익자의 이익을 우선적으로 고려해야 하기 때문이다.

2. 신탁의 구조

신탁은 위탁자가 특정 목적(신탁목적)을 위해 자기 재산을 관리 또는 처분할 수 있게끔 수탁자에게 이전함으로써 성립한다. 영국을 비롯한 보통법 국가에서는 일방적인 처분(설정행위)을 통해 신탁이 성립하지만, 우리나라는 계약을 통해 성립하는 것이 일반적이다.[4] 신탁이 성립하면 수탁자는 신탁목적을 위해 신탁재산을 관리·처분하고 신탁의 이익을 받는 수익자에게 신탁재산 또는 신탁재산에서 나온 수익을 배분할 의무가 있다.

신탁목적이 위탁자에게 신탁재산과 수익을 배분하는 것일 때 자익신탁(위탁자가 수익자)이라고 하고, 위탁자 아닌 제3자를 수익자로 지정한 경우 타익신탁이라고 한다. 특정 목적으로 수탁자에게 재산을 이

---

[4] 2011년 신탁법 전부개정을 통해 동법 제3조제1항제3호에서 신탁선언(신탁목적, 신탁재산, 수익자 등을 특정하고 자신을 수탁자로 정한 위탁자의 선언)을 통해서도 신탁이 성립할 수 있도록 하였다.

전하지만 수익자가 없거나 수익자가 특정되지 않고, 공익을 위해 신탁재산과 수익을 배분하도록 지정하였을 때 이를 공익신탁이라고 한다. 가령 장애인·노인, 재정이나 건강 문제로 생활이 어려운 사람의 지원 또는 복지 증진을 목적으로 하는 사업 또는 아동·청소년의 건전한 육성을 목적으로 하는 사업(공익신탁법 제2조제1호나목, 다목)의 수행을 위해 신탁재산을 수탁자에게 이전할 때 그것이 공익신탁이 되기 위해서는 수익자가 특정되지 않아야 한다. 가령 특정 성씨의 자손인 장애인에게만 신탁재산과 수익을 배분하게 하였다면 공익신탁이라고 할 수 없다. 그러나 수익자가 특정되지 않은 취약노인의 일상생활, 치료, 요양을 위한 목적으로 사용하도록 하였다면 그것은 공익신탁이 될 수 있다.

그 점에서 특정 장애인의 일상생활, 주거, 치료, 요양 등의 목적으로 자신 또는 제3자(친족)의 재산을 수탁자에게 이전하여 관리하게 하고, 수익자가 신탁재산과 수익을 수익자에게 배분하도록 하는 것은 자익신탁이거나 타익신탁에 해당된다.

3. 공공신탁

가. 개관

신탁은 개인(private natural person)을 수탁자로 하여 발전해 왔다. 그런데 유언으로 신탁을 창설할 때 유언집행자를 찾을 수 없거나 신탁재산을 맡길 수탁자를 찾기 어려운 경우 공공기관이 수탁자 역할을 할 필요성이 높아졌다. 1906년 영국에서는 공공수탁자법(the Public Trustee Act)을 제정하여 공공수탁자의 역할을 뒷받침하는 관청을 설립하여 수탁자 또는 유언집행자를 지정하기 어려운 사건들에서 국가기관이 수탁자 역할을 하기 시작하였다. 공공수탁자 제도는 이후 개인 중심의 수탁자가 지배적이었던 영국에서 기업이 신탁사업에 진출하는 것을 촉진시키는 매개역할을 하였다. 1980년 기업수탁자 협회(the Association of Corporate Trustees)가 발간한 자료에 따르면 회원사가 103,048건의 신탁재산을 관리하고 있고 총액은 49억 5,500만 파운드였다고 한다.5) 1997년에는 36,190 건의 신탁재산을 관리하고, 총액은 40억 1,500만 파운드정도라고 한다. 이런 감소는 연금신탁, 상속재산신탁 등 별도의 영역이 확장되었기 때문이고, 기업신탁 수요의 감소를 의미하지는 않는다고 한다.

기업신탁의 증가와 더불어 공공수탁자가 담당하는 건수는 점차 감소하게 되었는데, 2003/2004년 회계연도를 기준으로 보면 공공수탁자는 1,386건의 신탁재산을 관리하고 그 총액은 약 2억 7,100만 파운드라고 한다. 이렇게 보면 공공신탁과 기업신탁은 전자가 후자의 역할 확대에 기여하였다고 할 수 있으며, 양자는 상호보완적인 관계에 있다. 기업신탁과 공공신탁이 전체 신탁의 약 15~20%에 해당되는 재산액을 관리하고 있는 것으로 추정된다고 한다.6)

영국의 공공수탁자는 1986년 공공수탁자 및 재산관리법(the Public Trustees and Administration of Funds Act 1986)에 의해 공공신탁과 법원이 보관하는 재산 관리기관을 합쳐 1개의 부서에서 두 가지 역할을 수행하고 있다.

나. 공공수탁자의 기능

첫째, 영국의 공적 변호사와 함께 공공 수탁자는 피후견인의 재산관리 후견인으로 선임되어 재산관리 업무를 담당하기도 한다. 물론 다른 적절한 후견인 후보자가 없을 때 최후의 수단으로 선임되는 후견인이다.

---

5) 이는 설문조사를 통해 확보한 자료이기 때문에 실제 건수와 액수는 이를 더 초과할 것으로 추정된다고 한다. Graham Moffart, Trusts Law, 5th edition, 425.
6) Graham Moffart, Trusts Law, 5th edition, 426.

둘째, 공공수탁자는 연고 없이 사망한 사람을 대신하여 그의 재산을 관리하는 수탁자의 역할을 한다. 연고 없이 사망한 사람의 재산의 유언집행자로서의 역할도 한다. 유언자가 공공수탁자를 유언집행자로 지정할 수도 있고, 유언집행자의 지정이 없을 때 법원에 의해 선임되기도 한다(the Law of Property (Miscellanous Provisions) Act 1994).

셋째, 취약계층 및 의사결정능력에 장애가 있는 성인의 재산을 맡아 보관하는 수탁자의 역할을 하기도 한다. 상속인이 미성년자인 경우 성인이 될 때까지 수탁자가 되기도 한다.

넷째, 미성년자가 손해배상금 등의 사유로 목돈을 받을 경우 그 재산관리의 목적으로 신탁서비스를 제공하기도 한다.

다. '공공신탁' 개념의 조작적 정의

영국의 공공수탁자관청처럼 국가기관 또는 국가의 법령에 의해 권한을 부여받은 기관(통상 비영리법인)이 국가(또는 지방자치단체) 사무의 일환으로 개인의 재산을 수탁하여 수익자, 특히 장애인이나 노인의 이익으로 관리·처분할 수 있다. 이런 제도는 미국, 캐나다, 호주, 싱가포르 등 영국법의 영향을 받은 나라에 확산되었다. 여기서는 국가나 비영리기관, 또는 법률의 규정에 의해 특별한 권한을 가진 기관이 장애인을 비롯한 취약계층의 사회참여를 촉진시킬 목적으로 사인의 재산을 수탁받아 운용하는 것을 '공공신탁'이라고 정의하기로 한다.

II. 다양한 유형의 공공신탁

영국의 공공신탁의 발전에서 알 수 있듯이, 국가나 공공기관이 수탁자의 역할을 할 특별한 필요성이 어디에 있는가에 따라 선진국에서 다양한 유형의 공공신탁이 발전하였다. 아래에서는 어떤 유형의 공공신탁이 있는지를 살펴본다.

1. 미국의 공공신탁[7)

가. 특별수요신탁의 등장배경

미국에서 국가 또는 국가의 위탁 또는 지원을 받는 비영리기관이 공공수탁자의 역할을 하게 된 것은 특별수요신탁제도[8)의 도입과 연계되어 있다. 미국의 특별수요신탁은 사회보장제도의 혜택을 장애인이 더 효과적으로 이용할 수 있도록 지원하기 위해 도입되었다. 특별수요신탁과 밀접한 관련이 있는 미국의 복지제도에는 사회보장장애보험(Social Security Disability Insurance. SSDI),[9) 고령자 및 장애인 의료보험(Medicare, 이하 '메디케어'라 함),[10) 의료급여(Medicaid 이하 '메디

---

7) 이 부분의 서술은 제철웅 외, "미국의 특별수요신탁에 관한 일고찰", 원광법학 (2016. 6.), 153-174의 내용을 기본으로 해서 최근 정보를 보완하여 정리한 것이다.

8) 이를 '특별욕구신탁'으로 번역하기도 한다. 그러나 본 연구는 장애인의 일상생활, 치료, 요양에 필요한 재원의 확보 및 적합한 지출보장이라는 특별한 수요(needs)의 충족을 위한 목적으로 설정된 신탁이라는 취지를 살려 '특별수요신탁'이라는 표현을 사용한다. 이런 용어사용은 제철웅·최윤영, "중증발달장애인의 보호를 위한 특별수요신탁제도의 도입 필요성," 비교사법 제21권 3호 (2014. 8.), 1173-1174; 제철웅, "발달장애인 신탁의 필요성과 활용방안," 법학논총 32권 4호 (2015. 12.), 425 이하; 제철웅/김원태/김소희, 위의 논문, 153-175 등에서 사용하고 있다.

9) SSDI(Social Security Disability Insurance, 사회보장장애보험)는 경제활동을 하던 노동자가 노동능력을 제한하는 장애를 입어 더 이상 경제활동이 어렵게 되거나 그 수입이 많이 줄어들었을 때 지급되는 연금이다. SSDI 지급액은 각 개인이 SSDI 대상 고용에서 얻은 소득, 적립기간과 적립율에 따라 다르다. 42 U.S.C. §402 et seq.; 20 C.F.R. Parts 404.

10) 메디케어는 연방정부재원으로 연방정부에 의하여 운영되는 의료 보험 프로그램이다. 메디케어 & 메디케이드 서비스(Centers for Medicare & Medicaid Services)는 연방정부기관이 관리한다(제철웅 외, 위의 논문, ?). 개인은 메디케어와 메디케이드 급여 자격 둘 다 있을 수도 있고 이 가운데 하나의 자격만 있을 수도 있다. 42 U.S.C. §1395 et seq.; 42 C.F.R. Parts 405-489, (제철웅 외) (2016).

케이드'라 함),11) 보충적 소득보장제도인 기초생활보장(Supplemental Security Income. 이하 SSI라 함)12)이 있다.

SSI는 소득과 재원이 제한된 저소득계층인 노인, 시각장애인, 기타 장애인을 돕기 위하여 고안된 것으로 개인의 식료품과 주거에 대한 기본적 욕구를 충족시키는 제도이다.13) 메디케이드는 저소득층과 시각장애인, 기타 장애인을 위한 연방과 주정부가 공동으로 출연하는 의료비 지급프로그램이다. 여기서 SSI 수급자격이 메디케이드 수급을 가능하게 하는 첫 번째 척도가 된다.14) SSI 수급자는 메디케이드 수급자가 되지만, SSI 수급자가 아니면 일반적으로(몇 가지 예외를 제외하고) 메디케이드 수급자격도 없다.15) 이런 공공부조는 저소득 계층을 대상으로 하기 때문에 엄격한 자산요건을 두고 있다. 수급자에게 상속재산, 상해소송에서의 배상·상금 등 새로운 재원이 발생한 경우 정부지원 수급자격을 상실할 수 있다. 신탁재산 역시 가용자산의 일부로 취급되므로 공공부조를 신청하기 전에 처분하지 않으면 장애인은 정부지원 수급자격을 상실할 수 있다. 따라서 소득활동을 하지 못하는 장애인을 위해 부모나 가족이 재산을 남겨두지 않아야 의료급여와 기초생활보장을 받을 수 있다는 의미이다.

이런 문제 때문에 부모 사후 장애자녀의 돌봄을 위해 부모 재산을 장애자녀의 형제자매나 다른 기관에 이전하고 장애자녀의 돌봄을 그들의 선의-수탁자로서의 의무이행이 아니라-에 맡기는 방법도 있다. 그러나 형제자매나 그 기관이 이전된 자산을 다른 목적으로 사용할 경우 의무이행을 강제할 방법이 없다. 결국 공공부조제도가 장애인의 삶을

11) 42 U.S.C. §1396 et seq.; 42 C.F.R. Parts 430-456.
12) 42 U.S.C. §1381 et seq.; 20 C.F.R. §416 et seq.
13) Sebastian V. Grassi, Jr., Estate Planning Essentials for Special Needs Families, ACTEC Big 10 Regional Conference (Chicago, IL, December 6.2008), 3.
14) Sebastian V. Grassi, Jr, 위 논문, 3. 2016년 SSI 월 급여액은 최고 733달러이다. https://www.ssa.gov/OACT/COLA/SSI.html.
15) Sebastian V. Grassi, Jr., 위 논문, 3.

최저수준으로 고착시키는 문제가 발생하였다.

미국의 장애인 부모들은 공공부조제도의 이런 한계에 주목하면서 장애인의 인간다운 삶의 실현을 위한 목적으로 수탁자에게 이전된 재산은 공공부조 수급자격 판단에서의 소득으로 간주하지 않도록 하는 제도인 특별수요신탁제도의 도입을 청원하기 시작하였다. 부모단체의 노력에 힘입어 1993년 미연방의회는 the Omnibus Budget Reconciliation Act를 제정하여 특별수요신탁제도를 법제화하였다. 그 결과 미국의 사회보장국(Social Science Administration)16)은 특별수요신탁(Special Needs Trust)에 이전된 재산은 공공부조와 의료급여 수급자격조사 항목인 자산에서 제외된다.

나. 특별수요신탁의 유형과 특징

(1) 자기출연 특별수요신탁

자기출연 특별수요신탁(First Party SNT)은 수익자인 장애인 자신의 재산으로 설정되는 신탁(Self-Settled SNT)이다. 자기출연 특별수요신탁은 수익자 소유의 자산이나 수익자가 이미 법적인 권리를 가지고 있는 재산을 재원으로 한다. 주로 장애인의 교통사고나 의료과오로 인한 신체상해소송 등에 확정된 손해배상금(proceeds), 상속재산, 증여재산 등이 자기출연 특별수요신탁의 재원이 된다. 이 외에도 이혼합의금과 자녀양육비도 재원이 될 수 있다.

자기출연 특별수요신탁의 주요한 특징으로는 ① 수익자는 65세 미만의 장애인이어야 한다는 점,17) ② 수탁자는 공공부조로 충족되지 않

---

16) 사회보장국의 Program Operations Manual System(POMS)은 SNT를 위한 가이드라인을 발간하고 있다.

17) 여기서 수익자는 42 U.S.C. Section 1382c(a)(3)(A)상의 장애, 즉 "사망에 이를 수 있거나 12개월 이상 지속되었거나 지속될 것으로 예상된다고 의학적 결정이 내려질 수 있는 육체적 정신적 손상을 이유로 실질적인 경제활동에 종사할 수 없는(또는 수익자가 아동인 경우 "눈에 띄는 심각한 기능적 제한"에 이를 수 있

는 것들을 위한 추가적 수요를 위해서만 신탁재산을 사용하여야 하고 수익자에게 직접 현금으로 지급할 수 없고 수익자를 대신하여 물품이나 서비스를 구매해야 한다는 점, ③ 철회불가능한 신탁으로 수익자 고유의 수익을 위한 것이어야 한다는 점, ④ 수익자의 사망시 잔여 신탁재산에 대하여 주정부에게 그동안 제공받은 의료혜택(메디케이드)에 대하여 상환할 의무가 있다는 상환(pay back)규정을 두어야 한다는 점[18] 등을 들 수 있다.

(2) 제3자 출연 특별수요신탁

제3자 출연 특별수요신탁(Third party SNT)은 수익자인 장애인 이외의 자의 재산으로 운영되는 신탁으로 연방법에 직접 규율되어 있지 않지만, 몇몇 주에서 명시적으로 허용하는 규정을 두고 있고,[19] 일부 주에서는 보통법상 인정된다.[20] 통상적으로 장애인의 부모나 조부모와 같은 제3자의 자산으로 장애인을 수익자로 하여 신탁이 설정된다.

제3자 출연 SNT의 특징으로는, ① 장애인 본인 이외의 누구라도 설정자가 될 수 있고,[21] 유언으로도 설정이 가능하다는 점, ② 수익자의 연령제한이 없다는 점,[22] ③ 수탁자는 공공부조로 충족되지 않는 것들

는 손상을 가진) 장애를 가진 사람"을 말한다.

18) 그래서 이를 pay back 신탁으로 부르기도 한다. 예를 들어 미주리 주법의 상환규정은 수익자가 사망하면 신탁계좌 원본 잔액의 25%는 공익신탁에 분배하고 남은 잔액으로는 수익자를 대신하여 의료지원을 한 주정부에 그 총액까지 상환하게 된다. 이후 신탁계좌에 잔액이 있으면, 그 잔여분은 신탁계약상 잔여수익자로 지정된 사람. 단체, 기관에 분배된다. Missouri Revised Statutes § 402.203.

19) 가령, 오하이오, 위스콘신, 캘리포니아, 미주리, 일리노이, 텍사스, 뉴욕이 그러하다. Sebastian V. Grassi, Jr., 위 논문, 4.

20) Sebastian V. Grassi, Jr., 위 논문, 4.

21) 거의 대부분 부모가 설정한다. Administering a Special Needs Trust-A Handbook For Trustees(2016 Edition), special needs alliance, 6.

22) 자기출연 SNT에서 적시한 연방 법규정은 메디케이드 상환규정을 포함하여 제3자출연 SNT에 적용되지 않는다. 따라서 "장애"에 관한 어떠한 정의도 없고 수

을 위한 추가적 수요를 위하여서만 신탁재산을 사용하여야 하고, 수익자에게 직접 현금을 지급할 수 없고 수익자를 대신하여 수탁자가 물품이나 서비스를 구매해야 한다는 점, ④ 수익자 사망시 잔여 신탁재산에 대한 상환규정이 없다는 점 등이 있다.

(3) 집합특별수요신탁

위의 두 유형의 특별수요신탁은 공공신탁이 아니라, 친족 또는 영리를 추구하는 개인이나 법인이 수탁자가 된다. 그러나 특별수요신탁으로 인정받기 위한 재산지출방법이 쉽지 않기 때문에 개인이 수탁자인 경우 재산관리에 어려움이 많다.[23] 영리활동을 하는 개인(특히 변호사 등)이나 법인(금융기관)이 수탁자가 될 경우 관리비와 보수가 적지 않기 때문에 신탁재산이 통상 50만 달러를 초과하지 않으면 개설하기 어렵다. 여기서 공공신탁의 필요성이 생긴다. 특별수요신탁제도에서 공공신탁은 집합특별수요신탁(Pooled SNT)을 통해 가능하다. 연방법인 42 U.S.C. Section 1396p(d)(4)(C)는 수익자 자신의 출연이나 제3자의 출연으로 설정되는 신탁으로 비영리공익법인만이 수탁자가 될 수 있는 집합특별수요신탁을 인정한다. 이를 (d)(4)(c) 신탁이라고도 한다. 주정부로부터 설립 허가를 받은 민간 비영리기관이 이를 운영하는 것이 일반적이다.[24] 그 기관이 운영수탁자로 비영리공익법인을 지정하

익자의 나이 제한도 없다.
23) 특별수요신탁의 수탁자는 공공부조로 충족되지 않는 물품이나 서비스 등 추가적 수요를 위하여서만 신탁재산을 사용할 수 있다. 수탁자는 수익자에게 직접 현금을 지급할 수 없고 수익자를 대신하여 물품이나 서비스를 구매하여야 한다. SNT가 장애인의 음식과 주거 같은, 일상 생활비용이 아니라 장애인에게 있어 특별하고 추가적인 수요를 위하여 활용되어야 한다고 하지만, 어느 것이 SNT에서 지불될 수 있는 비용이고 어느 것이 허용되지 않는 비용인지, 그리고 어떤 방식으로 지급되어야 하는지를 이해하고 구분하는 것은 쉽지 않다. 따라서 수탁자가 SNT에서 어떤 비용이 수익자의 특별하고도 보충적인 수요를 위하여 지출되도록 허용되는지를 이해하는 것이 가장 중요하다.

기도 한다. 집합특별수요신탁은 개인이 자산조사형 보조금의 수급자격을 상실시킬 수 있는 정도의 자산을 가지고 있지만, 해당 자산이 자기출연 특별수요신탁의 설정 비용을 보장하기에는 부족한 장애인[25]에게 유용하다. 비용 절감을 위한 관리의 목적으로 여러 장애인의 재산을 '결합'하는 것이다.

그 주요 특징으로, ① 수익자의 계좌는 "자기출연"일 수도 있고 "제3자 출연"[26]일 수도 있다는 점, ② 자기출연일 경우 수익자 자신이나 그 부모, 조부모 또는 후견인, 법원이 설정자가 된다는 점, ③ 다수의 수익자가 있지만, 각각의 수익자가 집합신탁(master trust)으로 이전된 재산을 분별하는 개별적인 "서브 계좌"를 가진다는 점,[27] ④ 수탁자는 공공부조로 충족되지 않는 추가적 특별수요를 위하여서만 신탁재산을 사용하여야 하고, 수익자에게 직접 현금으로 지급할 수 없고 수익자를 대신하여 물품이나 서비스를 구매하여야 한다는 점, ⑤ 수익자 사망 시, 잔여 신탁재산은 주정부 메디케이드 비용 청산을 위해 우선 상환되거나 집합신탁의 다른 구성원을 위하여 비영리기관에 잔존시킬 수 있다는 점 등을 들 수 있다.[28]

---

24) 대부분의 주에서 하나 또는 둘 이상의 집합 특별수요신탁을 가지고 있는데, 종종 발달장애인협회(ARC) 같은 장애 인권단체나 루터 자선단체 같은 사회복지기관에 의하여 운영된다. 후술할 미주리 가족신탁 이외에도 플로리다 주법에 의해 설립된 The Foundation for Indigent Guardianship INC.도 플로리다 주법에 의해 설립되었는데, 이 법인이 집합특별수요신탁기관을 설립해서 운영하고 있다. The Florida Public Guardianship Pooled Special Needs Trust (FIG Trust)이 그것이다. 이 집합특별수요신탁기관은 운영수탁자로 Trust Aded를 선임하여 신탁 관련 업무의 운영을 맡기고 있다.
25) 42 U.S.C. Section 1382c(a)(3)에서 정의되고 있는 장애인을 의미한다.
26) 42 U.S.C. Section 1396p(d)(4)(C)는 자기출연을 전제로 한 규정이지만, 주별로 제3자출연의 경우에도 가능하게 된다.
27) Sebastian V. Grassi, Jr., 위 논문, 4.
28) 42 U.S.C § 1396p(d)(4)(C) (ⅳ)에서 상환규정을 두고 있지만, 잔여신탁재산이 주정부 대신 집합신탁의 다른 수익자에게 분배될 수 있다는 점에서 (d)(4)(A) 신탁의 경우와 다소 다르다.

(4) 특별수요신탁의 특징

공공부조로 충족되지 않지만 SNT에서 추가적 수요로서 지출이 허용되는 것은 레크레이션 활동 또는 직업 관련 활동, 취미활동과 휴가, 수익자를 위한 전문가 서비스(상담, 변호사비용 등), 반려동물이나 인도견 등의 취득과 유지비용, 수탁자가 주택을 취득하고 그 임대료를 수익자가 지불하는 경우 그 비용, 의료보험, 생명보험, 자동차의 구입 및 유지를 위한 비용 등이 있다.[29] 아래는 특별수요신탁재산으로 사용할 수 있는 용도의 예시를 든 것이다.

〈표 1〉 특별수요신탁재산으로 지출할 수 있는 비용의 예시

자동차, 자동차 유지비용	여행, 파티, 기념행사
회계서비스	주택구매
물리치료	주거청소
전자제품(TV, 컴퓨터 하드웨어 소프트웨어, DVD 플레이어, 냉장고, 세탁기, 건조기 등등)	각종 보험
	법률비용
	잡지, 신문, 방송 구독료
음료수	마사지
대중교통, 택시 비용	악기 구매
카메라	식품 아닌 기타 가정용 소매물품(세제 등)
의류, 청결 관련 물품	비타민 기타 의료급여 대상이 아닌 영양제
휴대폰 기타 휴대폰 서비스	의료급여에 포함되지 않는 개인 지원비용
회원제 문화공간 이용, 대회 참가비용, 취미	(간병비 등)
인터넷 서비스, 전화서비스	애완동물, 합법적 범위에서의 포르노 구매
화장품, 이발, 미용	사적 자문비용
수강료 기타 교육비용	각종 수리비용
치과치료 병원치료, 전기치료	눈청소, 가드닝 비용
헬스클럽 이용, 스포츠 용품 구매	저장물품 구매
장례비용	콘서트 티켓
가구 주택 실내장식, 주거 안전장치, 집수리	휴가비용

---

29) Zook/Crown/Drucker, Utilization of Special Needs Trusts for disabled Loved One, Journal of Business & Economics Research, May 2008, 48.

다. 공공신탁의 예: 미주리 집합특별수요신탁 관련 법률

미주리 가족신탁30)은 공공신탁의 대표적 예이다. 1970년대 발달장애 자녀를 둔 부모인 변호사였던 Jerry Zafft는 장애인에게 최저한의 생계가 아니라 인간다운 삶을 살 수 있게 지원할 수 있는 방법을 고안하여 철회불가능한 신탁에 투입된 재산은 공공부조와 의료급여 수급자격을 결정 기준이 되는 소득환산 재산에 포함시키지 않도록 하는 입법운동을 하였다. 이를 바탕으로 1989년 미주리주의 입법을 통해 최초로 집합특별수요신탁 기관이 설립되었는데 그것이 미주리 가족신탁이다. 미주리가족신탁은 주 정신보건당국으로부터 5만 달러의 지원금을 받아 신탁기관을 설립하였다.

미주리 가족신탁은 특별수요신탁의 수탁자가 되는데 공동수탁자(승계 공동수탁자)도 있다. 수익자의 후견인, 친족, 신뢰할 수 있는 친구 기타 전문직으로 공동수탁자의 책임을 다할 의지와 역량이 있는 사람 중에서 위탁자가 지정한다. 공동수탁자는 수익자의 욕구를 파악하여 수탁자에게 알리게 하고, 수탁자가 신탁재산을 제대로 사용할 수 있도록 보장하는 역할을 한다. 이런 역할을 할 사람이 없거나 사망 후 상속인이 없거나 찾기 어려운 경우 법원은 미주리 주의 행정기관담당자를 공동수탁자로 지정하여 공동수탁자의 역할을 하도록 한다. 1992년 미주리 가족신탁은 21건의 신탁재산을 관리하는 것으로 시작하여, 2000년에는 885건, 2017년 7월에는 1,248건으로 늘었고 관리하는 재산도 3,800만 달러에 달하였다고 한다. 2018년 현재 1,254건의 신탁재산을 관리하는데 그 중 484건에 이들이 공동수탁자로 지정되어 있다고 한다. 적절한 공동수탁자가 없는 경우 미주리 가족신탁이 단독 수탁자로

---

30) 현재는 Midwest Special Needs Trust라고 명칭을 변경해서 미주리주만이 아니라 주변 여러 주의 장애인과 그 부모로부터 신탁재산을 이전받아 집합특별수요신탁을 운영하고 있다. 여기서는 집합특별수요신탁의 특징을 잘 보여주기 위해 초기 명칭을 사용한다. 이에 대한 상세한 것은 제철웅, 고령자·장애인을 위한 집합특별수요신탁제도의 입법 제안, 법학논총 (2018. 3.), 297.

활동하는데, 약 20%가 이에 해당된다고 한다.[31]

미주리가족신탁은 신탁개시비용을 받고, 자산가치에 따라 부과되는 관리비, 단독수탁자일 때 받는 관리비, 신탁재산 및 수익 배분 처리비용, 신탁종결 비용 등을 받는데 저소득층에 대해서는 할인율을 적용하여 처리한다.

2. 캐나다의 공공신탁[32]

가. 개관

캐나다 역시 저소득자의 최저생활보장을 위한 공공부조제도가 있다. 그런데 장애인도 최저생계 이상의 생활을 하면서 동시에 공공부조의 혜택도 그대로 누릴 수 있도록 하는 특별한 제도가 필요하다. 이를 위해 미국의 특별수요신탁(Special Needs Trust)과 유사하게 장애인의 특별한 수요를 충족시킬 목적으로 신탁을 개설하고, 그 신탁에 자금을 불입한 경우 자산평가에서 자산으로 산정하지 않는다. 신탁재산이 장애인의 자산으로 평가되지 않기 위해서는, 통상의 신탁과 구분되어야 한다. 즉 장애인은 수익자이기는 하지만, 수익권을 청구할 사법(私法)상의 권리가 없고, 그 지급여부가 수탁자의 재량에 전적으로 맡겨진 재량신탁이어야(Discretionary Trust) 한다. 또한 이 신탁재산의 용도는 장애로 인한 특별한 수요, 즉 요양보호 비용, 장애인 교육 및 직업훈련, 장애편의시설을 위한 주택수리, 의료비용, 기타 독립생활을 가능하도록 하는 연간 8,000 캐나다 달러 한도의 생활비용 등에 한정된다.

그런데 캐나다에는 미국과 같은 집합특별수요신탁기관이 따로 존

---

31) Lusina Ho/Rebecca Lee, Special Needs Financial Planning, Cambridge University Press (2019), 248.
32) 이 부분은 제철웅, "캐나다 브리티시 콜롬비아 주 의사결정능력 장애인의 사법상의 권리실현 보장체계에 관한 연구", 비교사법 (2014. 11.), 1568-1572의 내용을 토대로 더 보완한 것이다.

재하지 않는다. 대신 주정부가 설립한 공공후견인 및 수탁자 관청(the Public Guardian and Trustee)이 이런 역할을 대신한다.

나. 공공후견 및 신탁관청의 재산관리 업무

여기서는 브리티시 콜롬비아주의 공후견인 및 수탁자 관청의 업무를 소개한다. 공공후견인 및 수탁자[33]는 콜롬비아 주정부에 속하고 주 법무부장관에 보고하지만 주정부로부터 독립된 기관이다. 이 기관은 다음과 같은 업무를 수행한다.

첫째, 공공후견인 및 수탁자는 법률규정, 유언, 신탁계약 또는 법원의 명령에 의해 아동 또는 성인의 재산을 수탁받을 권한을 가진다. 아동이 부상으로 인해 보상금 또는 합의금을 받거나 가족이 남긴 재산을 보유할 수 있는데, 그 액수가 많기 때문에 부모나 후견인이 그 돈을 직접 관리할 경우 아동이 아닌 다른 이익을 위해 지출할 위험성이 있다. 또는 의사결정능력이 없어질 것을 대비하여 재산을 관리할 마땅한 사람이 없을 수 있다. 이때 공공후견인 및 수탁자에게 재산을 신탁할 수 있다. 해당 관청은 신탁재산을 투자·관리함으로써 수익자의 복리를 위해 지출할 수 있다.

둘째, 부모가 더 이상 아동을 돌볼 수 없을 경우 아동을 위한 재산관리인 역할을 한다. 부모가 더 이상 미성년 아동을 돌볼 수 없는 경우, 또는 아동이 부모를 잃었거나 법적 권한 있는 부모가 사라지고 유언 또는 판결로 후견인이 선임되지 않은 경우, 공공후견인 및 수탁자는 법적 재산관리 후견인의 역할을 맡을 수 있다. 공공후견인 및 수탁자는 후견인이 없거나 입양절차가 진행될 경우의 재산관리를 위한 후견인이 되기도 한다.

---

33) 위 관청의 대표자를 '공공후견인 및 수탁자'로 칭하고, 그가 후견인 및 수탁자의 역할을 수행하는데 자신의 권한을 직원들에게 위임할 수 있다. 공공후견인 및 수탁자법 제20조.

셋째, 공공후견인 및 수탁자는 유언 유증 등의 검인 절차를 수행하
는 역할을 한다. 그 절차에서 통지의 상대방이 아동인 경우에는 반드
시 공공후견인 및 수탁자에게 통지하여야 한다. 공공후견인 및 수탁자
는 아동을 대신하여 검인절차에 참여하게 된다.

넷째, 공공후견인 및 수탁자는 상속인 없이 사망한 자나 부재자의
재산을 관리하는 역할을 수행하기도 한다.

2022/2023년 회계연도 동안 위 관청에는 294명의 직원(풀타임 정규
직원으로 환산한 숫자)이 27,300명의 보호대상 아동, 성인 등을 위해
서비스를 제공하였다고 한다. 관리하는 재산은 14억 캐나다 달러라고
한다. 공공후견 및 신탁관청의 연간 예산의 70%는 이용자에게 부과하
는 수수료 수입에서 충당하고 나머지는 정부예산으로 운영한다고 한
다.[34] 기관의 활동내역은 아래 표와 같다.

〈표 2〉 캐나다 브리티시 콜롬비아 주(BC) 공공후견 및 신탁 관청의 활동 개관

대상	관리하는 재산	종사 직원
19세 미만 아동	2억 8백만 캐나다 달러	46명
의사결정능력이 부족한 성인	7억 8천 5백만 캐나다 달러	116명
사망자 또는 실종자 재산관리 또는 개인으로부터 수탁한 재산	4억 1천 7백만 캐나다 달러	47명

출처: PGT, Annual Report 2022-2023(이하 동일)

위 사업 수행과 관련하여 공공후견 및 신탁관청이 보유하는 재산은
모두 신탁목적으로 재산을 자기 명의로 보유하는데, 이 신탁재산은 집
합하여 투자함으로써 수익자의 이익을 최대한 실현하도록 하고 있다.
그 내역은 다음과 같다.

---

34) The Public Guardian and Trustee of British Columbia, Annual Report 2022/2023.

<표 3> BC 공공후견 및 신탁관청 집합투자 활동 내역

내역	수익률
Premium money market	1.97% (1년)
Balanced Income Fund	4.34% (5년 평균)
Balanced Growth Fund	5.59%(5년평균)

프리미엄 머니마켓은 유동성과 안정성을 최대한 확보하여 수익자에게 재산을 쉽게 분배할 수 있도록 할 목적으로 재산을 운용한다. 최대 5년까지 보유할 수 있는 국공채에 투자하는 것을 말한다. 여기에 투자된 재산은 2023년 3월 기준 6억 1400만 캐나다달러라고 한다. Balanced Income Fund는 안정적인 증권에 투자하는 것으로 2023년 3월 기준 3,000만 달러가 투자되어 있다고 한다. Balanced Growth Fund는 장기투자를 통해 비교적 높은 수익을 실현하여 수익자에게 배분하기 위한 목적으로 투자하는 것을 말하는데, 2023년 3월 기준으로 1억 1,300만 캐나다 달러가 투입되어 있다고 한다. 총 14억 캐나다 달러 중 집합투자에 포함되지 않은 재산은 부동산으로 보유하거나 일상적으로 관리된다.

3. 싱가포르와 홍콩

가. 싱가포르

(1) 개관

싱가포르는 영국, 독일, 우리나라와 유사한 전통적인 후견제도(피후견인의 행위능력을 박탈하거나 제한하는 제도)를 두고 있었는데, 2008년의 정신능력법(the Mental Capacity Act 2008) 제정을 통해 전통적 후견제도를 영국의 후견제도와 유사하게 의사결정지원제도로 전환하였다. 정신능력법은 2010년 3월 1일부터 시행되었다. 싱가포르의 후견제도는 최후의 수단으로 단기간 활용하는 것이 원칙이다. 그 결과 지속적 재산관리가 필요한 경우 후견제도 이외의 제도가 필요하다. 후견 없이 지속적 재산관리가 가능한 제도로 기능하는 신탁제도는 싱가포르에서 널리 활용되고 있지만, 높은 수수료와 관리비로 인해 재산이 충분하지 않은 사람이 이를 이용하기 어렵고, 수탁자가 수익자인 장애인이나 고령자의 개인적 이익을 위해 재산이 사용될 수 있도록 계획하고 지원하는 역할을 한 경험이 없고 또 이렇게 하려면 더 많은 관리비를 지급해야 하는 문제가 있다. 이런 문제를 해결하기 위해 국가가 수탁자로 나설 필요가 있었다.

(2) 싱가포르의 특별수요신탁회사

싱가포르는 2008년 6월 사회가족부(MSF, 당시 MCYS)와 National Council of Social Service (NCSS)가 100% 출연하여 신탁재산을 정부가 보증하는 유한회사(Company Limited by Guarantee)로 특별수요신탁회사를 설립하였다. 이 신탁회사를 통해 치매환자 및 장애인이 일상생활, 요양, 치료를 하기 위한 목적으로 사용될 재산이 안전하게 지켜질 수 있도록 하고 있다.[35]

싱가포르에서는 장애 자녀를 둔 부모가 자신의 재산을 특별수요신탁회사에 신탁하여, 그 재산으로 부모 사망 후 장애자녀의 일상생활, 요양, 치료 목적으로 사용할 수 있게 한다. 싱가포르는 특별수요신탁을 고령자에게까지 확대하여, 고령자가 자신의 재산을 신탁하여 치매로 의사결정을 할 수 없는 상태에 처할 때 신탁재산으로 자신의 말년의 삶을 안정적으로 영위할 수 있게 한다. 수익자의 복리와 재정적 안정을 보호하기 위해서는 특별수요신탁이 가장 적합하다. 또한 친척이나 친구들에게 영속적 대리권으로써 또는 법정후견으로써 금전관리에 대한 법적·재정적 책임을 지우는 것을 피하고자 할 때에도 활용될 수 있다.

특별수요신탁회사는 싱가포르의 유일한 비영리 신탁회사이며, 사회

---

35) 특별수요신탁회사의 활동내용은 홈페이지 https://www.sntc.org.sg를 참조.

가족부(MSF)의 지원을 받아 직원들의 인건비 등을 충당한다. 이 회사
는 신탁재산을 직접 운영하지 않는다. 신탁재산은 싱가포르의 공공수
탁자관청에 재신탁하여 공공수탁자관청이 신탁재산을 운영하도록 한
다. 특별수요신탁회사는 수익자의 개인적 필요성을 점검하여, 그의 생
활상의 필요에 맞게끔 신탁재산이 사용될 수 있게끔 지원하는 서비스
를 제공한다.

2023년 현재 약 1,100명 이상의 특별수요를 가진 수익자- 알츠하이
머/치매, 자폐, 뇌성마비, 다운증후군, 지적장애, 정신 장애, 다중장애,
신체장애-를 위하여 신탁서비스를 제공하고 있다. 직원들은 주로 사회
복지업무에 종사하는 사람들로 구성되어 있다. 법률, 의료, 재무전문가
로 구성된 자원봉사자위원회의 지원을 받는 사례관리자가 지원을 해
준다. 신탁기금의 원본가치는 정부에 의하여 보장되고, 수익자가 부담
하는 신탁수수료의 90~100%는 사회가족부의 지원을 받는다. 특별수요
신탁회사의 이사회는 사회가족부 사무차관(Permanent Secretary) 1인
포함하여 13인의 이사회로 구성되어 있고(의장 1인 포함, 이사 중 교수
는 2인), 외부감사인이 있으며, CEO로서 총관리자 1인을 두고 있다.

특별수요신탁회사는 신탁재산으로 현금을 받고, 비현금재산은 현금
화하여 수익자를 위하여 신탁재산으로 이전할 수 있다. 다만 중앙적립
기금(CPF) 저축과 보험금을 신탁재산으로 정할 수도 있다. 위탁자만이
아니라 제3자도 신탁재산에 출연할 수 있다. 신탁 수수료의 90~100%
는 사회가족부의 보조를 받는다. 그 내용은 아래 표와 같다.

〈표 4〉 특별수요신탁기관의 수수료 예시

수수료 유형	수수료 ($)	사회가족부 보조	실 수수료
One-time Set-Up Fee	1500	90%	150
Annual Pre-Activation Fee	250	100%	0
One-time Actication Fee	400	90%	40
Annual Post-Activation Fee	400	90%	40

싱가포르 특별수요신탁기관의 신탁과 금융회사 신탁을 비교하면 특별수요신탁의 특징이 잘 드러난다.

〈표 5〉 특별수요신탁과 금융기관 신탁의 비교

구분	금융회사 신탁	비영리 SNTC 신탁
목표	부의 축적과 보존	재정적 안정
타켓 고객	관계관리인에 의해 서비스를 제공받는 고액순자산 보유자	사회복지사들에 의해 서비스받는 특별수요자
최소 설정금액	$50,000 이상	$5,000
수수료	고액	적정
신탁기금의 투자	고위험, 영리	저위험/ 원본가치는 정부에 의해 보장

다른 신탁과 달리 특별수요신탁은 한번 설정하면 철회 불가능하다. 설정과 동시에 공공수탁자(Public Trustee in a Common Fund)에게 집합투자의 목적으로 이전되고 공공수탁자는 저위험 안정적 투자처에 투자한다. 싱가포르의 공공신탁도 미국, 캐나다와 유사하게 집합신탁이라 할 수 있다.

나. 홍콩36)

(1) 공공신탁의 등장배경

홍콩은 후견인, 대리인, 돌봄제공자가 경험하는 재산관리의 어려움을 해소하기 위해 2019년부터 특별수요신탁제도를 도입하였다. 부모 사후 돌봄제공자 또는 후견인이나 대리인이 있더라도 이들이 재산관리를 담당하는 것이 큰 부담이기 때문에, 이를 특별수요신탁기관에 맡기고 이들은 수익자의 돌봄 자체에 집중할 수 있도록 해야 한다는 요구가 강하게 반영되었기 때문이다. 이를 통해 의사결정능력에 손상이

---

36) 이 부분은 Lusina Ho/Rebecca Lee, Special Needs Financial Planning, Cambridge University Press(2019)와 인터뷰를 참고하여 정리한 것이다.

있는 성인이 지역사회에서 안전하게 생활할 수 있는 장치를 마련하고
자 하였다.

(2) 홍콩의 특별수요신탁의 특징

홍콩정부는 2018년 5,000만 홍콩달러(한화 약 85억. 환율 1 홍콩달
러당 170원 산정시)를 투입하여 특별수요신탁회사를 설립하였고, 2018
년 12월 사무소가 개소되었다. 2019년 3월부터 신탁재산을 이전받기
시작하였다. 홍콩의 특별수요신탁은 홍콩정부의 보건복지 담당부서 내
의 사회보장책임자기관37)이 수탁자가 되는 것이 특징이다. 특별수요신
탁을 설정할 수 있는 하한선은 최근 6개월 중위 근로자의 평균 월소득
6개월치보다 적지 않도록 하였다. 2018년 4/3분기 액수는 17,000 홍콩
달러(한화 약 289만 원. 위 기준)라고 한다. 홍콩의 특별수요신탁의 특
징은 다음과 같다.

첫째, 신탁을 개설할 때 직접 공자의 리스트를 작성하여 제출하도
록 하고 있다. 이들은 수익자의 바램과 욕구를 반영하여 수익자를 돌
보면서 수탁자가 배분하는 재산을 수익자를 위해 사용할 수 있도록 지
원하는 사람이다. 수탁자는 정기적으로 이들에게 신탁재산과 수익을
배분하여 그 돈으로 수익자를 위해 사용하도록 한다.

둘째, 싱가포르의 경우 개별 수익자마다 사례관리자를 지정하여 이
들이 정기적으로 수익자를 방문하여 배분되는 신탁재산과 수익이 수
익자를 위해 제대로 지출되는지, 수익자를 위해 필요한 지원이 무엇인
지를 정기적으로 확인한다. 홍콩 역시 이를 벤치마킹하여 이와 유사한
서비스를 제공한다. 먼저 위탁자인 부모가 생존하고 있을 때 1년에 한
번 위탁자와 함께 돌봄계획을 점검한다(아직 신탁재산이 배분되기 이

---

37) 독임제 기관으로, 사회보장책임자기관명령(Director of Social Welfare Incorpora-
tion Ordinance)을 통해 이 기관이 보건복지부서에서 제공하는 돌봄 관련 복지서
비스 수급자를 위한 신탁이거나 보건복지부의 활동과 관련되어 창설된 신탁이
있을 때 그 신탁의 수탁자가 될 수 있도록 하였다.

전단계). 이 점검은 대면으로 할 수도 있고, 비대면으로 할 수도 있다. 위탁자인 부모가 사망한 후 신탁재산이 배분되기 시작하면 처음 6개월 동안 특별수요신탁 사무소 직원이 매월 정기적으로 방문하고, 그 다음 부터는 수익자의 필요성에 따라 방문회수를 달리 정하는데 매년 최소 1회는 수익자를 직접 방문한다.

셋째, 위탁자 아닌 수익자도 신탁 개설의 시점에 돌봄제공자가 자신을 돌볼 때 어떻게 대해 주기를 원하는지에 관하여 자신의 욕구와 선호도를 수탁자에게 표시하여 수탁자가 그것을 존중하도록 하고 있다. 일종의 본인 의향서이다.

넷째, 특별수요신탁은 관리의 효율성을 높이기 위해 신탁재산을 집합시켜 수탁자가 투자한다. 투자는 직접 전문가를 채용하거나 자문을 받아 할 수도 있고, 관련 업무를 위임할 수도 있다.

다섯째, 관리비를 징수하는데 일률적으로 년간 21,000 홍콩달러(한화 약 357만 원. 위 기준)로 한다. 이것으로 특별수요신탁기관 운영에 소요되는 경비의 일부를 충당한다. 수익자 방문을 비롯한 투자관련비용 등에 모두 충당되는 것이다.

4. 소결

미국, 캐나다, 싱가포르와 홍콩에서 공공신탁이 등장하게 된 배경은 각기 다르지만, 공통된 특징은 장애인과 고령자를 위한 재산관리를 위해 국가의 특별한 지원이 필요하였다는 점이다. 미국은 장애인의 인간 다운 삶을 보장하기 위해 공공부조의 한계를 보완해야 할 필요가 있었기 때문에 특별수요신탁제도를 도입하였으나 그것만으로는 저소득층의 욕구를 충실히 보장할 수 없었다. 공공신탁기관이 수탁자의 역할을 할 필요가 있었던 것이다. 캐나다 역시 적절한 후견인이나 수탁자를 찾기가 어려운 아동, 장애인, 고령자의 재산을 관리하기 위해 국가의 수탁자 역할이 필요하였다. 싱가포르는 의사결정지원제도로서의 후견제도로 인해 재산관리 목적의 신탁 활용도가 높았지만 금융기관이 수탁자일 때의 한계를 보완하기 위한 공공수탁자가 필요하였다. 홍콩 역시 후견제도 이외의 민사법적 수단을 통한 재산관리제도로 신탁의 활용도가 높았으나 저소득 장애인의 개별적 욕구를 충실히 반영하는 수탁자 역할을 국가기관 이외에는 기대할 수 없었다. 이들 나라에서 알 수 있듯이 공공수탁자의 역할의 필요성이 높으면 높을수록 이용도가 높아지는 특징이 있다. 국가 또는 국가의 지원을 받는 비영리법인이 수탁자로 활동하고, 이용자의 특징이 비교적 동일하기 때문에 신탁재산을 집합하여 관리하고 있다는 점도 주목할 부분이다.

III. 우리나라에 필요한 장애인 공공신탁 모형

1. 장애인에게 필요한 신탁

가. 재산의 안전한 보관

누구라도 질병, 장애, 고령 등으로 판단능력이 떨어지게 되면 재산을 안전하게 보관하는 것이 어렵다. 역설적이게도 재산관리를 도와주는 주변 사람이 있을 때 경제적 학대, 신체·정서적 학대나 방임의 가능성이 더 높아질 수 있다. 재산관리를 도와주는 후견인, 부모, 형제자매, 활동지원사 기타 이웃에 의한 학대가 생길 수 있다는 것이다. 그렇기 때문에 돌봄제공자로부터 독립되어 있고, 그 때문에 이해관계가 없는 기관에서 재산을 보관하는 것만으로도 삶의 질이 향상될 수 있다.[38]

---

38) 일본에서는 일상생활지원서비스를 통해 장애인과 고령자의 재산을 보관하고 사용을 지원하고 있다. 이에 대해서는 제철웅/박지혜/김원경/주혜림, 발달장애인 대상 공공부조 지원의 효과성 제고를 위한 재산관리 지원서비스 도입의 필요성, 법학논총 제37권 4호 (2020. 12.), 314-317.

그런데 현재 이런 서비스가 제공되지 않고 있다. 영리회사인 신탁회사만이 아니라 비영리법인 또는 국가가 수탁자가 되는 신탁이 그 대안이 될 수 있다. 그러나 신탁재산이 소액인 경우 영리법인이 수탁자가 되기는 어렵다. 높은 관리비가 부과되기에 원본 잠식이 불가피하기 때문이다.

나. 수익자의 욕구와 필요도에 맞는 재산의 지출 보장

장애인을 위한 일상생활, 치료, 요양 등의 목적으로 재산을 지출하려고 하더라도 판단능력이 떨어지거나 신체활동 제약으로 직접적인 재산지출활동이 가능하지 않으면 안정적 지출을 담보하기가 쉽지 않다. 후견인, 요양보호사, 지인, 친척 등에게 전적으로 의존하게 되면 학대나 방임의 위험이 더 높아질 수 있다. 영리법인이 수탁자가 되는 신탁은 관리비를 높이지 않는 한 수익자의 이런 욕구를 충족시켜 줄 수 없다.

다. 저소득 장애인에게 소득보장과 재산관리 두 목적을 달성하도록 하는 방식

장애인에게 재산이 있을 경우 기초생활보장법상의 공공부조가 감액될 수 있기 때문에 발달장애인의 재산을 뺏거나 부모가 자신의 재산을 발달장애인에게 남기지 않는 경우가 있다. 그 결과 장애인은 최저한도의 생활에 머무르게 될 위험이 크다. 그런데 신탁에 맡겨진 일정한 재산을 소득환산 재산에 포함시키지 않는다면 저소득층 장애인은 공공부조와 신탁재산으로 더 나은 삶을 살아갈 수 있을 것이다. 특히 부모 사후 장애인의 다양한 수요 충족을 위해 지출되어야 할 재산을 확보하기 위해서라도 신탁에 재산을 이전시킬 필요가 있을 것이다. 이때 신탁에 투입되는 일정한 범위의 재산을 소득환산 재산으로 계산하지 않게 되면, 장애예산을 급격히 늘리지 않더라도, 장애인의 삶의 질이 더 나아질 수 있다. 장애인이 사망한 후 잔여재산이 있으면 편익을 보았던 부분은 국가에 반환하도록 할 수 있다. 미국, 캐나다 등이 이런 제도를 활용하고 있다. 이때 반환되는 재산은 미국 집합특별수요신탁에서처럼 발달장애인 돌봄을 위한 공익신탁의 재원으로 삼을 수도 있다. 이렇게 할 경우 발달장애인을 위한 공공부조 증가 압력을 줄이면서 사적 재산의 투입을 늘릴 수 있을 것이다. 이런 목적의 신탁을 영리법인 신탁회사에 맡기는 것은 우리 실정에서는 불가능에 가깝다. 신탁재산 지출의 적정성을 담보하기 위해 더 많은 인력을 사용해야 하기 때문에 관리비 인상 없이는 불가능할 뿐 아니라, 이윤 추구를 주목적으로 하는 영리법인에 이런 공공성 있는 신탁을 기대하는 것은 성격상으로나 우리나라의 기업의 운영 실정상 맞지 않다.

라. 재산관리에서 장애인의 자기결정권 행사의 지원의 결합

장애인에게 속한 재산의 관리가 장애인의 자기결정권 행사를 지원하는 기능도 아울러 수행하는 것이 필요하다. 위에서 언급한 기능을 충족하면서도 동시에 재산 사용에 있어서 장애인의 의사가 최대한 반영될 수 있게 할 수 있다는 것이다. 장애인이 미리 자신의 의사를 표현해 두거나 대리인을 지정해 두면 그 의사에 따라 재산관리와 사용이 보장될 수 있게 해야 한다. '지속적 대리권'이나 '사전의향서'가 법이론적으로는 가능하지만[39] 실무에서는 거의 사용되지 않는 우리 현실에서 수탁자가 이런 기능을 현실화할 수 있게 보장하는 것이 필요하다는 것이다.

마. 소결

장애인에게는 위 네 가지 또는 최소한 첫째, 둘째, 넷째의 장점을 가진 재산관리제도가 필요하다. 현행 상속세 및 증여세법 제52조의2는

---

39) 이에 대해서는 제철웅, 성년후견과 지속적 대리권, 법조 제722호 (2017. 4.), 108-115.

'자본시장법'에 따른 신탁업자에게 신탁된 일정 재산은 증여세 과세대상에서 제외하도록 하고 있는데, 이 법에 따른 신탁은 재산액이 매우 많은 위탁자가 설정한 것이 아닌 한 위 네 가지 요소를 충족시켜 줄 수 없다. 따라서 국가 또는 국가의 지원을 받는 비영리법인이 수탁자가 되는 공공신탁이 필요하다.

2. 우리나라에 필요한 공공신탁의 주요 특징

가. 공공신탁의 목적

위에서 언급한 기능을 가진 신탁을 저소득 장애인도 이용할 수 있기 위해서는 첫째, 재산 운영의 수익의 범위 내에서 관리비를 부과하는 것이 필요하고, 둘째, 장애인의 자기결정권 행사를 지원할 수 있는 방법인 대리인의 지정, 사전 의사표시 등을 신탁재산 사용에 결합할 수 있어야 한다.

첫째의 목적을 달성하기 위해서는 신탁에 맡겨진 재산을 집합시켜 투자하여 관리하는 것이 필요하다. 그래야만 일정 수준의 수익이 창출될 수 있고, 그 수익 중 일부를 관리비로 충당할 수 있기 때문이다.[40) 그런데 신탁재산을 집합하기 위해서는 재산관리의 측면에서 수익자의 성격이 동질적이어야 한다. 미국의 특별수요신탁처럼 장애인의 일상생활, 교육, 직업활동, 요양, 치료 등과 직접 관련되거나 연관된 활동을 위한 재산을 관리하는 것이어야 장애인 집합신탁이 가능할 것이다.

---

40) 신탁법 제46조는 수탁자는 신탁사무의 처리에 관하여 필요한 비용을 신탁재산에서 지출할 수 있게 규정하고 있다. 동법 제47조는 수탁자의 보수청구권에 관하여 규정하고 있다. 공공신탁은 영리가 목적이 아니라 일종의 사회서비스로 신탁서비스를 제공하기 때문에 보수를 청구하는 것은 적절하지 않다. 그러나 비용은 재산관리의 목적으로 실제로 소요되는 비용의 상환을 구하는 것이기 때문에 이를 요구할 수 있다. 사회서비스 역시 본인부담금을 부과할 수 있기 때문에 공공신탁에 소요되는 비용의 일부를 신탁재산 및 수익에서 상환받을 수 있다는 것이다(사회보장기본법 제28조).

둘째의 목적을 달성하기 위해서는 수탁기관의 사회적 신뢰성 또는
공적 기능이 높아야만 한다. 수익자인 장애인 또는 위탁자의 사전지
시[41]나 대리인 지정[42]이 실무에서 효력이 있기 위해서는 수탁기관이
이를 보장해야 한다. 사전지시서나 지속적으로 활동할 대리인(지속적
대리인)의 지정을 신탁기관에 등록하여 신탁재산 및 수익 배분과 관련
하여 수익자의 의사에 갈음하거나 대리하도록 하고 그것을 수탁자가
인정하여 실무에서의 통용될 수 있게 해야 한다는 것이다. 이렇게 되
면 신탁에 맡겨진 재산의 처리와 관련해서는 굳이 후견인을 선임하지
않고서도 사무처리가 가능해질 것이다.

이상의 목적을 달성할 수 있는 신탁을 수행하는 기관으로 국가나

---

41) 연명의료치료 거부 사전의향서는 연명의료법에 의해 그 효력이 인정되지만, 이
미 대법원 전원합의체 판결(대법원 2009. 5. 21. 선고 2009다17417)로 치료나 요
양에 관한 본인의 사전 동의는 특별한 사정이 없는 한(그 후 생각이 바뀌었다는
것이 증명되지 않는 한) 치료나 요양이 필요한 현재의 시점에서도 효력이 있는
것으로 인정되고 있다. 연명의료결정보다 그 정도가 약한 치료나 요양에 관한
본인의 의사도 미리 표시해 두면 그 효력이 인정될 수 있는 것은 자명한 법리이
다(더 강한 효력이 있는 경우에도 적용되기 때문에 같은 성질이지만 더 약한 효
력이 있는 경우에는 당연히 그 적용된다는 당연해석, 물론해석의 결과임). 그러
나 사회적 신뢰라는 사회적 자본이 없는 우리나라 현실에서는 이런 사전지시서
자체가 공신력을 인정받기 어렵다.

42) 다른 사람을 대리인으로 지정하여 여러 범위에서 대리권한을 행사하도록 하는
것은 유효하다(민법 제114조). 또한 본인이 나중에 의사능력이 없어진 경우라고
하더라도 그 때를 대비하여 대리권을 준 경우(또는 그 때에도 대리권이 행사되
도록 한 경우) 그 대리권도 당연히 유효하다(민법 제127조의 반대해석). 그러나
실무에서는 대리권이 주어졌다는 것을 증명하기가 쉽지 않기 때문에 위임장에
인감도장으로 날인하고, 인감증명서를 첨부하여 대리권이 있다는 것을 증명하
고 있다. 부동산등기규칙 제62조, 공증서식의 사용등에 관한 규칙 제14조에서는
부동산등기나 공증을 할 때의 인감증명서, 주민등록등·초본, 가족관계증명서 등
은 신청의 시점에서 3개월 이내에 발급된 것이어야 한다고 규정하고 있는데, 실
무에서는 다른 영역에서도 이 기준을 동일하게 또는 유사하게 통용하고 있다.
결국 대리권의 부여는 본인의 의사에 따른 것인데 그 효력을 실무에서 인정하
는지 여부가 중요하다.

국가의 지원을 받는 비영리법인보다 더 나은 것이 없을 것이고, 이를 우리나라에 적합한 공공신탁이라 부를 수 있을 것이다.

나. 공공신탁기관의 사업방식

(1) 신탁계약 체결

신탁계약은 장애인이 자신의 재산을 출연하거나 부모 등이 장애인을 위하여 자신의 재산을 출연하여 체결할 수 있다. 양자 모두 신탁재산이 배분되는 시점(activation 시점)을 즉시로 하거나, 장래의 특정한 사건이 발생하는 때로 정할 수 있다. 후자의 경우 계약에서 정한 시점까지 신탁재산을 배분하지 않는다. 너무 많은 재산을 신탁재산에 이전하는 것은 바람직하지 않기 때문에 재산배분이 예상되는 시점부터 사망의 시점까지 지출할 비용을 추계하여 그 금액에 맞게끔 신탁재산을 수시로 또는 정기적으로 또는 일시불로 이전시키는 방법이 있을 것이다(돌봄계획에 따른 소요비용의 추계 단계). 부모가 판단능력이 없어지거나 거동이 어려워져 장애인 자녀를 더 이상 돌볼 수 없을 것으로 예상되는 시점에 신탁재산을 배분하기 시작하는 것이 바람직할 것이다. 물론 부모의 사망시점에 신탁재산을 배분하도록 하는 것도 방법일 것이다. 장애인 자신의 재산을 신탁한 경우 즉시 배분하도록 하는 것도 방법일 것이다. 전자의 경우 신탁재산배분의 시점부터 수익자의 사망의 시점까지 소요될 것으로 추정되는 비용을 현재 있는 재산에서 이전시키는 방법이 바람직할 것이다(돌봄계획에 따른 소요비용의 추계). 신탁계약은 관리수탁자가 이런 욕구를 파악하여 신탁계약을 체결하되, 동시에 마스터 수탁자와도 계약이 체결되도록 하는 것이 바람직할 것이다.

(2) 신탁재산

현금성 자산 이외의 신탁재산으로 청구권, 가령 국민연금, 공무원연금, 군인연금, 사학연금 등 사회보험의 경우 그 수급권을 신탁재산으로 삼아 수탁자가 수령하도록 하는 것이 법리상 가능하다. 그러나 이는 실무에서 통용되기는 쉽지 않다. 현 단계에서는 사회보험이나 공공부조 수령 통장에서 공공신탁으로 이전되게 하는 것이 편의로울 것이다. 이 경우 단점은 신탁의 장점인 위탁자의 채권자의 강제집행에서 벗어날 수 있게 하는 것을 활용하기가 어렵다는 점이다. 위탁자가 수익자인 경우 위탁자의 채권자가 채권자대위권을 행사하여 신탁계약을 해지할 수 있다는 것도 단점에 속한다.

한편 법률상의 근거 없이는 '철회불가능한 신탁', 수탁자의 재량에 따라 신탁재산을 배분하도록 하는 '재량신탁'을 위탁자와 수탁자 사이에 합의하더라도 우리 법제상으로는 그 합의만으로 위탁자의 채권자에게 대항할 수 있다고 해석되기 어렵다는 점43)도 단점에 속한다.

물론 이런 단점은 공공부조 수급권자이거나 국민연금 수급권자의 수급비나 연금이 신탁되는 경우에는 크게 문제되지 않는다. 왜냐하면 신탁재산으로 이전되더라도 위탁자의 채권자에 의한 압류로부터 보호되는 효과는 동일하기 때문이다(국민연금법 제58조제2항, 국민기초생활보장법 제35조, 기초연금법 제21조).

(3) 신탁재산 운영

수탁자는 신탁재산을 개인별로 분별하여 계좌를 만들되, 단일계좌인 마스터 계좌로 통해 신탁재산을 관리하는 것이 바람직할 것이다. 신탁재산을 집합하여 투자44)할 때 투자의 방법이 어느 범위까지 허용

---

43) 민법 제449조는 채권자와 채무자 사이에 양도불가의 합의를 하더라도 중과실 없는 선의의 양수인에게는 대항할 수 없고, 그 채권의 압류채권자에게도 대항할 수 없다고 해석되는데, 이런 법리가 '철회불가 신탁의 합의'에도 유추적용될 여지가 있다는 것이다.

44) 신탁법 제37조는 수탁자의 신탁재산 분별에 관하여 규정하고 있다. 신탁재산을 집합시켜 투자하는 것은 신탁법 제41조에 따른 현금관리방법에 해당되고, 분별

될 것인가는 간단한 문제가 아니다. 첫째, 신탁 일반의 경우에도 수탁
자는 타인의 재산을 관리하는 사람이기 때문에 전통적으로 원본 및 수
익을 신중하게(prudently) 관리할 책임이 있다. 수탁자는 수익을 배분받
을 권리가 있는 수익자, 원본에 대해 권리를 가질 수 있는 귀속권리자
의 이익을 고려하여 신탁재산을 관리하여야 한다. 즉 전자의 경우 적
절한 수익이 생길 수 있도록 관리해야 하고, 후자를 위해서는 원본의
손실이 생기지 않도록 충분한 주의와 지식을 활용해야 한다. 둘째, 신
탁재산을 집합하여 관리하는 경우에도 개별 수익자와 귀속권리자의
이익을 고려해야 할 것이다. 그 점에서 일반 투자와 달리 고수익-고위
험의 방법으로 재산관리하는 것에는 한계가 있다.[45)

(4) 신탁재산 지출

신탁재산의 지출 용도는 주거, 식생활, 기타 일상생활, 교육, 직업,

관리와는 무관하다. 분별관리는 집합하더라도 개인별 재산내역과 수익, 비용지
출 등을 분리하여 계산함으로써 그 의무를 이행할 수 있다. 즉 신탁재산을 집합
시켜 관리하고, 관리방법으로 투자하는 것은 신탁법에 따를 때 법리상의 문제는
없다. 이 경우 개인별 계좌를 설정하여 수익과 비용이 각각 개인별로 어떻게 귀
속되는지를 명확하게 계산함으로써 분별관리의 원칙을 충분히 준수할 수 있다.
금융기관이 인수하는 신탁재산과 비교할 때 소액일 수밖에 없는 신탁재산을 집
합시켜 관리하지 않으면 다액의 행정비용이 소요되기 때문에 현실적이지 않고,
신탁재산을 관리하는 수탁자는 수익자의 이익을 위해 적정한 수익이 나도록 관
리하지 않으면 인플레이션 등의 효과로 실질적으로 원본이 손실되는 결과가 발
생하기 때문에 투자를 하지 않을 수 없다. 그 점에서 보면 신탁재산을 집합시켜
관리하되 재산의 안정성을 훼손하지 않도록 주의하는 것은 신탁재산인 금전의
적법하고 유효한 관리방법이라고 할 것이다. 더구나 수탁자는 '신탁재산을 처분
할 권한'도 부여받을 수 있기 때문에(신탁법 제31조) 이전된 신탁재산을 집합시
켜 관리의 목적으로 투자하는 것도 가능함. 오늘날 비영리기관이 수행하는 미국
의 집합특별수요신탁이나 싱가포르나 홍콩의 특별수요신탁 모두 집합관리를 하
고 있다.

45) Graham Moffat, Trust Law 5th edition, 446-505에서 이런 문제를 상세히 다루고
있다.

치료, 요양, 간병비, 장애인을 위한 소송이나 여타의 권리구제 절차 비용 등으로 사용하도록 하고, 그 지출용도가 확정되면 수탁자와 서비스제공자 사이에 제3자를 위한 계약을 체결하고 수탁자가 직접 서비스제공자에게 지출하는 방식을 채택하는 것이 기본이 되어야 할 것이다. 가령 의료계약의 경우 수탁자가 입원계약의 당사자로서 병원에 치료비를 지급하는 방식을 말한다. 그러나 수익자인 장애인 명의로 이미 체결된 각종 공과금 등은 수탁자가 공급자의 계좌로 바로 이체하는 방식을 취하는 것이 바람직할 것이다. 그 밖에 일상적으로 사용하는 비용은 지정된 장애인 명의의 카드로 사용하도록 하는 방식도 필요할 것이다. 그 밖에 소액의 지출을 위해 장애인에게 직접 현금을 지급하는 방식도 사안에 따라서는 검토할 필요가 있을 것이다.

(5) 사후정산

수익자 사후 신탁이 종료될 때에는 계산서를 작성하여 신탁재산을 정산하여야 할 것이다. 공공부조나 의료급여에서 신탁재산을 소득환산 재산으로 취급하지 않아서 혜택을 보도록 한 경우 환급할 액수를 계산하여 잔액을 상속권자에게 이전시키는 것이 필요할 것이다. 이런 혜택을 보는 장애인의 경우 환급 후 상속인에게 이전할 재산이 거의 없을 수 있을 것이다. 이때 환급할 재산(잔여재산)을 공익신탁으로 이관시켜 취약한 다른 장애인을 위해 지출하도록 할 것인지는 정책적 결단이 필요한 영역이다.

Ⅳ. 결론

장애인을 위한 재산관리, 특히 장애인의 의사나 욕구에 부합하는 방식으로 재산지출의 보장은 지속적 사무인데 이 목적을 달성하는데 우리나라의 후견제도는 한계가 너무나 뚜렷하다. 재산관리의 면에서 장애인의 자기결정권 행사를 존중하고 지원하기 위한 목적으로 후견인의 권한을 행사해야 한다는 개념이 우리나라의 후견제도에는 전혀 포함되어 있지 않기 때문이다.[46] 재산관리에서 장애인을 보호해야 한다는 관점, 결과적으로 장애인을 배제하는 것이 후견제도의 특징이기 때문이다. 또 기존의 특별부양신탁[47]도 위의 목적 달성에 효과적이지 않다. 무엇보다도 '상속세 및 증여세법' 제52조의2의 장애인신탁은 '공익목적' 으로 설정되어 있는데 이런 관점에 변화가 필요하다. 장애인신탁은 공익이 아니라 사익을 위해 설정된 것인데도 공익이라는 테두리 내에 갇혀 있기 때문에 원본보존 요건을 유지하는 것이다. 이런 관점의 해체가 필요하다. 장애인신탁은 그것이 자익신탁이든 타익신탁이든 수익자의 사적 이익을 위해 지출되는 것이기 때문이다. 오히려 장애인의 인간다운 삶의 보장을 위해 신탁재산 중 원본과 수익을 일정 범위 또는 일정 목적을 위해 사용하는 것이 '소득'으로 간주되지 않도록 하는 장치가 필요하다.

이런 목적의 신탁은 국가나 국가의 직접 지원을 받는 비영리법인이 수탁자의 역할을 함으로써 비로소 달성될 수 있을 것이다. 이런 신탁을 우리나라의 '공공신탁'이라 개념정의할 수 있을 것이다. 공공신탁은 특히 중산층 및 저소득층도 이용할 수 있어야 하고, 후견제도의 한계를 보완하고, 더 나아가 후견제도가 의사결정지원제도로 활용될 수 있는 촉매제, 보완제의 역할도 할 수 있는 제도로 기능할 수 있어야 할 것이다. 그렇게 된다면 장애인 공공신탁의 활용도는 매우 높아질 것이

---

46) 성년후견제도의 문제점을 극복하기 위한 방안의 하나로 신탁을 활용할 것을 제안하는 것으로는 제철웅, 성년후견과 신탁: 새로운 관계설정의 모색, 가족법연구 제31권 2호 (2017. 7.), 20-31.

47) 상속세·증여세법 제52조의2에 따라 증여세 면제의 혜택을 받는 특별부양신탁은 재산형성 및 재산관리의 목적을 달성할 수 있지만, 안전한 재산지출의 목적과는 무관하고, 중산층 및 저소득층이 이용하는 데 한계가 있다.

다. 이를 위해서는 무엇보다도 장애인 공공신탁의 필요성과 내용에 대한 장애계의 이해가 높아져야 할 것이다. 현재 시범사업으로 수행되는 발달장애인 재산관리지원서비스를 통해 좋은 모델이 개발된다면 장애계의 이해를 높이는 데 기여할 수 있을 것이다. 이런 바탕 하에 장애인 공공신탁을 위한 특별법이 제정되어야만 안정적 사업수행을 뒷받침할 수 있을 것이다. 그 특별법에서는 위에서 언급한 사업내용, 사업수행방법과 전달체계가 법조문으로 위치해야 할 것이다. 이때 재산관리와 배분에서의 유연성을 충분히 반영하여야 할 것이다. 신탁제도의 특성에 맞는 운용체계가 필요하다는 것이다.

참고문헌

제철웅, "캐나다 브리티시 콜롬비아 주 의사결정능력 장애인의 사법상의 권리실
　　현 보장체계에 관한 연구", 비교사법 (2014. 11.)
제철웅, "발달장애인 신탁의 필요성과 활용방안," 법학논총 32권 4호 (2015. 12.)
제철웅, 성년후견과 신탁: 새로운 관계설정의 모색, 가족법연구 제31권2호 (2017. 7.)
제철웅, 성년후견과 지속적 대리권, 법조 제722호 (2017. 4.)
제철웅/최윤영, "중증발달장애인의 보호를 위한 특별수요신탁제도의 도입 필요
　　성," 비교사법 제21권 3호 (2014. 8.)
제철웅/김원태/김소희, "미국의 특별수요신탁에 관한 일고찰", 원광법학 (2016. 6.)
제철웅/박지혜/김원경/주혜림, 발달장애인 대상 공공부조 지원의 효과성 제고를
　　위한 재산관리 지원서비스 도입의 필요성, 법학논총 제37권 4호 (2020.
　　12.), 314-317

Administering a Special Needs Trust-A Handbook For Trustees(2016 Edition),
　　special needs alliance
Sebastian V. Grassi, Jr., Estate Planning Essentials for Special Needs Families,
　　ACTEC Big 10 Regional Conference (Chicago, IL, December 6, 2008)
Lusina Ho/Rebecca Lee, Special Needs Financial Planning, Cambridge University
　　Press (2019)
Graham Moffart, Trusts Law, 5th edition
The Public Guardian and Trustee of British Columbia, Annual Report 2022/2023
Zook/Crown/Drucker, Utilization of Special Needs Trusts for disabled Loved One,
　　Journal of Business & Economics Research, May 2008, https://www.sntc.
　　org.sg

| 에필로그 |

편집위원회[편집위원장: 김용직, 편집위원: 김재원, 유욱, 유철형, 이희숙, 임성택(가나다 순)]

공익법총서 제10권 장애인의 권리는 공익법총서 제2권 장애인법연구의 각론에 해당하는 책이다. 공익법총서는 제1권부터 10권까지 공익법인, 장애인법, 이주민법, 사회적경제법, 사회복지법, 아동·청소년의 권리, 기업공익재단법제, 공익법인세제, 주거공익법제 등 다양한 공익법 영역을 연구주제로 하여 왔는데, 그중 특정 영역을 2회에 걸쳐 다룬 것은 장애인법 영역이 유일하다. 그만큼 장애인법 분야가 공익법제 연구의 주제 중에서 중요하다는 인식을 편집위원회는 가지고 있었고 거기에 더하여 최근 장애인들의 이동권 지하철 시위, 탈시설 논쟁 등 현실에서 일어나는 장애인 생활영역의 권리 투쟁들은 공익법총서 제10권 장애인의 권리 연구의 필요성을 강하게 요구하였다. 제2권 장애인법연구가 주로 장애인권리구제법 및 장애인 공익소송 등 총론적이고 사법적 구제 관련한 주제를 주로 다루었다면 제10권은 장애인의 권리 각론에 해당하는 교육, 정보접근권 및 학습권, 이동권, 공중이용시설 접근권, 노동권, 주거권, 의료접근권, 공익신탁 등 다양한 영역의 현황과 입법적 개선과제 도출을 그 내용으로 하여 준비되었다. 이러한 목적을 위하여 지난 수십 년 동안 장애인 권리 증진을 위하여 노력해 온 김용직, 임성택 변호사 등이 편집위원장과 편집위원을 맡았고, 편집위원회의 주도에 따라 대상 영역 및 필진 선정 등이 원활하게 진행되어 의미 있는 논문들이 모여 공익법총서 제10권이 완성될 수 있었다. 공익법 총서 제10권의 주된 목적이 현재 발생하고 있는 여러 문제를 법제도적으로 해결할 수 있도록 구체적 입법안을 도출하는 것이므로 이하에서는 각 논문을 문제점과 입법적 해결 방안 중심으로 간략히 정리한다.

먼저 임성택의 "프롤로그: 장애인의 권리 단상"은 공익법총서 제10권의 총론적 성격에 해당하는 글로서 장애인의 '법적 능력'을 분석하여, 장애에 대한 관점이 신체의 손상이나 훼손으로 보는 의료적 모델에서 법제도 및 환경의 미비로 보는 사회적 모델로 변화되었고, 접근방식 역시 보호담론에서 권리담론으로 바뀌었음에도 국내법이 여전히 의료적 모델과 보호담론에 머무르고 있는 문제점을 지적한다. 특히 헌법 제34조 제5항은 "신체장애자 및 질병·노령 기타의 사유로 생활능력이 없는 국민은 법률이 정하는 바에 의하여 국가의 보호를 받는다."고 하여 국가의 권리 또는 복지 향상 의무를 규정한 여성·노인·청소년과 상당한 차이를 보인다. UN권리협약은 장애인의 법적 능력 향유를 인정하고, 그 행사와 관련하여 당사국이 적절하고 효과적인 안전장치를 제공해야 한다고 규정한다. 이를 반영하여 과거 금치산 제도에서 성년후견 제도로 변화되었으나 의사결정을 조력하기에 불충분한 것이 현실이다. 이 논문은 충분한 정보와 의사결정에 필요한 도움을 제공하지 아니한 채 쉽게 의사능력을 부정하여서는 아니 된다고 역설하면서 시혜와 보호의 대상을 넘어 장애인을 권리의 주체로 보아야 하고 장애인도 비장애인과 동등하게 권리를 누려야 하며 장애인의 법 앞에 평등은 장애인의 법적 능력을 높이는 데서 시작해야 한다고 역설한다. 장애를 보는 관점도 의료적 모델에서 벗어나 사회적 차별의 제거라는 관점으로 변화해야 하고 '다양한 몸'을 가진 장애인도 '평등한 삶'을 누릴 권리가 있으며 장애인의 권리가 보장되는 것은 어린이, 노인을 비롯한 모든 사회적 약자를 위한 일임을 강조한다. 이어 구체적인 소송 사례를 통해 시설에서 살지 않을 권리, 위험할 권리, 이동권, 접근권, 영화를 볼 권리, 양육권, 결혼할 권리에 관해 논한다.

김기룡은 "발달장애학생의 교육권 보장을 위한 법제 개선방안"에서 발달장애학생의 교육의 질 향상을 위하여 인식의 변화뿐만 아니라 특수교육을 지원하는 체계와 구조, 등의 전면적 개선이 필요함을 전제로 발달장애학생의 교육권 개념과 특수교육법의 현황 및 문제점을 개괄적으로 살핀 후 법제 개선 방향을 제시한다. 특히 특수교육법의 문제점 및 현황을 검토함에 있어 초·중등교육법, 장애인차별금지법 등과의 체계정합성을 지적하는데, 여기서 ① 다른 법률과 중복 또는 모순되는 조항, ② 그 필요성에도 불구하고 특수교육법상 누락된 내용, ③ 위계성 미충족 조항(법률에 규정해야 할 사항과 하위법령에 규정해야 할 사항이 그 위계가 맞지 않는 경우, 하위법령에는 규정되었으나 법률에는 이에 대한 근거가 없는 경우, 법률에 하위법령으로 위임하였으나 하위법령에서 이를 규정하지 않았거나 하위법령이 법률에서 정한 범위를 일탈한 경우 등)을 차례로 살핀다. 아래는 이 논문에서 제시된 개선 방향이다.

첫째, 특수교육법이 시행된 지 20여년 가까운 시간이 흘렀음에도 발달장애학생의 교육 여건이 여전히 개선되지 못하고 있는바, 국가의 역할이 더욱 강화되어야 하고, 구체적으로는 완전무상교육 실현, 조기 특수교육 지원 체계 구축, 공적 특수교육 지원 전달체계 구축, 사립 특수교육기관에 대한 책무 강화 등을 위한 입법이 필요하다.

둘째, 장애를 이유로 한 차별이 여전히 해소되지 못하고 다양한 인권 침해 사건이 보고되고 있으므로 장애 차별을 근절하는 한편 발달장애학생 인권 보호를 위한 구체적인 보호 및 예방 대책이 명문화되어야 한다. 특수교육대상 학생의 자기권리옹호 역량 교육 실시, 장애 차별 및 인권침해금지 대상 확대, 차별행위에 대한 처벌 강화 및 적법절차의 권리 보장, 장애인권교육 실시 근거 마련, 등을 예로 들 수 있다.

셋째, 특수교육대상 학생 중 발달장애 또는 중도중복장애학생 비율 확대, 특수교육대상 학생에 대한 개별적인 지원 내용 확대 등 특수교육 현장의 발달장애학생에 대한 지원의 강도가 높아지고 있고, 이에 따른 특수교사의 업무 부담이 증가하고 있음에 반해 특수교육기관의 학급당 학생수 및 특수교사 배치 기준은 지난 15년 동안 변화되지 않고 있다. 이점을 고려하여, 특수교육기관의 학급당 학생수 기준, 특수교사 배치 기준 등을 한층 강화하고, 특수교육 관련서비스를 확대하는 등 특수교육 지원 여건을 전반적으로 개선할 수 있는 입법이 필요하다.

넷째, 통합교육이 물리적 통합에만 그치고 있고 교육과정적 통합, 사회적 통합으로 나아가지 못하고 있으므로 통합교육이 발달장애학생 교육에서만 고려되는 것이 아니라 모두를 위한 교육 현장, 모두가 책임지는 구조에서 촉진될 수 있도록 통합교육 실현 환경을 구축하여야 한다. 구체적으로는 통합교육에 대한 일반교원의 책임 명문화, 특수교사와의 협력 근거 마련, 통합교육지원실 설치, 통합학급의 학급당 학생수 감축 등의 방안을 고려할 수 있다.

다섯째, 앞으로의 특수교육은 장애학생 개개인별 맞춤형 교육 지원, 교육의 질을 높이기 위한 방향으로 나아가야 하고, 이에 필요한 교육과정 운영 지원 등이 강화되어야 한다.

여섯째, 특수교육 현장에서는 발달장애학생 보호자와 특수교사의 역할이 매우 중요하므로, 이들 보호자의 역할을 촉진하기 위한 지원체계는 물론 특수교사를 비롯하여 특수교육 현장의 다양한 구성원이 협치에 기반하여 특수교육 지원 환경을 조성할 수 있도록 관련 지원체계를 구축하여야 한다.

이일호, 남형두의 "장애인의 정보접근권과 학습권"은 정보의 홍수 속에 책기근 현상(Book Famine)을 겪는 시·청각장애인과 발달장애인에 주목하여 정보접근권과 학습권에 관해 논의를 전개한다. 장애인권리협약은 차별 없는 접근성을 강조하면서 그 한 분과로 정보 접근성을 제시하고 있으나, 정보 접근성에 관한 논의는 학계나 실무계에서 아직 활발하지는 않다. 접근권과 저작권은 긴장관계에 있으므로 균형과 조화가 필요한데, 장애인권리협약 제30조는 두 권리 사이의 조화를 구체적으로 실현할 것을 주문하고, 마라케시 조약 가입 및 비준이 그 방법에 해당한다. 이러한 정보접근권은 학습권을 보장하기 위한 전제로서 장애인은 장애유형에 맞는 학습자료와 평가수단을 제공받을 수 있어야 한다. 그럼에도 대체자료의 제작 및 보급을 위한 저작권법의 제한규정을 축소하거나 왜곡하기 위한 시도가 있다.

장애인의 정보 접근권 개선을 위하여 저작권에 새로운 방향성을 제시할 필요가 있다. 현재까지 규정이 마련되지 않은 발달장애인을 위해 읽기 쉬운 자료를 제작하고 보급할 수 있도록 하는 규정을 도입하여야 한다. 특히 읽기 쉬운 자료로 변형함에 있어 원저작물의 글이나 그림 등을 수정해야 하므로 불가피한 경우 제3의 전문가에 의한 변경이 가능하도록 하여야 한다. 나아가 저작권법에 마련된 공정이용은 저작권 제한규정의 경직성을 해소하기 위해 도입되었는데, 이 규정을 대체자료 친화적으로 해석·운용할 필요가 있다.

장애인의 인권 문제는 비단 장애인권법이나 장애인법에서 다루어지는 것에서 끝날 문제가 아니다. 다른 법 영역에서 어떤 비판이 나오는지, 여기에 어떤 반론을 제기할 것인지 연구해야 한다. 더 나아가 각자의 전문 분야에서 장애인권이 구체적으로 반영·실현될 수 있도록 해야 한다. 다시 말해 종합적이고 다학제적 접근을 통해 관련 문제를 해소해 나가야 한다.

윤정노, 강제인, 손윤서, 유혜운, 장온유, 정문환의 "교통약자의 이동권 현황과 과제"는 교통약자의 이동권 현황을 점검하고 개선방안을 제시한다. 교통약자 이동편의시설 기준적합 설치현황을 교통약자 이동편의 실태조사에 근거하여 확인한 결과 특히 버스와 여객선이 열악한 것으로 드러났다. 구체적으로는 버스정류장과 자동차여객시설의 기준적합 설치율이 저조하고 점자블록이 미흡하며, 저상버스 보급률을 달성하지 못하였다.

이 논문은 주요 문제로, 교통약자법 시행규칙의 위헌성과 입법·행정

적 노력을 강제 내지 실현할 만한 방안의 부족을 제기하고 있다. 교통
약자법 제10조는 제1항에서 대상 시설별 설치해야 할 이동편의시설 종
류를 대통령령에, 제2항에서 대상 시설별 설치해야 할 이동편의시설의
구조/재질 등 세부기준을 국토교통부령에 위임하고, 교통약자법 시행
령 [별표2]는 버스에 휠체어 승강설비를 설치해야 한다는 취지로 표시
하고 있다. 그런데 교통약자법 시행규칙 [별표1]의 1. 가. 4) 나)항은
'계단이 있는 버스는 (…) 승강설비를 갖출 수 있다'고 하여 재량에 따
라 휠체어 승강설비를 설치하지 않을 수 있도록 규정하고 있어 사실상
계단이 있는 버스 즉 저상버스가 아닌 버스에 대해 교통약자법 시행령
[별표2]가 부여한 휠체어승강설비 설치 의무를 면제하는 것으로 오인
될 여지가 있다. 한편, 저상버스 보급률이 굉장히 낮고, 차별구제청구
가 국가 및 지방자치단체의 의무가 없다거나 차별에 정당한 사유가 있
다는 등으로 인정되지 않는다. 설령 인용된다 하더라도 일회적, 사후적
구제만이 가능할 뿐이고, 장애인 외의 교통약자는 교통약자법에 따라
차별시정을 구할 수조차 없다는 점이 문제다.

　위헌인 시행규칙을 상위법규에 맞게 개정하거나 법률에 최소 기준
을 마련하고, 장애인이동편의증진 특별위원회와 같은 기구를 상설화,
활성화하여 입법과 정책에 반영하는 한편 장애인정책조정위원회를 대
통령 직속 위원회로 상향하는 등의 방안을 적극 고려하여야 한다.

　대중교통의 개선과 더불어 특별교통수단에 관한 논의가 필요한데,
대중교통수단의 베리어프리화와 특별교통수단의 도입을 균형 있게 고
려하되, 대중교통수단이 있는 경우에는 이를 우선함이 바람직하다. 무
엇보다 특별교통수단을 확대함에 있어 유니버설 택시를 도입하는 것
이 매우 중요하다. 미국과 달리 한국은 신규 차량을 구입할 시 이동편
의시설을 갖추지 않은 것이더라도 별도의 차별행위로 보지 않는데, 이
를 차별행위로 규정할 필요가 있다.

　김용혁, 이주언, 이재근의 "장애인 공중이용시설 등 접근권 법제개

선연구"는 공중이용시설에 대한 접근권 현황을 살피고, 이를 개선하기 위한 해결 방안을 모색한다. 먼저 건물 1층 진입에 필요한 경사로 등 편의시설의 설치를 구하는 이른바 '모두의 1층 소송'을 개괄하고, 장애인의 공중이용시설 접근권에 관한 국내외 법규를 분석한 후 문제점과 해결책을 제시한다.

장애인등편의법이 최근 시행령의 개정을 통하여 편의시설 설치의무의 대상시설을 일부 확대하기는 하였으나, 전체 대상 시설 중 소규모 점포가 상당한 비율을 차지하는 현실에서 편의시설 설치에 대한 광범위한 면제를 허용하고 있고, 건축시기에 따라 장애인편의법 적용을 제외하는 부칙 경과규정으로 인하여 상당수의 공중이용시설들이 편의시설 설치의무에서 제외된다. 더구나 편의시설 설치의무를 지는 대상시설에 대하여 지나치게 많은 항목을 단순히 '권장'사항으로만 규정하여 장애인등이 해당시설에 단순히 접근만 가능하고, 실제 온전한 이용이 어려운 상황, 가령 카페 1층에는 들어갈 수 있지만 계단으로만 접근이 가능한 2층에 화장실을 설치하는 경우 등을 방치하고 있다.

이에 면적 및 건축시기 등을 기준으로 편의시설 설치 대상시설에서 일률적으로 제외하는 방식을 폐지하고, 모든 공중이용시설 등 대상시설에 편의시설 설치의무를 부과하되 예외적인 경우에 한하여 설치의무를 면제받는 대신 합리적인 대안적 방법으로 장애인등의 접근권을 보장하는 방향으로 법률을 개정하여야 한다. 미국, 영국 등 주요 국가들은 공중이용시설의 편의시설 설치의무를 규정함에 있어 면적 기준 등과 관계없이 편의시설 설치를 원칙으로 하고, 필요한 경우 대안적 조치, 합리적 조정 등을 통하여 접근성의 공백을 채워나가는 형식을 취한다.

한편, 접근성에 관한 신뢰성 있는 정보 제공이 이루어질 필요가 있다. 현재 장애인 당사자가 겪는 접근성 문제는 상당 부분 접근성에 대한 "정보의 부재", 즉 이용 가능한 장소 또는 서비스가 어디에 어떠한 형태로 존재하는지 모른다는 점에서 비롯된다. 과거 공공과 민간 영역

모두에서 접근성 DB를 구축하여 왔으나, 각 정보 수집 및 운영 주체가
다르고, 정보의 수집 및 관리를 위한 인적, 물적 자원의 한계로 인해
정보제공의 범위가 일부 지역으로 제한되며, 제공되는 정보의 품질이
낮고, 그마저도 지속적으로 갱신되지 않아 결국 폐기되어 버린다. 서비
스 제공자(건물주, 사업주 등)가 일관된 기준에 따라 접근성 정보를 제
공하고, 충분한 권한과 자원을 부여 받은 공공 또는 민간기관이 접근
성 정보를 수집, 관리, 운영하며, 관련 기관에 기술적 솔루션과 공공참
여를 지원할 수 있는 법률적 근거를 마련하여야 한다.

　　윤정노, 김진영, 정성희, 김보람, 오예지는 "장애인 의무고용제도의
현황과 개선방안" 논문에서 한국의 장애인 의무고용 현황을 살피고,
그 문제점과 해결책에 관하여 아래와 같이 논한다. 현재 상시근로자
100인 미만 기업에는 현실적인 여건을 고려하여 고용부담금이 부과되
지 않고 있다. 그러나 한국이 급격한 고령사회에 들어선 이상 노화에
따른 장애 발생과 고령층의 경제 참여가 증가할 수밖에 없는 점, 상시
근로자 100인 미만 기업의 비율이 전체 기업 대비 98% 정도 된다는
점을 고려하면 우리나라도 결국 장애인 고용 의무 및 부담금 부과 대
상을 확대할 필요가 있다. 독일, 프랑스 등에서는 이미 상시 근로자 20
인 이상 사업주에게 고용의무를 부담시키고 이를 미이행하는 경우 고
용부담금을 부과하고 있다. 다만, 상시 근로자 100인 미만 기업에 일시
에 100인 이상 기업과 동일한 수준의 부담금을 부과하는 경우, 이는
소규모 기업에 과도한 부담이 될 수 있으므로 부담금 부과 대상 사업
주의 범위를 순차적으로 확대하고 기업의 규모에 따라 부담기초액의
금액에 차등을 두는 방안을 모색할 필요가 있다. 더욱이 대기업집단의
장애인 고용률이 저조하므로 프랑스와 같이 고용부담금의 액수 산정
시 기업 규모를 고려하고, 장애인 고용의무 미이행이 반복되는 사업체
에 대해서는 징벌적 가산금을 부과하는 방안을 고려할 수 있다.
　　한편, 현행 장애인 의무고용제도는 고용된 장애인의 수를 늘리는

것에만 집중하고 있고, 장애인의 고용형태나 고용기간 등 일자리의 '질'에 관하여는 아무런 내용을 규정하지 않으므로 이를 개선할 필요가 있다. 장애인의 고용형태나 고용기간에 따라 고용부담금의 부담기초액을 다르게 산정하거나 삭감해주는 등의 조치를 고려할만 하다.

다음으로 장애인의 노동시장 유입 촉진과 사업주의 장애인 고용 동기 부여를 목표로 고용장려금 제도를 보다 활성화하여야 한다. 구체적으로, 사업주가 중증장애인, 정신장애인, 고령장애인 등 특히 취업이 어려운 장애인을 고용하거나 최초로 장애인을 고용하는 경우, 의무고용률 달성 여부와 무관하게 고용장려금을 지급하는 것이 필요하다. 또한, 고용장려금 제도는 현행 고용부담금 제도의 영향을 받지 않는 사업주의 장애인 고용 촉진을 유도하는 데 있어서 일정한 역할을 할 수 있다. 상시 근로자 100인 미만 기업의 경우 현실적으로 장애인편의시설을 갖추기 쉽지 않고 고용부담금의 부과 대상이 되지 않아 장애인 고용의 유인이 크지 않다. 이에 상시 근로자 100인 미만 기업에 대해서는 고용장려금 지급요건을 완화함으로써 고용 가능성을 높일 수 있다.

아울러 장애인의 고용 촉진을 위해서는 장애인의 노동시장 진입 및 장애인과 사업주의 연결이라는 측면에서의 지원이 필요하다. 이를 위해서는 복지, 교육, 고용이 밀접하게 연계되어 장애학생들의 사회 진출이 원활하게 이루어져야 하므로, 교육부, 보건복지부, 고용노동부 등 유관기관의 협의체 구성을 통하여 장애학생의 취업지원을 위한 정책을 도출하여야 한다. 나아가 장애인이 다양한 직무에 종사할 수 있도록 직무능력 향상을 위한 지원이 강화될 필요가 있는데, 그 방안으로 민간기업과의 연계를 통한 맞춤훈련 확대, 디지털 역량 강화에 관한 근거 규정 마련 등이 제시될 수 있다.

이에 더하여 취업 장애인 근로자의 직장 적응을 위한 제도가 있어야 한다. 이를 위해서는 우선 근로지원인의 처우를 개선하여 근로지원인의 근속이 가능하도록 할 필요가 있다. 또한, 공단에서의 지원이 폐지됨으로써 사실상 사문화된 직업생활 상담원 제도가 원활히 작동할 수 있도록 제도를 정비하여야 한다. 직업생활 상담원 고용 시 그 비용을 국가에서 보조하도록 의무화하고, 미고용 시 과태료의 수준을 높여야 한다.

무엇보다 장애인 의무고용제도에 장애유형별로 특화된 접근이 이루어져야 한다. 특히 장애인 중에서도 고용률이 가장 낮은 정신장애인에 대한 제도적 지원이 필요하다. 또한 사회적 낙인을 우려하여 장애인 등록을 하지 못하고 있는 미등록 정신질환자를 의무고용제도로 포섭할 수 있는 방안에 대해서도 지속적인 고민이 필요하며, 그 일환으로 별도의 평가를 통하여 미등록한 정신질환자의 개별 직업재활서비스 및 고용지원에 대한 필요도를 확인하고 이를 제공하는 제도를 고려하여 볼 수 있을 것이다.

마지막으로 ESG가 매우 중요해지는 상황임에도 불구하고 2024년도 공공기관 경영평가 편람상 경영평가 지표 중 장애인 고용과 관련된 지표로는 '장애인 의무고용' 준수 여부(배점 0.3점) 및 '고졸자, 지역인재, 장애인, 자립준비청년, 저소득층 등 사회형평적 인력 채용을 위한 노력과 성과'라는 비계량 지표가 존재할 뿐이므로 향후 공공기관 경영평가 지표에 장애인 '고용 형태'를 새롭게 반영함은 물론 이를 민간 기업에도 의무화하여 공공기관과 민간 기업 모두가 사회적 가치에 더 기여할 수 있도록 하여야 한다.

김진우는 "중증 장애인 노동권 증진을 위한 법제 개선방안" 논문에서 장애인 고용, 그 중에서도 의무고용제도가 미처 다 담지 못한 중증 장애인의 노동권에 관하여 논의를 전개한다. 중증장애인의 경우 경제활동인구율은 23.2%, 실업률은 5.9%, 고용률은 21.8%에 그치고 있어 장애인구 전반에서의 이 세 가지 수치인 36%, 4.5% 및 34.3%와 큰 차이를 보이고 있다.

먼저 노동분야에서의 중증장애 개념을 도입하여야 한다. 직업적 중증장애인은 돌봄서비스 수급량을 결정하기 위한 중증장애인 개념과는 거리가 멀고, 단순히 의학적 개념으로 마련된 장애 판정 기준에서 일부 엄격성을 가미한 수준 정도로 근로능력 정도를 유추하는 것은 비합리적이며, 중증장애인의 노동권을 규명할 때에도 노동분야에서의 중증장애 개념이 필요하기 때문이다. 가령, 우리나라에서 최저임금 준수를 위한 정부의 임금보조정책이 시행되기 위해서는 '누가 중증장애인인가'라는 질문에 답할 수 있어야 하고 이는 정책설계의 기초토대로서 정책대상의 명확화가 전제되어야만 가능하다. 덧붙여 노동시장으로 진입할 수 있는 중증장애인과 그렇지 못한 최중증장애인 간의 구분이 필요하다. 다만, 노동시장에서 근로무능력의 개념에 대해 - 물론 현재보다는 훨씬 축소된 개념이 되어야 하겠지만 - 돌봄서비스와의 연속선상에서 모색될 필요가 있다. 근로능력이 현저히 떨어지지만 일정한 과도기를 거쳐 일반노동시장으로의 전이를 도모해야 할 중증장애인과 일보다는 의미있는 낮 활동의 일환으로 일과 훈련을 병행하는 중증장애인, 그리고 일과 훈련보다는 다양한 활동을 통해 일상의 평범한 삶을 영위하는 것이 바람직한 근로무능력자를 구분하는 것이다.

다음으로 장애인에 대한 최저임금제 적용제외 규정은 적어도 일반노동시장에서는 적용되지 않도록 전면삭제하는 방향이 검토될 필요가 있다. 적용제외 폐지와 함께 일반노동시장에서의 장애인 고용이 위축될 것을 우려할 수 있지만 2019년 기준 일반기업체에서 최저임금 적용제외를 신청한 것은 308건에 불과하다. 즉, 적용제외를 신청한 일반기업체의 경우 적용제외 폐지로 선회되면 최대 308명의 장애인이 실직할 수 있다. 그러나 장애인에 대한 최저임금 적용제외 폐지로 인해 피해를 볼 것으로 예상되는 숫자보다 일반노동시장에서 장애를 이유로 최저임금 이하의 임금을 지급해도 된다는 느슨한 제도운영과 심리를 다잡는 효과가 매우 크고, 이를 예방할 여러 대안이 존재한다. 가령, 독일과 같이 최저임금의 약 75%까지 정부가 임금을 보조해 주거나 최저임금 적용제외를 폐지하되 일본에서처럼 수습중이거나 직업훈련 중일 때에는 최저임금을 지급하지 않을 수 있도록 하는 것이다. 나아가 장애인에 대한 직업능력평가 결과에 따라 근로능력별로 정부가 고용주에게 일정 정도 임금을 보전하여 실제 근로능력과 최저임금 사이의 간극을 좁혀 고용주의 부담도 경감하면서 장애인의 노동권 확보를 위한 정부 책임을 명확하게 하는 방안도 모색해 볼 수 있다. 구체적으로는 「장애인 고용촉진 및 직업재활법」 제21조에서 장애인 고용사업주에 대한 지원의 한 갈래로 임금보조 규정을 신설하는 방안을 생각해 볼 수 있다.

마지막으로 최저임금 적용제외 폐지는 그간에도 지적되었던 장애인 직업재활시설의 정체성 이슈에 대한 고민과 해결을 요구하게 되는데, 너무 넓은 성격을 지니는 직업재활시설의 한계를 극복하기 위해서는 근로사업장을 고용노동부 소관으로 이전하고 남은 보호작업장과 직업적응훈련시설은 일정 시간에 한하여 최저임금을 지급하면서도 근로와 사회서비스를 동시에 융통적이고 융합적으로 제공할 수 있는 공간으로 재정립하여야 한다. 덧붙여 근로능력이 현저히 떨어지는 중증장애인의 경우에도 의미 있는 낮 활동을 통해 사회에 참여할 수 있게 하여야 한다.

신권철은 "정신건강복지법의 한계와 개선방안" 논문에서 한국에서 정신장애인 강제입원제도를 규율하고 있는 정신건강복지법을 비판적으로 검토한다. 정신건강복지법의 과거인 구 정신보건법부터 이어져 온 여러 개념과 제도들이 어떻게 생성되고, 지난 20여 년간 사회 현실 속에서 어떻게 작동하였는지를 보여주고, 그 문제점과 대안을 제시한다. 구체적으로는 정신질환자 개념, 보호의무자 제도, 보호입원 및 행정입원 제도, 응급이송 및 응급입원 제도, 입원심사 제도, 외래치료지원제도, 정신요양시설, 복지서비스 제공의 문제점과 한계를 살피고 해결책을 논한다.

정신건강복지법에는 격리·강박 통신제한, 강제이송 및 강제치료와 같은 여러 억압적 조치들이 기존의 제도적 관성에 따라 남아 있고, 정신장애를 가진 사람에게 제공되어야 할 적절한 서비스도 사실상 부재한 상황이다. 또한 UN 장애인권리위원회나 WHO(세계보건기구)가 정신장애와 관련해 내놓는 의제들은 명확하고, 구체적이지만 그것을 우리 사회가 공유하고, 받아들이는 데에는 많은 시간이 필요하다. 과거 국회에 보호의무자 제도 및 보호입원의 폐지에 관한 정신건강복지법 개정안이나 법원이 강제입원심사를 하도록 하는 정신건강복지법 개정안이 발의되었으나 국회 문턱을 넘지 못한 채 폐기된 것은 아직 그러한 제도적 변화를 받아들이는 것에 반감이나 두려움이 작동하고 있기 때문이다.

그럼에도 UN 장애인권리위원회가 2014년 장애인권리협약 제12조 법 앞의 동등한 인정에 관한 일반 논평 제1호에서 제시한 '대체의사결정제도의 폐지', 그리고 2023년 WHO가 UN과 공동으로 출간한 정신보건, 인권, 법률의 가이드와 실무에서 제시하고 있는 정신보건에서의 모든 '강압(coercion)의 폐지'와 같은 이념과 방향은 시사하는 바가 크다. 전자는 인격적 의사결정과 관련된 박탈의 문제이고, 후자는 신체적 자유박탈의 문제이다. 인격적 박탈은 신체적 자유박탈의 전제가 되기도 하고, 신체적 박탈로 인격적 박탈이 발생하기도 한다.

정신장애인에게 후견은 인격적 박탈이 될 수 있고, 입원은 신체적 박탈의 시작이 될 수 있다. 그러한 인격과 자유 박탈의 수단이 후견과 강제입원이라면, 대체의사결정제도의 폐지와 정신보건에서의 모든 억압의 폐지는 그것과 싸우는 두 가지 방향이라 할 수 있다. 그런 면에서 보호의무자 제도에 따른 가족에 의한 입원제도는 입원에 대한 의사결정권과 신체의 자유가 어떤 방식으로 빼앗기게 되는지를 잘 보여주는 제도라 할 수 있다.

변용찬과 조준호는 "장애인의 탈시설과 주거권 연구" 논문에서 탈시설과 주거권에 관하여 논의를 펼친다. 주거권의 국제적인 흐름과 주거권의 구조를 장애인권리협약 및 유엔 사회권규약위원회 일반논평의

'적절한 주거'의 7가지 요소와 관련된 항목을 통해 살피고, 주거약자로
서의 장애인의 특징과 함께 현재 우리나라의 장애인 탈시설 정책을 비
판적으로 검토한다.

　과거의 장애인 거주시설의 경우 입소와 동시에 타인에게 자신의 삶
의 생애주기 전체의 선택권과 통제권을 위임해야 했다. 자신의 권리보
다 시설의 권한이 우선되는 구조가 '영구적'이고, 그 이유가 장애 때문
이라면, 장애인에게만 해당되는 특수한 차별이라고 할 수 있을 것이다.
장애인에 대한 학대나 착취가 없다고 해서 장애인의 시설에서의 삶이
정당화되는 것은 아니다. 보다 근본적으로 시설이 갖고 있는 규율과
규칙성, 시설장의 허락과 통제 아래 삶이 규율되는 방식으로 시설이
운영되는 것이 근본적인 장애인 거주시설의 문제이다. 인간다운 삶의
물리적 기초는 주거에 있다. 주거를 기반으로 다른 삶의 권리가 보장
되기 때문에 장애인의 주거권은 사회권의 가장 기본적인 권리 중의 하
나라고 할 수 있다. 따라서 복지의 발전, 권리의 증진 차원에서 시설의
변화, 탈시설화는 매우 의미 있는 장애인 권리의 증진이라고 할 수 있
다. 그러나 탈시설(화)가 시설에서 살고 있는 장애인이 시설에서 나오
는 것을 의미하는 것으로 해석되어서는 안 된다.

　중증발달장애인 거주생활 문제에 있어서 탈시설만이 해답이 될 수
는 없다. 장애인의 더 나은 삶을 위하여 장애의 특성을 고려하여 무조
건적인 탈시설 보다는 보다 정밀한 욕구에 기반한 맞춤형 대응이 요구
된다. 탈시설을 원치 않거나 탈시설을 할 수 없는 중증의 발달장애인
에게는 시설보호를 제공하여야 하므로 거주시설을 무조건 배척하기보
다는 오히려 시설에 대한 인식개선과 기능 강화가 필요하다. 거주 및
생활환경을 개선하는 것이 필요하고 시설에서 제공하는 각종 서비스
도 확대해 나가야 한다. 즉, 탈시설이 가능한 장애인에게는 주거, 의료,
각종 돌봄 서비스 등 다양한 지역사회 서비스를 지원하여 자립생활을
도모하고, 탈시설이 어려운 장애인에 대해서는 거주시설의 개편을 통
해 장애인의 인권을 신장하는 등 우리나라의 실정에 맞는 Two-Track

접근이 필요하다.

돌봄이 필요하고, 자기결정권의 행사도 완전하지 않지만 조력을 받으면 자립생활이 가능한 장애인의 경우 지원주택을 통해 지역사회에서 살아갈 수 있도록 하여야 한다. 현재 한국 사회는 지원주택법이 제정되어 있지 못하고, 서울특별시 등 광역시 차원에서 조례를 만들어 지원주택 서비스를 제공하고 있다. CRPD에서의 지역사회의 삶에 대한 장애인 주거권 보장은 지원주택 서비스를 통해서 이루어질 수 있다. 지역사회에서 살아온 장애인이 장애와 돌봄이나 자기결정권 행사에 어려움을 겪는다는 이유로 그 지역에서 사는 권리를 침해받는 것이 아니라 그에 맞는 서비스 지원을 통해서 지역사회의 구성원으로 살아갈 수 있게 하는 것이다. 지원주택 서비스는 비장애인을 위한 적절한 주거의 7가지 요소를 넘어 장애인이 지역사회에서 인간다운 삶을 가능하게 하는 모든 서비스를 제공하는 것을 목표로 한다.

비장애인과 마찬가지로 장애인은 처음부터 자립하여 지역사회에서 살아가는 것이 아니라 생애주기에서 학령기를 거쳐 성인이 되고, 자립하기까지 가족의 구성원으로 살아가게 된다. 장애인 거주시설 이용에 대한 욕구는 돌봄시스템이 부재한 상황에서는 사실 장애인 당사자의 필요성보다 가족 구성원의 필요가 더 크다고 볼 수 있다. 즉, 전 생애에 걸쳐 장애 정도와 상관없이 가족이 필요시 이용할 수 있는 돌봄시스템 구축이 지역사회 지원체계의 핵심 중 하나라고 할 수 있는 것이다. 학령기에는 특수교육의 필요를 가진 장애아동·청소년에게 교육과 함께 돌봄서비스를 가족과 함께 분담하는 구조가 설계되어 있어야 하며, 청년이 되어 지역사회에서 살아갈 때는 주간활동서비스, 주간보호센터, 긴급돌봄센터 등 장애인 가족의 돌봄을 사회가 분담하는 구조가 안정화되어 있어야 한다. 교육과 돌봄, 재활치료, 의료 등 장애인 가족이 장애아동 그리고 성인이 된 장애 자녀와 함께 살아가는 데 큰 어려움이 없도록 지역사회에서 가족지원 체계를 제대로 구축해야 한다.

배건이는 "장애인 의료접근권 현황과 법적 과제" 논문에서 장애인의 의료접근권에 관하여 분석한다. 여기서 의료접근권이라 함은 장애인의 건강권 보장에 필요한 ① '의료기관의 이용'과 ② '의료정보의 접근' 그리고 ③ '의료선택 및 결정의 자유'를 의미한다.

현행법상 장애인 의료접근권의 보장 현황을 살펴보면 여전히 다음과 같은 문제점이 발견된다. 첫째, 장애인 의료정보접근권 보호 차원에서 감염병 상황에 대한 정부브리핑과 같은 공적 정보의 제공에 관하여 국가가 수어통역을 제공할 당사자임에도 국가가 민간방송사에 장애친화적 의사소통수단의 제공을 요청할 의무만을 규정하고 있을 뿐, 국가의 직접 제공의무와 범위에 대해서는 구체적 규정이 마련되어 있지 않다. 「장애인복지법」상 장애인 의사소통수단에 관한 규정을 개정하는 방안을 비롯해, 「감염병예방법」 및 「재난안전기본법」 상 장애인에 대한 재난정보 및 감염병 정보 전달에 관한 원칙과 구체적 방안을 규정하는 형태의 개정도 함께 이뤄진다면 보다 다층적 보호체계를 가질 수 있을 것이다.

또한 코로나 19 지침처럼 중앙정부가 일반 공중에게 제공하는 가이드라인의 점자화는 중앙정부가 직접 제공하는 것이 아니라, 지방자치단체 역량과 책임의 영역으로 남아 있어 필수적인 제공의무 주체에서 양자 모두 제외되어 있다. 지역별 코로나 19 대응지침의 내용 역시 중앙정부가 제공한 코로나 19 대응지침과 그 내용이 거의 유사하기 때문에 재원의 효율성 차원에서 중앙정부의 점자본이 우선 제공되고, 지역별 사항만 별본으로 지방자치단체가 제공하는 형태가 오히려 효과적이다. 「장애인복지법」 개정 시 기존의 의사소통지원규정과 연계해 감염병대응지침과 같은 긴급상황에 제공되는 국가의 지침은 장애인의 건강과 안전에 영향을 미치는 공적 정보로서 국가책임의 영역임을 확인하는 구체적 근거가 마련되어야 하고, 나아가 「감염병예방법」 및 「재난안전기본법」 상 장애인들과 같은 취약계층에 대한 맞춤형 정보제공의무 조항을 신설하여, 그 대상과 내용을 보다 구체적으로 규정하여야 한다.

　둘째, 의료결정권 차원에서도 보건의료의 전문성과 긴급성을 고려해 의료기관 개설허가 또는 장애인 의료관련 사업 인증기준과의 연계를 통해, 수어통역사 배치를 의료기관의 필수인력으로 요건화하는 등 보다 세분화된 입법방식을 고려하지 않은 채, 그 의사소통에 대한 모든 부담을 공공이 메워야 하는 형태로 구조화함으로써 긴 대기시간과 의사소통의 질에 대한 부담은 장애인의 몫이 되었다. 이 같은 입법방식은 장애인법제 및 공공의료법제 전반에서 나타나고 있으므로, 장애인 의료결정권에 관한 문제를 단순히 해당 조문개정영역으로만 보지 말고, 입법방식과 유형 등을 고려한 입법론 차원으로 접근하는 관점의 전환이 필요하다. 적어도 중증 및 긴급성을 요하는 장애인환자에 대한 신속한 의료대응을 위해 병원 내 의료보조인력으로서 수어통역사 배치를 의무화하고, 만성질환이나 질병치료처럼 예약을 통한 정기적 예방이 필요한 경우에는 수어통역센터를 이용하는 형태로 구분하는 입법적 개선을 통해 의료전문통역의 전문성과 접근성을 모두 담보할 수 있는 구조를 마련해야만 한다. 더구나 민간보건의료기관이 영업의 자유를 누리는 주체라 할지라도, 장애인 역시 의료서비스를 제공받는 소비자로서 병원 내 이용이 자유로울 수 있도록 의료기관은 그 편의를 제공해야할 의무를 진다. 이 같은 편의제공에는 단순히 휠체어 이동이 가능한 물적 시설제공에만 그치는 것이 아니라, 수어통역사 배치와 같은 인적 지원서비스도 포함된다고 본다. 입법자가 민간보건의료기관의 부담과 국가의 장애인 기본권 보호의무 간 조정을 고려했다면, 의료기관 개설 허가 시 각 유형에 따라(1차-2차-3차) 장애인 환자의 이용빈도와 질환여부 등을 종합해, 의료보조인력에 대한 기준을 별도로 마련하여 3차 이상의 상급병원에만 필수적 보조인력의 설치의무를 부여하는 등의 다양한 입법이 가능하였을 것이다. 복지법제 중심의 지원근거 마련규정을 통한 입법방식보다는 의료기관 개설허가 요건 등과 연계해 요건화하는 입법방식을 고민해야 할 시점이라 판단된다. 사업자 선정

요건과 평가요건에서 수어통역사 배치와 같은 인력기준을 요건화하는 방안도 고려할 수 있다.

셋째, 감염병 등과 같은 위기상황이 지속적으로 발생할 수 있으므로, 장애인의 일상활동을 지원하는 돌봄종사자에 대한 건강권 보호도 장애인 의료이용권 차원에서 함께 다루어야 하고, 이에 관한 법적 근거를 마련함이 바람직하다. 구체적으로는 「장애인복지법」에 감염병 위기상황 시 장애인 돌봄종사자에 대한 방역물품 지원에 관한 포괄적 근거를 마련하거나, 장애인 돌봄지원인력에 관한 법률에 위기상황 하에서의 활동지원이 생존지원적 성격을 갖는 점을 인식해, 재난위기 시 필요한 감염병대응 의료물품을 필수적으로 지급하는 근거규정을 마련하여야 한다.

제철웅은 "장애인을 위한 공공신탁의 필요성과 과제" 논문에서 장애인을 위한 공공신탁의 필요성을 역설하는 한편, 우리에 맞는 공공신탁의 특성을 제시한다. 장애인도 수익자에게 재산을 안전하게 배분하기 위한 목적으로 위탁자의 재산을 수탁자에게 이전하여 관리하도록 하는 신탁제도를 이용할 수 있다. 그러나 일상생활, 치료, 요양 등에 사용될 재산을 안전하게 관리하여 신탁목적에 적합하게 지출하도록 보장받고자 하는 장애인의 특별한 수요를 충족시킬 수 있는 신탁제도는 우리나라에서 찾아보기 어렵다. 장애인의 이런 특별한 수요는 개인이나 금융기관에 의해 충족되기가 매우 어렵기 때문에 국가나 비영리법인이 수탁자로서의 역할을 할 필요가 있다. 국가나 비영리법인이 수탁자로서 장애인의 특별한 수요를 충족시키기 위해 수탁자로 활동하는 것이 바로 공공신탁이다. 장애인신탁은 그것이 자익신탁이든 타익신탁이든 수익자의 사적 이익을 위해 지출되는 것이므로 장애인의 인간다운 삶의 보장을 위해 신탁재산 중 원본과 수익을 일정 범위 또는 일정 목적을 위해 사용하는 것이 '소득'으로 간주되지 않도록 하는 장치가 필요하다. 이러한 공공신탁은 특히 중산층 및 저소득층도 이용할 수 있어야 하고, 후견제도의 한계를 보완하여 후견제도가 의사결정지 원제도로 활용될 수 있도록 촉매제 역할을 하여야 한다. 무엇보다 장애인 공공신탁을 위한 특별법이 제정되어야만 안정적 사업수행이 가능한데, 그 특별법에는 사업내용, 사업수행방법과 전달체계가 담겨야한다. 이 때 재산관리와 배분에서의 유연성을 충분히 고려하는 것이 매우 중요하다. 즉 신탁제도의 특성에 맞는 운용체계가 요구된다.

이 책의 편집을 마무리하며 게재 논문들이 제안하는 입법 및 정책제안들이 현실에서 열매 맺기를 바라고 이를 위하여 관련 기관 및 법인·단체들과 입법 및 정책 추진을 위한 포럼을 형성하여 종합적·지속적·체계적인 입법 및 정책 개선 노력을 기울일 것을 제안하고 다짐한다. 소중한 옥고를 작성한 필진의 정성이 입법의 열매로 귀결되어 장애인이 마음껏 교육과 이동, 정보, 공중이용시설 및 의료 접근 등 권리와 기회를 누리고, 희망대로 일하며, 편안한 주거에서 차별 없는 삶을 누리며, 최중증장애인들과 그들의 가족들도 평안한 삶을 영위하는 그날이 속히 오기를 희망한다.

집필자 약력(가나다 순)

| 강제인 |

고려대학교 경제학과 졸업 (2017)
서울대학교 법학전문대학원 졸업 (2020)
변호사시험 제9회 합격 (2020)
법무법인(유한) 태평양 변호사 (2020~현재)

| 김기룡 |

중부대학교 특수교육학과 교수 (2018~현재)
전국장애인차별철폐연대 정책위원장 (2019~현재)
전국장애인부모연대 사무총장 (2013~2018)
전국장애인교육권연대 사무처장 (2005~2013)

| 김보람 |

고려대학교 정치외교학과 졸업 (2017)
서울대학교 법학전문대학원 졸업 (2021)
변호사시험 제10회 합격 (2021)
법무법인(유한) 태평양 변호사 (2021~현재)

| 김용혁 |

고려대학교 사회학과 졸업 (2002)
서울대학교 법학전문대학원 졸업 (2012)
변호사시험 제1회 합격 (2012)
사단법인 장애우권익문제연구소 등 다수의 비영리단체 법률고문 (2014~현재)
법무법인 디엘지 변호사 (2017~현재)

| 김진영 |

연세대학교 사회학과 졸업 (2017)
연세대학교 법학전문대학원 졸업 (2022)
변호사시험 제12회 합격 (2023)
재단법인 동천 변호사 (2023~현재)

| 김진우 |

서울대학교 사회복지학과 졸업 (1991)
제39회 행정고시 합격 (1995)
영국 버밍엄대학교 사회정책학과 대학원(박사) 졸업 (2005)
보건복지부 서기관 및 대통령비서실 행정관 (~2007)
덕성여대 사회복지학과 교수 (2009~현재)

| 남형두 |

서울대학교 공법학과 졸업 (1986)
제28회 사법시험 합격 (1986)
미국 University of Washington School of Law (LL.M., 1998, Ph.D., 2005)
법무법인 광장 변호사 (1992~2007)
한국저작권보호원 이사 (2020. 11.~현재)
연세대학교 법학전문대학원 교수 (2005~현재)
(동 장애학생지원센터 소장, 법학전문대학원장 역임)

| 배건이 |

동국대 법학과 졸업 (2002)
동국대 법학석사 (2004)
독일 Freiburg Univ. L.L.M. 수료 (2007)
동국대 헌법학 박사 (2011)
한국법제연구원 연구위원 (2020~현재)

| 변용찬 |

서울대학교 수의학과 졸업 (1980)
서울대학교 보건학 석사 (1982)
미국 유타주립대학교 사회학박사 (1991)
한국보건사회연구원 연구위원 (1995~2018)
한국장애인개발원 원장 (2011~2015)
한국사회정책연구원 연구실장 (2018~현재)

| 손윤서 |

연세대학교 경제학 졸업 (2020)
서울대학교 법학전문대학원 졸업 (2023)
변호사시험 제12회 합격 (2023)
법무법인(유한) 태평양 변호사 (2023~현재)

| 신권철 |

서울대학교 법학과 졸업 (1996)
서울대학교 대학원 법학박사 (2012)
제38회 사법시험 합격 (1996)
서울고등법원 등 판사 (2002~2010)
서울시립대학교 법학전문대학원 교수 (2010~현재)

| 오예지 |

고려대학교 영어영문학과 졸업 (2013)
한국연구재단 연구원 (2013~2017)
이화여자대학교 법학전문대학원 졸업 (2022)
변호사시험 제11회 합격 (2022)
법무법인(유한) 태평양 변호사 (2022~현재)

| 유혜운 |

서울대학교 산업인력개발학 졸업 (2016)
유니세프 한국위원회 (2016~2018)
서울대학교 법학전문대학원 졸업 (2021)
변호사시험 제10회 합격 (2021)
법무법인(유한) 태평양 변호사 (2021~현재)

| 윤정노 |

제46회 사법시험 합격 (2004)
서울대학교 법학과 졸업 (2005)
제36기 사법연수원 수료 (2007)
육군법무관 (2007~2010)
법무법인(유한) 태평양 변호사 (2010~현재)

| 이일호 |

연세대학교 법과대학 법학과 졸업 (2005)
연세대학교 일반대학원 법학과 졸업 (2008)
독일 Ludwig Maximilian University of Munich 법학박사 (2017)
독일 Max Planck Institute for Innovation and Competition 연구원 (2009~2012)
연세대학교 SSK 기후변화와 국제법 연구센터 연구교수 (2016~2020)
연세대학교 법학연구원 연구교수 (2020~현재)

| 이재근 |

연세대학교 경영학과 졸업 (2005)
서울대학교 법학전문대학원 졸업 (2013)
변호사시험 제3회 합격 (2014)
변호사 이재근 법률사무소 대표 (2022 ~ 현재)
장애인법연구회 이사 (2023 ~ 현재)

| 이주언 |

성균관대학교 법학과 졸업 (2008)
제51회 사법시험 합격 (2009)
제41기 사법연수원 수료 (2012)
법무법인 제이피 변호사 (2012~2014)
사단법인 두루 변호사 (2015~현재)
부산광역시 인권위원회 위원 (2023~현재)

| 임성택 |

서울대학교 법학과 졸업 (1988)
제37회 사법시험 합격 (1995)
제27기 사법연수원 수료 (1998)
법무법인(유) 지평 대표변호사 (2000~현재)
사단법인 두루 이사 (2014~2022), 이사장 (2023~현재)
장애인법연구회 회장 (2017~현재)

| 장온유 |

서울대학교 사회복지학과 졸업 (2019)
중앙대학교 법학전문대학원 졸업 (2022)
변호사시험 제11회 합격 (2022)
법무법인(유한) 태평양 변호사 (2022~현재)

| 정문환 |

연세대학교 영어영문학과, 경영학과 졸업 (2019)
HIS보험중개 재보험사업부 (2019)
서울대학교 법학전문대학원 졸업 (2023)
변호사시험 제12회 합격 (2023)
법무법인(유한) 태평양 변호사 (2023~현재)

| 정성희 |

고려대학교 사회학과, 경영학과 졸업 (2018)
연세대학교 법학전문대학원 졸업 (2021)
변호사시험 제10회 합격 (2021)
법무법인(유한) 태평양 변호사 (2021~현재)

| 제철웅 |

서울대학교 법학과 졸업 (1990)
서울대학교 대학원 법학과 석사 (1992), 박사 (1995)
후견신탁연구센터 센터장 (2016~현재)
한양대학교 법학전문대학교 교수 (2003~현재)

| 조준호 |

서강대학교 철학과 졸업 (1986)
서울대학교 대학원 교육학과 석사 (2002)
엔젤스헤이븐 대표 (2019~현재)
은평구 사회복지협의회 회장 (2023~현재)

법무법인(유한) 태평양은 1980년에 인재경영, 가치경영 및 선진제도경영이라는 3대 경영철학을 바탕으로 설립되었으며, 설립 이후 현재까지 지속적으로 로펌의 사회적 책임을 다하기 위해 다양한 공익활동을 수행해 오고 있습니다. 2001년에는 보다 체계적인 공익활동을 위해 공익활동위원회를 구성하였고, 변호사들의 공익활동 수행시간을 업무수행시간으로 인정하였으며, 2009년에는 공익활동 전담기구인 재단법인 동천을 설립하였습니다.

법무법인(유한) 태평양은 2013년에 공익활동의 선도적인 역할을 한 공로를 인정받아 대한변호사협회가 시상하는 제1회 변호사공익대상(단체부문)을 수상하였고, 2015, 2016년 국내 로펌으로는 유일하게 2년 연속 아시아 법률전문매체 ALB(Asian Legal Business)가 발표하는 CSR List에 등재되었고, 2022년에 산업계 전반으로 자리잡은 'ESG(환경·사회·지배구조) 경영' 성과를 평가하고자 신설된 ALB '올해의 ESG 로펌'상을 국내 최초로 수상하였습니다. 나아가 2018년에는 The American Lawyer의 아시아 리걸 어워즈에서 '올해의 프로보노분야 선도 로펌'으로 선정되었고, 2019년에는 '2018 평창동계올림픽' 법률자문 로펌으로 공로를 인정받아 유공단체 부문 대통령 표창을 수여 받았으며, 난민의 근로권과 관련한 공익활동 성과를 인정받아 Thomson Reuters Foundation로부터 제9회 TrustLaw Collaboration Award를 공동수상하였습니다.

2023년 한 해 동안 법무법인(유한) 태평양 소속 국내변호사 519명(대한변호사협회 등록 기준) 중 73.6%인 382명이 공익활동에 참여하였고, 국내변호사들의 공익활동 총시간은 26,948시간에 이르며, 1인당 평균 공익활동 시간은 51.92시간으로 서울지방변호사회 공익활동 의무시간(20시간)의 약 2.6배 가까이 됩니다. 2023년 주요 사건으로는 외국인 건강보험 지역가입자에 대하여 보험료 체납 시 내국인과 달리 즉시 보험급여를 제한하는 국민건강보험법 조항이 평등권 침해를 이유로 위헌이라는 헌법불합치결정, 남한 거주 중인 북한 주민의 딸이 북한 거주 어머니에 대하여 제기한 친생자관계확인소송을 인용한 판결, 지방공무원 임용 필기시험에 합격한 정신장애인에 대해 면접시험 절차에서 차별적 취급을 하여 최종 불합격처분을 한 데 대하여 장애인차별로 위법이라는 이유로 불합격처분취소와 손해배상을 명한 판결, 화재진압 현장에서 유해물질에 노출된 채 장기간 근무하고 다발계통위축증 진단을 받은 소방관에 대한 국가유공자등록을 거부한 처분에 대하여 입증책임을 합리적으로 완화하여 처분을 취소한 판결 등 선례로서 의미 있는 다수의 판결·결정을 이끌었습니다. 위 소방관의 국가유공자 인정 소송 사건 수행에 대한 공적을 인정받아 태평양이 머니투데이, 대한변호사협회, 한국사내변호사협회가 공동주최하는 제6회 대한민국 법무대상 '법률공익상'을 수상하기도 하였습니다.

태평양 공익활동위원회는 분야별로 난민, 이주외국인, 장애인, 북한/탈북민, 사회적경제, 여성/청소년, 복지 등 7개 분과위원회로 구성되어 2024년 6월 현재 230여 명의 전문가들이 자원하여 활동하고 있습니다.

재단법인 동천은 2009년 법무법인(유한) 태평양이 설립한 국내 로펌 최초 공익재단법인으로서 '모든 사람의 기본적 인권을 옹호하고 우리 사회의 법률복지 증진과 법률문화 발전을 통해 모두가 더불어 함께 사는 세상을 만들어 나가는 것'을 목표로 전문적인 공익활동을 해오고 있습니다. 장애인, 난민, 이주외국인, 사회적경제, 탈북민, 여성, 청소년, 복지 분야에서 법률구조, 제도개선, 입법지원 등 법률지원활동을 수행하는 것과 함께 태평양공익인권상, 장학사업, 주중배식봉사, 나무심기, 플로깅, 연말 나눔행사 등 다양한 사회공헌 활동을 수행하고 있습니다. 특히 2016년 12월에는 NPO(비영리법인, 단체) 법률지원의 허브를 구축하여 NPO의 성장, 발전에 기여하고자 '동천NPO법센터'를 설립하여 매년 NPO법률지원단을 운영하면서 NPO에 대한 전문적인 법률지원을 할 수 있는 변호사단을 배출하였고, 주거취약계층의 주거권 보호를 위한 체계적이고 종합적인 공익법률지원 및 연구를 실천하고자 2023년 3월에 '동천주거공익법센터'를 설립하였습니다. 동천은 이러한 성과를 인정받아 2014년 국가인권위원회 대한민국인권상 단체표창, 2015년 한국인터넷기자협회 사회공헌상, 그리고 2019년 국가인권위원회 대한민국인권상 단체표창을 공동수상하였습니다.

장애인의 권리에 관한 연구

초판 1쇄 인쇄 2024년 6월 5일
초판 1쇄 발행 2024년 6월 12일

편   자   법무법인(유한) 태평양·재단법인 동천
발 행 인   한정희
발 행 처   경인문화사
편   집   김지선 한주연 이보은 김숙희
마 케 팅   하재일 유인순
출 판 번 호   제406-1973-000003호
주   소   경기도 파주시 회동길 445-1 경인빌딩 B동 4층
전   화   031-955-9300   팩   스   031-955-9310
홈 페 이 지   www.kyunginp.co.kr
이 메 일   kyungin@kyunginp.co.kr

ISBN   978-89-499-6799-8   93360
값 44,000원